陶希聖日記（下）

1947—1956

陶晉生 編

目次

上冊

下冊

1952 年

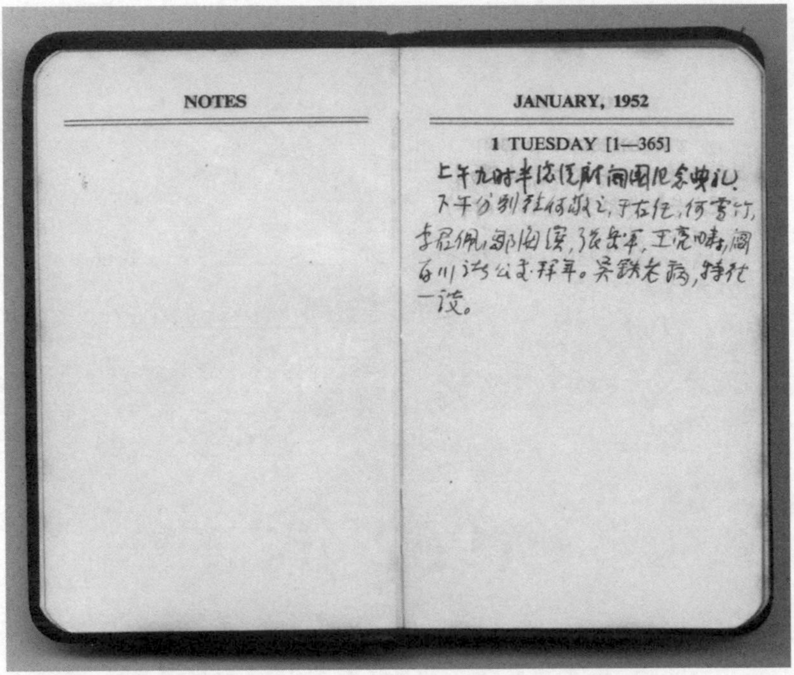
NOTES
JANUARY, 1952
1 TUESDAY [1—365]

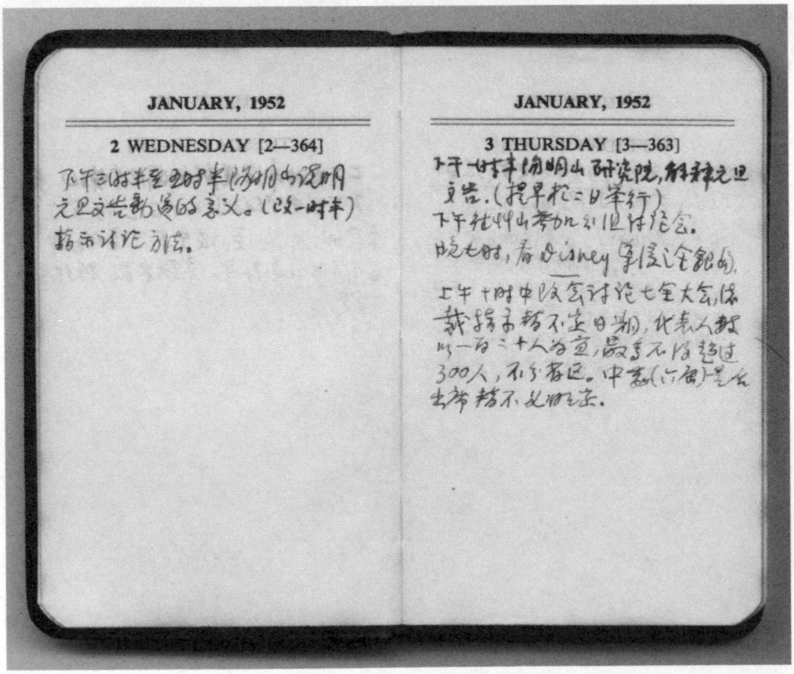
JANUARY, 1952
2 WEDNESDAY [2—364]
JANUARY, 1952
3 THURSDAY [3—363]

＊ 一月一日星期二

上午九時半總統府開國紀念典禮。

下午分別往何敬之，于右任，何雪竹，李君佩，鄒海濱，張岳軍，王亮疇，閻百川諸公處拜年。吳鐵老病，特往一談。

＊ 一月二日星期三

下午三時半至五時陽明山說明元旦文告動員的意義。（改一時半）

指示討論方法。

＊ 一月三日星期四

下午七時半陽明山研究院，解釋元旦文告。（提早於二日舉行）

下午往草山參加分組討論會。

晚七時，看 Disney 導演之金銀島。

上午十時中改會討論七全大會，總裁指示暫不定日期，代表人數以一百二十人為宜，最多不得超過 300 人，不分省區。中委（六屆）是否出席暫不必明定。

＊ 一月四日星期五

上午十時中心問題小組在張副院長（少武）處開會。

＊ 一月五日星期六

下午六時半俞哲峰，施復昌，陸翰（招商局）在廈門街 99 巷 35 號請客（未到）。

下午五時半中央日報。

上午軍事動員演習。（草山研究院未到）

下午中心問題討論會。

上午列席中央黨部設計委員會，說明元旦文告之內容。新民主主義一人民民主專政一蘇維埃之三階段，最近之轉變，委員會極為重視。

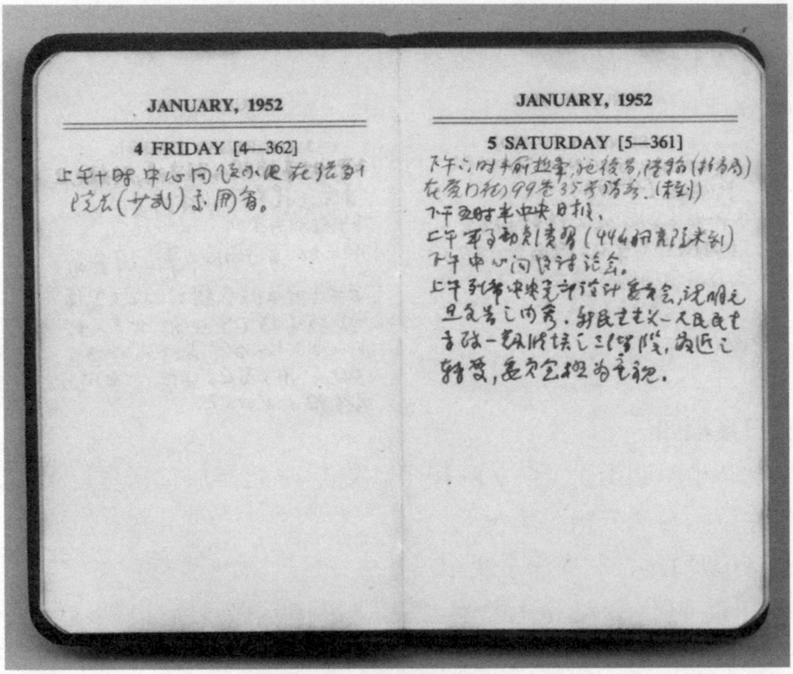
JANUARY, 1952

4 FRIDAY [4—362]

JANUARY, 1952

5 SATURDAY [5—361]

下午五時半中央日報。

下午中心開檢討會。

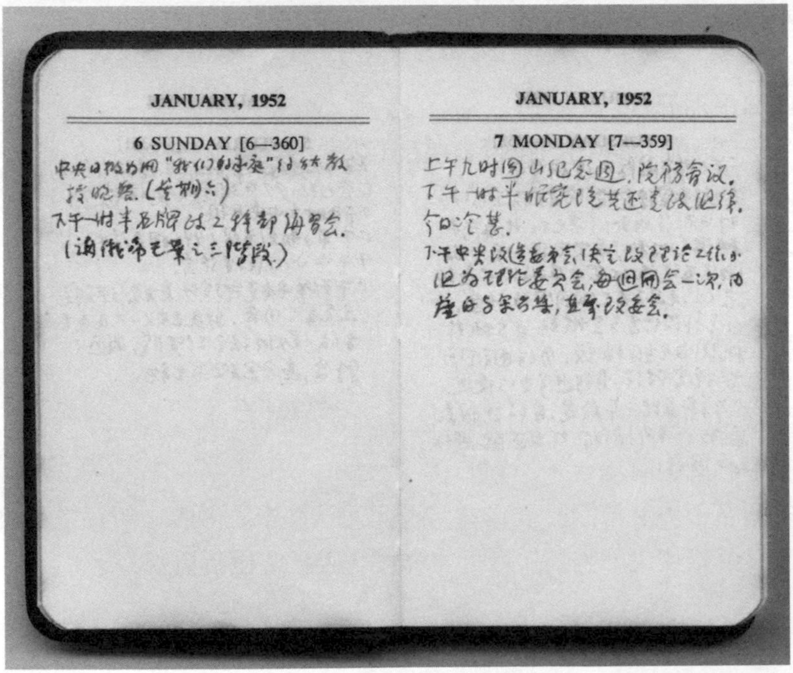
JANUARY, 1952

6 SUNDAY [6—360]

JANUARY, 1952

7 MONDAY [7—359]

上午九時國父紀念週，院務會議。

＊ 一月六日星期日

中央日報為編「我們的家庭」約台大教授晚餐。（星期六）

下午一時半石牌政工幹部講習會。（講俄帝亡華之三階段）

＊ 一月七日星期一

上午九時半圓山紀念週。院務會議。

下午一時半研究院共匪黨政組織。

今日冷甚。

下午中央改造委員會決定改理論工作小組為理論委員會，每週開會一次，由曾虛白與余召集，直屬改委會。

＊ 一月八日星期二

上午八時半國際問題研究會。

十一時半宣傳會談，總裁指示：（1）對日合約此刻（英已批准，美尚未批

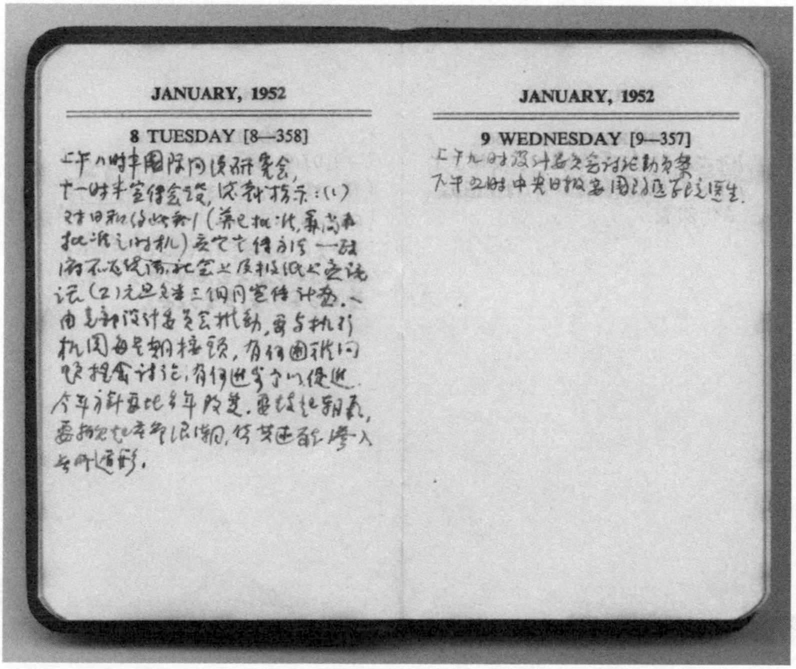

准之時機）應定宣傳方法一政府不必說話，社會上及報紙上應說話。（2）元旦文告三個月宣傳計畫，一由黨部設計委員會推動，要與執行機關每星期接頭，有何困難問題提會討論，有何進步予以促進。今年方針要比去年改變，要鼓起朝氣，要掀起革命浪潮，使共匪無從滲入，無所遁形。

＊ 一月九日星期三

上午九時設計委員會討論動員案。

下午五時中央日報宴國防醫學院醫生。

＊ 一月十日星期四

下午六點郵務工會演講時事談話。

下午三時瀋陽街座談會，討論匪的文化教育。

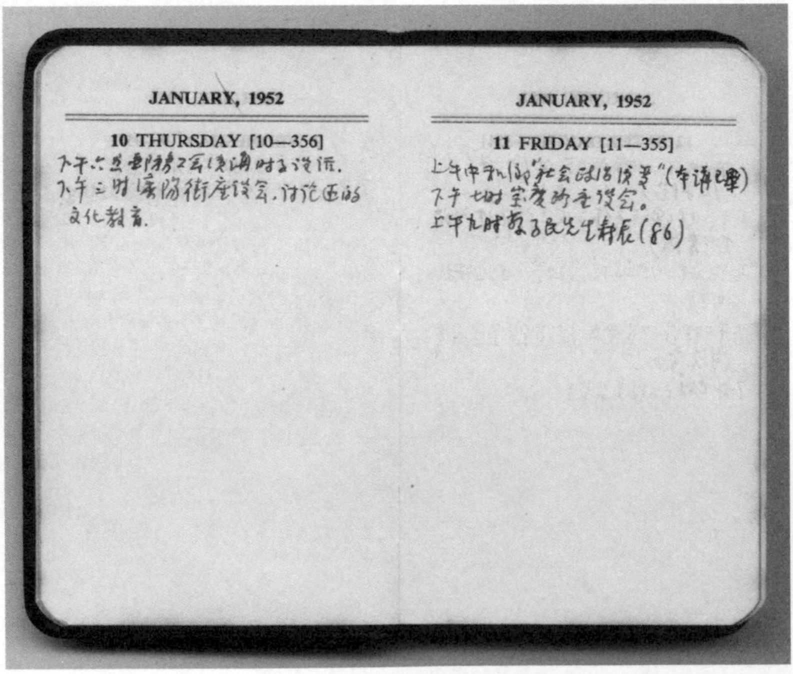

＊ 一月十一日星期五

上午中和鄉「社會政治演變」。（本講已畢）

下午七時寶慶路座談會。

上午九時蔡孑民先生壽辰（86）

＊ 一月十二日星期六

上午十至十二，財務人員訓練班（台大法學院）

下午三時理論工作小組。（研究院討論會請假）

下午三時半行政院會議室，討論外交問題。

下午二時赴草山參加討論會，上列二會均未參加。

下午七時陳院長公館。

＊ 一月十三日星期日

下午二時半，總政治部約演講，擬講「俄帝亡華三部曲」。

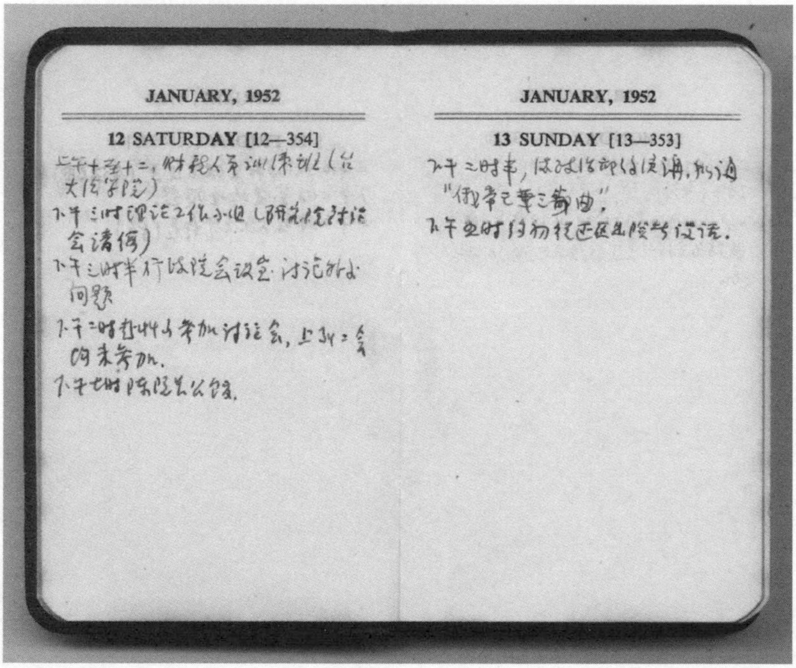

下午五時約初從匪區出險者談話。

＊ 一月十四日星期一

上午十時圓山紀念週。

下午三時中改會。

下午六時第五組請客。為總統擬提道藩為立法院長事交換意見，並勸其同意。

＊ 一月十五日星期二

上午八時半國際問題研究會。

十時一般會談，關於監院對李宗仁彈劾案成立後，國大開會事，總裁指示日期能遲至何時即遲。

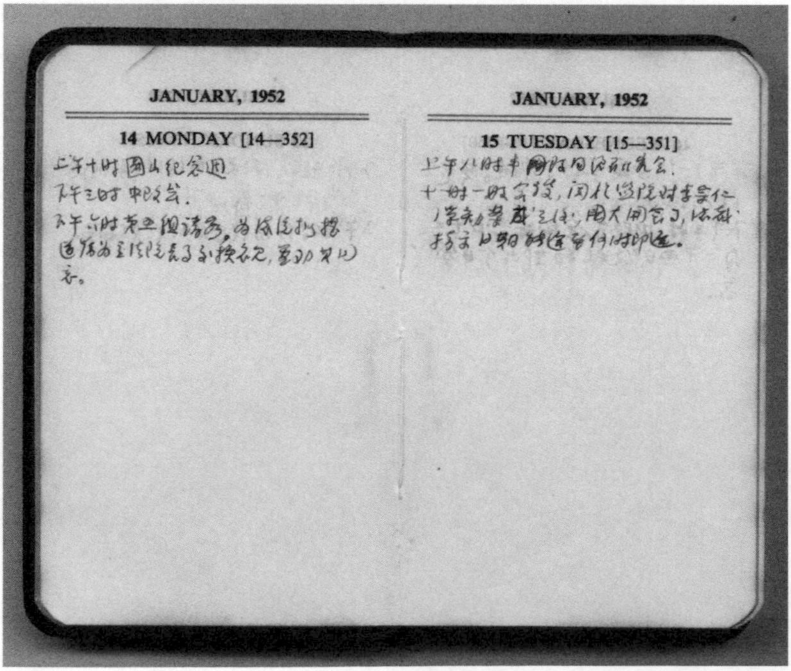

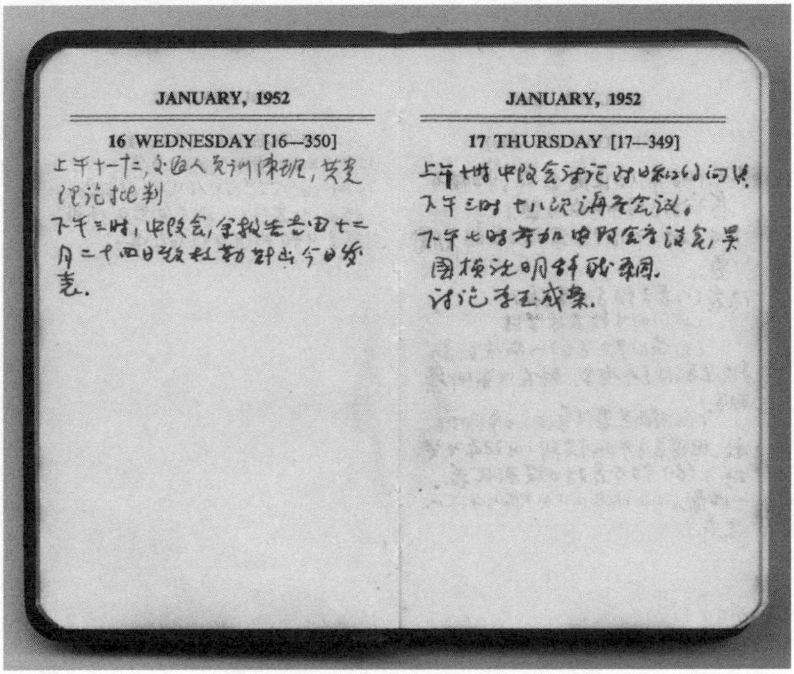

＊ **一月十六日星期三**

上午十至十二，交通人員訓練班，共黨理論批判。

下午三時，中改會，余報告吉田十二月二十四日致杜勒斯函今日發表。

＊ **一月十七日星期四**

上午十時中改會討論對日合約問題。

下午三時十八次講座會議。

下午七時參加中政會座談會，吳國楨說明辭職原因。

討論李玉成案。

＊ **一月十八日星期五**

上午十時半，總統府會談（臨時召集）討論對日合約問題。

下午三時行政院會議總動員綱要。

總裁（1）表示願與日本媾和。

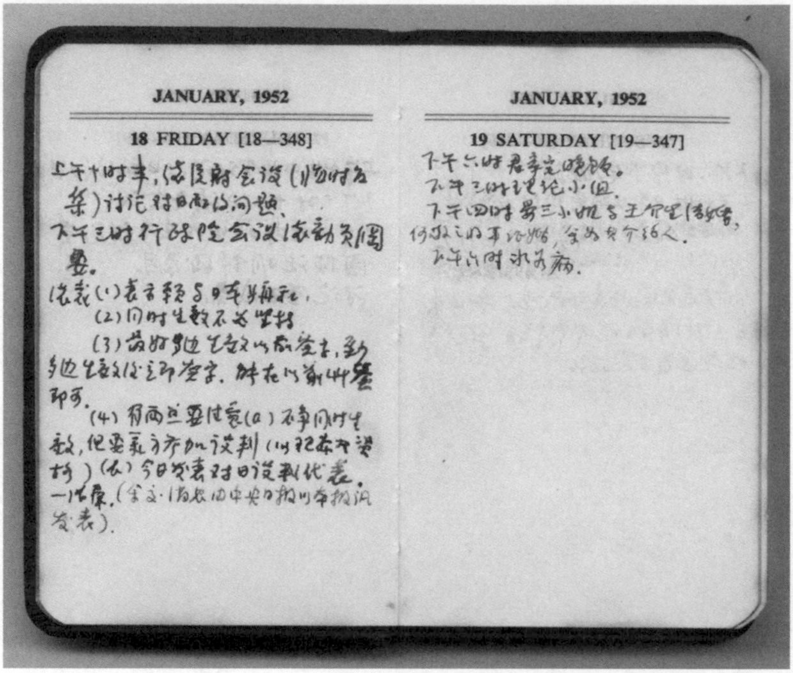

（2）同時生效不必堅持。

（3）最好雙邊生效以前簽字，至少多邊生效後立即簽字，能在以前草簽即可。

（4）有兩點要注意（a）不爭同時生效，但要美方參加談判（以觀察者資格）（b）今日發表對日談判代表一張群。（余交消息給中央日報以本報訊發表）。

＊ 一月十九日星期六

下午六時君章宅晚飯。

下午三時理論小組。

下午四時晏三小姐與王介生結婚，何敬之將軍證婚，余為其介紹人。

下午六時冰如病。

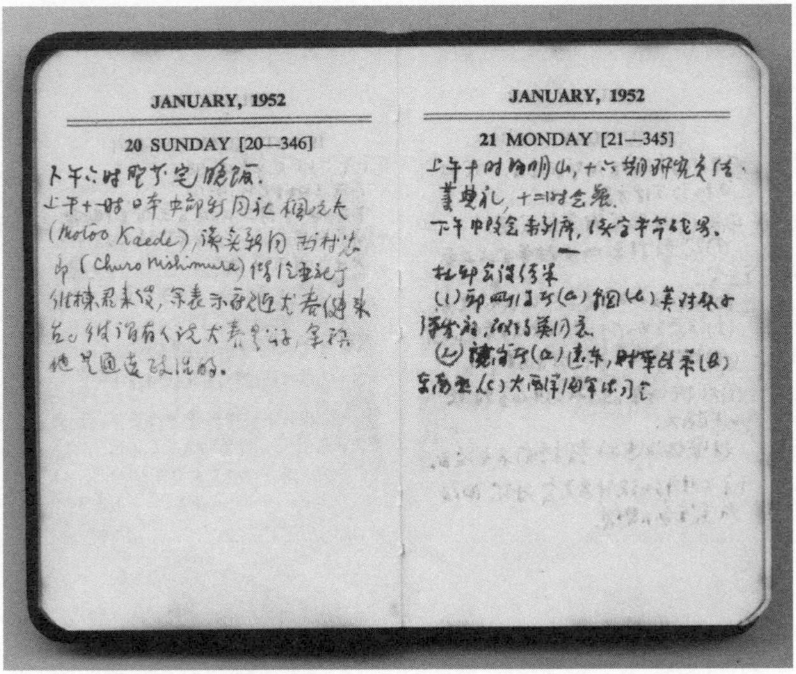

＊ 一月二十日星期日

下午六時聖芬宅晚飯。

上午十一時日本中部新聞社楓元夫（Motoo Kaede）讀賣新聞西村忠郎（Churo Mishimura）偕泛亞社丁維棟君來談，於表示歡迎犬養健來台。彼謂有人說犬養是公子，余稱他是通達政治的。

＊ 一月二十一日星期一

上午十時陽明山，十六期研究員結業典禮，十二時會餐。

下午中改會未列席。續寫革命戰略。

杜邱會談結果（1）邱所治者（a）鋼（b）美對原子彈發射，彼得英同意。（2）讓步者（a）遠東，對華政策（b）東南亞（c）大西洋海軍總司令。

＊ 一月二十二日星期二

上午八時半國際問題研究會，討論對日和約宣傳方針。

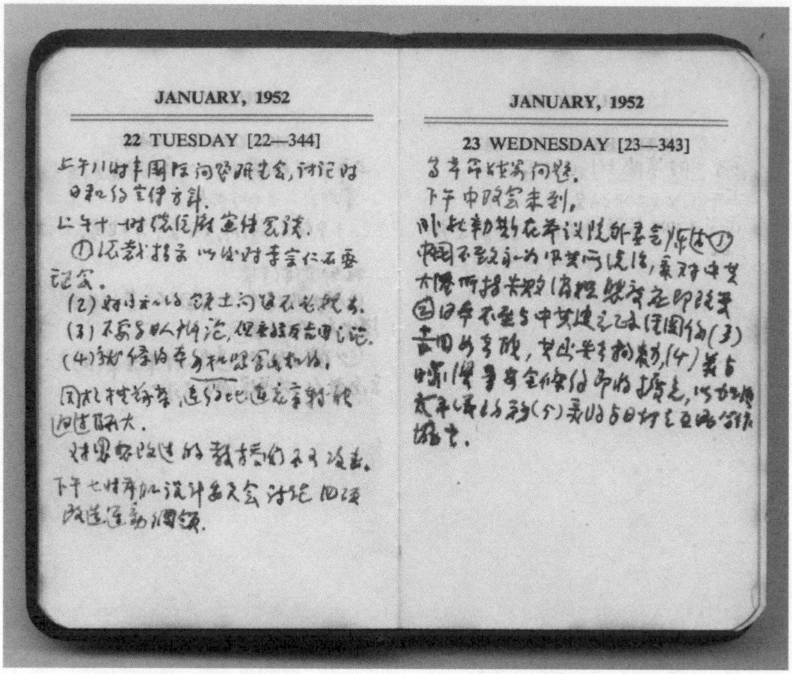

上午十一時總統府宣傳會談。

（一）總裁指示以後對李宗仁不要理會。

（二）對日和約領土問題必提出。

（三）不要與日本辯論，但應該反吉田之論。

（四）就條約本身和理念定和約。

關於控蘇案，違約比違？？較能通聯大。

對思想改造的教授們不可攻擊。

下午七時參加設計委員會討論四項改造運動綱領。

＊ 一月二十三日星期三

寫革命戰略問題。

下午中改會未到。

昨杜勒斯在參議院外委會陳述（1）中國不致永為中共所統治，美對中共大陸所持失敗消極態度應即改變（2）日本不至與中共建立政經關係（3）吉田如去職，共匪失去拘束力，（4）美與日菲澳安全條約即將擴充，以加強太平洋防務，（5）美將與日訂定互助合作協定。

＊ **一月二十四日星期四**

下午二時貴陽街小組會議。

上午十至十二中改會。

正午十二時公宴汪公紀，餞別其赴日。

＊ **一月二十五日星期五**

下午二時至五時石牌政工班國內外形勢。

下午六時蕭自誠宅晚餐。

上午十時圓山第七期結業典禮。

晚修改行政院國家總動員綱領草案。

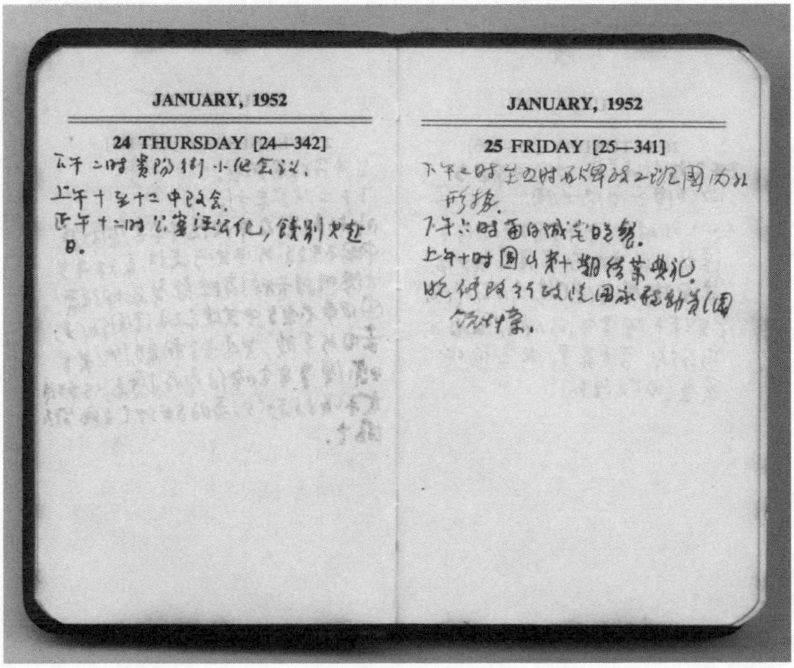

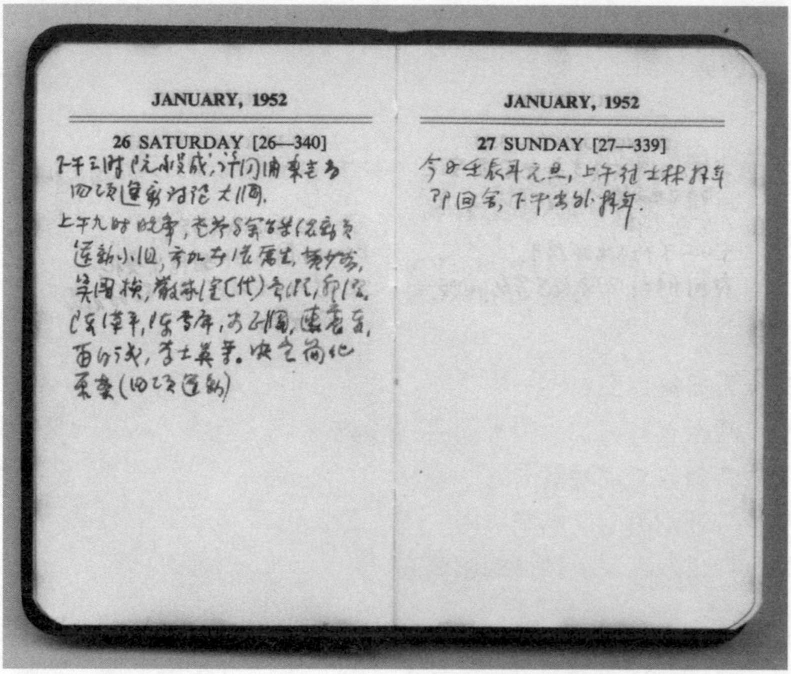

JANUARY, 1952

26 SATURDAY [26—340]

下午三時院小組成，討論陳東老等四項運動討論大綱。
上午九時改革，在第8室召集[illegible]運動小組，參加者係為黃少谷，吳國楨，[illegible]（[illegible]代）[illegible]，陳雪屏，陳雪屏，沈昌煥，張其昀，[illegible]，李士英等。決定簡化系統（四項運動）

JANUARY, 1952

27 SUNDAY [27—339]

今日壬辰年元旦，上午往士林拜年即回家，下午出外拜年。

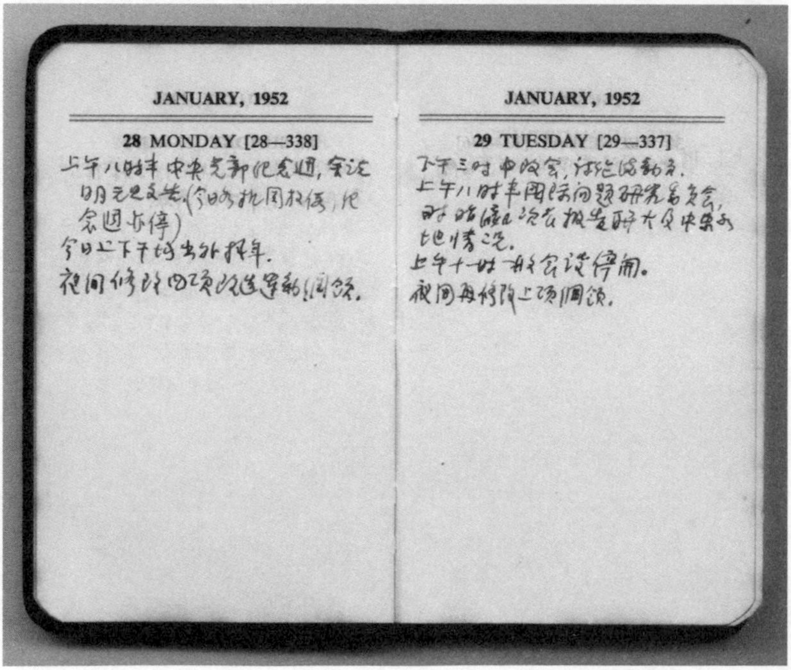

JANUARY, 1952

28 MONDAY [28—338]

上午八時半中央黨部紀念週，余說明元旦文告。（今日為[illegible]假，紀念週亦停）
今日上下午均出外拜年。
夜間修改四項改造運動綱領。

JANUARY, 1952

29 TUESDAY [29—337]

下午三時中改會，討論總動員。
上午八時半國際問題研究召集會，時昭瀛說去[illegible]大使來東京各地情況。
上午十一時一般會談停開。
夜間再修改上項綱領。

＊ 一月二十六日星期六

下午三時阮毅成，許聞淵來宅商四項運動討論大綱。

上午九時曉峰，書琴與余召集總動員運動小組，參加者張厲生，黃少谷，吳國楨，嚴家淦（代），唐縱，郭澄，陳漢平，陳雪屏，谷正綱，連震東，蕭自誠，李士英等。決定簡化原案（四項運動）。

＊ 一月二十七日星期日

今日壬辰元旦，上午往士林拜年即回舍，下午出外拜年。

＊ 一月二十八日星期一

上午八時半中央黨部紀念週，余說明元旦文告。（今日各機關放假，紀念週亦停）。

今日上下午均外出拜年。

夜間修改四項改造運動綱領。

＊ 一月二十九日星期二

下午三時中改會，討論總動員。

上午八時半國際問題研究委員會，時昭瀛次長報告聯大及中東各地情況。

上午十一時一般會談停開。

夜間再修改上項綱領。

＊ 一月三十日星期三

下午三時中改會討論四項改造運動綱領。

＊ 一月三十一日星期四

上午十時中改會，討論青年先鋒隊問題，陳院長要黨有重點指示，不能包羅萬象，從政同志擔負不了。

＊ 二月一日星期五

中央日報二十週年紀念。

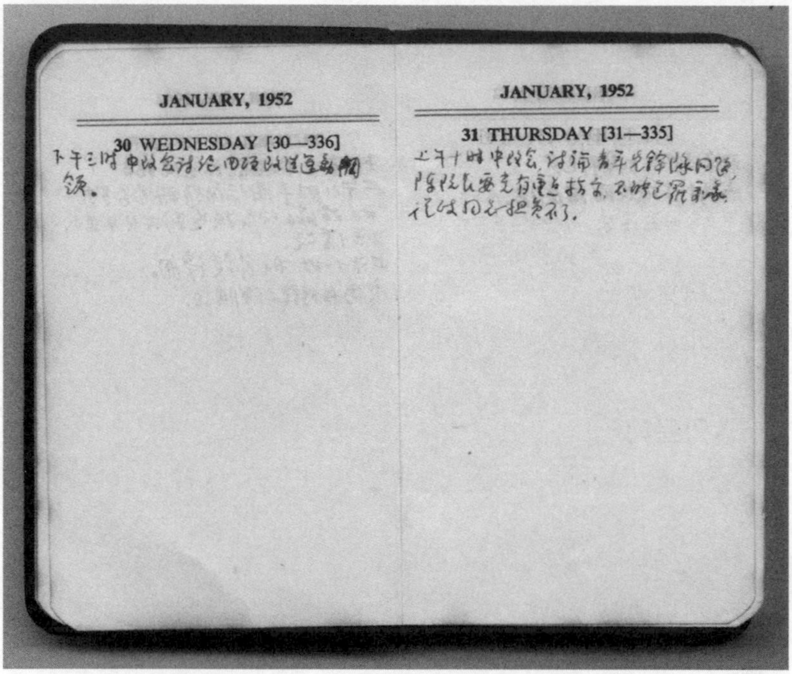
JANUARY, 1952

30 WEDNESDAY [30—336]

下午三時中政會討論田糧改進意見綱領。

JANUARY, 1952

31 THURSDAY [31—335]

上午十時中政會，討論青年先鋒隊問題，陳院長要先有重點指示，不能已成事實，但此問題也要延了。

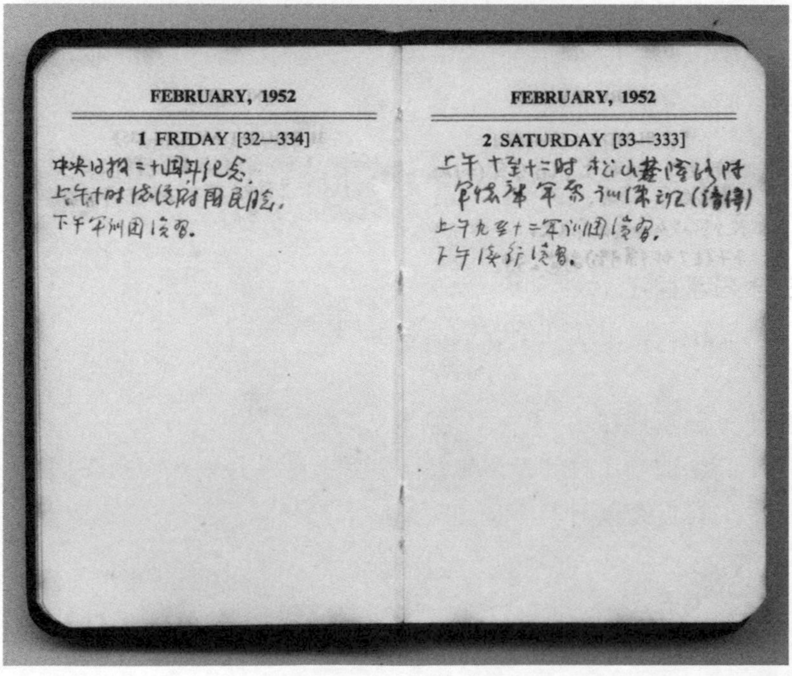
FEBRUARY, 1952

1 FRIDAY [32—334]

中央日報二十四周年紀念。
上午十時總統府國民月會。
下午軍訓團講習。

FEBRUARY, 1952

2 SATURDAY [33—333]

上午十至十二時松山基隆路陸軍供應部軍需訓練班（講演）
上午九至十二軍訓團講習。
下午復行講習。

上午十時總統府國民月會。

下午軍訓團演習。

＊ **二月二日星期六**

上午十至十二時松山基隆路陸軍總庫軍需訓練班（請停）

上午九至十二軍訓團演習。

下午續行演習。

＊ **二月三日星期日**

上午十時，草山，冬令講習會（二小時）本黨政策與方略。

夜修改總統農民節文告。

下午往士林徐可均新宅一談。

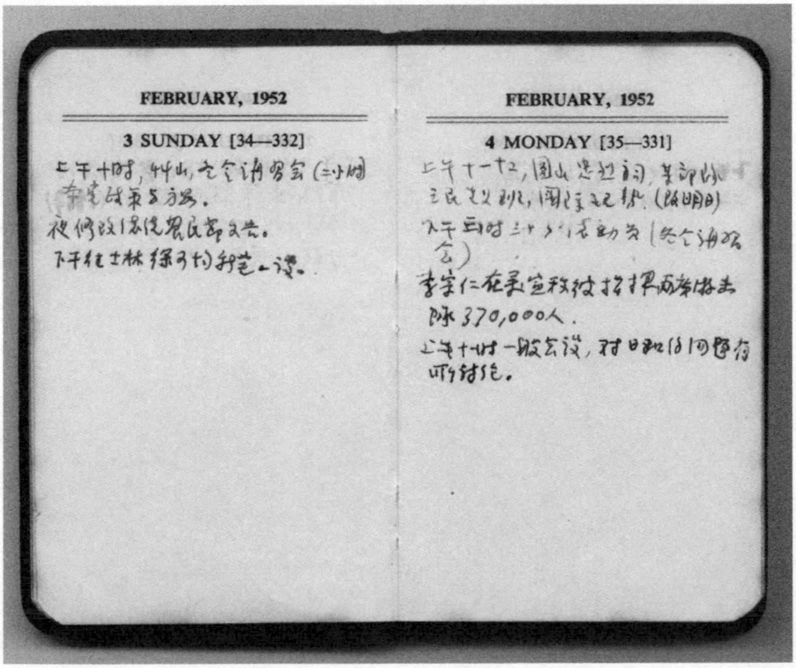

＊ 二月四日星期一

上午十至十二。圓山忠烈祠，某部隊三民主義班，國際現勢（改明日）。

下午三時三十分總動員（冬令講習會）

李宗仁在美宣稱彼指揮兩廣游擊隊 370,000 人。

上午十時一般會談，對日和約問題有所討論。

＊ 二月五日星期二

下午四時考試院約演講。

上午十時圓山第六軍演講。

＊ 二月六日星期三

上午八至九時五十分，草山，冬令講習會，國際現勢。

十時十分，政工幹部學校。唯物辯證法批判。（函改）

下午五時對日和約小組（因事請假）。

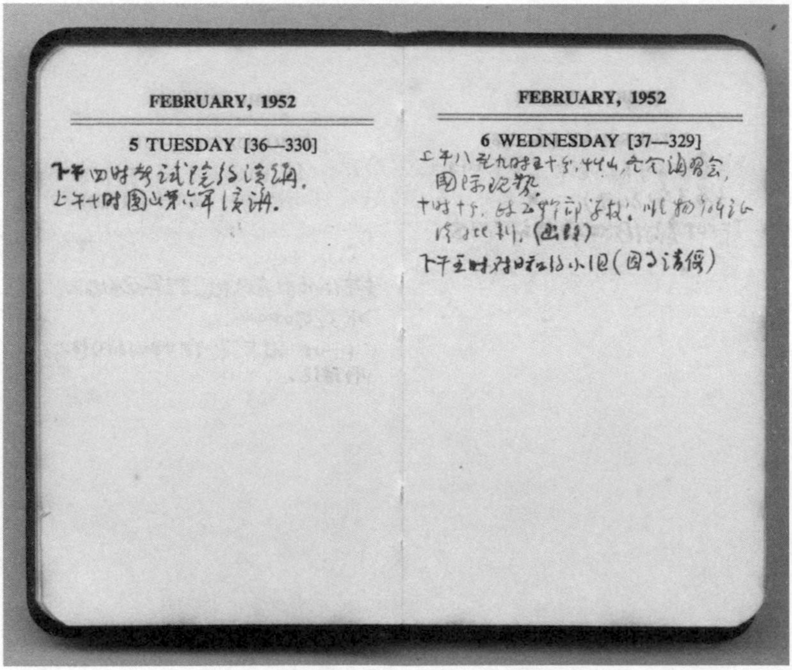

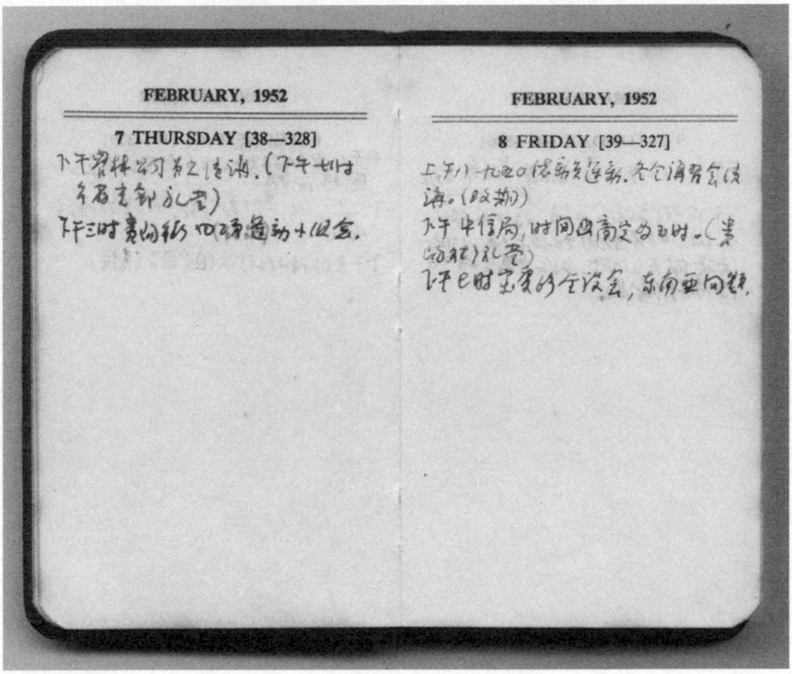

＊ **二月七日星期四**

下午農林公司員工演講。（下午七時公省黨部禮堂）

下午三時貴陽街四項運動小組會。

＊ **二月八日星期五**

上午八時至九時五十分總動員運動。冬令講習會演講。（改期）

下午中信局，時間函商定為五時。（貴陽街禮堂）

下午七時寶慶路座談會，東南亞問題。

＊ **二月九日星期六**

上午十至十二廣州街（萬華）20 警官班。

下午四時陳院長公館，對日和約小組，日方不願用和約名稱，小組決定後美方回答，再派代表，此二日內保持緘默。

木村到台，與葉外長談，謂日本代表團係本於對中國立場之諒解而來。但

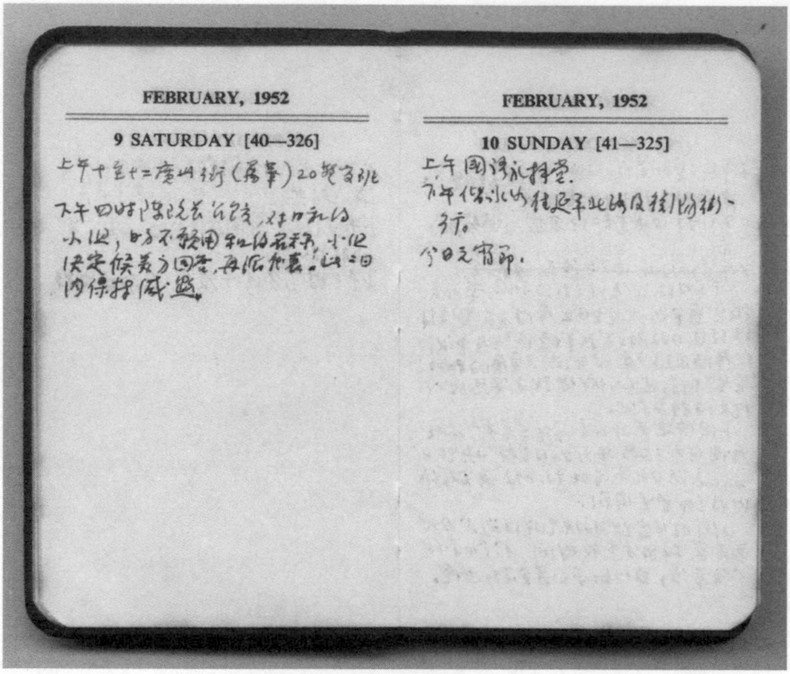

語氣仍暗示日本政府不願用和約名稱。

＊ 二月十日星期日

上午國語禮拜堂。

下午偕冰如往延平北路及衡陽街一行。

今日元宵節。

＊ 二月十一日星期一

革命實踐研究院一至十一期結業研究員研討會預計於今日開始。

上午八時半中央黨部紀念週，余出席報告。

下午三時陳公館對日和約小組，葉外長報告藍金告以上星期五席博爾與岡崎談話經過，日政府對「和平條約」可無爭議，但席博爾稱日本對形式與實質的和約之「實質」似有戒心，誠恐我方突然就此提出何種要求也。

小組決定葉外長交節略與木村，說明我國全權認為簽訂和約之權，喚起日

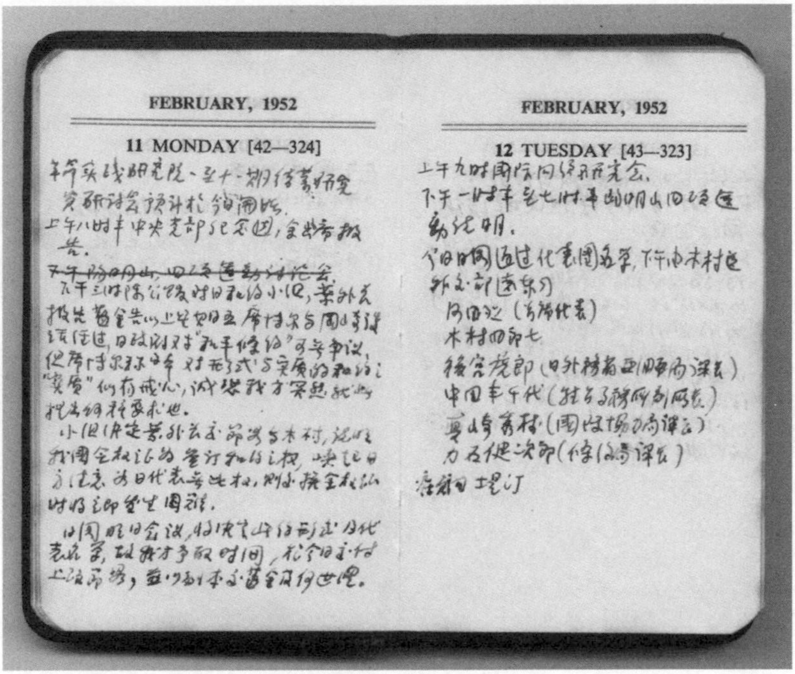

方注意，如日代表無此權，則交換全權證時將立即發生困難。

日閣明日會議，將決定此約形式日及代表名單，故我方爭取時間，於今日交付上項節略，並以副本交藍金及何世禮。

＊ 二月十二日星期二

上午九時國際問題研究會。

下午一時半至七時半陽明山四項運動說明。

今日日閣通過代表團名單，下午由木村送外交部遠東司。

河田（首席代表）

木村四郎七

後宮虎郎（日外務省亞細亞局課長）

中田豐千代（駐台事務所所長）

真崎秀樹（國際協力局課長）

力石健次郎（條約局課長）

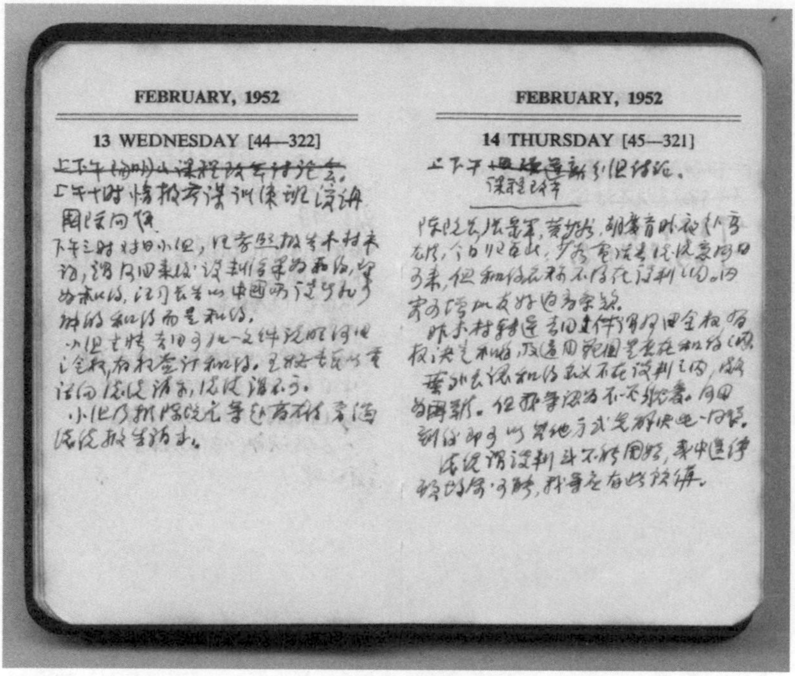

顧問提訂

＊ 二月十三日星期三

上午十時情報參謀訓練班演講國際問題。

下午三時對日小組，汪孝熙報告木村來訪，謂和田來後談判結果為和約，即為和約，汪司長告以中國所談者和可能的和約而是和約。

小組主張吉田可加一文件說明河田之全權，有權簽訂和約。王秘書長以電話向總統請示，總統謂不可。

小組乃推陳院長等赴高雄，晉謁總統報告請示。

＊ 二月十四日星期四

上下午課程改革分組討論。

陳院長，張岳軍，黃少谷，胡慶育昨夜赴高雄，今日歸台北，少谷電話告總統意河田可來，但和約名稱不得在談判之內。內容可增加友好通商條款。

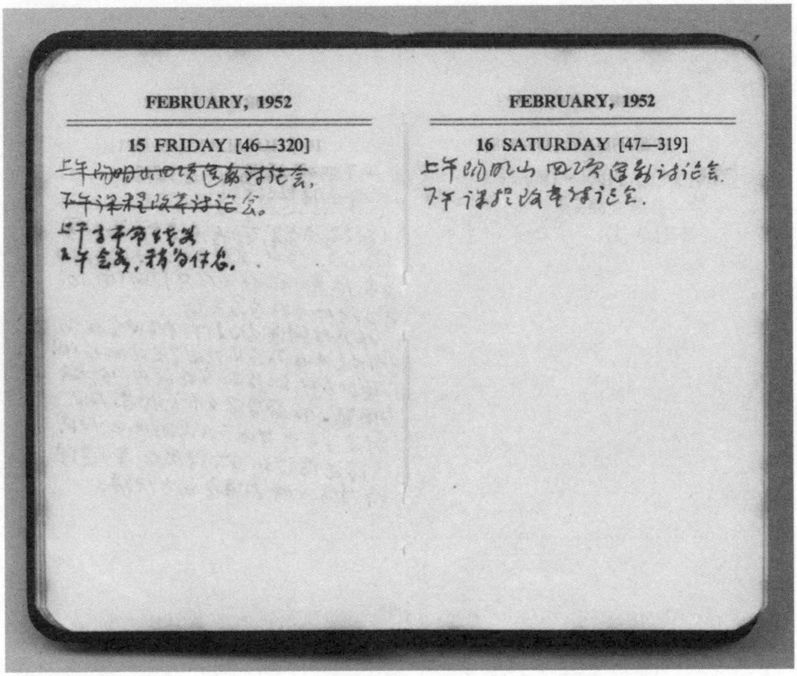

昨木村轉達吉田文件謂河田全權有權決定和約，及適用範圍是否在和約內。

葉外長認和約名義不在談判之內，頗為困難，但我等認為不必擔憂。河田到後可以其他方式解決此一問題。

總統謂談判或不能開始，或中途停頓均屬可能，我等應有此預備。

＊ 二月十五日星期五

上午寫革命戰略。

下午會客，稍為休息。

＊ 二月十六日星期六

上午陽明山，四項運動討論會。

下午課程改革討論會。

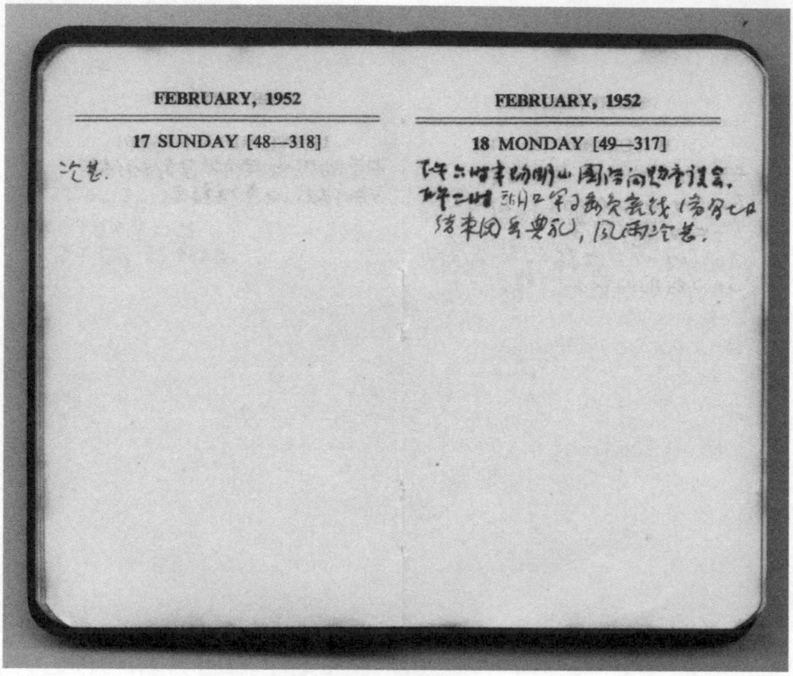

＊ 二月十七日星期日

冷甚。

＊ 二月十八日星期一

下午六時半陽明山，國際問題座談會。

下午二時湖口軍事動員實戰演習七日結束閱兵典禮，風雨冷甚。

＊ 二月十九日星期二

上午十時陽明山第一期結業。

下午三時貴陽街研究部會議。

下午七時葉公超宴客。

下午八時二十分廣播談話，就對日和約幾個問題加以解答。

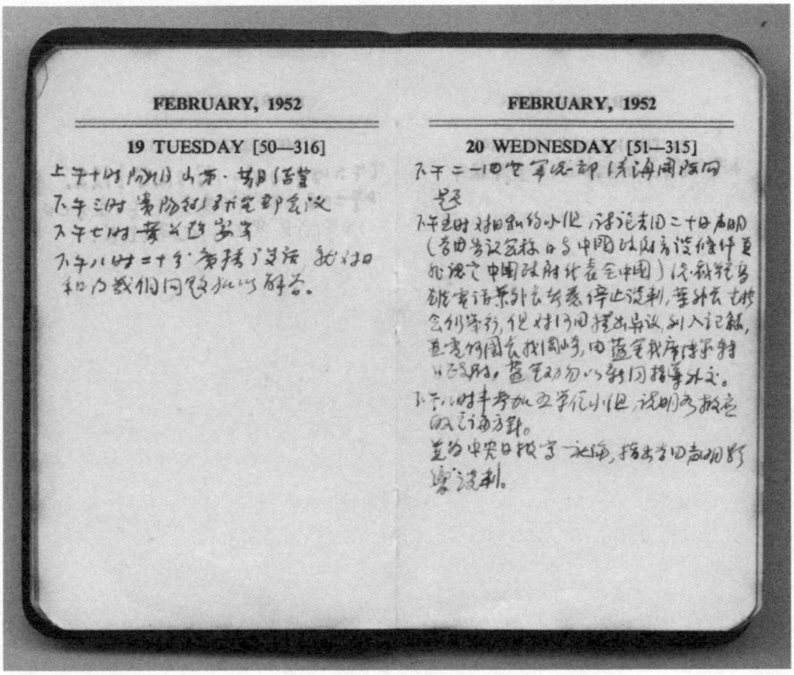

＊ 二月二十日星期三

下午二至四空軍總部演講國際問題。

下午五時對日和約小組，討論吉田二十日聲明（吉田告議會稱日與中國政府談條件並非認定中國政府代表全中國）總裁從高雄電話葉外長考慮停止談判，葉外長主張會仍舉行，但對河田提出異議，列入記錄，並電何團長找岡崎，由藍金找席博爾轉日政府，藍金勸勿以新聞指導外交。

下午八時半參加五單位小組，說明各報應取言論方針。

並為中央日報寫一社論，指出吉田聲明影響談判。

＊ 二月二十一日星期四

下午二時半至四點半石牌民生哲學。

＊ 二月二十二日星期五

下午七時寶慶路座談會。討論美國對華政策改變之傳統，預定下次討論國

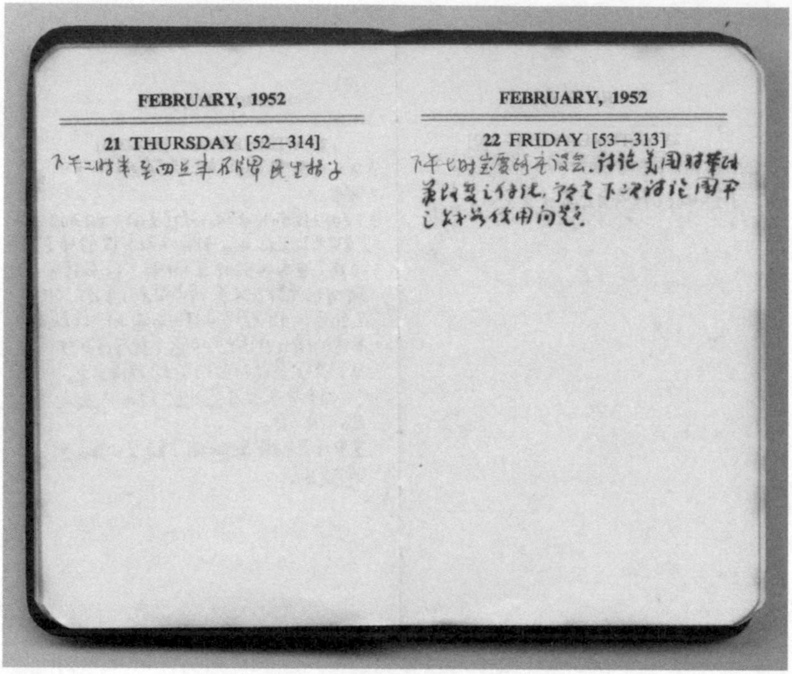
FEBRUARY, 1952
21 THURSDAY [52—314]
FEBRUARY, 1952
22 FRIDAY [53—313]

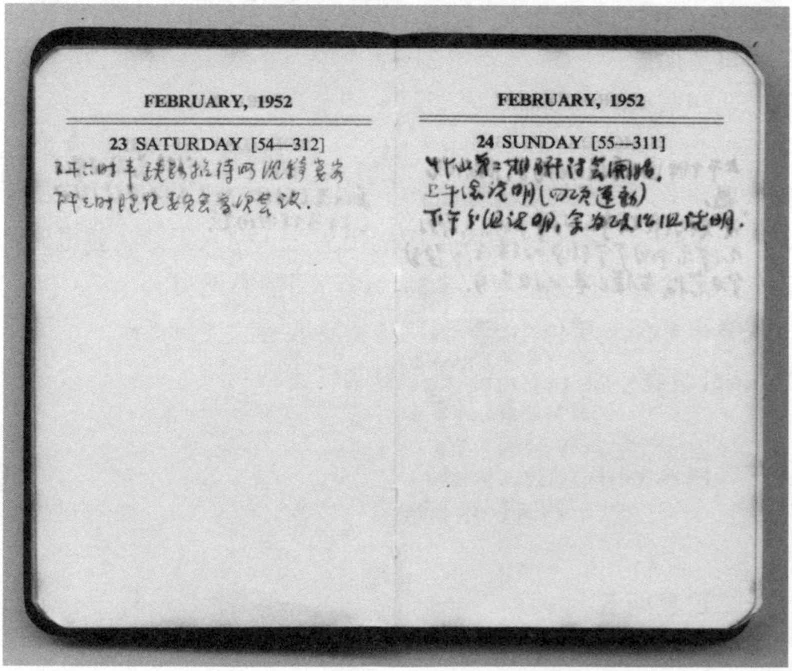
FEBRUARY, 1952
23 SATURDAY [54—312]
FEBRUARY, 1952
24 SUNDAY [55—311]

軍之戰略使用問題。

＊ 二月二十三日星期六

下午六時半鐵路招待所沈錡宴客。

下午三時理論委員會首次會議。

日方要求以日印條約為準，訂立簡短之條件。葉公超重申中國立場。

＊ 二月二十四日星期日

草山第二期研討會開始。

上午總說明（四項運動）

下午分組說明，余為政治組說明。

＊ 二月二十五日星期一

上午十時圓山高級班開學，國父紀念週。

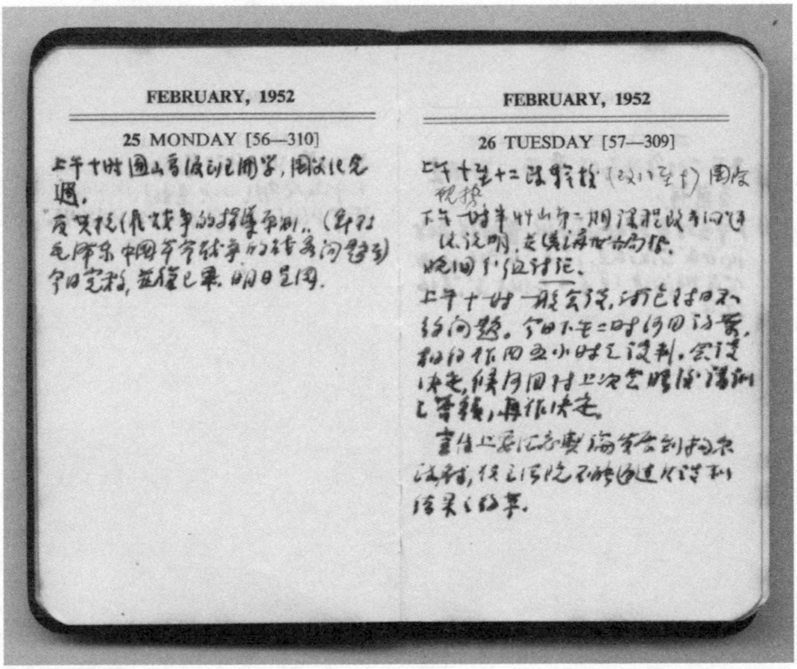

「反共抗俄戰爭的指導原則」（針對毛澤東中國革命戰爭的戰略問題者）今日完稿，並複已畢，明日呈閱。

＊ 二月二十六日星期二

上午十至十二政幹班（改八至十）國際現勢。

下午一時半草山第二期課程改革問題總說明，並演講世界局勢。

晚間分組討論。

上午十一時一般會談，討論對日和約問題。今日下午二時河田訪葉，相約作四五小時之談判。會談決定，候河田對上次會晤後講訓之答覆，再作決定。

宣傳上要注意輿論發展到拘束政府，使立法院不能通過其談判結果之約束。

＊ 二月二十七日星期三

下午六時鐵路局大禮堂，第十二期研究員聚餐。

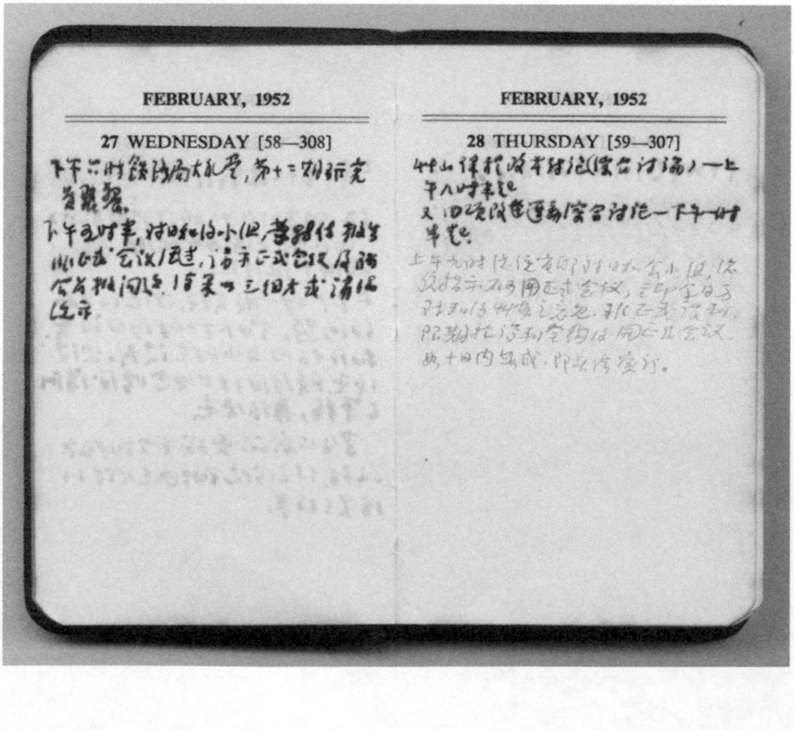

下午五時半，對日和約小組，葉特使報告非正式會議經過，請示正式會議及聯合公報問題，結果以三組方式請總統示。

＊ 二月二十八日星期四

草山課程改革討論（綜合討論），上午八時半起。

又，四項運動綜合討論一下午一時半起。

上午九時總統官邸對日和會小組，總統指示不可開正式會議，立即拿日方對和約草案之意見，非正式談判，限期於談判全約後開正式會議。如十日內無成，即無法簽訂。

＊ 二月二十九日星期五

下午一時半起，草山軍事動員演習（未到）。

晚寫三月四日廿六屆童子軍節演講稿，及中央日報總統復行視事二週年獻詞。

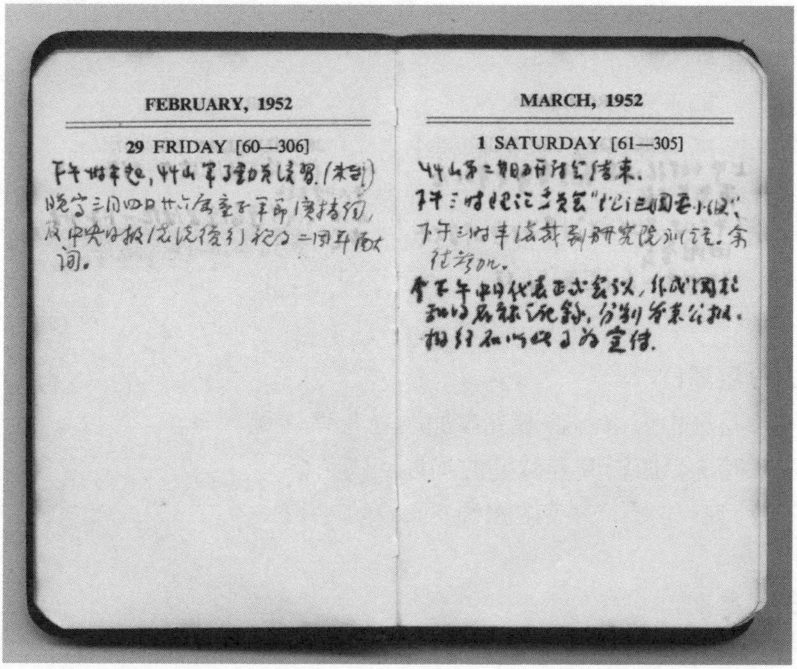

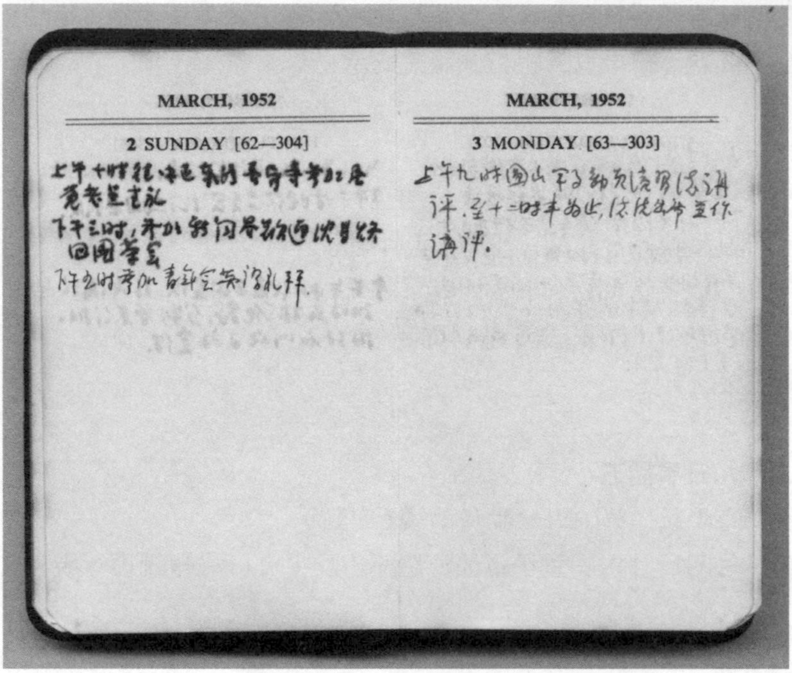

＊ 三月一日星期六

草山第二期研討會結束。

下午三時理論委員會「理論綱要小組」。

下午三時半總裁到研究院訓話。余往參加。

今下午中日代表正式會議，作成關於和約名稱之記錄，分別發表公報，相約不以此事為宣傳。

＊ 三月二日星期日

上午十時往中正東路善導寺參加居覺老？主禮。

下午三時，參加新聞界歡迎沈昌煥回國茶會。

下午五時參加青年會英語禮拜。

＊ 三月三日星期一

上午九時圓山軍事動員演習總講評，至十二時半為止，總統出席並作講

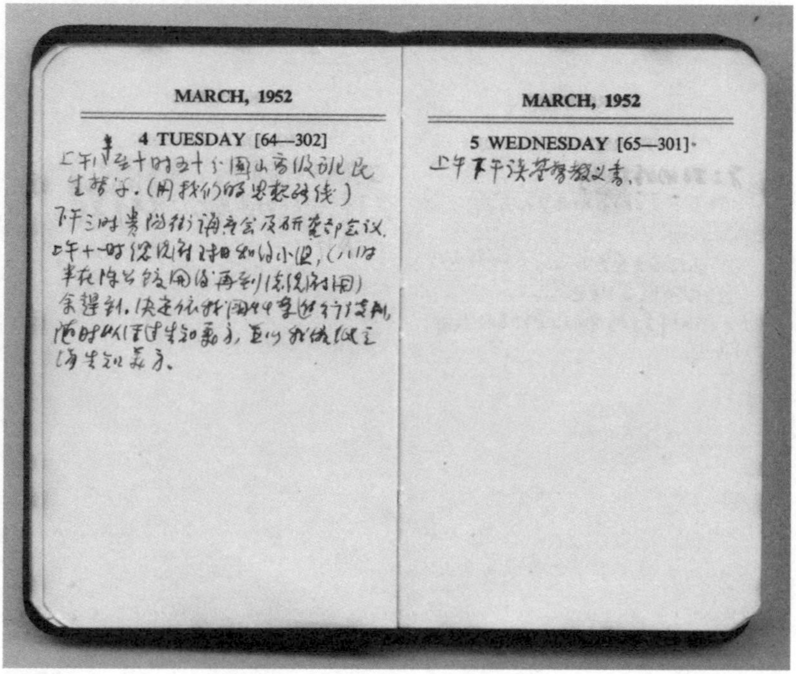

評。

＊ 三月四日星期二

上午八半至十時五十分圓山高級班民生哲學。（用我們的思想路線）

下午三時貴陽街講座會及研究部會議。

上午十一時總統府對日和約小組，（八時半在陳公館開後再到總統府開）余趕到，決定依我國草案進行談判，隨時以經過告知美方，並以我最低立場告知美方。

＊ 三月五日星期三

上午下午讀基督教義書。

＊ 三月六日星期四

第三期開始報到。

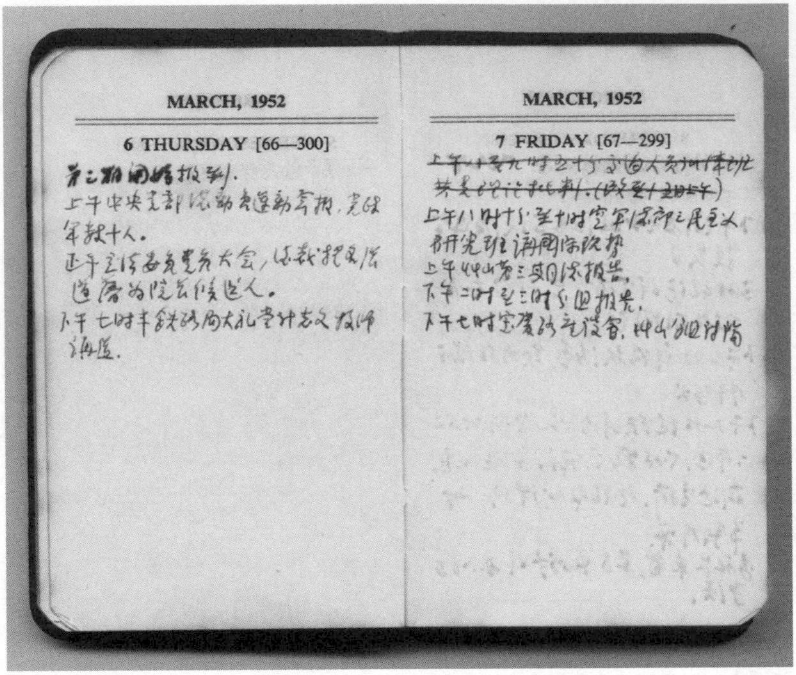

上午中央黨部總動員運動會報，黨政軍數十人。

正午立法委員黨員大會，總裁提名張道藩為院長候選人。

下午七時半鐵路局大禮堂許志文牧師講道。

＊ 三月七日星期五

上午八時十分至十時空總部之三民主義研究班講國際現勢。

上午草山第三期總報告。

下午二時至三十分組報告。

下午七時寶慶路座談會，草山分組討論。

＊ 三月八日星期六

石牌約今演講國際形勢，上午九時。

上午草山第三期分組研究。

下午立法委員小組組長會議，商選舉院長事。

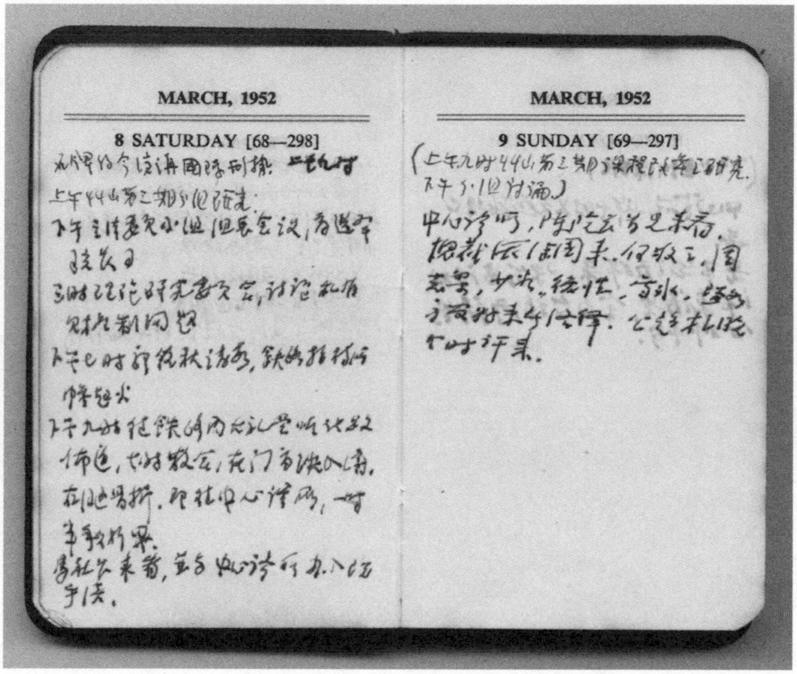

三時理論研究委員會，討論私有財產制問題。

下午七時郭鏡秋請客，鐵路招待所中午起火。

下午九時往鐵路局大禮堂聽許志文牧師佈道，十時散會，在門首跌入溝，左腿骨折，即往中心診所，一時半手術畢。

馬社長來看，並與中心診所辦入院手續。

＊ 三月九日星期日

（上午九時草山第三期課程改革之研究，下午分組討論）

中心診所，陳院長首先來看，總裁派經國來，何敬之，周志柔，少谷，德 ？，雪冰，暨各方官將來者絡繹，公超於晚十時許來。

＊ 三月十日星期一

（下午交通訓練班）

中心診所，上午十時 X 光照接骨已妥。

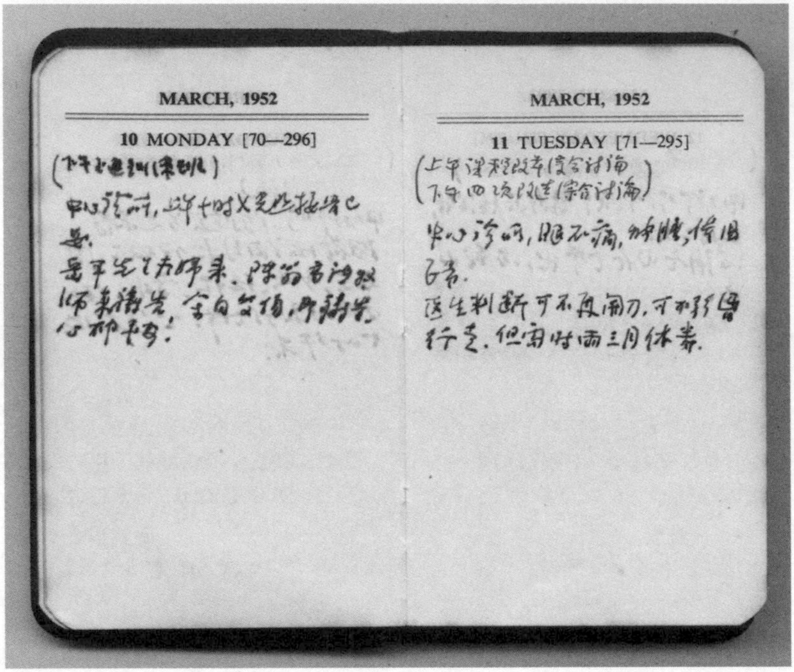

MARCH, 1952

10 MONDAY [70—296]

（下午七時到X案明）

中心診所，上午十時X先生指導已畢。

毛平先生及方師來。除藥者沙及師來請告，全由自得，所謂莫心耶平乎！

MARCH, 1952

11 TUESDAY [71—295]

（上午課程改革課會討論
下午四次段選綜合討論）

中心診所，眼不痛，好睡，惟服舊藥。

醫生判斷可不更開刀，可以影唇行之。但尚須兩三月休養。

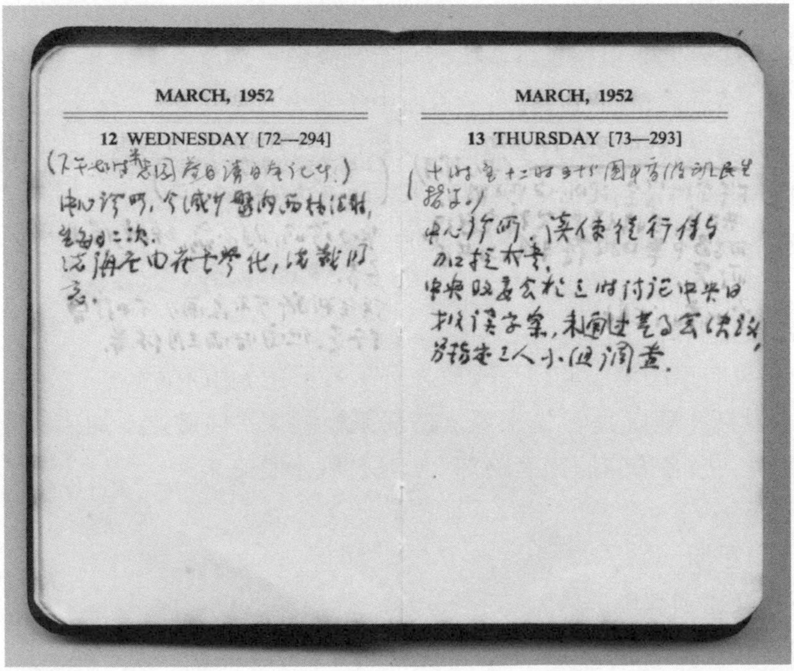

MARCH, 1952

12 WEDNESDAY [72—294]

（下午四時赴國府日清日活乙女）

中心診所，今減少醫肉品格注射，並每日二次。

治濟老由花去參化，法截同來。

MARCH, 1952

13 THURSDAY [73—293]

（十一時至十二時半在國民黨修訓展覽指導）

中心診所，漢使往行得多加輕水事。

中央政委令之時討記中央日報漢字案，和國世考名字讀並方語者三人小組調查。

岳軍先生夫婦來，陳翁高諸牧師來禱告，余自受傷，即禱告，心神平安。

＊ 三月十一日星期二

（上午課程改革綜合討論；下午四項改造綜合討論）

中心診所，腿不痛，能腫，體溫正常。

醫生判斷可不再開刀，可不影響行走，但需時兩三月休養。

＊ 三月十二日星期三

（下午七時半忠園盧白請日本記者）

中心診所，今減少盤內西林注射，至每日二次。

總講座由崔書琴代，總裁同意。

＊ 三月十三日星期四

（十時至十二時五十分圓山高級班民生哲學）

中心診所，讀使徒行傳與加拉太書。

中央改委會於三時討論中央日報誤字案，為通過董事會決議。另指定三人小組調查。

＊ 三月十四日星期五

（中心診所）

下午余擬密呈，說明中央日報事，共六點，主張保持其穩定進行，勿蹈中華日報覆轍，為共匪所笑。

今日停止注射。

＊ 三月十五日星期六

（下午一時半國防醫學院）

下午微熱，夜間退去。

＊ 三月十六日星期日

（下午保安司令部訓練班。）

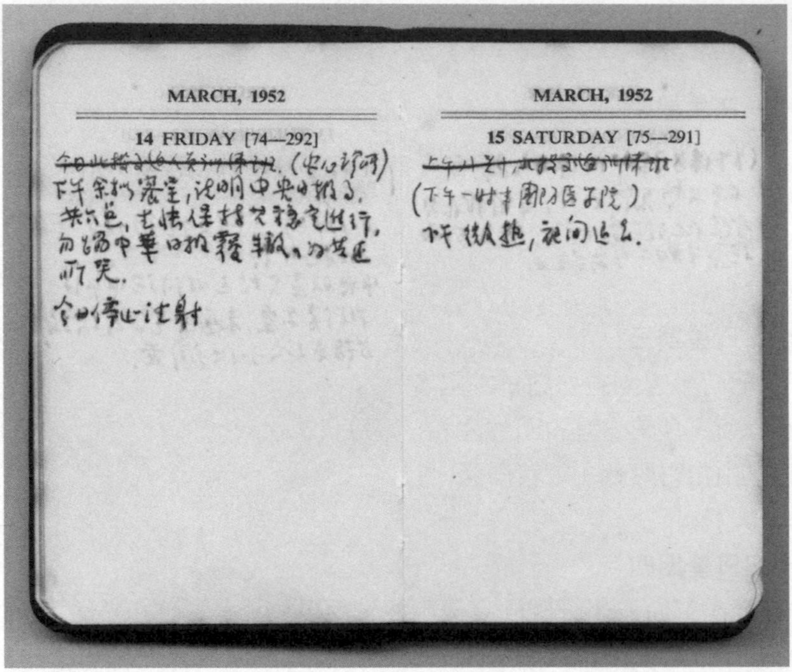

MARCH, 1952

14 FRIDAY [74—292]

~~今日此接至中人員訓練班~~（中心診所）
下午余赴總裁室，說明中央日報與
新生報，如何保持其穩定進行，
勿為中華日報接辦，均蒙延
納矣。
今日停止注射

MARCH, 1952

15 SATURDAY [75—291]

~~上午八至十，政校訓練班~~
（下午一時半國防醫學院）
下午微熱，請假返寓。

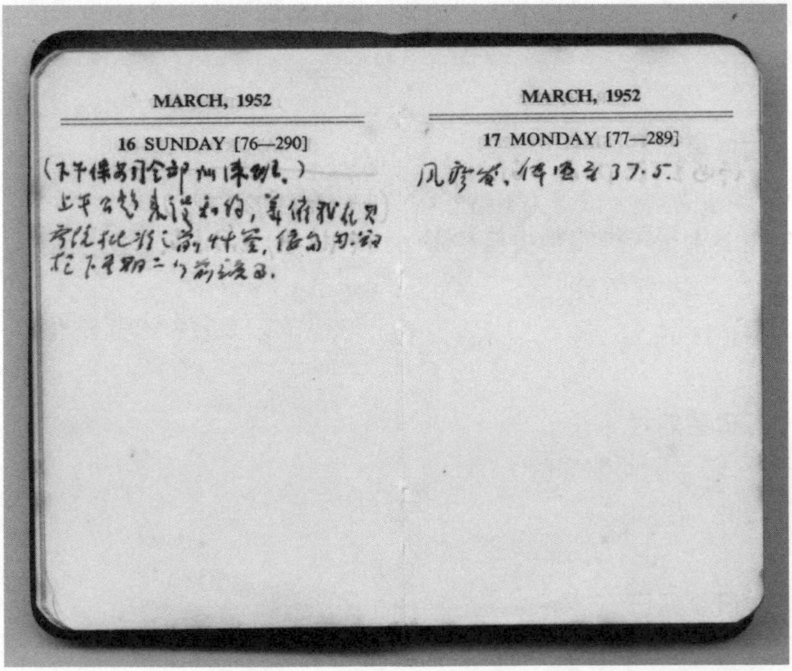

MARCH, 1952

16 SUNDAY [76—290]

（下午保安司令部訓練班。）
上午公超來談和約，美依我所見
修改批准之前什條，但為和約
於下星期二可簽訂。

MARCH, 1952

17 MONDAY [77—289]

風疹甚，體溫至37.5。

上午公超來談和約，美催我在其參院批准之前草簽，？？亦願於下星期二以前竣事。

＊ 三月十七日星期一

風疹發。體溫至37.5。

＊ 三月十八日星期二

體溫至38˚ 風疹甚劇。

＊ 三月十九日星期三

風疹稍佳，體溫後常。

防空演習。

大法官發表，伯猷在內。

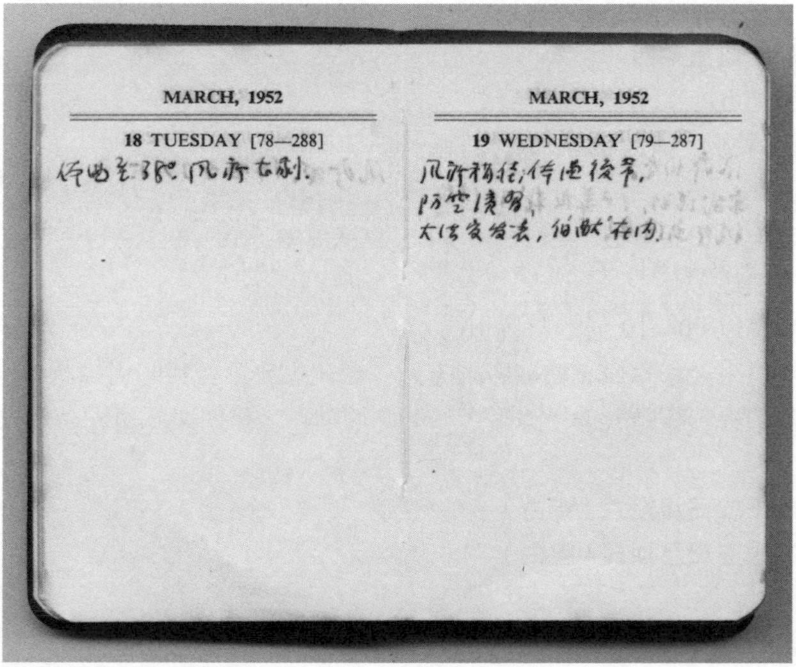

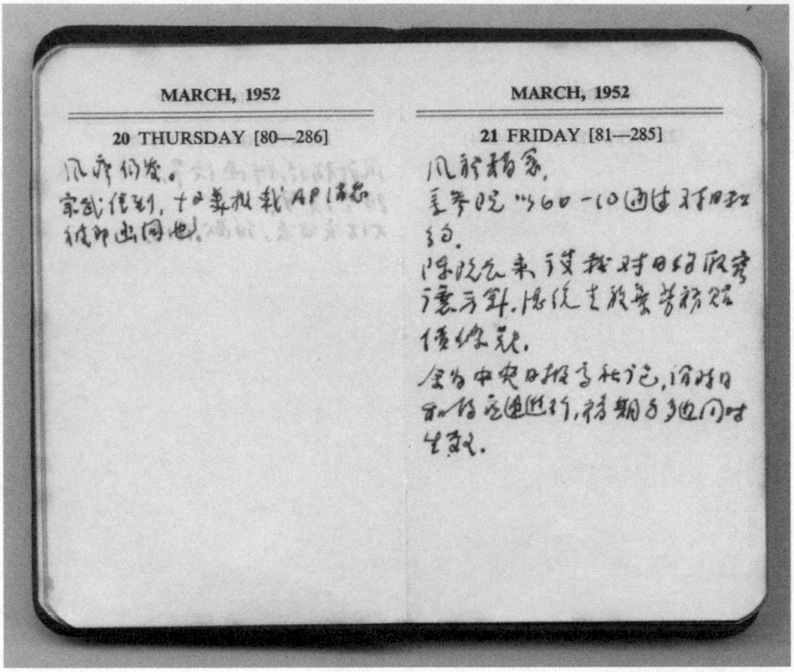

＊ 三月二十日星期四

風疹仍發。

宗武信到，十日美報載 AP 消息，彼即函問也。

＊ 三月二十一日星期五

風疹稍癒。

美參院以 60—10 通過對日和約。

陳院長來談我對日和約取容讓方針。總統主放棄勞務賠債條款。

余為中央日報寫社論，論對日和約應速進行，務期與多邊同時生效。

＊ 三月二十二日星期六（空白）

＊ 三月二十三日星期日（空白）

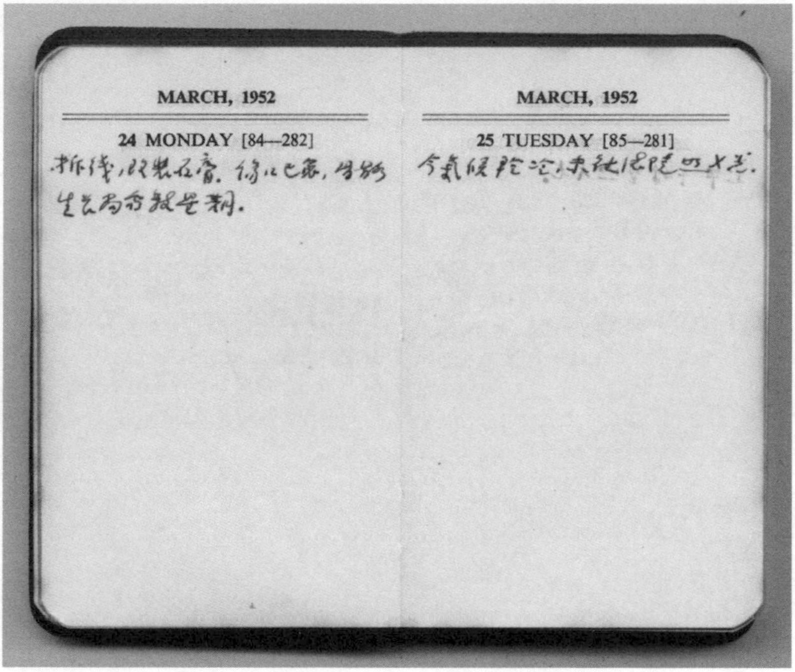

＊ 三月二十四日星期一

拆線，改裝石膏，傷口已癒，骨骼生長尚需數星期。

＊ 三月二十五日星期二

今氣候陰冷，未往總院照 X 光。

＊ 三月二十六日星期三

上午十時重照 X 光。

＊ 三月二十七日星期四

下午鄭醫生來談，骨骼相接處雖未變動，但折骨迄未生長，此一部份血至少，且以年齡關係，三個月始可望長好而尚不能走。須再留院數日，再用 X 光照，如無進步，恐須開刀加釘，使其較易生長也。

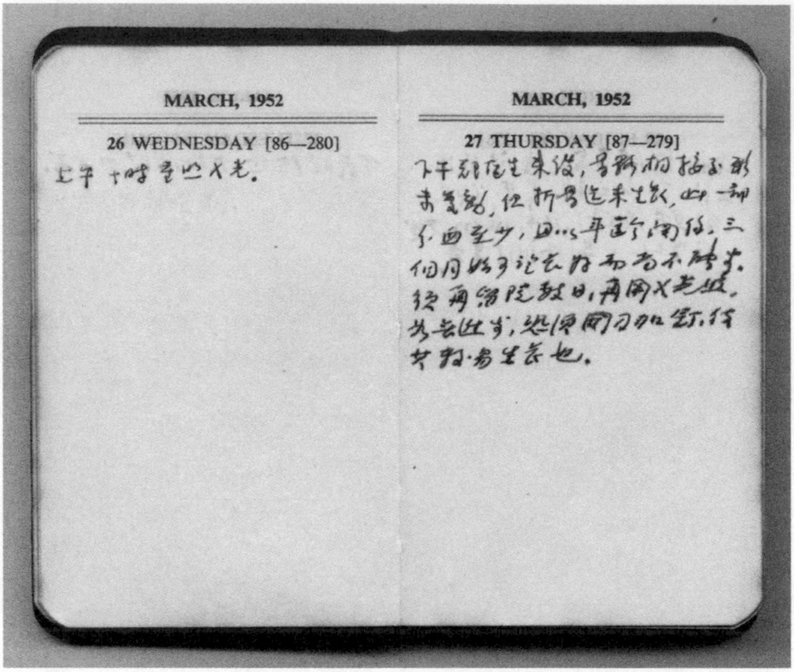

MARCH, 1952

26 WEDNESDAY [86—280]

上午十時壹以X光.

MARCH, 1952

27 THURSDAY [87—279]

下午郭醫生來診，暑熱相拍之形未甚顯，但折骨速來已數，如一部分西至少，自以平斷行間接．三個月後多論長好而為不確定．經再縮院敦日，再開X光板．為老性事，恐須兩月加診，任女教吾生長也.

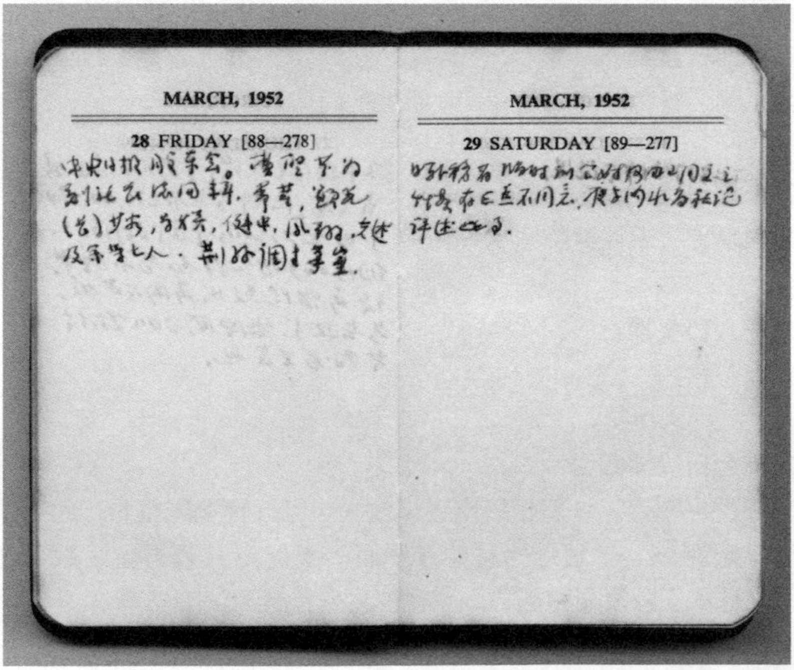

MARCH, 1952

28 FRIDAY [88—278]

中央日報服朱會．書經公為刻誌我所同聲．香菴，溢兌（古）少才，劣伙，倜東，風翔，志進及年生七人．荆始潤孝室.

MARCH, 1952

29 SATURDAY [89—277]

好好精養．隅時新室好假兩四日之十緣在已点不同去．復幼園小為私記評生之事.

＊ 三月二十八日星期五

中央日報股東會。曹聖芬為副社長總編輯。常董，顯光（長）少谷，昌煥，健中，鳳翔，克述及余等七人。荊孫調主筆室。

＊ 三月二十九日星期六

日外務省臨時訓令對河田已同意之草案存三點不同意，夜與納水商社論評述此事。

＊ 三月三十日星期日

杜魯門宣佈不競選。

＊ 三月三十一日星期一

上午陽明山軍隊黨部代表大會及高級班國父紀念週，總裁又指責省黨部。

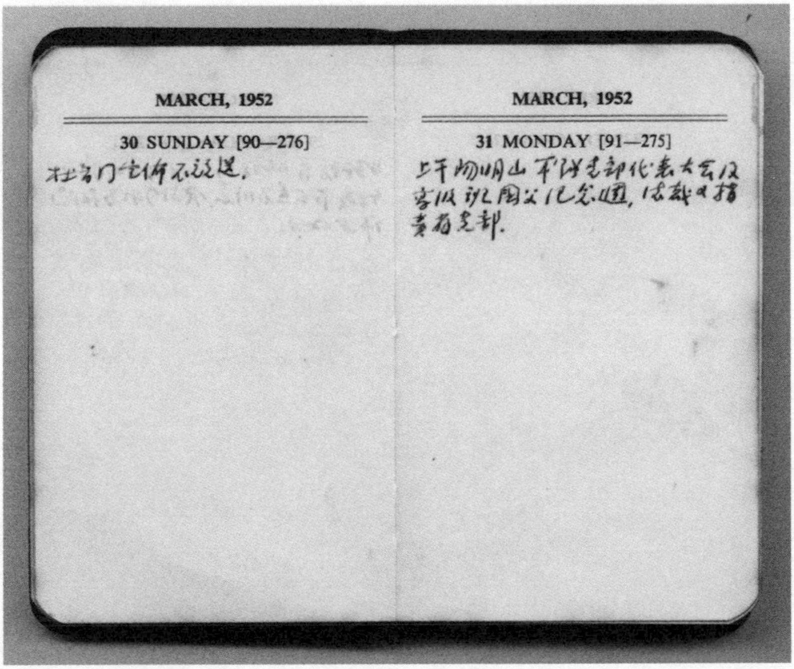

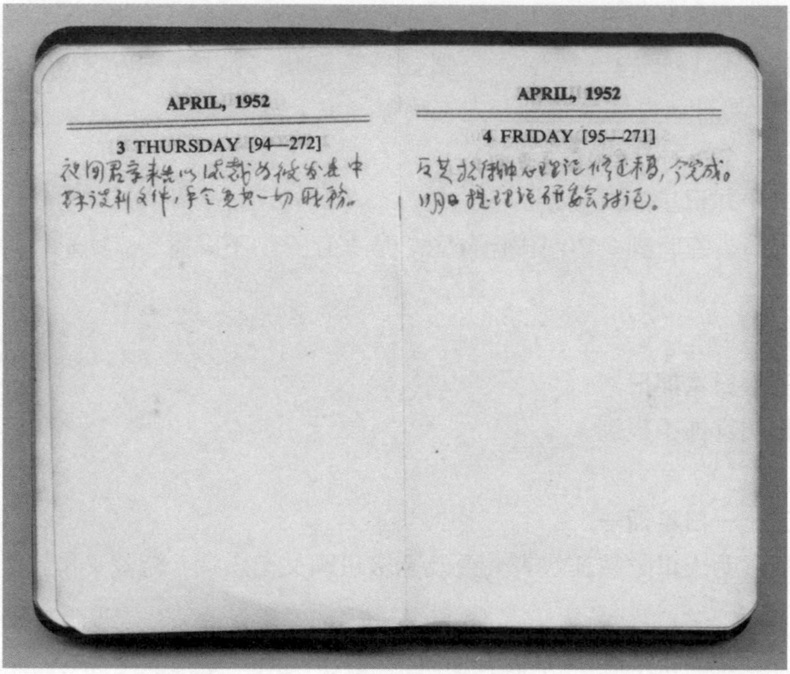
APRIL, 1952
3 THURSDAY [94—272]
APRIL, 1952
4 FRIDAY [95—271]

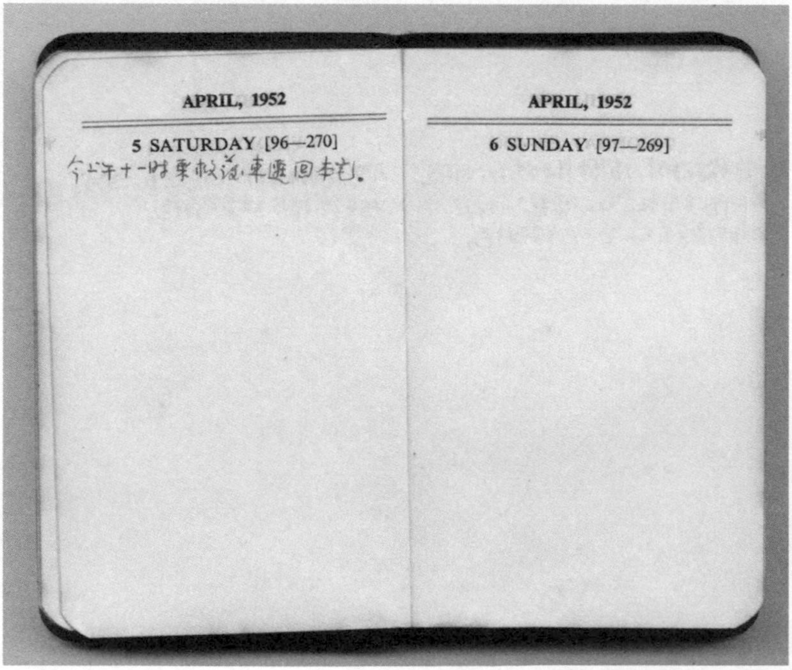
APRIL, 1952
5 SATURDAY [96—270]
APRIL, 1952
6 SUNDAY [97—269]

＊ 四月一日星期二（空白）

＊ 四月二日星期三（空白）

＊ 四月三日星期四

夜間君章來告以總裁為彼發表中蘇談判文件，手令免其一切職務。

＊ 四月四日星期五

反共抗俄中心理論修正稿，今完成。明日提理論研究會討論。

＊ 四月五日星期六

今上午十一時乘救護車？回本宅。

＊ 四月六日星期日（空白）

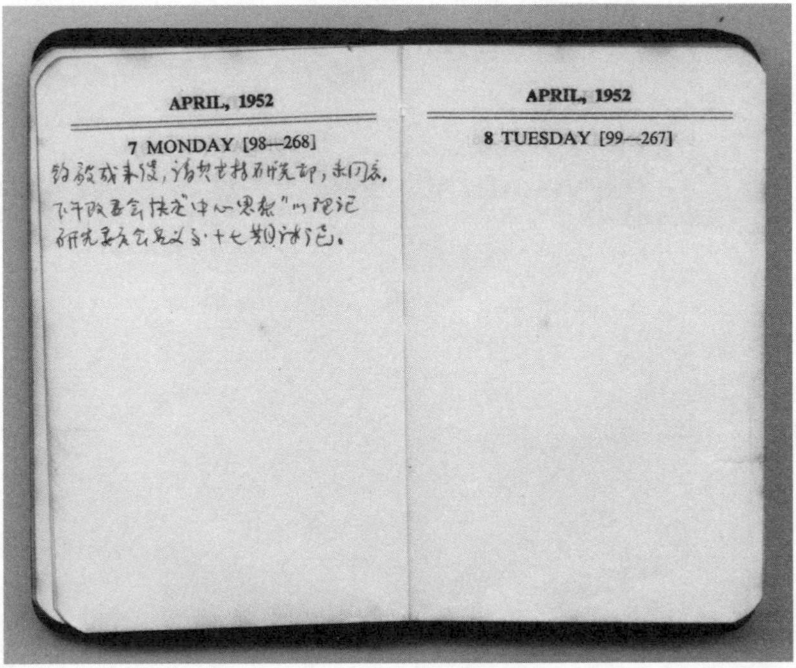

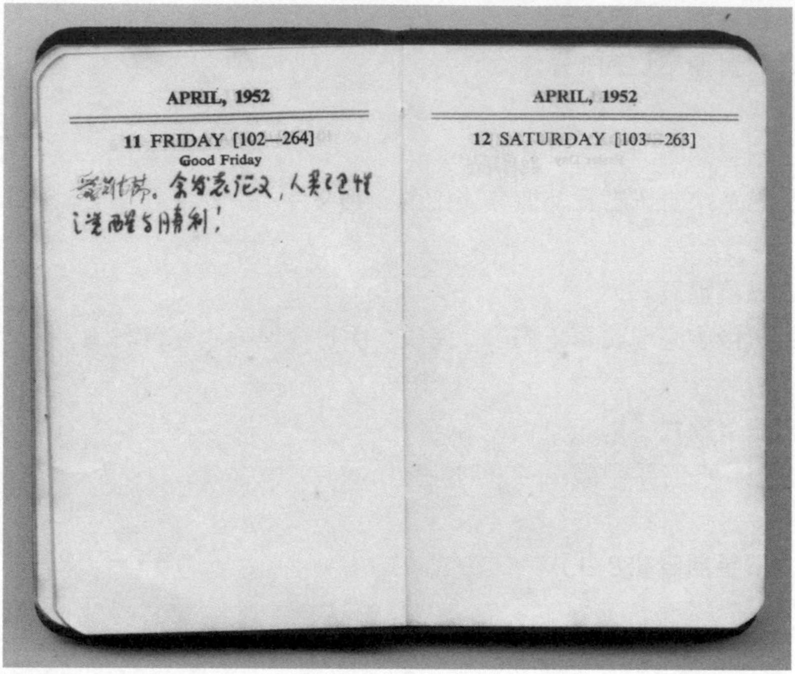
APRIL, 1952
11 FRIDAY [102—264]
Good Friday
APRIL, 1952
12 SATURDAY [103—263]

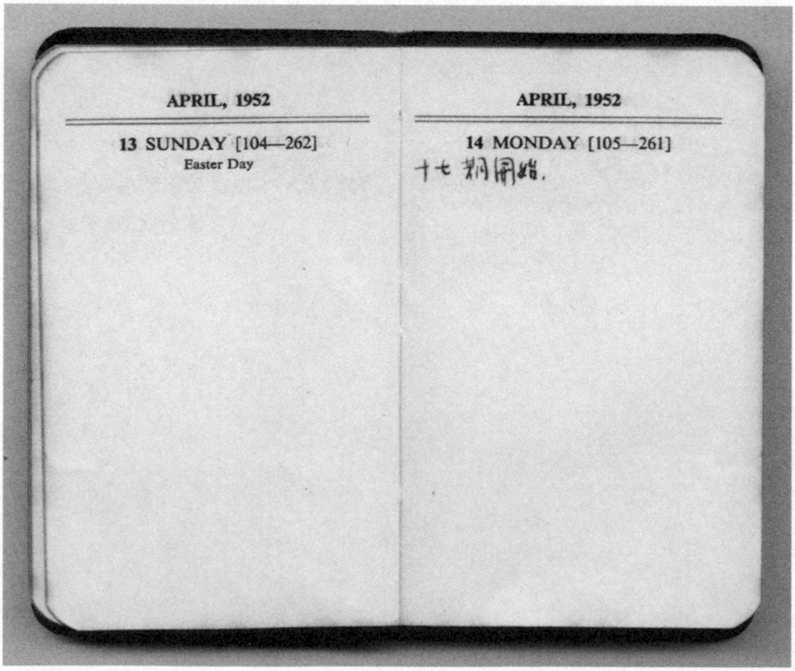
APRIL, 1952
13 SUNDAY [104—262]
Easter Day
APRIL, 1952
14 MONDAY [105—261]
十七期開始。

＊ **四月七日星期一**

約毅成來談，請其主持研究部，未同意。

下午改委會決定「中心思想」以理論研究委員會名義交十七期討論。

＊ **四月八日星期二（空白）**

＊ **四月九日星期三（空白）**

＊ **四月十日星期四（空白）**

＊ **四月十一日星期五**

受難節。余發表論文，人類理性之覺醒與勝利！

＊ **四月十二日星期六（空白）**

＊ **四月十三日星期日（空白）**

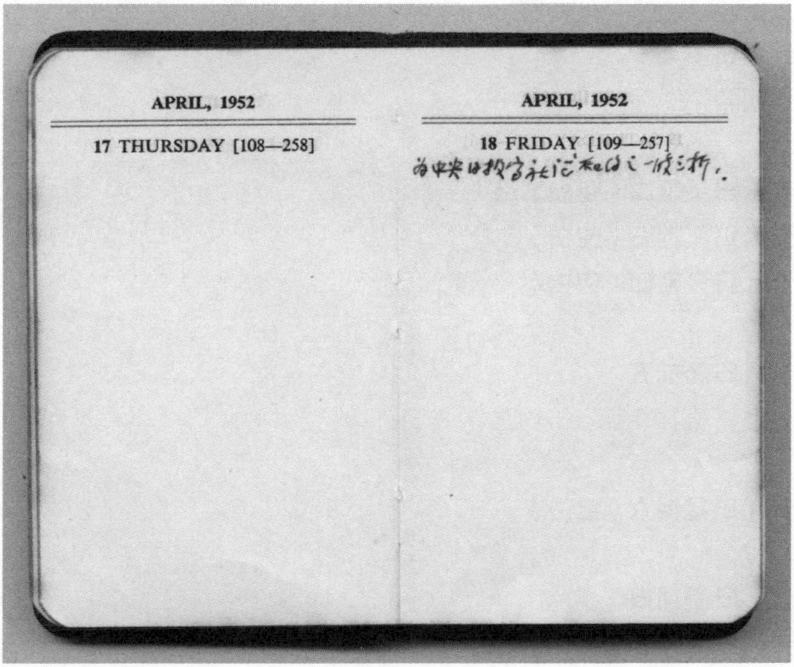

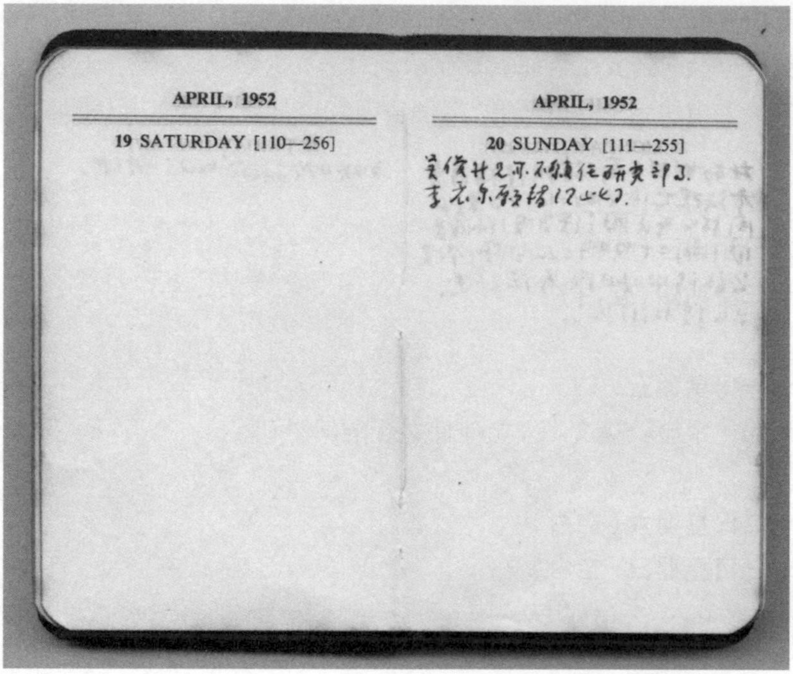

＊ 四月十四日星期一

十七期開始。

＊ 四月十五日星期二（空白）

＊ 四月十六日星期三（空白）

＊ 四月十七日星期四（空白）

＊ 四月十八日星期五

為中央日報寫社論「和約之一波三折」。

＊ 四月十九日星期六（空白）

＊ 四月二十日星期日

吳俊升兄亦不願任研究部事。

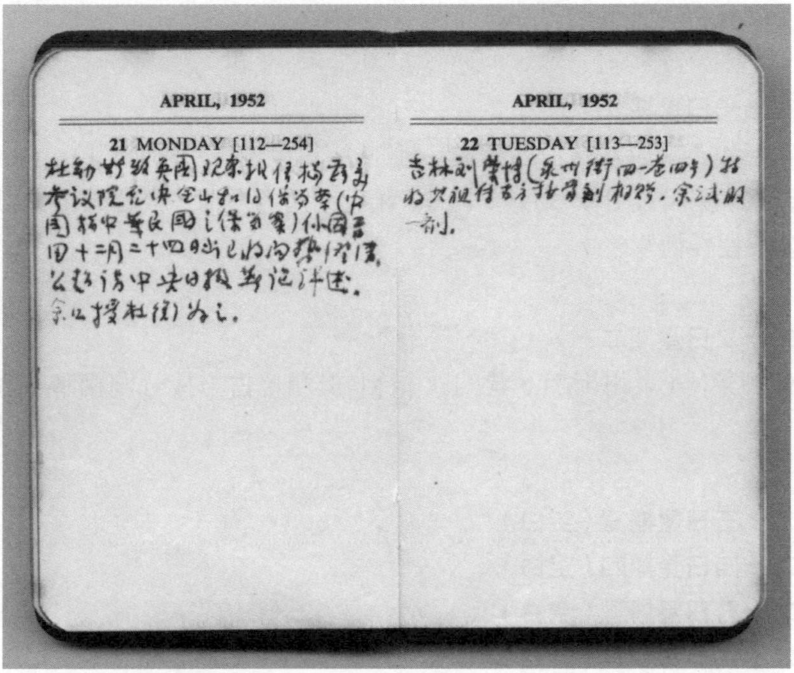

APRIL, 1952

21 MONDAY [112—254]

杜勒斯致英国[illegible]报信揭露去年参议院讨论金山和约保证书（中国指中华民国之保证书）[illegible]四十年十二月二十四日[illegible]内容[illegible]。公报请中央日报等论评述。余以接杜信为之。

APRIL, 1952

22 TUESDAY [113—253]

吉林刘[illegible]（泉州街四一巷四号）[illegible]相符。余试服一剂。

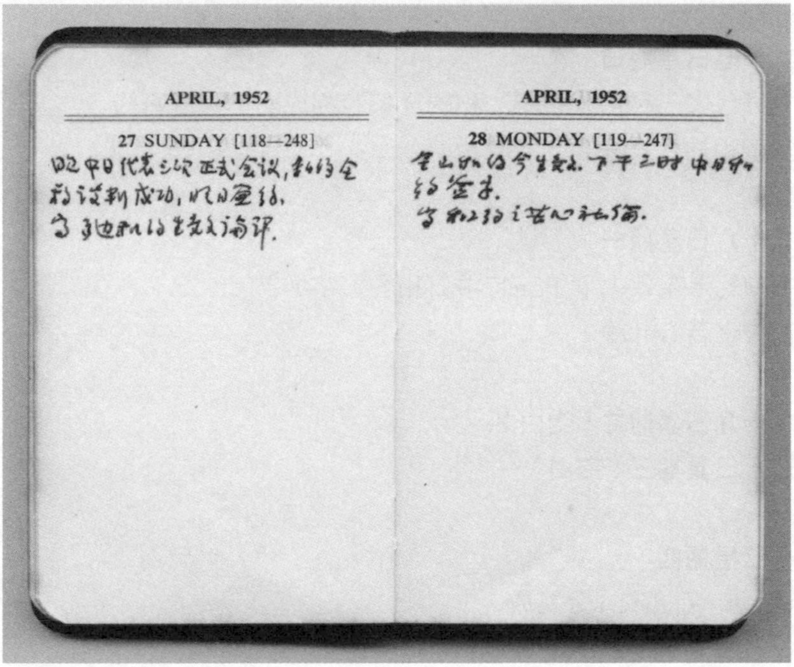

APRIL, 1952

27 SUNDAY [118—248]

昨中日代表三次正式会议，我们全部谈判成功，明日签约。
写[illegible]和约[illegible]论评。

APRIL, 1952

28 MONDAY [119—247]

金山和约今生效。下午三时中日和约签字。
写和约[illegible]社论[illegible]。

李宏東願暫理此事。

＊ 四月二十一日星期一

杜勒斯致英國觀察報信揭露美參議院否決金山和約保留案（中國指中華民國之保留案）係因吉田十二月二十四日函已將局勢澄清，公超請中央日報著論評述，余口授杜衡為之。

＊ 四月二十二日星期二

吉林劉榮博（泉州街四一巷四號）特將其祖傳古方接骨劑相贈，余試服一劑。

＊ 四月二十三日星期三（空白）

＊ 四月二十四日星期四（空白）

＊ 四月二十五日星期五（空白）

＊ 四月二十六日星期六（空白）

＊ 四月二十七日星期日

晚中日代表三次正式會議，和約全稿談判成功，明日簽約。

寫多邊和約生效論評。

＊ 四月二十八日星期一

金山和約今生效，下午三時中日和約簽字。

寫和約之苦心社論。

＊ 四月二十九日星期二（空白）

＊ 四月三十日星期三（空白）

＊ 五月一日星期四

「新俄國，新邦交」今寫成。

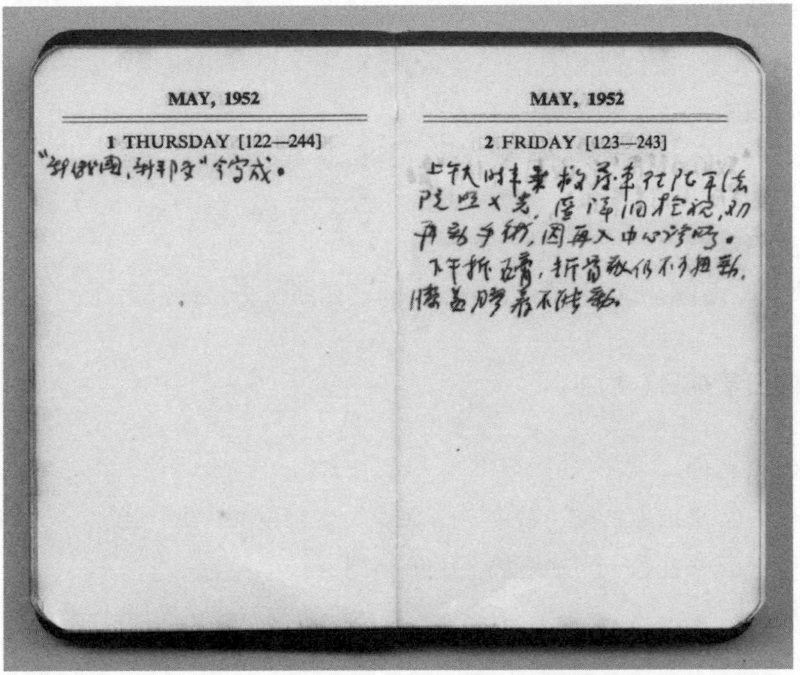
MAY, 1952
1 THURSDAY [122—244]
"新俄國、新印象"今寫成。
MAY, 1952
2 FRIDAY [123—243]
上午[illegible]乘救護車往[illegible]院照X光，醫生仍不能決定，須再行手術，因再入中心診所。
下午拆石膏，折骨處仍不能相黏，膝蓋腫痛不能動。

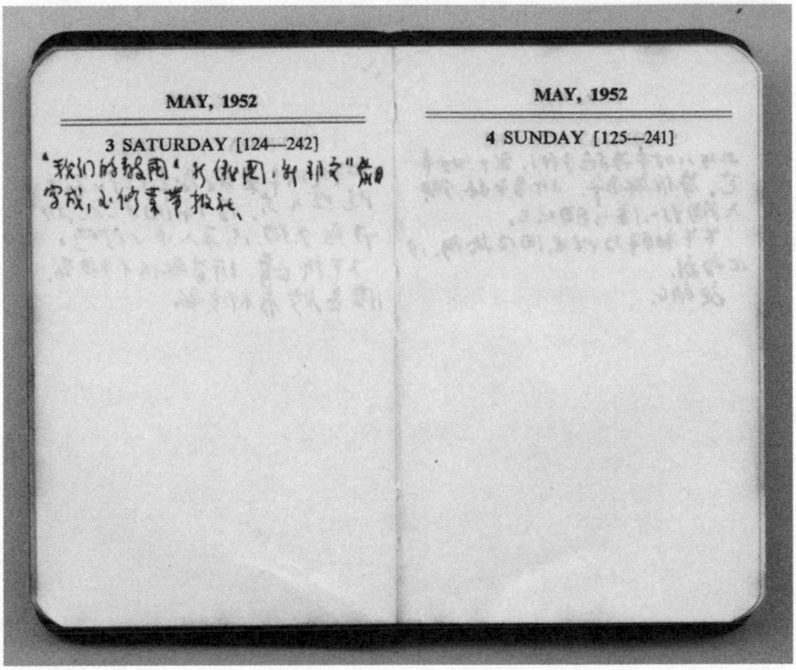
MAY, 1952
3 SATURDAY [124—242]
"我們的祖國"與"新俄國、新印象"兩個字成，[illegible]
MAY, 1952
4 SUNDAY [125—241]

＊ 五月二日星期五

上午九時半乘救護車往陸軍總院照 X 光。經詳細檢視，勸再動手術，因再入中心診所。

下午拆石膏，折骨處仍不能扭動。膝蓋膠著不能動。

＊ 五月三日星期六

「我們的敵國」「新俄國，新邦交」前日寫成，交修業帶報社。

＊ 五月四日星期日（空白）

＊ 五月五日星期一

上午八時半再施手術，至十一時半完。脊椎麻醉，纏以綱絲。

下午麻醉藥性過，開始疼痛，用止痛劑。

夜痛甚。

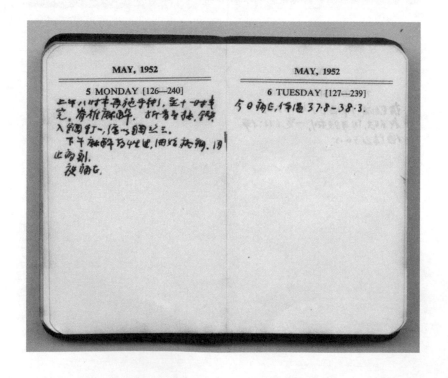

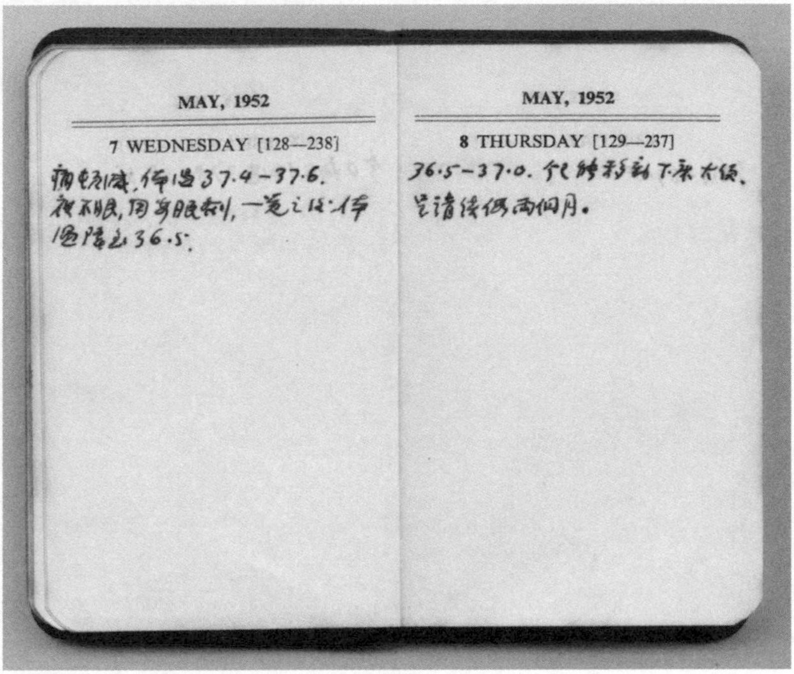

＊ 五月六日星期二

今日痛甚，體溫 37.8-38.3.

＊ 五月七日星期三

痛頓減，體溫 37.4-37.6.

夜不眠，用安眠劑。一覺之後，體溫降至 36.5.

＊ 五月八日星期四

37.5-37.0 今已能移動下床大便。

呈請續假兩個月。

＊ 五月九日星期五

36.7-37.0.

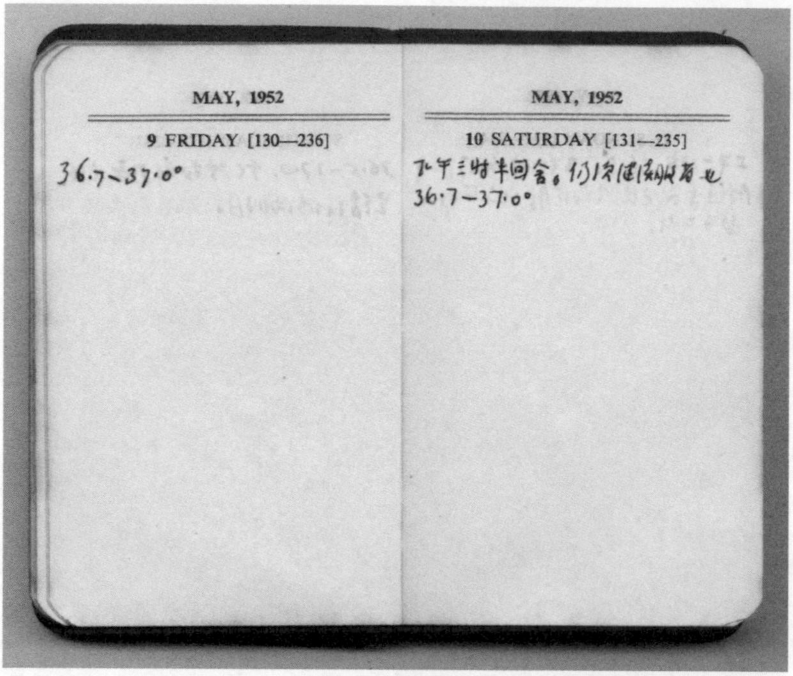

MAY, 1952

9 FRIDAY [130—236]

36.7～37.0°

MAY, 1952

10 SATURDAY [131—235]

下午三時半回舍。[illegible]

36.7—37.0°

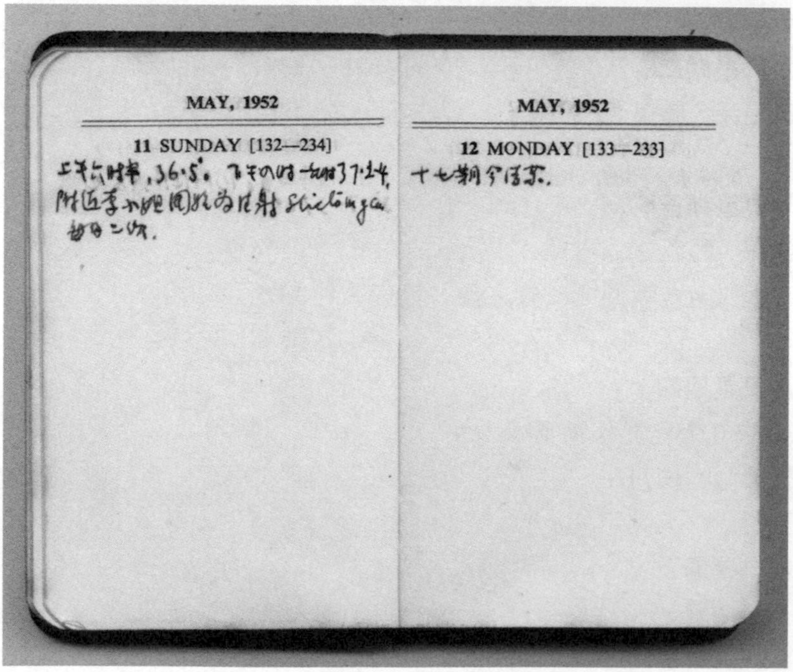

MAY, 1952

11 SUNDAY [132—234]

上午六時半，36.5°。下午四時一刻，37.2[illegible]，附近李小姐[illegible]為注射 Streptomycin 每日二次。

MAY, 1952

12 MONDAY [133—233]

十七期今[illegible]。

＊ 五月十日星期六

下午三時半回舍。仍須繼續服藥也。 36.7-37.0

＊ 五月十一日星期日

上午六時半，36.5°。下午四時 37.2-4. 附近李小姐開始為注射 Shitomycin 每日兩次。

＊ 五月十二日星期一

十七期今結業。

＊ 五月十三日星期二（空白）

＊ 五月十四日星期三（空白）

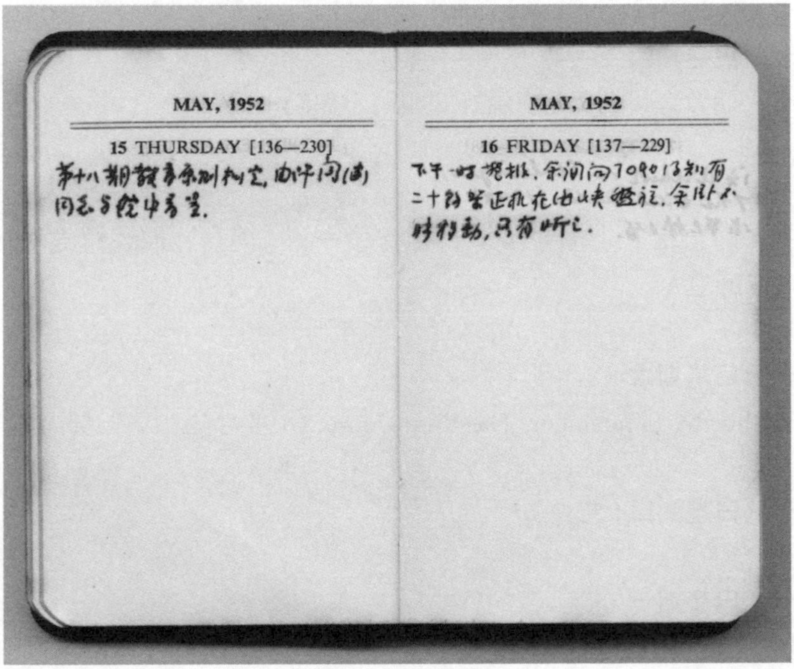

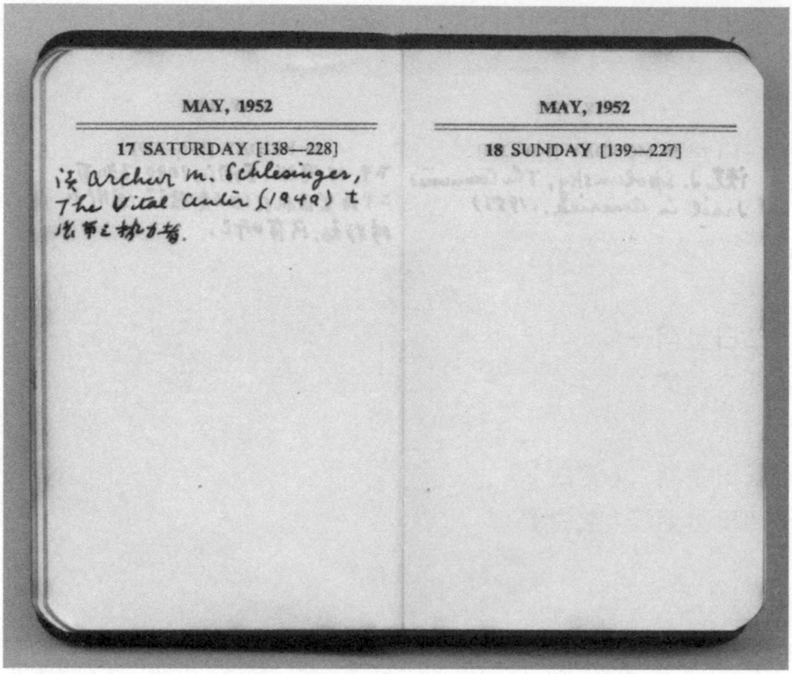

＊ 五月十五日星期四

第十八期教育原則擬定，由許聞淵同志與院中商量。

＊ 五月十六日星期五

下午一時警報，余詢問 7090 得知有二十餘架匪機在海峽盤旋，余臥不能移動，只有聽之。

＊ 五月十七日星期六

讀 Arthur M. Schesinger, The Vital Center（1949）主張第三勢力者。

＊ 五月十八日星期日（空白）

＊ 五月十九日星期一

讀完了 Spolansky, The Communist Trails in America。（1951）

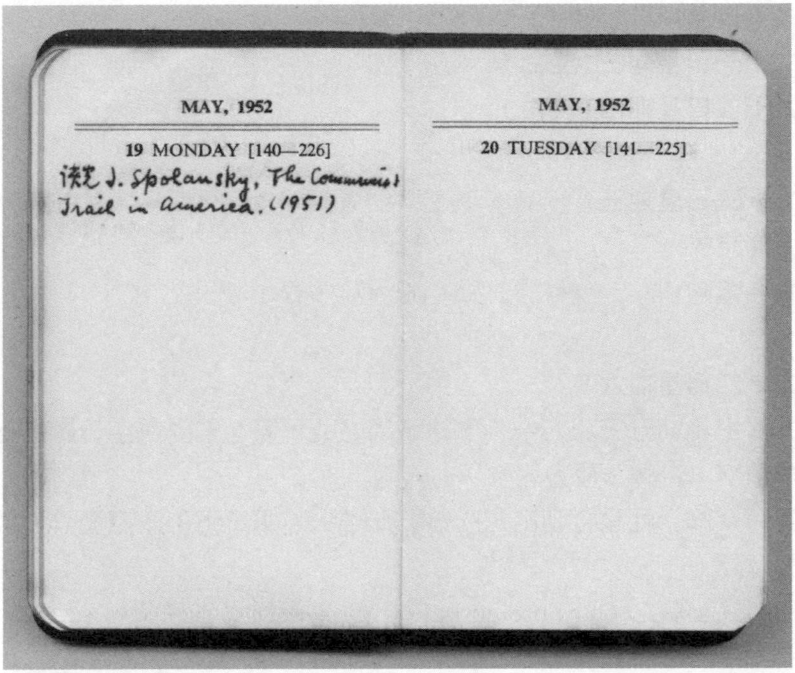
MAY, 1952

19 MONDAY [140—226]

读完 J. Spolansky, The Communist Trail in America. (1951)

MAY, 1952

20 TUESDAY [141—225]

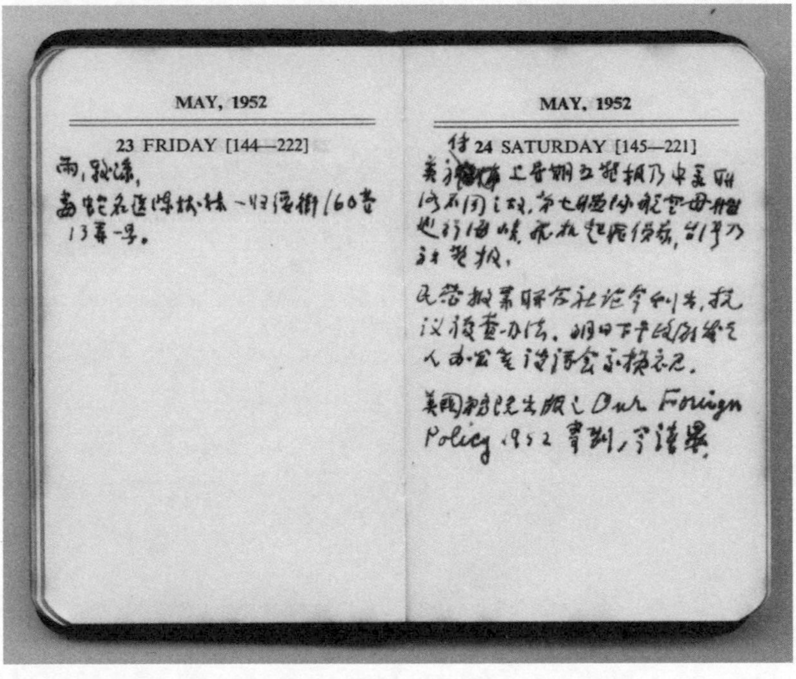
MAY, 1952

23 FRIDAY [144—222]

雨，秋凉，

[illegible]一归德街160巷13弄一号。

MAY, 1952

24 SATURDAY [145—221]

[illegible]

[illegible]

美国[illegible]出版之 Our Foreign Policy 1952 书到，[illegible]

＊ 五月二十日星期二（空白）

＊ 五月二十一日星期三（空白）

＊ 五月二十二日星期四（空白）

＊ 五月二十三日星期五

雨，較涼。

毒蛇名醫陳樹（？）林—歸綏街 160 巷 13 弄 1 號。

＊ 五月二十四日星期六

美方傳上星期五警報乃中美聯絡不周之故，第七艦隊航空母艦巡行海峽，飛機起飛偵察，台灣乃放警報。

民營報業聯合社論今刊出，抗議複查辦法。明日下午政府發言人辦公室談話會交換意見。

美國務院出版之 Our Foreign Policy 1952 寄到，今讀畢。

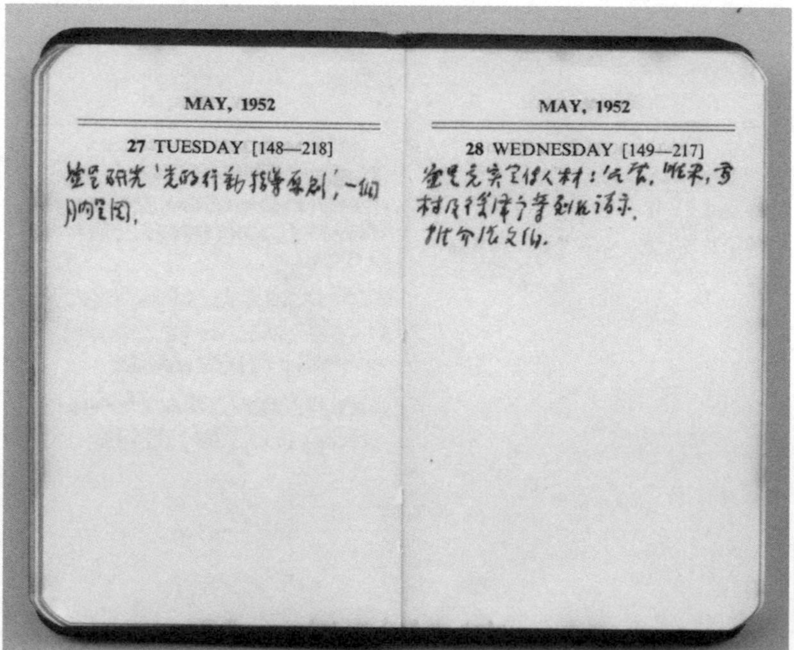

＊ 五月二十五日星期日（空白）

＊ 五月二十六日星期一（空白）

＊ 五月二十七日星期二

簽呈研究「黨的行動指導原則」，一個月內呈閱。

＊ 五月二十八日星期三

簽呈充實宣傳人材：公展，惟果，雪村及徐澤予等名列請示。

推介張文伯。

＊ 五月二十九日星期四（空白）

＊ 五月三十日星期五

寫「十三太保」，述幼年事及朱富安班兵。

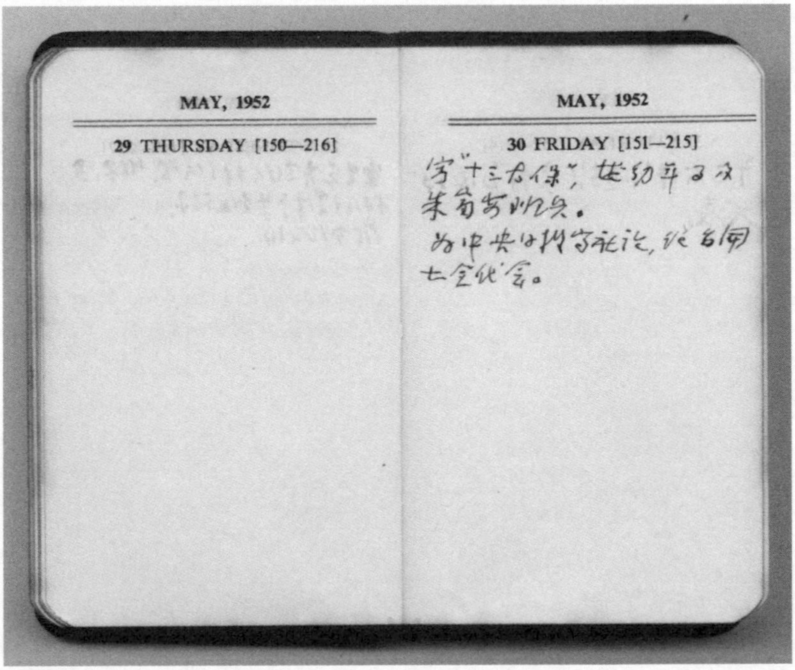

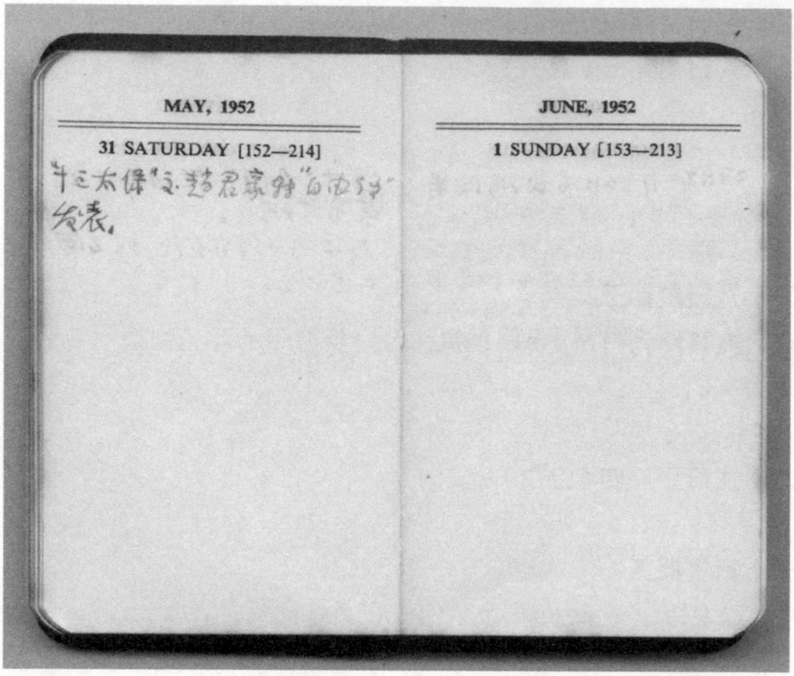
MAY, 1952

31 SATURDAY [152—214]

[illegible]三太保"文藝[illegible]"[illegible]"自由[illegible]"

發表。

JUNE, 1952

1 SUNDAY [153—213]

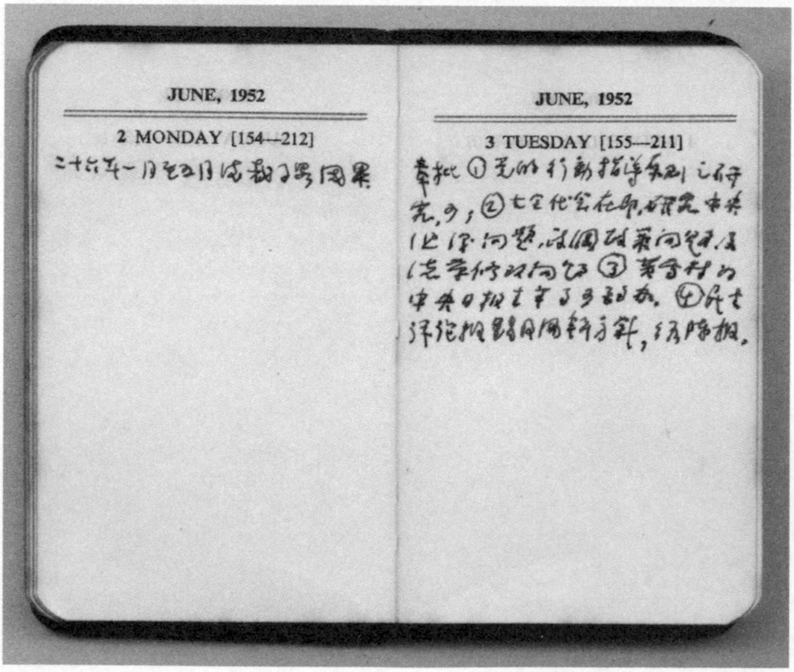
JUNE, 1952

2 MONDAY [154—212]

二十六年一月至五月[illegible]

JUNE, 1952

3 TUESDAY [155—211]

奉批 ① [illegible]行動指導[illegible]之研

究,可;② 七全代會在即,研究中央

[illegible]問題,政綱政策問題,及

[illegible]問題 ③ [illegible]

中央日報[illegible] ④ 民主

評論[illegible],[illegible]。

為中央日報寫社論，論召開七全代會。

＊ 五月三十一日星期六

「十三太保」交趙君豪轉「自由談」發表。

＊ 六月一日星期日（空白）

＊ 六月二日星期一

二十六年一月至五月總裁事略因果。

＊ 六月三日星期二

奉批（1）黨的行動指導原則之研究，可；（2）七全代會在即，研究中央組織問題，政剛政策問題，及總章修改問題。（3）黃雪村為中央日報主筆事可到辦。（4）民主評論報銷及編輯方針，須陳報。

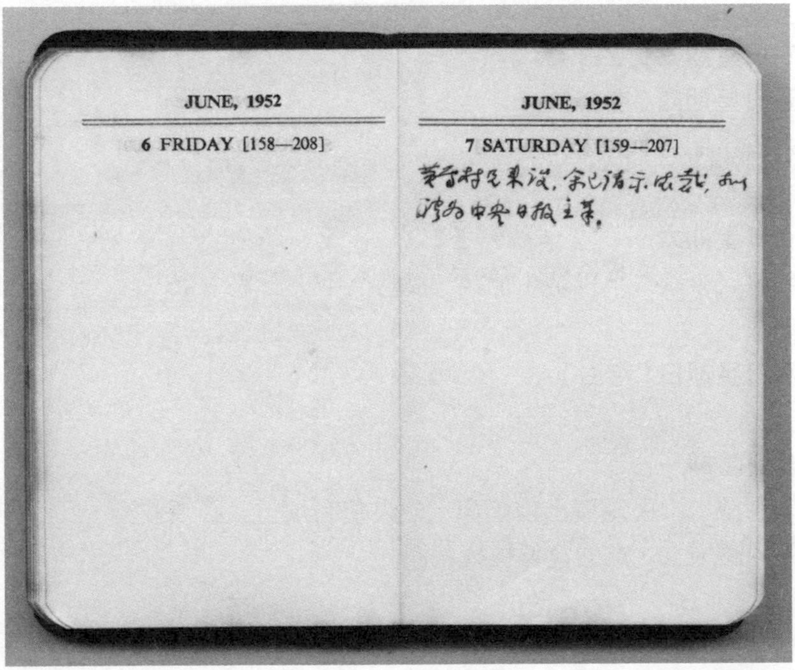

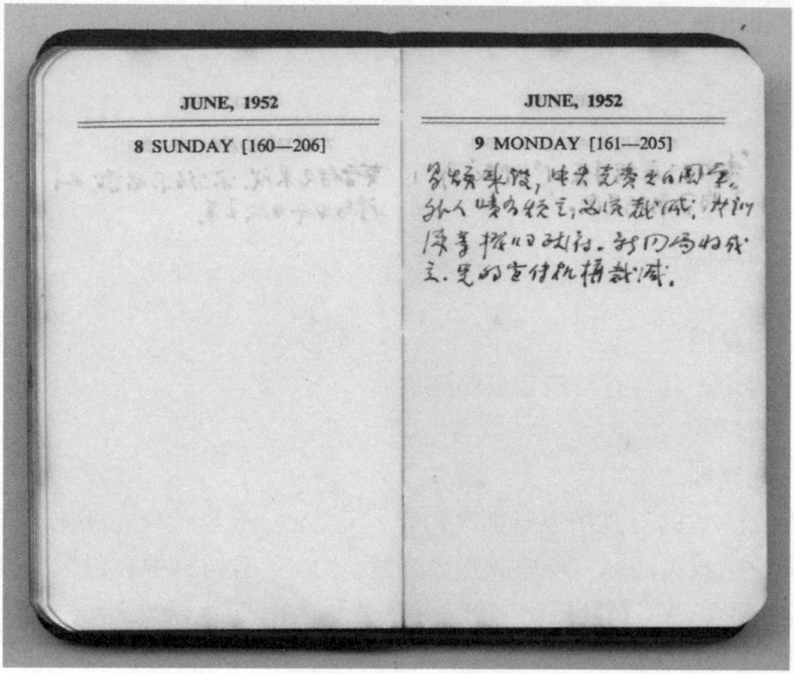

＊ 六月四日星期三（空白）

＊ 六月五日星期四（空白）

＊ 六月六日星期五（空白）

＊ 六月七日星期六

黃雪村兄來談，余以請示總裁，擬聘為中央日報主筆。

＊ 六月八日星期日（空白）

＊ 六月九日星期一

昌煥來談，中央黨費出自國庫，外人嘖有煩言，必須裁減，其訓練撥歸政府。新聞局將成立，黨的宣傳機構裁減。

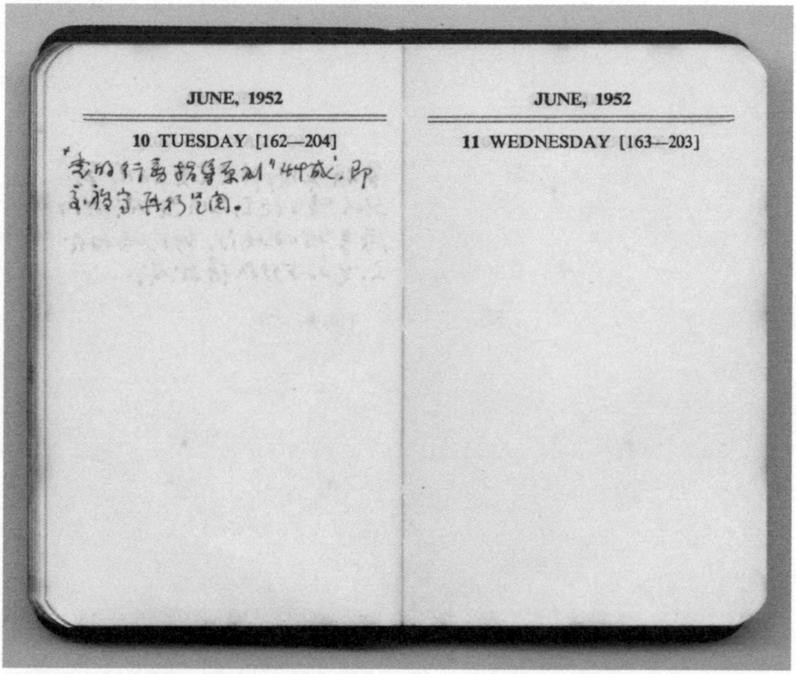

JUNE, 1952

10 TUESDAY [162—204]

"黨的行動指導原則"草成，即交稿審再行呈閱。

JUNE, 1952

11 WEDNESDAY [163—203]

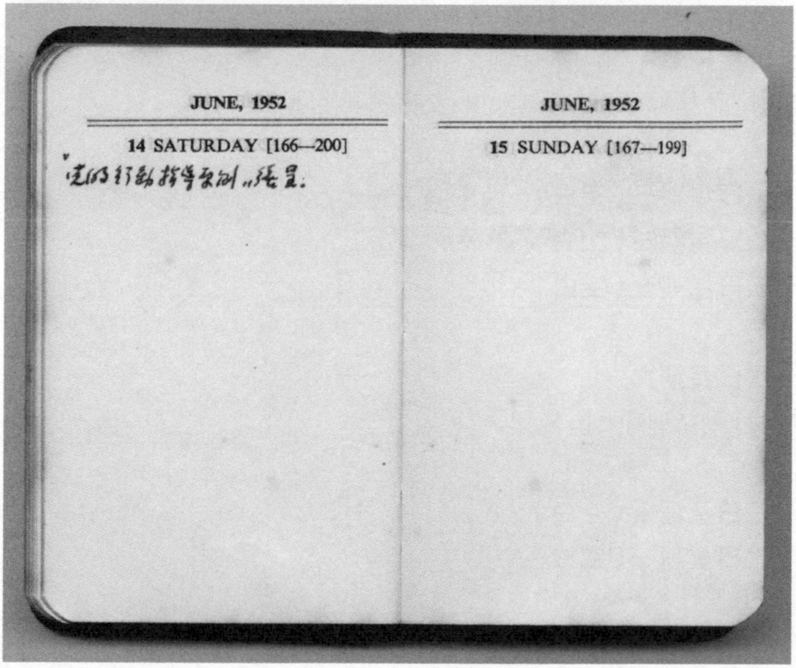

JUNE, 1952

14 SATURDAY [166—200]

"黨的行動指導原則"續呈：

JUNE, 1952

15 SUNDAY [167—199]

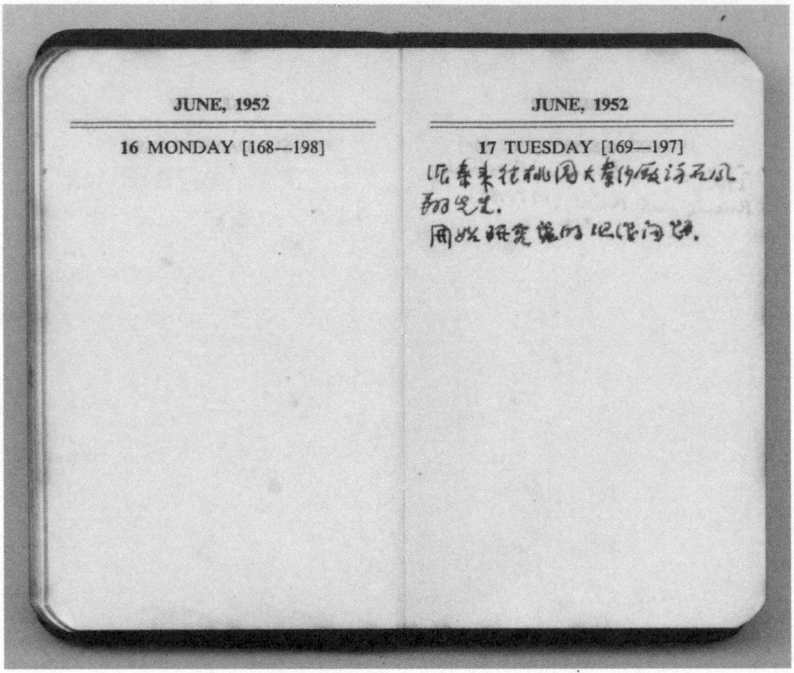

＊ 六月十日星期二

「黨的行動指導原則」草成，即交複寫再行呈閱。

＊ 六月十一日星期三（空白）

＊ 六月十二日星期四（空白）

＊ 六月十三日星期五（空白）

＊ 六月十四日星期六

「黨的行動指導原則」繕呈。

＊ 六月十五日星期日（空白）

＊ 六月十六日星期一（空白）

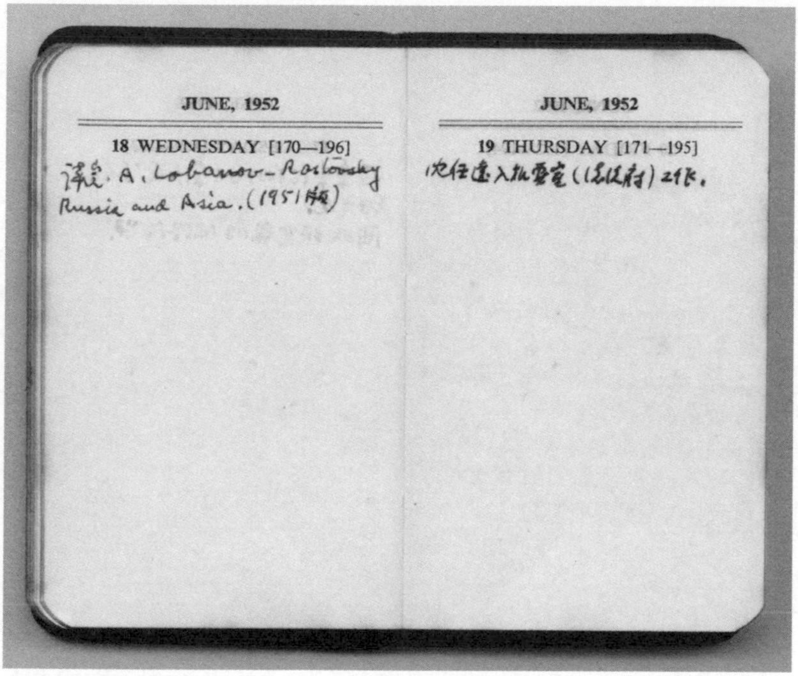

*** 六月十七日星期二**

派泰來往桃園大寮紗廠訪石鳳翔先生。

開始研究黨的組織問題。

*** 六月十八日星期三**

讀完 A. Lobanov-Rostovsky, Russia and Asia。(1951版)

*** 六月十九日星期四**

沈任遠入機要室(總統府)工作。

*** 六月二十日星期五(空白)**

*** 六月二十一日星期六**

連日讀 Mannheim 遺著"Freedom Power and Democratic Planning"甚多

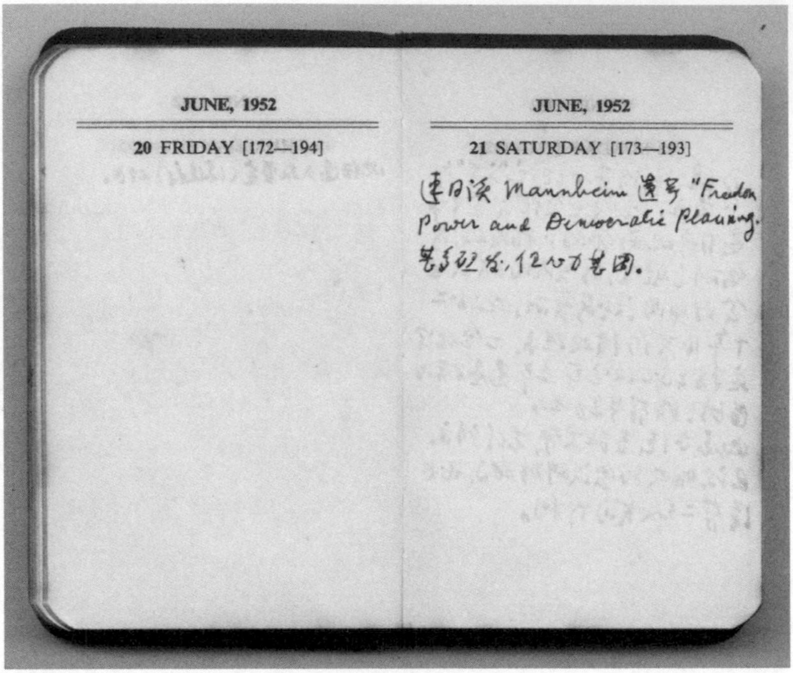
JUNE, 1952
20 FRIDAY [172—194]
JUNE, 1952
21 SATURDAY [173—193]
連日讀 Mannheim 遺著 "Freedom
Power and Democratic Planning.
甚多理想，12時方睡，甚困。

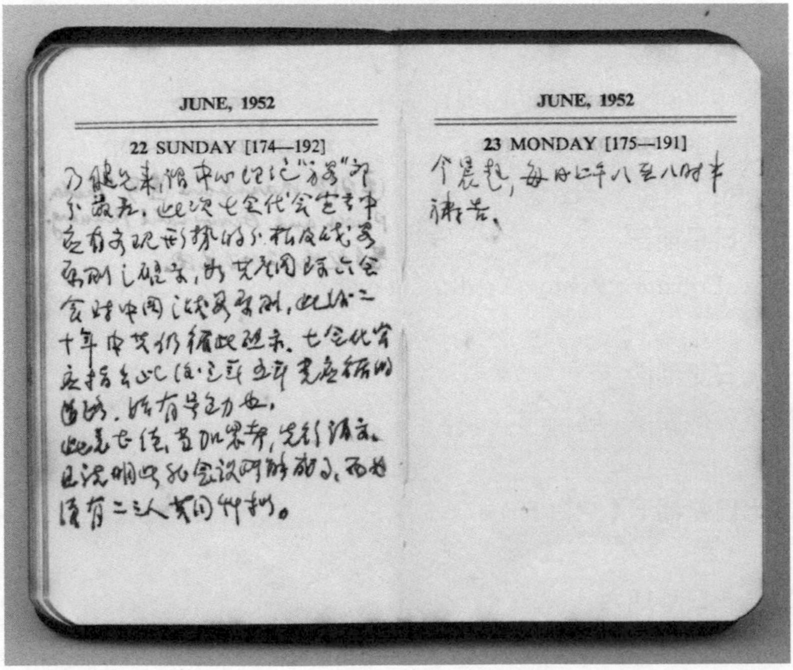
JUNE, 1952
22 SUNDAY [174—192]
乃健兄來，謂中共紀念"七一"節
此次七全代會宣言中
此後二
十年中共仍循此路走。七全代會
清有二三人共同竹枝。
JUNE, 1952
23 MONDAY [175—191]
今晨起，每日上午八至八時半
練拳。

啟發，但心力甚困。

＊ 六月二十二日星期日

乃健兄來，謂中心理論「方略」部份最差。此次七全會宣言中應有客觀形勢的分析及戰略原則之啟示，如共產國際六全會對中國之戰略原則，此係二十年中共仍循此啟示。七全代會應指出此後三年五年黨應循的道路，始有號召力也。

此意甚佳，當加思考，先行請示，且說明此非會議所能成事，而必須有二三人共同草擬。

＊ 六月二十三日星期一

今晨起，每日上午八至八時半禱告。

＊ 六月二十四日星期二（空白）

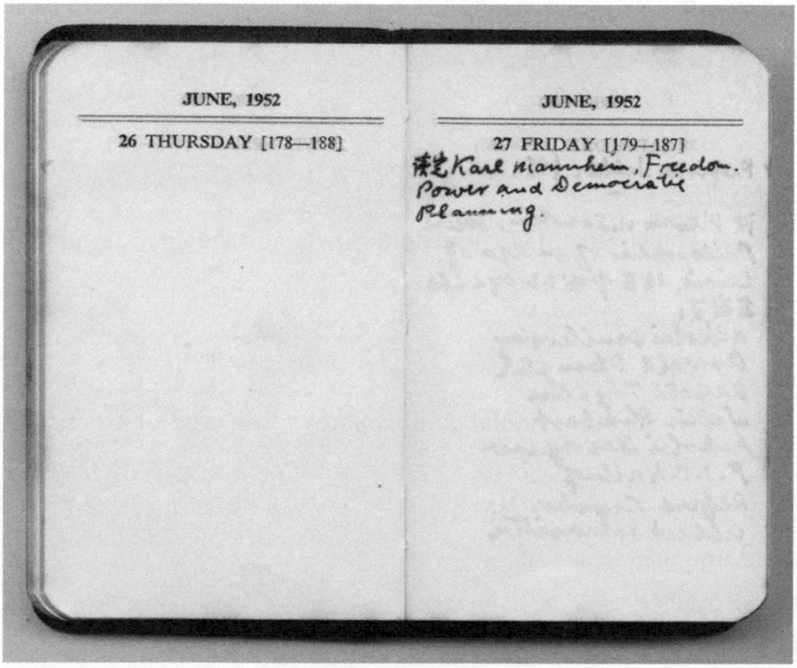

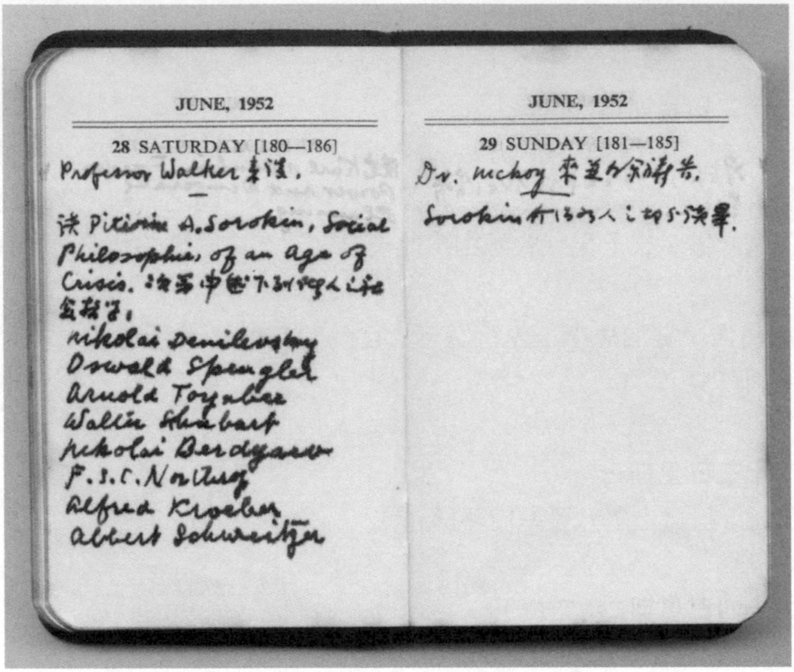

＊ 六月二十五日星期三（空白）

＊ 六月二十六日星期四（空白）

＊ 六月二十七日星期五

讀完 Karl Mannheim 遺著「Freedom Power and Democratic planning」。

＊ 六月二十八日星期六

Professor Walker 來談。

讀 Pitirim A. Sorokin, Social Philosophies of an Age of Crisis。次第中述下列諸人之社會哲學。

Nikolai Denilevsky

Oswald Spengler

Arnold Toynbee

Walter Shubart

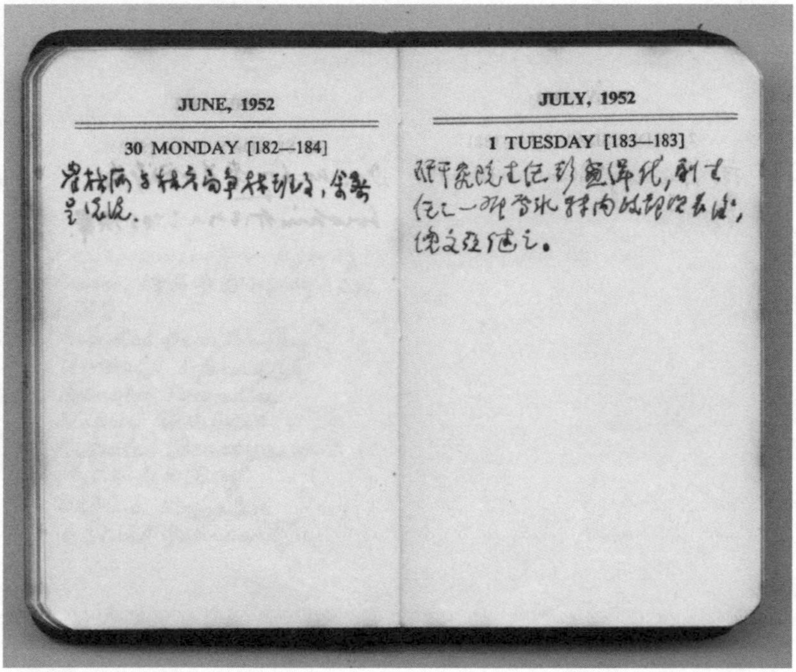

Nikolai Berdyarv

F.S.C. Northrop

Alfred Kroeber

Albert Schweitzer

＊ 六月二十九日星期日

Dr. Mckoy 來並為余禱告。

Sorokin 介紹各人之部份讀畢。

＊ 六月三十日星期一

農林所與林產局爭林班事，余密呈總統。

＊ 七月一日星期二

研究院主任彭孟緝代，副主任之一鄧雪冰轉內政部次長後，倪文亞繼之。

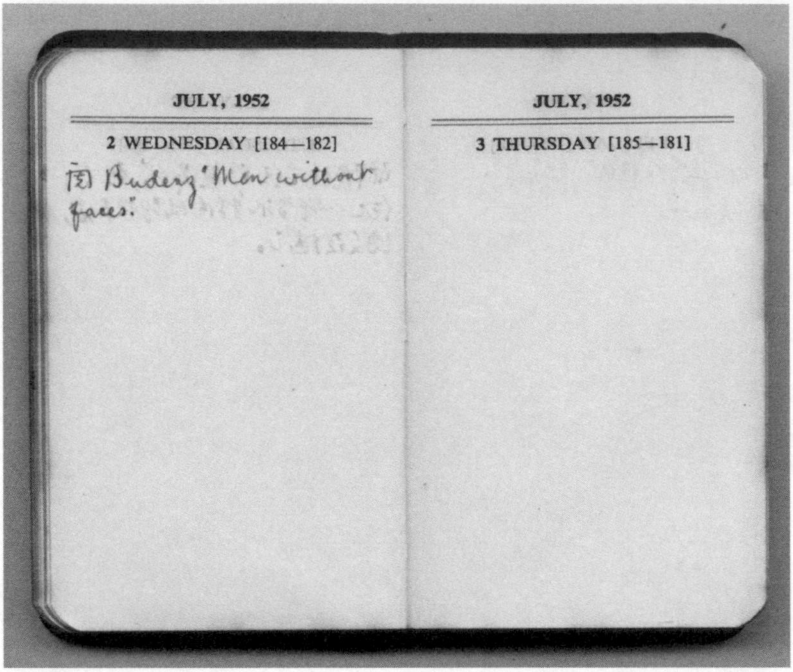

JULY, 1952

2 WEDNESDAY [184—182]

閱 Budenz "Men without faces."

JULY, 1952

3 THURSDAY [185—181]

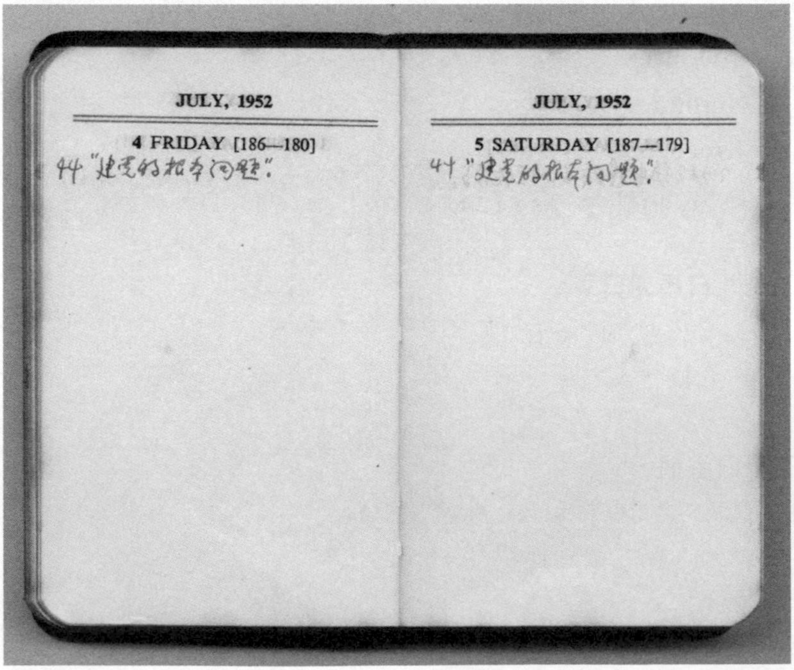

JULY, 1952

4 FRIDAY [186—180]

44 "建党的根本问题".

JULY, 1952

5 SATURDAY [187—179]

44 "建党的根本问题".

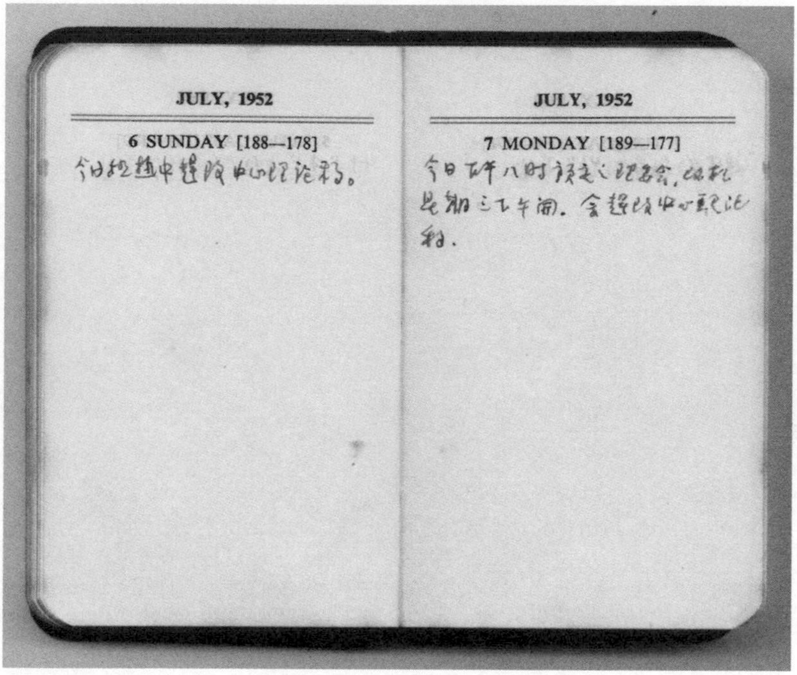

＊ **七月二日星期三**

閱 Budenz “Men without faces”。

＊ **七月三日星期四（空白）**

＊ **七月四日星期五**

草「建黨的根本問題」。

＊ **七月五日星期六**

草「建黨的根本問題」。

＊ **七月六日星期日**

今日極熱中趕改中心理論稿。

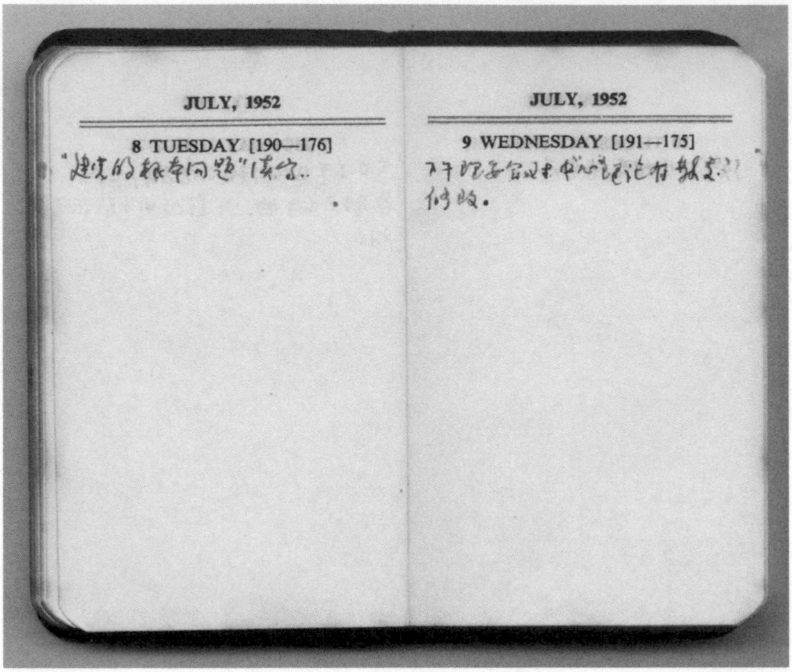
JULY, 1952
8 TUESDAY [190—176]
「建黨的根本問題」讀完。
JULY, 1952
9 WEDNESDAY [191—175]

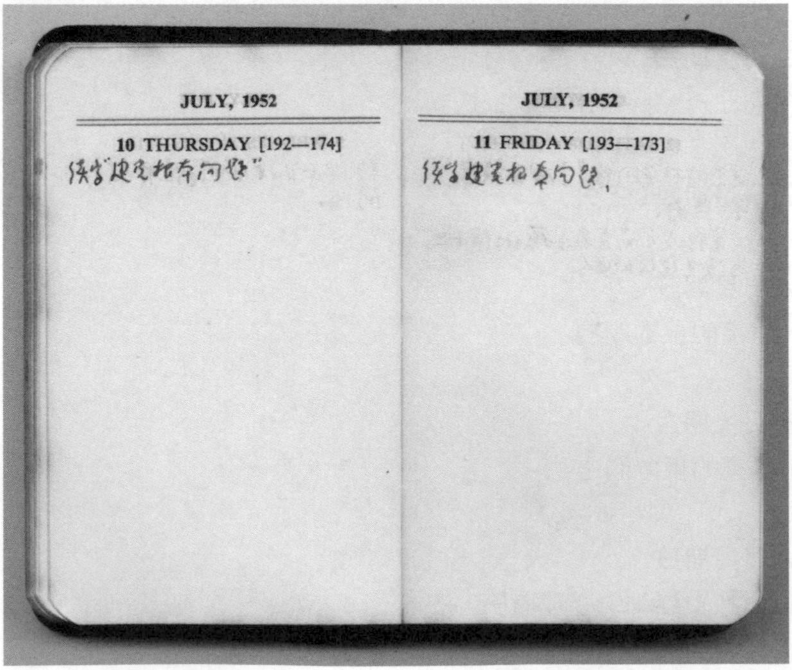
JULY, 1952
10 THURSDAY [192—174]
續寫「建黨根本問題」
JULY, 1952
11 FRIDAY [193—173]
續寫建黨根本問題，

＊ **七月七日星期一**

今日下午八時預定之理委會，改期，星期三下午開。余趕改中心理論稿。

＊ **七月八日星期二**

「建黨的根本問題」續寫。

＊ **七月九日星期三**

下午理委會對中心理論有數處修改。

＊ **七月十日星期四**

續寫「建檔根本問題」。

＊ **七月十一日星期五**

續寫「建檔根本問題」。

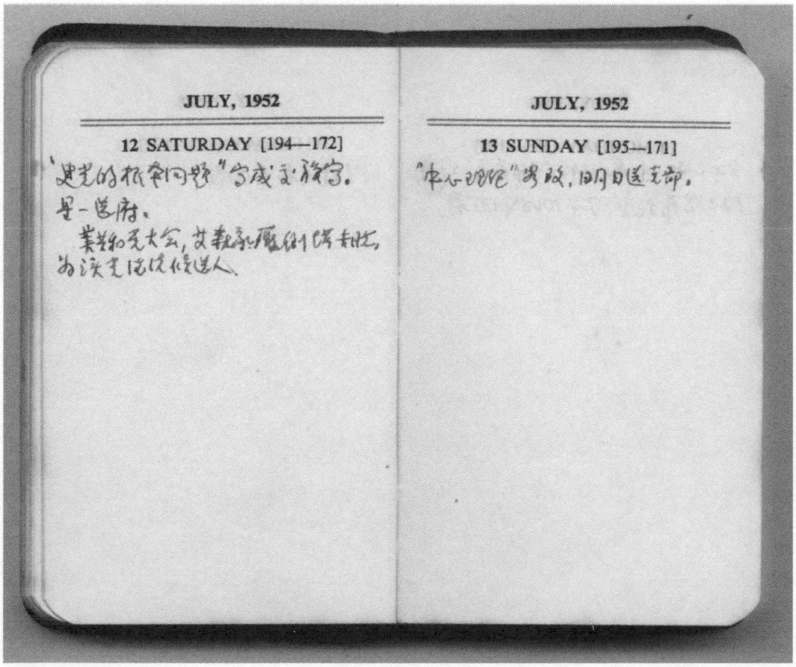

＊ 七月十二日星期六

「建黨的根本問題」寫成交複寫。星一送府。

美共和黨大會，艾森豪壓倒塔胡脫為該黨總統候選人。

＊ 七月十三日星期日

「中心理論」略改，明日送黨部。

＊ 七月十四日星期一

上午八時，赴中心診所拆石膏，十一時，改上石膏托子，下午四時半回寓。

＊ 七月十五日星期二

讀完 L.Berkhof, Jntroductory Volume to Systematic Theology.

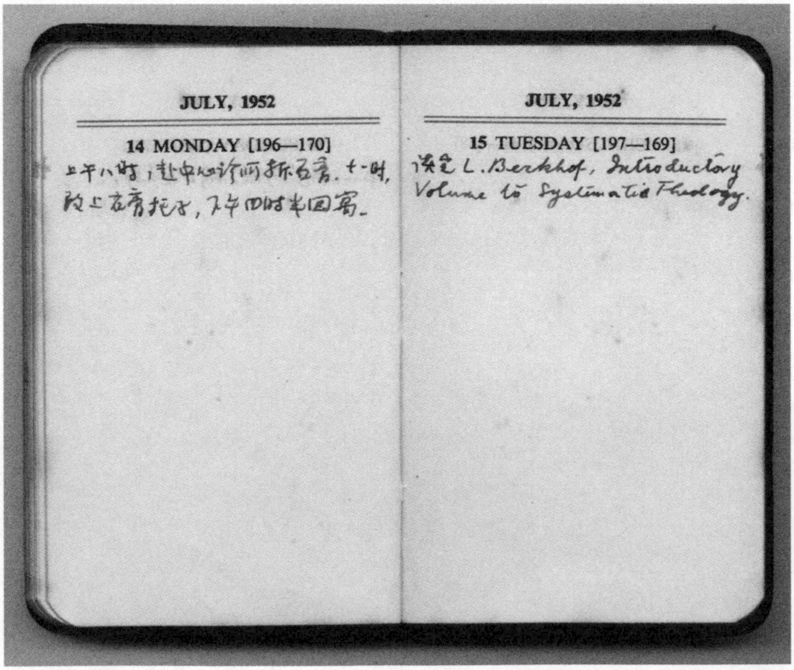

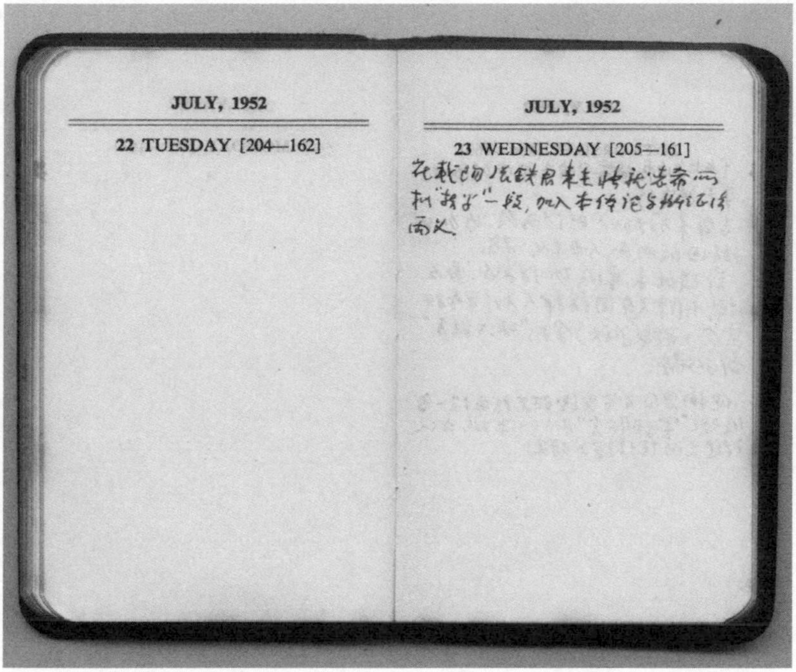

* 七月十六日星期三（空白）

* 七月十七日星期四（空白）

* 七月十八日星期五（空白）

* 七月十九日星期六（空白）

* 七月二十日星期日（空白）

* 七月二十一日星期一（空白）

* 七月二十二日星期二（空白）

* 七月二十三日星期三

崔載陽張鐵君來主張就志希所擬「哲學」一段，加入本體論與辯證法兩義。

* 七月二十四日星期四

今日上午中央改委會決定限田政策明年元旦實行。

志希來反對加入昨談兩段，如加，則撤回彼所擬人本主義一稿。

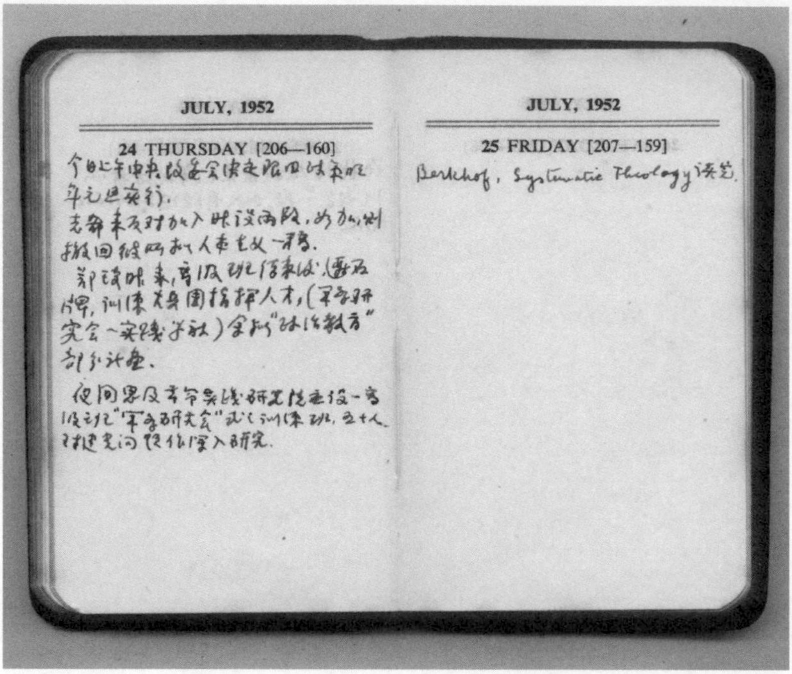

鄭琦昨來，高級班結束後，遷石牌，訓練大兵團指揮人才，（軍事研究會—實踐學社）余擬「政治教育」部份計畫。

夜間思及革命實踐研究院應設一高級班「軍事研究會」式之訓練班，五十人對建黨問題做深入研究。

＊ 七月二十五日星期五

Berkhof, Systematic Theology 讀完。

＊ 七月二十六日星期六（空白）

＊ 七月二十七日星期日（空白）

＊ 七月二十八日星期一（空白）

＊ 七月二十九日星期二（空白）

＊ 七月三十日星期三（空白）

＊ 七月三十一日星期四（空白）

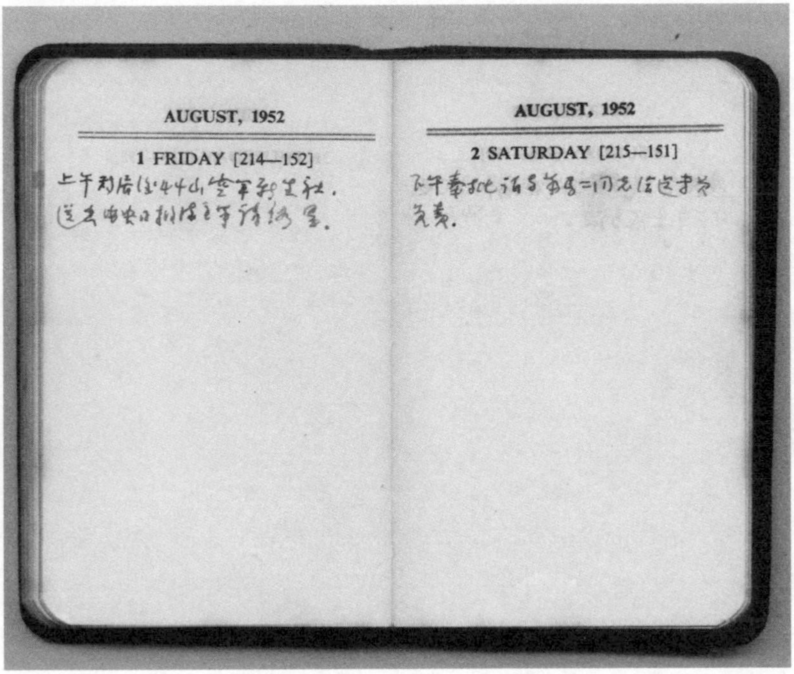

＊ **八月一日星期五**

上午移居後草山空軍新生社。

送出中央日報總主筆請假呈。

＊ **八月二日星期六**

下午奉批請與蕭馬二同志洽選專員負責。

＊ **八月三日星期日**

通知自誠與星野（在病中）於五日上午來寓商議。

＊ **八月四日星期一**

上午接納水杜衡來山，君章亦同來，昨晚聖芬與杜衡談話，指責余甚力，並謂董先生亦不滿意我。

下午杜衡訪星野，星野不願社外人進來主持言論。

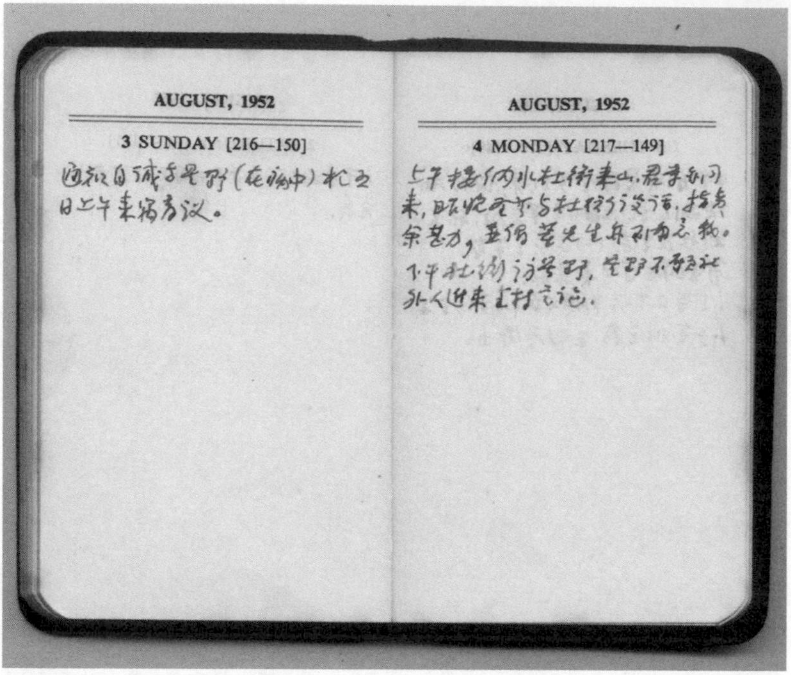

AUGUST, 1952

3 SUNDAY [216—150]

通知自誠于星野（在病中）於五日上午來寓商談。

AUGUST, 1952

4 MONDAY [217—149]

上午接納水杜衡來山，君來訪問來，晤悉查實与杜衡之談話，指責余甚力，並偕若先生再面之報。下午杜衡訪星野，星野不主張社外人進來主持言論。

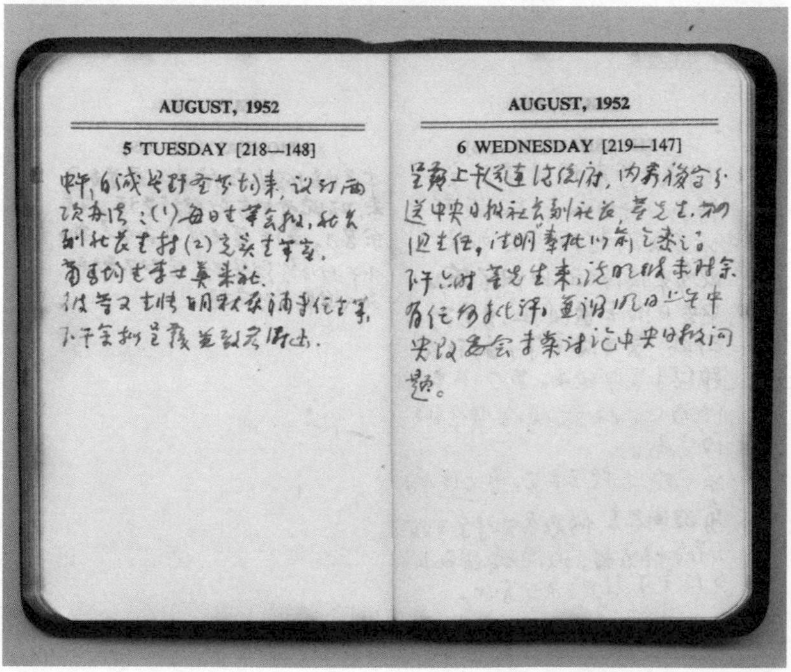

AUGUST, 1952

5 TUESDAY [218—148]

中午，自誠、星野、查良釗來，議訂兩項辦法：(1)每日去華盛報，社長副社長主持(2)定期去審查。黃少谷先生李士英來社。

AUGUST, 1952

6 WEDNESDAY [219—147]

呈總統上報道陳院長，內有從容送中央日報社長副社長，若先生、初回主任，任明年秋以前之委任。下午六時若先生來，說明報來對余有任何批評，並謂明日上午中央改委會專案討論中央日報問題。

＊ 八月五日星期二

中午，自誠星野聖芬均來，議訂兩項辦法：（1）每日主筆會報，社長副社長主持（2）充實主筆室。蕭馬均主李士英來社。

彼等又主張胡秋原補專任主筆。下午余擬呈覆並致宏濤函。

＊ 八月六日星期三

呈覆上午送達總統府，內容複寫分送中央日報社長副社長，董先生，第四組主任，註明「奉批以前乞密之」。

下午六時董先生來，說明彼未對余有任何批評，並謂明日上午中央改委會專案討論中央日報問題。

＊ 八月七日星期四

下午崔書琴來，談政綱事。余得知上午中改會決定設整理委員會，整理中央日報。曉峰來談。始得知此訊不確。中央日報全盤改組，馬星野辭職，余去

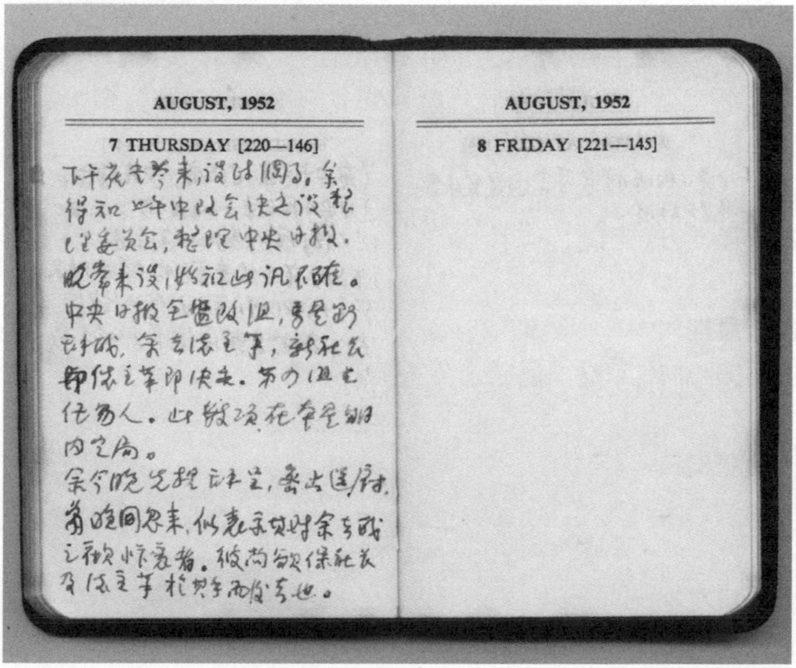

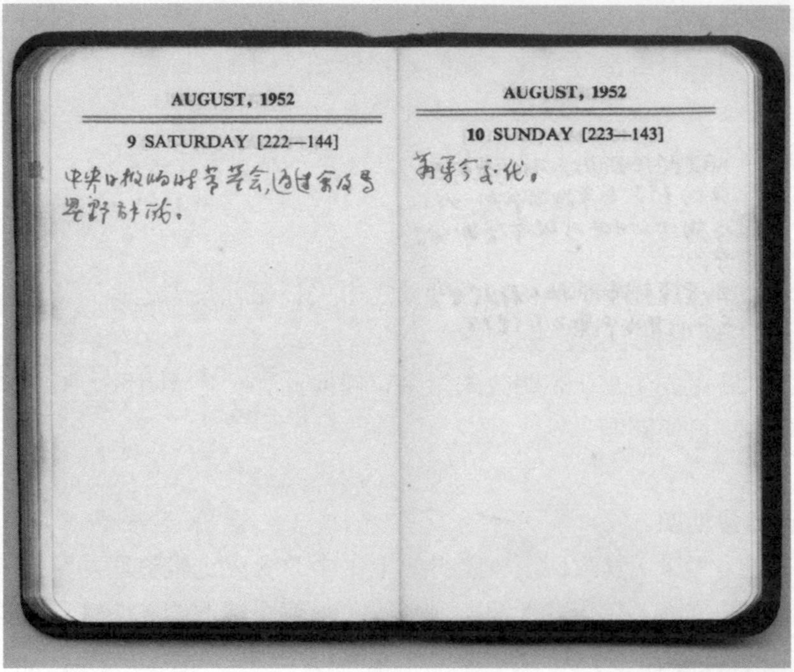

總主筆，新社長即總主筆即決定。第四組主任易人。此數項在本星期內定局。

余今晚先提辭呈，密函送府。蕭晚間忽來，似表示其對余去辭之歡忭？意者。彼尚欲保社長及總主筆於其手而後去也。

＊ 八月八日星期五（空白）

＊ 八月九日星期六

中央日報臨時常董會，通過余及馬星野辭職。

＊ 八月十日星期日

蕭馬今交代。

＊ 八月十一日星期一

研究院紀念週後，乃健，盧白，志希均來談，志希獨留午餐，始知星期四

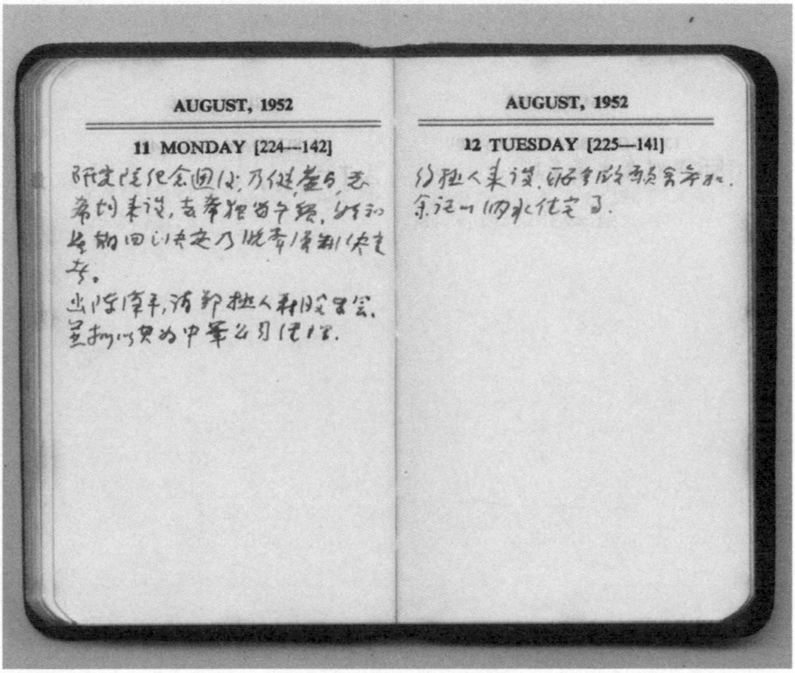

之決定乃曉峰強制決定者。

函陳漢平，請鄭拯人籌股東會，並擬以其為中華公司經理。

＊ 八月十二日星期二

約拯人來談，聯合版願余參加。余託以納水住宅事。

＊ 八月十三日星期三

下午六時李士英來談。

＊ 八月十四日星期四

下山往第一總院照 X 光，吳靜博士後日往美，囑今往照，結果腿骨已長好，只須練習步行。

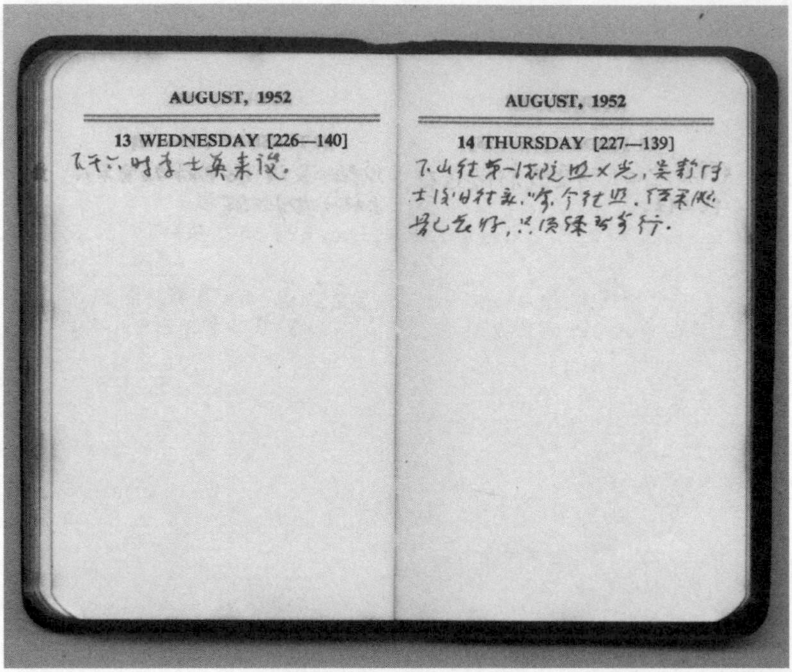

AUGUST, 1952

13 WEDNESDAY [226—140]

下午六時李士英來談。

AUGUST, 1952

14 THURSDAY [227—139]

下山往第一診院照X光，吳彭博士陪同往來。今往照，結果胸部已甚好，只須保養方行。

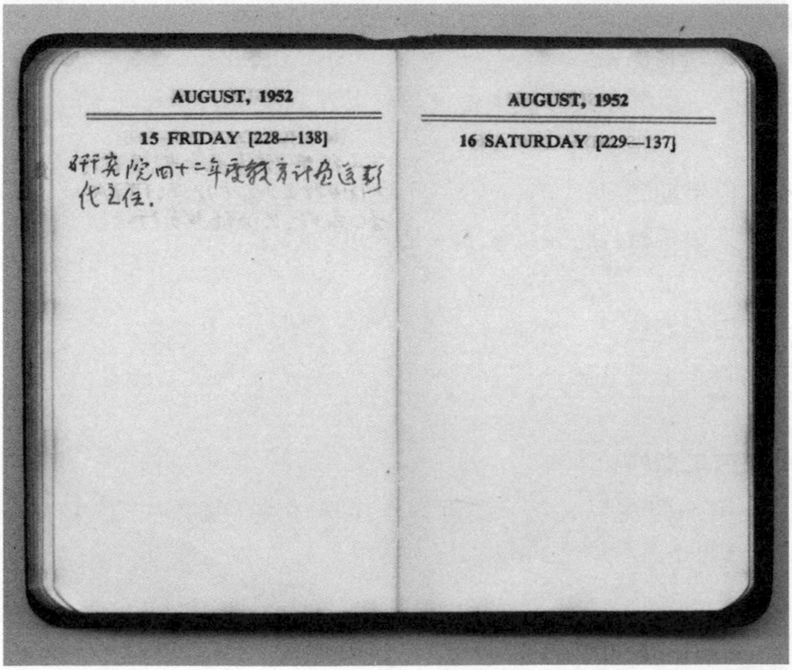

AUGUST, 1952

15 FRIDAY [228—138]

研究院四十二年度教育計畫送彭代主任。

AUGUST, 1952

16 SATURDAY [229—137]

＊ 八月十五日星期五

研究院四十二年度教育計畫送彭代主任。

＊ 八月十六日星期六（空白）

＊ 八月十七日星期日（空白）

＊ 八月十八日星期一（空白）

＊ 八月十九日星期二

錢納水載杜衡來談。

＊ 八月二十日星期三

Crane Brinton: Ideas and Men 讀完。

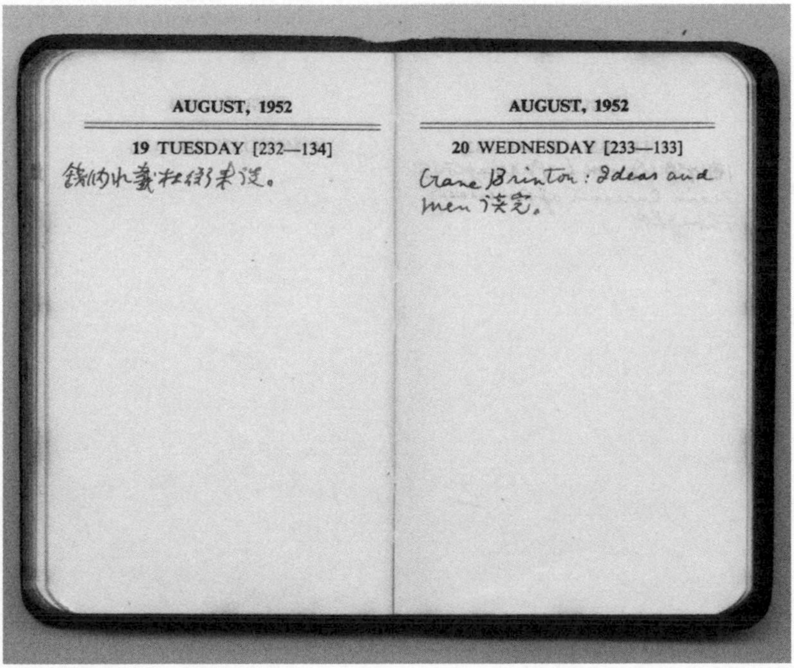

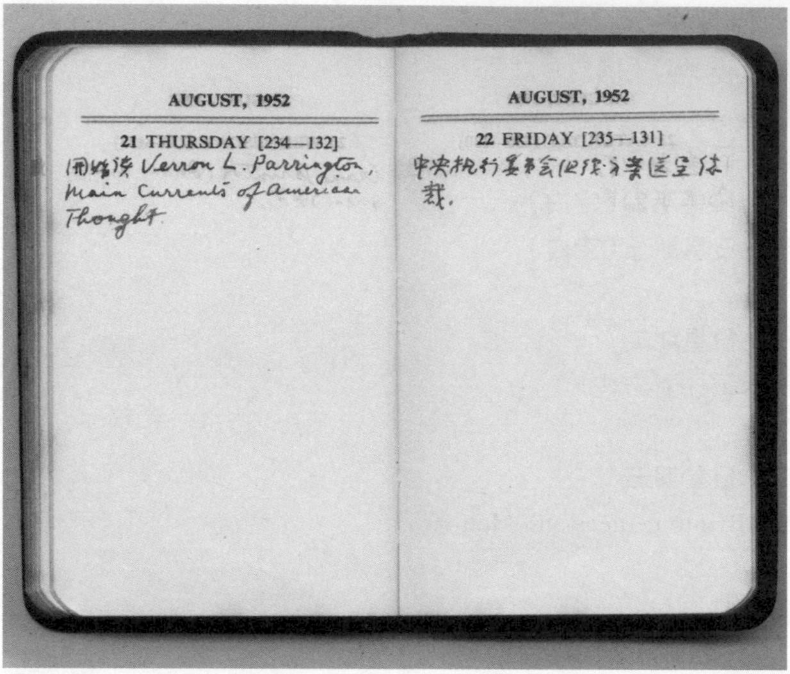

AUGUST, 1952

21 THURSDAY [234—132]

Verron L. Parrington, Main Currents of American Thought

AUGUST, 1952

22 FRIDAY [235—131]

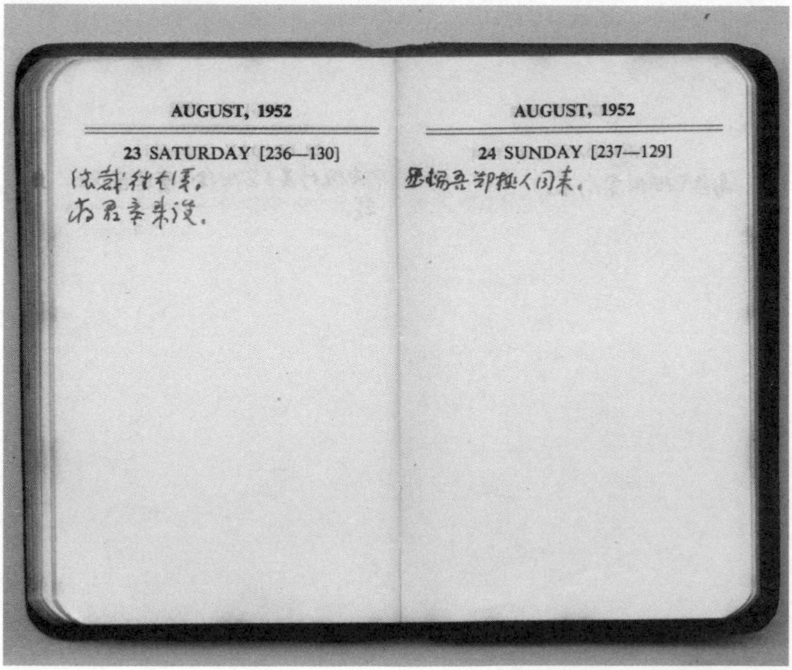

AUGUST, 1952

23 SATURDAY [236—130]

AUGUST, 1952

24 SUNDAY [237—129]

＊ 八月二十一日星期四

開始讀 Verron L. Parrington, Main Currents of American Thought.

＊ 八月二十二日星期五

中央執行委會組織方案送呈總裁。

＊ 八月二十三日星期六

總裁往大溪。

蔣君章來談。

＊ 八月二十四日星期日

王惕吾鄭拯人同來。

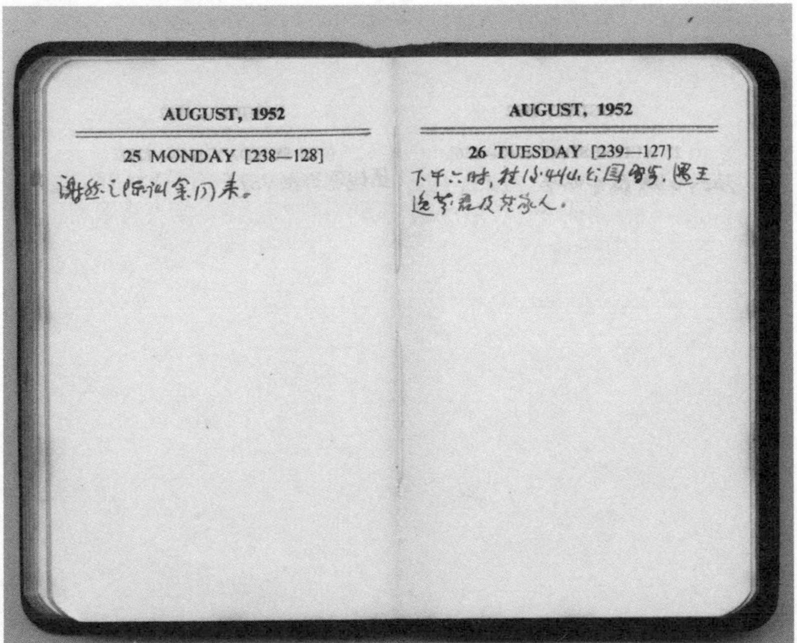

＊ 八月二十五日星期一

謝然之陳訓悆同來。

＊ 八月二十六日星期二

下午六時，往後草山公園習步，遇王逸芬君及其家人。

＊ 八月二十七日星期三

冰如心臟病發甚重。

＊ 八月二十八日星期四

條答院長問總動員事與總體戰及本院加設此一課目事。

＊ 八月二十九日星期五

董先生來談。李荊蓀來談。

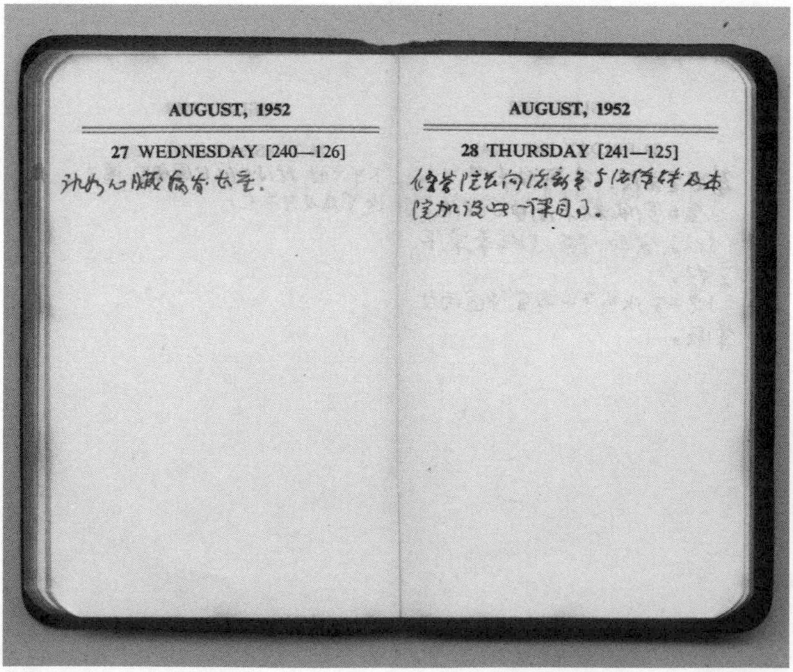

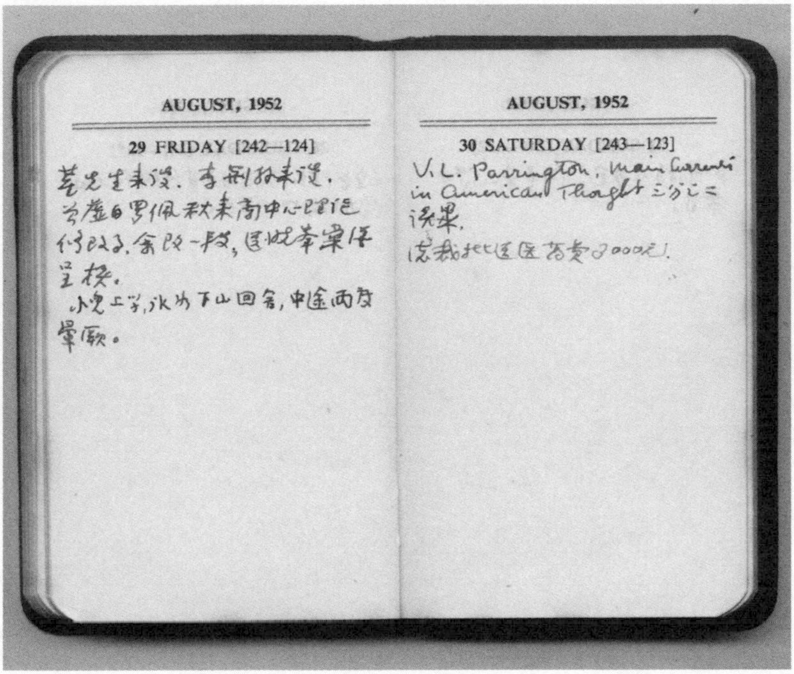

曾虛白羅佩秋來商中心立論修改事。余改一段，送曉峰彙繕呈核。
小兒上學，冰如下山回舍，中途兩度暈厥。

＊ 八月三十日星期六

Verron L. Parrington, Main Currents of American Thought 三分之二讀畢。
總裁批送醫藥費 3000 元。

＊ 八月三十一日星期日

上午稿入市宅。漢平來山談中華事。

＊ 九月一日星期一（空白）
＊ 九月二日星期二（空白）
＊ 九月三日星期三（空白）
＊ 九月四日星期四（空白）

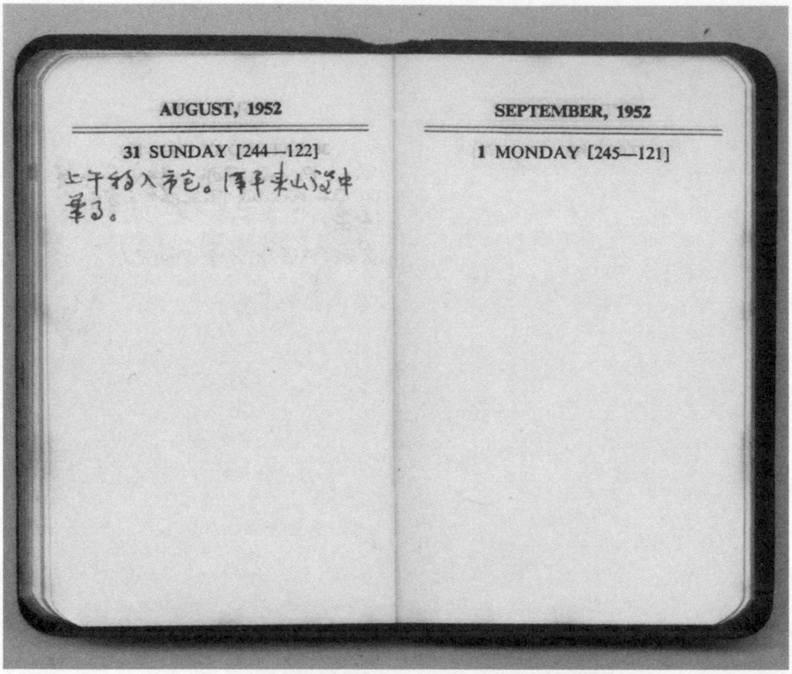
AUGUST, 1952

31 SUNDAY [244—122]

SEPTEMBER, 1952

1 MONDAY [245—121]

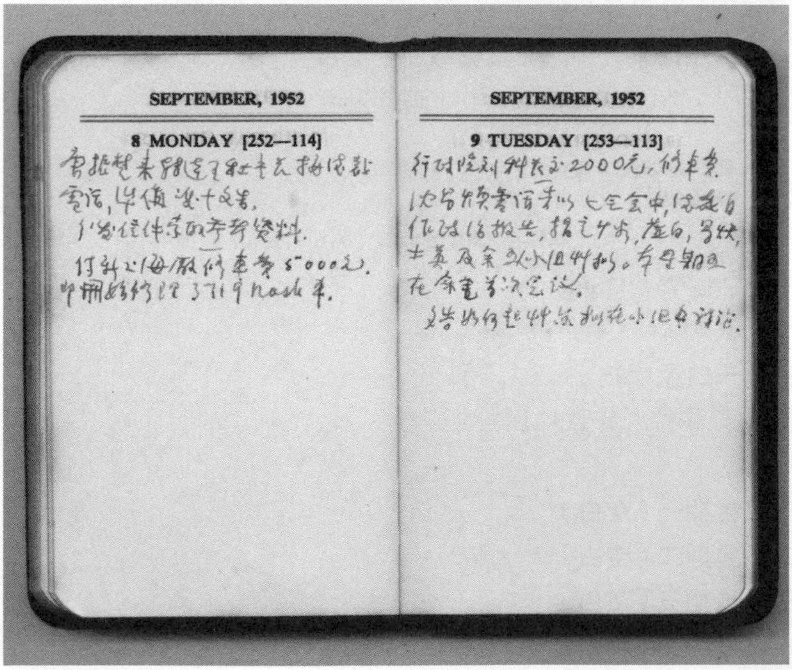
SEPTEMBER, 1952

8 MONDAY [252—114]

SEPTEMBER, 1952

9 TUESDAY [253—113]

＊ 九月五日星期五（空白）

＊ 九月六日星期六（空白）

＊ 九月七日星期日（空白）

＊ 九月八日星期一

唐振楚來轉達王秘書長接總裁電話，準備雙十文告。

分發信件索取參考資料。

付新上海修車費 5000 元。即開始修理 3719Nash 車。

＊ 九月九日星期二

行政院劉科長交 2000 元修車費。

沈昌煥電話告以七全會中，總裁自作政治報告，指定少谷，虛白，昌煥，士英及余五人小組草擬。本星期三在余宅首次會談。

文告如何起草亦擬在小組中討論。

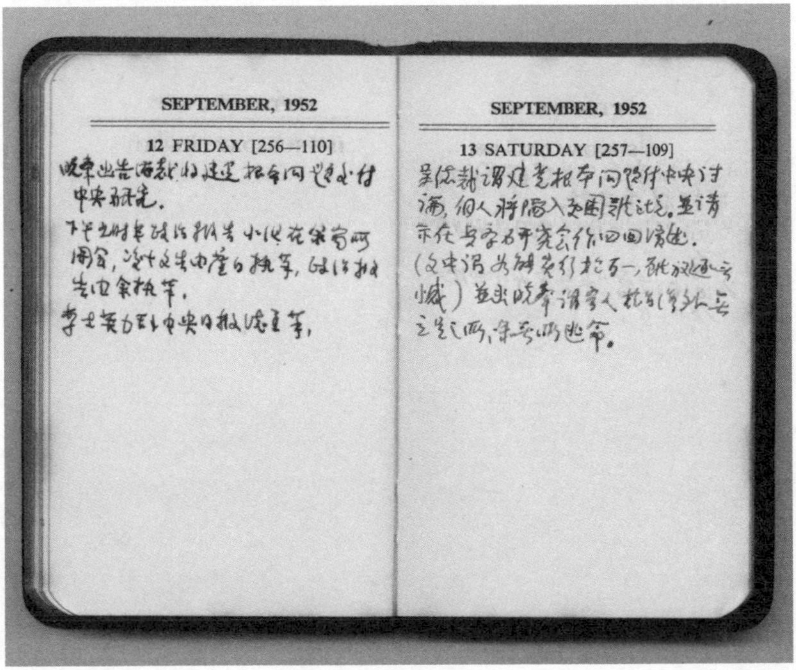

＊ 九月十日星期三（空白）

＊ 九月十一日星期四（空白）

＊ 九月十二日星期五

曉峰函告總裁將建黨根本問題交付中央研究。

下午五時半政治報告小組在余寓所開會，雙十文告由虛白執筆，政治報告由余執筆。

李士英力辭中央日報總主筆。

＊ 九月十三日星期六

呈總裁謂建黨根本問題付中央討論，個人將陷入更困難之境，並請示在兵學研究會作四回講述。（文中謂如能實行於萬一，雖放逐無憾）並函曉峰謂吾人於台灣外無立足之所，余無所逃命。

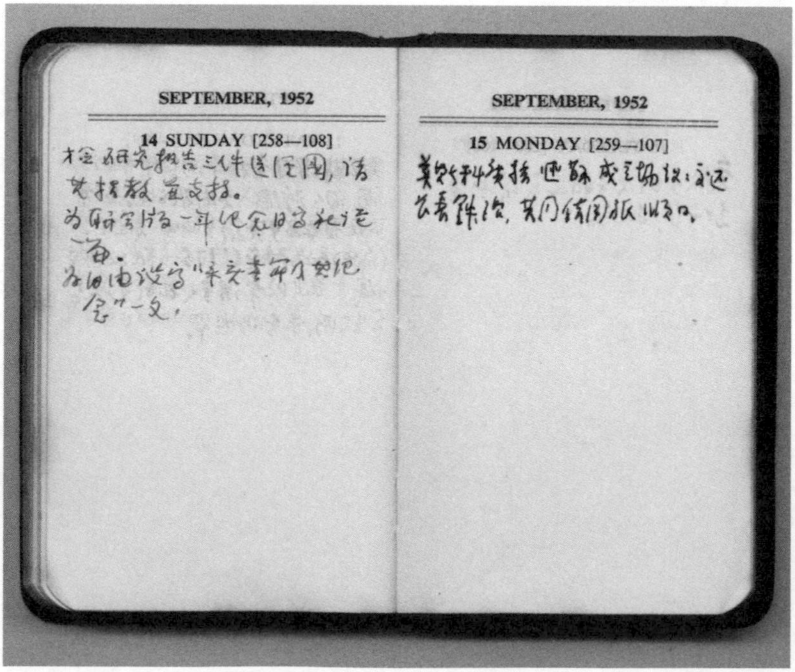

＊ 九月十四星期日

檢研究報告三件送經國，請其指教並支持。

為聯合版一年紀念日寫社論一篇。

為自由談寫「辛亥革命及其紀念」一文。

＊ 九月十五日星期一

莫斯科廣播匪蘇成立協議： 交還長春鐵路，共同使用旅順口。

＊ 九月十六日星期二

呈報可到兵學研究會演述建黨問題，批可。

＊ 九月十七期星期三（空白）

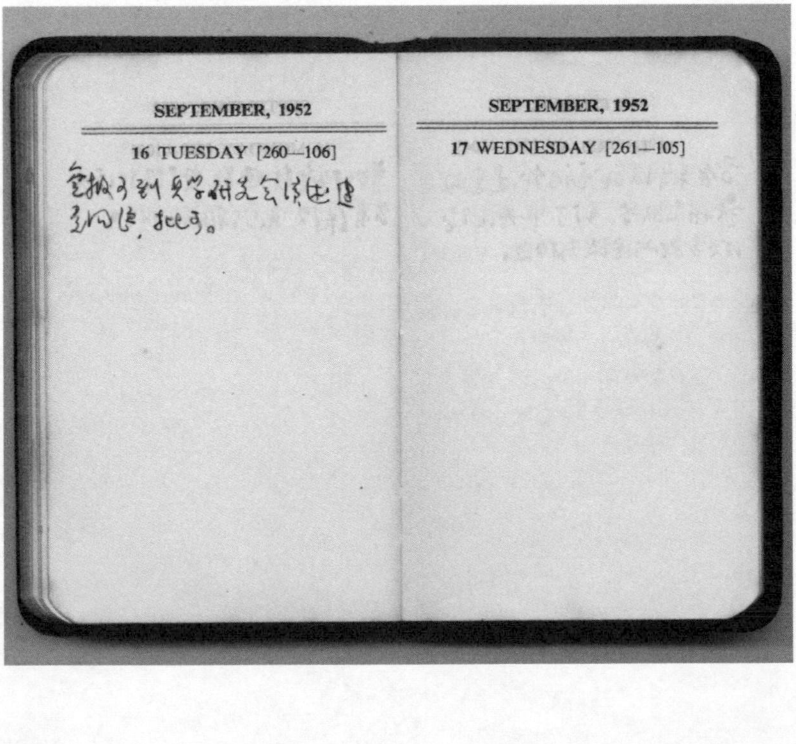

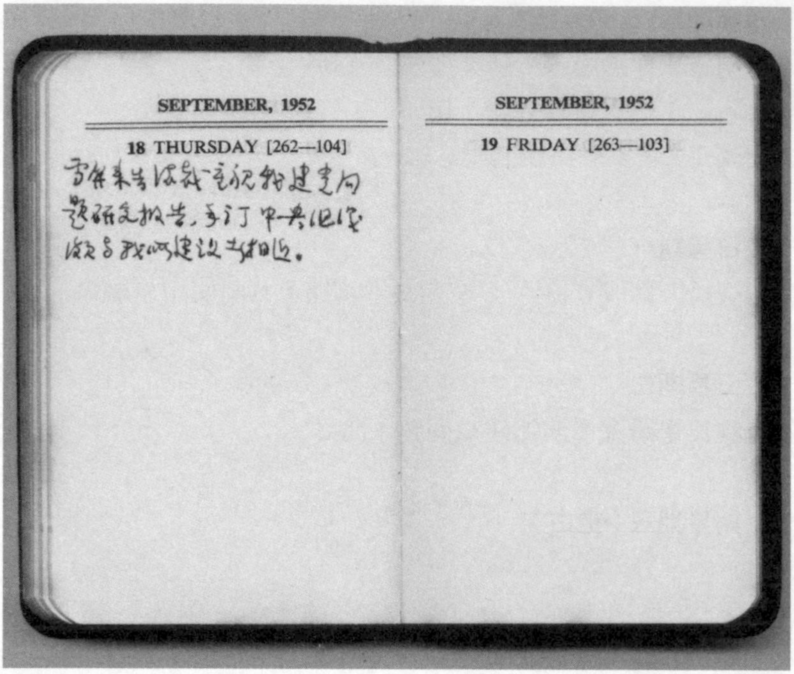

SEPTEMBER, 1952

18 THURSDAY [262—104]

雪艇來告總裁一意研究對建黨問題研究報告，手訂中央化組織與我們建設大相近。

SEPTEMBER, 1952

19 FRIDAY [263—103]

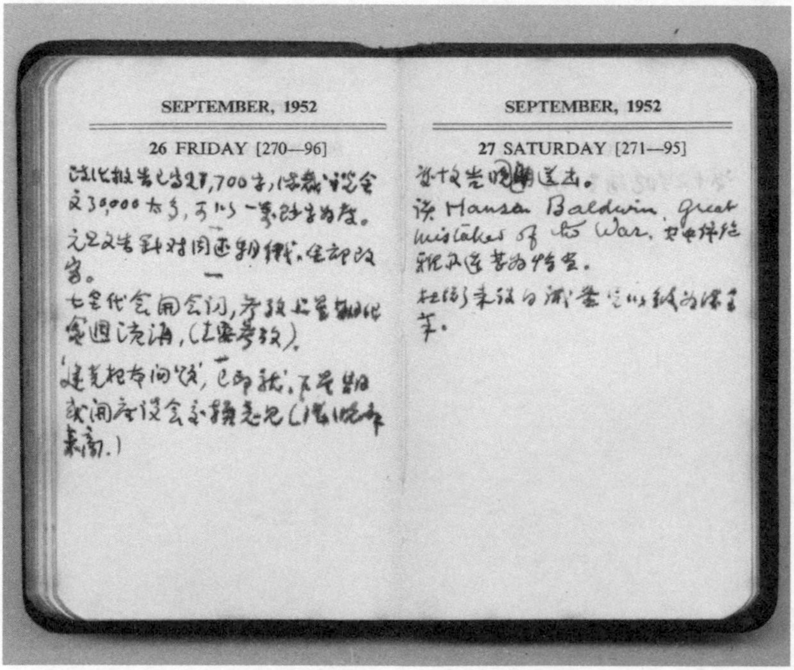

SEPTEMBER, 1952

26 FRIDAY [270—96]

政治報告已寫完，700字，總裁説全文30,000太多，可以一萬字為度。

又見文告對於國際新形勢，全部改寫。

七全代會開會詞，於政治部份加強團結，(未要考核)。

「建黨根本問題」已印就，下星期六開座談會交換意見(總裁未來)。

SEPTEMBER, 1952

27 SATURDAY [271—95]

整理報告晚間送去。

讀 Hanson Baldwin, Great Mistakes of the War. 史達林結構可怕。

杜衡來談自傳書已以線裝出版事。

＊ 九月十八日星期四

雪屏來告總裁重視我建黨問題研究報告，手訂中央組織頗與我所建議者相近。

＊ 九月十九日星期五（空白）

＊ 九月二十日星期六（空白）

＊ 九月二十一日星期日（空白）

＊ 九月二十二日星期一（空白）

＊ 九月二十三日星期二（空白）

＊ 九月二十四日星期三（空白）

＊ 九月二十五日星期四（空白）

＊ 九月二十六日星期五

政治報告已寫27,700字，總裁說全文30,000字太多，可以一萬餘字為度。

元旦文告針對周匪朝俄，全部改寫。

七全代表會開會詞，參考上星期紀念週演講。（主要參考）

建黨根本問題已印就。下星期或開座談會交換意見。（張曉峰來商）

＊ 九月二十七日星期六

雙十文告明晚送出。

讀 Hanson Baldwin, Great Mistakes of the War，其中評論雅爾達甚為恰當。

杜衡來談白？？以彼為總主筆。

＊ 九月二十八日星期日

雙十文告晚間呈閱。

＊ 九月二十九日星期一

今開始草七全代表會開會詞。

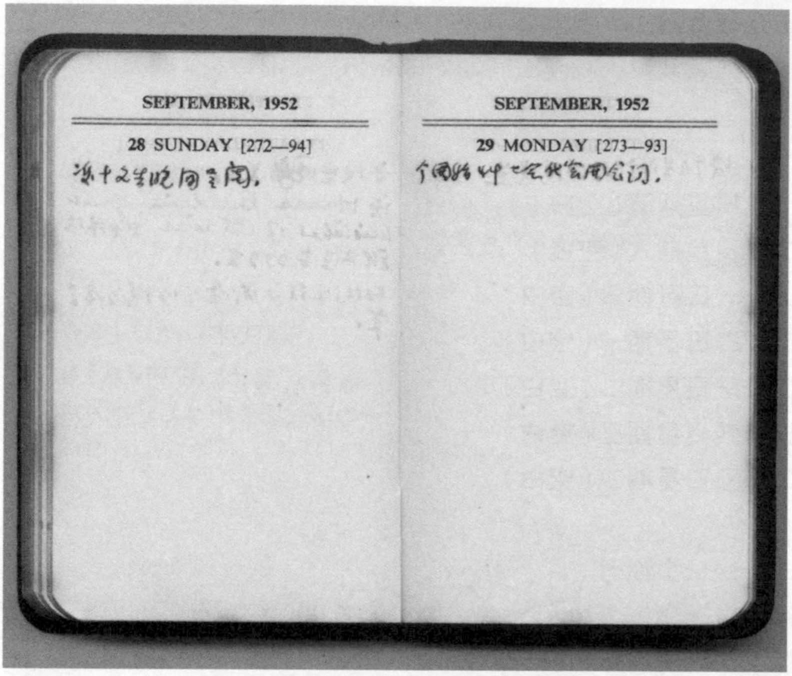
SEPTEMBER, 1952
28 SUNDAY [272—94]
SEPTEMBER, 1952
29 MONDAY [273—93]

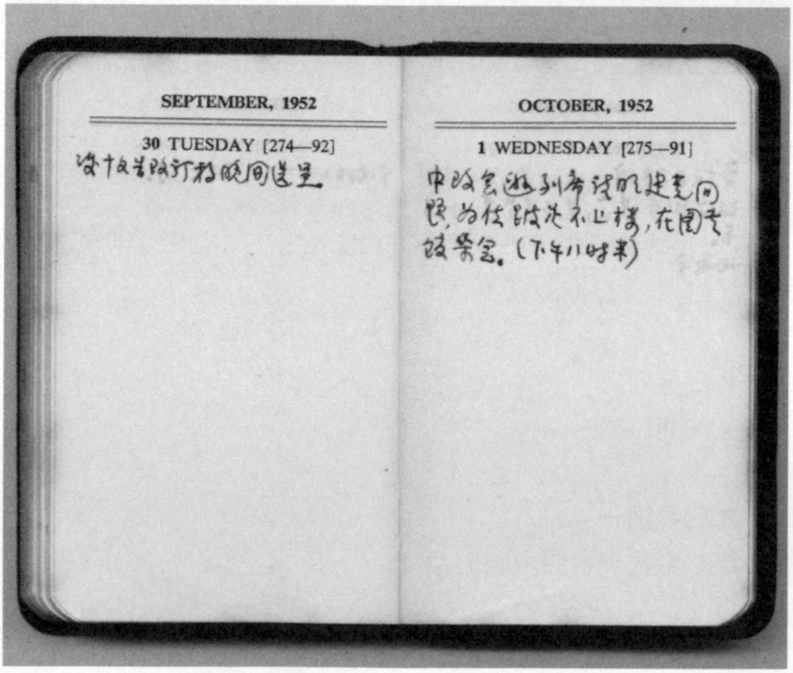
SEPTEMBER, 1952
30 TUESDAY [274—92]
OCTOBER, 1952
1 WEDNESDAY [275—91]

＊ 九月三十日星期二

雙十文告改訂稿晚間送呈。

＊ 十月一日星期三

中改會邀列席說明建黨問題，為使跛足不上樓，在圖書館茶會。（下午八時半）

＊ 十月二日星期四

雙十文告今定稿。

政治報告趕寫，並須先呈送一分請示。

＊ 十月三日星期五

總裁今出巡。

政治報告寫成初稿。

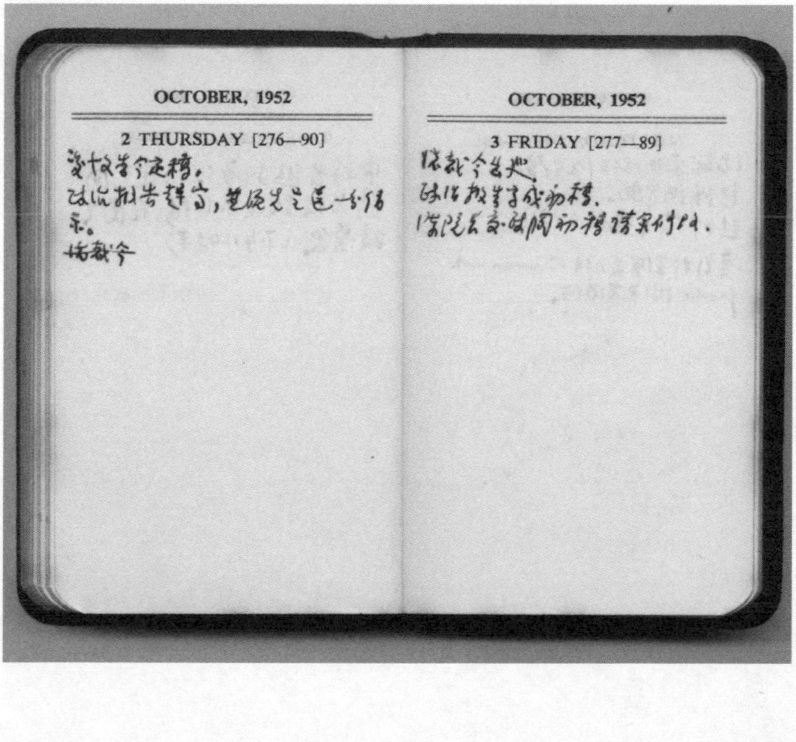

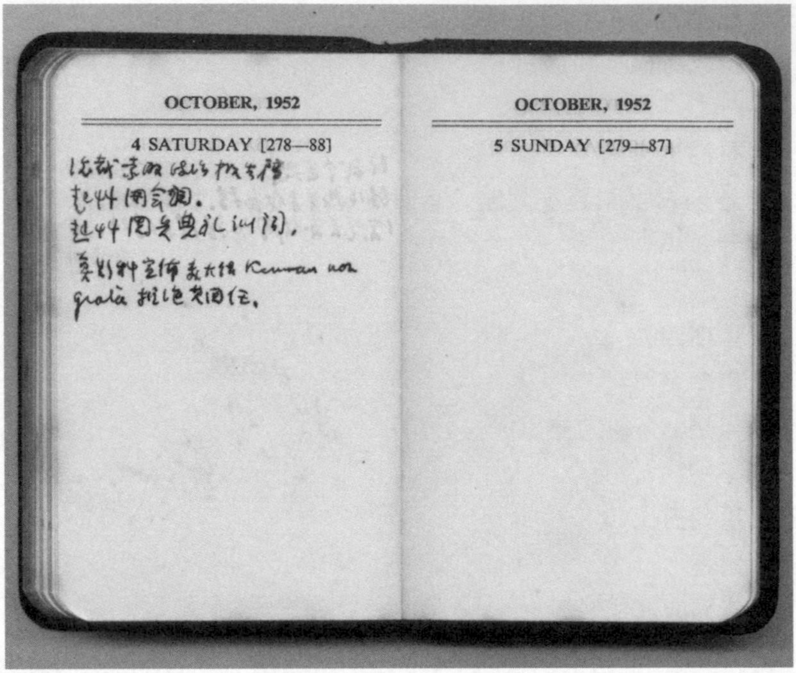
OCTOBER, 1952
4 SATURDAY [278—88]
OCTOBER, 1952
5 SUNDAY [279—87]

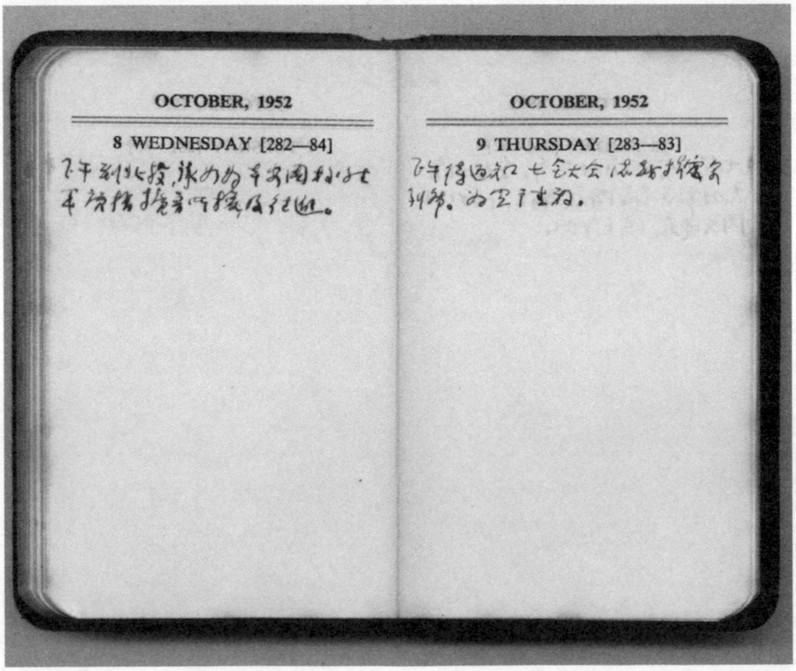
OCTOBER, 1952
8 WEDNESDAY [282—84]
OCTOBER, 1952
9 THURSDAY [283—83]

陳院長交政綱初稿請余修改。

＊ 十月四日星期六

總裁索取政治報告稿。

起草開會詞。

起草閱兵典禮訓詞。

莫斯科宣佈美大使 Kennan non grata 拒絕其回任。

＊ 十月五日星期日（空白）

＊ 十月六日星期一（空白）

＊ 十月七日星期二（空白）

＊ 十月八日星期三

下午到北投，冰如為辛安國校童（？）軍廣播擴音所擾及往避。

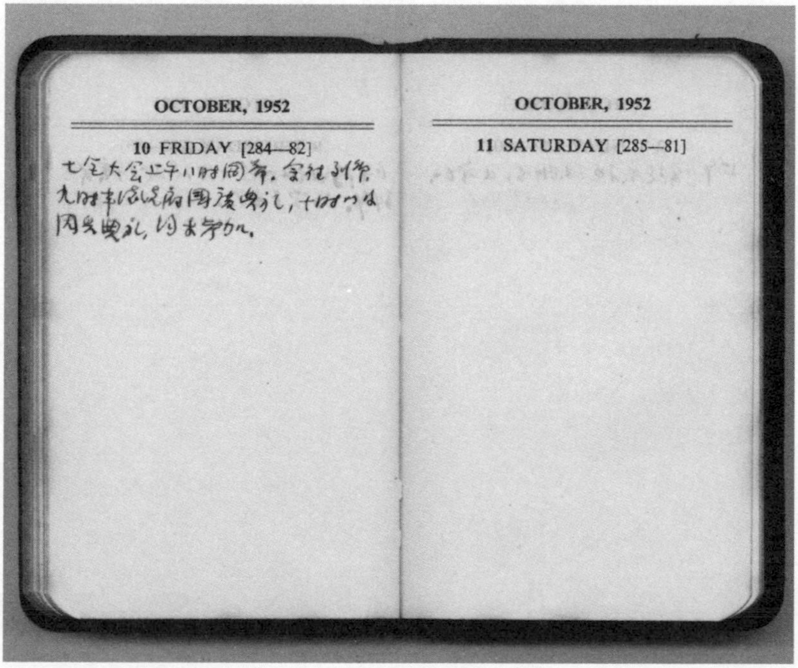

＊ 十月九日星期四

下午得通知，七全大會總裁指定余列席，為宣言主稿。

＊ 十月十日星期五

七全大會上午八時開幕。余往列席。九時半總統府國慶典禮，十時以後閱兵典禮，均未參加。

＊ 十月十一日星期六（空白）

＊ 十月十二日星期日

上午陳院長施政報告，余參加。

＊ 十月十三日星期一

上午九時紀念週，總裁政治報告，余往參加。

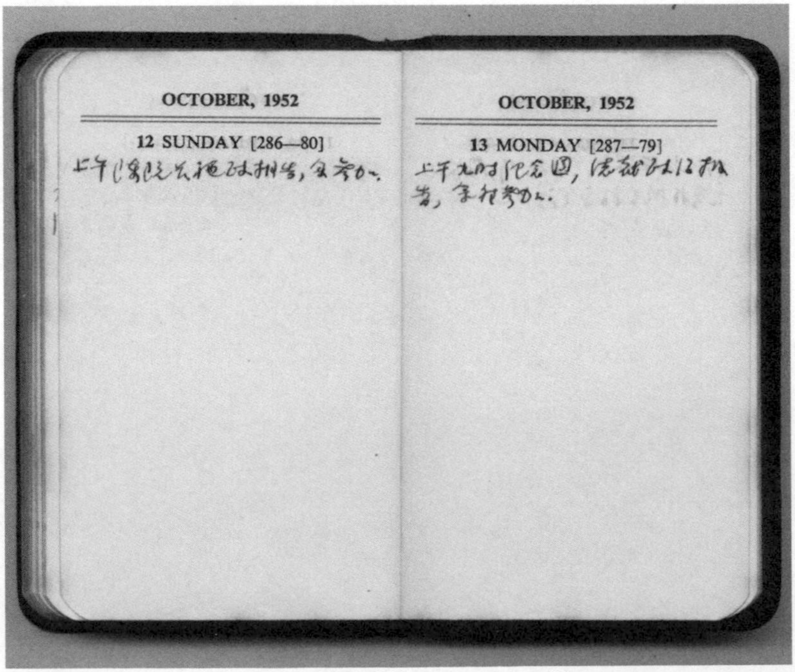

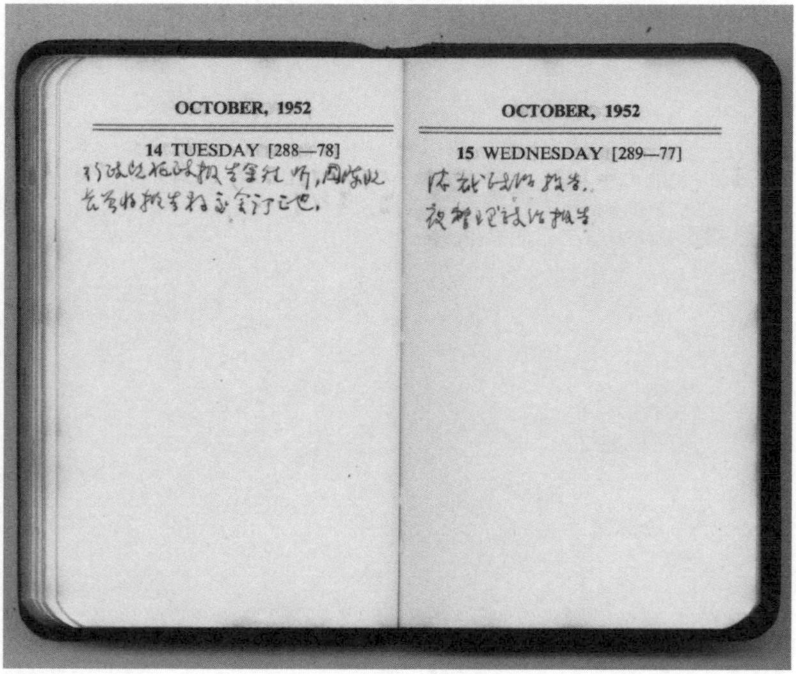

＊ 十月十四日星期二

行政院施政報告，余往聽，因陳院長曾將報告稿交余訂正也。

＊ 十月十五日星期三

總裁政治報告。

夜整理政治報告。

＊ 十月十六日星期四

整理政治報告。

＊ 十月十七日星期五

起草宣言。

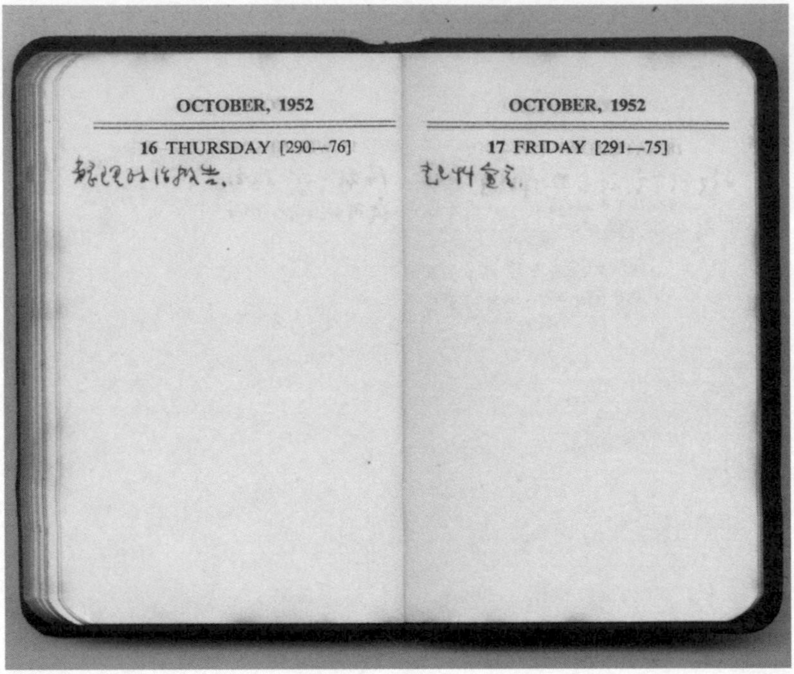

OCTOBER, 1952

16 THURSDAY [290—76]

[illegible]

OCTOBER, 1952

17 FRIDAY [291—75]

[illegible]

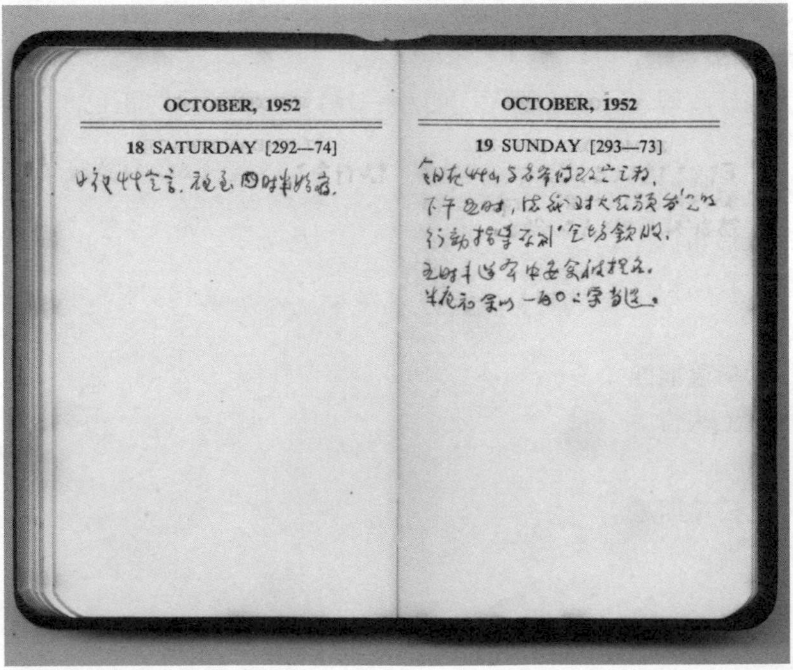

OCTOBER, 1952

18 SATURDAY [292—74]

[illegible]

OCTOBER, 1952

19 SUNDAY [293—73]

[illegible]

＊ 十月十八日星期六

日夜草宣言，夜至四時半始寢。

＊ 十月十九日星期日

今日在草山與志希修改宣言稿。

下午五時，總裁對大會頒發黨政行動指導原則，全場欽服。

五時半選舉中委，余被提名。

半夜知余一百〇二票當選。

＊ 十月二十日星期一

下午宣言提出大會。

下午三時定稿交中央社發佈。

總裁政治報告印就頒發。

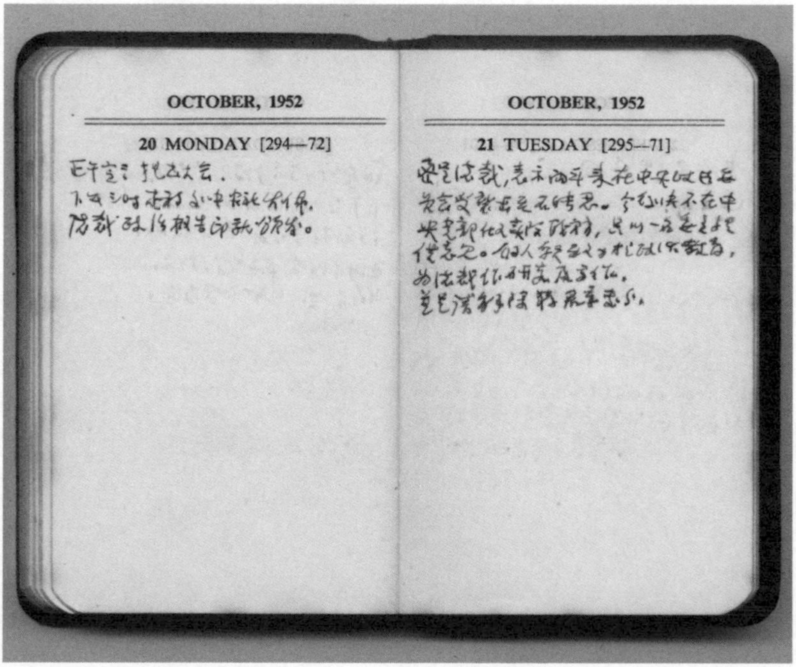

＊ 十月二十一日星期二

密呈總裁，表示兩年來在中央改造委員會受襲擊至不能忍。今後決不在中央黨部做實際職務，只以一名委員提供意見。個人願致力於政治教育，為總裁作研究及寫作。並呈請解除蔣君章處分。

＊ 十月二十二日星期三

光復節文告晚間送府，明晨到達官邸。

＊ 十月二十三日星期四

上午十時一中全會，余任常委。（陳誠，張道藩，谷正綱，蔣經國，陳雪屏，黃少谷，陶希聖，倪文亞，吳國楨，袁守謙。）

張其昀仍任秘書長，周宏濤谷鳳翔副秘書長。

各組主任均不以常委兼任。

總裁指示，黨的行動指導原則及余所著建黨的根本問題為中央今後必循之

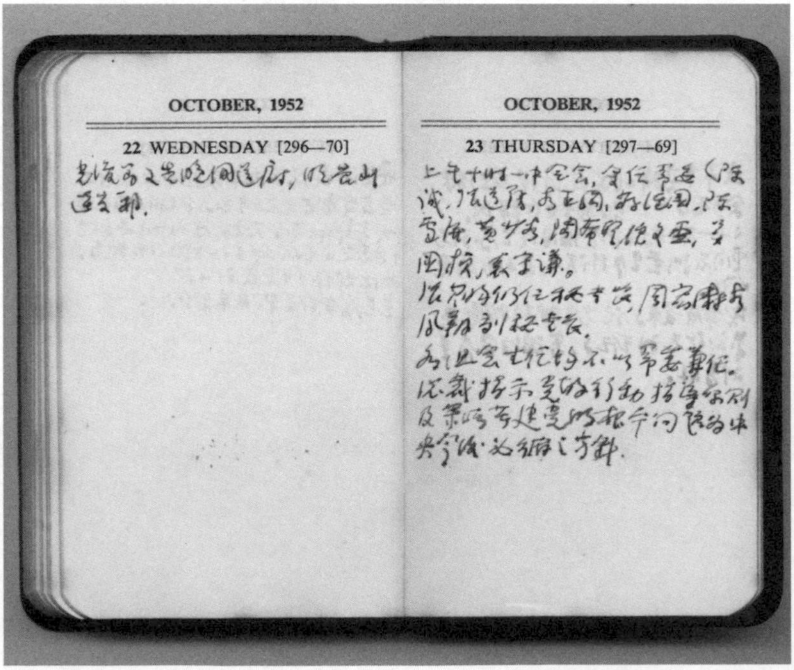

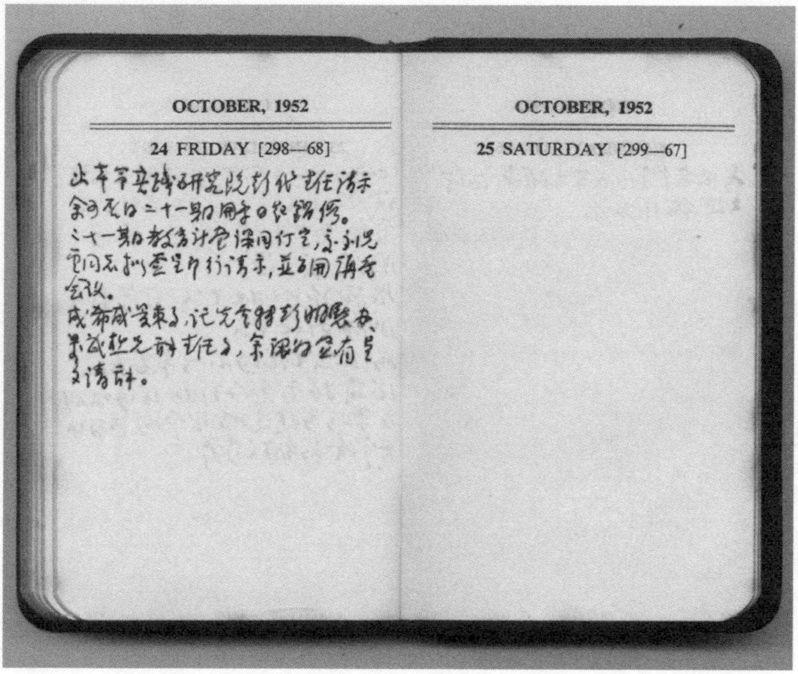

方針。

＊ 十月二十四日星期五

函革命實踐研究院彭代主任請示余可否自二十一期開學日起請假。

二十一期教育計畫課目訂定，交劉先雲同志擬簽呈即行請示，並召開講座會議。

成希成管束事，託先雲轉彭明慰辦。

萬武樵兄辭主任事，余認為宜有呈文請辭。

＊ 十月二十五日星期六（空白）

＊ 十月二十六日星期日

各組會主管同志尚未確定。總裁出巡，藉作思考。

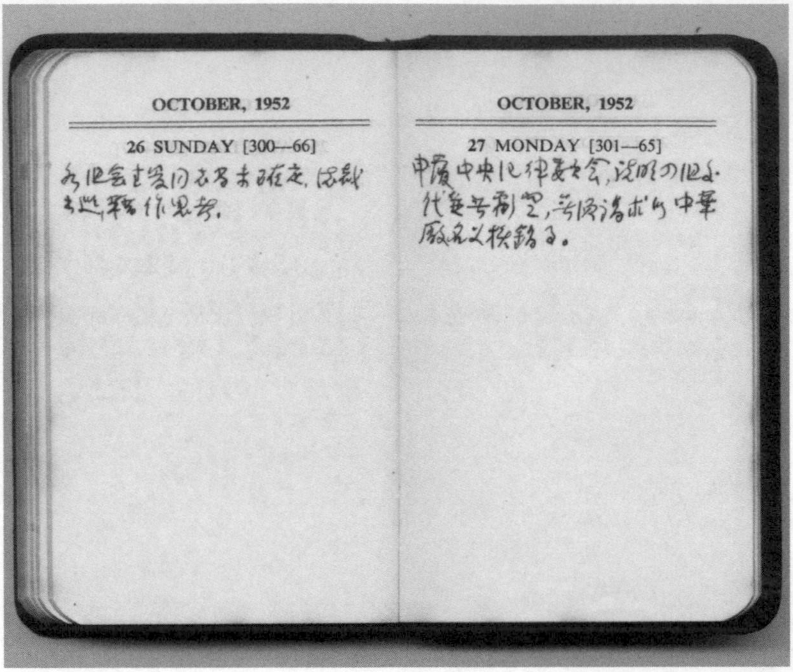

＊ 十月二十七日星期一

申覆中央紀律委員會，說明四組交代並無虧空，無須請求以中華廠名義核銷事。

＊ 十月二十八日星期二（空白）

＊ 十月二十九日星期三

下午四時出巡講座會議。

余自十一月三日起銷假。

＊ 十月三十日星期四

第一次中常會通過

第一組主任	唐縱
第二組主任	鄭介民

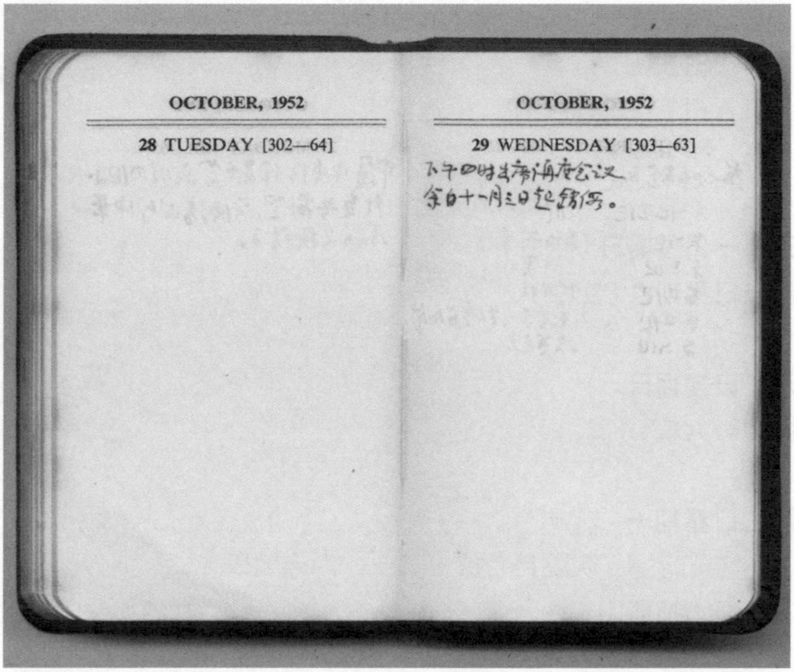

OCTOBER, 1952

28 TUESDAY [302—64]

OCTOBER, 1952

29 WEDNESDAY [303—63]

下午四時出席海產會議
余自十一月三日起銷假。

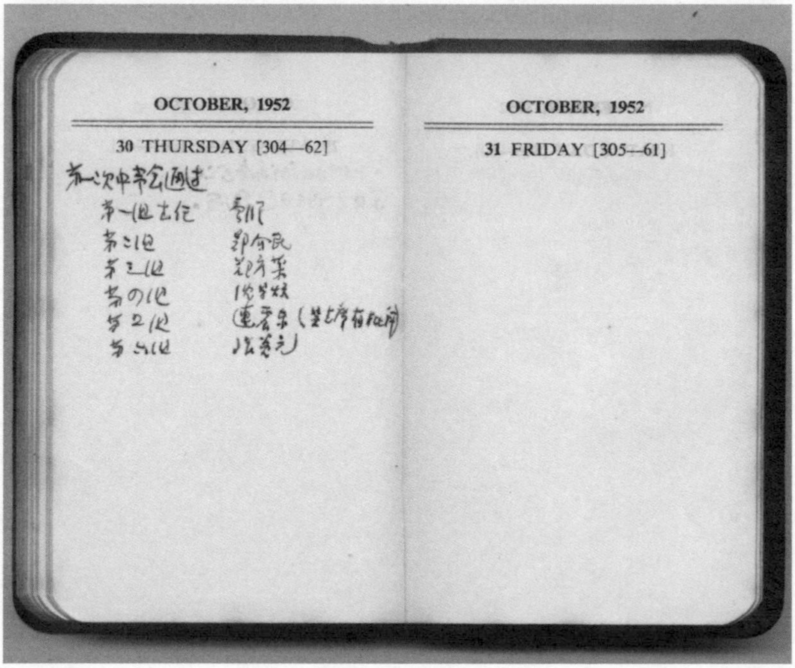

OCTOBER, 1952

30 THURSDAY [304—62]

第一次中常會通過
第一組主任　[illegible]
第二組　鄭介民
第三組　鄭彥棻
第四組　沈昌煥
第五組　[illegible]（[illegible]
第六組　張炎元）

OCTOBER, 1952

31 FRIDAY [305—61]

第三組主任	鄭彥棻
第四組主任	沈昌煥
第五組主任	連震東
第六組主任	張炎元

＊ 十月三十一日星期五（空白）

＊ 十一月一日星期六（空白）

＊ 十一月二日星期日

擬總體戰大綱。

＊ 十一月三日星期一

上午十時紀念週，陳院長主持。二十一期今開學。

下午晤何大使鳳山。

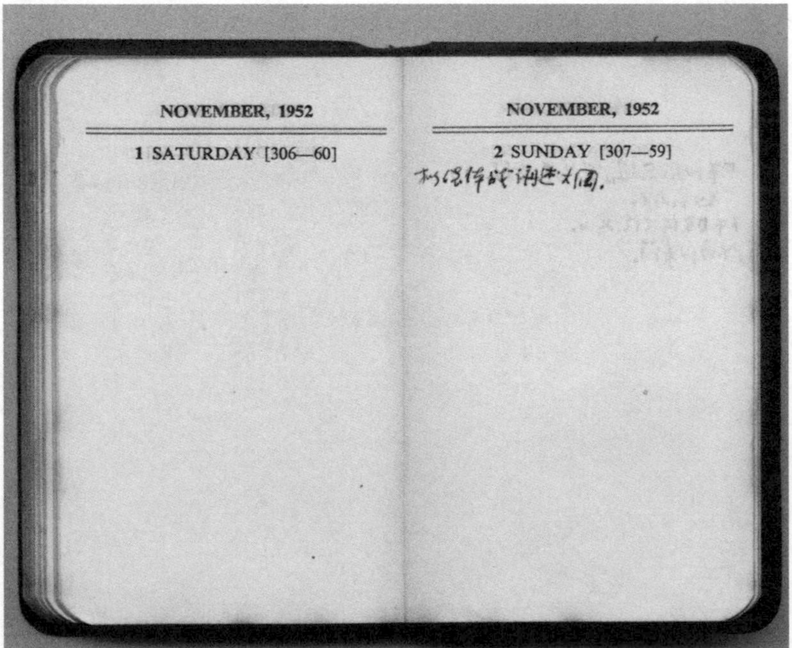

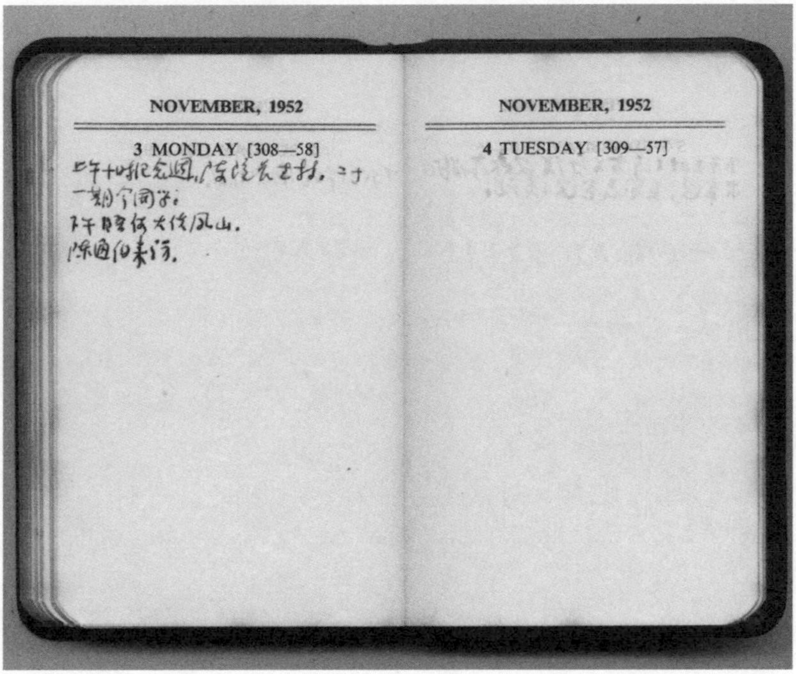

陳通伯來訪。

＊ 十一月四日星期二（空白）

＊ 十一月五日星期三

下午三時台灣電台廣播艾森豪威爾當選，並發表當選演說。

＊ 十一月六日星期四

上午九至十一時三十分，下午二時至四時五十分，黨的建設。（講建黨的根本問題）

上午中常回第二次會，請假。

＊ 十一月七日星期五

下午四時貴陽街本期討論會指導小組開會。

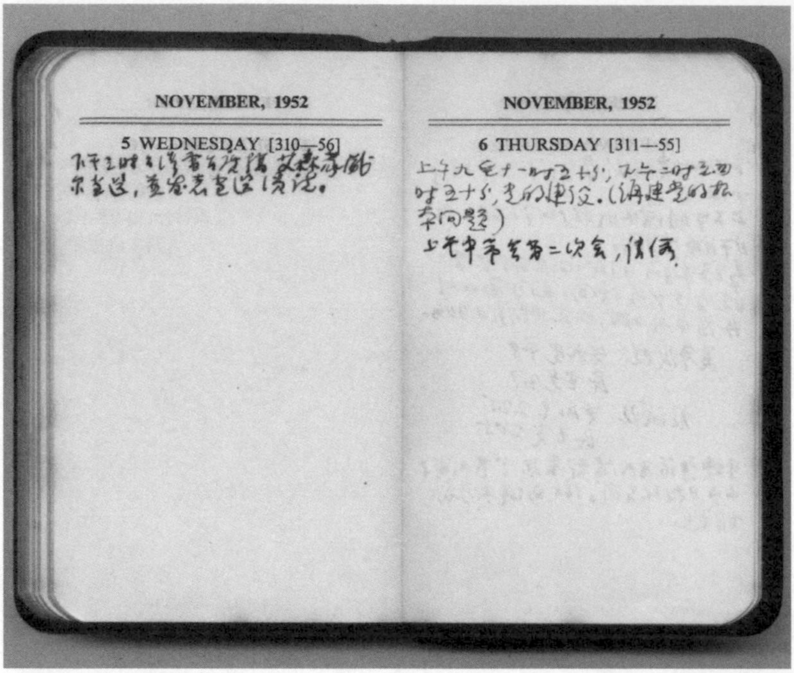
NOVEMBER, 1952

5 WEDNESDAY [310—56]

[illegible]

NOVEMBER, 1952

6 THURSDAY [311—55]

上午九至十一時五十分，下午二時至四時五十分，[illegible]。([illegible]問題)

上午中常会第二次会，[illegible]

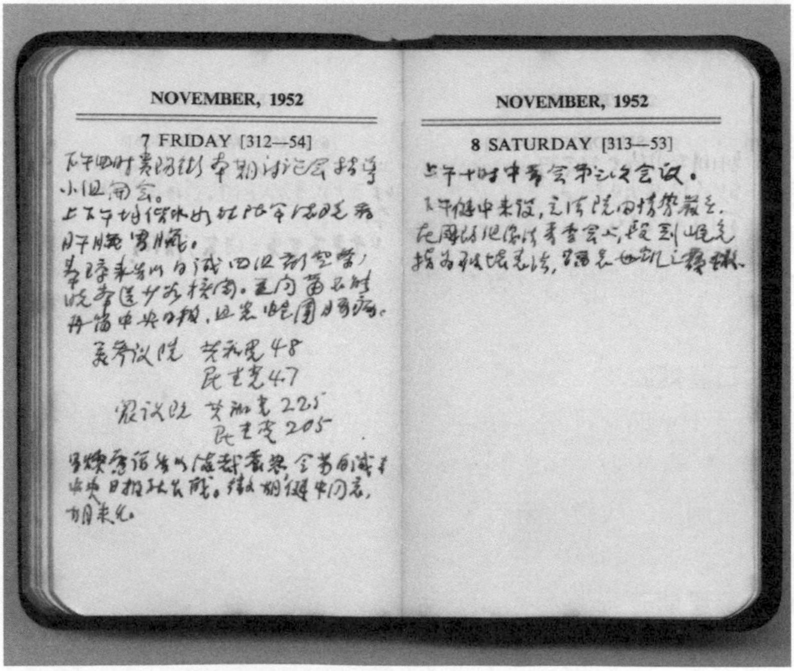
NOVEMBER, 1952

7 FRIDAY [312—54]

下午四时[illegible]小组开会。

[illegible]

美参议院　共和党48

　　　　　民主党47

众议院　共和党225

　　　　民主党205

[illegible]

NOVEMBER, 1952

8 SATURDAY [313—53]

上午十时中常会第三次会议。

[illegible]

上下午均偕冰如往陸軍總院看肝臟胃臟。

奉璋來告自誠四組虧空案，曉峰送少谷核商。並聞蕭不能再留中央日報，且悉經國腰病。

美參議院	共和黨 48
	民主黨 47
眾議院	共和黨 225
	民主黨 205

昌煥電告以總裁震怒，令蕭自誠去中央日報社長職。徵胡健中同意，胡未允。

＊ 十一月八日星期六

上午中常會第三次會議。

下午健中來談，立法院內情勢嚴重，在國防組織法委員會上，段劍岷竟指為破壞憲法，蹈袁世凱之覆轍。

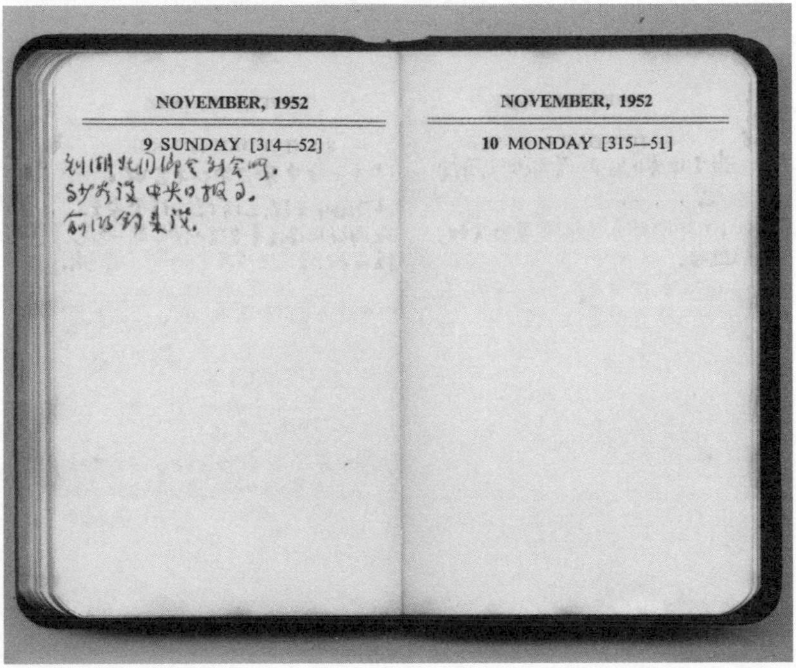

＊ 十一月九日星期日

到湖北同鄉會新會所。
與少谷談中央日報事，
俞鴻鈞來談。

＊ 十一月十日星期一（空白）

＊ 十一月十一日星期二

密呈中央日報事，並致函經國閱轉。
下午赴後草山，小住空軍新生社，避壽。

＊ 十一月十二日星期三（空白）

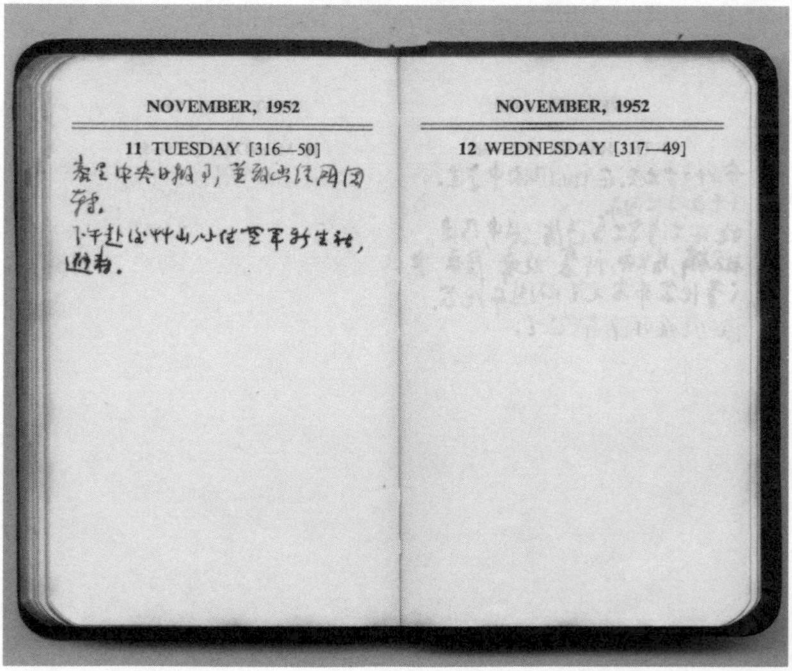

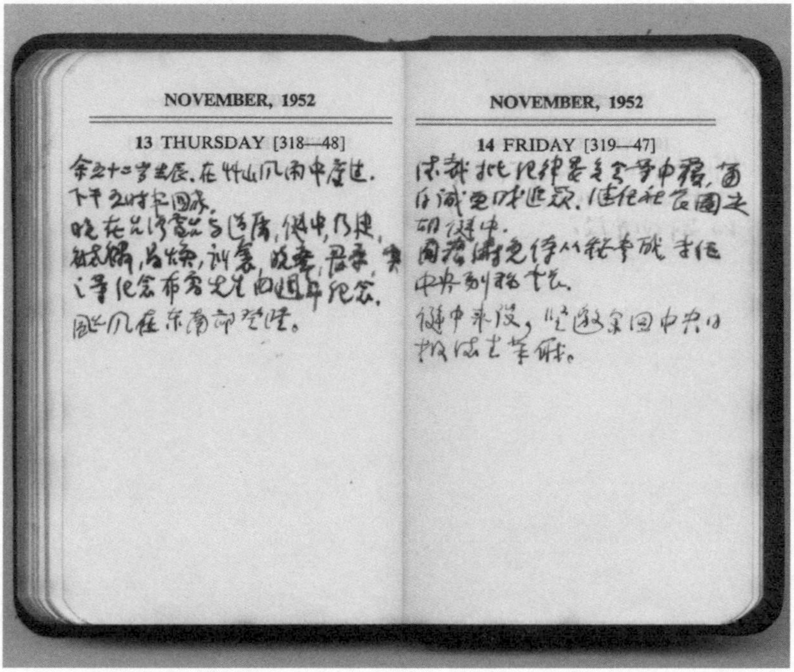

＊ 十一月十三日星期四

余五十二歲生辰，在草山風雨中度過。下午五時半回家。

晚在台灣電台與道藩，健中，君章，然之等紀念布雷先生四週年紀念。

颱風在東南部登陸。

＊ 十一月十四日星期五

總裁批紀律委員會等申覆，蕭自誠免職追款。繼任社長圈定胡健中。

周宏濤免侍從秘書職，專任中央副秘書長。

健中來談，堅邀余回中央日報總主筆職。

＊ 十一月十五日星期六

健中來談中央日報事，余力主其找荊蓀回總編輯任。今上午約荊蓀來談。

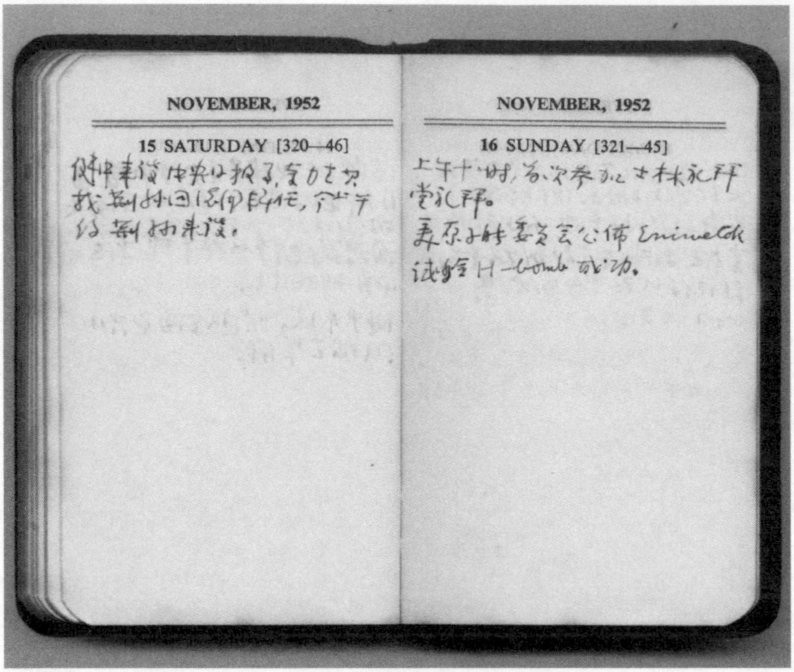

NOVEMBER, 1952

15 SATURDAY [320—46]

[illegible]

NOVEMBER, 1952

16 SUNDAY [321—45]

上午十时，首次参加士林礼拜堂礼拜。
美原子能委员会公布 Eniwetok 试验 H-bomb 成功。

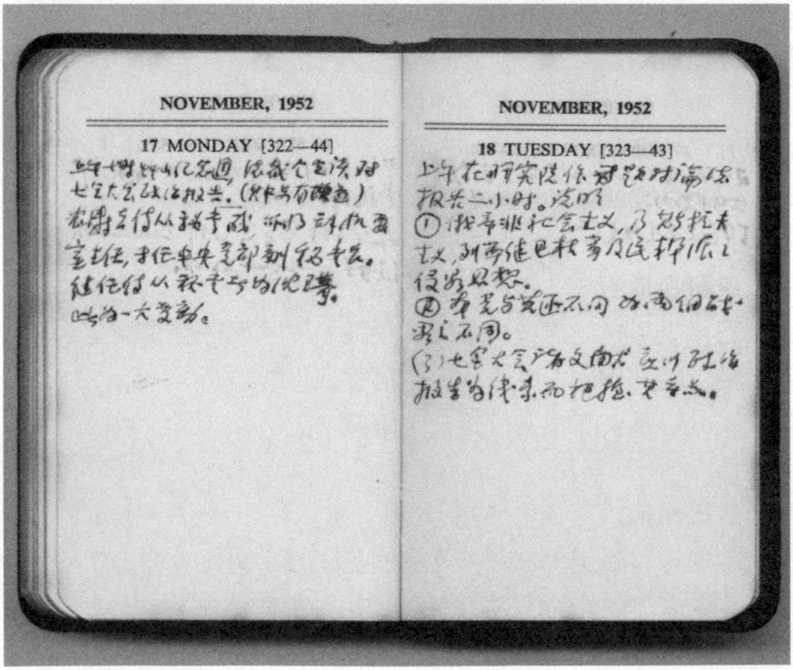

NOVEMBER, 1952

17 MONDAY [322—44]

上午七时半纪念周，总裁[illegible]七全大会政治报告。（[illegible]）
[illegible]
室主任，并任中央党部副秘书长。
[illegible]
此为一大变动。

NOVEMBER, 1952

18 TUESDAY [323—43]

上午在研究院[illegible]报告二小时。说明
① [illegible]
② [illegible]不同。
(3) 七全大会[illegible]

＊ **十一月十六日星期日**

上午十時，首次參加士林禮拜堂禮拜。

美原子能委員會公佈 Enirwetak 試驗 H-bomb 成功。

＊ **十一月十七日星期一**

上午十時草山紀念週，總裁令宣讀對七全大會政治報告。（其中略有增益）

宏濤去侍從秘書職，亦將辭機要室主任，專任副秘書長。繼任侍從秘書者為沈錡。此為一大變動。

＊ **十一月十八日星期二**

上午在研究院作專題討論總報告二小時。說明

（1）俄帝非社會主義，乃斯拉夫主義，列寧繼巴枯寧及民粹派之侵略思想。

（2）本黨與共匪不同為兩個戰略之不同。

（3）七全大會諸文獻應以政治報告為線索而把握其重點。

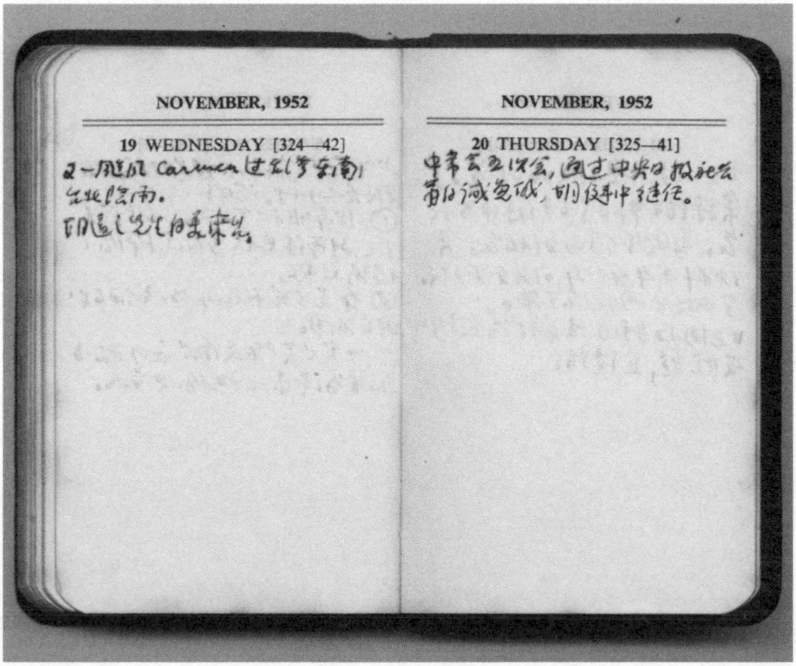

＊ **十一月十九日星期三**

又一颱風 Carmen 過台灣東南。台北陰雨。

胡適之先生自美來台。

＊ **十一月二十日星期四**

中常會五次會，通過中央日報社長蕭自誠免職，胡健中繼任。

＊ **十一月二十一日星期五**

上午九時，中央日報臨時董事會。余特往出席。聘胡健中為社長。曹聖芬仍為副社長。余預料半年至一年間發生事故。余申明不回任總主筆。

晚間約新聞政策討論會諸友吃麵，並談話。

＊ **十一月二十二日星期六**

上午往朱仰高處看風疹。並約志希長談，關於總理手修三民主義講稿，約

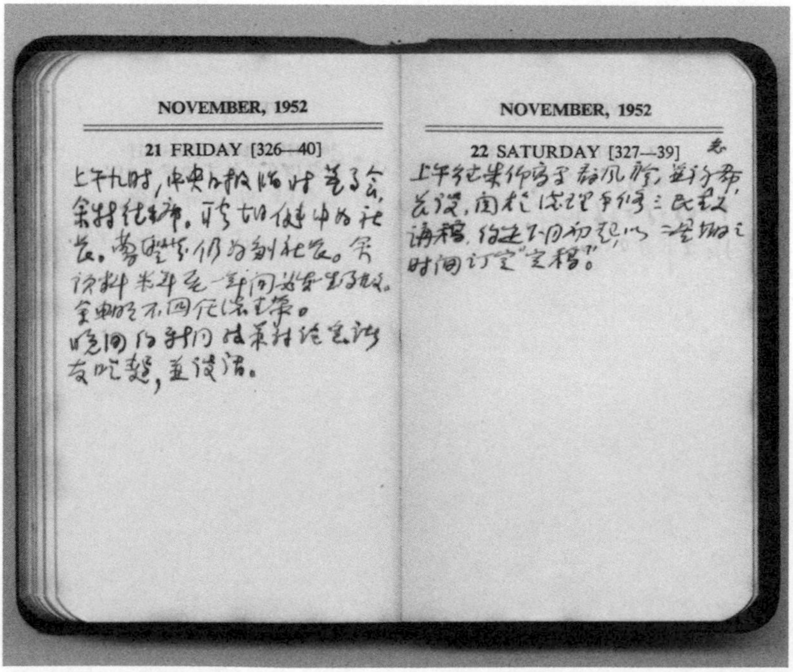

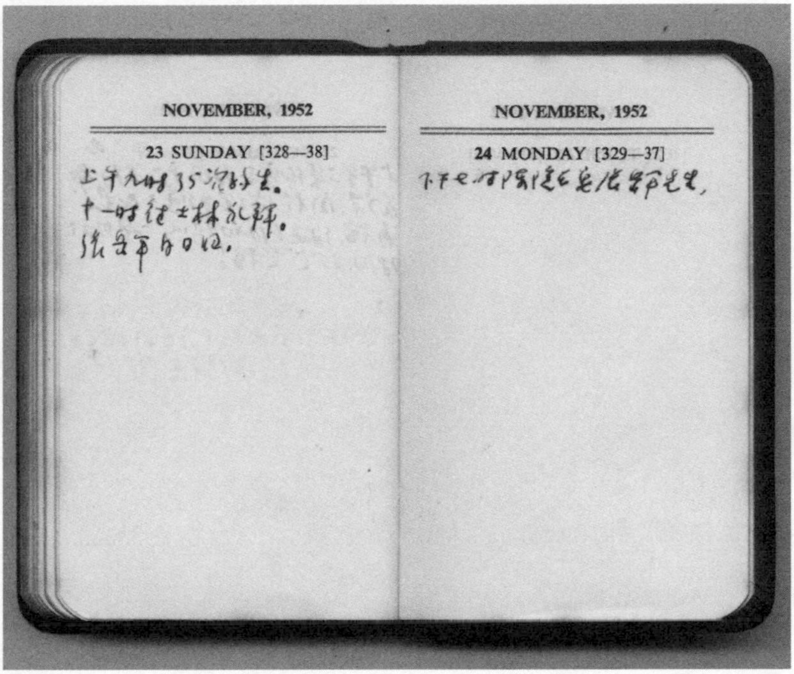

定下月初起以三星期之時間訂定「定稿」。

＊ 十一月二十三日星期日

上午九時 35 分次孫生。

十一時往士林禮拜。

張岳軍自日返（？）。

＊ 十一月二十四日星期一

下午七時陳院長宴張岳軍先生。

＊ 十一月二十五日星期二（空白）

＊ 十一月二十六日星期三

下午七時陳院長宴胡適之先生。

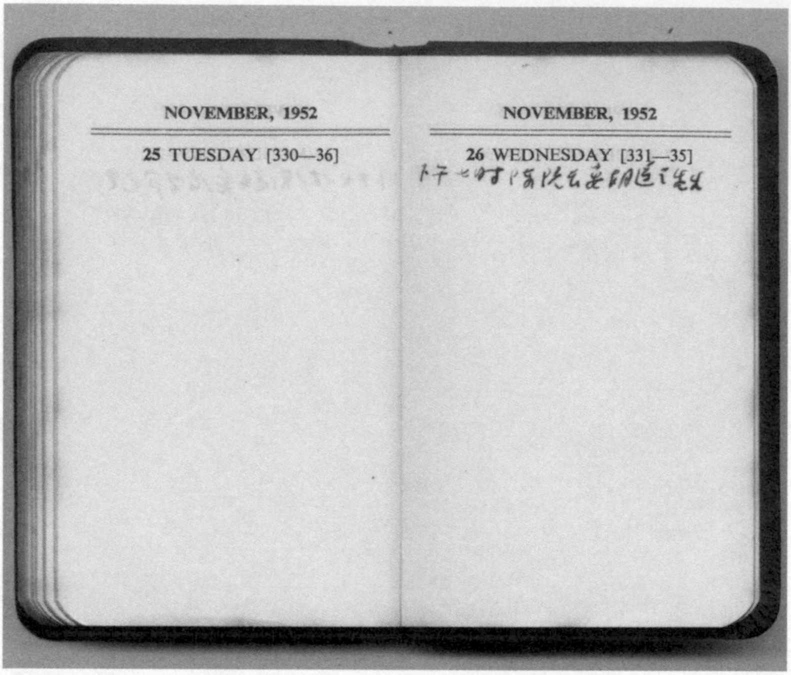

NOVEMBER, 1952

25 TUESDAY [330—36]

NOVEMBER, 1952

26 WEDNESDAY [331—35]

下午七时陶院长毛明追之毛义

NOVEMBER, 1952

29 SATURDAY [334—32]

上午九时毛总罗都检查
上午九时里下午四时半，中央研
究院讨论会
下午六时实践研究院第二十期
毕道会。

NOVEMBER, 1952

30 SUNDAY [335—31]

中午陪之时，宴 Luce.

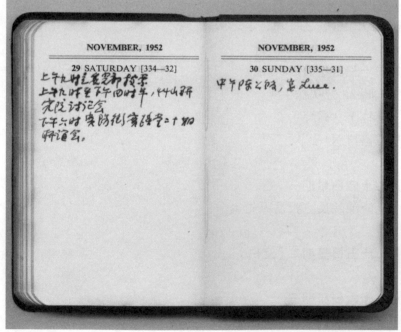

＊ 十一月二十七日星期四（空白）

＊ 十一月二十八日星期五（空白）

＊ 十一月二十九日星期六

上午九時立委黨部投票。

上午九時至下午四時半，草山研究院討論會。

下午六時貴陽街實踐堂二十期聯誼會。

＊ 十一月三十日星期日

中午陳公館，宴 Luce。

＊ 十二月一日星期一（空白）

＊ 十二月二日星期二（空白）

＊ 十二月三日星期三

下午七時彭公館討論明後年教育計畫。

＊ 十二月四日星期四（空白）

＊ 十二月五日星期五

聯合國大會政委會通過印度等案。（將共俘交四國委員會管理）北平電台痛斥印度，指為「加入美英陣線（？）」，印度調停遂告終止。

＊ 十二月六日星期六

艾克已往韓三日，昨晚宣佈。

盛傳蔡斯攜總統函往晤艾克，此間否認。

＊ 十二月七日星期日（空白）

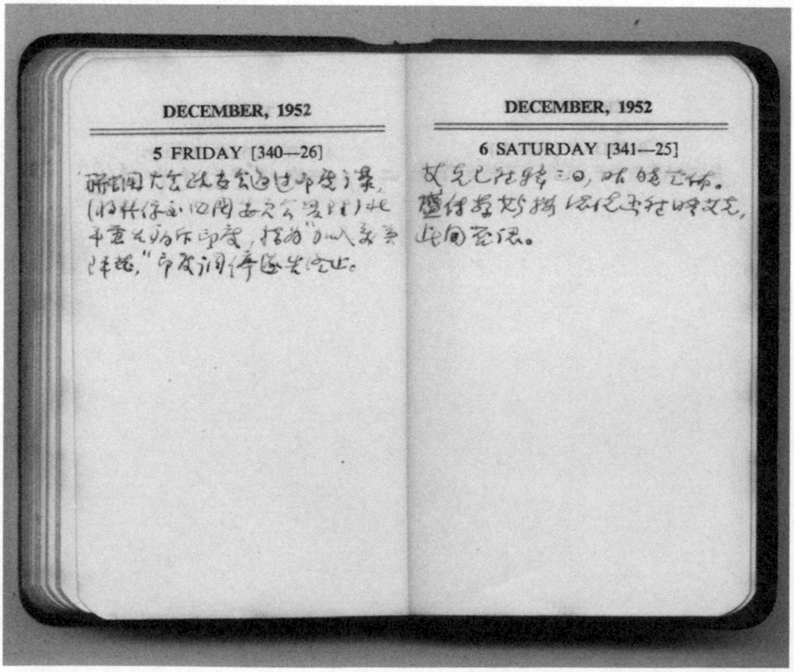

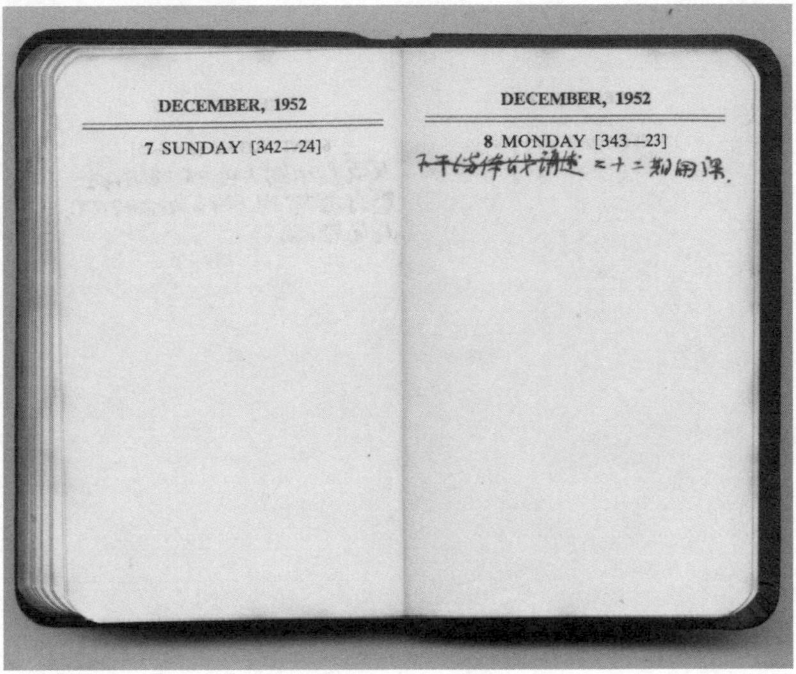

＊ 十二月八日星期一

二十二期開課。

＊ 十二月九日星期二（空白）

＊ 十二月十日星期三

動員訓練班 9：20-11：50。

＊ 十二月十一日星期四

下午中常會。

＊ 十二月十二日星期五

下午黨的建設，全場聽講為之哄動。

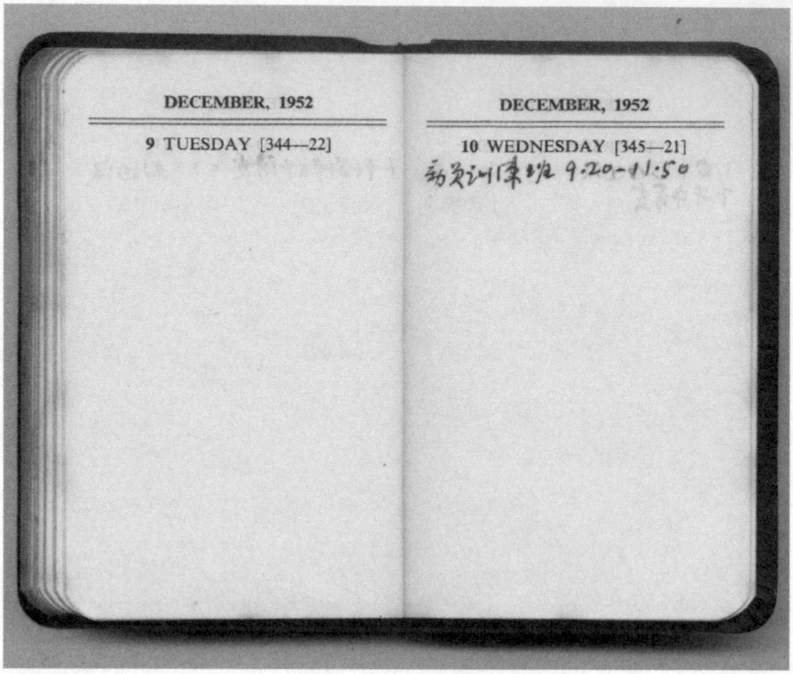
DECEMBER, 1952
9 TUESDAY [344—22]

DECEMBER, 1952
10 WEDNESDAY [345—21]
动员训练班 9.20-11.50

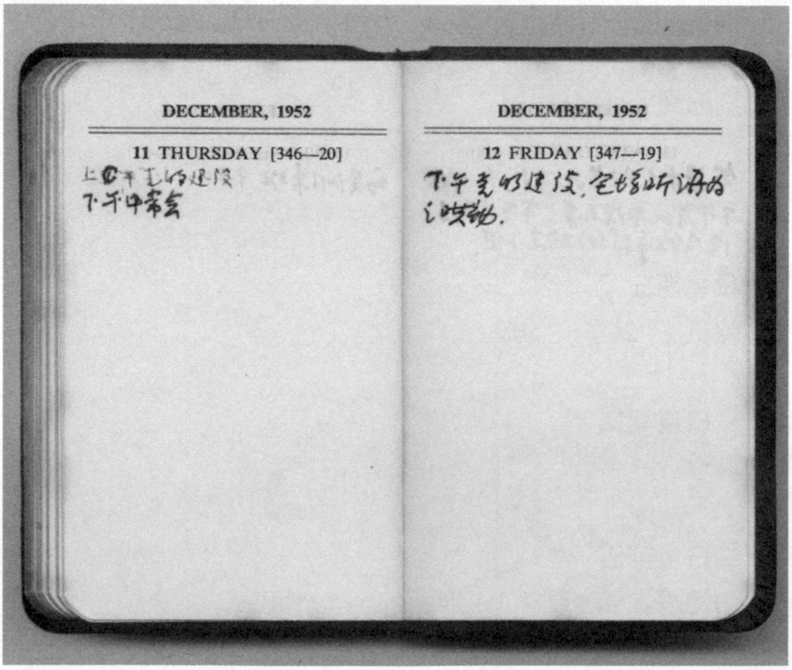
DECEMBER, 1952
11 THURSDAY [346—20]
上午 党的建设
下午中常会

DECEMBER, 1952
12 FRIDAY [347—19]
下午党的建设，

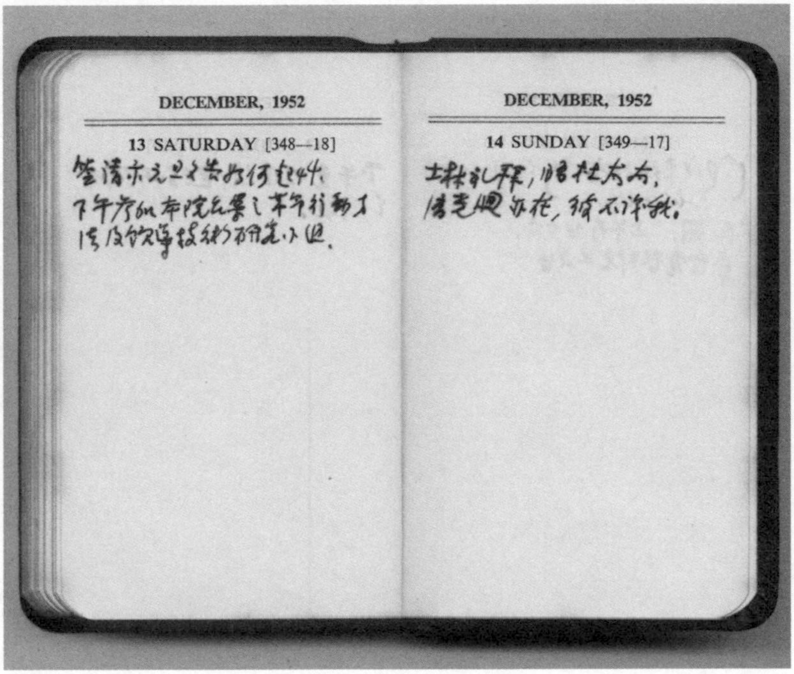

＊ 十二月十三日星期六

簽請示元旦文告如何起草。

下午參加本院召集之革命行動方法及領導技術研究小組。

＊ 十二月十四日星期日

士林禮拜，晤杜太太。

潘光迴亦在，彼不識我。

＊ 十二月十五日星期一

（今日夜車須往高雄。下午總統戰研究）

改期。上午看杜太太。

奉代電起草元旦文告。

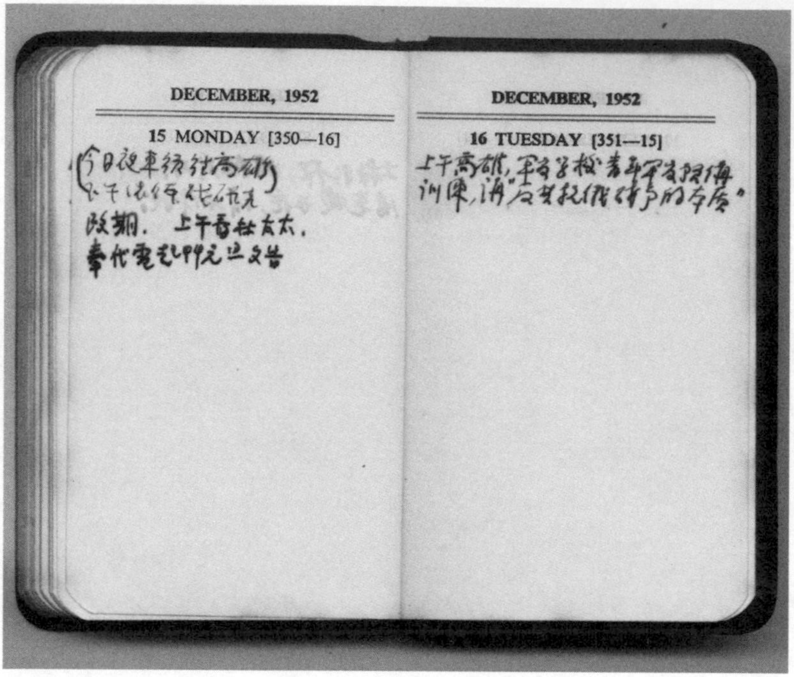

＊ 十二月十六日星期二

上午高雄。軍官學校青年軍官預備訓練，講「反共抗俄戰爭的本質」。

＊ 十二月十七日星期三（空白）

＊ 十二月十八日星期四（空白）

＊ 十二月十九日星期五

夜車赴鳳山。

＊ 十二月二十日星期六

上午鳳山軍校講話。

下午平等快車回北。（改夜車回）

下午八至十與高市各報記者談話。

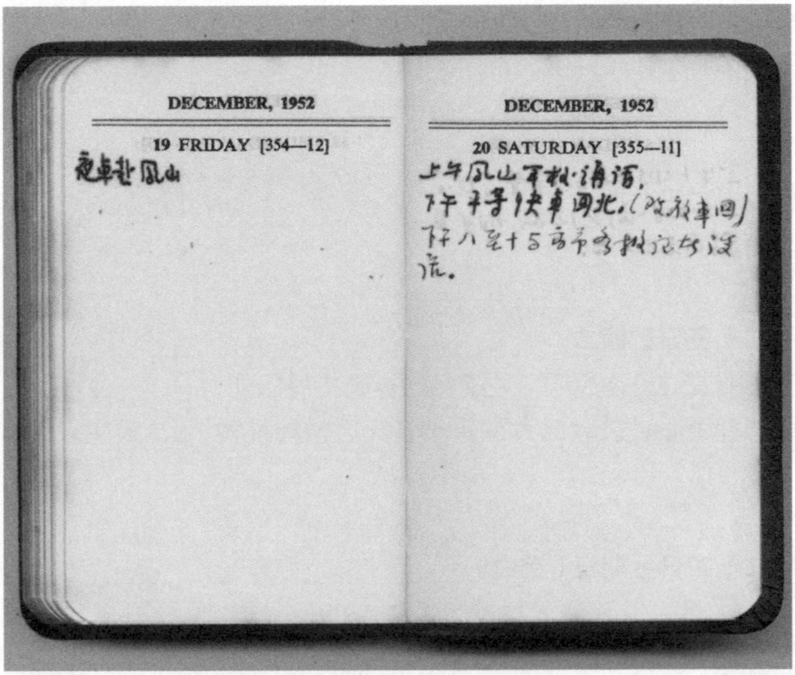
DECEMBER, 1952

19 FRIDAY [354—12]

夜車赴鳳山

DECEMBER, 1952

20 SATURDAY [355—11]

上午鳳山軍校講話。
下午乘快車回北。（改夜車回）
下午八至十[illegible]演講。

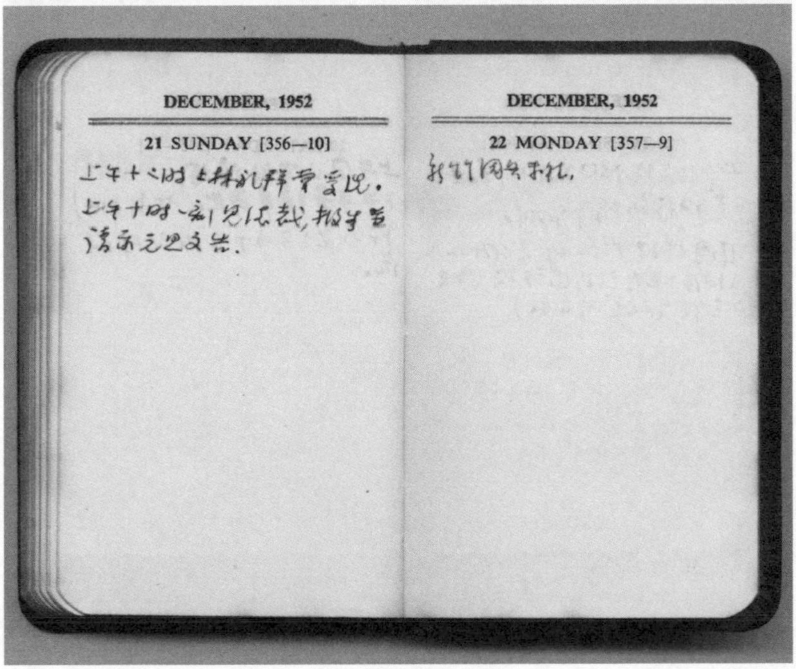
DECEMBER, 1952

21 SUNDAY [356—10]

上午十一時士林凱歌堂受洗。
上午十時一刻見總裁，報告[illegible]
[illegible]元旦文告。

DECEMBER, 1952

22 MONDAY [357—9]

[illegible]

＊ 十二月二十一日星期日

上午十二時士林禮拜堂受洗。

上午十時一刻見總裁，報告並請示元旦文告。

＊ 十二月二十二日星期一

新竹閱兵未往。

＊ 十二月二十三日星期二

上午研究院討論會說明，並講黨的行動指導原則。

德國總理 Pinay 於執政九個月十五天之後總辭職。（為天主教共和黨所擊敗）

＊ 十二月二十四日星期三（空白）

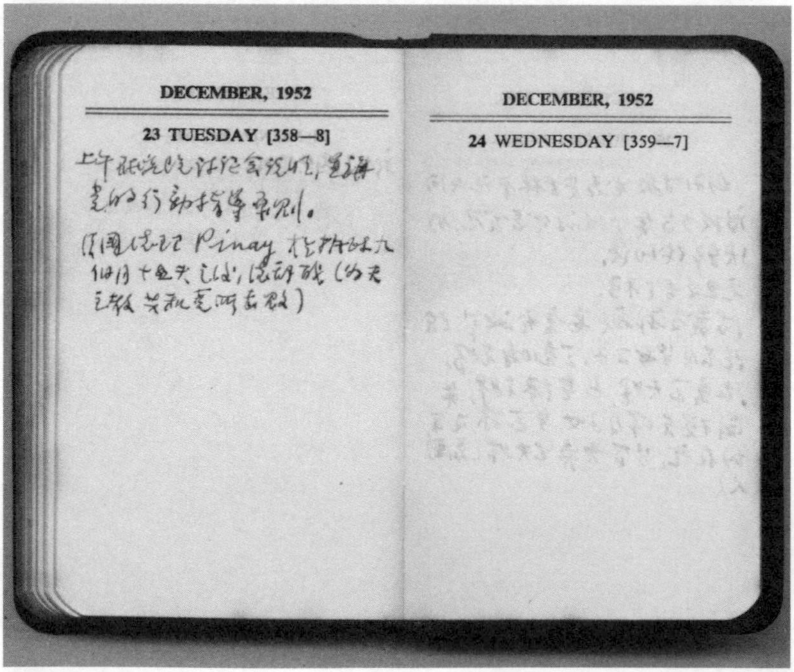

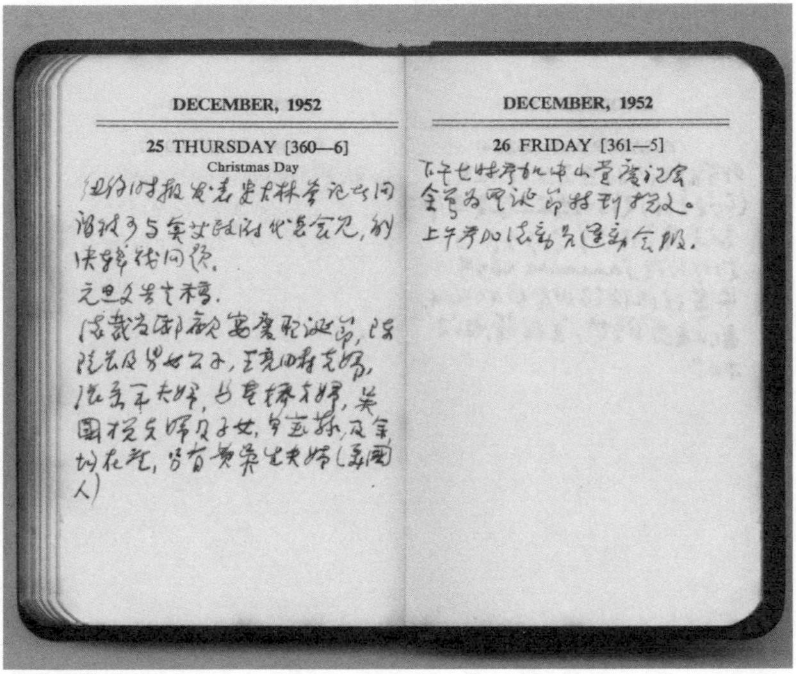

＊ 十二月二十五日星期四

紐約時報發表史太林答記者問，謂彼可與美艾政府代表會見，解決韓戰問題。

元旦文告定稿。

總裁官邸歡宴慶聖誕節，陳院長及男女公子，王亮疇夫婦，張岳軍夫婦，馬星野夫婦，吳國楨夫婦及子女，曾寶蓀，及余均在座，另有費吳生夫婦（美國人）。

＊ 十二月二十六日星期五

下午七時參加中山堂慶祝會。

余曾為聖誕節特刊撰文。

上午參加總動員運動會報。

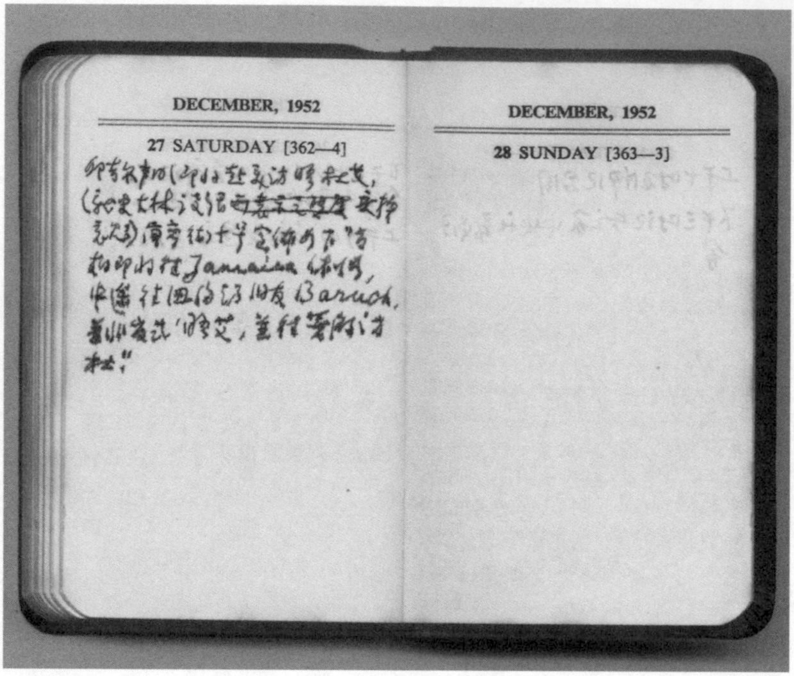

＊ 十二月二十七日星期六

邱吉爾聲明即將赴美訪晤杜艾。（就史太林談話交換意見）唐寧街十號宣佈如下，「首相即將往 Jamaica 休假，中途往紐約訪舊友 Baruch, 並非官式晤艾，並往華府訪杜。」

＊ 十二月二十八日星期日（空白）

＊ 十二月二十九日星期一

上午十時石牌紀念週。

下午三時記者之家中央社動員月會。

＊ 十二月三十日星期二

上午九時陽明山小組會討論明年教育計畫。

下午三時講座會議。

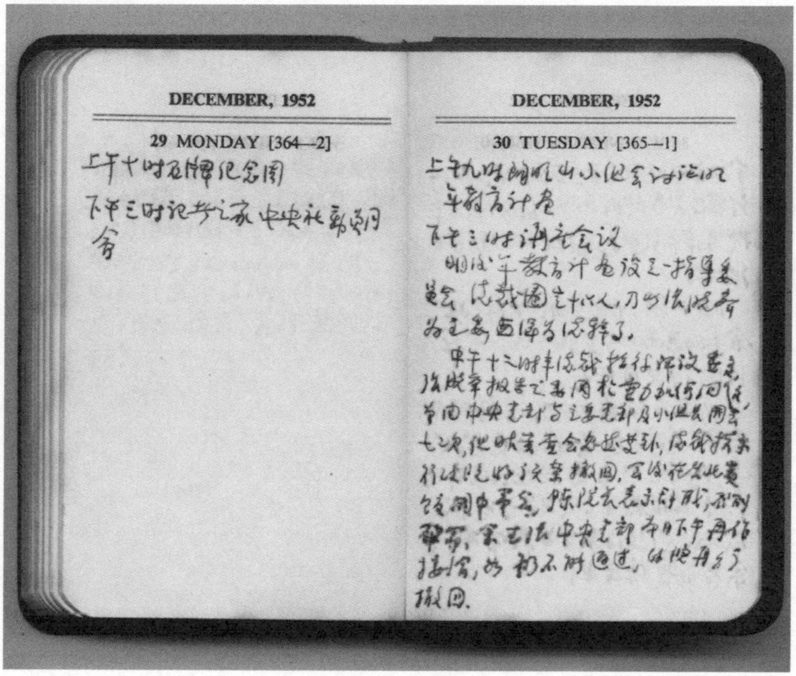

明後年教育計畫設立一指導委員會，總裁圈定十六人，乃以張曉峰為主委，孟緝為總幹事。

中午十二時半總裁招待評議委員，張岳軍報告立委關於電力加價問題，曾由中央黨部與立委黨部及小組長開會七次，但昨審查會忽然變卦。總裁指示行政院將該案撤回。會後在台北賓館開中常會，陳院長表示辭職，否則？命。余主張中央黨部本日下午再作接洽，如仍不能通過，政院再行撤回。

＊ 十二月三十一日星期三

今報載昨晚立院審查會通過電力加價計算公式為增加 32.2%，今向院會提出，料可通過。則此一政潮可告終止。

納水談，慨然於「士林之恥」。余告以忍耐可克服一切。余拭目以待其自伐也。

今年在傷病中過去。傷病所賜者大矣。隱忍蟄伏，得免於紛爭，而終能自由於世。明年如何？政治教育之成敗即為余之成敗。然政治教育如較有成，或余反而受排擊也。

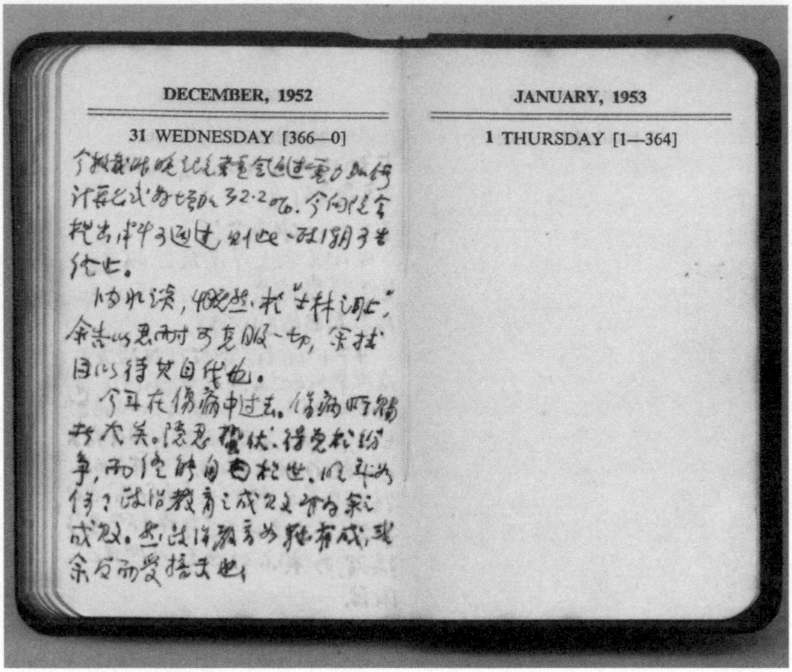
DECEMBER, 1952
31 WEDNESDAY [366—0]
JANUARY, 1953
1 THURSDAY [1—364]

1953 年

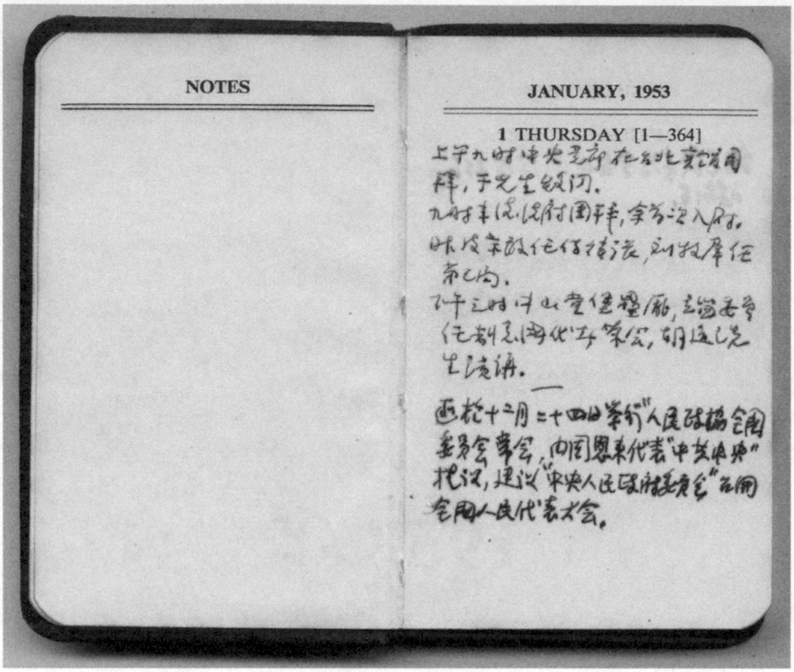

＊ 一月一日星期四

上午九時中央黨部在台北實踐團拜。于先生致詞。

九時半總統府團拜。余首次入府。

昨皮宗敢任侍衛長，劉牧群任第三局。

下午三時中山堂堡壘廳，立監委員任制憲國代者茶會，胡適之先生演講。

匪於十二月二十四日舉行「人民政協全國委員會常會」，由周恩來代表「中共中央」提議，建議「中央人民政府委員會」召開全國人民代表大會。

＊ 一月二日星期五

錢克顯來為守全在南投找工作事接洽。

＊ 一月三日星期六

上午陽明山研究院二十二期討論會，余全日參加。

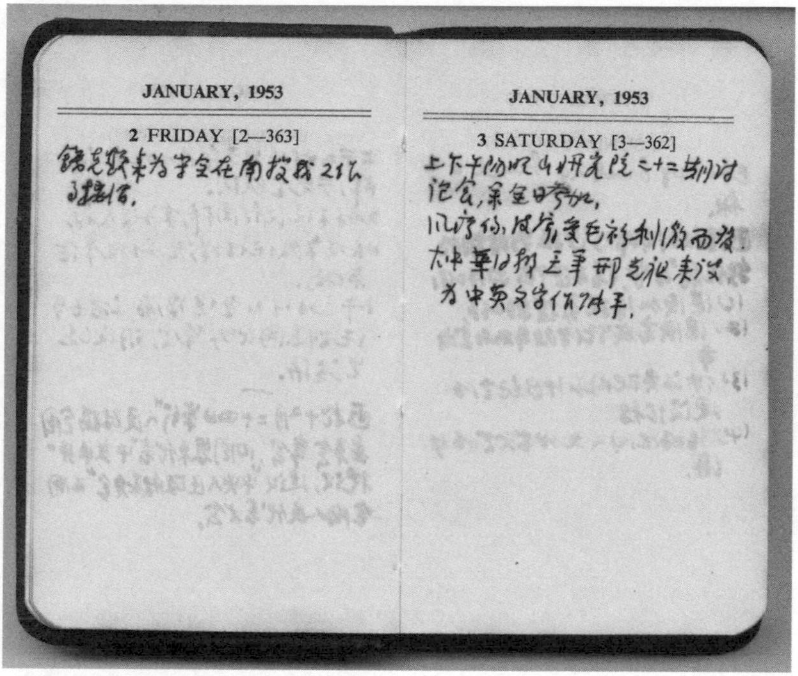

風疹係皮膚受毛衫刺激而發。

大中華日報主筆邢光祖來談，為中英文寫作能手。

＊一月四日星期日

正午十二時 Breaking Bread 士林。

匪解放日報昨以「迎接新時期的新任務」為題，指出匪今年四件工作：

（1）繼續加強抗美援朝工作。

（2）繼續完成經濟改革和社會改革。

（3）保證實現國家計劃規定的建設任務。

（4）作好全國人民代表大會的準備。

＊一月五日星期一

上午十時陽明山二十二期結業典禮。會後會餐。

二十三期後再辦兩期。建黨問題研究會延期，或尚有改變。

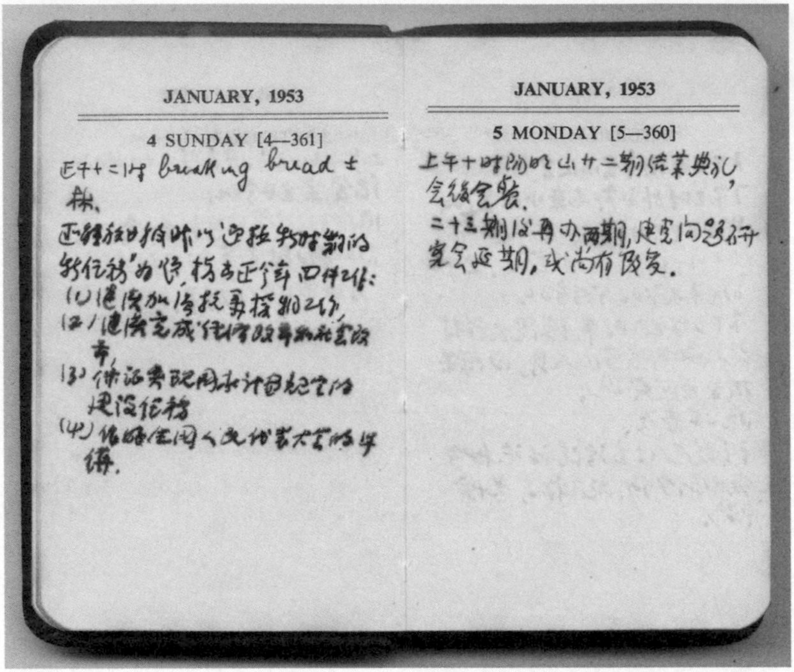

JANUARY, 1953

4 SUNDAY [4—361]

正午十二时 breaking bread 于[illegible]。

[illegible]

(1) [illegible]

(2) [illegible]

(3) [illegible]

(4) [illegible]

JANUARY, 1953

5 MONDAY [5—360]

上午十时[illegible]廿二期结业典礼，会后会餐。

二十三期以再办两期，建党问题研究会延期，或尚有改变。

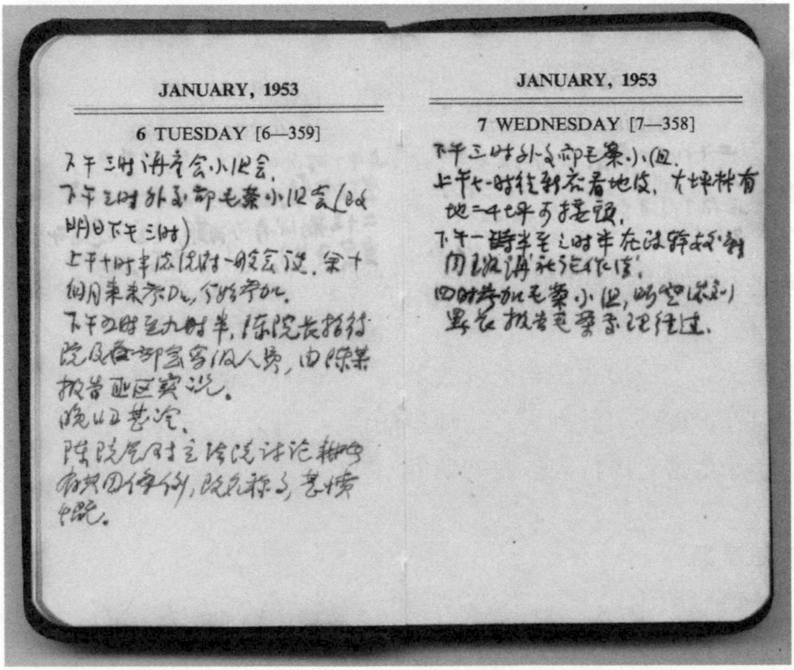

JANUARY, 1953

6 TUESDAY [6—359]

下午三时[illegible]小组会。

下午三时外交部毛泰小组会（改明日下午三时）

上午十时半[illegible]

下午四时至九时半，陈院长[illegible]

晚[illegible]

陈院长[illegible]

JANUARY, 1953

7 WEDNESDAY [7—358]

下午三时外交部毛泰小组。

上午七时往新店看地皮，大坪林有地二千七百坪可接头。

下午一时半至三时半在[illegible]

四时参加毛泰小组，[illegible]

＊一月六日星期二

下午三時講座會小組會。

下午三時外交部毛案小組會。（改明日下午三時）

上午十時半總統府一般會談。余十個月來未參加，今始參加。

下午五時至九時半，陳院長招待院及部會高級人員，由陳某報告匪區實況。

晚上甚冷。

陳院長對立法院討論耕者有其田條例，改名稱事，甚憤慨。

＊一月七日星期三

下午三時外交部毛案小組。

上午十時從新店看地皮。大坪林有地二千坪可接頭。

下午一時半至三時半在政幹校新聞班講社論作法。

四時參加毛案小組，聽空總劉署長報告毛案處理經過。

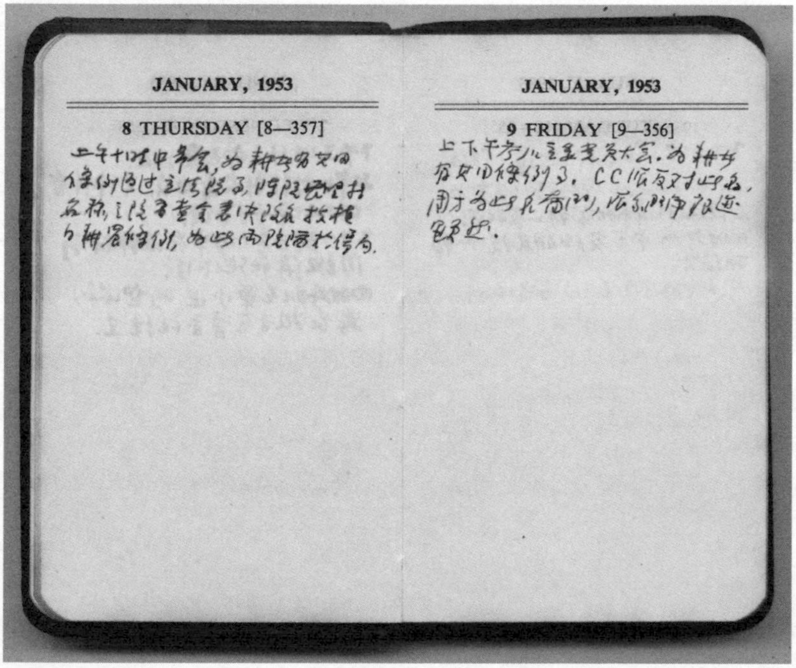

＊ 一月八日星期四

上午十時中常會，為耕者有其田條例通過立法院事，陳院長堅持名稱。立院審查會表決改名扶植自耕農條例。為此兩院陷於僵局。

＊ 一月九日星期五

上下午參加立委黨員大會。為耕者有其田條例事。 CC 派反對此名。團方為此名奮鬥，派系鬥爭痕跡顯然。

＊ 一月十日星期六

下午七時士林官邸晚餐。（請假）

下午六時半參加聖約翰同學會，為之演說從農業社會到工業社會。

九時參加革命實踐研究院二十一期聯誼會。

今日開始寫民生主義育樂兩篇。

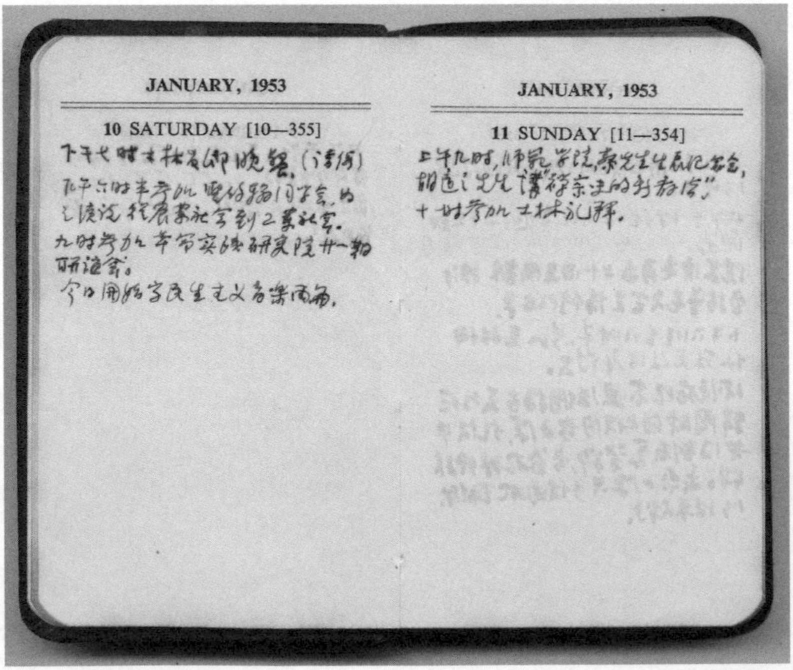

＊ 一月十一日星期日

上午九時，師範學院蔡先生生辰紀念會，胡適之先生講禪宗史的新教法。十時參加士林禮拜。

＊ 一月十二日星期一

鳳山預備軍官政治教育改歸總政治部辦。

上午十時陽明山紀念週。二十三期開學。

院長決定再辦二十四五兩期。新計畫指導委員會呈請修改名單。

下午六時至八時半，參加黨政關係政黨政治座談會。

總統在紀念週強調指出美如在韓國戰場上使用原子彈，徒使中共得到反美資料，無益於解決韓戰。美原子彈只可使用於蘇俄，以結束戰爭。

＊ 一月十三日星期二

上午十時半，總統府宣傳會談。

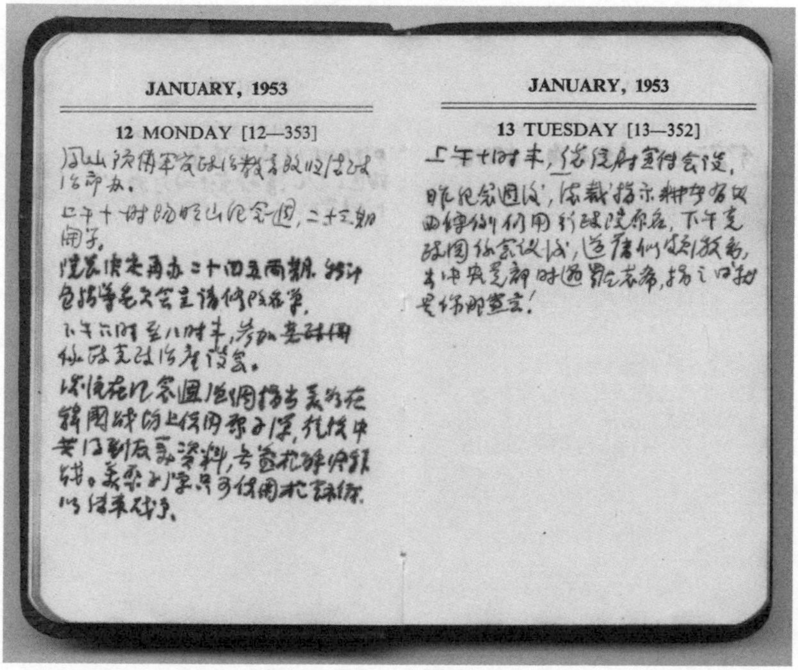

昨紀念週後，總裁指示耕者有其田條例仍用行政院原名。下午黨政關係會議後，道藩似頗激動，出中央黨部時遇羅志希，指之曰就是你那宣言！

＊一月十四日星期三

今寫民生主義育樂兩篇。已有頭緒。

＊一月十五日星期四

上午中常會。未往草山講黨的建設，請假。總裁為立法院議事規則刪去唱名表決一條，指責常委而為立委者。按常委有三任為立委，余其一也。

中午陳院長宴胡適之葉公超，公超談彼遊美瑣事，適之談西遊記八十一難。（如有攻擊胡而增高其地位者，彼願受攻擊云云。）

中常會中，張道藩倪文亞解釋立院議事規則問題未經中常會討論，亦未經黨政關係會議，亦未經諸立委黨部轉告立委同志，故屆院會討論此案時，常委立委三人均不在場。

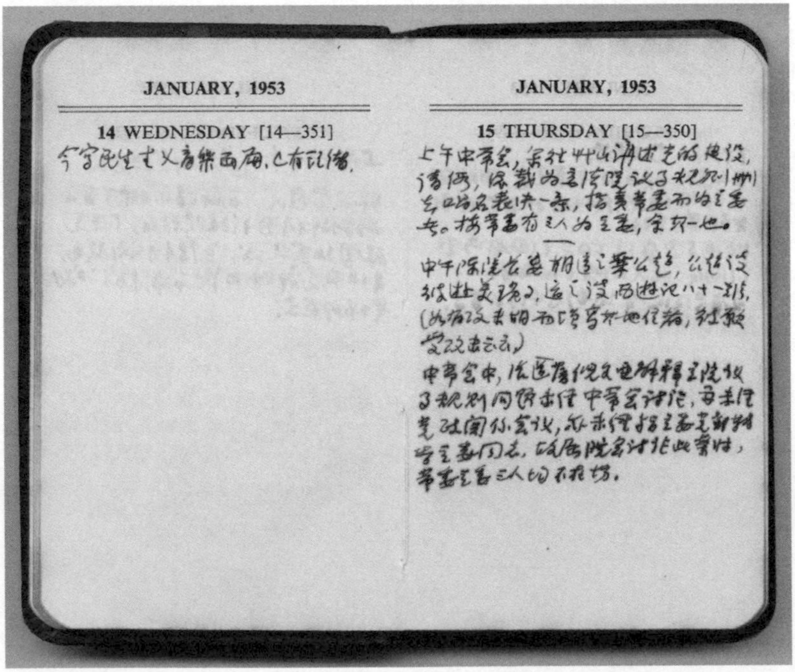

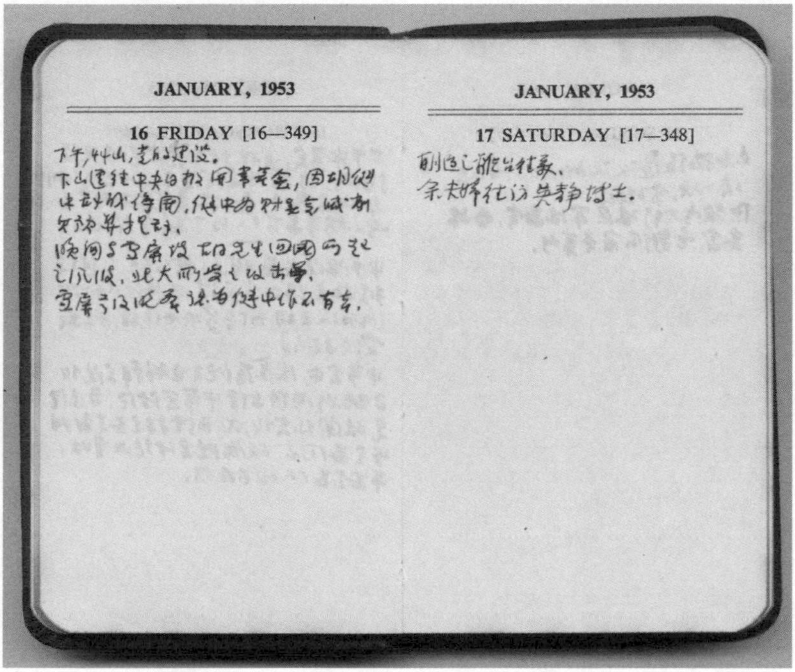

＊ **一月十六日星期五**

下午，草山，黨的建設。下山逕往中央日報開常董會，因胡健中辭職停開。健中為財委減削其預算提辭。

晚間與雪屏談胡先生回國所起之風波，北大所受之攻擊等。

雪屏言曉峰認為健中作不下去。（？）

＊ **一月十七日星期六**

胡適之離台往美。

余夫婦往訪吳靜博士。

＊ **一月十八日星期日**

立委提請覆議議事規則唱名表決一項，余列名。

匪改各大行政區軍政委會，為政委會，重新派官負責者。

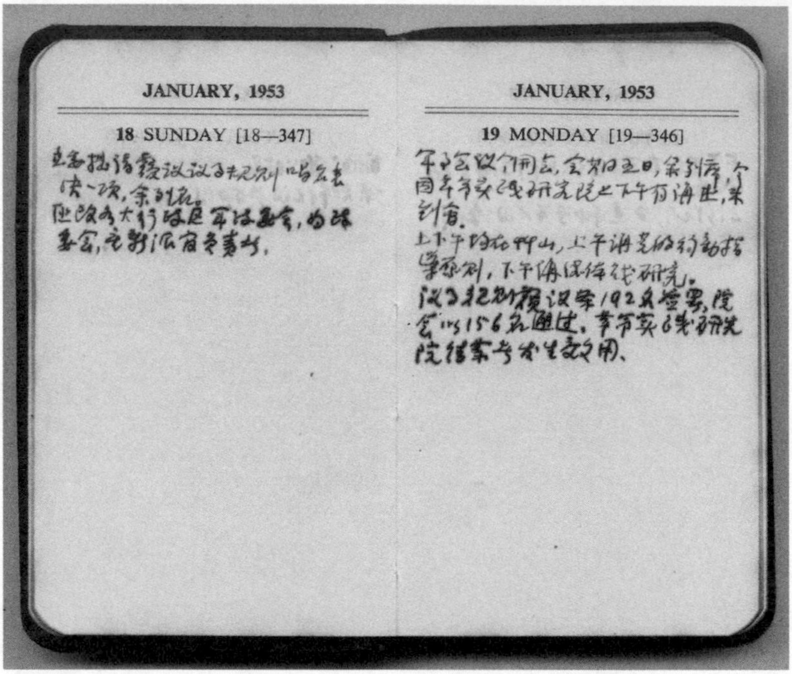

JANUARY, 1953

18 SUNDAY [18—347]

立委提請覆議[illegible]規則以否決一項，余到院。
[illegible]

JANUARY, 1953

19 MONDAY [19—346]

軍事會議今開幕，會期五日，余列席。今
日革命實踐研究院上下午有講座，未
到會。
上下午均在陽明山，上午講黨的行動指
導原則，下午講[illegible]研究。
[illegible]192票否決，院
會以156票通過。革命實踐研究
院[illegible]

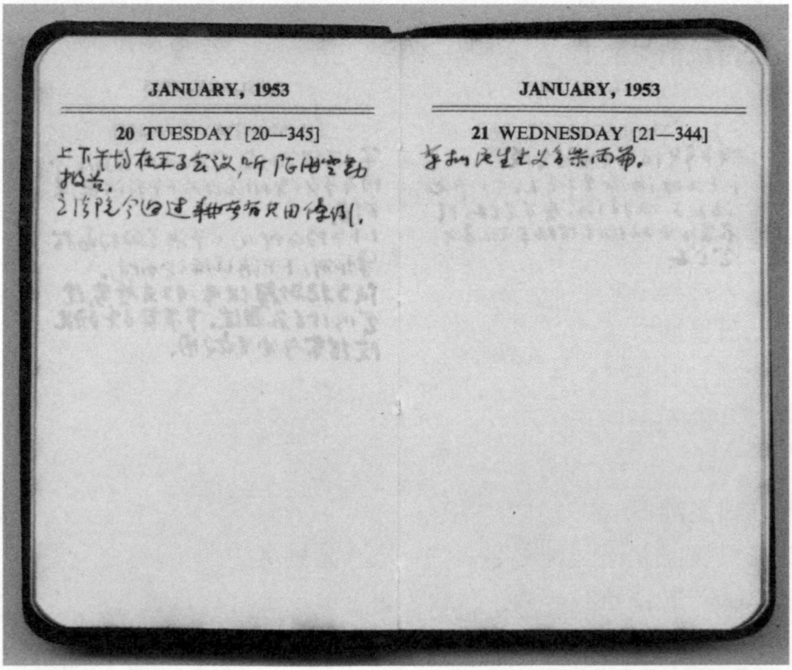

JANUARY, 1953

20 TUESDAY [20—345]

上下午均在軍事會議，聽[illegible]
報告。
立法院今日通過[illegible]條例。

JANUARY, 1953

21 WEDNESDAY [21—344]

[illegible]

＊一月十九日星期一

軍事會議今開會，會期五日。余列席。今因革命實踐研究院上下午有講座，未到會。

上下午在草山。上午講黨的行動指導原則，下午講總體戰研究。

議事規則覆議案，192 名簽署，院會以 156 名通過。革命實踐研究院結業者發生效用。

＊一月二十日星期二

上下午均在軍事會議聽陸海空勤報告。

立法院今通過耕者有其田條例。

＊一月二十一日星期三

草擬民生主義育樂兩篇。

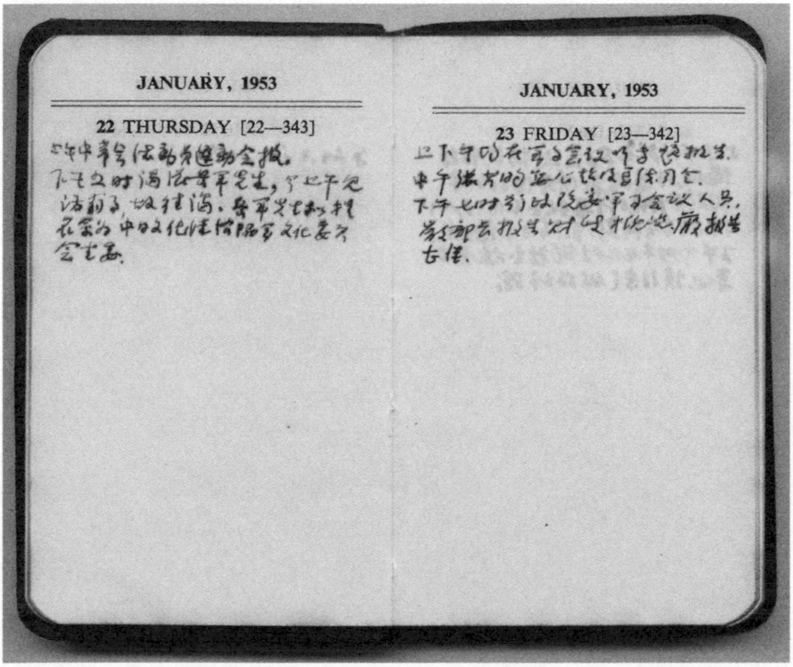

＊ 一月二十二日星期四

上午中常會總動員運動會報。

下午五時謁張岳軍先生。今上午見訪（？？）有事，故往謁。岳軍先生擬提余為中日文化經濟協會文化委員會主委。

＊ 一月二十三日星期五

上下午均在軍事會議聽專題報告。中午張其昀宴公超及馬總司令。

下午七時行政院宴軍事會議人員。嚴部長報告財政概況。嚴報告甚佳。

＊ 一月二十四日星期六

上下午均列席軍事會議。總統作結論時，對侯騰裁決 ？？與陸總關於匪師 ？力計算數字不同時，所作報告無判斷語，指為官僚作風。

下午七時半至九時警務處大禮堂公宴後，侯對余言彼將辭職。

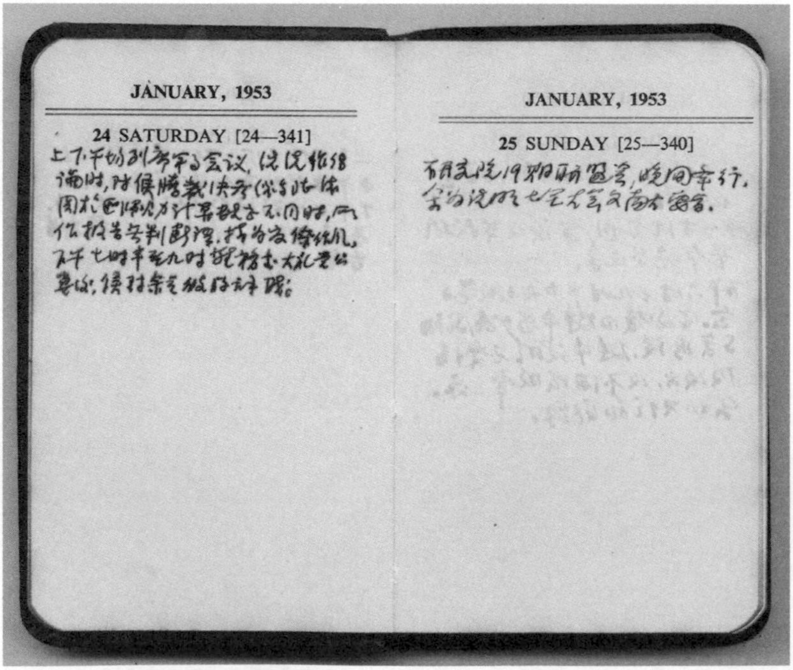

＊ 一月二十五日星期日

研究院 19 期聯盟會晚間舉行。余為說明七全大會文獻要旨。

＊ 一月二十六日星期一

上午往陳院長俞總裁兩處簽名拜壽。

十一時紀念週，宣讀反共抗俄基本論第五章。

下午六時至九時半中央日報董事會。會後復由健中留少谷鳳翔與余略談。健中說明其受情報攻擊，及不滿張曉峰之意。余勸其信靠耶穌。

＊ 一月二十七日星期二

上午九至十一，研究院說明本期討論會進行方法及命題要旨（七全大會文獻之重點所在）。

下午續擬育樂兩篇。

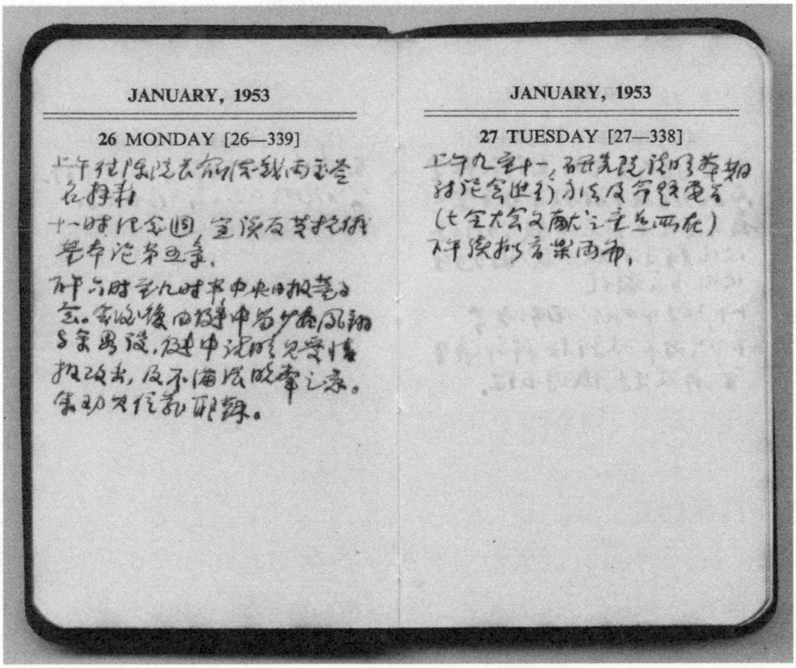

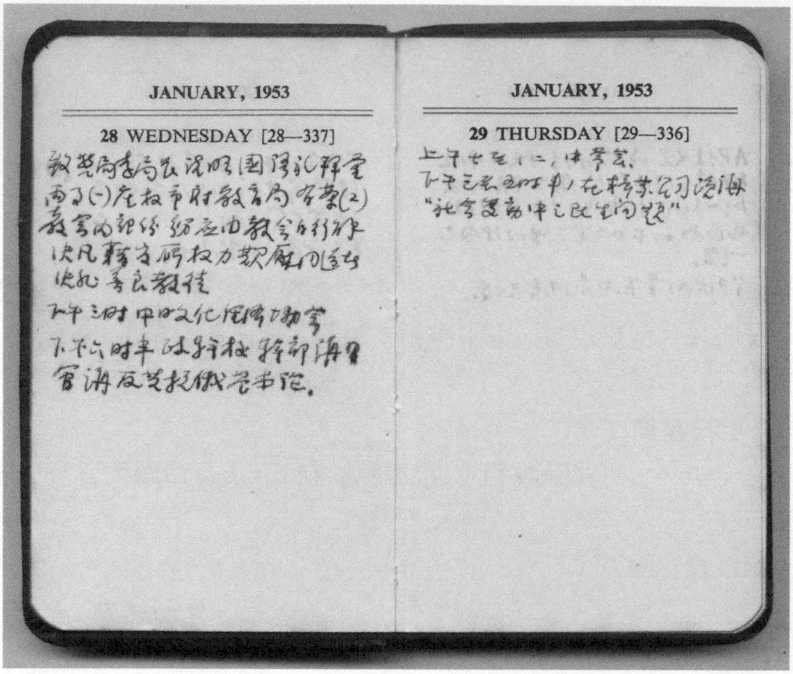

＊一月二十八日星期三

致警局李局長說明國語禮拜堂兩事（1）產權市政府有案，（2）教會內部紛紛應由教會自行解決。凡藉官廳權力欺壓同道者，決非善良教徒。

下午三時中日文化經濟協會。

下午六時半政幹校幹部講習會講反共抗俄基本論。

＊一月二十九日星期四

上午十至十二，中常會。

下午三至五時半，在糖業公司演講「社會變動中的民生問題。」

＊一月三十日星期五

AP 傳艾克將於國情咨文中申明解除台灣中立化。余為中央日報擬一新聞，謂台灣觀察家推論，如有此事，亦必為艾克整個計畫之一環。

今日續擬育樂兩篇，進度甚慢。

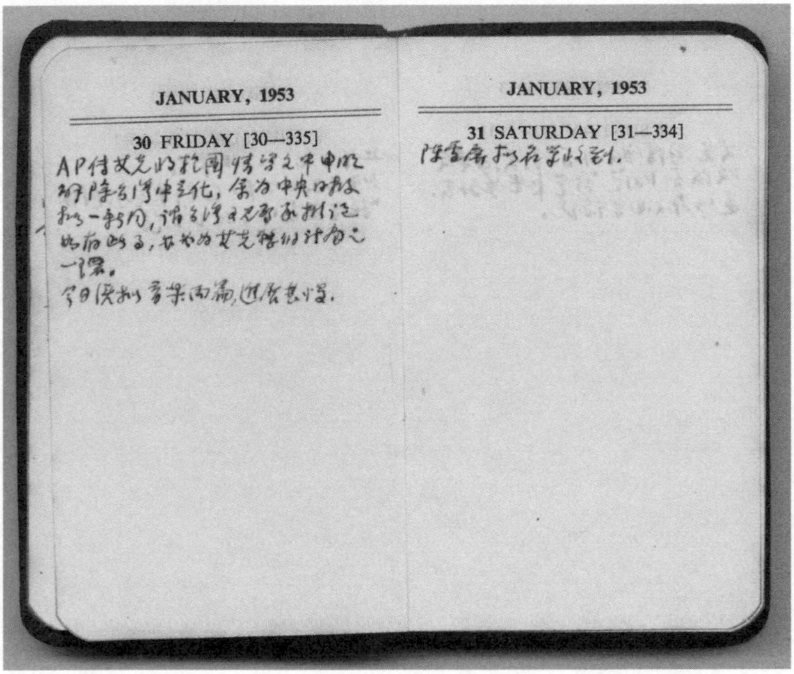

＊ **一月三十一日星期六**

陳雪屏擬名單收到。

＊ **二月一日星期日**

艾克國情咨文內有解除國軍反攻限制的話。藍金來告葉外長。並以原文面告總統。

＊ **二月二日星期一**

上午石牌紀念週。總裁報告美艾總統解除國軍反攻限制，謂「一則以喜，一則以懼」。並宣讀「民族正氣」。

下午與昌煥健中等商宣傳方針。

＊ **二月三日星期二**

上午十時五十分，一般會談。總統決召開國防會議。一篇聲明文字，下午

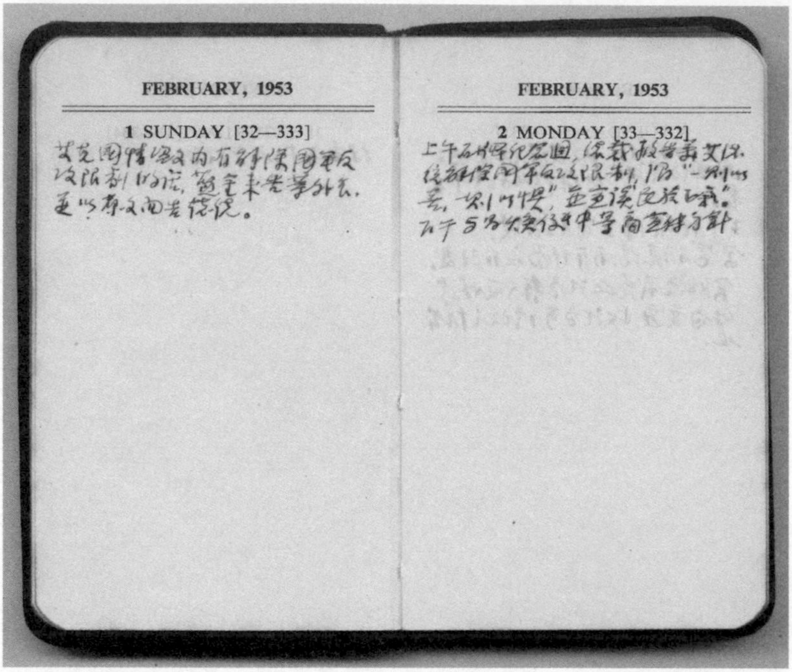
FEBRUARY, 1953
1 SUNDAY [32—333]
FEBRUARY, 1953
2 MONDAY [33—332]

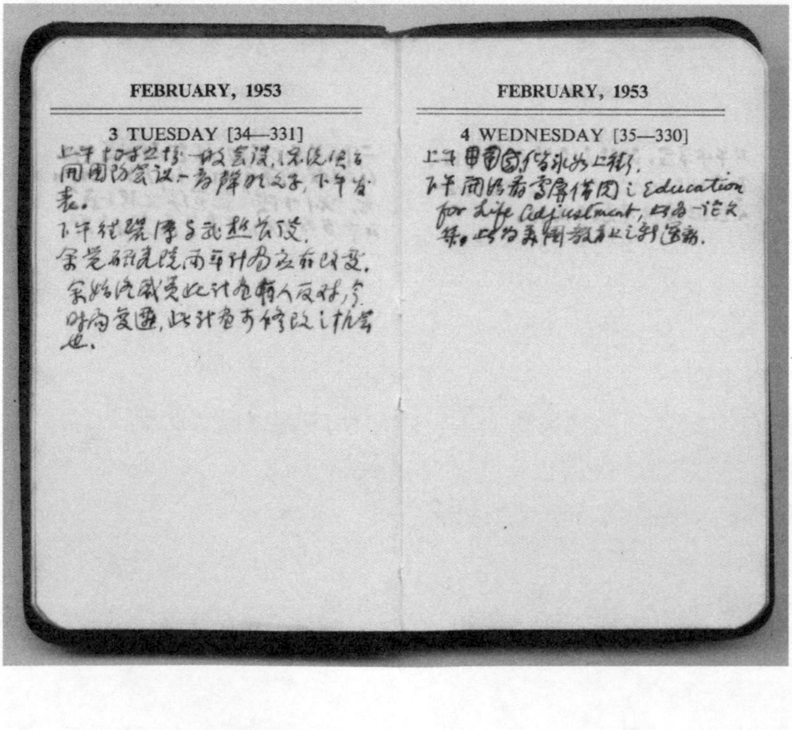
FEBRUARY, 1953
3 TUESDAY [34—331]
FEBRUARY, 1953
4 WEDNESDAY [35—330]
Education for Life Adjustment

發表。

下午往碧潭與武樵長談。

余覺研究院兩年計畫應有改變。余始終感覺此計畫有人反對。今時局變遷，此計畫可修改之機會也。

*** 二月四日星期三**

上午偕冰如上街。

下午開始看雪屏借閱之 Education for Life Adjustment，此為一論文集。此為美國教育上之新運動。

*** 二月五日星期四**

上午中常會。討論立法院黨政關係。

下午八時小組會擬定改進立法院委員會組織及其黨政關係。

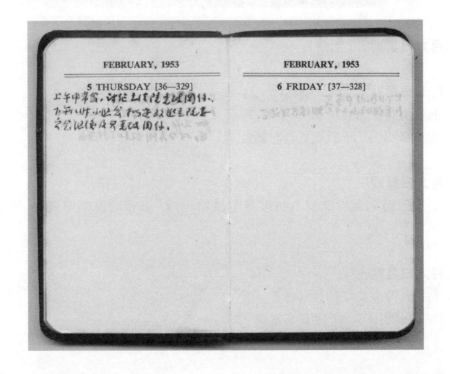

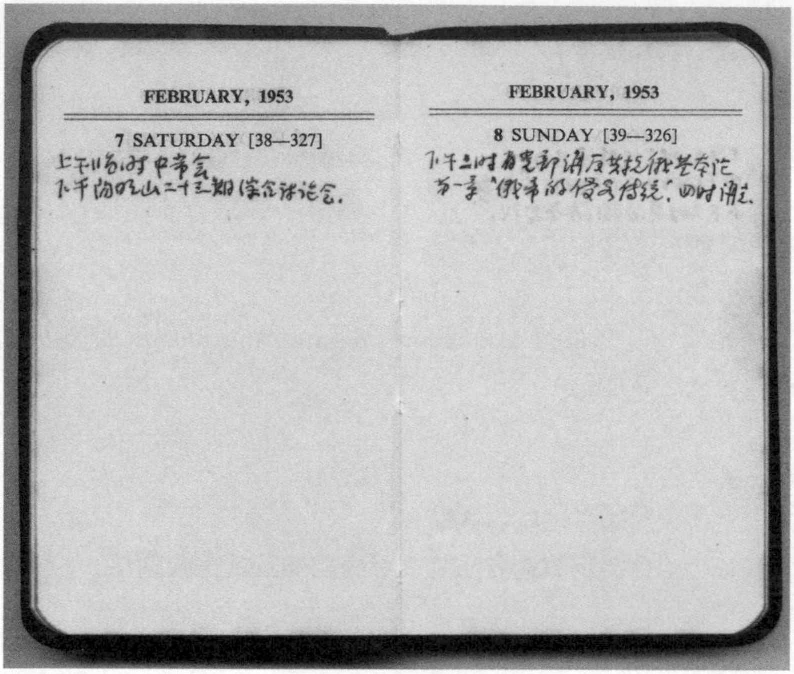

＊ 二月六日星期五（空白）

＊ 二月七日星期六

上午臨時中常會。

下午陽明山二十三期綜合討論會。

＊ 二月八日星期日

下午三時省黨部講反共抗俄基本論第一章「俄帝的侵略傳統」。四時講完。

＊ 二月九日星期一

上午九時立法院動員月會。

中午陽明山二十三期結業聚餐。

下午三時貴陽街講座會議。

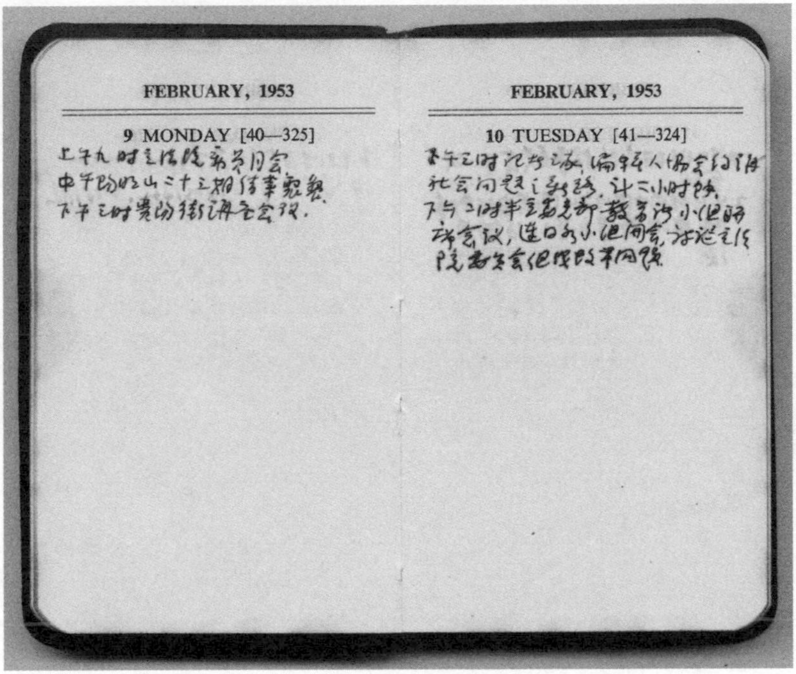

＊ 二月十日星期二

下午三時記者之家編輯人協會約講社會問題之新路。計二小時餘。

下午二時半立委黨部教育諸小組聯席會議，連日各小組開會，討論立法院委員會改革問題。

＊ 二月十一日星期三

下午三時研究院指導委員會第一次會議。

下午六時中日經濟文化協會宴阿部重勝。席次遇清水董三，約期再談。

＊ 二月十二日星期四

下午六時中華廠職工聚餐。

下午戒三八哥大殮。

下午中常會。余請假。中央原擬於十七日之前由行政院廢止中俄條約，一面咨立法院通過。故今日中常會改下午開會，等候葉部長由高雄請示回後提出

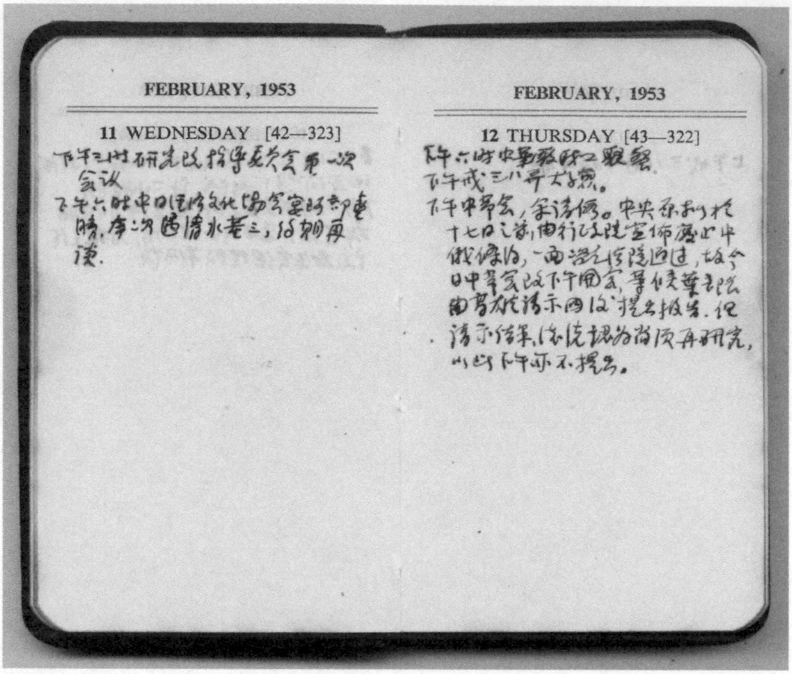

FEBRUARY, 1953

11 WEDNESDAY [42—323]

下午三時研究院指導委員會第一次會議
下午六時中日文化協會宴日本部長晴、李次郎、西清水董三，約期再談.

FEBRUARY, 1953

12 THURSDAY [43—322]

下午六時中華藝術工作晚餐
下午戒三八哥大殮。
下午中常會，余請假。中央原擬於十七日之前，由行政院宣佈廢止中俄條約，一面咨立法院通過，故今日中常會改下午開會，季陶、葉公超由葉公超請示兩位提出報告．但請示結果，總統認為尚須再研究，以此下午亦不提出。

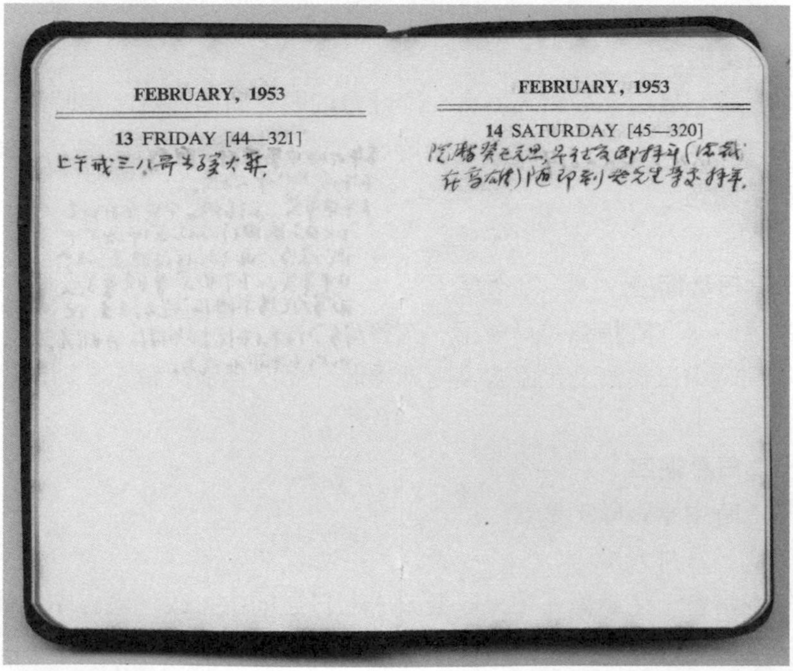

FEBRUARY, 1953

13 FRIDAY [44—321]

上午戒三八哥出殯火葬.

FEBRUARY, 1953

14 SATURDAY [45—320]

陳馨癸元兄，至社會部拜年（陳誠在高雄）隨即到岳先生家拜年.

報告。但請示結果，總統認為尚須再研究，以此下午亦不提出。

＊二月十三日星期五

上午戒三八哥出殯火葬。

＊二月十四日星期六

陰曆癸巳元旦。早往官邸拜年，（總裁在高雄）隨即到老先生等處拜年。

＊二月十五日星期日

雨。續往各親友處拜年。

＊二月十六日星期一

拜年。夜間修改紀乘之譯 Liberalism in Crisis。

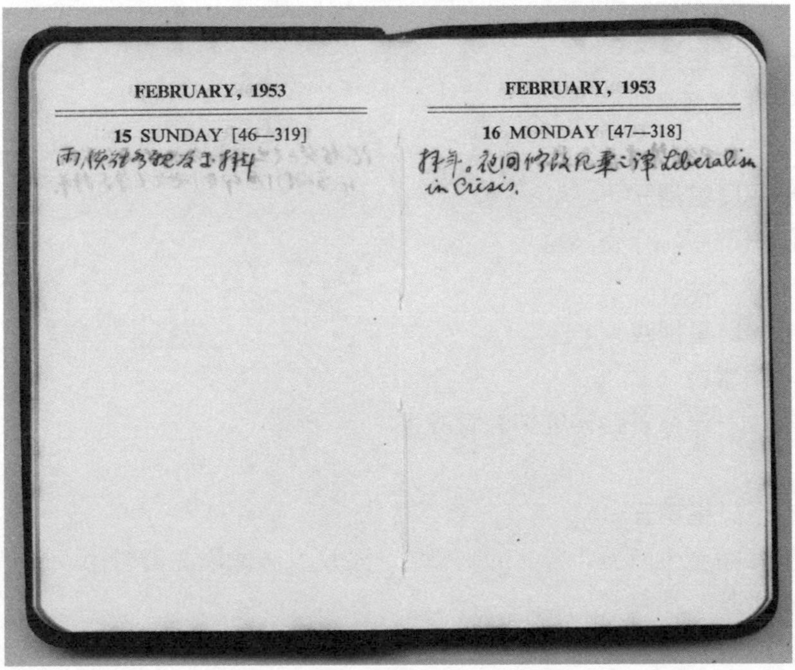

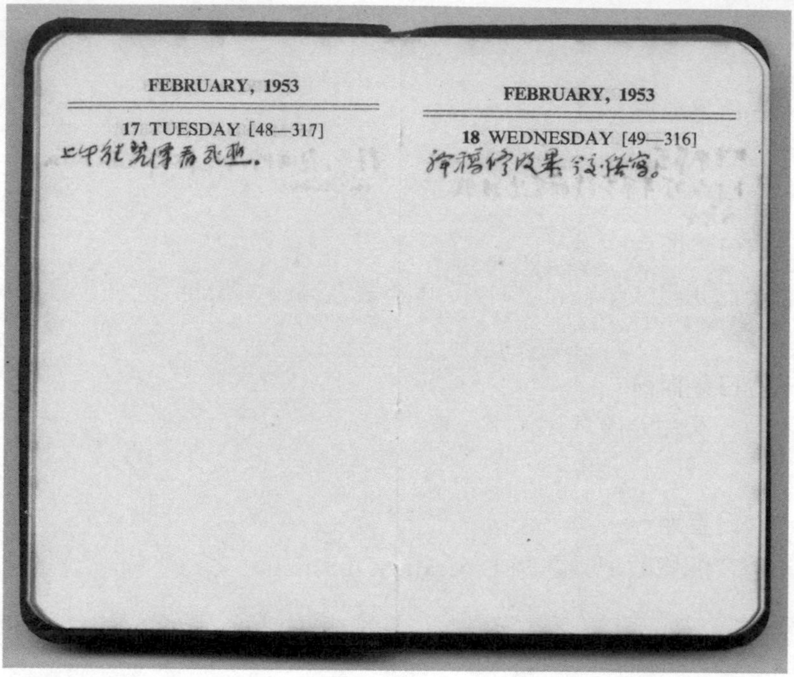

＊二月十七日星期二

上午往碧潭看武樵。

＊二月十八日星期三

譯稿修改畢。今交繕寫。

＊二月十九日星期四

上午中常會。

下午改訂革命實踐研究新教育計畫。

＊二月二十日星期五

上午八時至九時五十分，師範學校，及反共救國團先鋒營第一營講國際現勢。講畢後赴立法院。

下午一時半參謀學校講國際現勢。

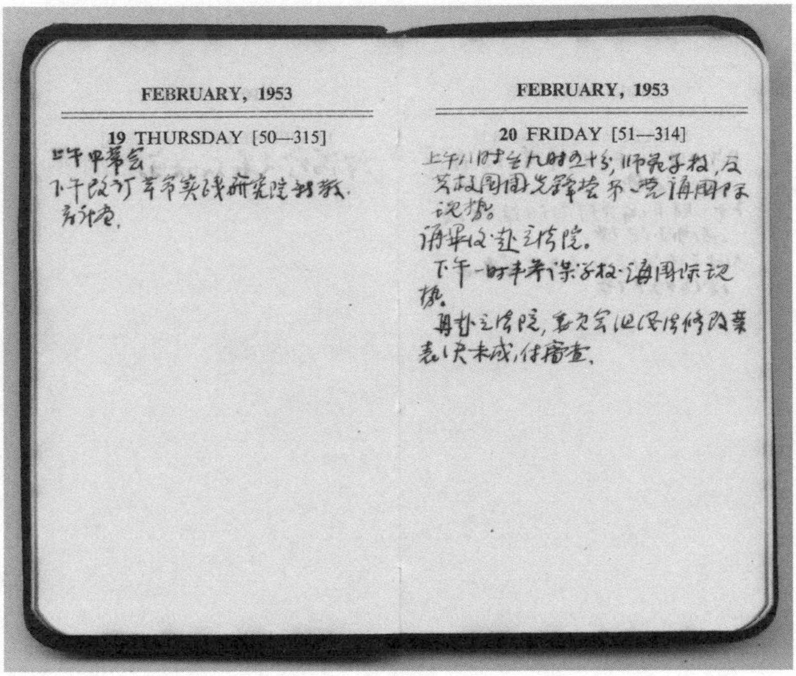

再赴立法院，委員會組織法修改案表決未成。付審查。

＊二月二十一日星期六

上午八時一女中先鋒營講國際現勢。

下午一時半動員幹部訓練班講國際現勢。

三時立法院法制委員會審查組織法修改案。

＊二月二十二日星期日

下午三時省黨部講反共抗俄基本論第三章。

＊二月二十三日星期一

上午九時法制委員會繼續審議修改立院各委員會組織案。

中常會臨時會議通過廢止中俄條約案。

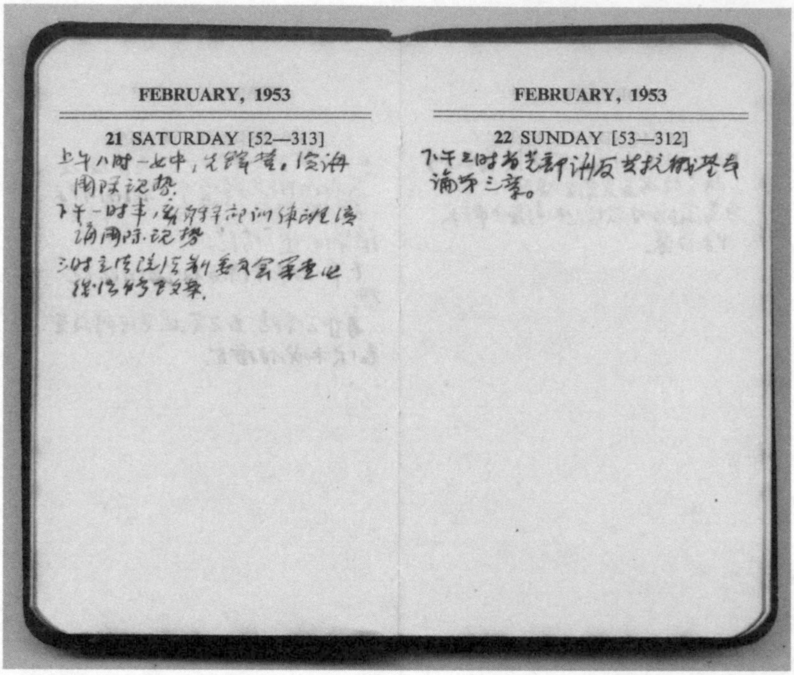

FEBRUARY, 1953

21 SATURDAY [52—313]

上午八時一九中，先總董，論海
國際記錄。

下午一時半，省府軍事訓練班論
論國際記錄。

三時主信注，黨新委文會審查也
提信修改案。

FEBRUARY, 1953

22 SUNDAY [53—312]

下午三時省黨部訓友共找概整与
論所三章。

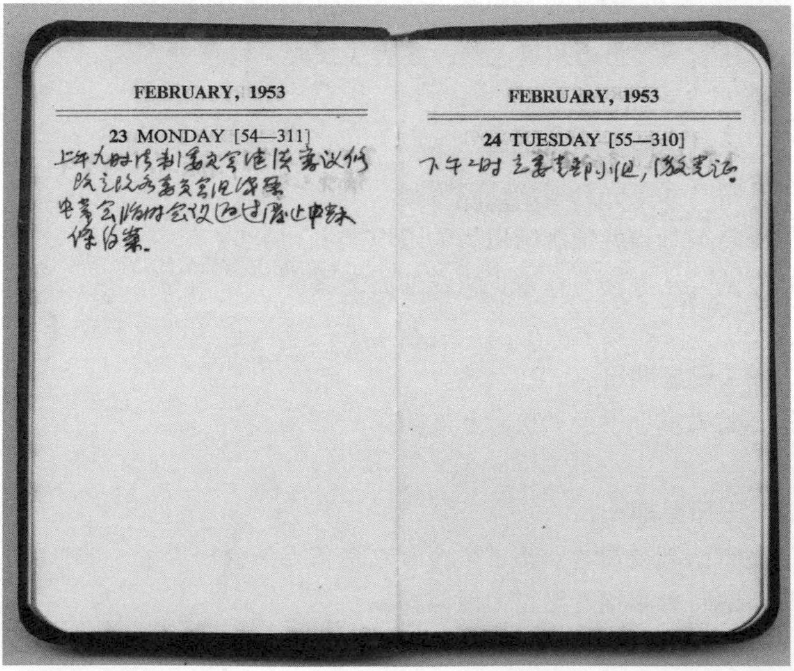

FEBRUARY, 1953

23 MONDAY [54—311]

上午九時修制高文宣傳讀書议
改立校改高文宣因係
中委會临時會议通过廢止中蘇
條約案.

FEBRUARY, 1953

24 TUESDAY [55—310]

下午二時主黨黨部小组，談電話.

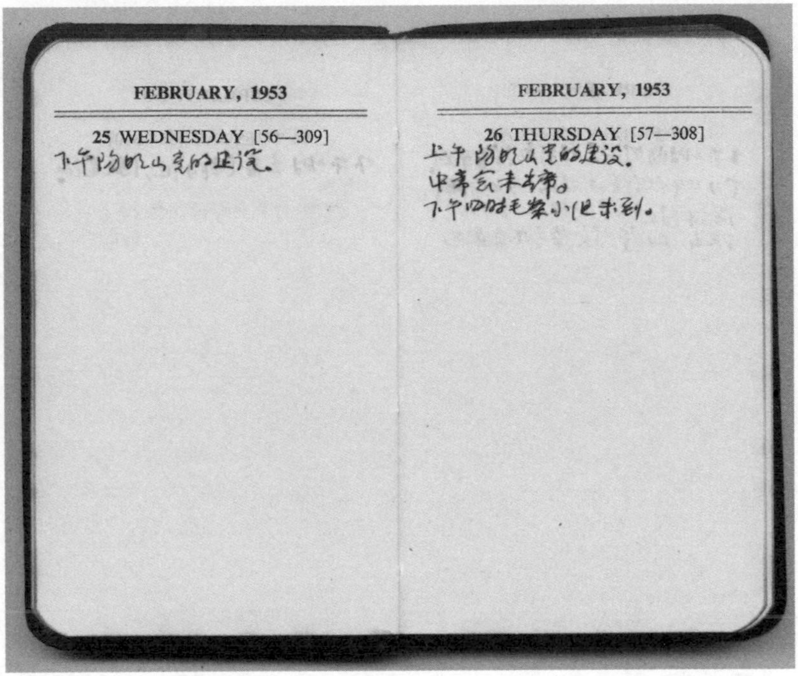

＊二月二十四日星期二

下午二時立委黨部小組，繳黨證。

＊二月二十五日星期三

下午陽明山黨的建設。

＊二月二十六日星期四

上午陽明山黨的建設。

中常會未出席。

下午四時毛案小組未到。

＊二月二十七日星期五

下午二時陽明山黨的行動指導原則。

今日上午立法院組織法修改案辯論，余因避時與潮社所組織之攻擊，未出

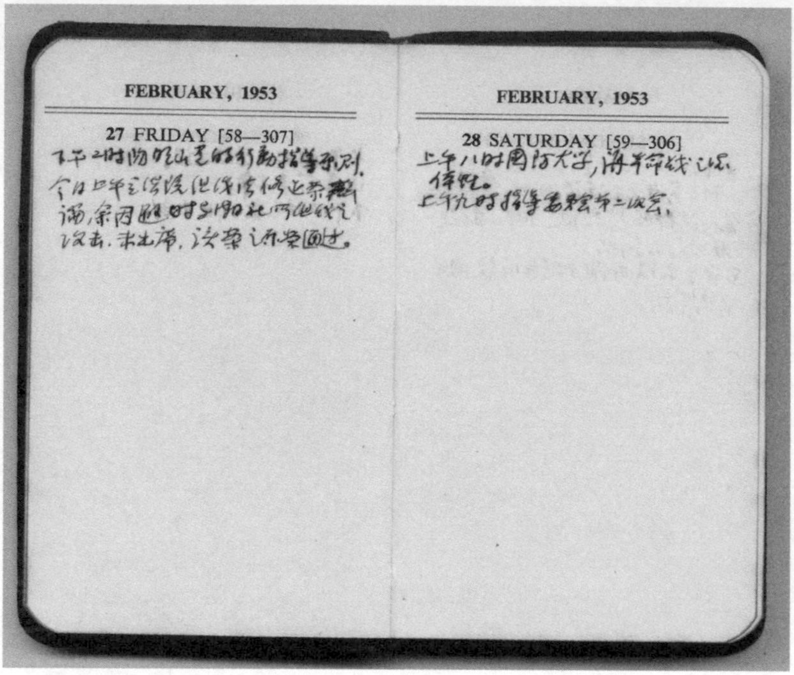

席。該案之原案通過。

＊二月二十八日星期六

上午八時國防大學講革命實踐之總體性。

上午九時指導委員會第二次會。

＊三月一日星期日

上午九時實踐堂總統復職三周年紀念。于先生說話。

有人說行政院改組。下午又有人說省政府辦交代。

王成章來談外匯枯竭問題，因台糖滯銷。

＊三月二日星期一

上午十時陽明山紀念週。

下午三時貴陽街指導小組會議。

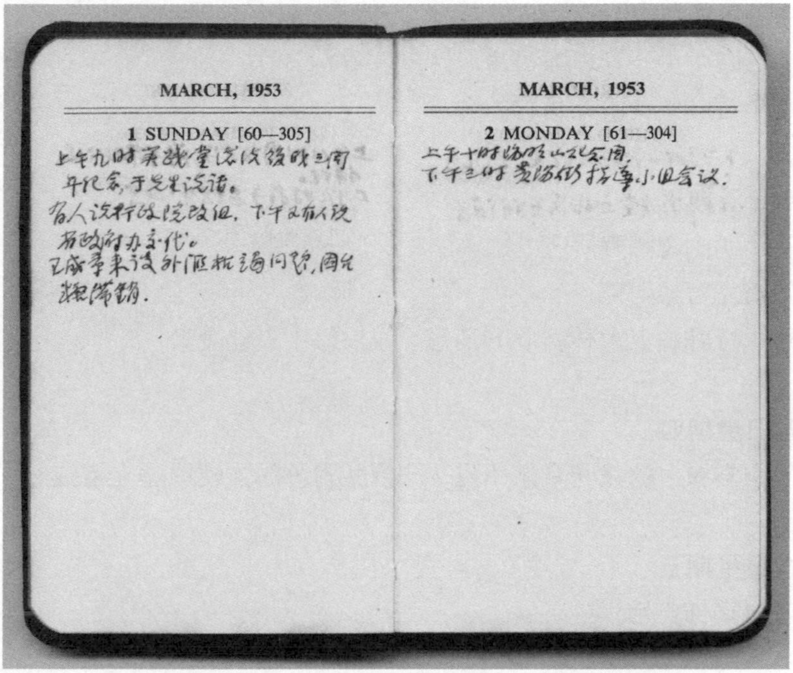

MARCH, 1953

1 SUNDAY [60—305]

上午九时英雄堂院校後晚三间
平记会，于兄生讲话。
省人设科设院改组，下午又前设
有政治办事化。
又威季来设外汇批调问题，圆兄
探辨销。

MARCH, 1953

2 MONDAY [61—304]

上午十时陪陈山北公园。
下午三时爱陪彷括筹小组会议。

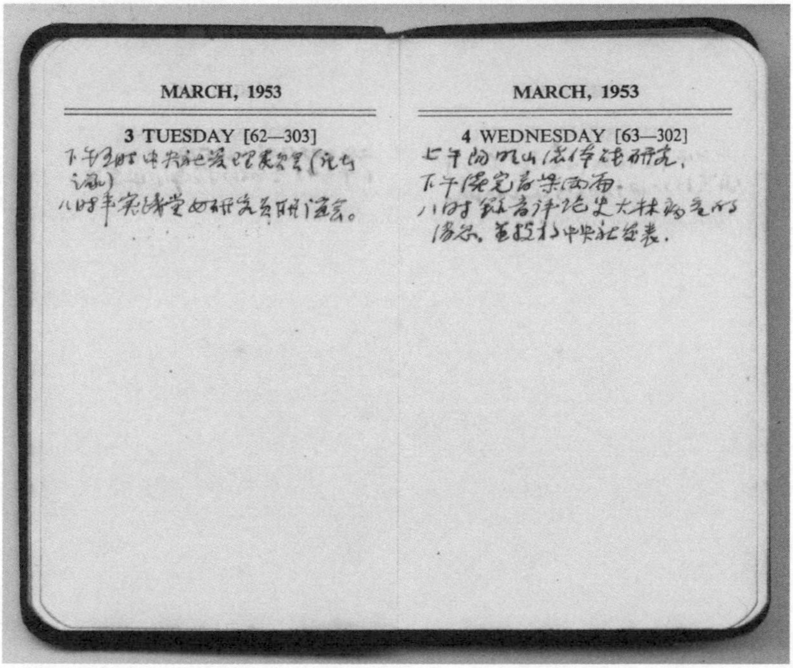

MARCH, 1953

3 TUESDAY [62—303]

下午三时中科地发理实实室（院与
一读）
八时半究读堂如研完员研讨会。

MARCH, 1953

4 WEDNESDAY [63—302]

上午约时山设停还研究。
下午院完音乐西面。
八时钟音评论史大林的死的
消息，第起十八中央社会议。

＊ 三月三日星期二

下午五時中央社管理委員會（記者之家）。

八時半實踐堂女研究員聯誼會。

＊ 三月四日星期三

上午陽明山總體戰研究。

下午續完育樂兩篇。

八時錄音評論史大林病危的消息，並投稿中央社發表。

＊ 三月五日星期四

上午中常會。總裁同意余所見，即俄共對外的強硬以建立權威。

＊ 三月六日星期五

莫斯科宣佈史死。

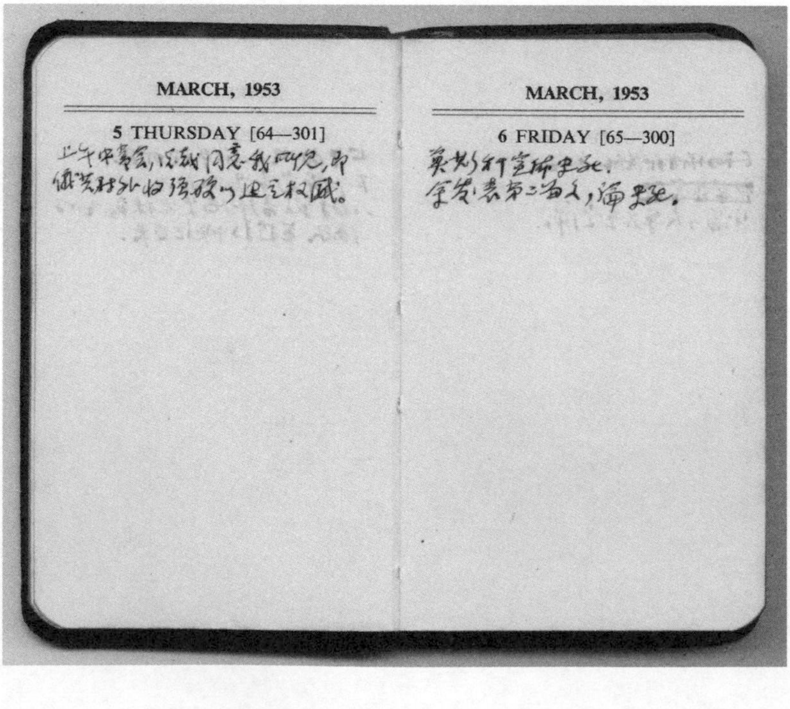

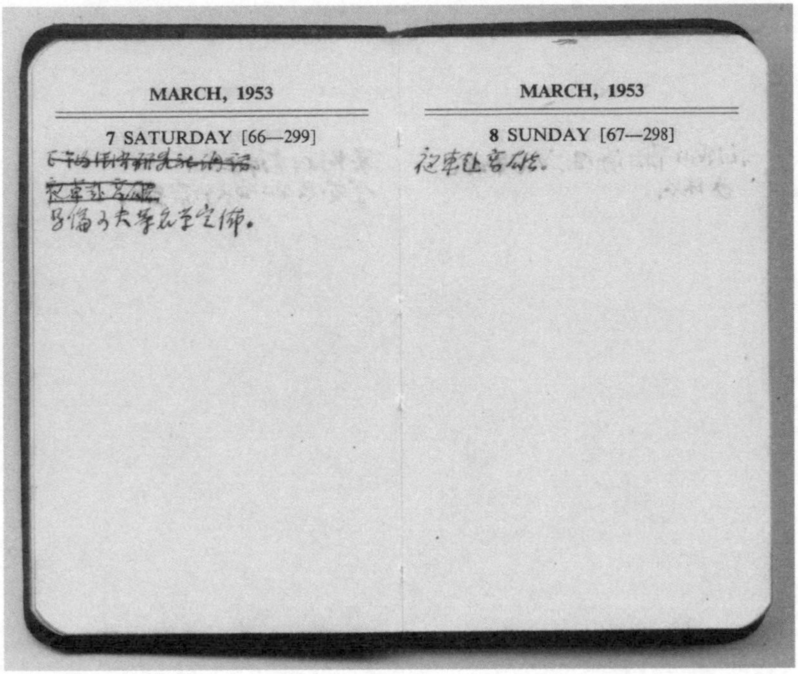

余發表第二篇文，論史死。

＊三月七日星期六

馬倫可夫等名單宣佈。

＊三月八日星期日

夜車赴高雄。

＊三月九日星期一

在鳳山軍校講話。夜在華僑之家休息。

＊三月十日星期二

在軍校講話。下午五時半約陶子欽。晚餐在水上招待所與報界同志研談史死。

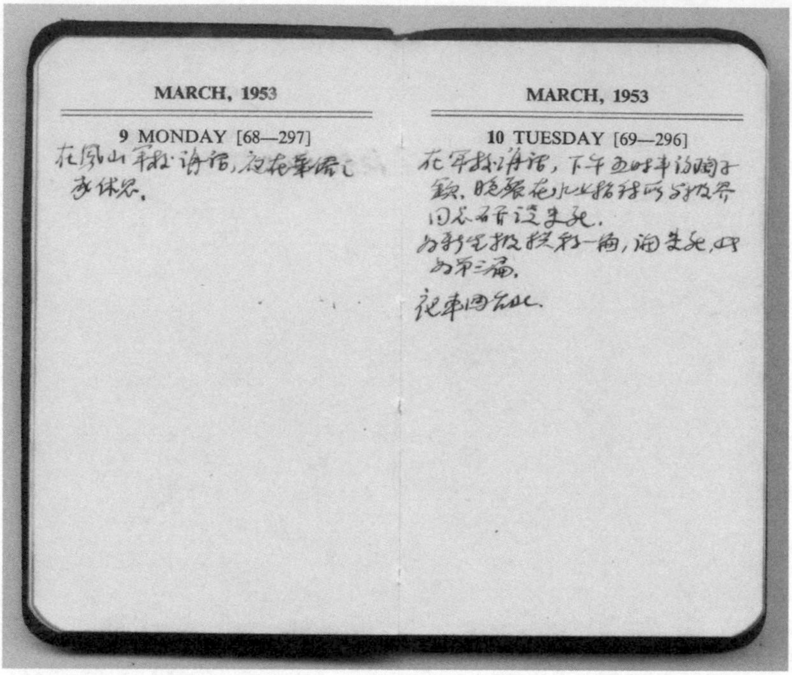

MARCH, 1953

9 MONDAY [68—297]

在鳳山軍校講話，夜在葉儒之家休息。

MARCH, 1953

10 TUESDAY [69—296]

在軍校講話，下午五時車回陶子鎮，晚餐在九如路招待所與總裁同志談生死。
為新生報撰稿一篇，論生死，此為第二篇。
夜車回台北。

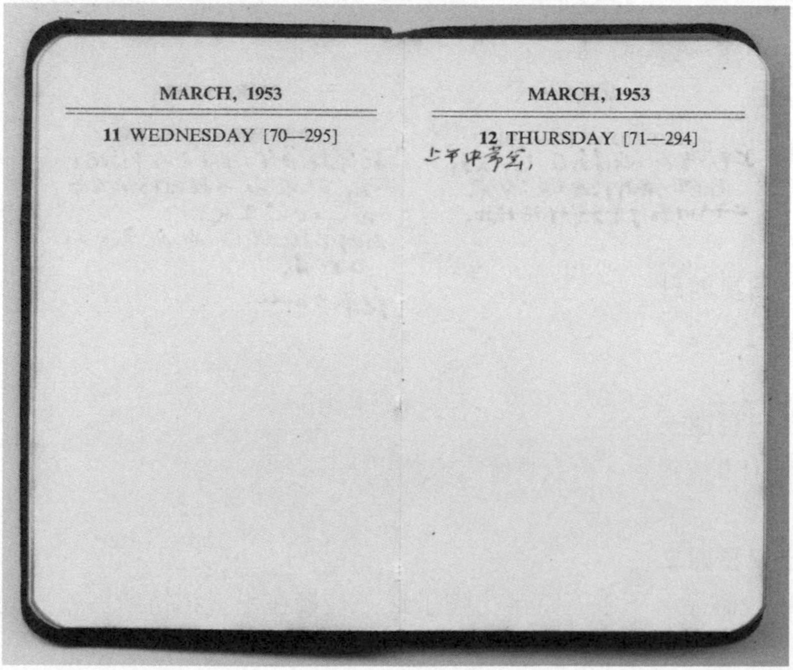

MARCH, 1953

11 WEDNESDAY [70—295]

MARCH, 1953

12 THURSDAY [71—294]

上午中常會，

為新生報投稿一篇，論史死。此為第二篇。
夜車回台北。

＊三月十一日星期三（空白）

＊三月十二日星期四

上午中常會。

＊三月十三日星期五

上午八至十一，劍潭新莊，三民主義幹部班講俄侵略主義之本質。

＊三月十四日星期六

上午九時指導委員會討論提名問題。

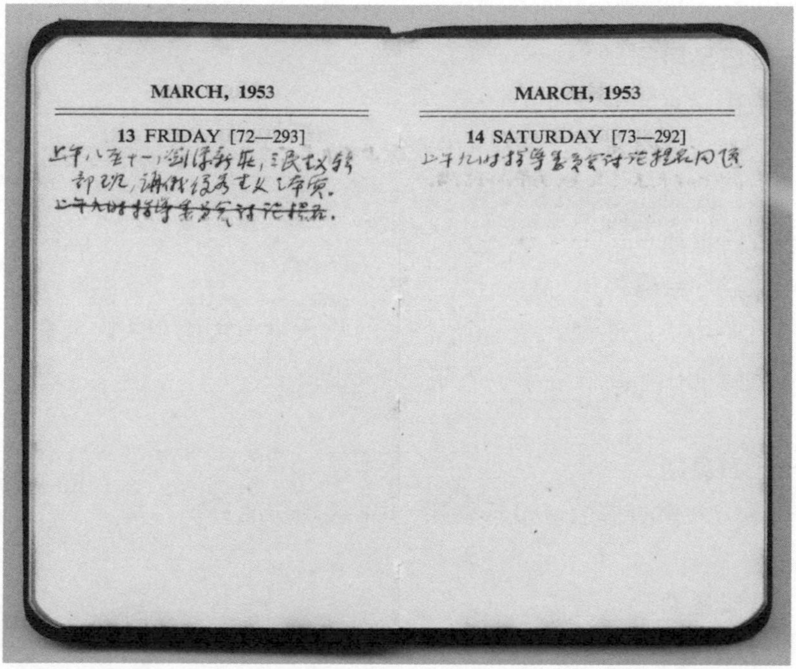

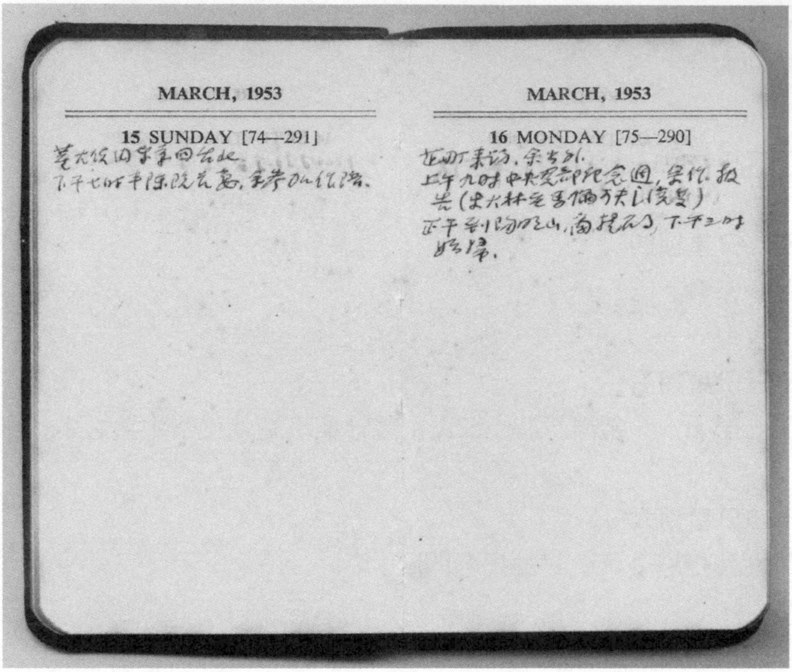

＊三月十五日星期日

董大使由東京回台北。

下午七時半陳院長宴，余參加作陪。

＊三月十六日星期一

芷町來訪，余出外。

上午九時中央黨部紀念週，余作報告（史大林至馬倫可夫之演變）。

正午到陽明山，商提名事。下午三時始歸。

＊三月十七日星期二

上午國防大學演講俄帝侵華陰謀。（中國國防部分）

＊三月十八日星期三

三月二十九文告要著手起草。

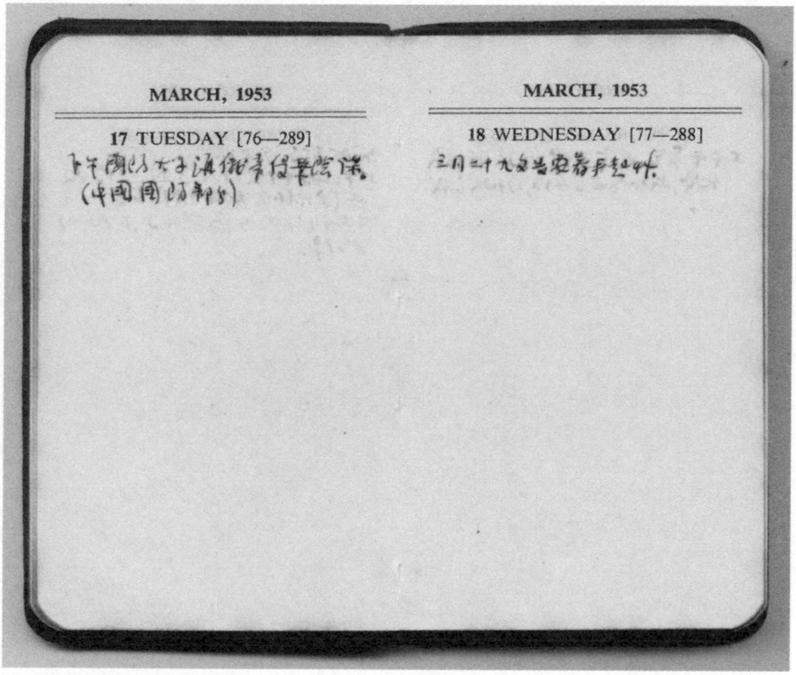

＊三月十九日星期四

上午中常會。曉峰誇其個人聯絡文化界，此外各組之工作，乃個人之成功。

＊三月二十日星期五

上午十至十二國防大學續講俄帝侵華陰謀。（帝俄到蘇俄一貫侵略部分）

＊三月二十一日星期六

上午十至十二國防大學續講俄帝侵華陰謀。（共產策略部分）

＊三月二十二日星期日（空白）

＊三月二十三日星期一

上午十時陽明山紀念週。二十四期結業。

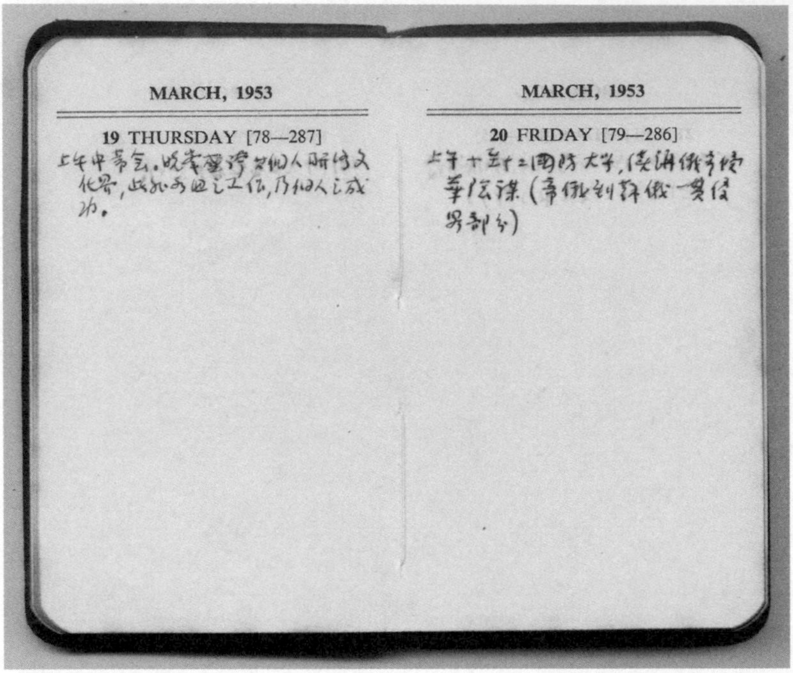

MARCH, 1953

19 THURSDAY [78—287]

上午中常会。晚參臺灣省個人聯合文化界，此外為四五工作，乃個人之成功。

MARCH, 1953

20 FRIDAY [79—286]

上午十至十二國防大學，續講俄帝侵華陰謀（帝俄到蘇俄一貫侵略部分）

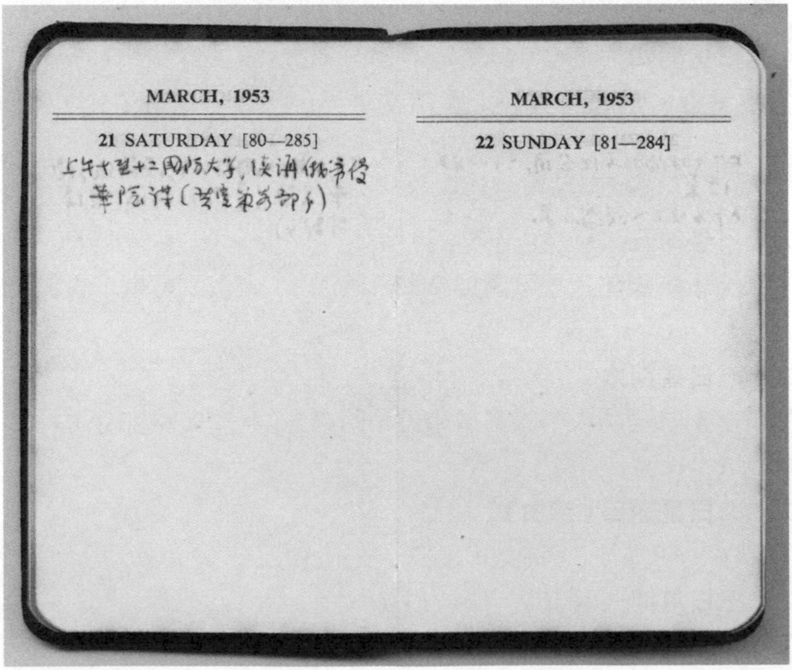

MARCH, 1953

21 SATURDAY [80—285]

上午十至十二國防大學，續講俄帝侵華陰謀（共產第五部分）

MARCH, 1953

22 SUNDAY [81—284]

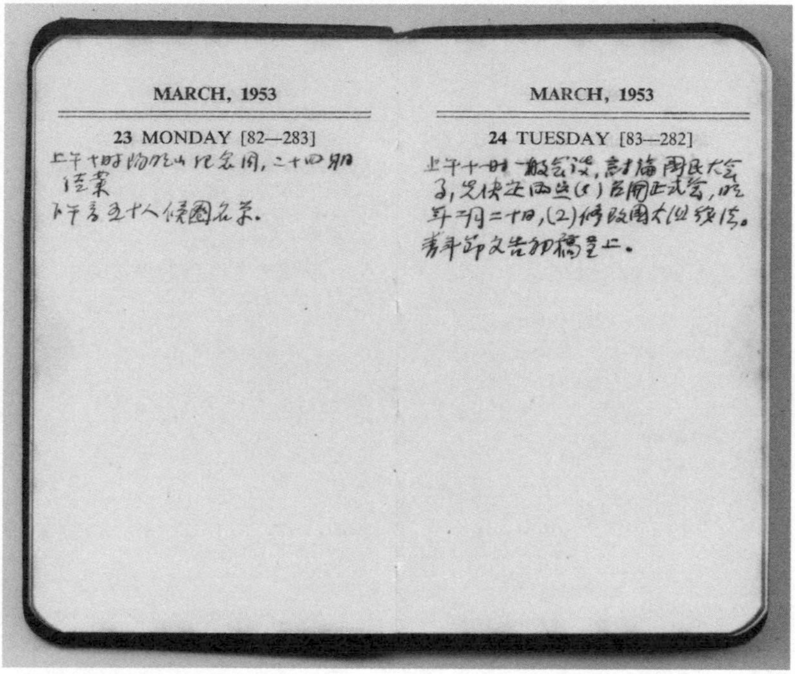

下午看五十人候圈名單。

＊三月二十四日星期二

上午十時一般會談，討論國民大會事，先決定兩點（1）召開正式會，明年二月二十日，（2）修改國大組織法。

青年節文告初稿呈上。

＊三月二十五日星期三

研究受難節文告內容。

＊三月二十六日星期四

上午十事時中常會。

九時偕冰如往官邸拜夫人壽。夫人昨晚回台。今 52 壽辰。

下午四時廣播節。

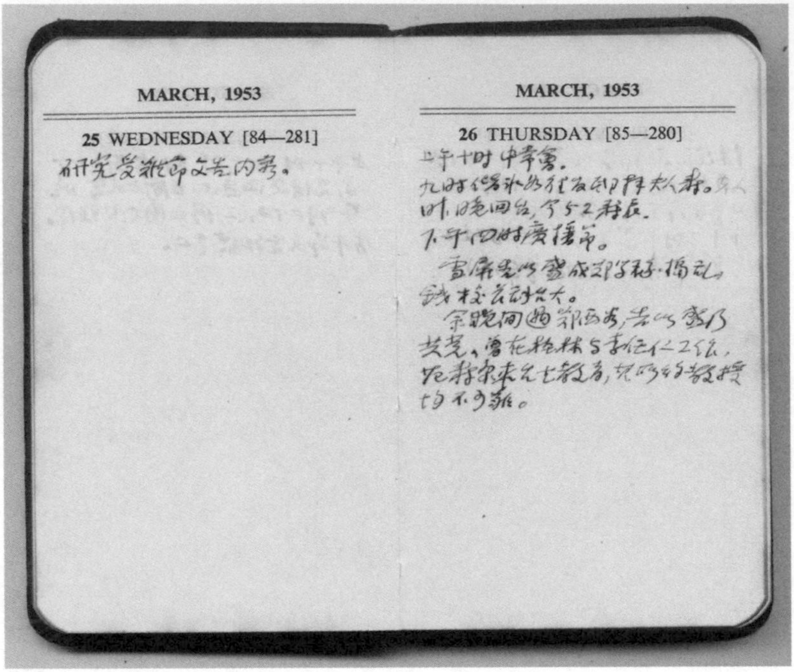

雪屏告以盛成鄭學稼搗亂。

錢校長辭台大。

余晚間遇鄭西谷，告以盛乃共黨，曾在桂林與李任仁工作。范壽康來台主教育，其所約教授均不可靠。

＊三月二十七日星期五

陳院長支持錢思亮，暑假內整肅諸教授之敗壞校紀者。

上午出席立法院。

下午三時半空軍新生社，為政工幹部講反共抗俄基本論。

＊三月二十八日星期六

上午九時指導委員會名單初步擬定。

往立法院簽字黨員大會。

下午與袁企止談。

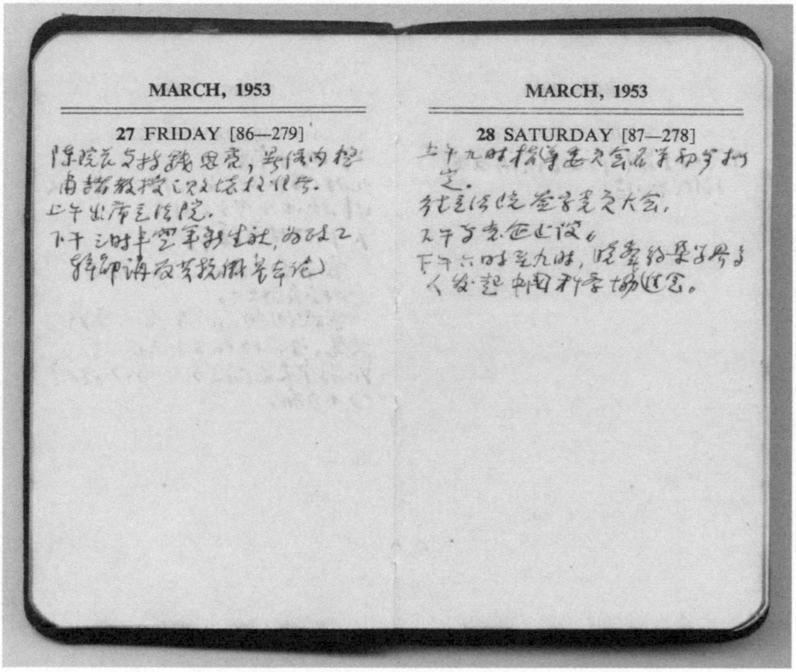

下午六時至九時，曉峰約集學界多人發起中國科學協進會。

＊三月二十九日星期日

下午二時省黨部禮堂續講反共抗俄基本論。

＊三月三十日星期一

上午十時二十五期開學禮。國父紀念周。總裁責貴陽街辦事處不清潔，引為痛心。

下午四時警官學校高級班講總裁言行，為述三十八年一年的事情。

＊三月三十一日星期二

下午二時半空軍新生社續講反共抗俄基本論。

下午七時 Kolberg 請客。初次遇藍欽大使。

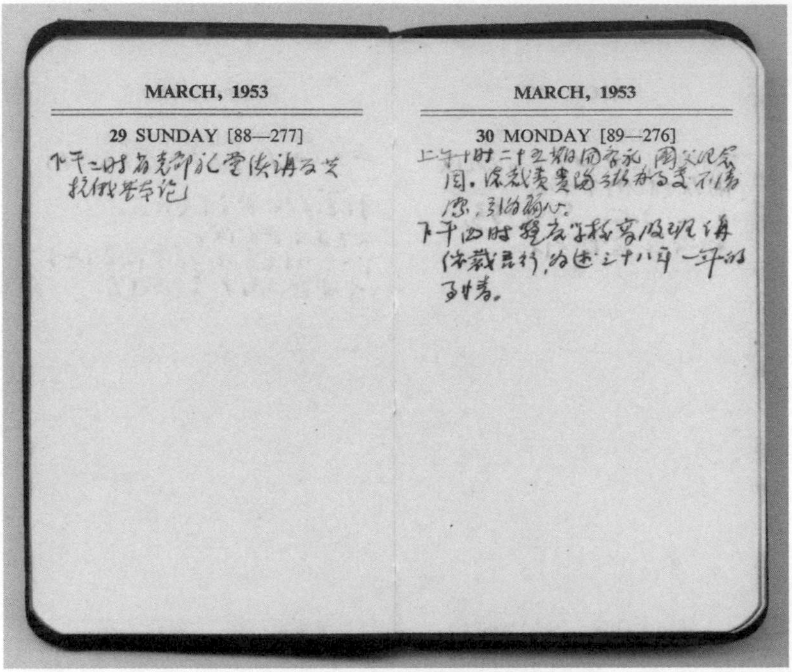

MARCH, 1953

29 SUNDAY [88—277]

下午二时省党部礼堂续讲反共抗俄基本论

MARCH, 1953

30 MONDAY [89—276]

上午十时二十五分赴国防会议，周至柔会同，陈诚委员谈……不讳言，引为痛心。

下午四时赴……讲谈总裁言行，略述三十八年一年的事情。

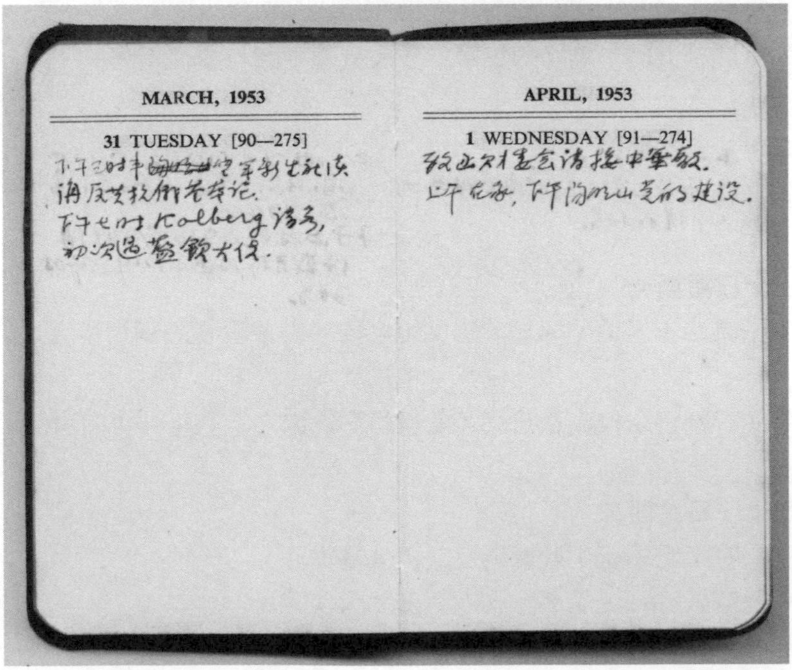

MARCH, 1953

31 TUESDAY [90—275]

下午三时半~~……~~空军新生社续讲反共抗俄基本论。

下午七时 Kolberg 请客，初次遇蓝钦大使。

APRIL, 1953

1 WEDNESDAY [91—274]

致立法院……请按中华……。

上午在家，下午阅阳明山党的建设。

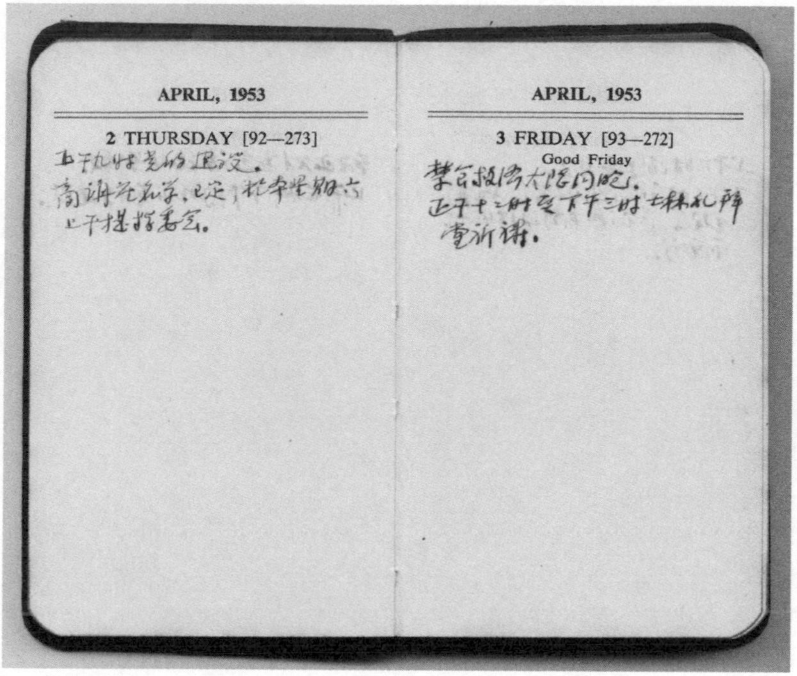

＊ **四月一日星期三**

致函財委會請接中華廠。

上午在家。下午陽明山黨的建設。

＊ **四月二日星期四**

上午九時黨的建設。

商講座名單。已定，於本星期六上午提指委會。

＊ **四月三日星期五**

禁食救濟大陸同胞。

正午十二時至下午二時士林禮拜堂祈禱。

＊ **四月四日星期六**

上午九時指導委員會。

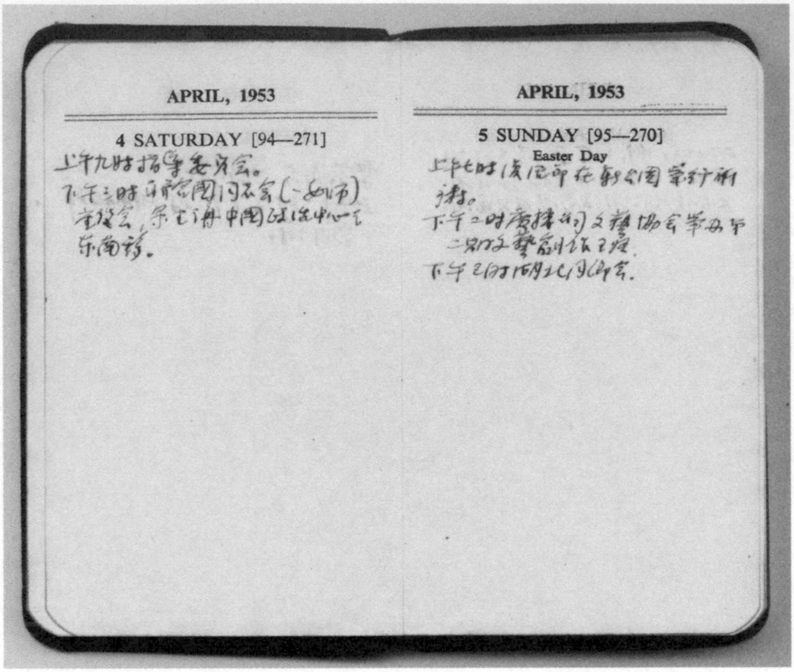

下午三時聯合國同志會（一女師）座談會，余主講中國政治中心之東南移。

＊四月五日星期日

上午七時復活節在新公園舉行祈禱。

下午二時廣播公司文藝協會舉辦第二期文藝創作班。

下午三時湖北同鄉會。

＊四月六日星期一

上午十時石牌，紀念週及動員幹部訓練班第四期開學典禮，總裁講史大林死後國際局勢及其動向。

＊四月七日星期二

上午研究院總動員研究。

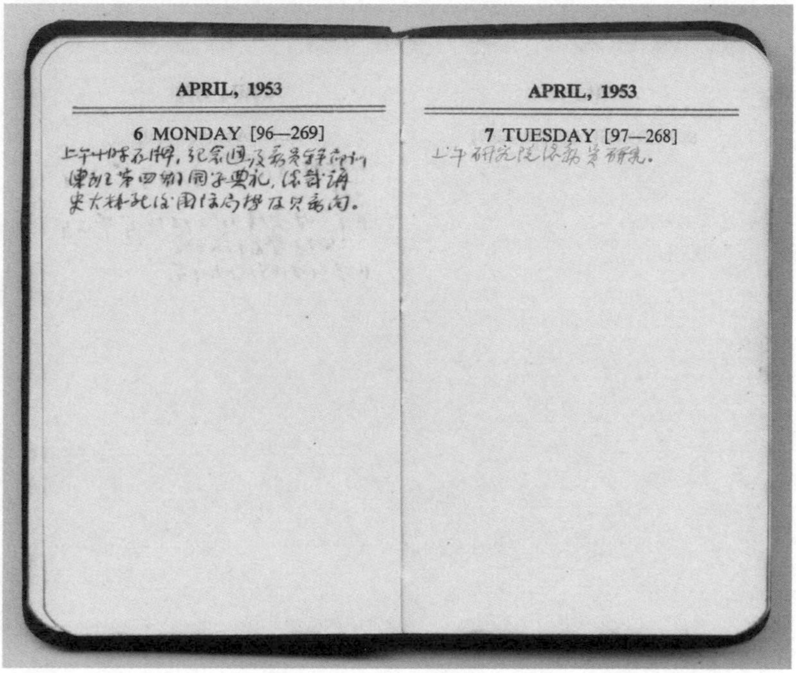

＊四月八日星期三（空白）

＊四月九日星期四

上午十時中常會。

＊四月十日星期五

中午總裁及夫人招待評議委員。

下午五時臨時中常會，通過俞鴻鈞繼吳國禎主台。

下午九時半行政院理事會通過俞繼吳主台。

下午六時半清水董三約宴。

＊四月十一日星期六

下午三時情報參謀學校演講。

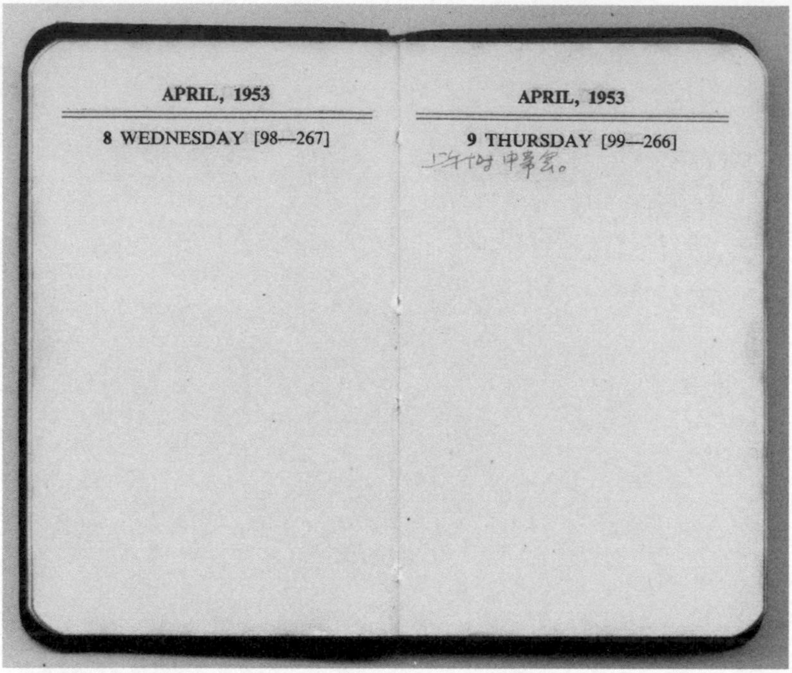
APRIL, 1953
8 WEDNESDAY [98—267]
APRIL, 1953
9 THURSDAY [99—266]
上午十時中常會。

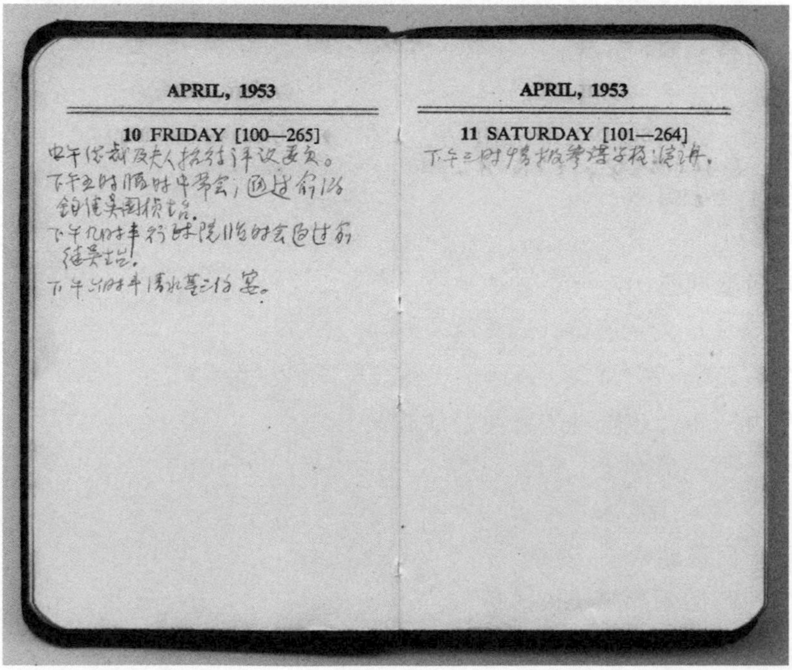
APRIL, 1953
10 FRIDAY [100—265]
中午總裁及夫人招待評議委員。
APRIL, 1953
11 SATURDAY [101—264]

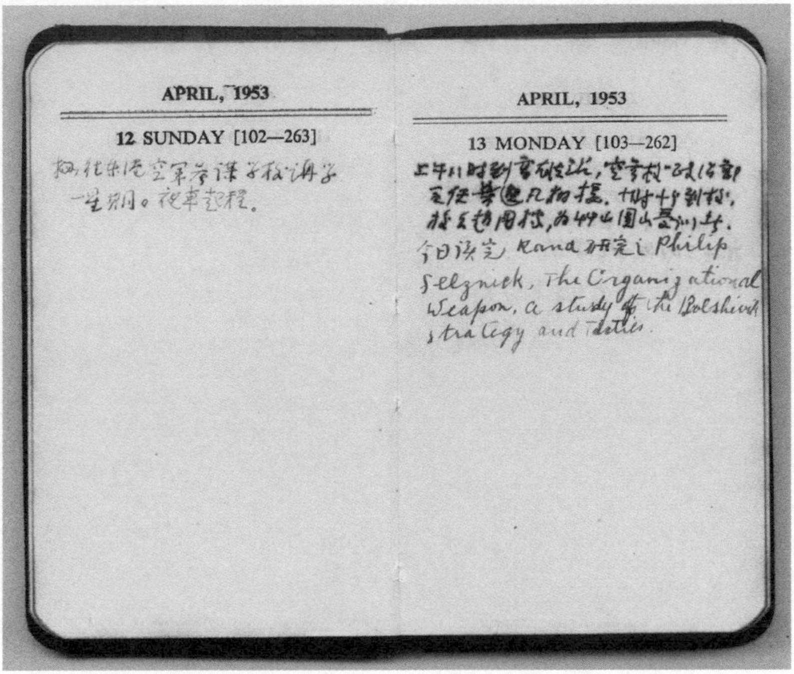

＊四月十二日星期日

往東港空軍參謀學校講學一星期。夜半起程。

＊四月十三日星期一

上午八時到高雄站，空參校政治部主任葉逸凡相接。十時十分到校。校長趙國標為草山圓山受訓者。

今日講完Rand研究之Philip Selznick, The Organizational Weapon, a Study of the Bolshivek Strategy and Tectics.

＊四月十四日星期二

上午八至十中國思想史第一講。

中午改中國政治中心之東南移。講稿寄大陸雜誌社。

下午三時時事座談會。

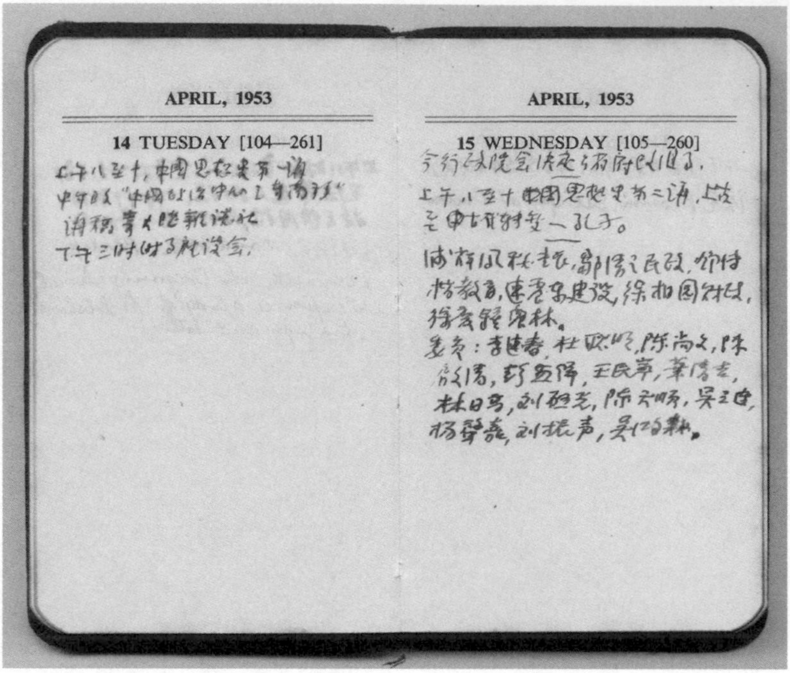

*** 四月十五日星期三**

今行政院會決定了省府改組事。

上午八至十中國思想史第二講，上古至中古轉變—孔子。

浦薛鳳秘書長，鄒清之民政，鄧傳楷教育，連震東建設，徐柏園財政，徐慶鍾農林。

委員：李連春，杜聰明，陳尚文，彭孟緝，王民寧，華清吉，林日高，劉啟光，陳天順，吳三連，楊肇嘉，劉振聲，吳鴻森。

*** 四月十六日星期四**

上午八至十第三講，法家與儒家之興衰。

讀完 From Escape of Freedom.

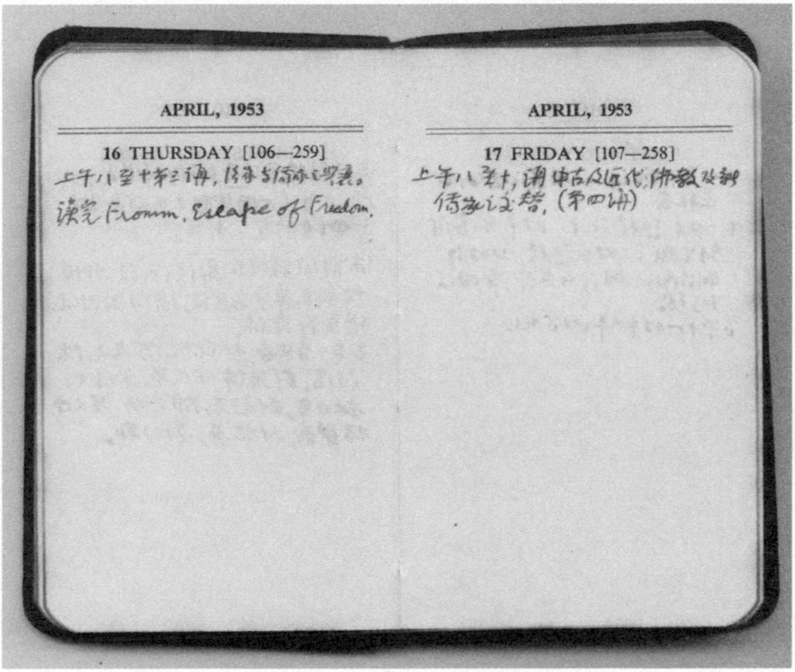

*** 四月十七日星期五**

上午八至十，講中古及近代佛教及新儒家之交替。（第四講）

*** 四月十八日星期六**

上八至十第五講，從農業社會到工業社會

十一時半起程，下午一時半到高雄新生報。二時半起程，四時許到台南，五時記者公會講國際形勢。

下午十一時半回台北。

*** 四月十九日星期日**

晨八時到台北。台北市一星期來連雨。

*** 四月二十日星期一**

上午九時半陽明山紀念週。台省黨組訓會議結束，一百八十人到院參加。

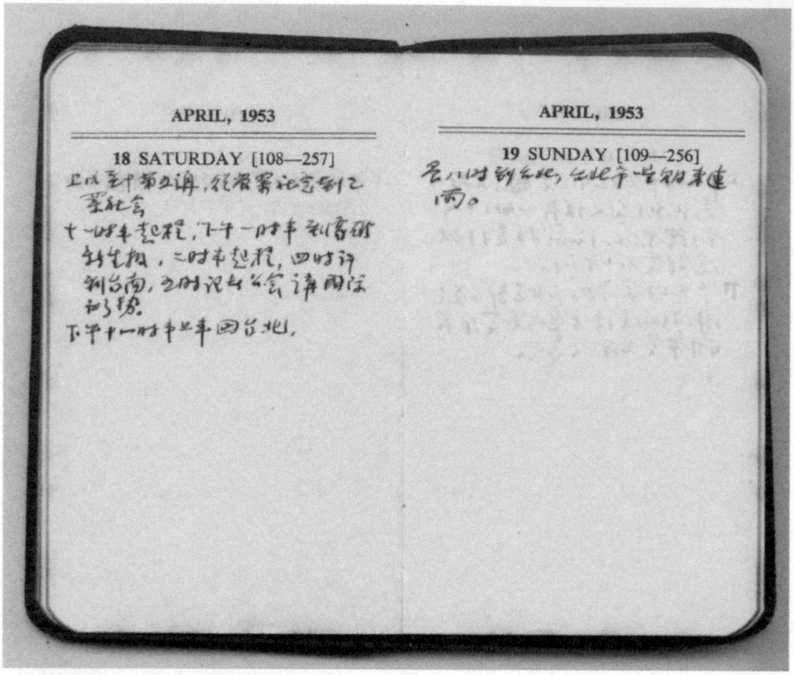
APRIL, 1953
18 SATURDAY [108—257]
APRIL, 1953
19 SUNDAY [109—256]

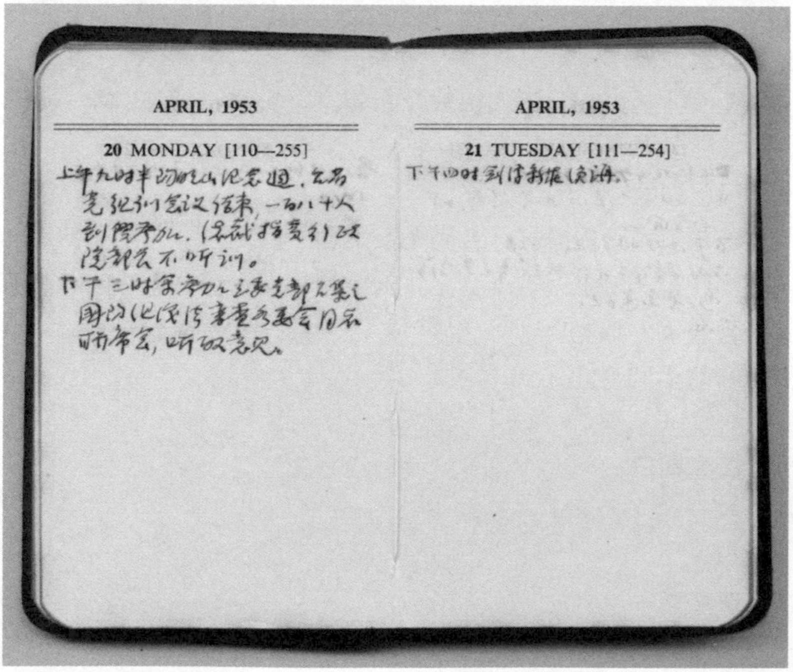
APRIL, 1953
20 MONDAY [110—255]
APRIL, 1953
21 TUESDAY [111—254]

總裁指責行政院部長不聽訓。

下午三時余參加立委黨部召集之國防組織法審查各委會同志聯席會，聽取意見。

＊ 四月二十一日星期二

下午四時劍潭新莊演講。

＊ 四月二十二日星期三

上午陽明山二十五期討論會。

中午中日文化經濟協會聚餐。研究所成立。

下午四時幹校演講。

六時錢公來在新北投善光寺路請客。見宋選銓。

大雨。

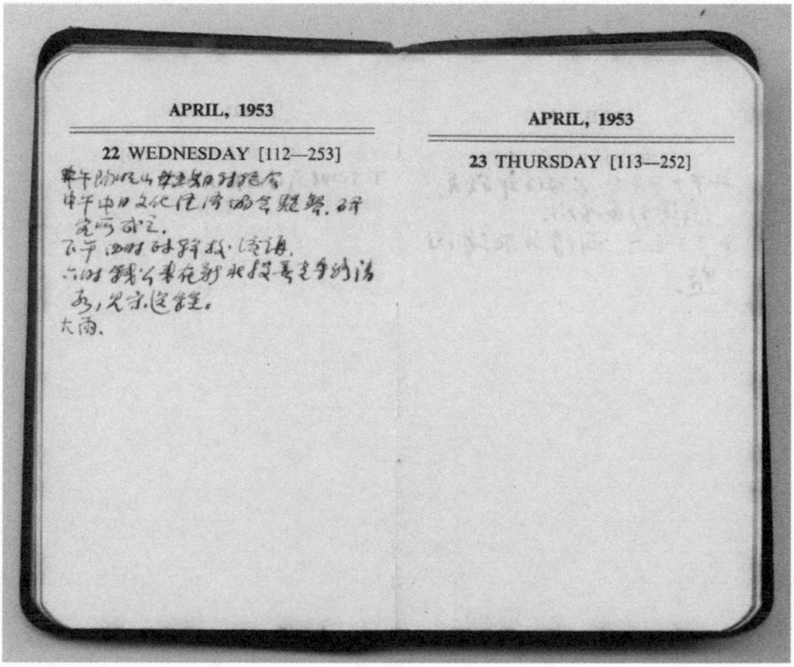

＊四月二十三日星期四（空白）

＊四月二十四日星期五

上午十至十二，總政治部職員，演講行動原則。

下午三至六，劍潭新莊講同題。

＊四月二十五日星期六

上午臨時中常會。

下午三時司法大廈演講「法文與法意」。

＊四月二十六日星期日（空白）
＊四月二十七日星期一（空白）
＊四月二十八日星期二（空白）
＊四月二十九日星期三（空白）

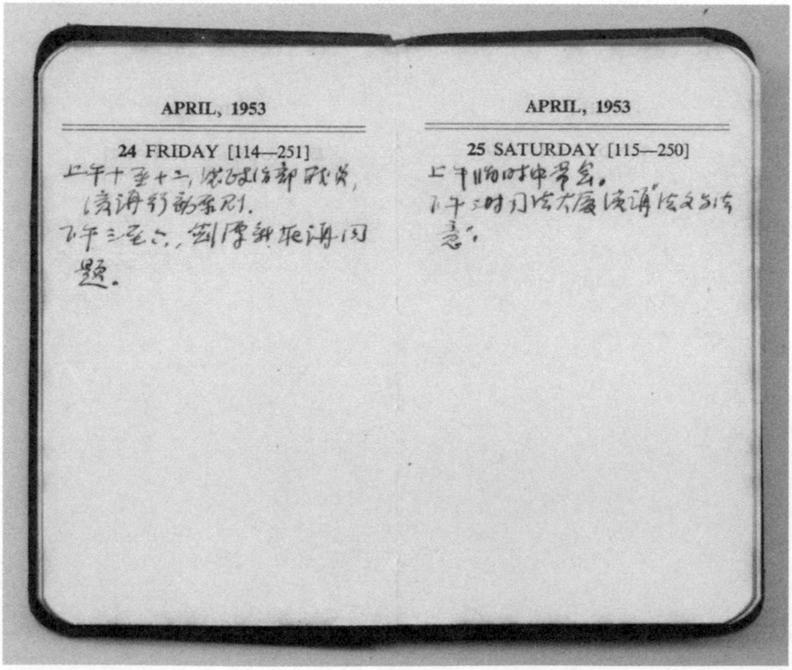

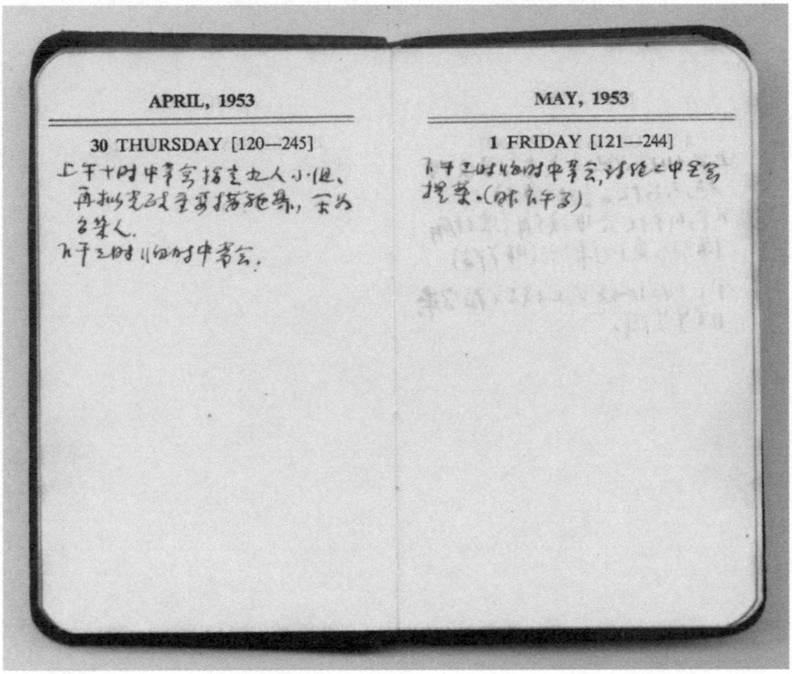

＊四月三十日星期四

上午十時中常會指定九人小組，再擬黨政重要措施案。余為召集人。

下午三時臨時中常會。

＊五月一日星期五

下午三時臨時中常會，討論二中全會提案。（昨下午事）

＊五月二日星期六

上午十時小組決定黨政重要措施不必提。（昨上午事）

下午雨中往天母演講（農林廳保防人員訓練）—（昨下午事）

今下午講組織與組織戰稿寫畢。明早呈閱。

＊五月三日星期日

上午十時半見總裁，呈黨的組織與組織戰稿。

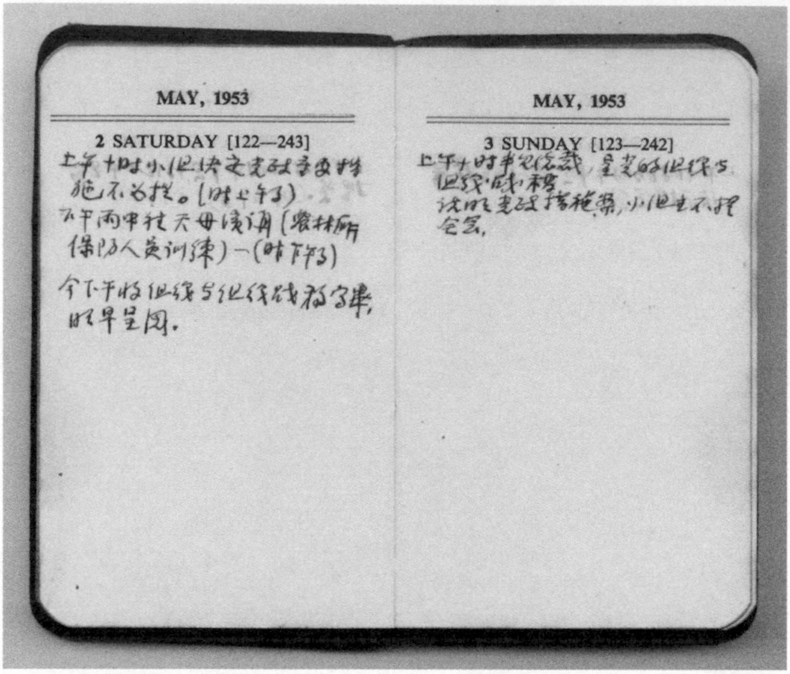

MAY, 1953

2 SATURDAY [122—243]

上午十时小组决定党政革新措施不发表。(时上午了)
下午雨中赴天母读训(农林所保防人员训练)一(时下午了)
今下午将组织与组织战稿写毕，明早呈阅。

MAY, 1953

3 SUNDAY [123—242]

上午十时中央总裁，呈党的组织与组织战稿，说明党政措施案，小组也不提全会。

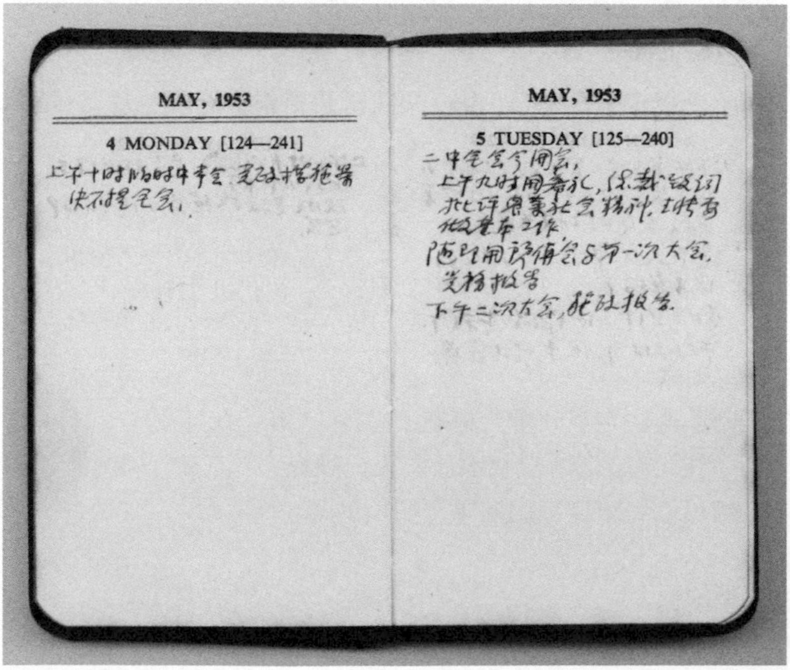

MAY, 1953

4 MONDAY [124—241]

上午十时临时中常会，党政措施案决不提全会。

MAY, 1953

5 TUESDAY [125—240]

二中全会今开会，
上午九时开幕礼，总裁致词批评农业社会精神，並指示做基本工作，
随即开预备会与第一次大会，党务报告
下午二次大会，施政报告。

說明黨政措施案，小組主不提全會。

＊ 五月四日星期一

上午十時臨時中常會。黨政措施案決定不提全會。

＊ 五月五日星期二

二中全會開會。

上午九時開幕禮，總裁致詞，批評農業社會精神，主張要做基本工作。

隨即開預備會與第一次大會，黨務報告。

下午二次大會，施政報告。

＊ 五月六日星期三

上下午審查會，余為聯合戰線小組召集人。全日忙碌，擬訂審查報告及口頭報告要點。

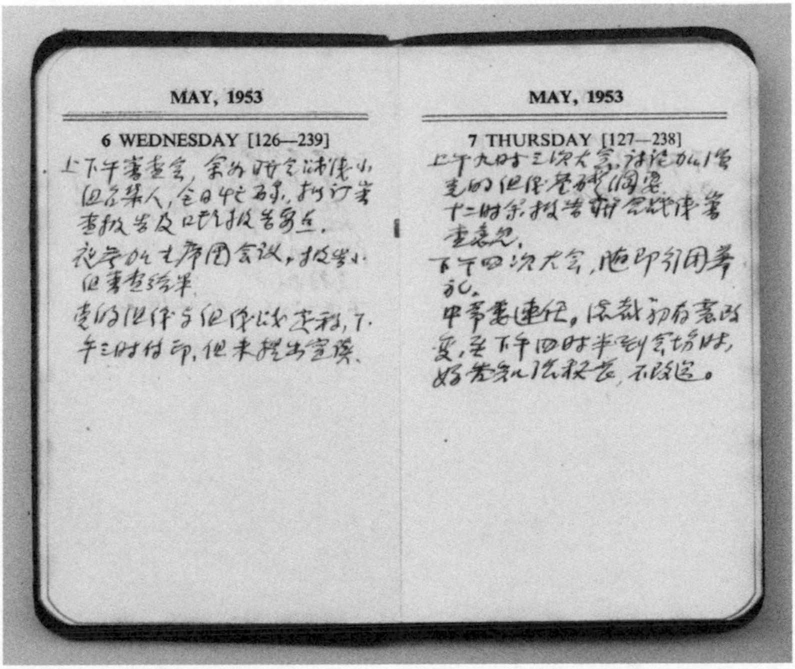

＊ 五月七日星期四

上午九時三次大會，討論加強黨的組織基礎綱要。

十二時余報告聯合戰線審查意見。

下午四次大會，隨即行閉幕禮。

中常委連任。總裁初有意改變，至下午四時半到會場時，始告知張秘長不改選。

＊ 五月八日星期五

上下午休息。

五十人名單決定。

＊ 五月九日星期六（空白）

＊ 五月十日星期日（空白）

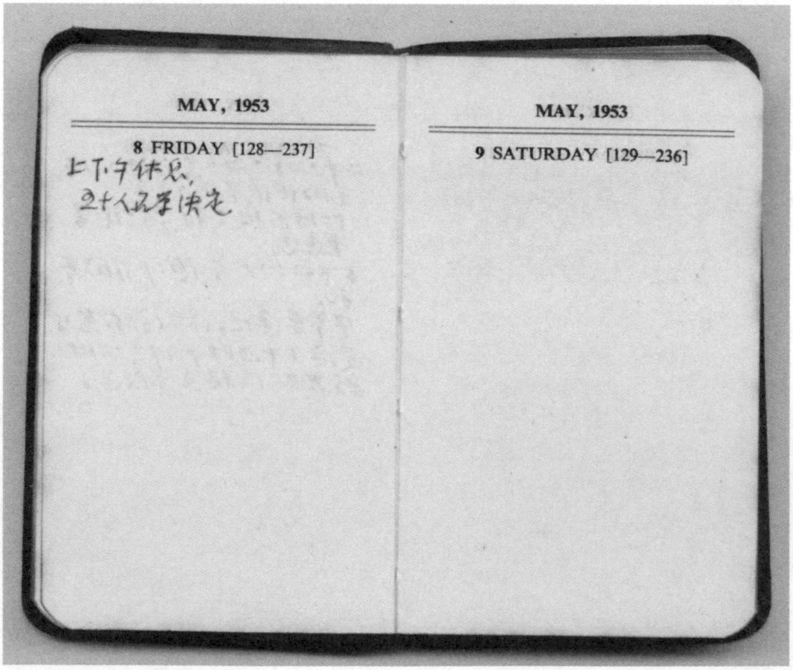

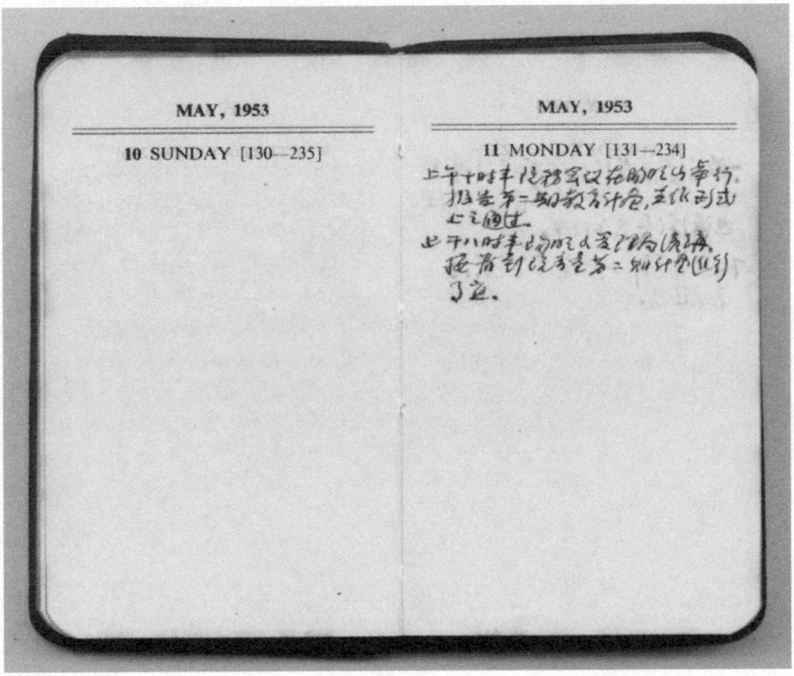

＊ 五月十一日星期一

上午十時半院務會議在陽明山舉行。報告第二期教育計畫，並依形式上之通過。

上午八時半陽明山管理局演講。接著到院商量第二期計畫進行事宜。

＊ 五月十二日星期二

一般會談，總裁指示對換俘談判，美之妥協頃向，以志願遣俘之名行強迫遣俘之實，表示抗爭。

下午立委黨部小組會，余主立法院表示立場。

＊ 五月十三日星期三

上午中常會。余陳述聯合戰線工作原則。總裁指示政治作戰會報，組聯戰指導小組。張岳軍，陶希聖，張道藩，洪蘭友，端木愷，谷正綱等為委員。

下午中國政治學會理監事會。

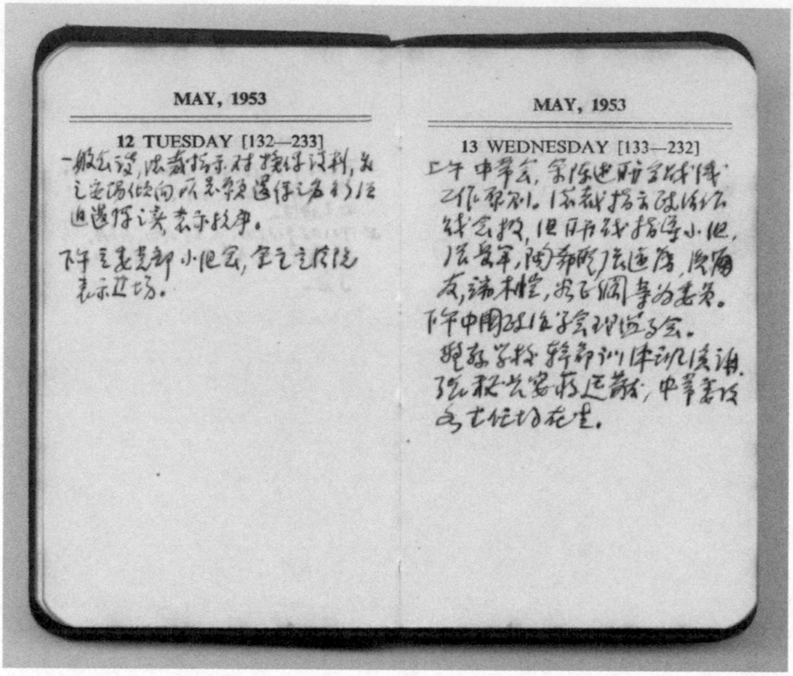
MAY, 1953
12 TUESDAY [132—233]
MAY, 1953
13 WEDNESDAY [133—232]

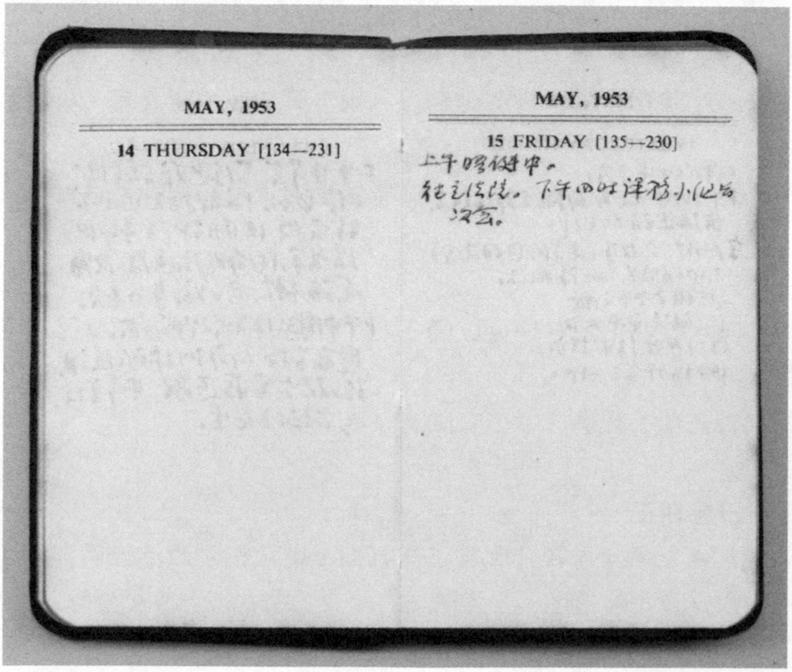
MAY, 1953
14 THURSDAY [134—231]
MAY, 1953
15 FRIDAY [135—230]

警察學校幹部訓練班演講。

張秘長宴蔣廷黻，中常委及各主任均在座。

＊ 五月十四日星期四（空白）

＊ 五月十五日星期五

上午晤健中。

往立法院。下午四時課務小組首次會。

＊ 五月十六日星期六

上午九時中常會。

下午三時中央黨部直系黨部座談會。余講述聯合戰線。

余擬定一元指導（建黨問題研究會）之四項要點，擬請批示。

(1) 確定基本文獻。

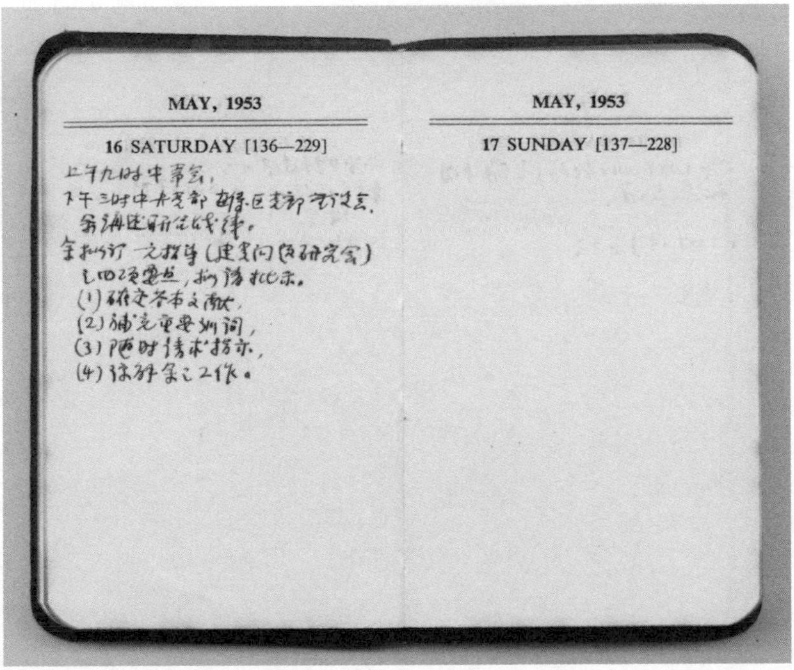

(2) 補充重要訓詞。

(3) 隨時請求指示。

(4) 諒解余之工作。

*** 五月十七日星期日（空白）**

*** 五月十八日星期一**

上午十時十分師範學院講中國社會之變遷。

下午二時指導委員會。

*** 五月十九日星期二**

上午九時建黨問題研究會研究員談話會。

下午三時各組講座會。

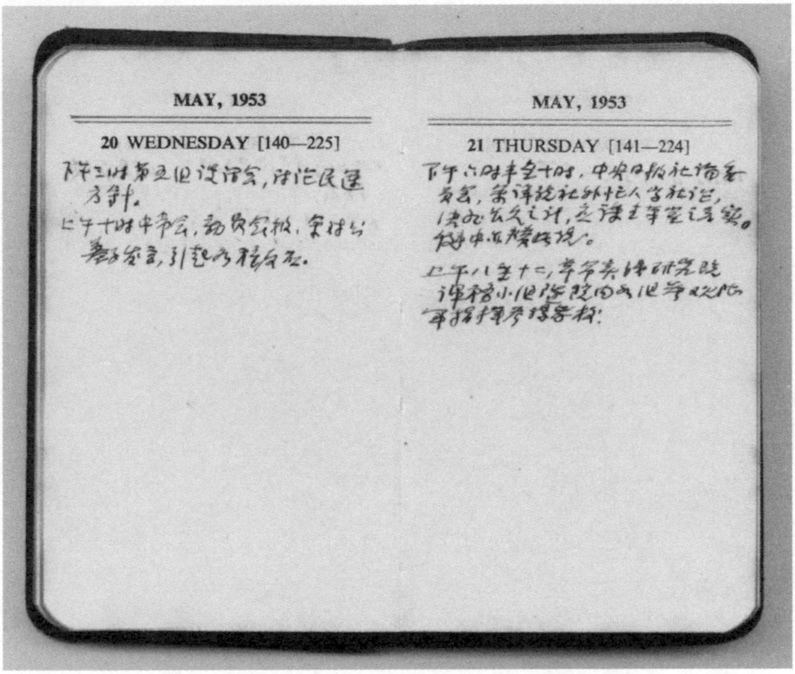

＊ 五月二十日星期三

下午三時第五組談話會，討論民運方針。

上午十時中常會，動員會報。余對公墓事發言，引起各種反應。

＊ 五月二十一日星期四

下午六時半至十時，中央日報社論委員會。余詳說社外忙人寫社論，決非長久之計。應謀主筆室之名實。健中亦贊此說。

上午八至十二，革命實踐研究院課務小組暨院內各組參觀陸軍指揮參謀學校。

＊ 五月二十二日星期五

晚間寫三國會議專論。

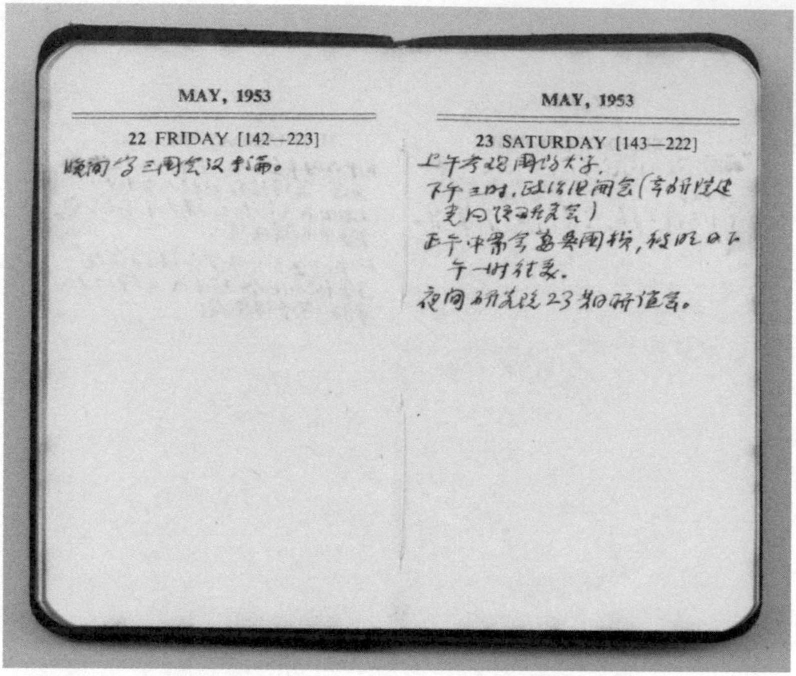

MAY, 1953

22 FRIDAY [142—223]

晚間写三個字汉书漏。

MAY, 1953

23 SATURDAY [143—222]

上午考经周访太安。
下午三时，政治组间会（字的研院建
定内阁的研究）
正午中常写為要開板，稅旺田下
午一时行宴。
夜间研究经23相研道实。

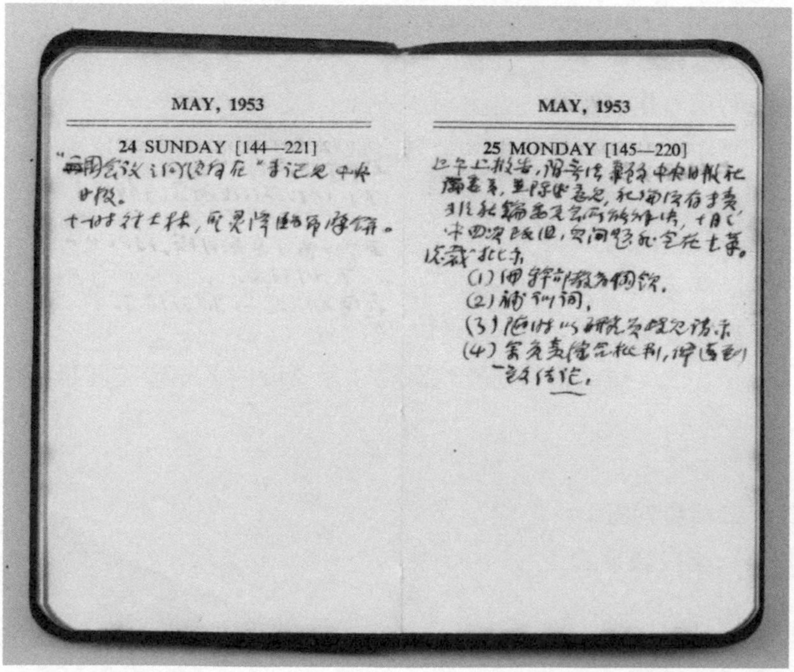

MAY, 1953

24 SUNDAY [144—221]

"两周会改订阅阅自在"事记见中央
田假。
十时时许上校，尺見陣陽爭序餅。

MAY, 1953

25 MONDAY [145—220]

上午上報告，陽考情事務長中央日报社
編委，里保也意見，社南谈有主客
非私編委是名词的各种情，情心
中四院設但，究间怒気全在主著，
決裁批示。
(1)用许許話務周锁。
(2)前刊词，
(3)陀时以研究暗忽话示。
(4)某友委傳会批判，除运动
云云话花。

＊ 五月二十三日星期六

上午參觀國防大學。

下午三時，政治組開會。（革研院建黨問題研究會）

正午中常會宴吳國禎，彼明日下午一時往美。

夜間研究院 23 期聯誼會。

＊ 五月二十四日星期日

「三國會議之問題何在」專論見中央日報。

十時往士林，聖靈降臨節擘餅。

＊ 五月二十五日星期一

上午上報告，謂無法兼領中央日報社論委員，並陳述意見，社論須有專責，非社論委員會所能解決。十月之中四次改組，其問題非全在主筆。

總裁批示

（1）編（？）幹部教育綱領。

（2）補訓詞。

（3）隨時以研究員歧見請示。

（4）余負責綜合批判，俾達到一致結論。

＊ 五月二十六日星期二

上午往立法院。

＊ 五月二十七日星期三

上午中常會。

＊ 五月二十八日星期四

下午往陽明山，參加業務會報。

今日本為中央日報社論委員會，余辭不往。

＊ 五月二十九日星期五（空白）

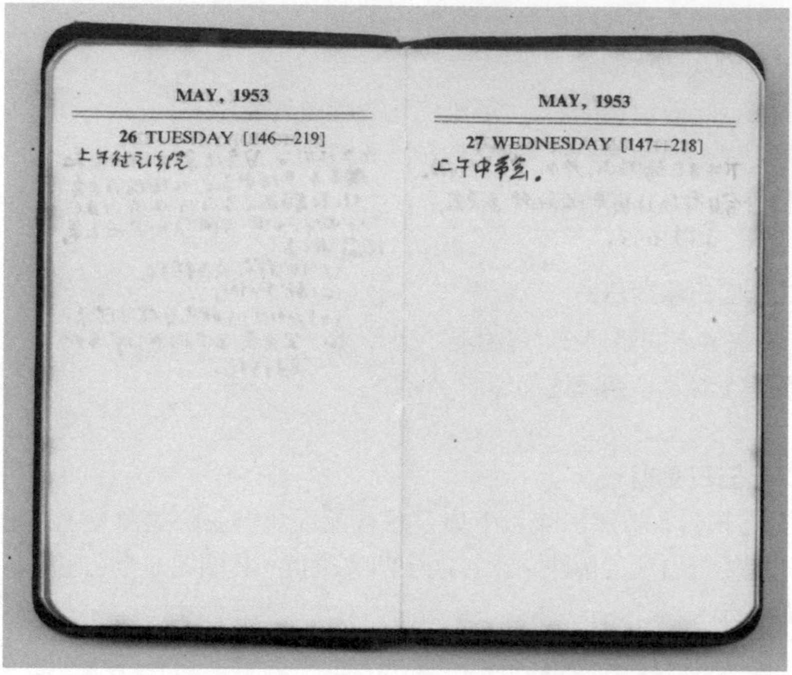

MAY, 1953

26 TUESDAY [146—219]

上午往立法院

MAY, 1953

27 WEDNESDAY [147—218]

上午中常會。

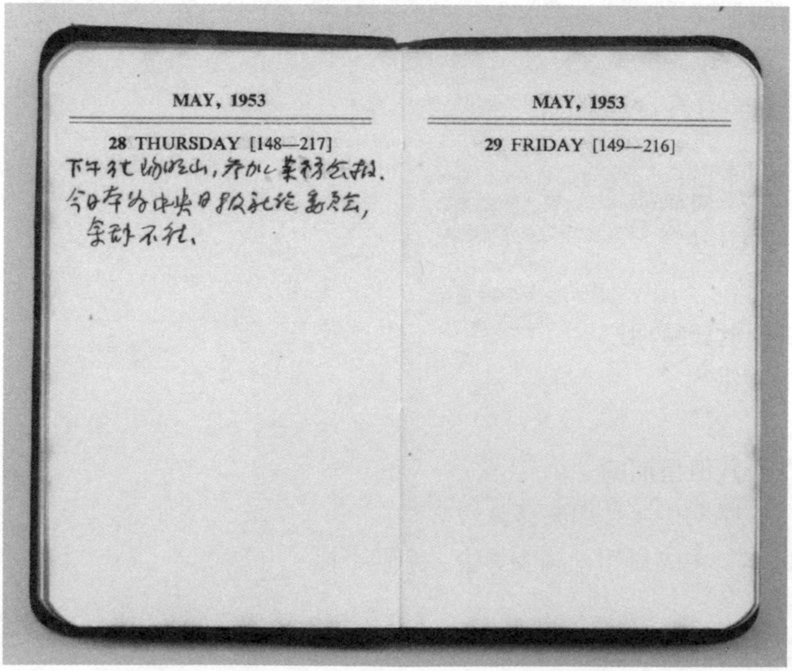

MAY, 1953

28 THURSDAY [148—217]

下午往陽明山，參加業務會報。今日本為中央日報社論委員會，余辭不往。

MAY, 1953

29 FRIDAY [149—216]

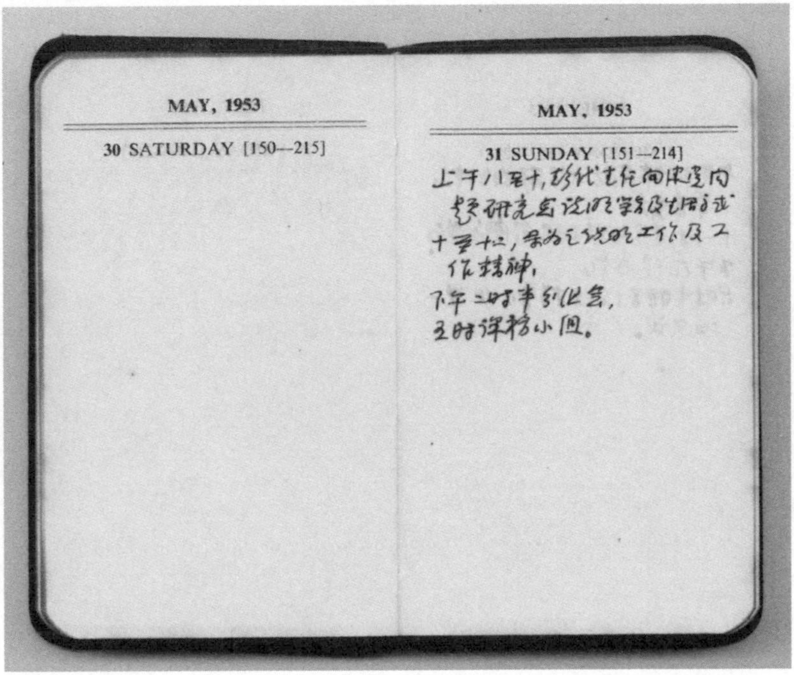

＊ 五月三十日星期六（空白）

＊ 五月三十一日星期日

上午八時半，彭代主任向建黨問題研究會說明宗旨及生活方式。

十至十二，余為之說明工作及工作精神。

下午二時半分組會。

五時課務小組。

＊ 六月一日星期一

上午九時半國防大學聯合作戰系畢業典禮。

十一時建黨問題研究會開學典禮。

下午在院辦公。

六時辦聯合作戰指導小組第二次會議。

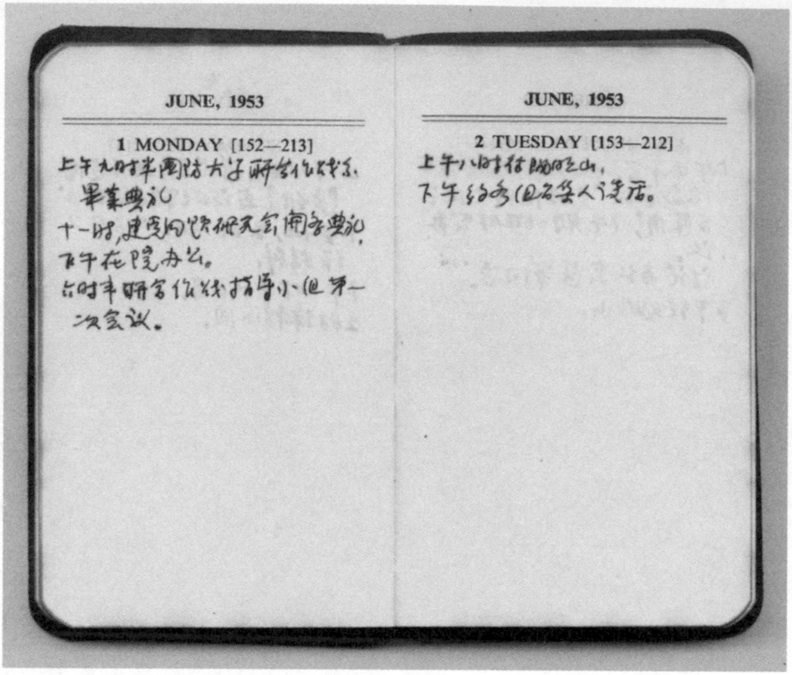

＊ 六月二日星期二

上午八時往陽明山。

下午約各組負責人談話。

＊ 六月三日星期三

上午中常會。

總裁交議「黨的組織之建立與運用」，下星期臨時會再談。

討論省議會選舉問題。

下午往陽明山。

＊ 六月四日星期四

上午往陽明山。

下午考慮民運方針稿。

下午中央黨部小組會，決定憲政時期政治措施指導原則之名稱與體裁。

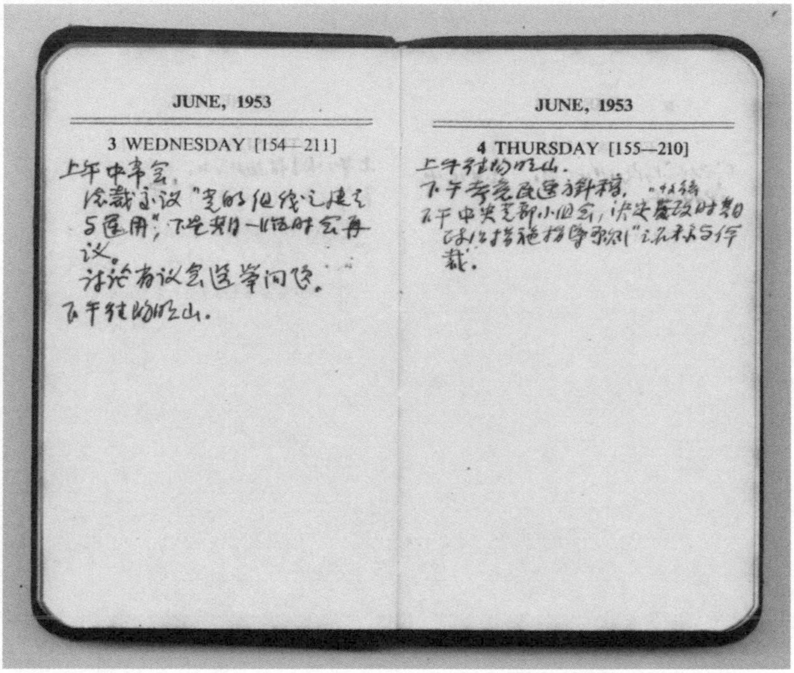

＊六月五日星期五

上午往立法院。隨即上山。今全日在山，夜宿山上。

＊六月六日星期六

上午分組會。余參加政治組會。

下午集體會。至六時始散。余下山回舍。

會場上，大家均主張延長一星期（五星期延至六星期）。

＊六月七日星期日（空白）

＊六月八日星期一

上午十時紀念週。總裁今宣讀黨的組織之建立及運用。

下午繼續在陽明山辦公。

將幹部教育綱領通知本院。

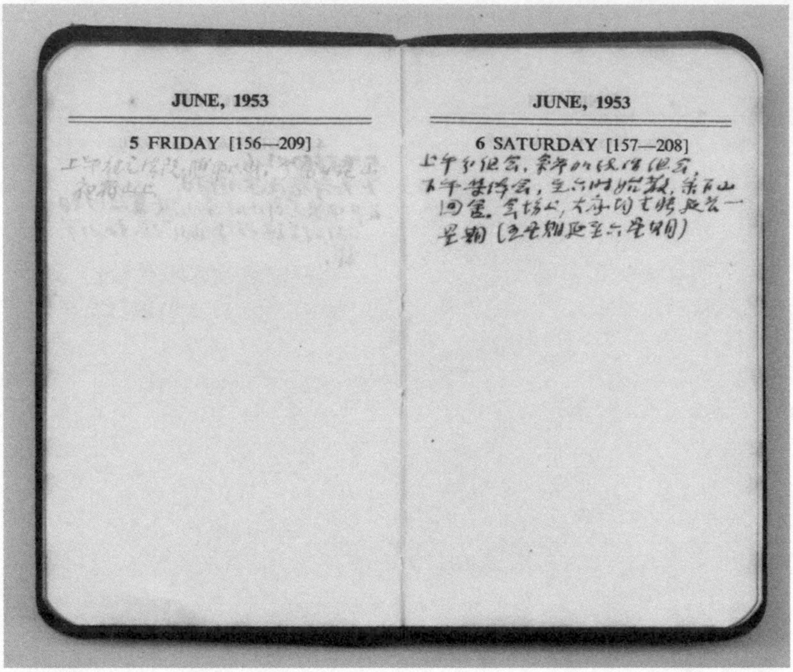
JUNE, 1953
5 FRIDAY [156—209]
JUNE, 1953
6 SATURDAY [157—208]

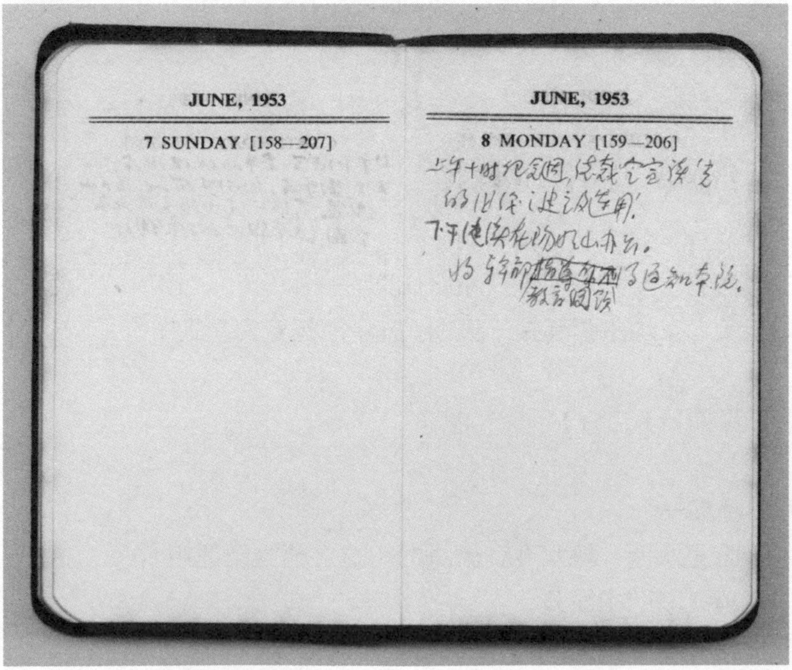
JUNE, 1953
7 SUNDAY [158—207]
JUNE, 1953
8 MONDAY [159—206]

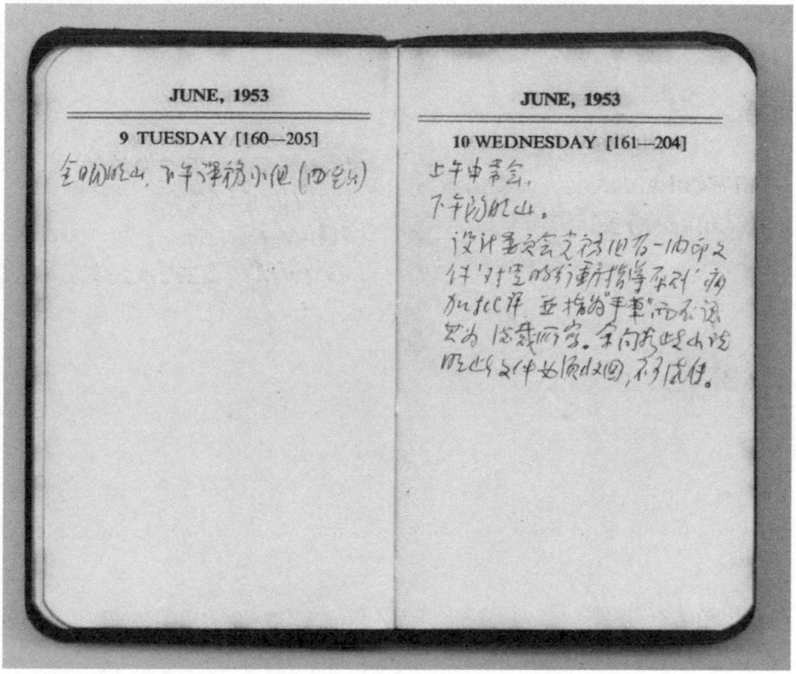

＊六月九日星期二

全日陽明山。下午課務小組。

＊六月十日星期三

上午中常會。

下午陽明山。

設計委員會黨務組有一油印文件「對黨的行動指導原則」痛加批評，並指為「手筆」而否認其為總裁所寫。余向谷歧山說明此文件必須收回，不可流傳。

＊六月十一日星期四

下午陽明山。

晚間臨時中常會。

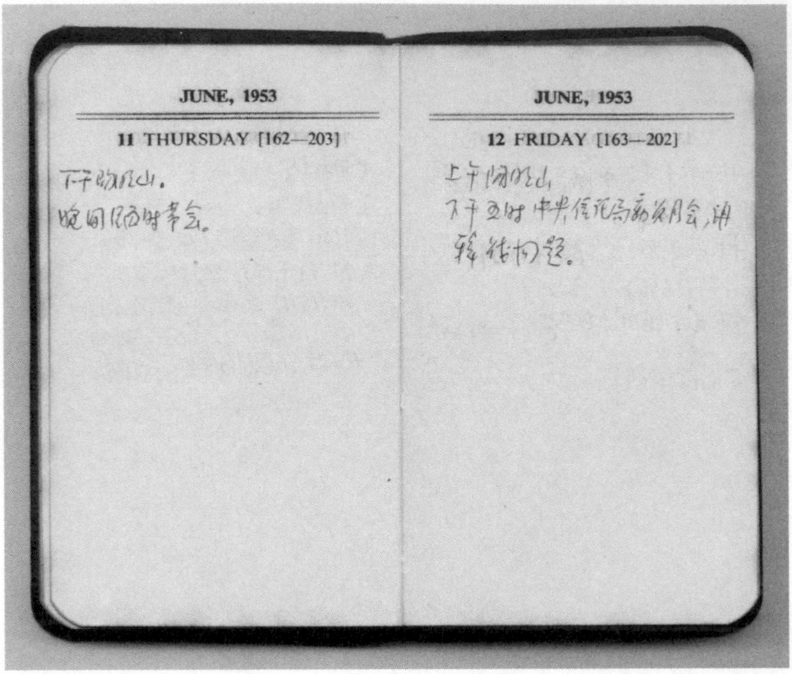

JUNE, 1953

11 THURSDAY [162—203]

下午助隊山。
晚回隊時幹会。

JUNE, 1953

12 FRIDAY [163—202]

上午回隊山。
下午五時 中共僑花局南荔月会,用
韓幹物題。

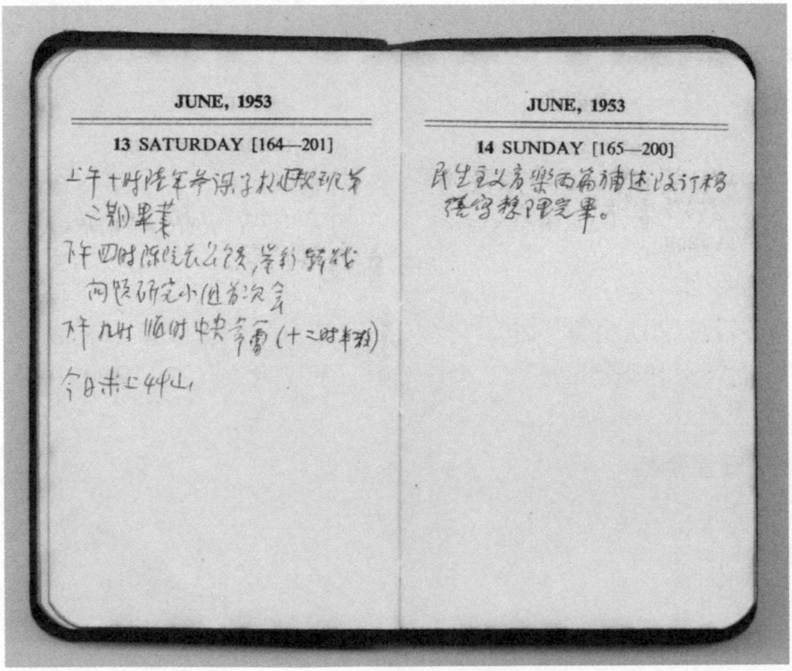

JUNE, 1953

13 SATURDAY [164—201]

上午十時陸軍幹課子按迎歡玩第
二期畢業
下午四時隊侯長之後,举到時我
向隊研究小姐第次会
下午九時 順時快幹審 (十二時半程)
今日来上幹山。

JUNE, 1953

14 SUNDAY [165—200]

民生主义房要两篇埔述政行程
隊字整理完畢。

＊ 六月十二日星期五

上午陽明山。

下午五時中央信託局動員月會，講韓戰問題。

＊ 六月十三日星期六

上午十時陸軍參謀學校正規班第二期畢業。

下午四時陳院長公館舉行韓戰問題研究小組首次會，

下午九時臨時中央常會。（十二時半散）

今日未上山。

＊ 六月十四日星期日

民生主義育樂兩篇補述改訂稿繕寫整理完畢。

＊ 六月十五日星期一

上午十時，石牌紀念週，宣讀「科學的學庸」中之中庸部分。

下午陽明山。

＊ 六月十六日星期二

下午三時貴陽街，指導委員會。

＊ 六月十七日星期三

上午十時中常會。

下午2時北投，地方自治研究會。

反共抗俄基本論。

＊ 六月十八日星期四

下午二時半政治組討論民族政策。

下午七時半政治組討論「行政人才之選拔訓練」。

下午九時中央日報臨時常董會。

中央日報今社論認東德大暴動為偽裝自由。總裁痛責。曉峰已報告訓悆

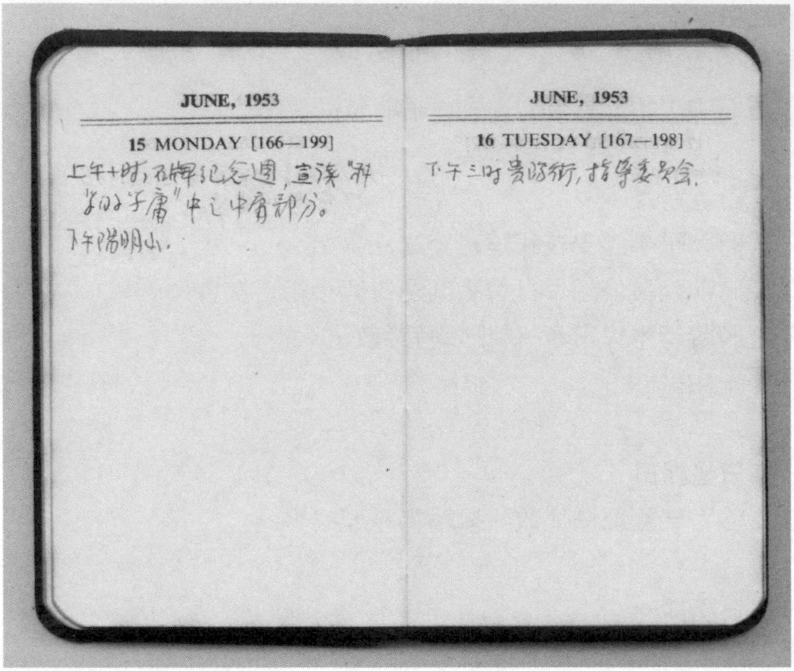

JUNE, 1953

15 MONDAY [166—199]

上午十時，總理紀念週，宣讀「科學的學庸」中之中庸部分。

下午陽明山。

JUNE, 1953

16 TUESDAY [167—198]

下午三時貴陽街，指導委員會。

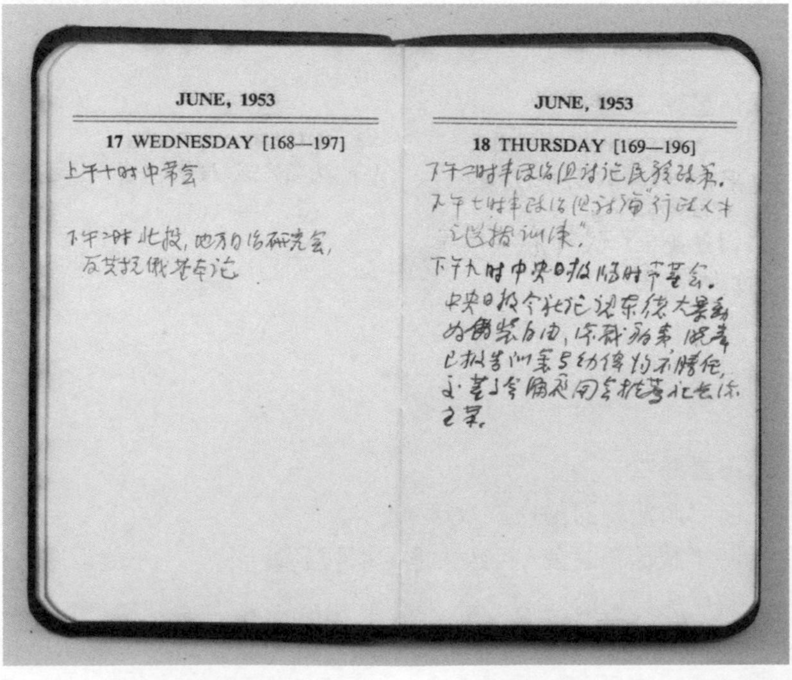

JUNE, 1953

17 WEDNESDAY [168—197]

上午十時中常會

下午二時北投，地方自治研究會，反共抗俄基本論

JUNE, 1953

18 THURSDAY [169—196]

下午二時革政治組討論民族政策。

下午七時革政治組討論「行政人才之選拔訓練」。

下午九時中央日報臨時常董會。

中央日報今社論謂東德大暴動為爭取自由，[illegible]

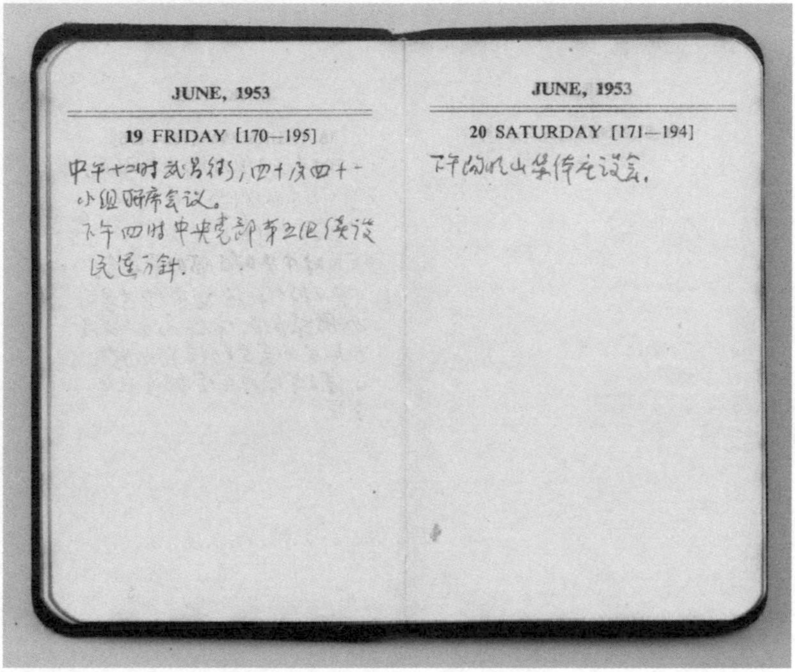

與幼偉均不勝任，交董事會漏夜開會推薦社長總主筆。

＊六月十九日星期五

中午十二時武昌街，四十及四十一小組聯席會議。

下午四時中央黨部第五組續談民運方針。

美給台灣 1954 年度 70,000,000 經援。

＊六月二十日星期六

下午陽明山集體座談會。

＊六月二十一日星期日（空白）

＊六月二十二日星期一

上午十時陽明山紀念週，宣讀大學之道。

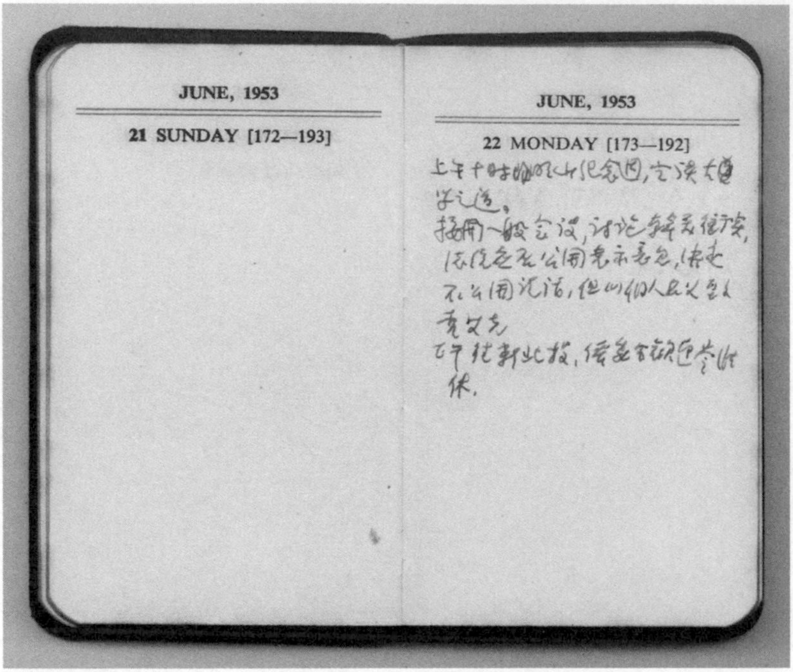
JUNE, 1953
21 SUNDAY [172—193]
JUNE, 1953
22 MONDAY [173—192]

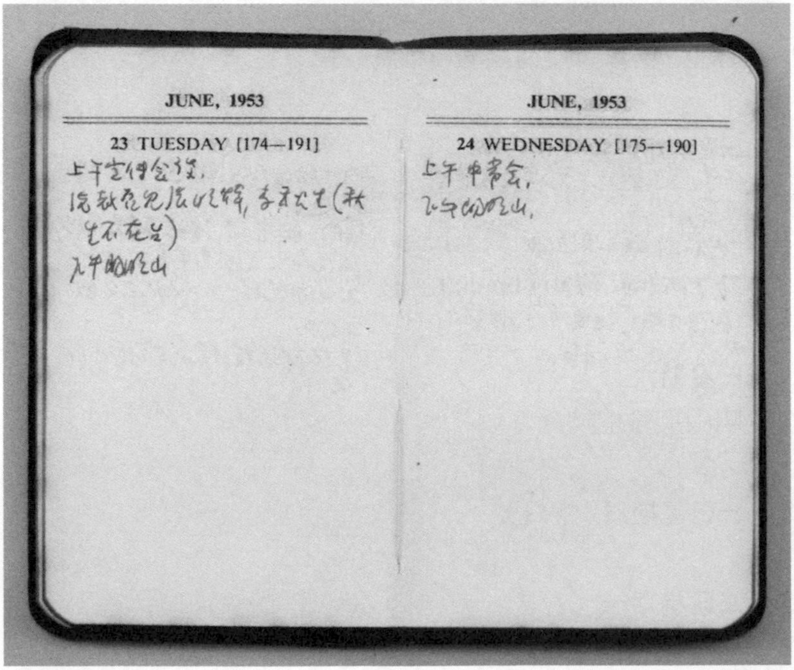
JUNE, 1953
23 TUESDAY [174—191]
JUNE, 1953
24 WEDNESDAY [175—190]
上午中常會，

接開一般會談，討論韓美衝突。總統應否公開表示意見。決定不公開說話，但以個人名義致電艾克。

下午往新北投，僑委會歡迎岑維休。

＊ 六月二十三日星期二

上午宣傳會談。

總裁召見張明煒，李秋生（秋生不在台）。

下午陽明山。

＊ 六月二十四日星期三

上午中常會。

下午陽明山。

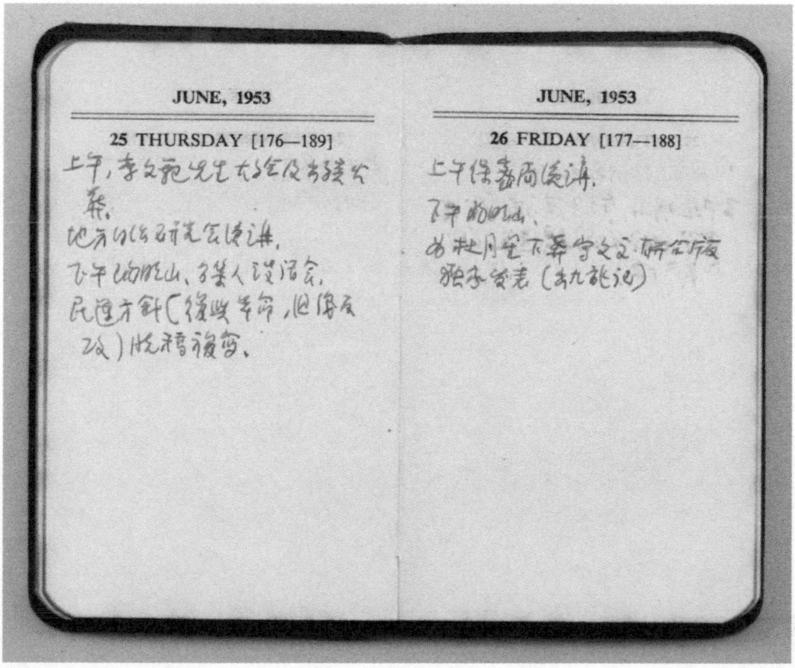

＊ 六月二十五日星期四

上午，李文範先生大殮及出殯火葬。

地方自治研究會講。

下午陽明山，召集人談話會。

民運方針（復興革命，組織反攻）脫稿複寫。

＊ 六月二十六日星期五

上午保密局演講。

下午陽明山。

為杜月笙下葬寫文交聯合版獨家發表（出九龍記）。

＊ 六月二十七日星期六

上午貴陽街課務小組。

下午陽明山，本黨民運方針（復興革命，組織反攻）稿送呈。（約二萬二千

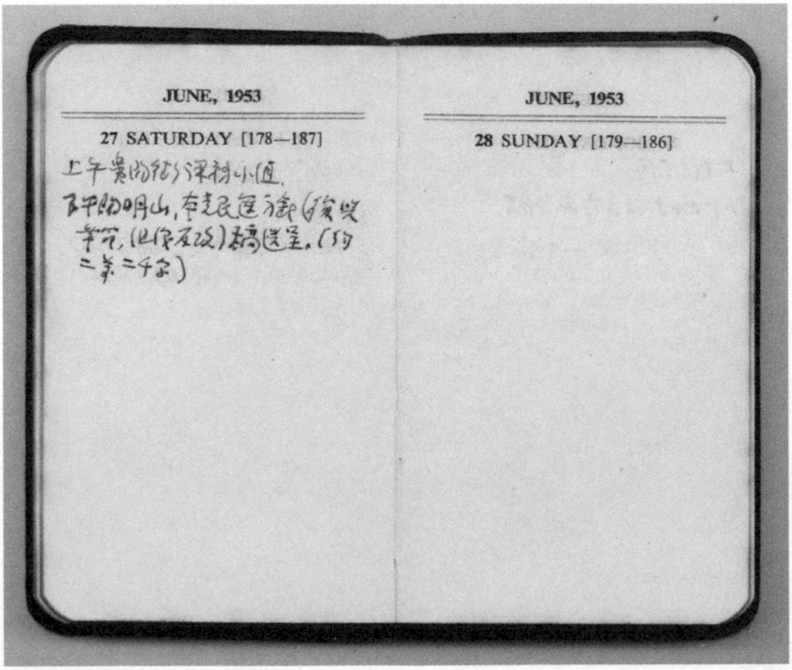

字）

＊六月二十八日星期日（空白）

＊六月二十九日星期一

上午紀念週。

下午四時教育部動員月會。

＊六月三十日星期二

上午一般會談，

下午陽明山。

六時報告建黨問題研究會情況。會後組審議小組事。

總裁指示：後方以政領軍，戰地以軍領政。黨始終在幕後組織總體戰。

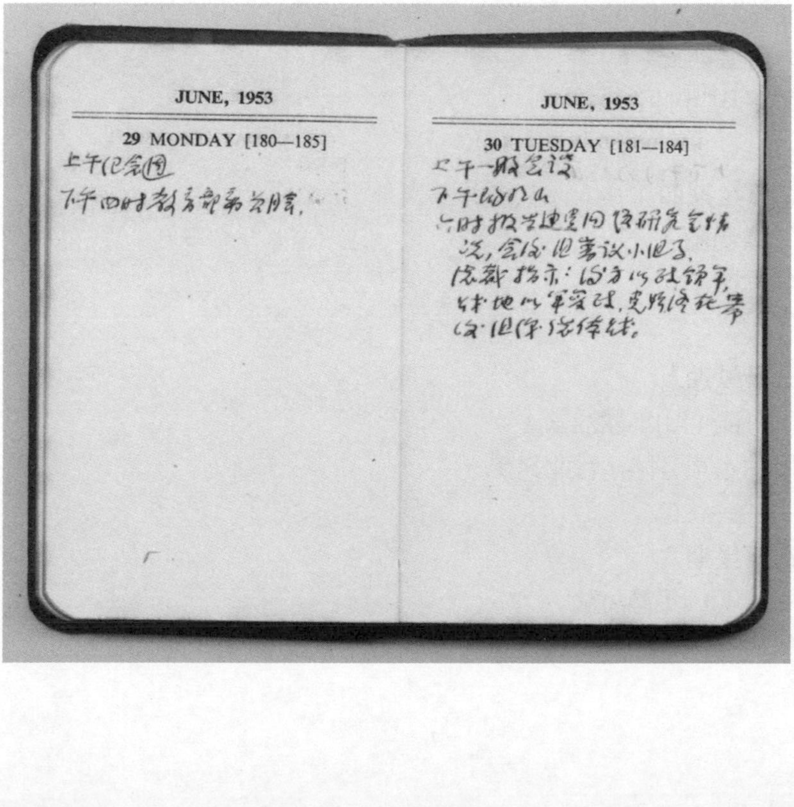

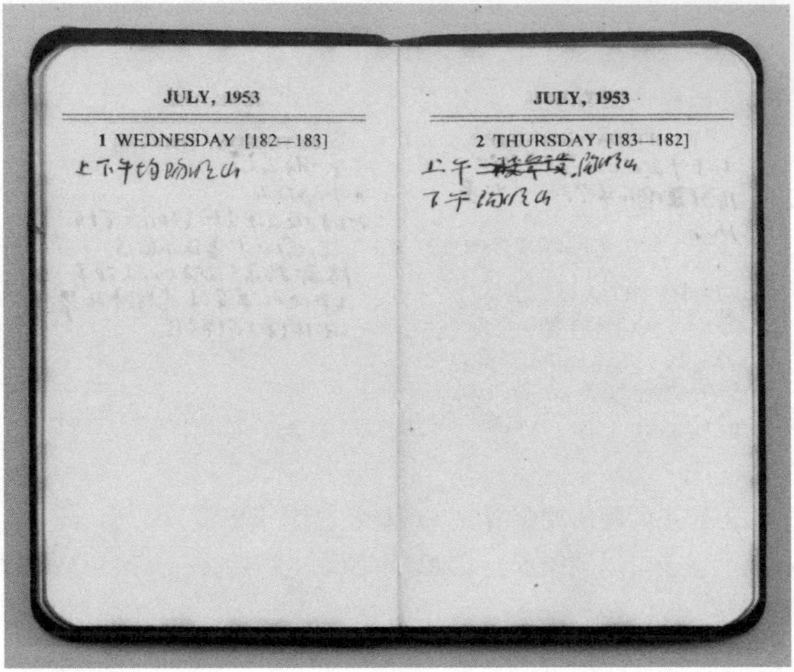

＊ 七月一日星期三

上下午均陽明山。

＊ 七月二日星期四

上午陽明山。

下午陽明山。

＊ 七月三日星期五

上下午陽明山集體討論。

颱風由台東登陸，台北暴風。

＊ 七月四日星期六

上午陽明山集體討論。

下午中常會臨時會，通過黨的組織之建立及運用。余批評各組意見均未涉

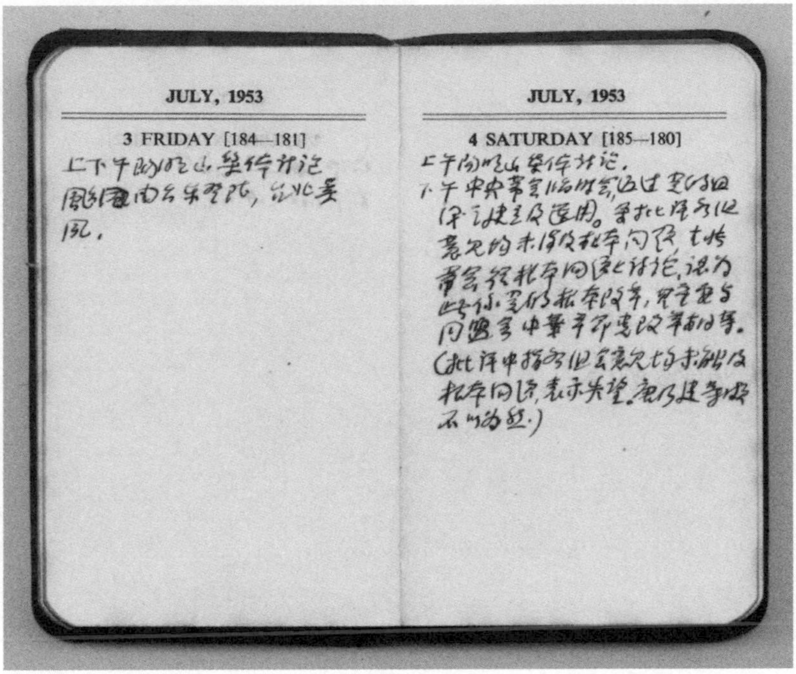

及根本問題，主張常會從根本問題上討論，認為此係黨的根本改革，其重要與同盟會中華革命黨改革相等。（批評中指各組會意見均未觸及根本問題，表示失望。唐乃建等頗不以為然。）

＊ 七月五日星期日

余在新生報發表論文，謂東歐革命謂新時代之開始，蘇俄將趨崩潰，對外政策可能轉變。

中午陽明山管理局禮堂舉行禮拜後，岳軍先生談總裁要他提一個研究院主任。彼囑余為提名參考。

＊ 七月六日星期一

上午紀念週。

下午集體討論。（建黨問題研究會。）

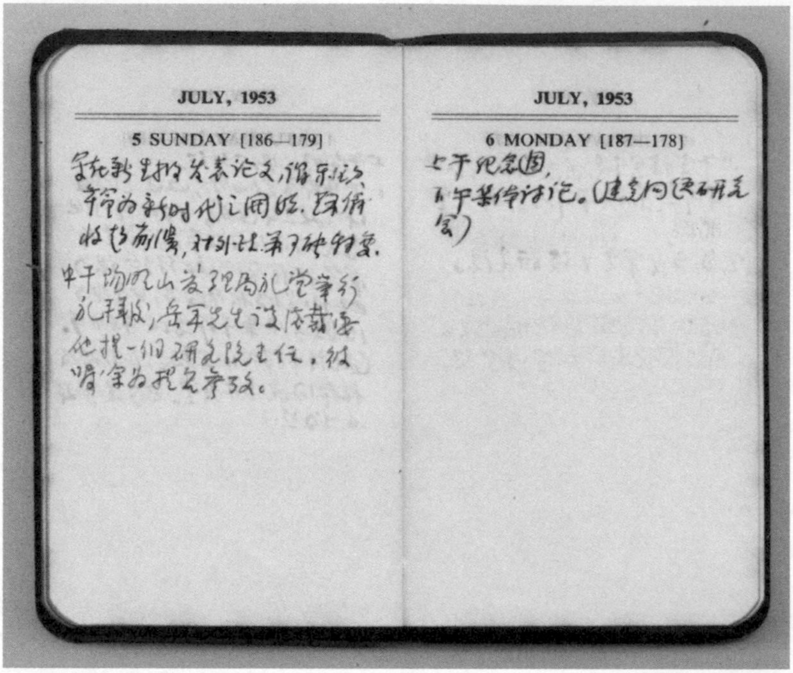
JULY, 1953
5 SUNDAY [186—179]
JULY, 1953
6 MONDAY [187—178]
上午紀念週，
下午集體討論。

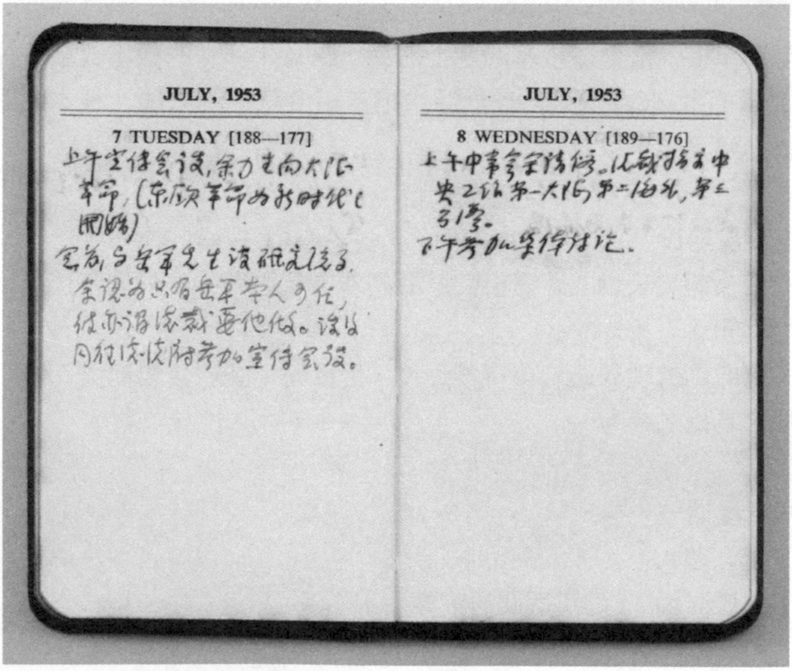
JULY, 1953
7 TUESDAY [188—177]
JULY, 1953
8 WEDNESDAY [189—176]
下午參加集體討論。

＊七月七日星期二

上午宣傳會談。余力主向大陸革命。（東歐革命為新時代之開始。）

會前與岳軍先生談研究院事，余認為只有岳軍本人可任。彼亦謂總裁要他做。談後同往總統府參加宣傳會談。

＊七月八日星期三

上午中常會請假。總裁指示中央工作第一大陸，第二海外，第三台灣。

下午參加集體討論。

＊七月九日星期四

上午在草山，準備綜合報告並參加集體討論會。

夜改訂育樂兩篇稿。

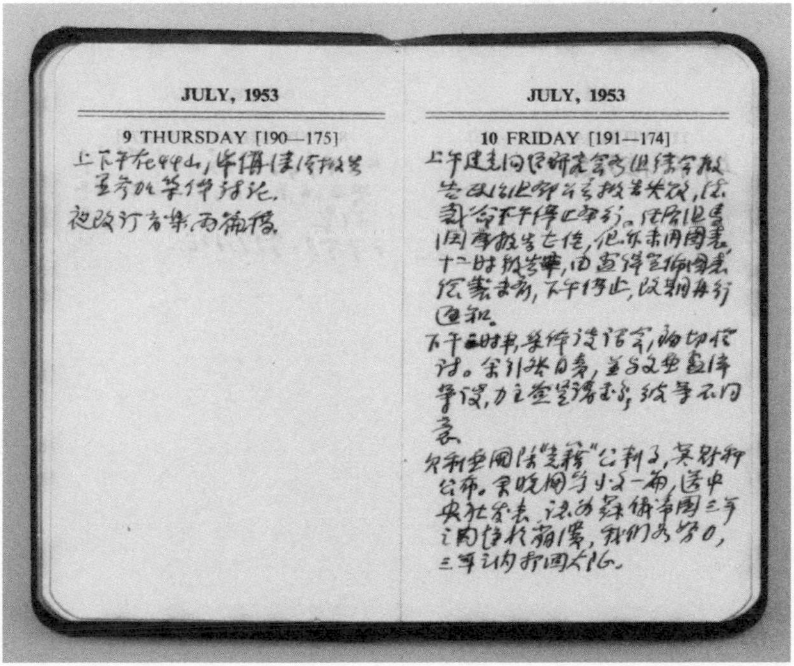

＊ 七月十日星期五

上午建黨問題研究會各組綜合報告，政治組鄧公玄報告失敗，總裁命下午停止舉行。經濟組馬潤庠報告甚佳，但亦未用圖表。十二時報告畢，由孟萍宣布圖表繪製未齊，下午停止，改期再行通知。

下午二時半，集體談話會，痛切檢討。余引咎自責，並與文亞孟萍等談，力主簽呈請處分，彼等不同意。

貝利亞開除「黨籍」公判事，莫斯科公布。余晚間寫小文一篇，送中央社發表，認為蘇俄帝國三年之內趨於崩潰，我們如努力，三年之內打回大陸。

＊ 七月十一日星期六

上午下午檢討會。

＊ 七月十二日星期日

上下午陽明山討論研究班演習考核等，及改革政風案。

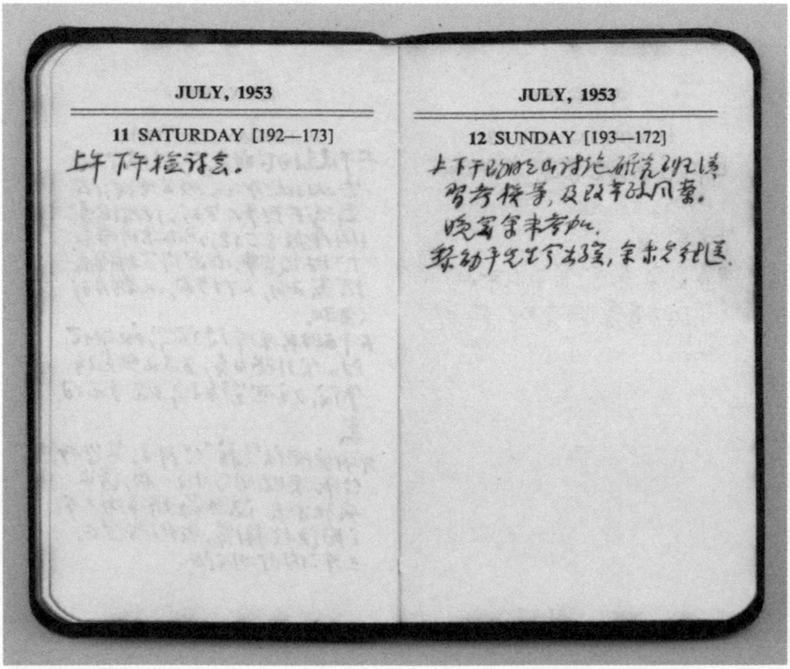

晚會余未參加。

黎幼平先生今出殯，余未克往送。

＊七月十三日星期一

上午十時半紀念週。總裁講時局。

中午聚餐。

下午三時審查研究班第一期名單。

＊七月十四日星期二

上午十時半（十一時半實際開始）一般會談。

＊七月十五日星期三

上午中常會，總裁說研究院應為一設計研究機構。

下午八時文藝創作班演講。

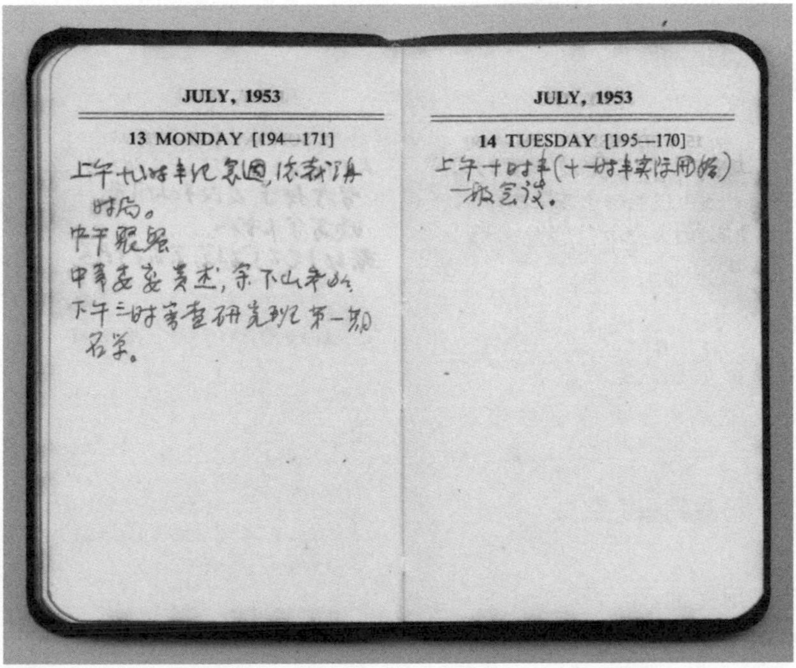

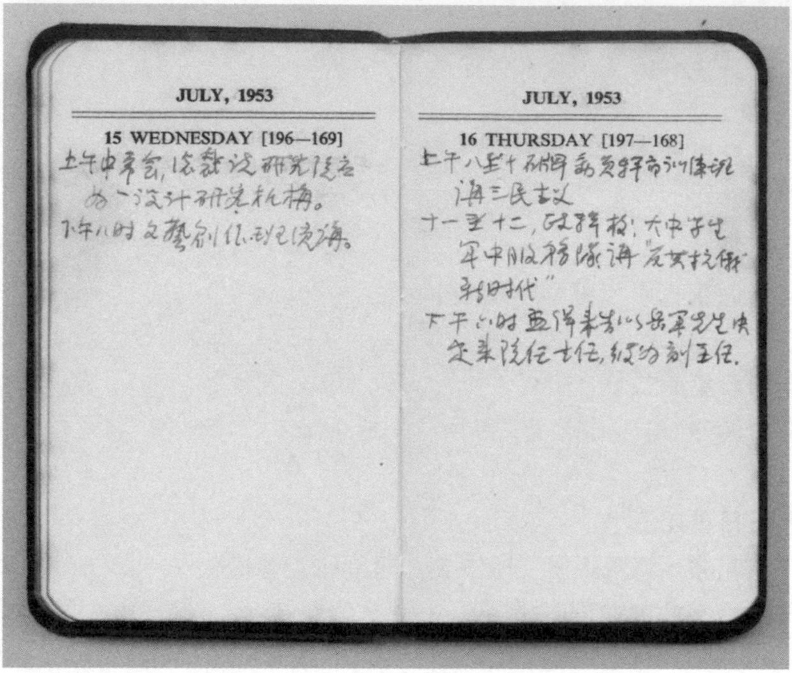
JULY, 1953

15 WEDNESDAY [196—169]

JULY, 1953

16 THURSDAY [197—168]

＊七月十六日星期四

上午八至十石牌動員幹部訓練班講三民主義。

十一至十二，政幹校大中學生軍中服務隊講「反共抗俄新時代」。

下午六時孟萍來告以岳軍先生決定來院任主任，彼為副主任。

＊七月十七日星期五（空白）

＊七月十八日星期六（空白）

葉外長聲明努力使李彌部隊撤退。

＊七月十九日星期日（空白）

＊七月二十日星期一

紀念週未舉行。余因整理小組諸人上山，亦早上山。

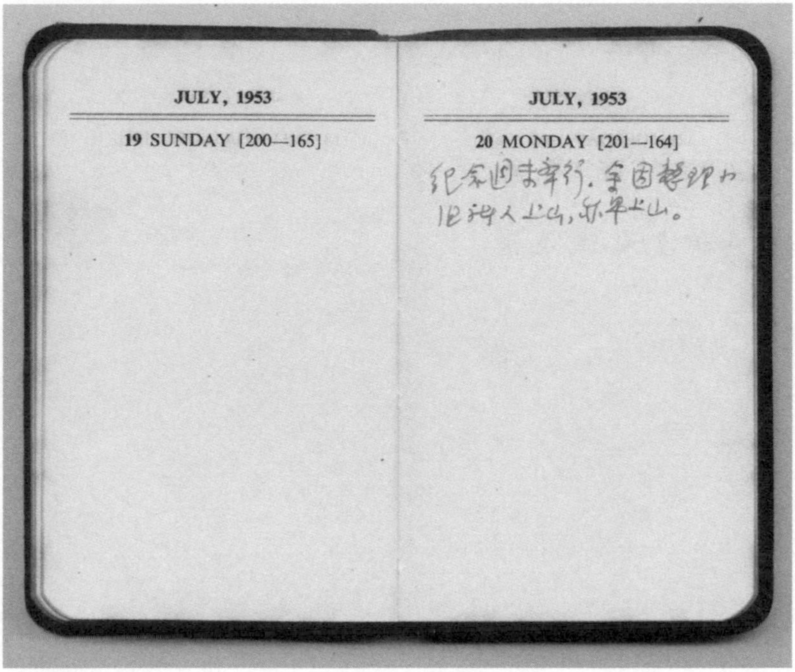

＊ 七月二十一日星期二

上午宣傳會談請假。余全日在山。

上午八至十夏令會演講。

＊ 七月二十二日星期三

上午中常會通過張群主研究院，及黨政設計委員會與院聯繫，成為一設計機構。

下午陽明山。

＊ 七月二十三日星期四

陽明山。

＊ 七月二十四日星期五

下午四時至十一時，指導委員會在台北賓館舉行談話會，張岳軍在坐。

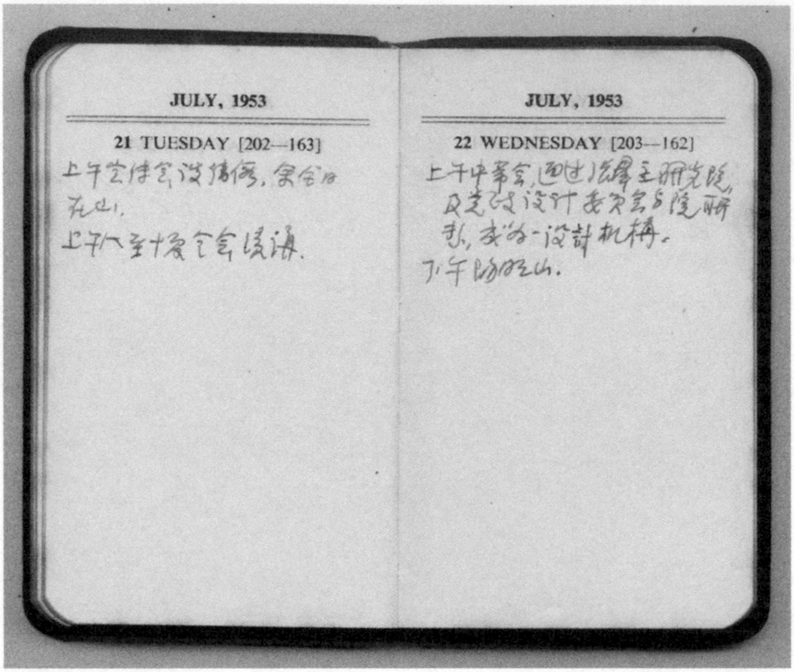

JULY, 1953

21 TUESDAY [202—163]

上午宣傳會談情況，余今日在山。
上午八至十處宣會續講。

JULY, 1953

22 WEDNESDAY [203—162]

上午中常會，通過法學研究院及憲政設計委員會合併研究，成為一設計機構。
下午陽明山。

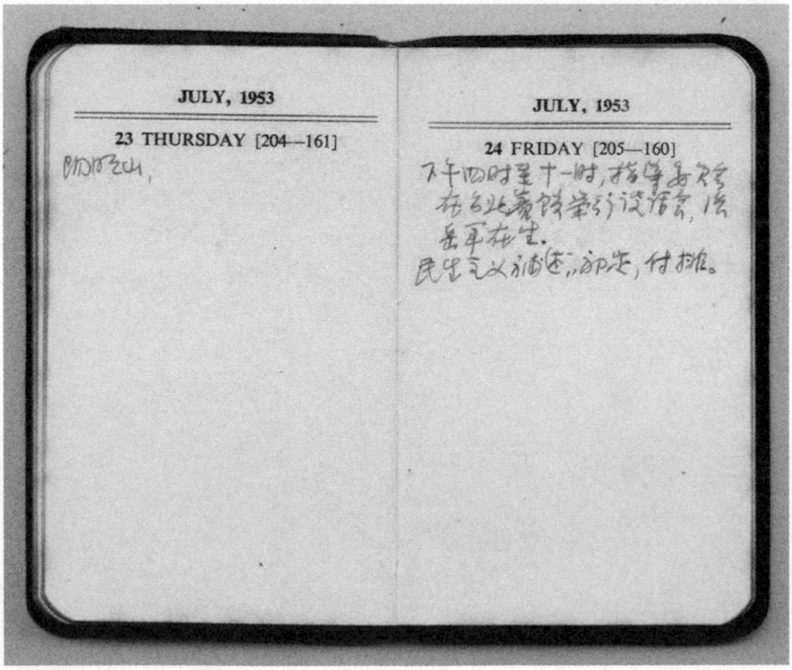

JULY, 1953

23 THURSDAY [204—161]

陽明山，

JULY, 1953

24 FRIDAY [205—160]

下午四時至十一時，指導委員會在台北賓館舉行談話會，張岳軍在坐。
民生主義補述二冊定，付排。

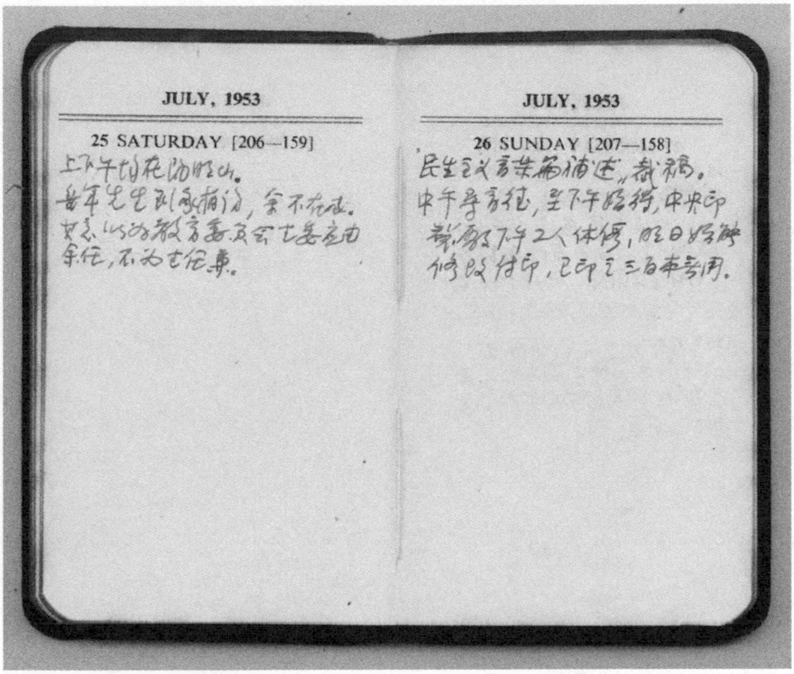

民生主義補述，初定，付排。

＊七月二十五日星期六

上下午均在陽明山。

岳軍先生到家有訪，余不在家。其意以為教育委員會主委應由余任，不必主任兼。

＊七月二十六日星期日

民生主義育樂篇補述截稿。

中午尋育德，至下午始得。中央印製廠下午工人休假，明日始能修改付印，已印之三百本無用。

＊七月二十七日星期一

九時半紀念週。（夏令會）宣讀貝利亞被整事後國際局勢。

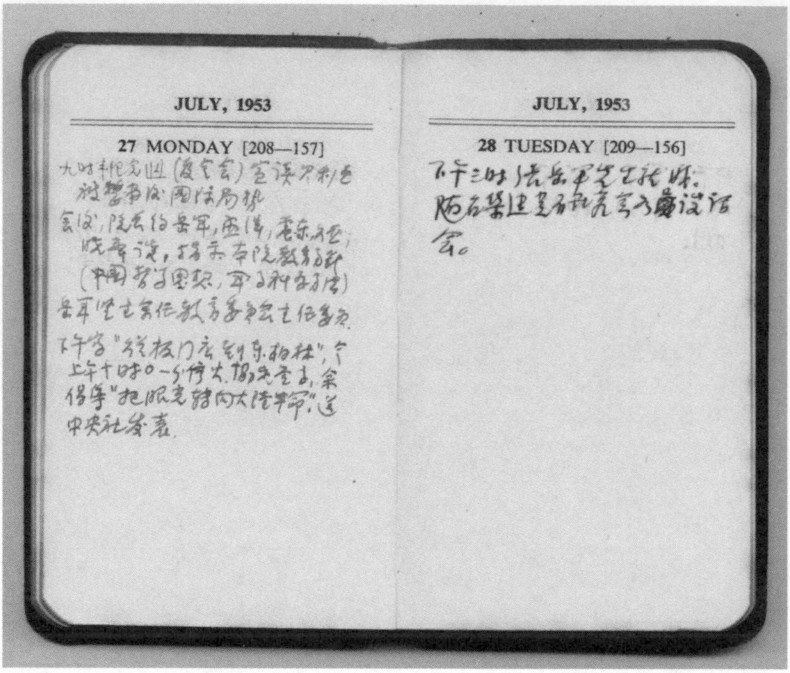

會後，院長約岳軍，孟萍，震東，文亞，曉峰談，指示本院教育方針。（中國哲學思想，軍事科學方法）

岳軍堅主余任教育委員會主任委員。

下午寫「從板門店到東柏林」。今上午十時零一分停火協定簽字。余倡導「把眼光轉向大陸革命」，送中央社發表。

＊七月二十八日星期二

下午三時張岳軍先生就職。

隨召集建黨研究會各員談話會。

＊七月二十九日星期三

上午中常會。余請假上山。

張曉峰高談國際問題，甚醜。

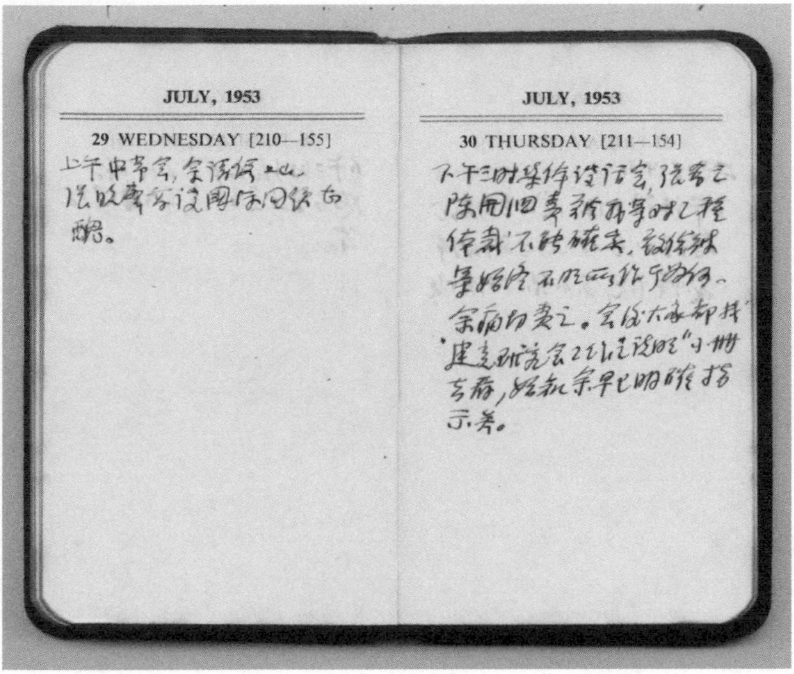

＊七月三十日星期四

下午三時集體談話會，張希之陳開泗責難我等對乙種體裁不能確定，致使彼等始終不明所作者為何。余痛切責之。會後大家都找「建黨研究會工作之說明」小冊去看，始知余早已明確指示矣。

＊七月三十一日星期五

上午往草山。

下午課務小組。倪文亞同志說整理小組對乙種科目體裁憤慨，余不禁大為憤慨。

＊八月一日星期六

下午宣佈改訂課目。

全日在草山。晚間寫「從獨弦琴到大合唱」。

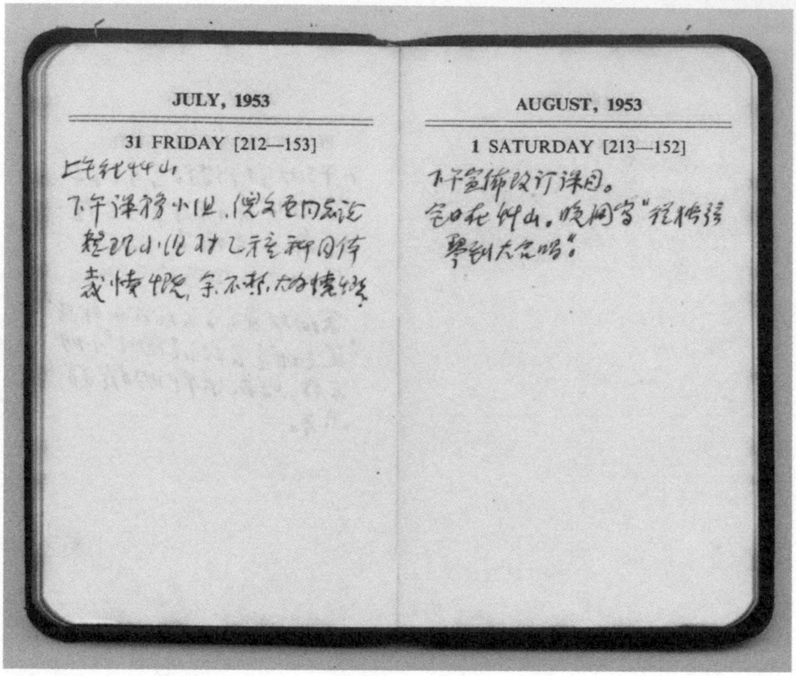

＊ 八月二日星期日（空白）

＊ 八月三日星期一

上午往陽明山，下午召集人談話會，規定六星期工作程序。

研究院組織綱要批准，但教育委員會委員改為十九至二十九人。

＊ 八月四日星期二

上午宣傳會談。余建議組織高級心理作戰委員會，直隸總統。

又主張報紙編輯要漸改作風，十一外電必須慎重。

＊ 八月五日星期三

上午中常會。總裁指示救國會暫勿定日期，本月以內，中央對行政院之建議必須發出。

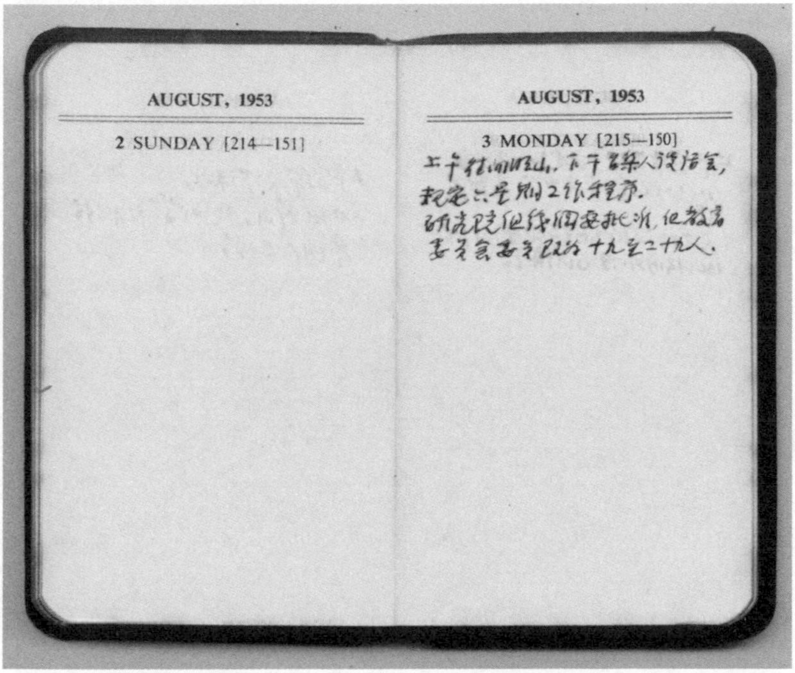
AUGUST, 1953

2 SUNDAY [214—151]

AUGUST, 1953

3 MONDAY [215—150]

上午往陽明山，下午召集人談話會，
規定六星期工作程序。
研究院組織綱要批准，但教育
委員會委員改為十九至二十九人。

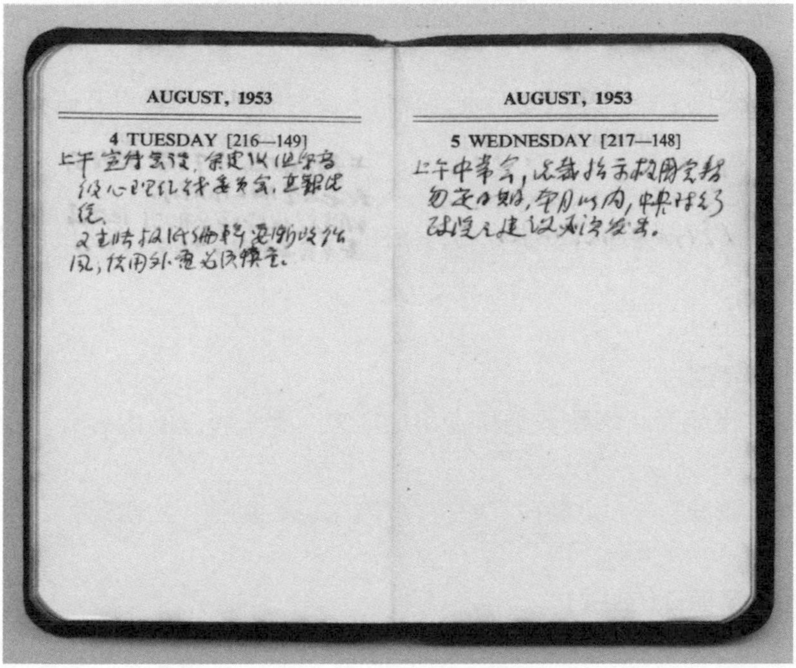
AUGUST, 1953

4 TUESDAY [216—149]

上午宣傳會談，決定以組[illegible]
設心理作戰委員會，由鄭[illegible]
任。
又主持擬[illegible]
風，[illegible]。

AUGUST, 1953

5 WEDNESDAY [217—148]

上午中常會，總裁指示政府[illegible]
勿定日期，半月以內，中央[illegible]
[illegible]建議[illegible]。

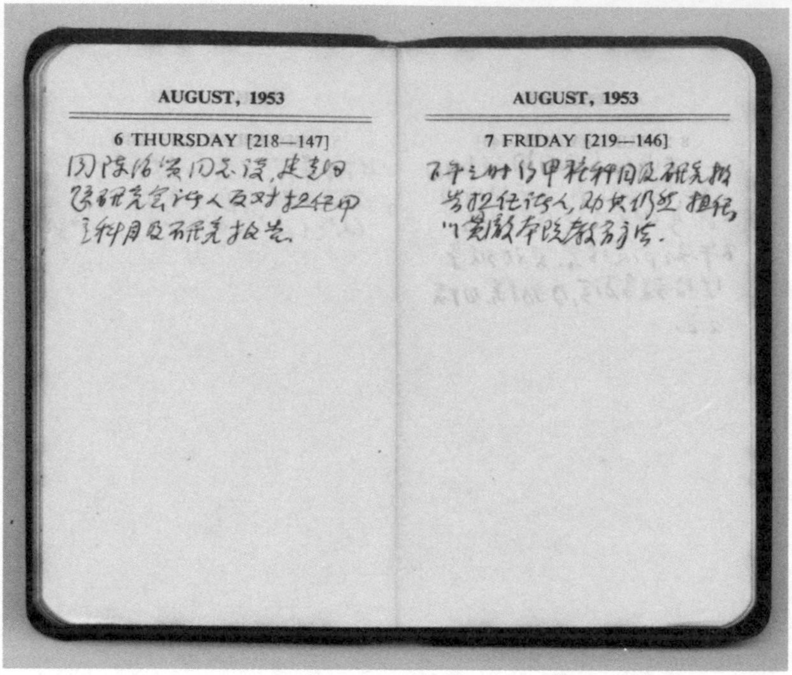

＊ 八月六日星期四

同陳紹賢同志談，建黨問題研究會諸人反對擔任甲種科目及研究報告。

＊ 八月七日星期五

下午三時約甲種科目及研究報告擔任諸人，勸其仍然擔任，以貫澈本院教育委員會。

＊ 八月八日星期六

上午香港僑商回國致敬團秘書蔡任之來。下午將該團內容分陳總統及陳院長。

下午集體談話會，余勸彼等堅持教育方法，勿動搖，勿懷疑。

＊ 八月九日星期日（空白）

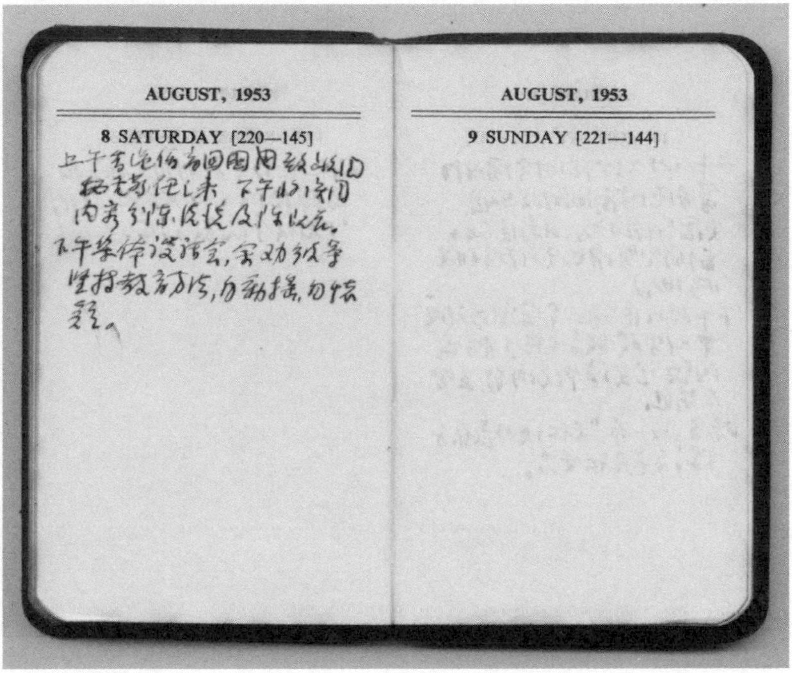

＊ 八月十日星期一

上午八時五十分往北投僑園拜會香港僑商回國致敬團。

（團長周日光，周壽臣之公子，副團長樂濟世，東方經濟研究所舊人）

下午政治組全組會。余懇切說明第二階段教育今在可成可敗關頭，望共諒本院困難，並努力前進。

晚寫小文一篇「馬林可夫的氫原子彈」，交中央社發表。

＊ 八月十一日星期二

上午一般會談。

下午聯戰指導小組。

＊ 八月十二日星期三

上午中常會。

下午往草山。

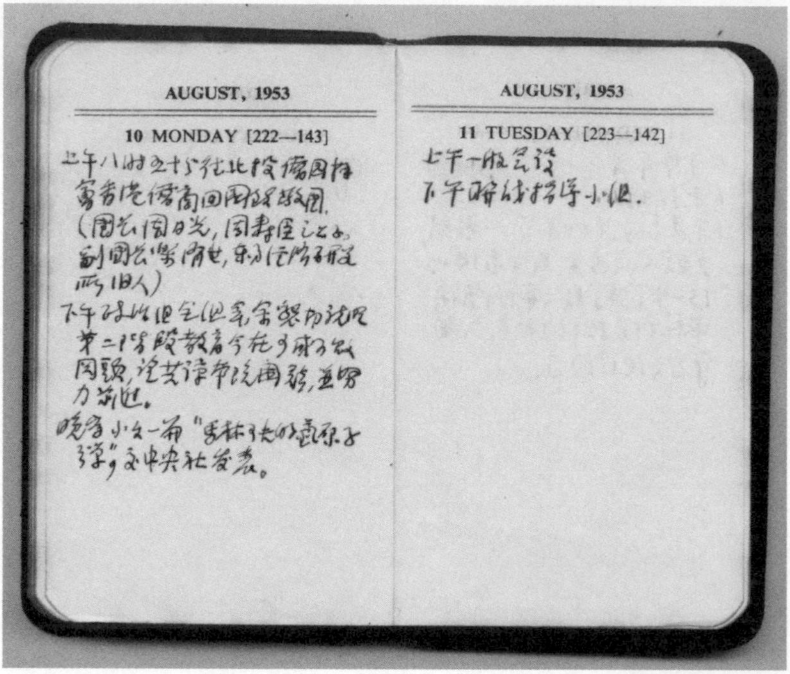
AUGUST, 1953

10 MONDAY [222—143]

上午八時五十分往北投僑園接
富香港僑商回國致敬團
（團長周日光，周壽臣之子。
副團長黎蔚世，劉德偉等
兩旧人）
下午政治組全組會，會商加強現
第二階段教育今後如何之
問題，從其讀書研究國語，並努
力前進。
晚寫小文一篇"馬林可夫的氫原子
彈"交中央社發表。

AUGUST, 1953

11 TUESDAY [223—142]

上午一般會談
下午聯合指導小組。

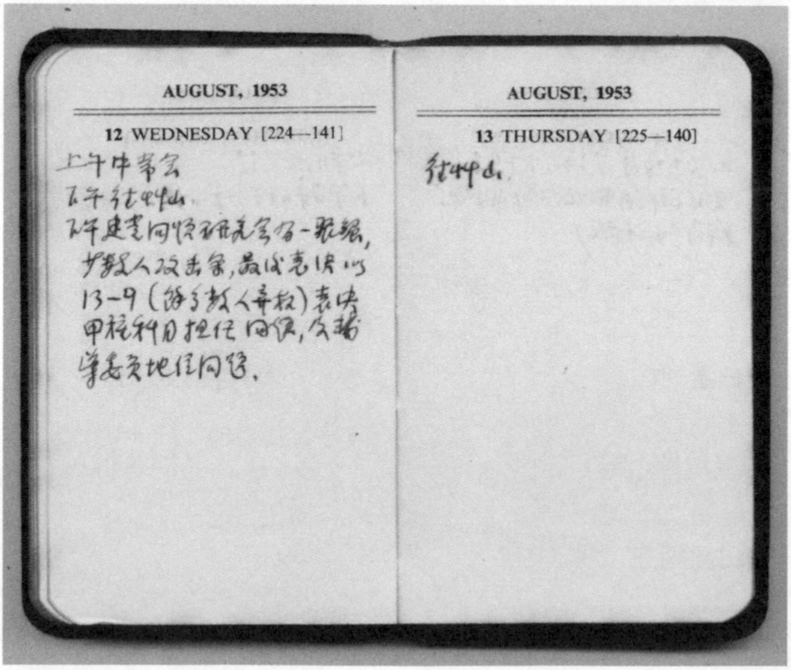
AUGUST, 1953

12 WEDNESDAY [224—141]

上午中常會
下午往草山
下午建黨問題研究會召一談話，
少數人頗為固執，最後表決以
13—9（餘多數人棄權）表決
甲種科目擔任問題，交指
導委員地位問題。

AUGUST, 1953

13 THURSDAY [225—140]

往草山

下午建黨問題研究會有一聚餐，少數人攻擊余，最後表決以 13-9（餘多數人棄權）表決甲種科目擔任問題，及指導委員地位問題。

＊ 八月十三日星期四

往草山。

＊ 八月十四日星期五

上下午均有演講。（下午為憲兵司令部講習班，上午為文交通幹部訓練班。）

＊ 八月十五日星期六

上午往草山。

下午四時聯合戰線審議小組開會。甚熱。

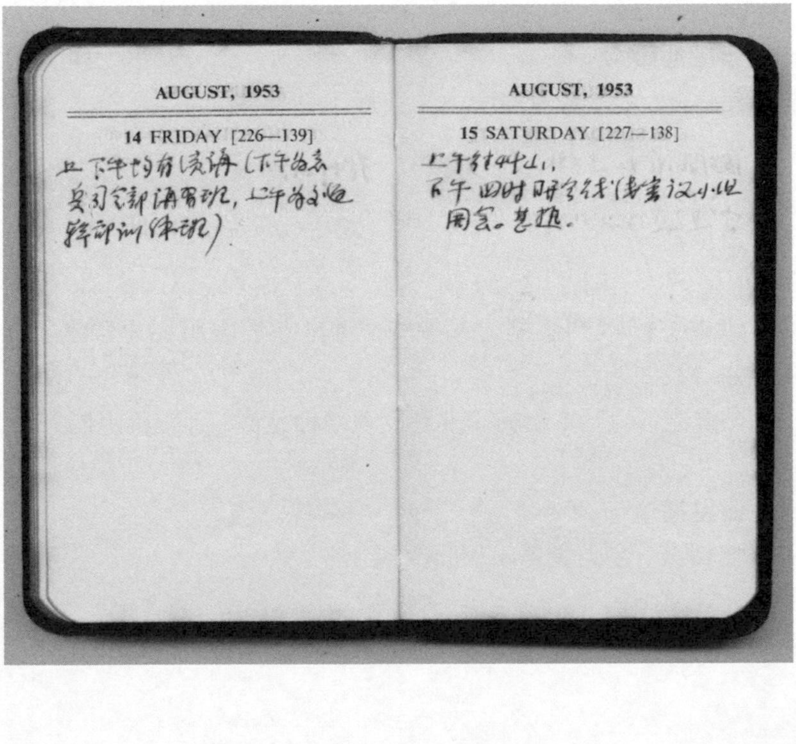

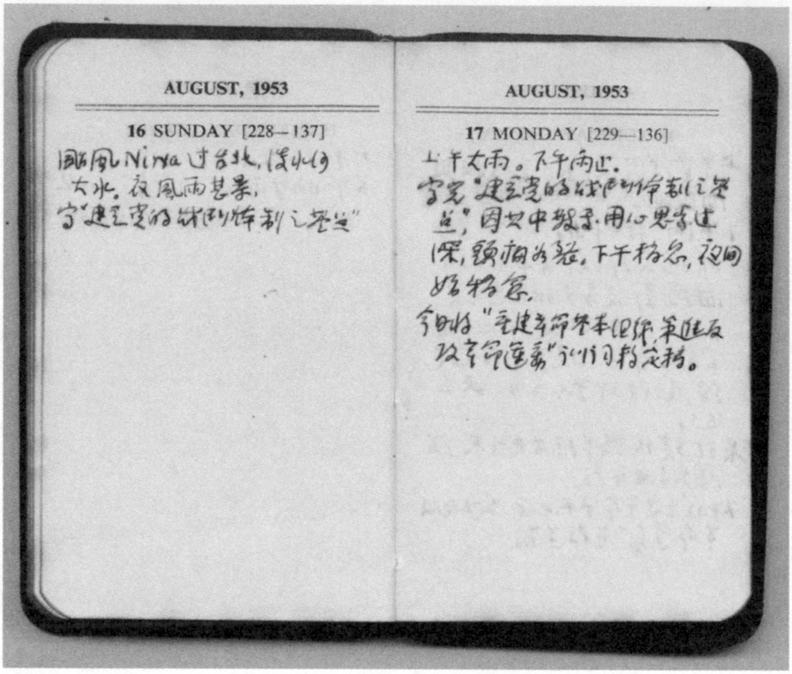

＊ 八月十六日星期日

颱風 Nina 過台北，淡水河大水。夜風雨甚暴。

寫「建立黨的戰鬥體制之基點」。

＊ 八月十七日星期一

上午大雨。下午雨止。

寫完「建立黨的戰鬥體制之基點」。因其中數處用心思索過深，頭痛如裂。下午稍息，夜間始稍愈。

今日將「重建革命基本組織，策進反攻革命運動」訓詞稿定稿。

＊ 八月十八日星期二

上午宣傳會談，余力主各報報面改編。

下午雨，往草山。

昨院長到院，岳軍先生詳細報告，教育與研究委員會主持人選未能即定。

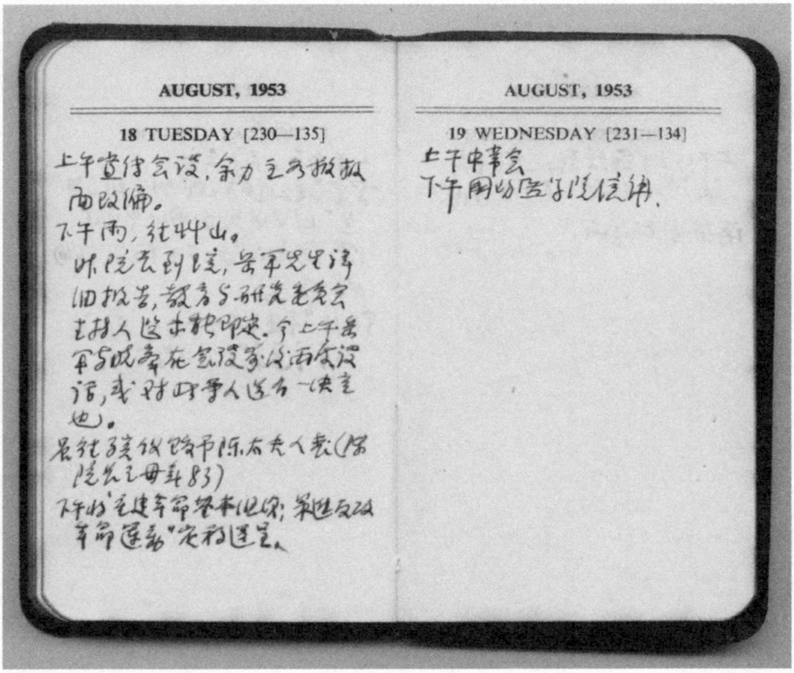

今上午岳軍與曉峰在會談前後兩度談話，或對此等人還有一決定也。

晨往殯儀館弔陳太夫人喪（陳院長之母年 83）。

下午將「重建革命基本組織，策進反攻革命運動」定稿送呈。

＊ 八月十九日星期三

上午中常會。

下午國防醫學院演講。

＊ 八月二十日星期四

上午八時至十劍潭新莊高幹部講「黨的組織之建立與運用」。

講畢後上草山。

＊ 八月二十一日星期五

上午八時班，劍潭新莊續講。

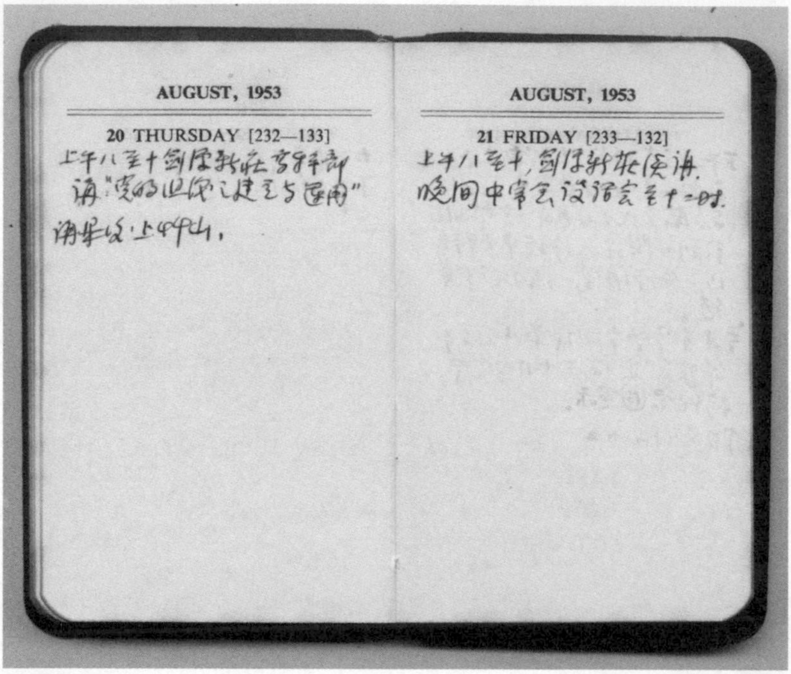
AUGUST, 1953
20 THURSDAY [232—133]
上午八至十到陽明山莊高級幹部講"黨的組織之建立與運用"
講畢後上草山。
AUGUST, 1953
21 FRIDAY [233—132]
上午八至十，到陽明山莊講。
晚間中常會談話會至十二時。

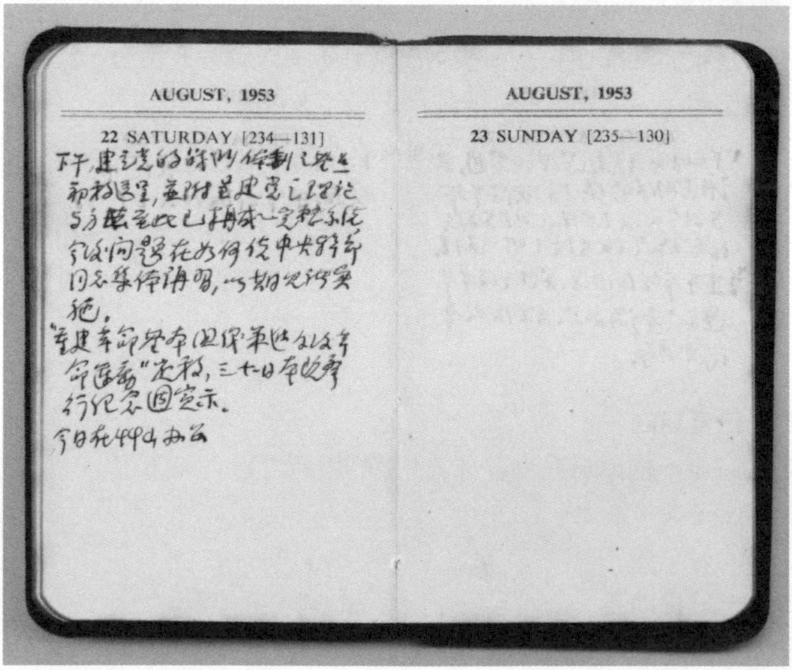
AUGUST, 1953
22 SATURDAY [234—131]
下午，建立黨的群眾體制之草案初稿送呈，並附其建黨之理論與方略。至此已構成一完整系統，今後問題在如何從中央幹部同志集體講習，以期見諸實施。
"改造革命民主政黨第四次全體會議宣言"定稿，三十一日本黨舉行紀念週宣示。
今日在草山辦公
AUGUST, 1953
23 SUNDAY [235—130]

晚間中常會談話會至十一時。

*** 八月二十二日星期六**

下午建立黨的戰鬥體制政治基點初稿送呈，並附呈建黨之理論與方法，至此已構成一完整系統。今後問題在如何使中央幹部同志集體講習，以期見諸實施。

「重建革命基本組織，策進反攻革命運動」定稿，三十一日本院舉行紀念週宣示。

今日在草山辦公。

*** 八月二十三日星期日〔空白〕**

*** 八月二十四日星期一**

上午九時中央黨部總理紀念週，余講述國際形勢，指出大陸革命與台灣反攻之合流（武力與國民結合）為光復大陸之唯一途徑。

「重建革命基本組織，策進反攻革命運動」奉諭交張岳軍張曉峰閱後再印。

*** 八月二十五日星期二（空白）**

*** 八月二十六日星期三**

上午中常會。

下午張岳軍先生來商研究院改組事，教育委員會以張曉峰為主委，倪文亞為副；研究委員會以岳軍委主委，余副之。李壽雍為所長，輔導委員會非岳軍即余。

*** 八月二十七日星期四**

上午八至十，劍潭新莊講黨的行動指導原則。

隨即上草山。

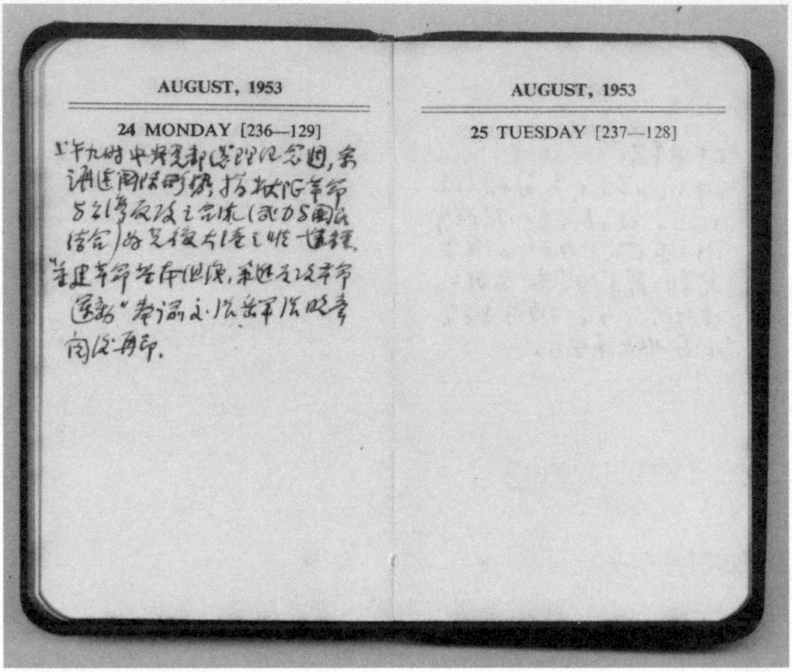
AUGUST, 1953
24 MONDAY [236—129]
上午九時中央黨部總理紀念週，余
講述國父所講，指出[illegible]革命
[illegible]反清之合流（武力與國民
結合）為先總統大陸上之[illegible]。
"[illegible]革命[illegible]，[illegible]革命
運動"專論文。張岳軍、張曉峯
閱後再印。
AUGUST, 1953
25 TUESDAY [237—128]

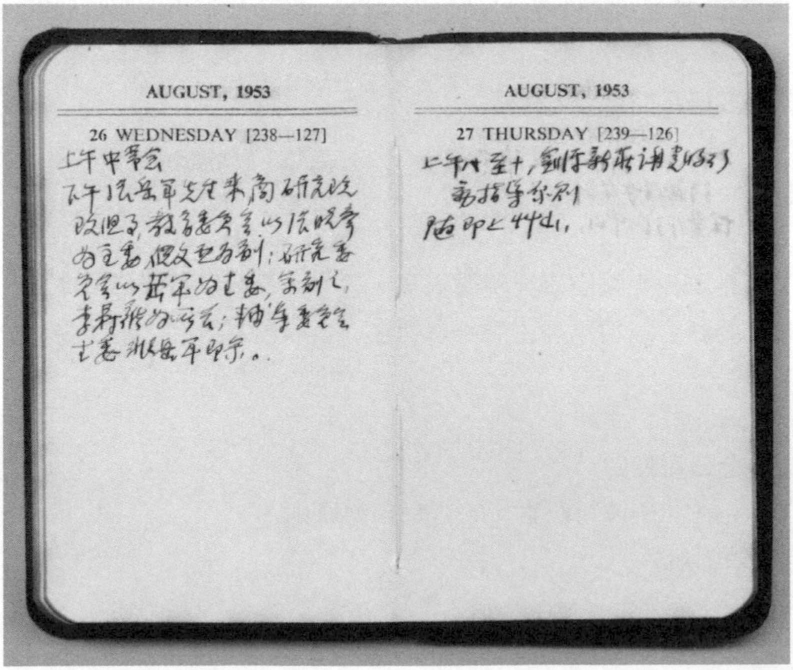
AUGUST, 1953
26 WEDNESDAY [238—127]
上午中常會
下午張岳軍先生來商研究改
改組事，教育委員會以張曉峯
為主委，[illegible]副；研究委
員會以[illegible]為主委，[illegible]副之，
[illegible]為[illegible]；[illegible]委員會
主委[illegible]。
AUGUST, 1953
27 THURSDAY [239—126]
上午八至十，到[illegible]講[illegible]
[illegible]
隨即上草山。

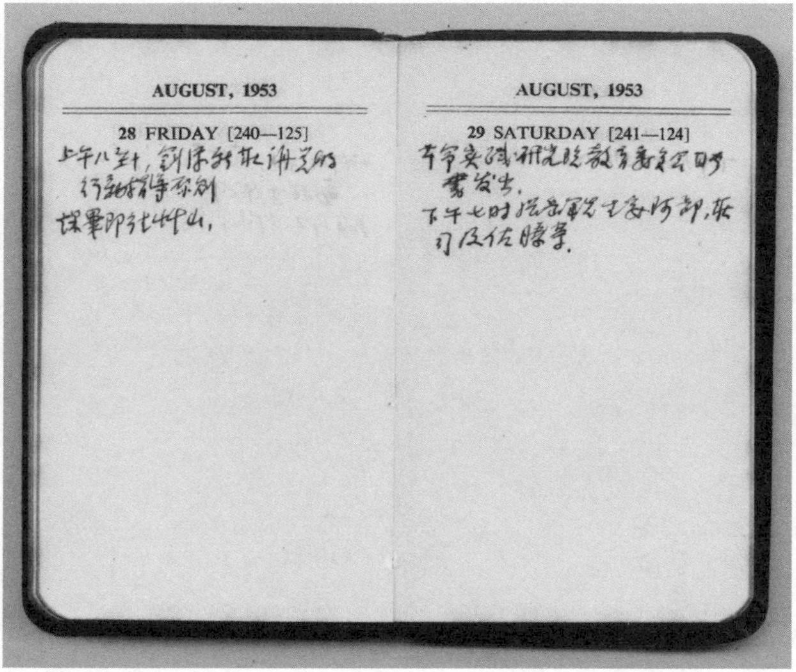

＊ 八月二十八日星期五

上午八至十，劍潭新莊講黨的行動指導原則。

講畢即往草山。

＊ 八月二十九日星期六

革命實踐研究院教育委員會聘書發出。

下午七時張岳軍先生宴阿部，萩司及佐滕等。

＊ 八月三十日星期日

下午九時颱風入境。

＊ 八月三十一日星期一

上午十時，國防大學參謀指揮學校合併舉行開學典禮。

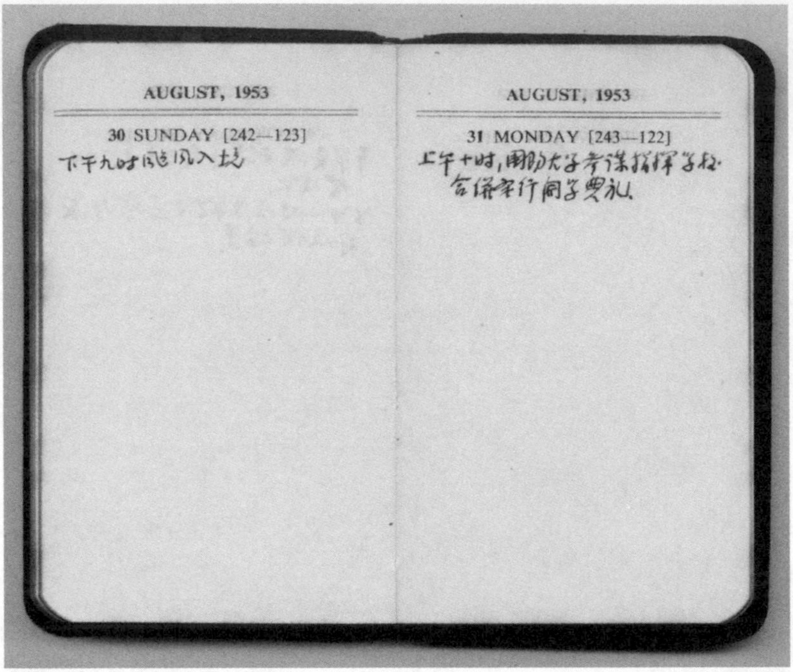

AUGUST, 1953

30 SUNDAY [242—123]

下午九时颱风入境

AUGUST, 1953

31 MONDAY [243—122]

上午十时，国防大学参谋指挥学校合併举行开学典礼。

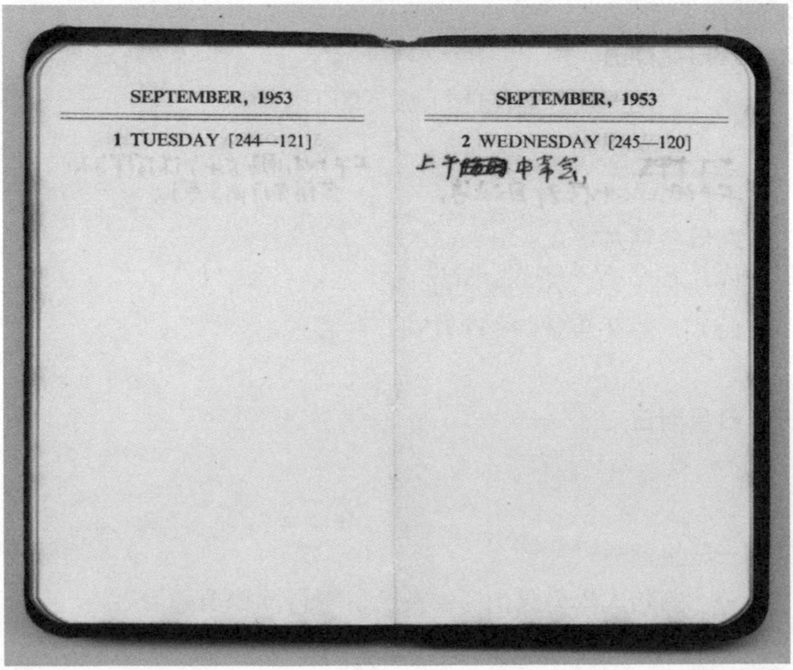

SEPTEMBER, 1953

1 TUESDAY [244—121]

SEPTEMBER, 1953

2 WEDNESDAY [245—120]

上午[redacted]中常会，

＊九月一日星期二（空白）

＊九月二日星期三

上午中常會。

＊九月三日星期四

上午研究院甲種科目試講。

＊九月四日星期五

岳軍先生商定十四日紀念週後舉行院務會議，通過教育計畫及實施辦法，並提出第一期教務之輔導委員名單。

上午繼續試講。

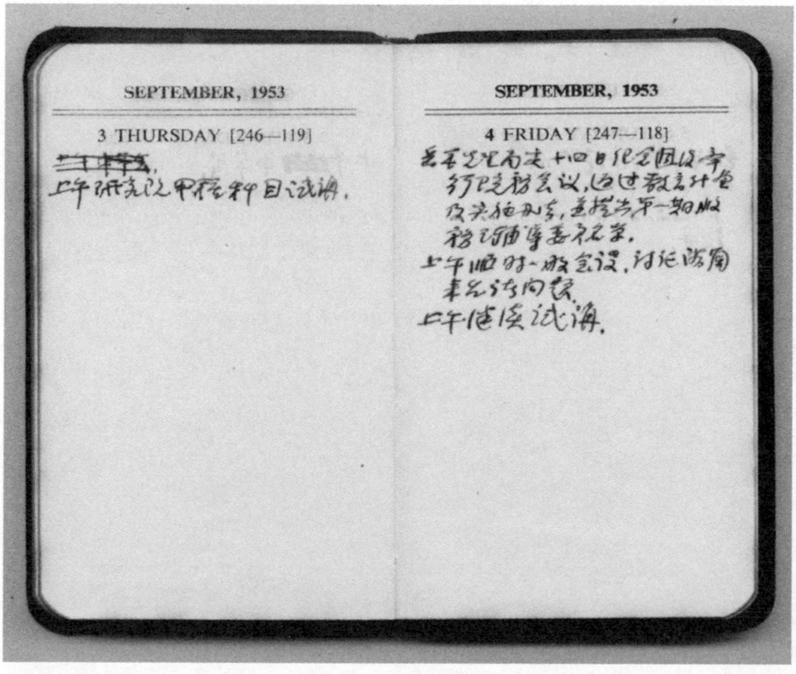

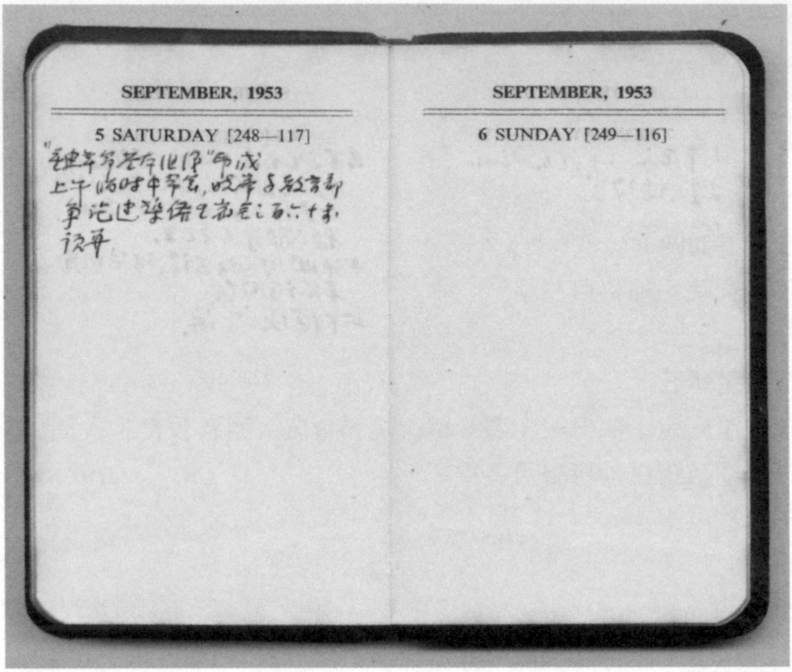
SEPTEMBER, 1953
5 SATURDAY [248—117]
“毛選第三卷作序”印成
上午臨時中常會，晚第六組宣部
與汪建築俱樂部之座談會六十本
談畢
SEPTEMBER, 1953
6 SUNDAY [249—116]

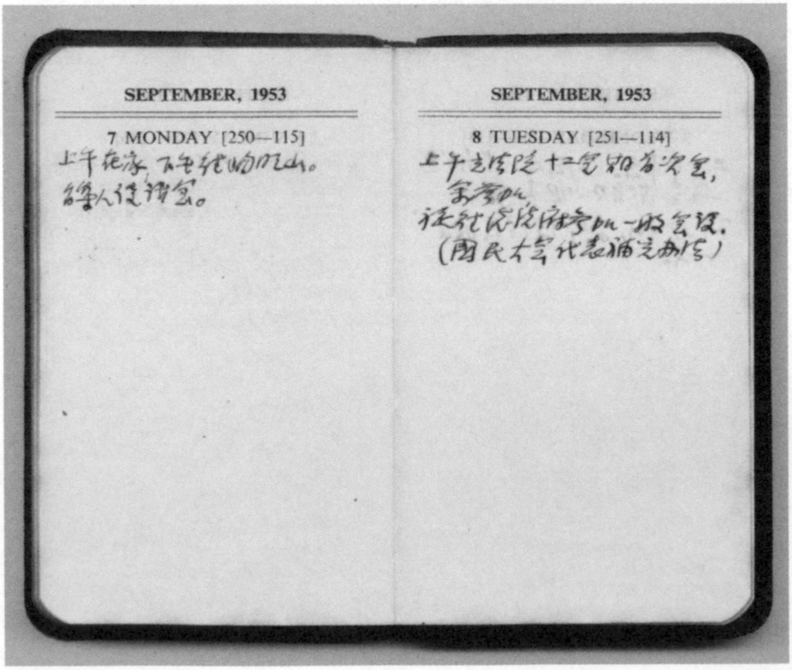
SEPTEMBER, 1953
7 MONDAY [250—115]
上午在家，下午往陽明山。
偕家人往謁會。
SEPTEMBER, 1953
8 TUESDAY [251—114]
上午立法院十二會期首次會，
會參加，
往行政院院會參加一般會議。
（國民大會代表補充辦法）

＊九月五日星期六

「重建革命基本組織」即成。

上午臨時中常會，曉峰與教育部爭論建築僑生宿舍之百六十萬預算。

＊九月六日星期日（空白）

＊九月七日星期一

上午在家，下午往陽明山。

召集人談話會。

＊九月八日星期二

上午立法院十二會期首次會，余參加。

旋往總統府參加一般會談。（國民大會代表補充辦法）

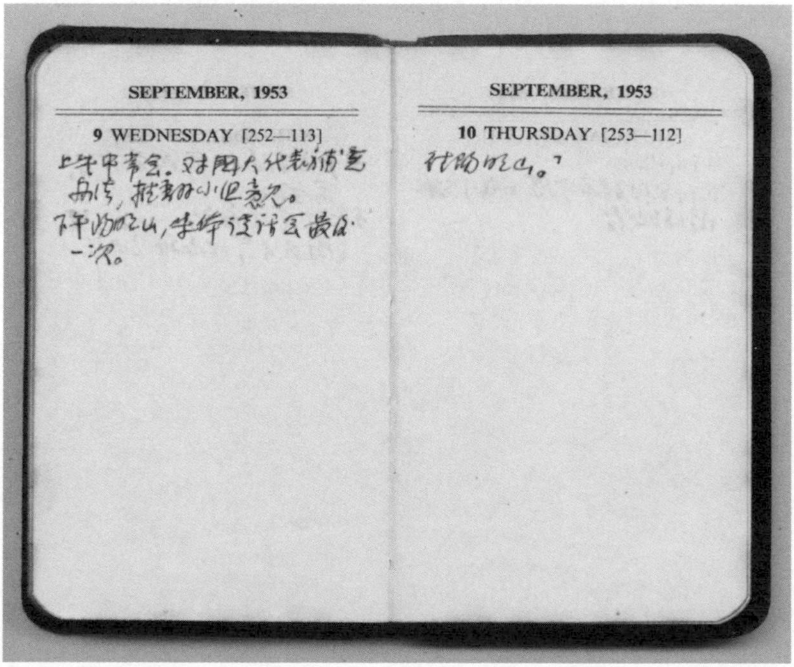

＊ 九月九日星期三

上午中常會。對國大代表補充辦法，推翻小組意見。

下午陽明山，集體談話會最後一次。

＊ 九月十日星期四

往陽明山。

＊ 九月十一日星期五

上午陽明山。

下午陸軍指揮參謀學校演講國際現勢。

＊ 九月十二日星期六

上午兵工學校兵工團等官佐三民主義研究班演講。

下午陽明山，六時院長約談。（張岳軍，張曉峰，彭孟緝及余）詢問建黨問

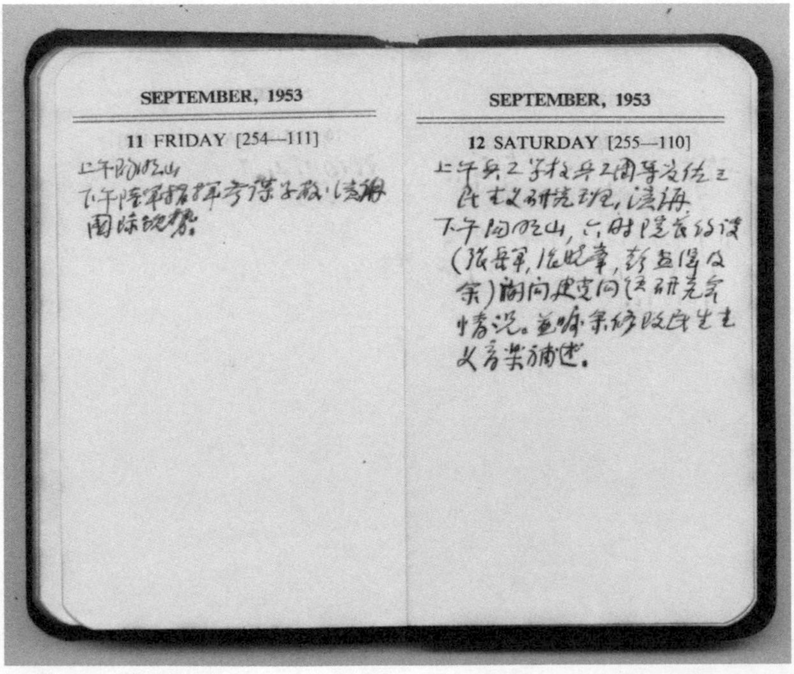

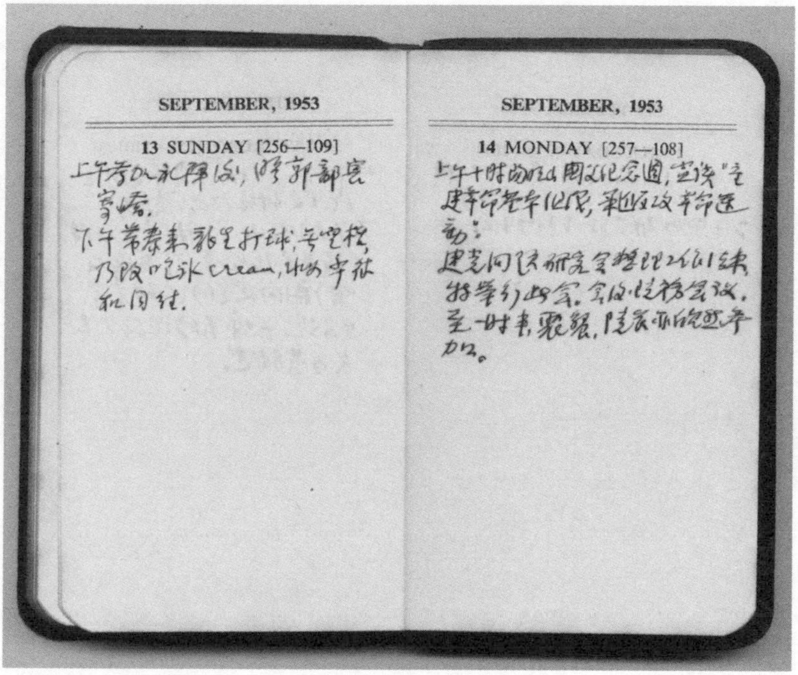

題研究會中情況。並囑余修改民生主義育樂補述。

＊ 九月十三日星期日

上午參加禮拜後，晤郭部長寄嶠。

下午帶泰來龍生打球，無空枱。乃改吃冰 cream。冰如牽德和同往。

＊ 九月十四日星期一

上午十時陽明山國父紀念週，宣讀「重建革命基本組織，策進反攻革命運動」。

建黨問題研究會整理工作結束。特舉行此會。會後院務會議，至一時半，聚餐。院長亦欣然參加。

＊ 九月十五日星期二

上午宣傳會談，總裁責中央日報辦不下去。（刊日皇太子相片等）

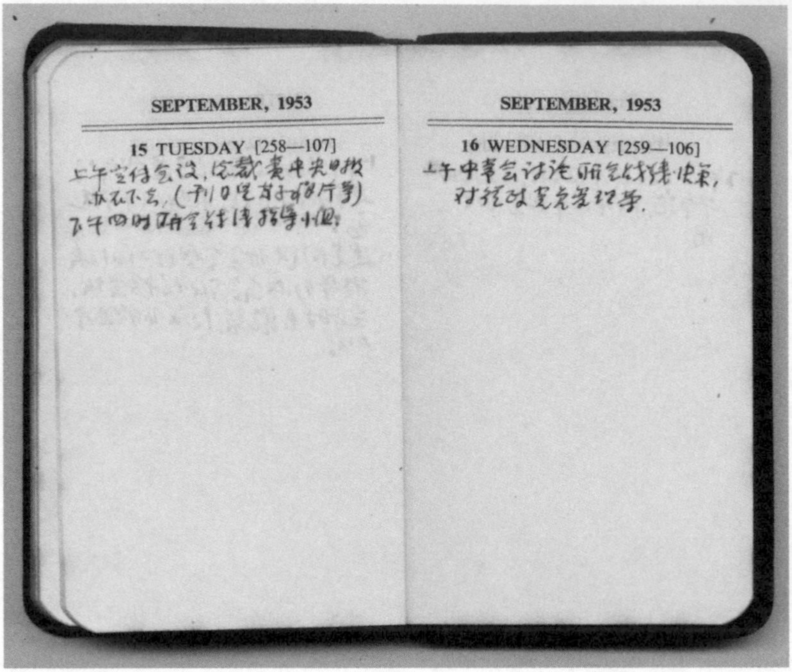

下午四時聯合戰線指導小組。

＊九月十六日星期三

上午中常會討論聯合戰線決策，對從政黨員管理等。

＊九月十七日星期四

下午陸軍指揮參謀學校，反共抗俄基本論，俄帝侵華史略，用地圖。

＊九月十八日星期五

下午指揮參謀學校演講。

＊九月十九日星期六

上午有演講，下午臨時中常會。（預算問題）
下午研究委員會。

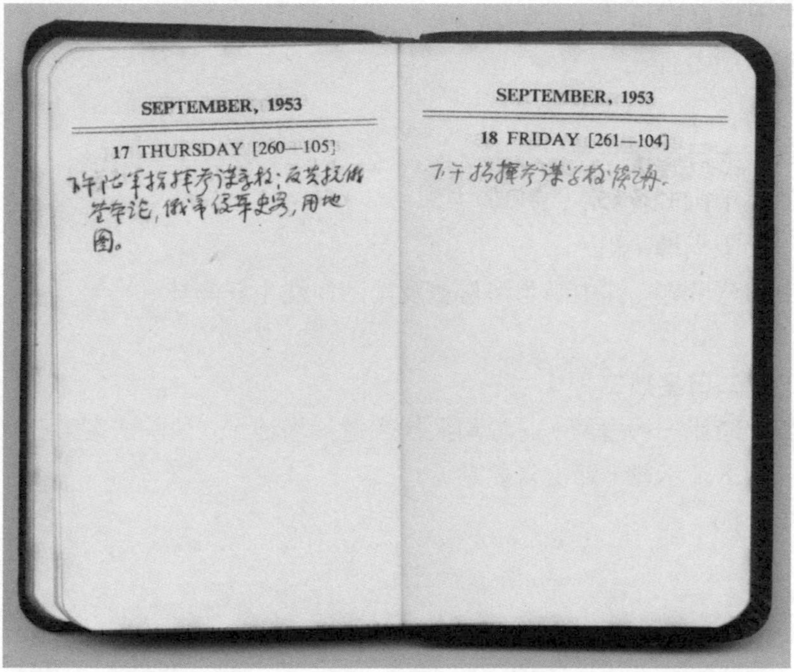
SEPTEMBER, 1953
17 THURSDAY [260—105]
下午临军指挥参谋学校：反共抗俄基本论，俄帝侵华史实，用地图。
SEPTEMBER, 1953
18 FRIDAY [261—104]
下午指挥参谋学校续讲。

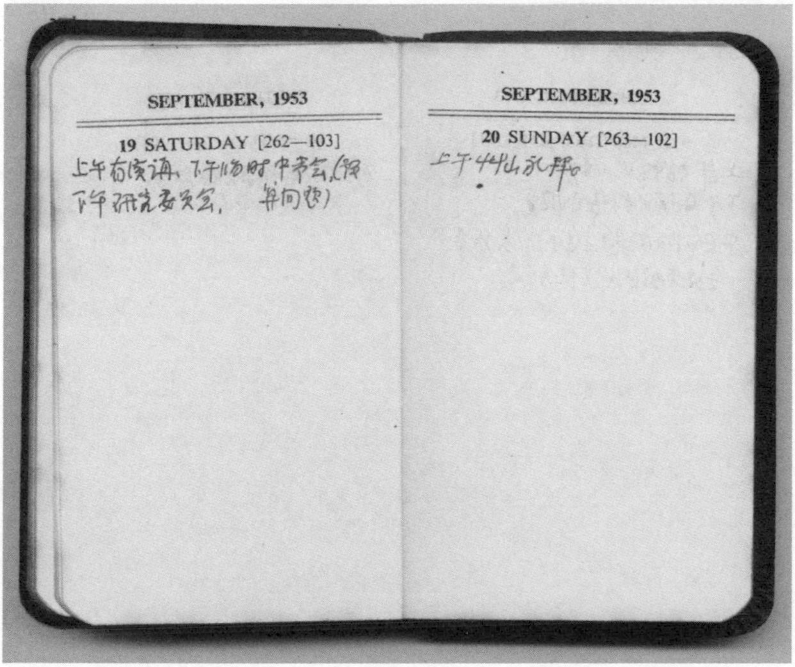
SEPTEMBER, 1953
19 SATURDAY [262—103]
上午有演讲，下午临时中常会，
SEPTEMBER, 1953
20 SUNDAY [263—102]

＊ 九月二十日星期日

上午草山禮拜。

＊ 九月二十一日星期一

上午往草山一行。

下午聯戰指導小組。

中央日報問題，健中訓悆岳常董及第四組沈主任商談。

＊ 九月二十二日星期二

上午十時半一般會談，討論國大代表遞補辦法，立法院法案第五條。

會談後，請示雙十節文告要點。

今中秋節。

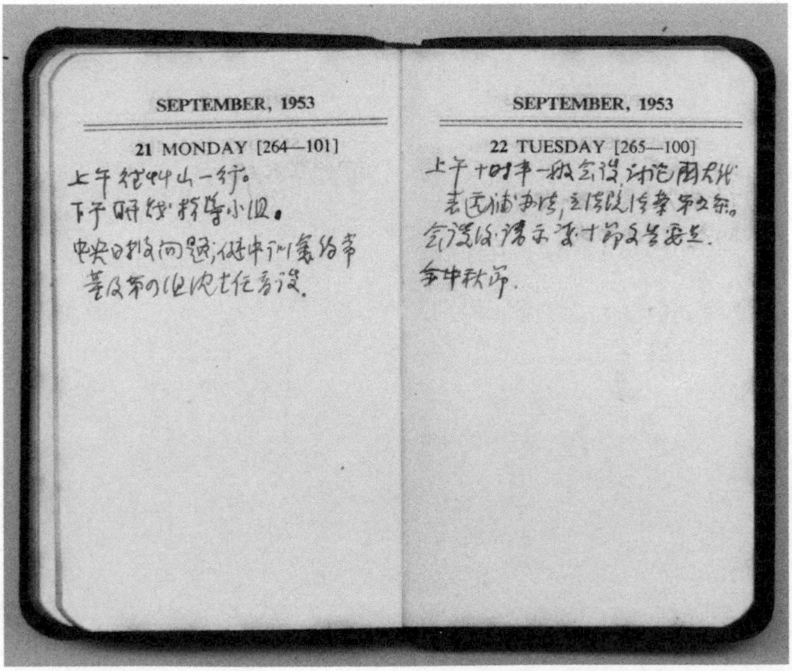

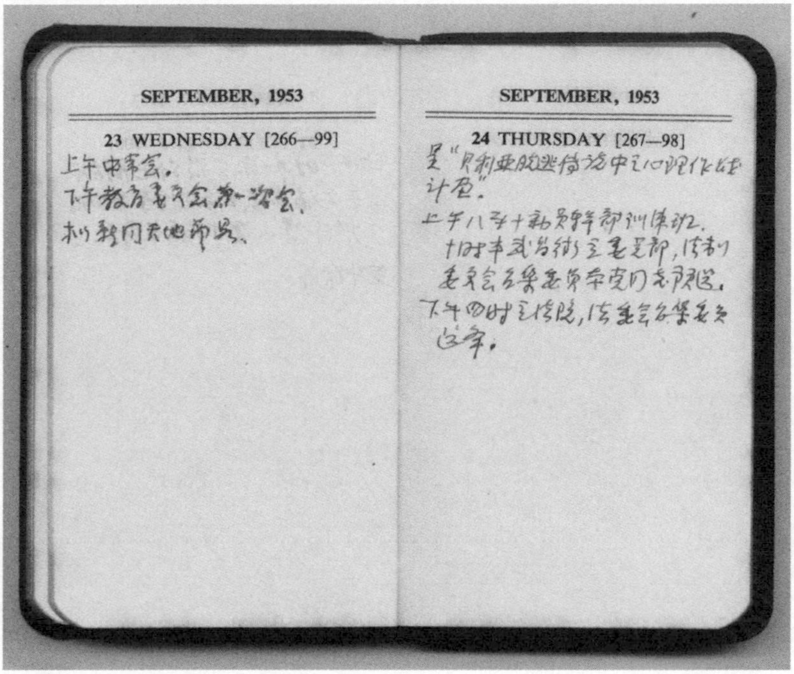

＊ 九月二十三日星期三

上午中常會。

下午教育委員會第一次會。

擬新聞天地節略。

＊ 九月二十四日星期四

呈貝利亞脫逃傳說中之心理作戰計畫。

上午八至十動員幹部訓練班。

十時半武昌街立委黨部，法制委員會召集委員本黨同志預選。

下午四時立法院，法委會召集委員選舉。

＊ 九月二十五日星期五（空白）

＊ 九月二十六日星期六（空白）

＊ 九月二十七日星期日（空白）

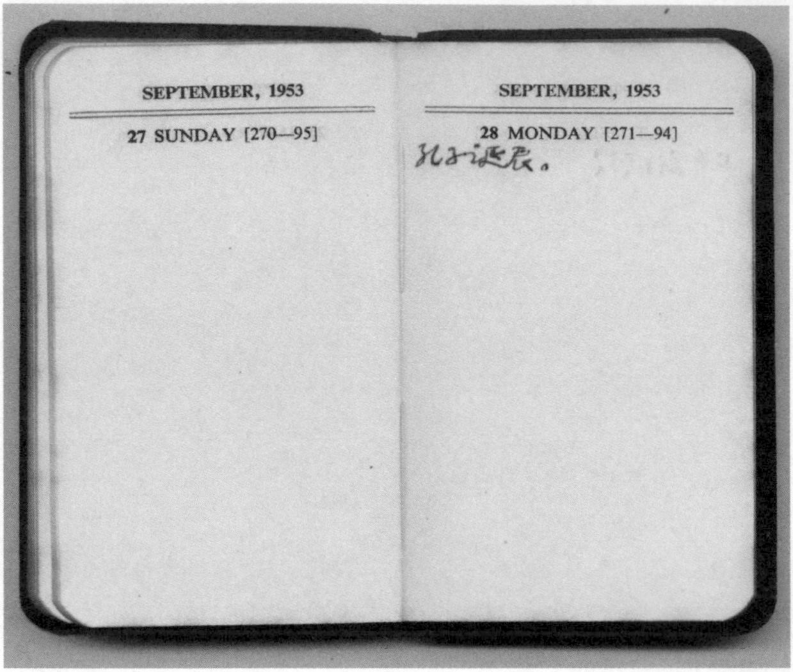

＊九月二十八日星期一

孔子誕辰。

＊九月二十九日星期二

上午宣傳會談。

＊九月三十日星期三

上午中常會。

＊十月一日星期四（空白）
＊十月二日星期五（空白）
＊十月三日星期六（空白）
＊十月四日星期日（空白）

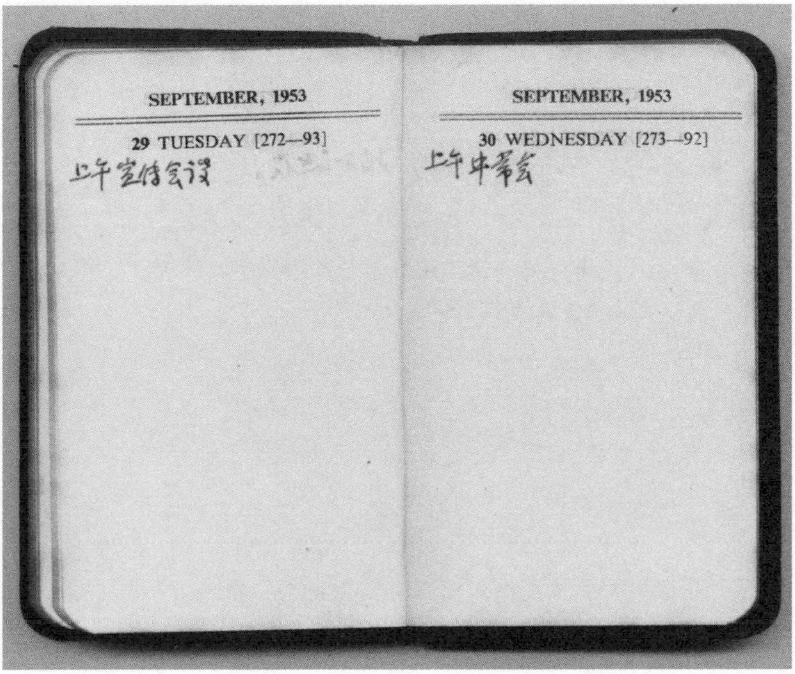

＊ 十月五日星期一

下午往草山一行。

上午警務處大禮堂紀念週。

會後密呈謂訓詞中有若干點尚待研究，可否於定稿前交希與岳軍先生研究。

＊ 十月六日星期二

一般會談。

俞主席告以省府對台北市公共汽車加價案之決議。

下午研究院演習計畫小組開會。

＊ 十月七日星期三

中央總動員會報，余提出台中地方法院推事（曾志文）對鄉鎮長選舉判決，指台省地方自治規程無法律上之效力，並不服司法行政部糾正事。屬生少

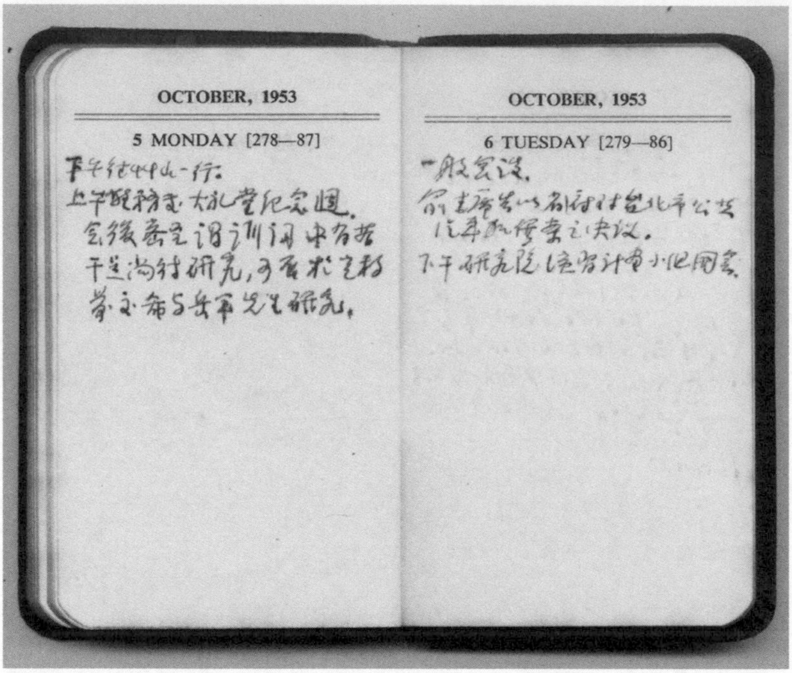

OCTOBER, 1953

5 MONDAY [278—87]

下午结丯丯丯一行.

上午院務至大礼堂紀念週.
會後蔡呈謂訓練司中各若
干生尚待研究, 乃告其明日
萘永希與兵軍先生研究.

OCTOBER, 1953

6 TUESDAY [279—86]

一般念没.

俞吉兩君以各府什登北平公私
代表教授會之决议.

下午研究院, 议各计局小组開會.

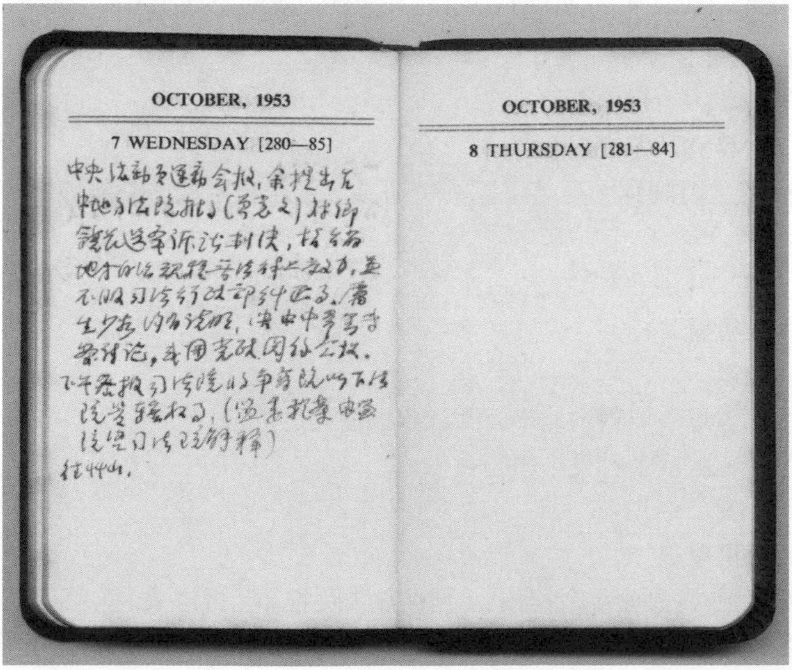

OCTOBER, 1953

7 WEDNESDAY [280—85]

中央法制委遳審会报, 余提出在
中央設法院批的 (蔡亮之) 桔御
能花送宰诉讼刑律, 按各省
地方的法規籽等法律上起之, 至
不服可修行改訂新版之. 唐
生少壮因的法理, 说由中蜀寫辛
等详论, 末国寬改固能台枝.
下午蔡報司临陟时争寄陛以下法
陛等毡枳之, (这桌批准 中当
法官日临陟诠释)
抟丯丯丯.

OCTOBER, 1953

8 THURSDAY [281—84]

谷均有說明，決由中常會專案討論，或開黨政關係會議。

下午密報司法院將爭奪院以下法院管轄權事。（監委提案由監院咨司法院解釋。）

往草山。

＊十月八日星期四（空白）

＊十月九日星期五（空白）

＊十月十日星期六（空白）

＊十月十一日星期日（空白）

＊十月十二日星期一（空白）

＊十月十三日星期二（空白）

＊十月十四日星期三（空白）

＊十月十五日星期四（空白）

＊十月十六日星期五（空白）

＊十月十七日星期六（空白）

＊十月十八日星期日（空白）

＊十月十九日星期一（空白）

＊十月二十日星期二（空白）

＊十月二十一日星期三（空白）

＊十月二十二日星期四（空白）

＊十月二十三日星期五（空白）

＊十月二十四日星期六

今夜車往台南。

＊十月二十五日星期日

上午八至十，台南糖業試驗所演講。中午往高雄。張有光君（聯合報南版主任）偕行。恒生先到中華日報辦事處相候。

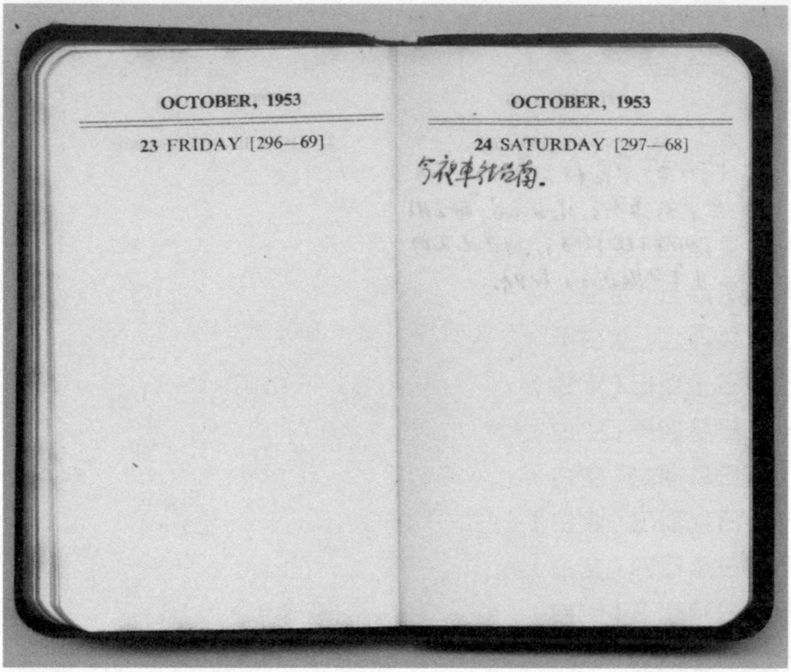

OCTOBER, 1953

23 FRIDAY [296—69]

OCTOBER, 1953

24 SATURDAY [297—68]

今夜車往台南。

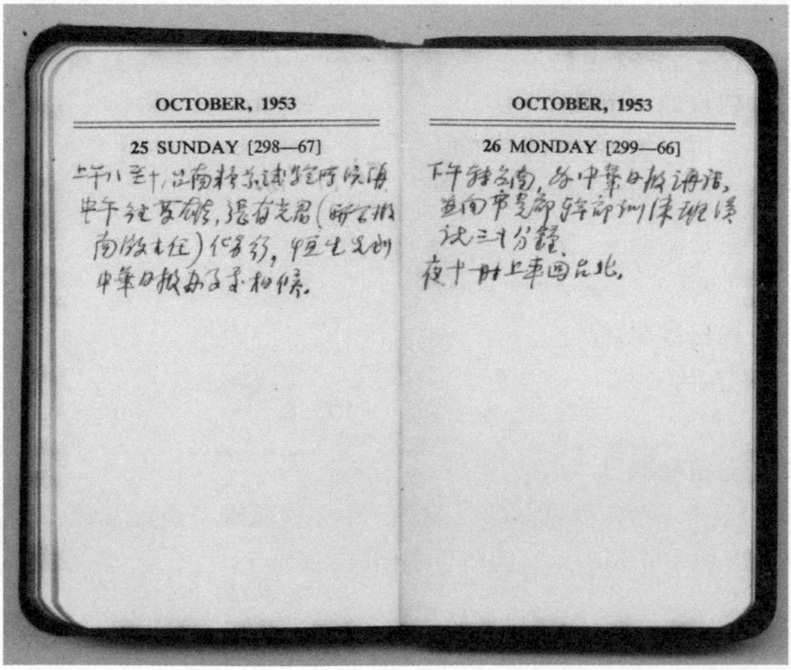

OCTOBER, 1953

25 SUNDAY [298—67]

上午八至十，在台南精忠讀書會講演。
中午往萬春樓，張有光君（聯合報台
南辦事主任）作東，但已先到
中華日報與同事相候。

OCTOBER, 1953

26 MONDAY [299—66]

下午赴台南，往中華日報講話，
並向市黨部幹部訓練班講
話三十分鐘。
夜十一時上車回台北。

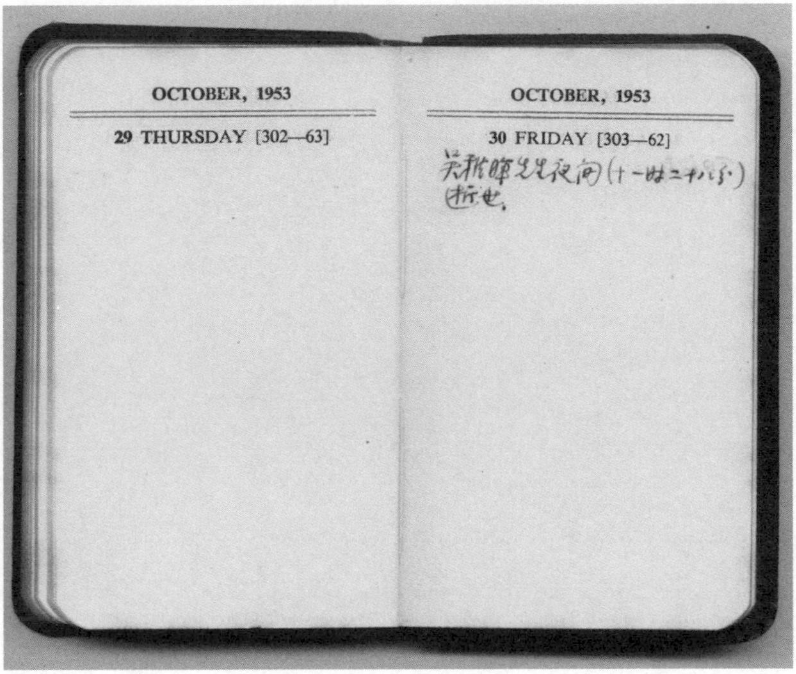

＊十月二十六日星期一

下午轉台南。為中華日報講話。並向市黨部幹部訓練班演說三十分鐘。夜十時上車回台北。

＊十月二十七日星期二（空白）

＊十月二十八日星期三（空白）

＊十月二十九日星期四（空白）

＊十月三十日星期五

吳稚暉先生夜間（十一時二十八分）逝世。

＊十月三十一日星期六

今日祝壽。

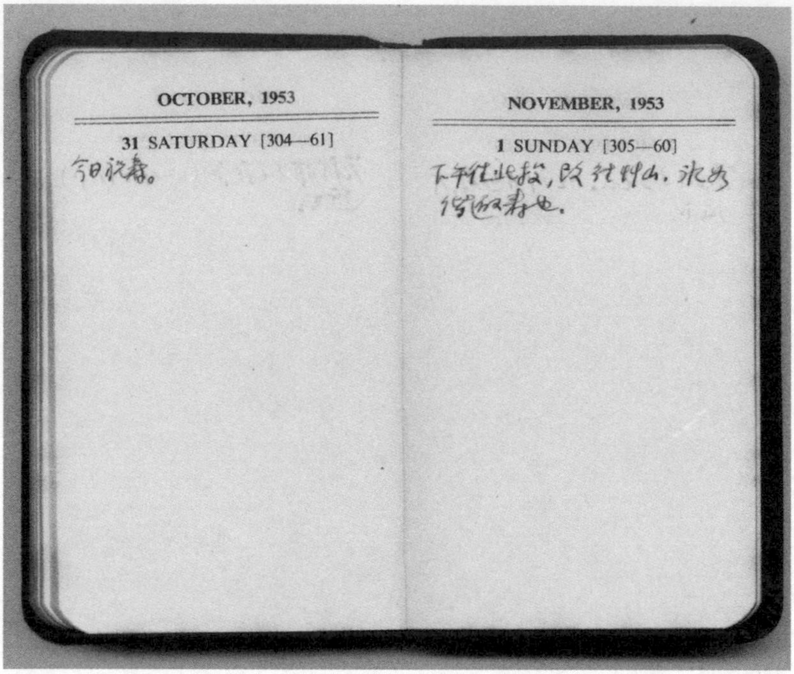

OCTOBER, 1953

31 SATURDAY [304—61]

今日祝壽。

NOVEMBER, 1953

1 SUNDAY [305—60]

下午往北投，賀杜月笙山。永好借別壽也。

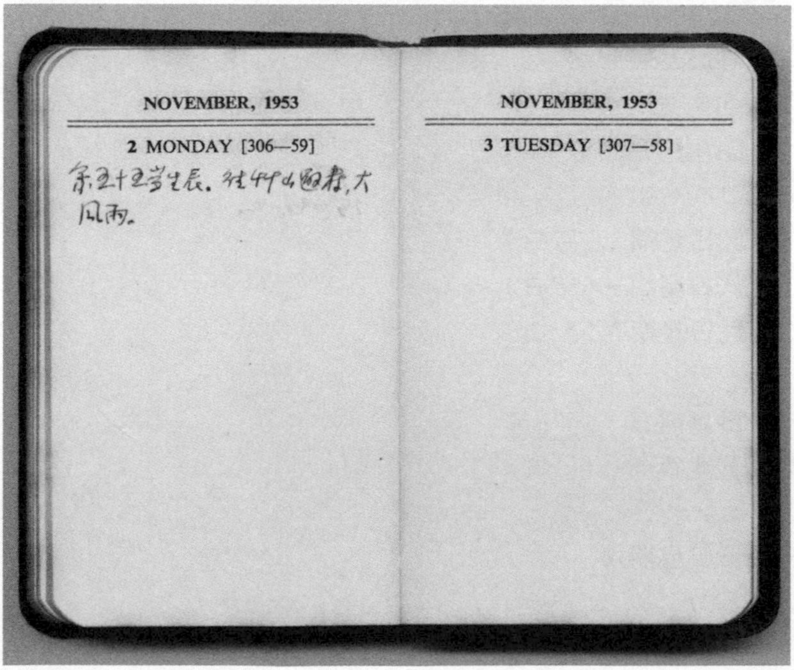

NOVEMBER, 1953

2 MONDAY [306—59]

余五十五歲生辰。杜四山回春，大風雨。

NOVEMBER, 1953

3 TUESDAY [307—58]

＊ **十一月一日星期日**

下午往北投，改往草山，冰如偕避壽也。

＊ **十一月二日星期一**

余五十五歲生辰。往草山避壽。大風雨。

＊ **十一月三日星期二（空白）**

＊ **十一月四日星期三（空白）**

＊ **十一月五日星期四（空白）**

＊ **十一月六日星期五（空白）**

＊ **十一月七日星期六**

上午八至十，分院演講。

臨時中常會。

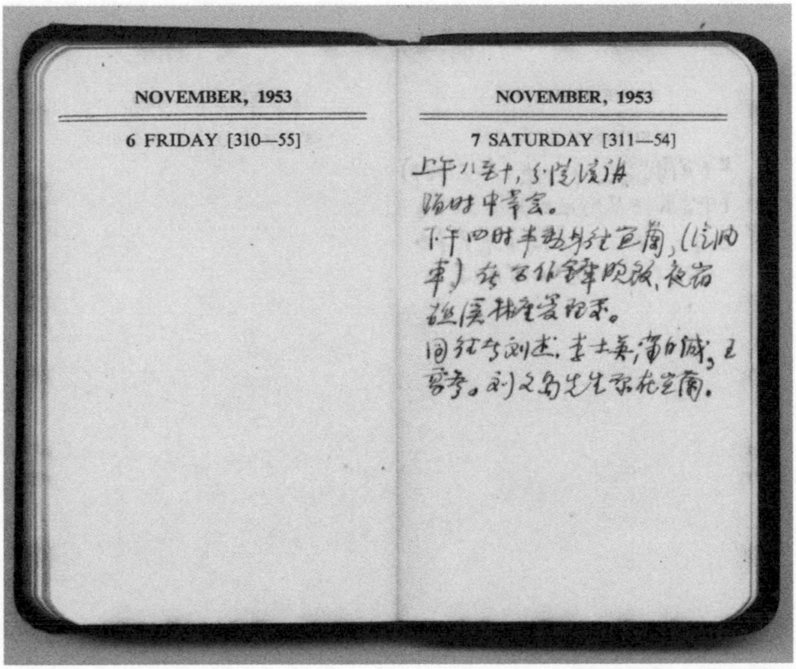

下午四時半動身往宜蘭（汽油車），在合作金庫晚飯，夜宿礁溪林產管理處。

同往者劉杰，李士英，蕭自誠，王高參。劉文島先生原在宜蘭。

＊ 十一月八日星期日

上午宜蘭黨員集體訓練（九至十時半）。

下午羅東（三時至五時）。

八堵換車，九點半到台北站。

＊ 十一月九日星期一（空白）

＊ 十一月十日星期二（空白）

＊ 十一月十一日星期三（空白）

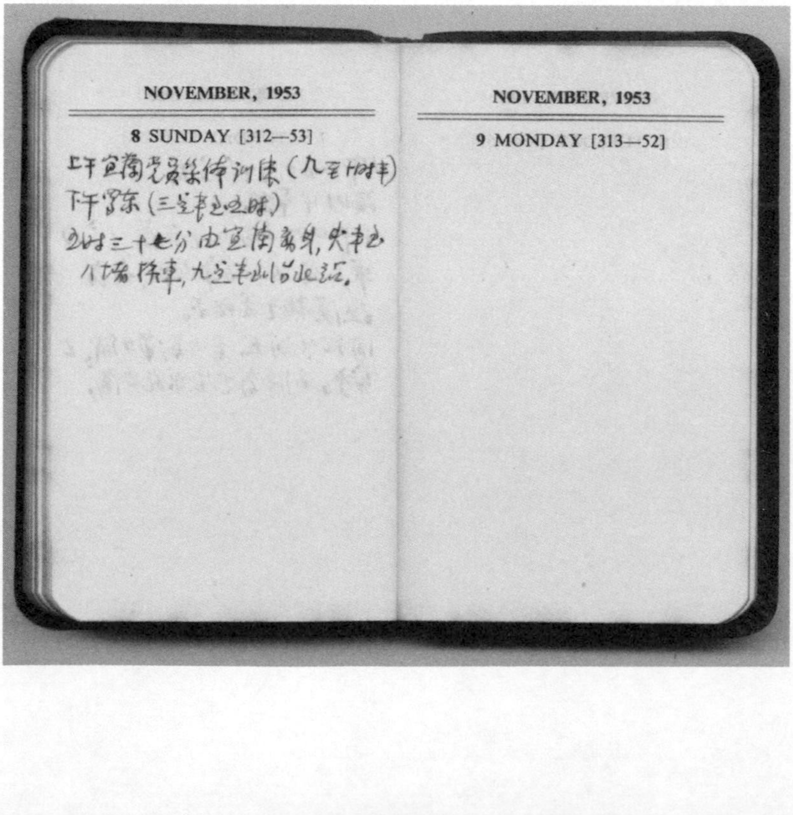

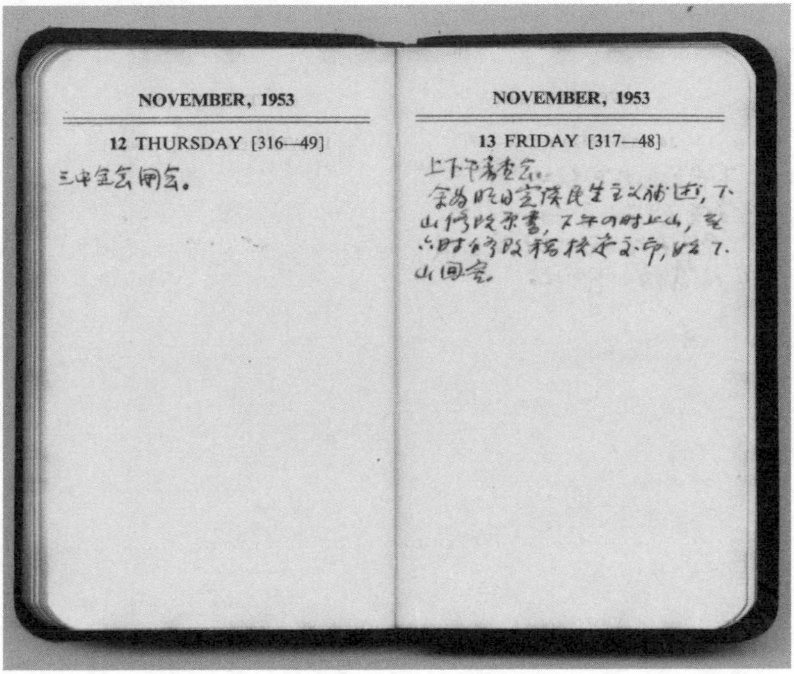

＊十一月十二日星期四

三中全會開會。

＊十一月十三日星期五

上下午審委會。

余為明日宣讀民生主義補述，下山修改原書。下午四時上山，至六時修改稿核定交印，始下山回舍。

＊十一月十四日星期六

下午常委決定連任。

宣讀民生主義育樂兩篇補述。

余準備此事之新聞稿，呈報總裁後交中央社。

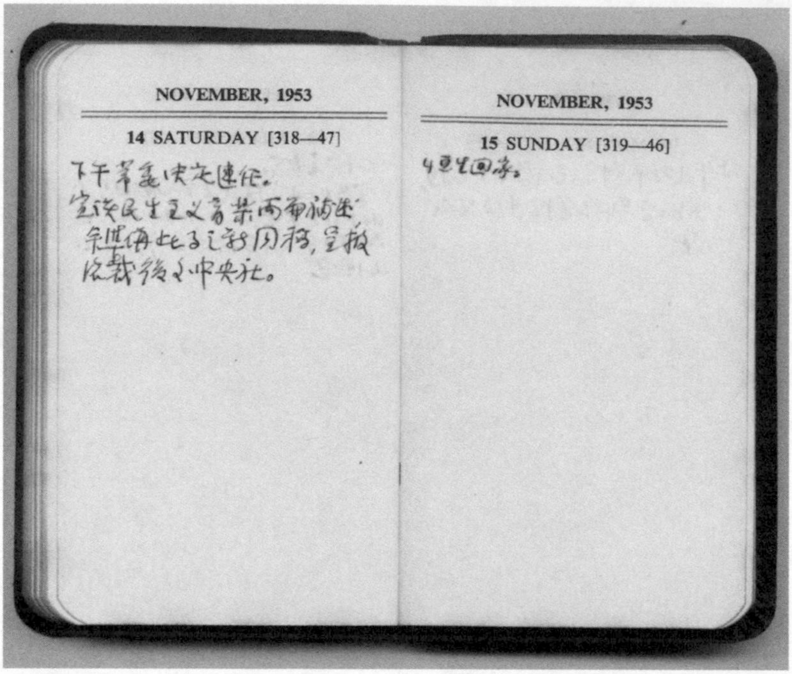
NOVEMBER, 1953
14 SATURDAY [318—47]
NOVEMBER, 1953
15 SUNDAY [319—46]

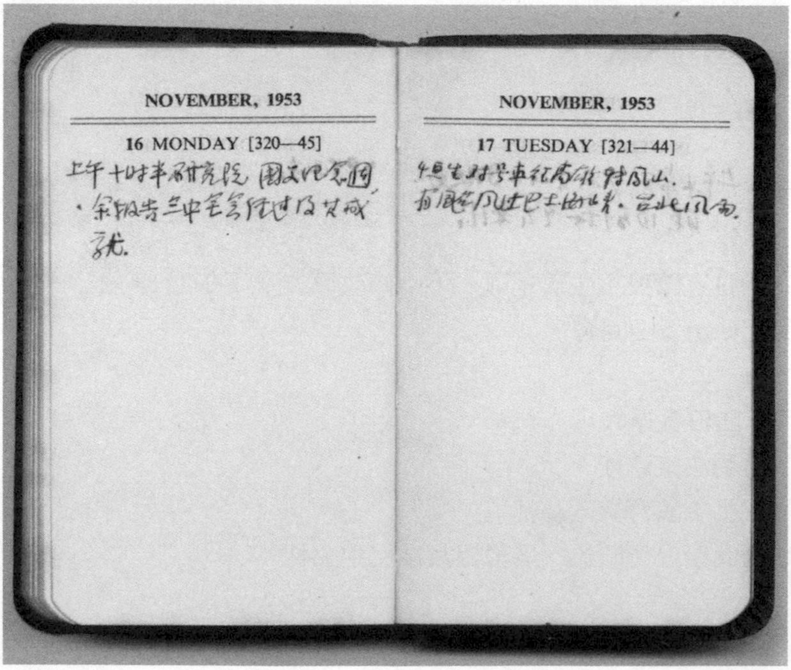
NOVEMBER, 1953
16 MONDAY [320—45]
NOVEMBER, 1953
17 TUESDAY [321—44]

＊ 十一月十五日星期日

恒生回家。

＊ 十一月十六日星期一

上午十時半研究院國父紀念週、余報告三中全會經過及其成就。

＊ 十一月十七日星期二

恒生對號車往高雄轉鳳山。

有颱風過巴士海峽。台北風雨。

＊ 十一月十八日星期三

上午中常會。少谷告以雪艇免職，由副秘書長兼代。

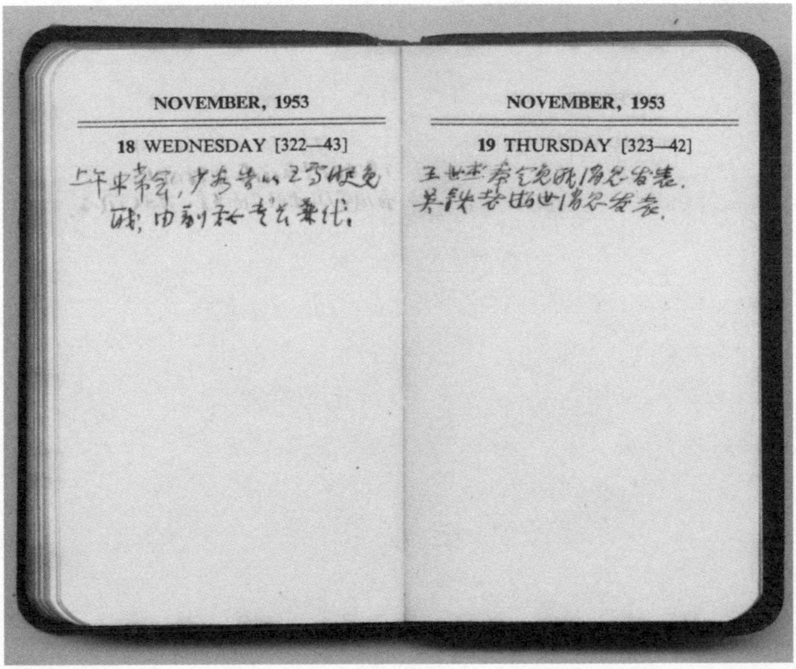

*** 十一月十九日星期四**

王世杰奉令免職消息發表。吳鐵老逝世消息發表。

*** 十一月二十日星期五（空白）**

*** 十一月二十一日星期六（空白）**

*** 十一月二十二日星期日**

上午鐵老大殮。總裁到場主祭。

士林禮拜，總裁臨時未到。

*** 十一月二十三日星期一**

下午往草山。

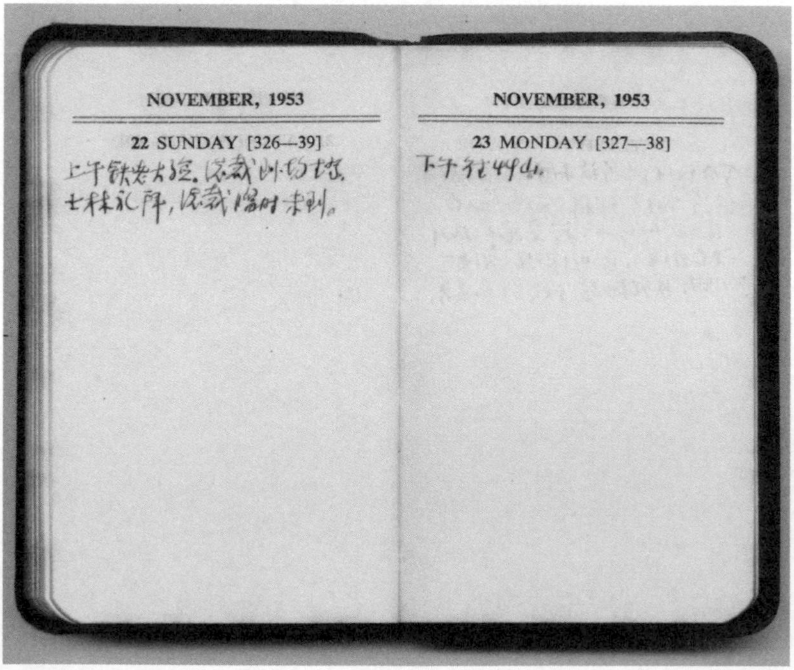

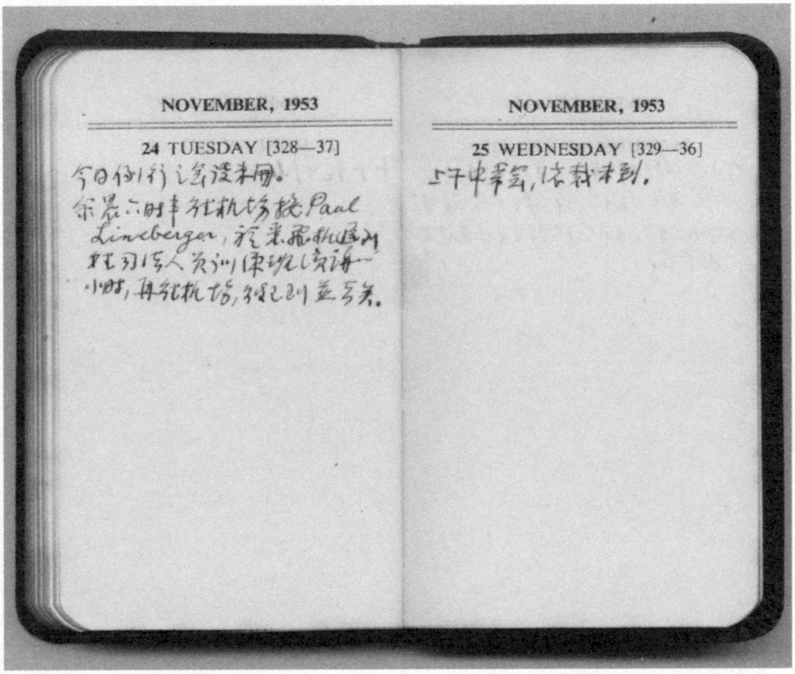

＊ 十一月二十四日星期二

今日例行之會談未開。

余晨六時半往機場接 Paul Lineberger，於悉飛機遲到，往司法人員訓練班演講一小時，再往機場，彼已到並去矣。

＊ 十一月二十五日星期三

上午中常會，總裁未到。

＊ 十一月二十六日星期四

今日中央社發表十七日免王世杰令原文，「蒙混舞弊，不盡職守」。

上午九時余往立法院投立委黨部委員票。

＊ 十一月二十七日星期五（空白）

＊ 十一月二十八日星期六（空白）

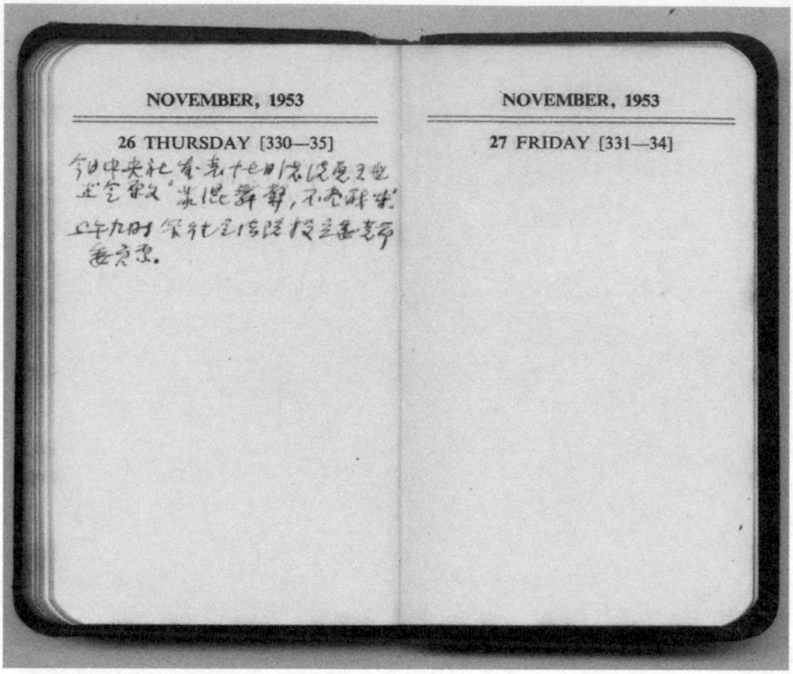

NOVEMBER, 1953

26 THURSDAY [330—35]

今日中央社發表十七日總統處分王世杰之命令原文"蒙混舞弊，不盡職守"
上午九時[illegible]委員會。

NOVEMBER, 1953

27 FRIDAY [331—34]

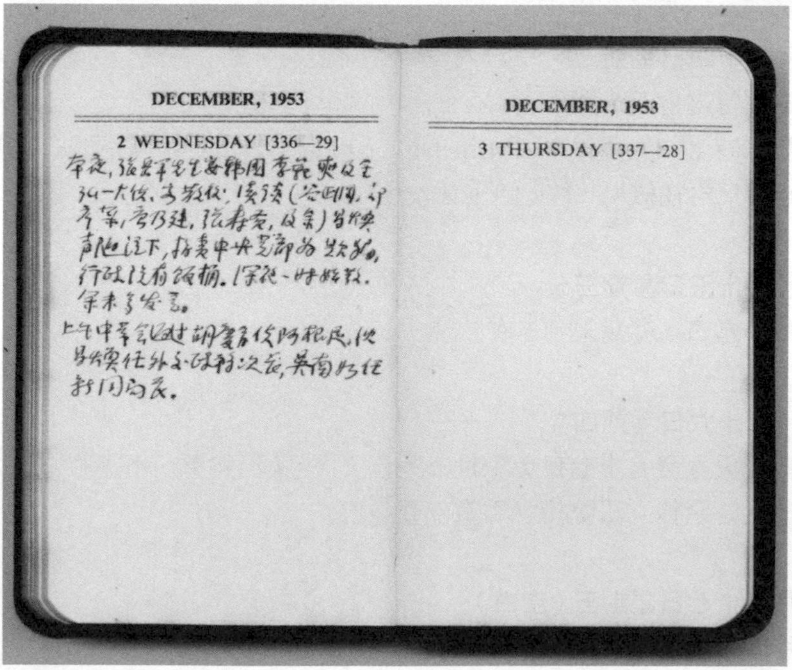

DECEMBER, 1953

2 WEDNESDAY [336—29]

本夜，張岳軍先生邀韓國李範奭及金弘一大使、[illegible]（谷正綱、何應欽、[illegible]、張壽賢、及余）[illegible]指責中央黨部[illegible]行政院[illegible]。陶希聖一時始散。余未多發言。
上午中常會通過胡慶育任阿根廷[illegible]，沈昌煥任外交部政務次長，吳南如任新聞局長。

DECEMBER, 1953

3 THURSDAY [337—28]

＊十一月二十九日星期日（空白）

＊十一月三十日星期一（空白）

＊十二月一日星期二（空白）

＊十二月二日星期三

本夜，張岳軍先生宴韓國李範奭及金弘一大使。客散後，續談。（谷正綱，鄭彥棻，唐乃建，張壽賢，及余）昌煥聲隨淚下指責中央黨部為欺騙，行政院有飯桶。深夜一時始散。余未多發言。

上午中常會通過胡慶育使阿根廷，沈昌煥任外交政務次長，吳南如任新聞局長。

＊十二月三日星期四（空白）

＊十二月四日星期五（空白）

＊十二月五日星期六（空白）

＊十二月六日星期日（空白）

＊十二月七日星期一

下午四時研究院小組會，討論黨政軍聯合作戰綱領。

余在聯合報發表「俄國吐出大量黃金」。

＊十二月八日星期二（空白）

＊十二月九日星期三

上午中常會，余主席。

＊十二月十日星期四（空白）

＊十二月十一日星期五（空白）

＊十二月十二日星期六（空白）

＊十二月十三日星期日（空白）

＊十二月十四日星期一（空白）

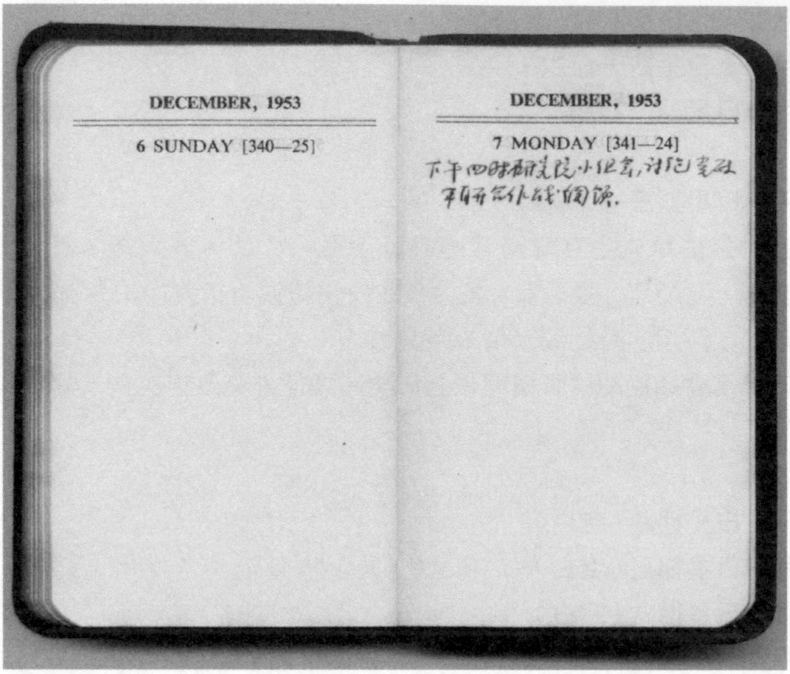
DECEMBER, 1953
6 SUNDAY [340—25]
DECEMBER, 1953
7 MONDAY [341—24]

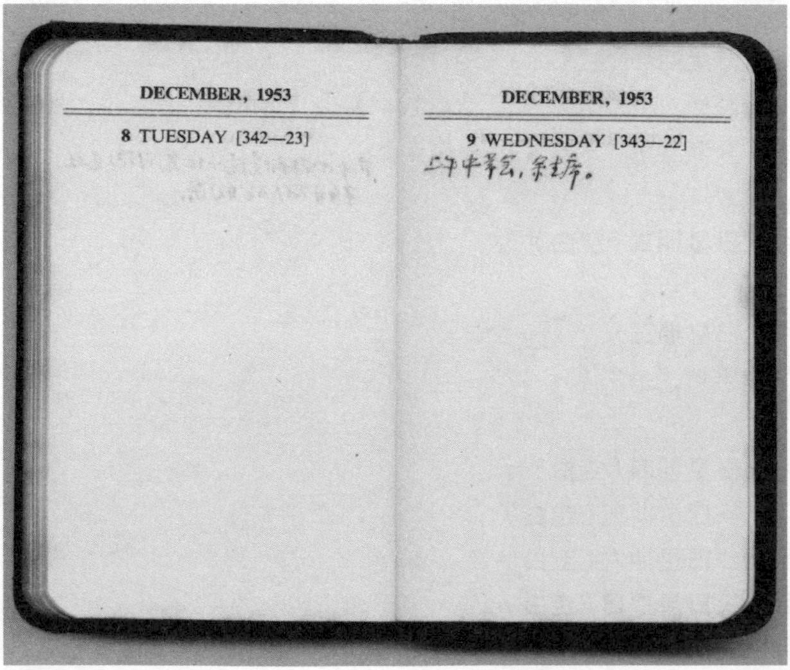
DECEMBER, 1953
8 TUESDAY [342—23]
DECEMBER, 1953
9 WEDNESDAY [343—22]
上午中常會，余主席。

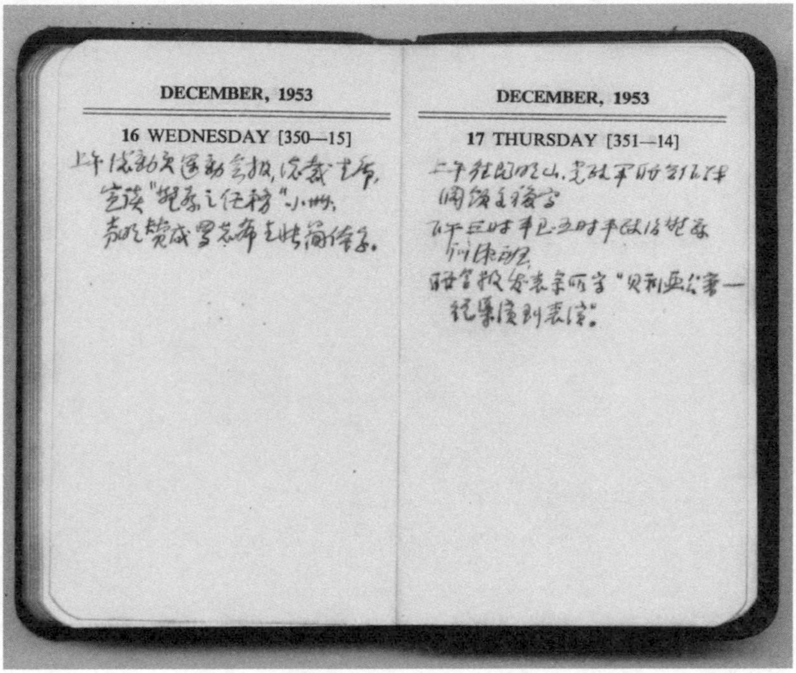

＊ 十二月十五日星期二（空白）

＊ 十二月十六日星期三

上午總動員運動會報。總裁主席，宣讀「警察之任務」小冊，聲明贊成羅志希上張簡體字。

＊ 十二月十七日星期四

上午往陽明山。黨政軍聯合作戰綱領複寫。

下午三時半至五時半政治警察訓練班。

聯合報發表所寫「貝利亞公審—從導演到表演。」

＊ 十二月十八日星期五

上午十至十二司法人員訓練班。

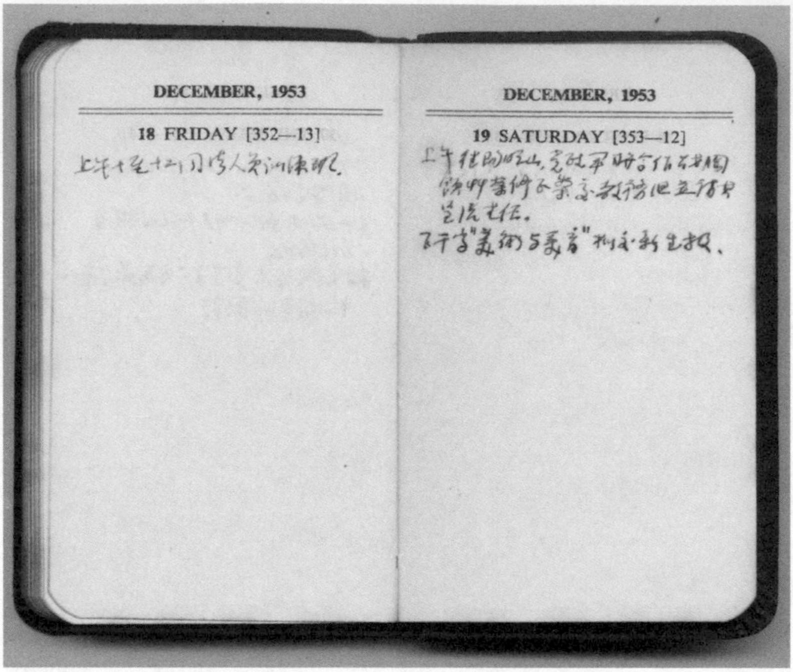
DECEMBER, 1953
18 FRIDAY [352—13]
DECEMBER, 1953
19 SATURDAY [353—12]

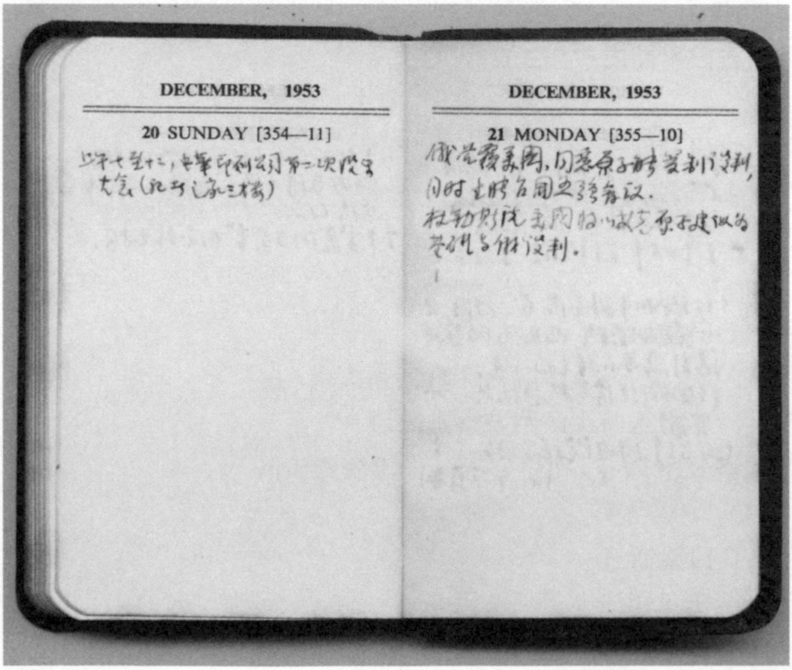
DECEMBER, 1953
20 SUNDAY [354—11]
DECEMBER, 1953
21 MONDAY [355—10]

＊ 十二月十九日星期六

上午往陽明山，黨政軍聯合作戰綱領草案修正案交教務組並請其呈張主任。

下午寫「美術與美育」擬交新生報。

＊ 十二月二十日星期日

上午十至十二中華印刷公司第一次股東大會。（記者之家三樓）

＊ 十二月二十一日星期一

俄答覆美國，同意原子能管制談判，同時主張召開五強會議。

杜勒斯說美國將以艾克原子建議為基礎與俄談判。

＊ 十二月二十二日星期二

上午八至九時半，青年反共救國團檢討會，余作講解，民生主義育樂兩篇

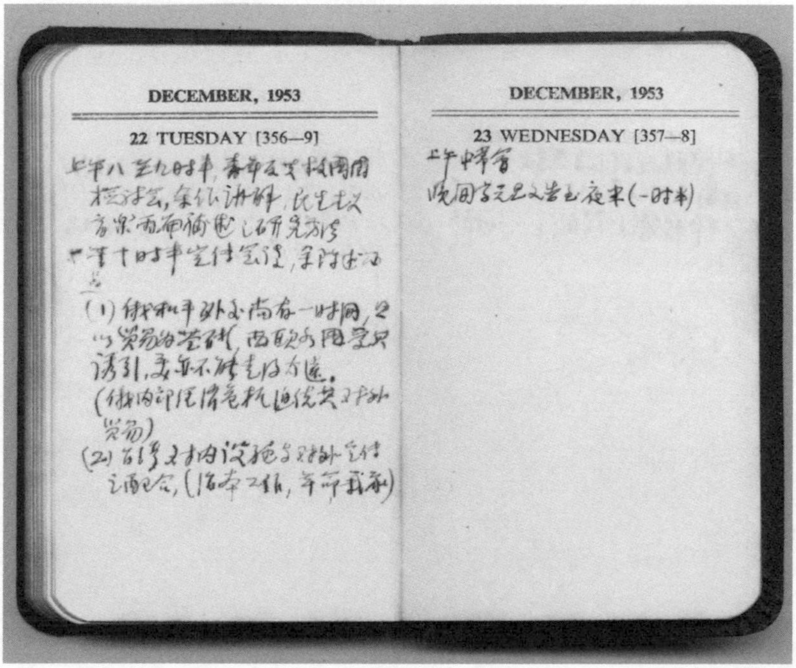

補述之研究方法。

十時半宣傳會談，余陳述兩點：

（1）俄和平外交尚存一時間，但以貿易為基礎，西歐各國受其誘引，美亦不能走得太遠。（俄內部經濟危機迫使其對外貿易）

（2）台灣對內設施與對外宣傳之配合。（治本工作，革命氣象）

＊ 十二月二十三日星期三

上午中常會。

晚間寫元旦文告至夜半。

＊ 十二月二十四日星期四

下午研究院提名審查委員會。

夜間在 Melhert 宅，與林伯樂夫婦聚餐後談話，至十一時半。

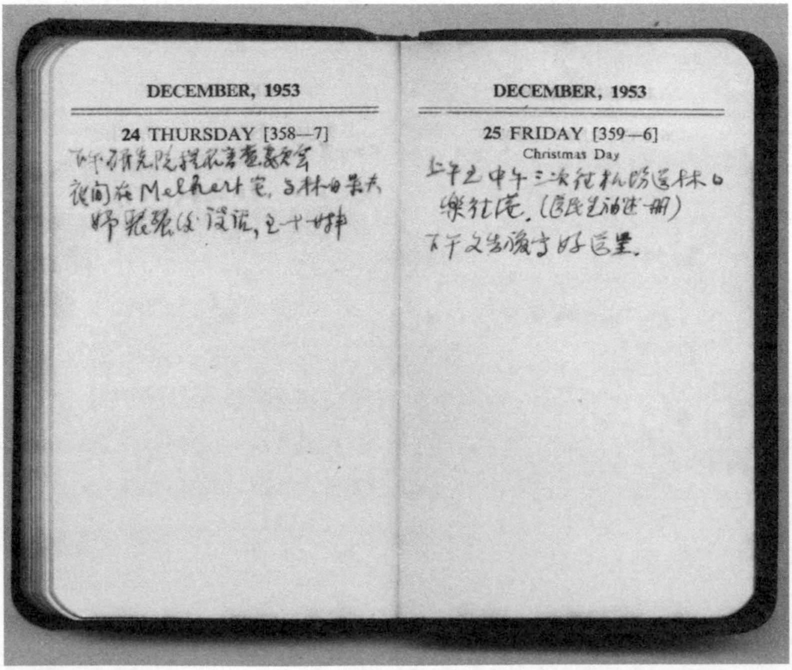

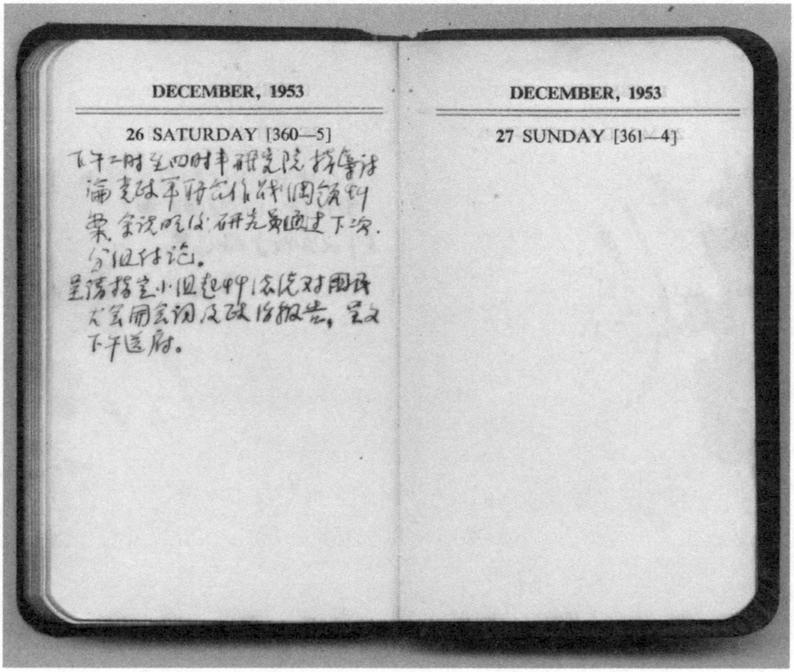

＊ 十二月二十五日星期五

上午至中午三次送林伯樂往港。（送民生補述一冊）

下午文告複寫好送呈。

＊ 十二月二十六日星期六

下午二時至四時半研究院指導討論黨政軍聯合作戰綱領草案。余說明後研究院通過下次分組討論。

呈請指定小組起草總統對國民大會開會詞及政治報告。呈文下午送府。

＊ 十二月二十七日星期日（空白）

＊ 十二月二十八日星期一（空白）

＊ 十二月二十九日星期二（空白）

＊ 十二月三十日星期三（空白）

＊ 十二月三十一日星期四（空白）

1954 年

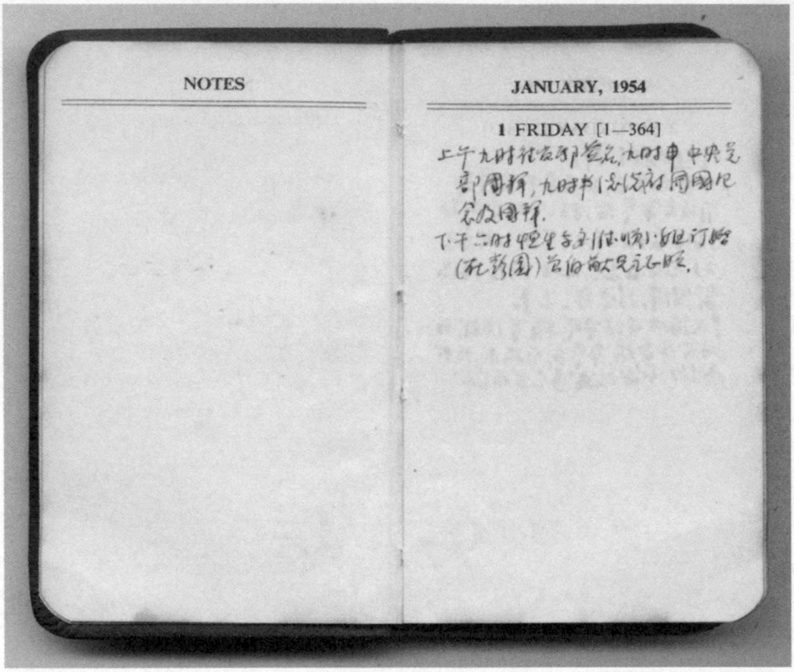
NOTES

JANUARY, 1954

1 FRIDAY [1—364]

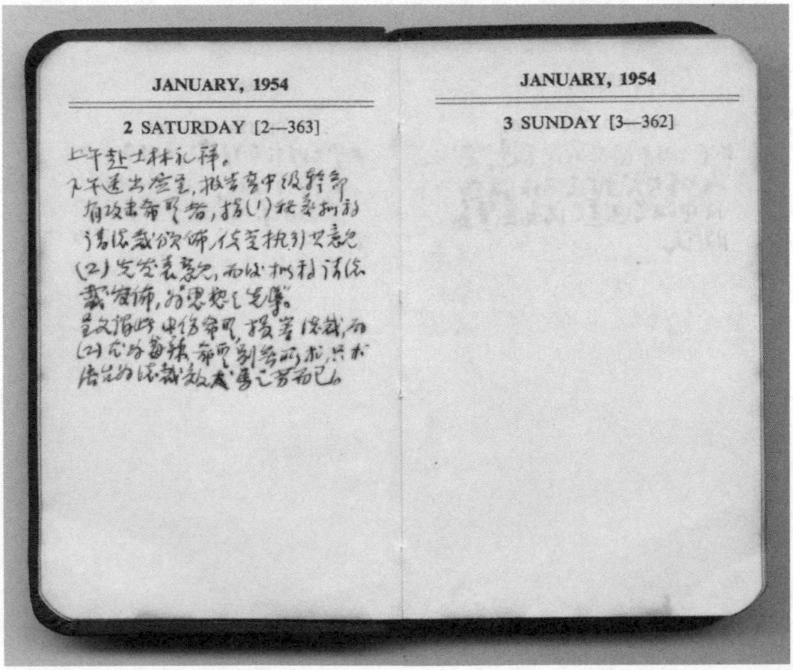
JANUARY, 1954

2 SATURDAY [2—363]

上午赴士林礼拜。

JANUARY, 1954

3 SUNDAY [3—362]

＊一月一日星期五

上午九時往官邸簽名。九時中央黨部團拜。九時半總統府開國紀念及團拜。

下午二時恒生與劉德順小姐訂婚（在彭園），曾伯猷兄證明。

＊一月二日星期六

上午赴士林禮拜。

下午送出簽呈，報告高中級幹部有攻擊希聖者，指（1）秘密擬稿請總統頒佈，使黨執行其意見。（2）先發表意見，而後擬稿請總統發佈，為「思想之先導」。

呈文指此中傷希聖，損害總裁，而（2）尤為毒辣，希聖別無所求，只求居台為總裁效犬馬之勞而已。

＊一月三日星期日（空白）

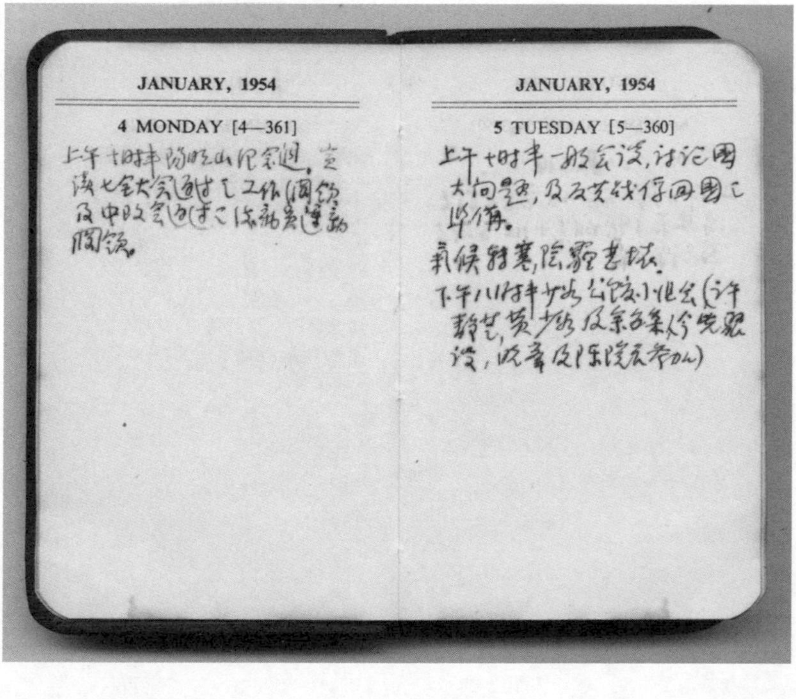

＊ 一月四日星期一

上午十時半陽明山紀念週。宣讀七全大會通過之工作綱領及中改會通過之總動員運動綱領。

＊ 一月五日星期二

上午十時半一般會談，討論國大問題，及反共戰俘回國之準備。

氣候轉寒，陰霾甚壞。

下午八時半少谷公館小組會。（許靜芝，黃少谷及余召集人，今先聚談，曉峰及陳院長參加）

＊ 一月六日星期三

下午三時陽明山政治組開會。

五時半台糖三樓，研究委員會經濟政策專題研究小組首次會，翁之鏐召集。

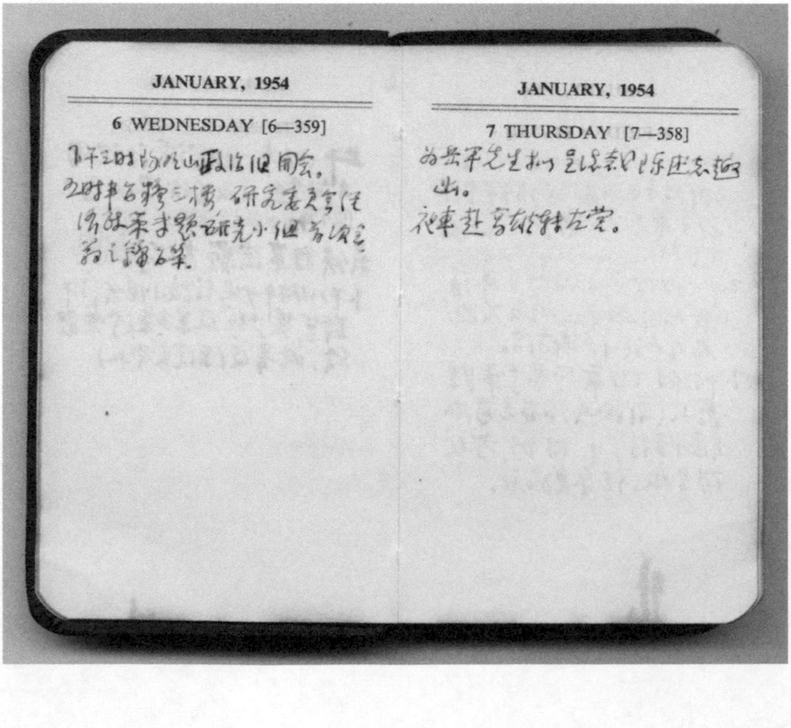

＊ **一月七日星期四**

為岳軍先生擬呈總裁陳述志趣函。

夜車赴高雄轉左營。

＊ **一月八日星期五**

上午十至十二，下午三時四十分至五時四十分為海軍指揮參謀學校畢業班講民生主義補述。

下午七時十分至八時二十分再講俄國近況，並說明反共抗俄基本論研讀方法。

下午九時十分乘平等號車轉嘉義（鄭拯人，張有光，葛滋（？）韜偕行），十二時到，參觀聯合報，住東賓旅社。

＊ **一月九日星期六**

上午九時往觀吳鳳祠，轉關子嶺。（商工日報社林社長李總編輯亦同行）

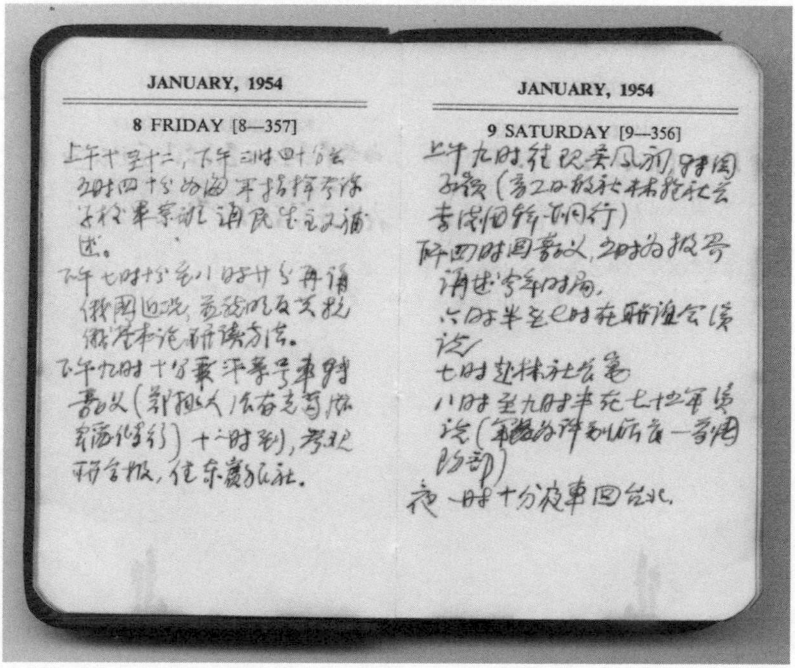

下午四時回嘉義，五時為報界講述今年時局。

六時半至七時在聯誼會演說。

七時赴林社長宴。

八時至九時半在七十五軍演說。（軍長為許副廳長－前國防部）

夜一時十分夜車回台北。

＊一月十日星期日

張明煒來談私營電台事。

＊一月十一日星期一

上午十時半紀念週。

下午為新生報寫專欄：國民的娛樂，仍解釋民生主義育兩篇補述。

下午七時參加研究委員會董文琦召集之專題小組首次會。

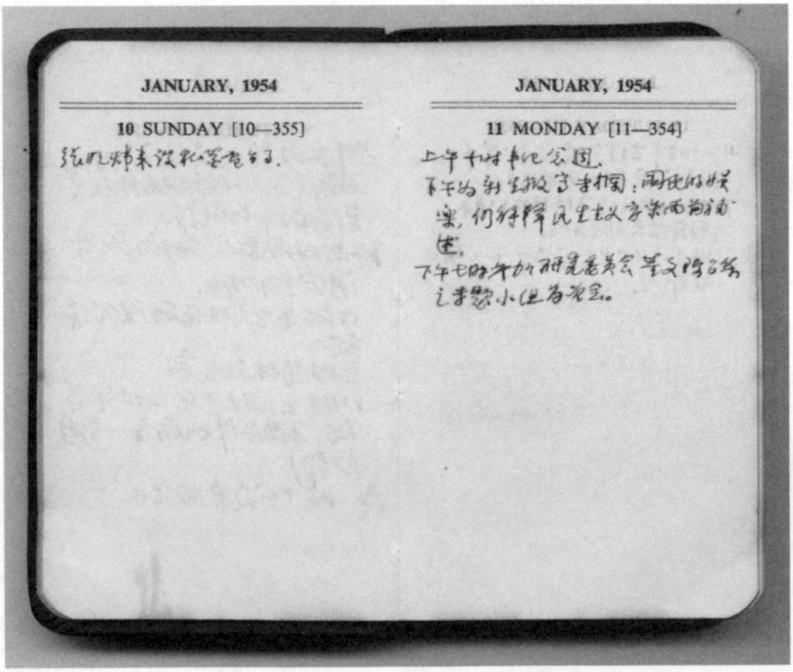

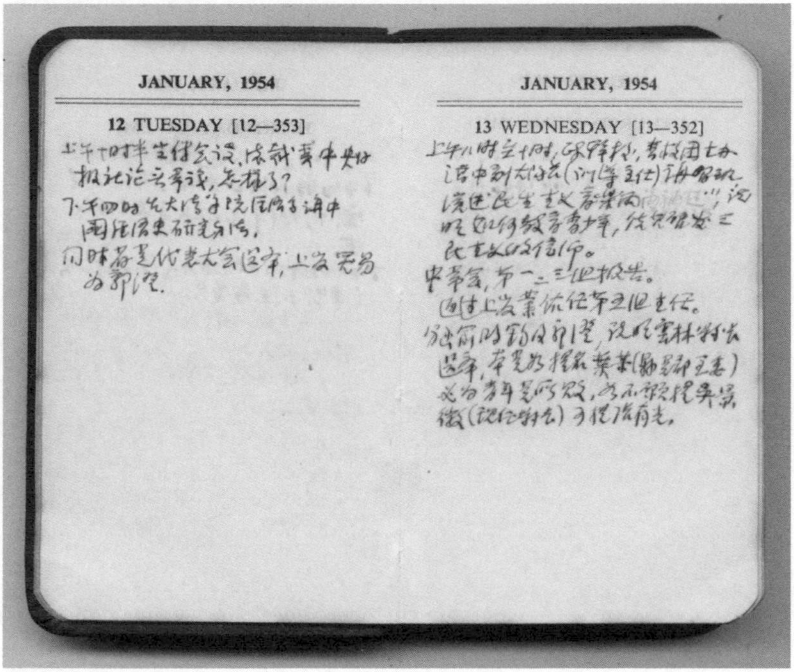

＊ 一月十二日星期二

上午十時半宣傳會談。總裁責中央日報社論無常識，怎樣了 ？

下午四時台大法學院經濟系講中國經濟史研究方法。

同時省黨代表大會選舉上官業 ？ 易為郭澄。

＊ 一月十三日星期三

上午八時至十時，政幹校，青救團主辦之高中副大隊長（訓導主任）講習班演述民生主義育樂兩篇補述，說明如何教育青少年，使其啟發三民主義的信仰。

中常會，第一二三組報告。

通過上官業佑任第五組主任。

分函俞鴻鈞及郭澄說明雲林縣長選舉，本黨如提名葉某（縣黨部主委）必為青年黨所敗。如不願提吳景徽（現任縣長）可提張有光。

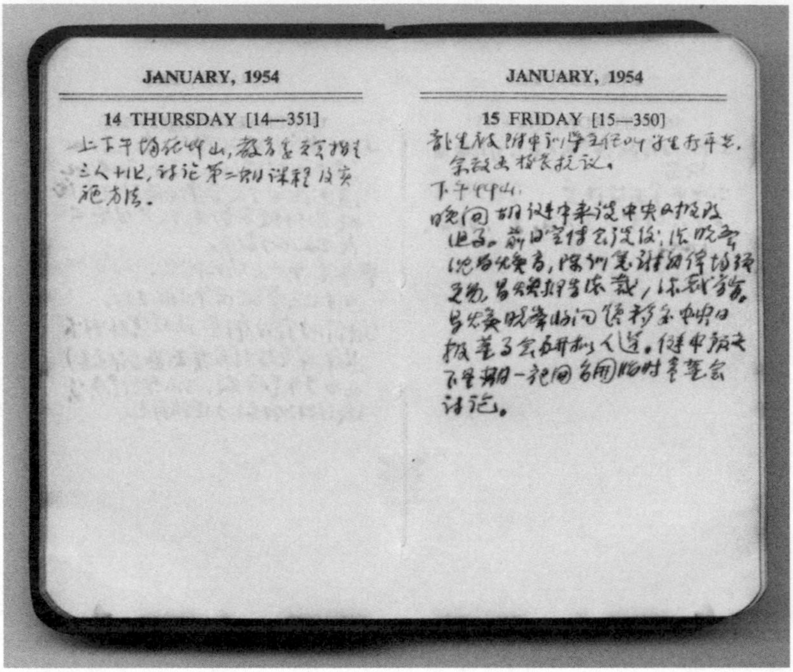

＊ 一月十四日星期四

上下午均在草山。教育委員會指定之三人小組。討論第二期課程及實施方法。

＊ 一月十五日星期五

龍生被附中訓導主任叫學生打耳光。余致函校長抗議。

下午草山。

晚間胡健中來談中央日報改組事。前日宣傳會談後，張曉峰沈昌煥商，陳訓悆謝幼偉均須更易。昌煥擬告總裁，總裁首肯。昌煥曉峰將問題移交中央日報董事會研擬人選。健中預定下星期一夜間召開臨時董事會討論。

＊ 一月十六日星期六

上午九時參加趙琛召集之司法組首次會。

十時中常委談話會。

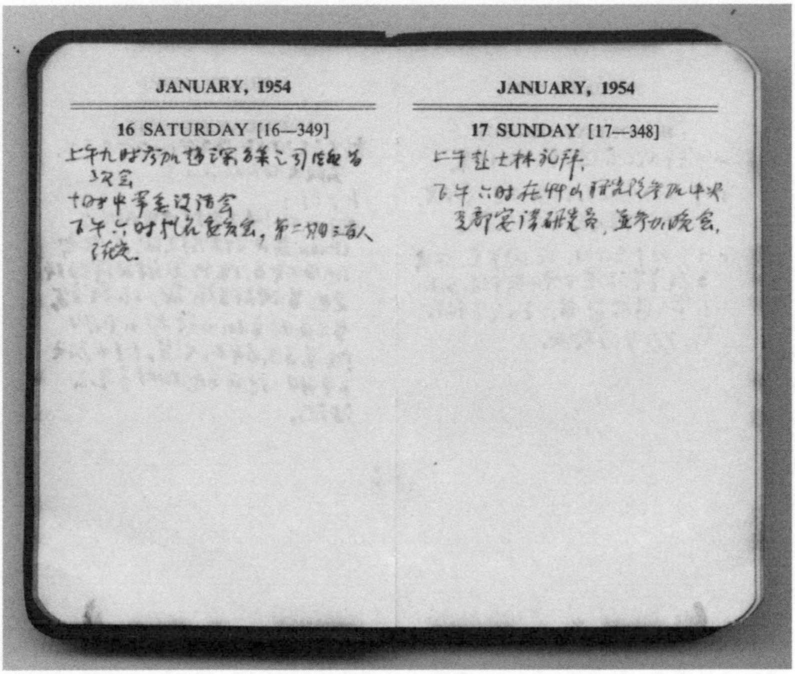

下午六時提名委員會，第二期三百人確定。

＊一月十七日星期日

上午赴士林禮拜。

下午六時在草山研究院參加中央黨部宴研究員，並參加晚會。

＊一月十八日星期一

上午草山紀念週。第一期結業。

下午四時陳院長約集三黨談話會，交換反共救國會議之意見。

下午七時半至十時，在健中宅，中央日報常董討論中央日報社長與總主筆人選問題。余力主確定社長制，少谷等均贊成。

＊一月十九日星期二

軍事會議，余未得通知。

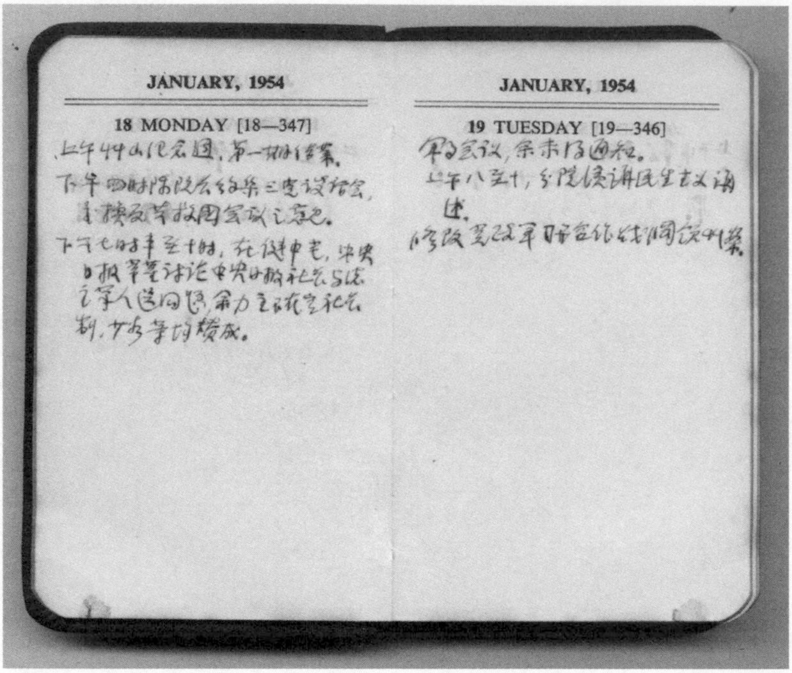

JANUARY, 1954

18 MONDAY [18—347]

上午中山紀念週，第一期結業。

下午四時[illegible]第三[illegible]，

[illegible]會議之意見。

下午七時半至十時，在總裁[illegible]，中央日報[illegible]討論中央日報社長與總主筆之人選問題，余力主[illegible]社長制，[illegible]等的[illegible]。

JANUARY, 1954

19 TUESDAY [19—346]

軍事會議，余未往出席。

上午八至十，為陸績講民生主義補述。

修改黨政軍聯合作戰綱領草案。

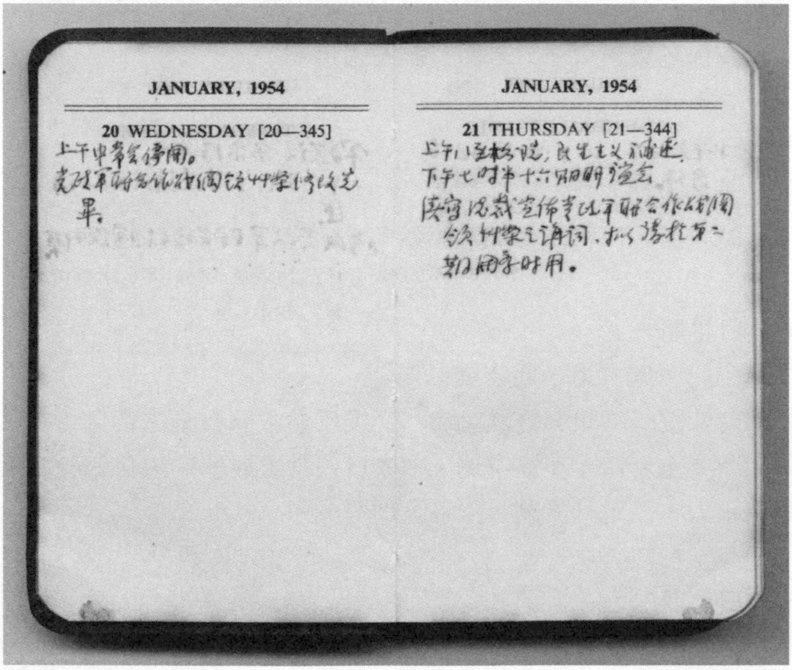

JANUARY, 1954

20 WEDNESDAY [20—345]

上午中常會停開。

黨政軍聯合作戰綱領草案修改完畢。

JANUARY, 1954

21 THURSDAY [21—344]

上午八至校閱，民生主義補述。

下午七時半十六期開學典禮

[illegible]總裁宣佈黨政軍聯合作戰綱領草案之講詞，擬於第二期開學時用。

上午八至十，分院演講民生主義補述。

修改黨政軍聯合作戰綱領草案。

一月二十日星期三

上午中常會停開。

黨政軍聯合作戰綱領草案修改完畢。

*** 一月二十一日星期四**

上午八至十，分院：民生主義補述。

下午七時半十六期聯誼會。

繕寫總裁宣佈黨政軍聯合作戰綱領草案之講詞。擬請於第二期開學時用。

*** 一月二十二日星期五**

上午九時至十二時第二期政治組總考評。

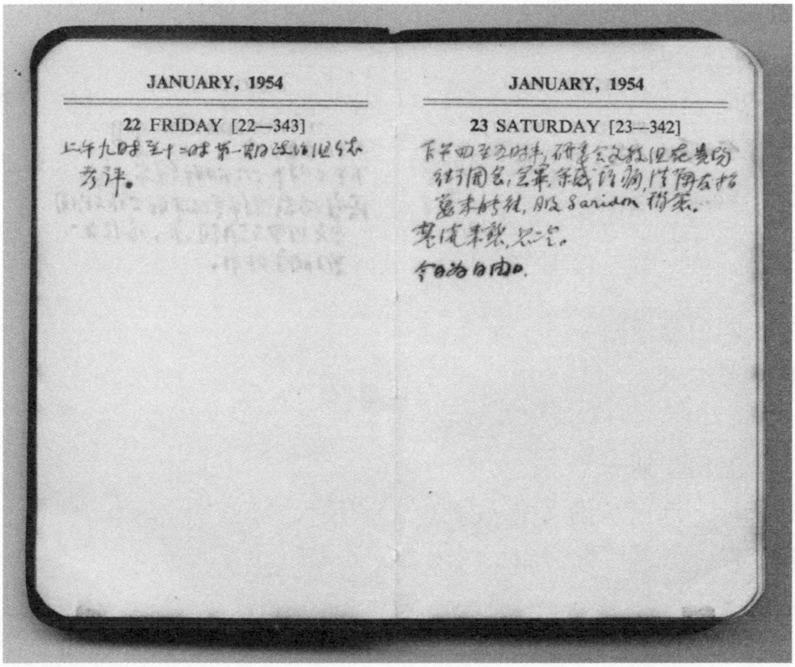

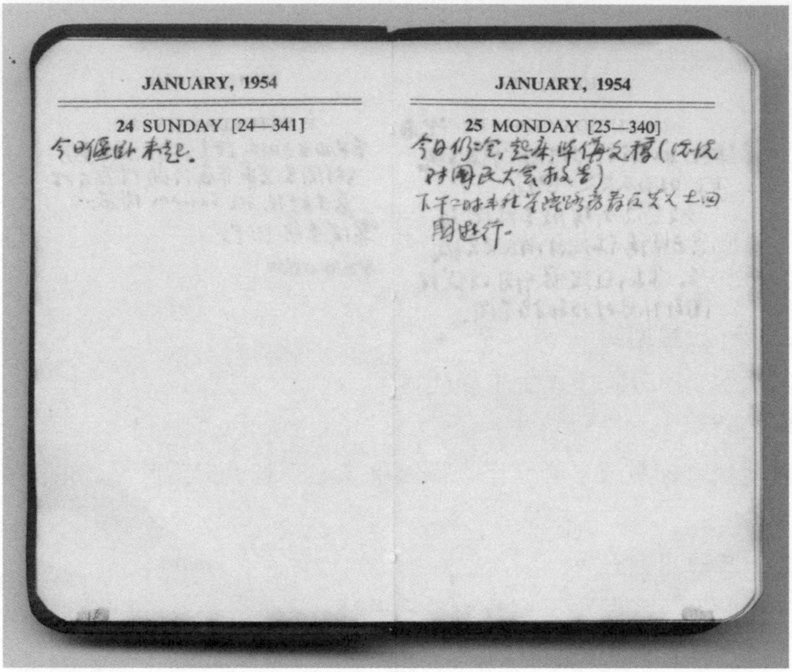

＊一月二十三日星期六

下午四時至五時半，研委會文教組在貴陽街開會。會畢，余感頭痛，洪蘭友招宴未能往。服 Saridon 稍愈。

寒流來襲，忽冷。

今日為自由日。

＊一月二十四日星期日

今日偃臥未起。

＊一月二十五日星期一

今日仍冷。起床準備文稿。（總統對國民大會報告）

下午二時半往基隆路旁看反共人士回國遊行。

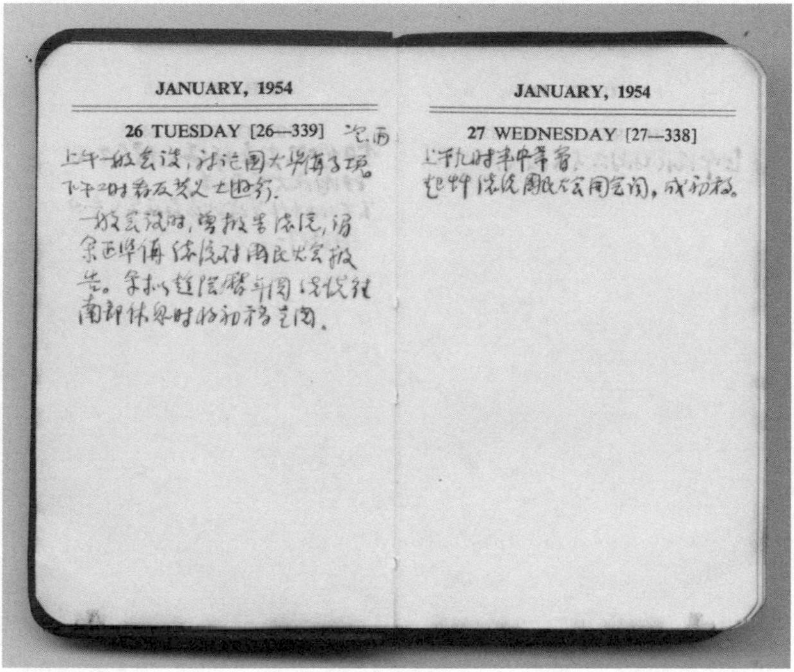

＊ 一月二十六日星期二

上午一般會談，討論國大準備事項。

下午二時看反共人士遊行。

一般會談時，曾報告總統，謂余正準備總統對國民大會報告。余擬趁陰曆年關總統往南部休息時將初稿呈閱。

＊ 一月二十七日星期三

上午九時中常會。

起草總統國民大會開會詞。成初稿。

＊ 一月二十八日星期四

起草總統對國民大會報告。

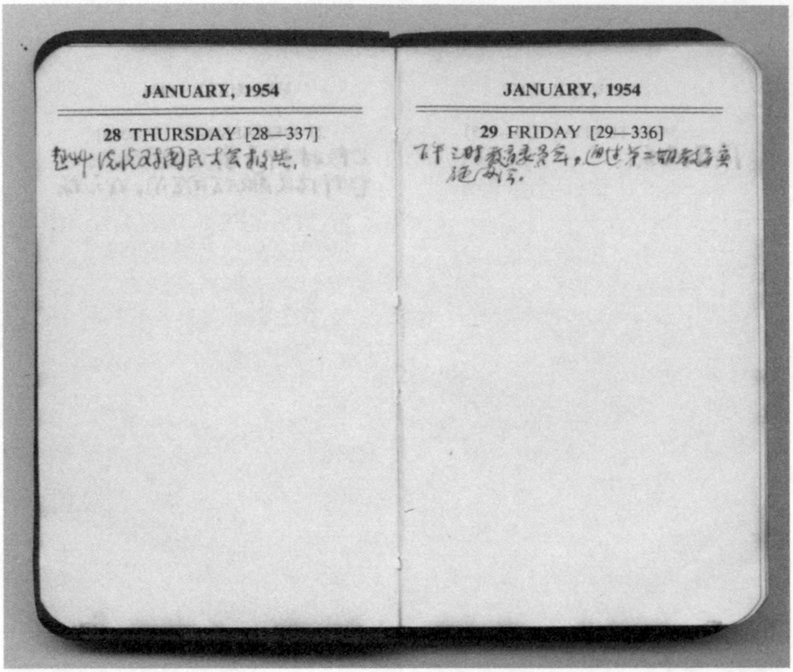

JANUARY, 1954

28 THURSDAY [28—337]

起草政協對國民大會報告。

JANUARY, 1954

29 FRIDAY [29—336]

下午三時黨務委員會，通過第二期黨務實施方案。

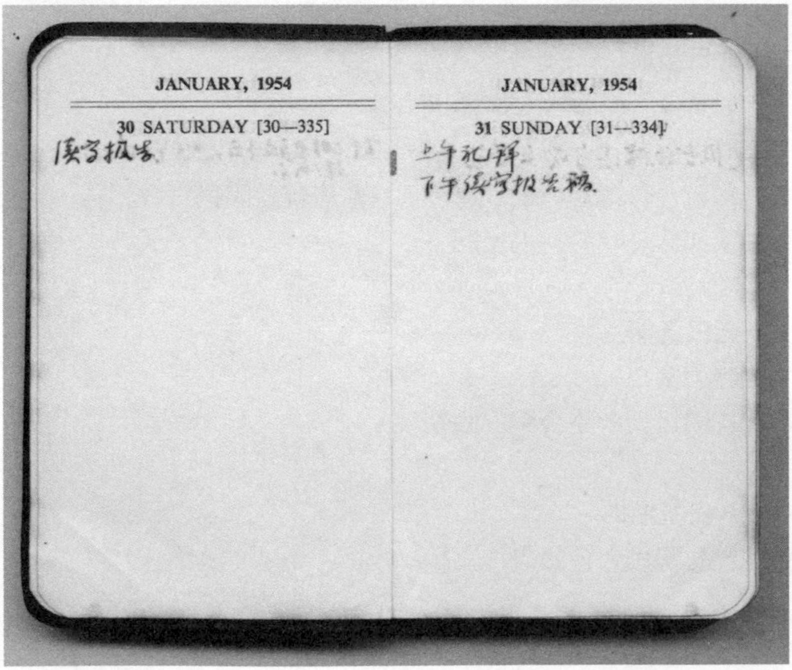

JANUARY, 1954

30 SATURDAY [30—335]

續寫報告。

JANUARY, 1954

31 SUNDAY [31—334]

上午禮拜

下午續寫報告稿。

* **一月二十九日星期五**

下午三時教育委員會，通過第二期教育實施辦法。

* **一月三十日星期六**

續寫報告。

* **一月三十一日星期日**

上午禮拜。

下午續寫報告稿。

* **二月一日星期一**

報告初稿續寫成，交繕寫。

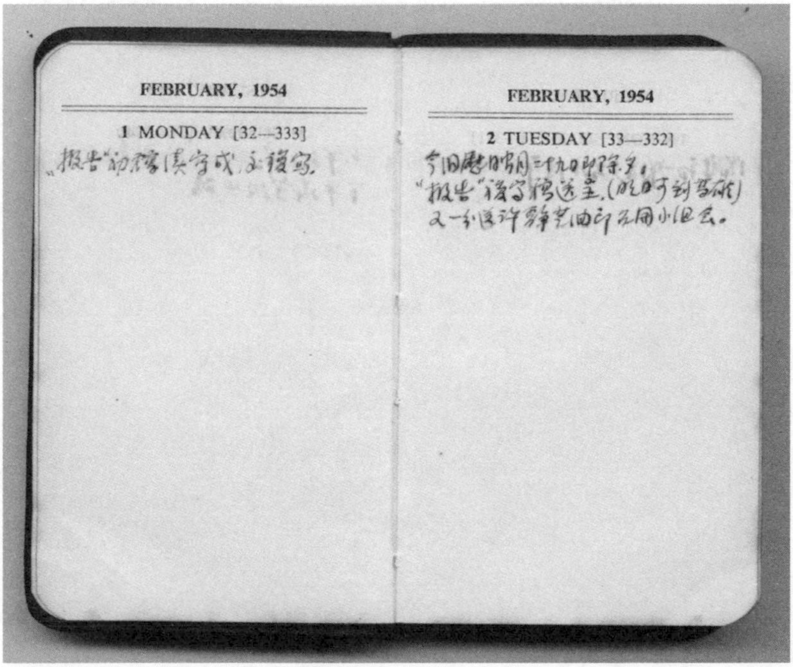

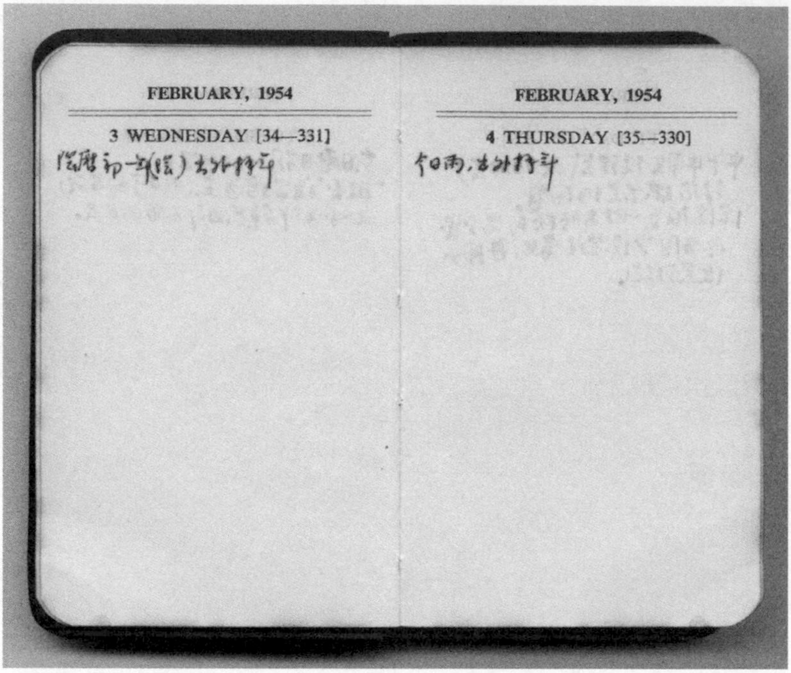

FEBRUARY, 1954

3 WEDNESDAY [34—331]

陰曆初一新(陰)出外拜年

FEBRUARY, 1954

4 THURSDAY [35—330]

今日雨，出外拜年

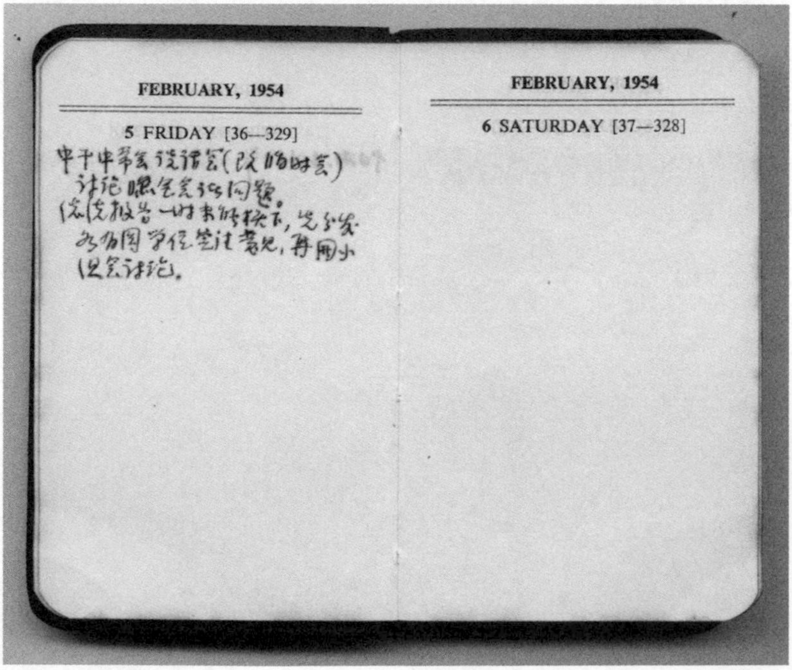

FEBRUARY, 1954

5 FRIDAY [36—329]

中午中常會談話會(改臨時會)

討論購買黨報問題。

依徐報告一時未能接下，先分發

各項同學任簽注意見，再開小

組會討論。

FEBRUARY, 1954

6 SATURDAY [37—328]

＊二月二日星期二

今舊曆臘月二十九，即除夕。

「報告」複寫稿送呈。（明日可到高雄）又一分送許靜芝油印召開小組會。

＊二月三日星期三

陰曆初一（陰）出外拜年。

＊二月四日星期四

今日雨。出外拜年。

＊二月五日星期五

中午中常會談話會。（改臨時會）討論臨全會諸問題。

總統報告一時未能核下。先分發各有關單位簽注意見，再開小組會討論。

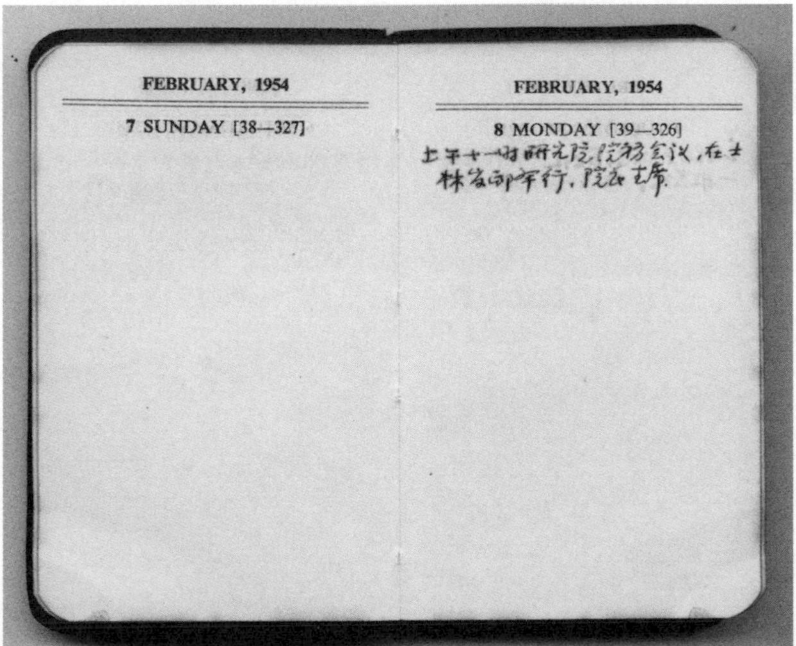

＊二月六日星期六（空白）

＊二月七日星期日（空白）

＊二月八日星期一

上午十一時研究院院務會議，再十六官邸舉行。院長主席。

＊二月九日星期二

立法院第一次會。余未往。

一般會談。

＊二月十日星期三

上午中常會。設計考核委會端木愷曾虛白等七人免職。任命周子若等七人。就中李崇年為余所反對，保留未發。餘皆通過。

中央日報社長，圈定阮毅成。謝幼偉任設計考核委員會委員。

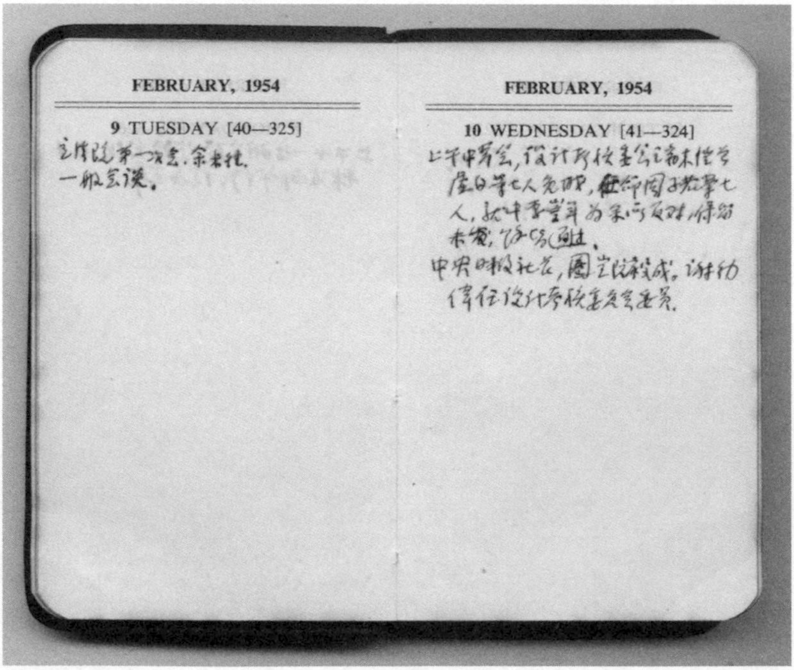

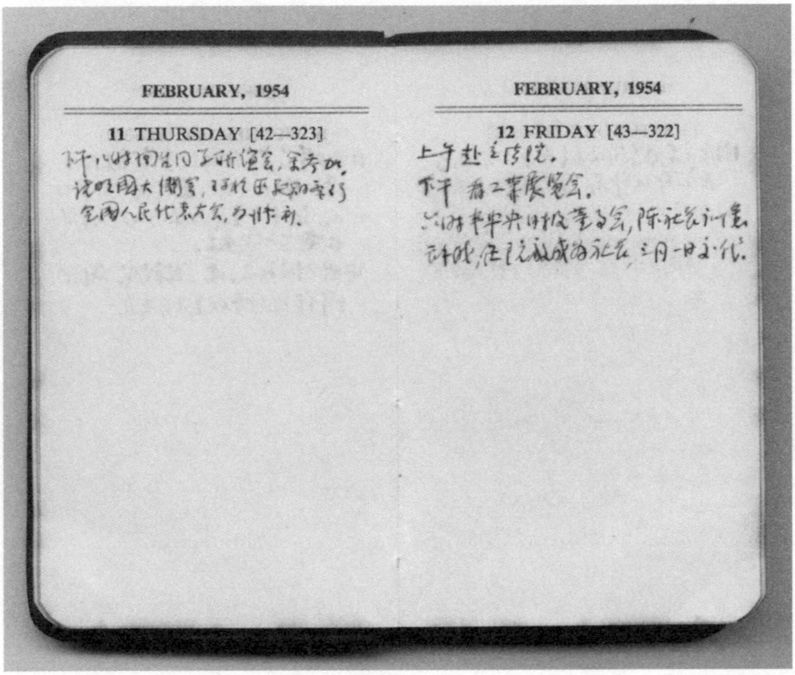

＊ 二月十一日星期四

上午八時閩台同學聯誼會，余參加。說明國大開會，對於匪延期舉行全國人民代表大會，為勝利。

＊ 二月十二日星期五

上午赴立法院。

下午看工業展覽會。

六時半中央日報董事會，陳社長訓悆辭職任阮毅成為社長。三月一日交代。

＊ 二月十三日星期六

國民大會開會詞及報告第二次稿，分送官邸及許靜芝。

鄒魯逝世。

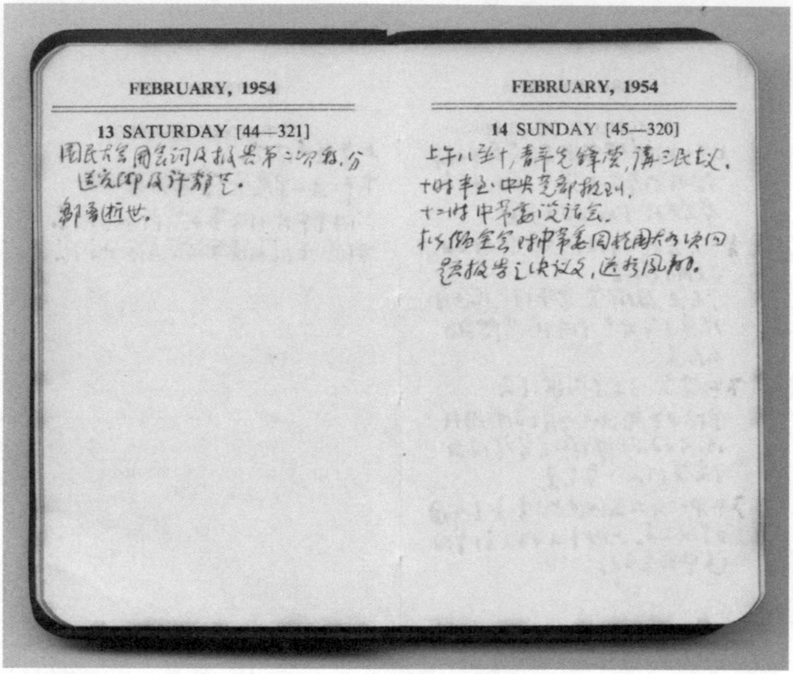

＊ 二月十四日星期日

上午八時半，青年先鋒營講三民主義。

十時半至中央黨部報到。

十二時中常委談話會。

擬臨時會時中常委關於國大各項問題報告之決議，送谷鳳翔。

＊ 二月十五日星期一

上午九時臨全會開會，總裁致詞說明六年前提名之經過，指示本會另提于右任與胡適。

第一次會於聽取國大問題報告後，改開談話會。

于右任，陳濟棠，堯樂博士，張道藩，張厲生等發言，主張仍選總統為候選人。

下午投票，32 票選總裁。

余於中午餐後（唐縱召開關於國大的會）準備全會請總裁接受提名之意見

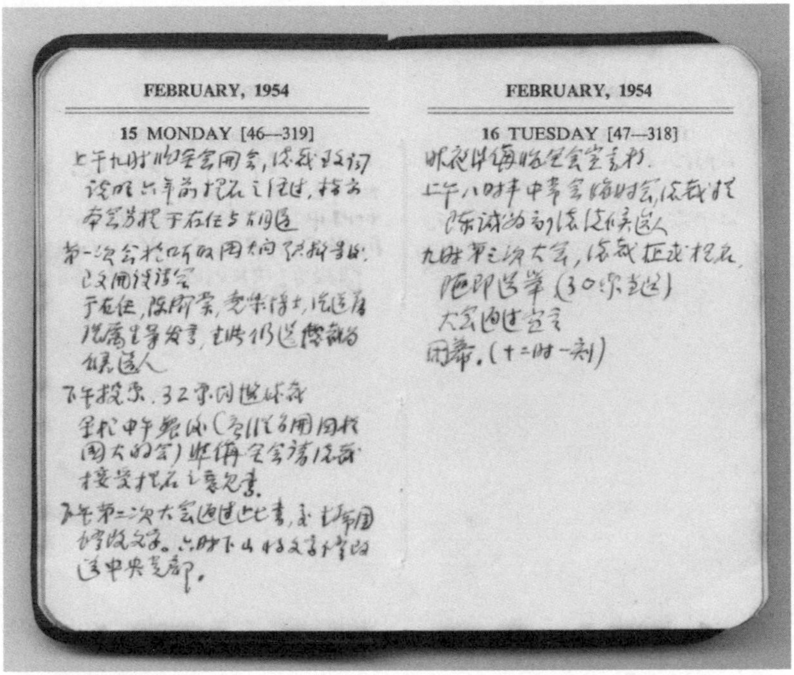

書。

下午第二次大會通過此書，交主席團修改文字。六時半下山將文字修改，送中央黨部。

＊ 二月十六日星期二

昨夜準備臨全會宣言稿。

上午八時半中常會臨時會，總裁提陳誠為副總統候選人。

九時第三次大會，總裁正式提名。隨即選舉。（30 票當選）

大會通過宣言。

閉幕。（十二時一刻）

＊ 二月十七日星期三

下午參加科學化運動談話會。（大雨）

上午參加湖北國代談話會，勸競選者協商。

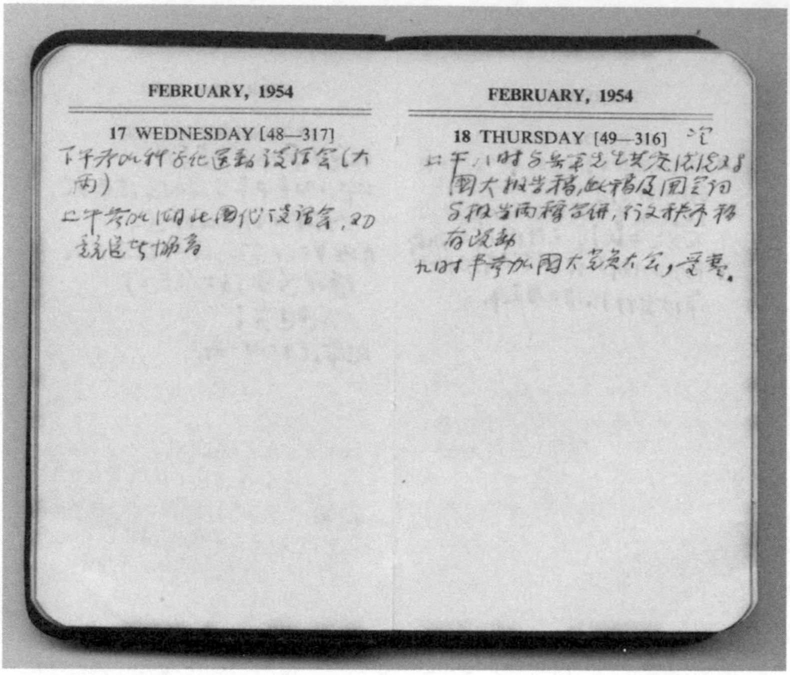

＊ 二月十八日星期四

上午八時與岳軍先生共定總統對國大報告稿，此稿及國會詞與報告兩稿合併，行文稍有改動。

九時半參加國大黨員大會。受寒。

＊ 二月十九日星期五

上午參加國民大會觀禮。

胡適開會詞。

總統報告。

反共義士祝詞。三者俱偉大場面。

下午參加湖北代表談話會，力促其舉何雲竹張淮九為主席。

＊ 二月二十日星期六

中午中央社管理委員會。

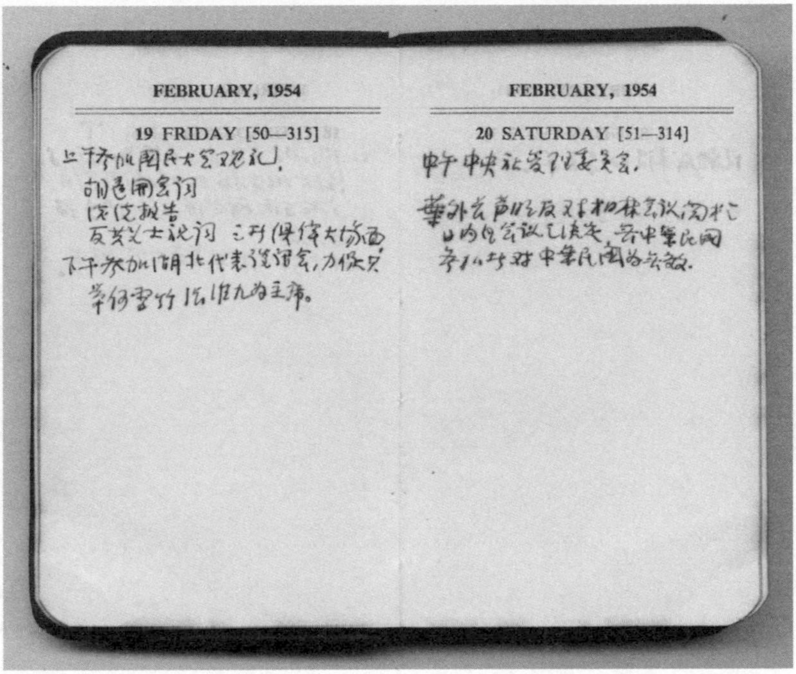

葉外長聲明反對柏林會議關於日內瓦會議之決定，無中華民國參加者對中華民國為無效。

＊二月二十一日星期日

阮毅成來談約請主筆事。

＊二月二十二日星期一

上午十時至十二時，松山機場動員檢閱，余未往。大雨。

起草情報與宣傳之綜合運用。

＊二月二十三日星期二

宣傳會談，魏景蒙報告義俘回國經過。

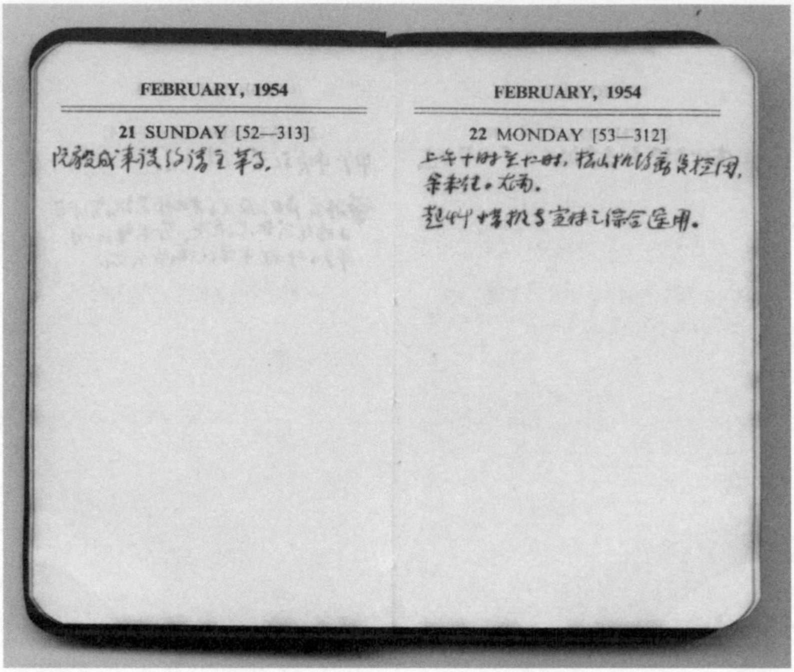
FEBRUARY, 1954
21 SUNDAY [52—313]
FEBRUARY, 1954
22 MONDAY [53—312]

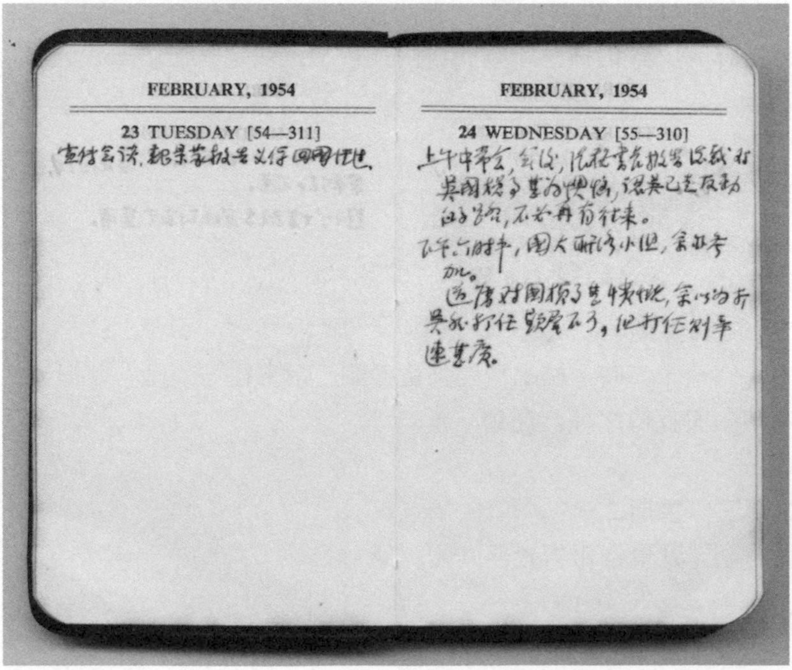
FEBRUARY, 1954
23 TUESDAY [54—311]
FEBRUARY, 1954
24 WEDNESDAY [55—310]

＊二月二十四日星期三

上午中常會，會後，張秘書長報告總裁對吳國禎事甚為懊惱，認吳已走反動的路，不必再有往來。

下午六時半，國大聯絡小組，余亦參加。

道藩對吳國禎事憤慨。余以為打吳非打任顯群不可，但打任則牽連甚廣。

＊二月二十五日星期四

密呈意見於總裁，認為非從任下手不可。

＊二月二十六日星期五

下午立法院會，張道藩以立委資格質詢吳國禎事。

八時半中常會臨時會，討論吳國禎問題。余力主不怕，我們是從白皮書打出來的。

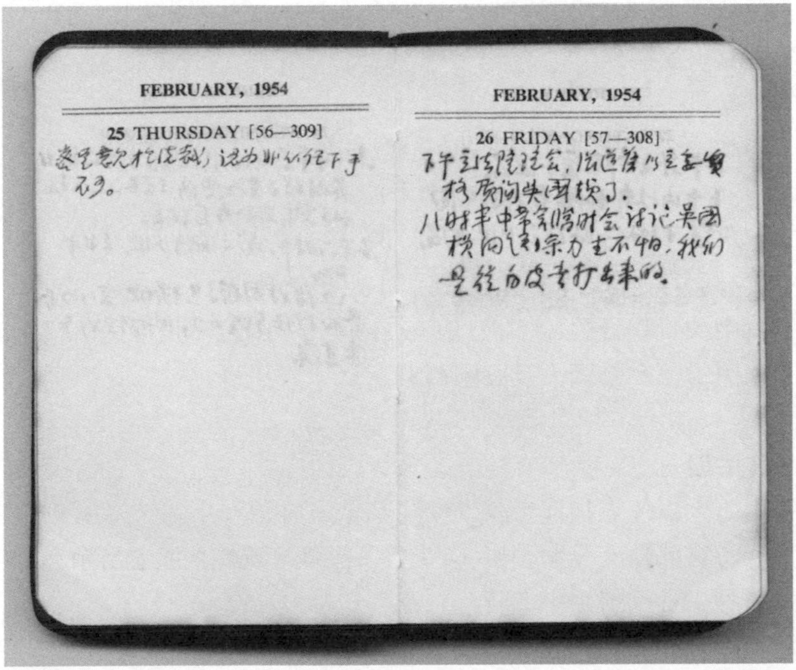

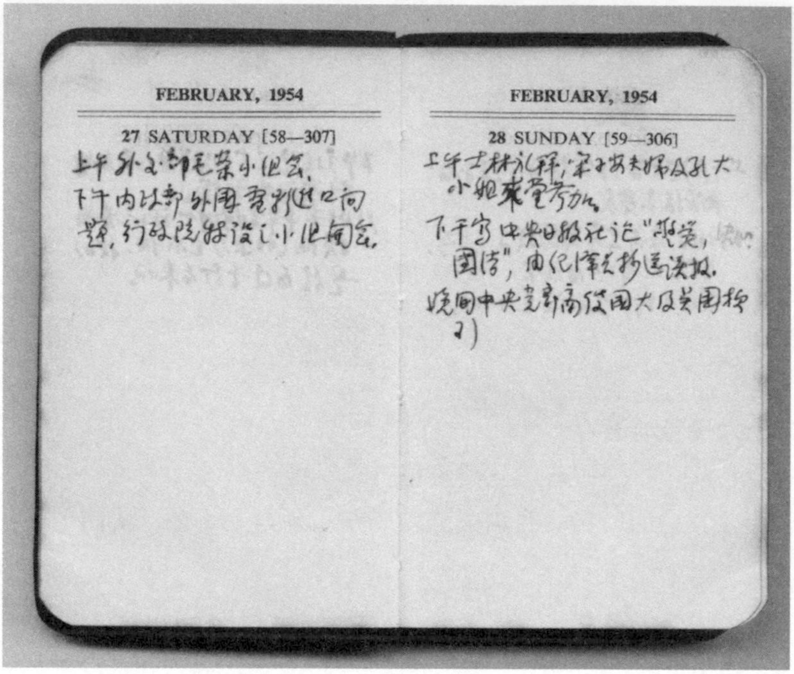

＊二月二十七日星期六

上午外交部毛案小組會。

下午內政部外國電影進口問題，行政院特設之小組開會。

＊二月二十八日星期日

上午士林禮拜，宋子安夫婦及孔大小姐來堂參加。

下午寫中央日報社論「警覺，決心，團結」，由紀澤長抄送該報。

晚間中央黨部商談國大及吳國楨事。

＊三月一日星期一

上午國防大學陸軍指揮參謀學校同學結業典禮。

下午八時官邸會商吳國楨事。（少谷，昌煥，曉峰，道藩及余）

會後又到少谷家談至十二時。

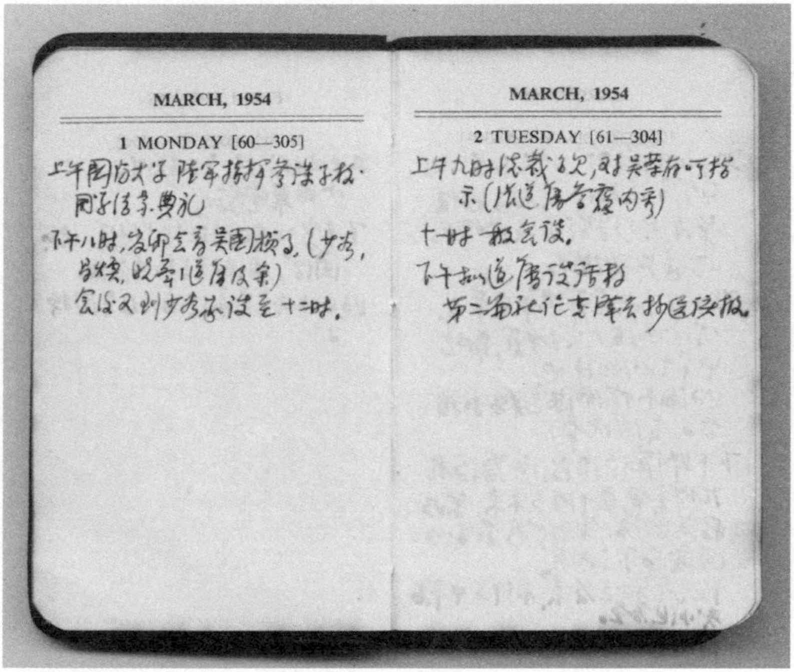

＊ 三月二日星期二

上午九時總裁召見，對吳案有所指示。（張道藩答覆內容）

十一時一般會談。

下午擬道藩談話稿。

第二篇社論交澤長抄送該報。

＊ 三月三日星期三

上午八時往官邸。少谷與余二人在坐。商張稿內容，標出財經等目，如何措詞，及必須如此逼吳攤牌。

十時往中央黨部出席中常會。會後道藩大發脾氣，希望中常會不批評他。（為端木愷開除黨籍未報告事，責張曉峰）

下午準備談話稿。道藩後於九時半來舍，至十時尚未來。余將稿送道藩。余往少谷處告以總裁指示之內容。

預定星期五發表，不許與中常委或小組商量。

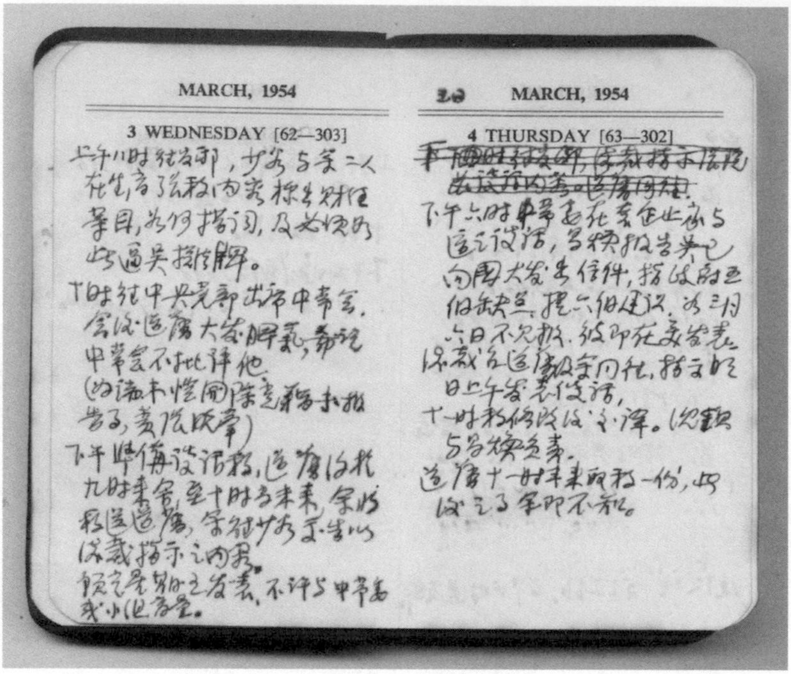

＊ 三月四日星期四

下午六時中常委在袁企止家與適之談話。昌煥報告吳已向國大發出信件，指政府五個缺點，提六個建議。如三月六日不見報，彼即在美發表。總裁召道藩及余同往，指示明日上午發表談話。

十一時稿修改後交譯。沈錡與昌煥負責。

道藩十一時來取稿一份，此後之事余不知。

＊ 三月五日星期五

（四日）上午八時電話少谷，始知昨夜中常委諸人將稿取去，加以修改。

今晨由曉峰少谷昌煥往謁總裁說明。余甚憤。到官邸與曉峰爭。總裁出見，痛斥諸人改稿，並責余不應與常委商量。余實不知此一段事也。總裁交稿給余修改，余即往昌煥家一面修改，一面翻譯。

總裁又找道藩，恐其不願發表，並加說明吳離上海市長一段事。

十一時半道藩始往立院宣佈談話。

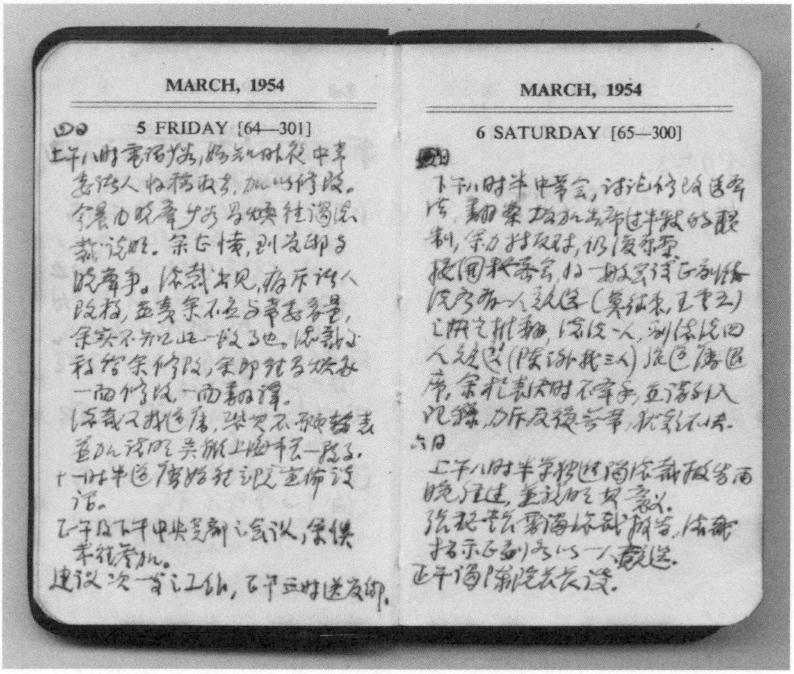

正午及下午中央黨佈之會議，余俱未往參加。

建議次一步之工作，下午三時送官邸。下午八時半中常會，討論修改選舉法，翻案增加出席過半數的限制。余力持反對，仍復原案。

接開秘密會，將一般會談正副總統各有一人競選（莫德惠，王雲五）之決定推翻。總統一人，副總統四人競選。（陳之外找三人）張道藩退席。余於表決時不舉手，並請別人記錄。力斥反復無常，猶疑不決。

＊ 三月六日星期六

六日上午八時半單獨進謁總裁報告兩晚經過，並說明其意義。

張秘書長晉謁總裁報告。總裁指示正副各以一人競選。

正午謁陳院長長談。

＊ 三月七日星期日

今日無事。

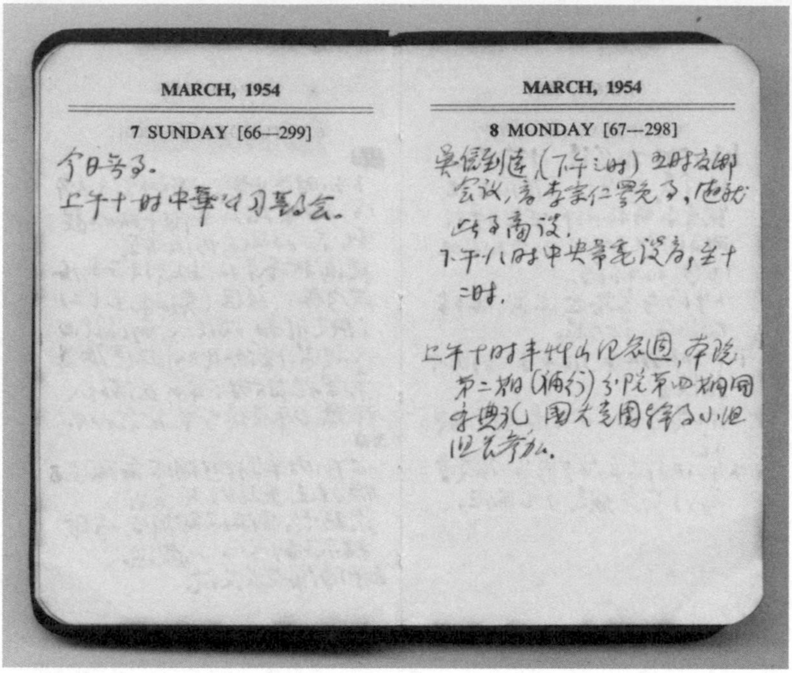

上午十時半中華公司董事會。

＊ 三月八日星期一

吳信到達（下午三時）。五時官邸會議，商李宗仁罷免事。隨就上午事商談。

下午八時中央常委談商至十二時。

上午十時半草山紀念週，本院第二期（補行）分院第四期開學典禮。國大黨團幹事小組長參加。

＊ 三月九日星期二

上午十一時一般會談，討論吳函如何發表。余及張道藩報告，任顯群家焚燒文件。余並力主從刑事問題下手，否則單就行政問題，不痛不癢。

下午以此意密簽總裁，認為無物證有人證可知追。

下午五時參加第四組召集之新聞界座談會。

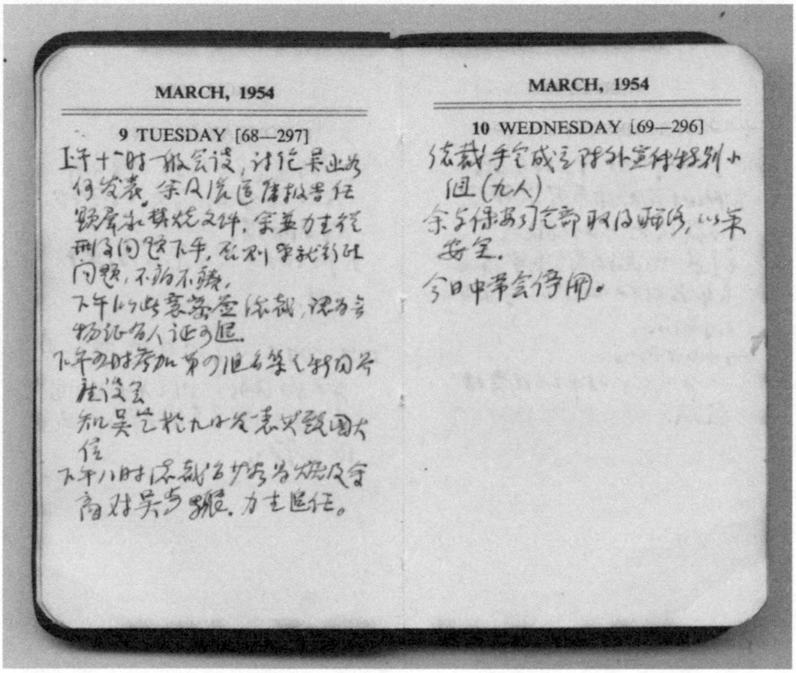
MARCH, 1954

9 TUESDAY [68—297]

知吳定於九日發表其致國大信

下午八時總裁召少谷昌煥及余商對吳步驟，力主追任。

MARCH, 1954

10 WEDNESDAY [69—296]

總裁手令成立對外宣傳特別小組（九人）

余与保安司令部取得聯絡，以策安全。

今日中常会停開。

知吳定於九日發表其致國大信。

下午八時總裁召少谷昌煥及余商對吳步驟，力主追任。

＊ 三月十日星期三

總裁手令成立應對外交宣傳特別小組（九人）。

余與保安司令部取得聯絡以策安全。

今日中常會停開。

＊ 三月十一日星期四

十二日 下午五時半外交部宣傳小組。

下午八時官邸中常會談話會。

總裁決定正副總統各一人競選，以民社黨徐傅霖石志泉為目的而努力，命余與石接洽。

以上為 12 日事。

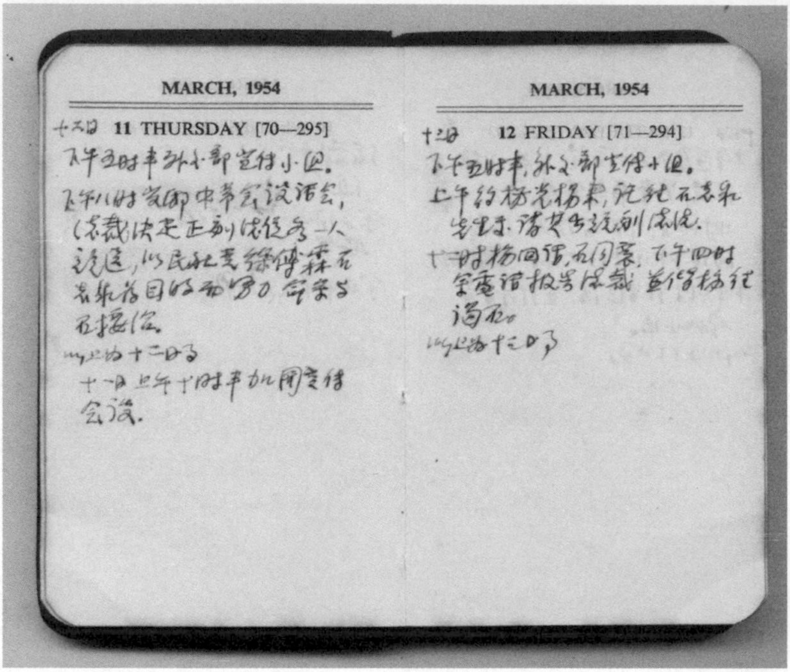

十一日上午十時半加開宣傳會談，

＊ 三月十二日星期五

下午五時半，外交部宣傳小組。

上午約楊光揚來，託往石志泉顯生處請其出競副總統。

十二時楊回話，石同意。下午四時余電話報告總裁，並偕楊往謁石。

以上為十二日事。

＊ 三月十三日星期六

十四日

上午道藩入台大醫院。余於十時半往談。吳案有新發展。余於十二時回舍。即電話請見總裁。回話下午八時往士林。

下午三時往告道藩。並往外交部參加小組。

以上為十三日事。

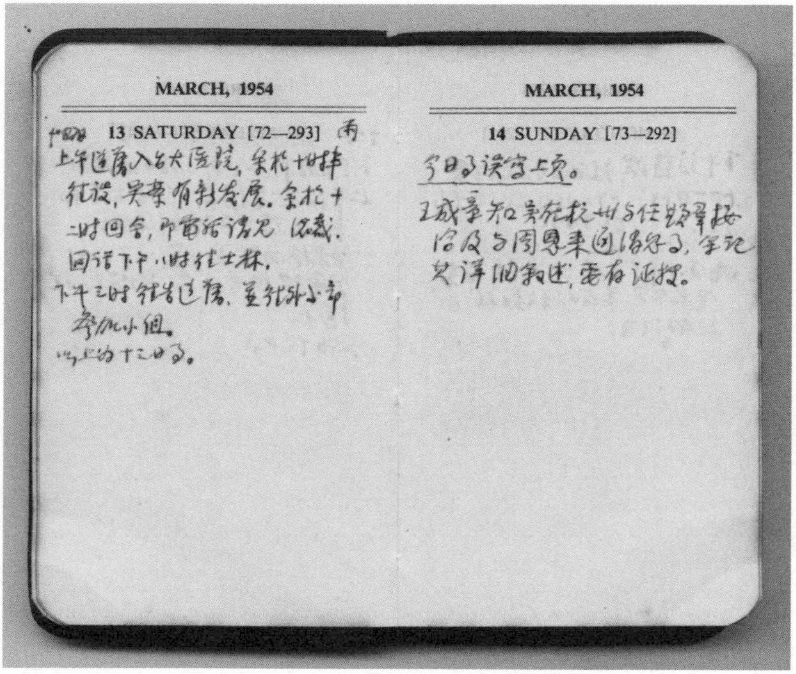

＊ 三月十四日星期日

今日事誤為上頁。

王成章知吳在杭州與任顯群接洽及與周恩來通消息事，余託其詳細敘述，要有證據。

＊ 三月十五日星期一

下午訪趙琛。彼正在辦顧長生案。（十六日下午）上午九時總裁召見李壽雍，余亦往。

下午詢張道藩。

晚間中常會審核地方選舉本黨提名名單。余反對賴森林。（台北縣省議員）

＊ 三月十六日星期二

上午十時一般會談。余陳述對吳案之戰略。序戰已告段落，今後為本戰，以法律問題穩紮穩打。總裁完全同意此一戰略。

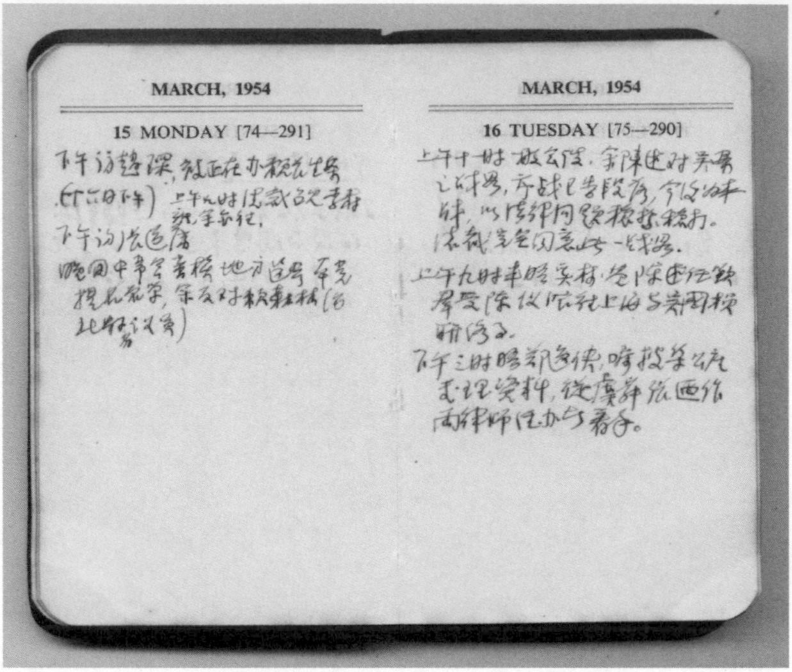
MARCH, 1954
15 MONDAY [74—291]
MARCH, 1954
16 TUESDAY [75—290]

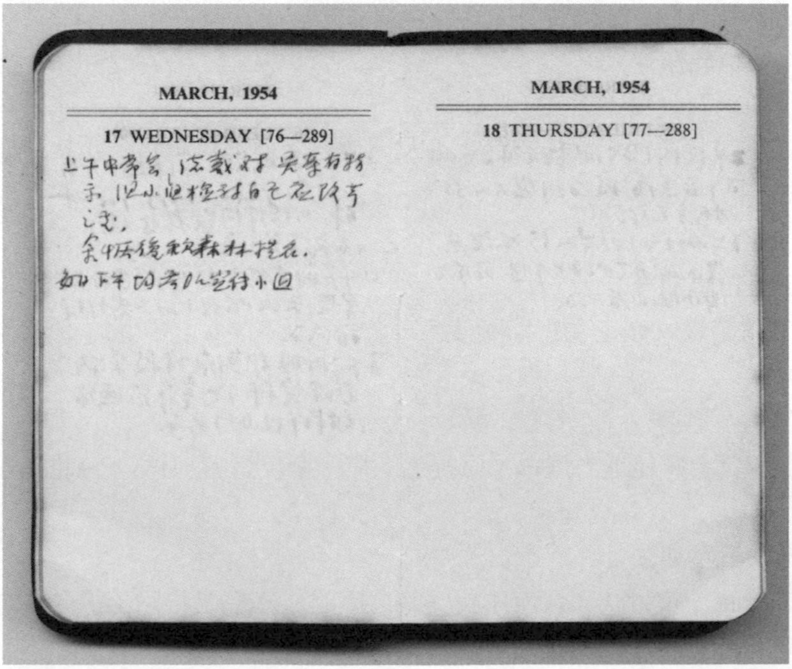
MARCH, 1954
17 WEDNESDAY [76—289]
MARCH, 1954
18 THURSDAY [77—288]

上午九時半晤奚樹基陳逑任顯群受陳儀派往上海與吳國楨聯絡事。

下午三時晤鄭逸俠，囑搜集公產處理資料，從虞舜張迺作兩律師經辦此著手。

＊三月十七日星期三

上午中常會。總裁對吳案有指示，組小組檢討自己應改革之處。

余恢復賴森林提名。

每日下午均參加宣傳小組。

＊三月十八日星期四（空白）

＊三月十九日星期五

上午起草國大閉幕致詞。

下午看道藩，彼得到巒大山 35 林場全部證件。

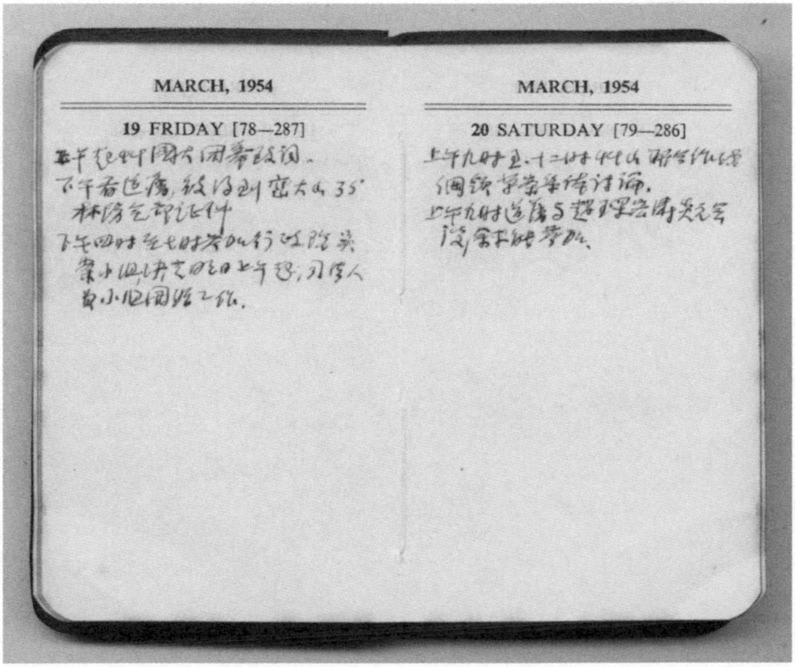

下午四時至七時參加行政院吳案小組，決定明日上午起，司法人員小組開始工作。

＊ 三月二十日星期六

上午九時至十二時草山聯合作戰綱領草案集體討論。

上午九時道藩與趙琛宏濤炎元會談。余未能參加。

＊ 三月二十一日星期日（空白）

＊ 三月二十二日星期一

上午無紀念週。

蔣總裁當選總統。

余為中央日報寫社論。

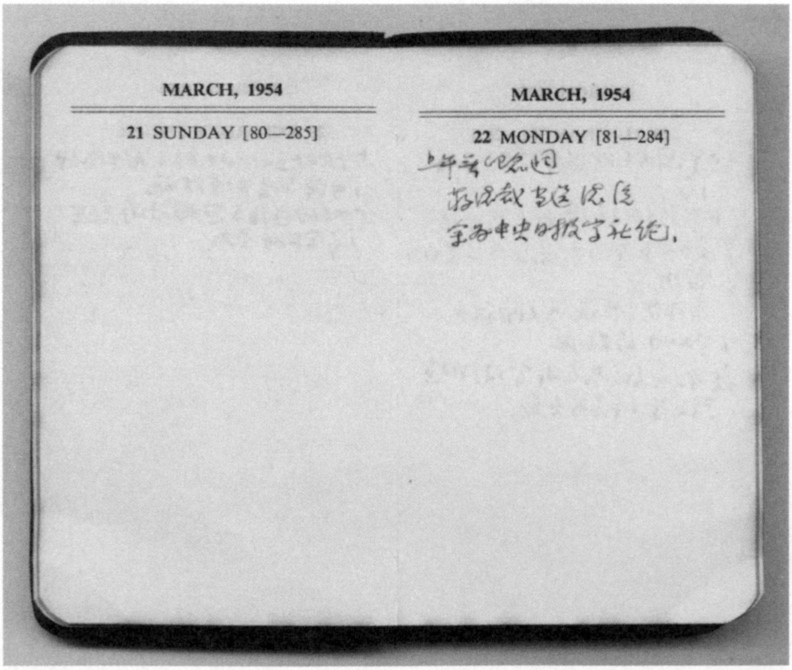

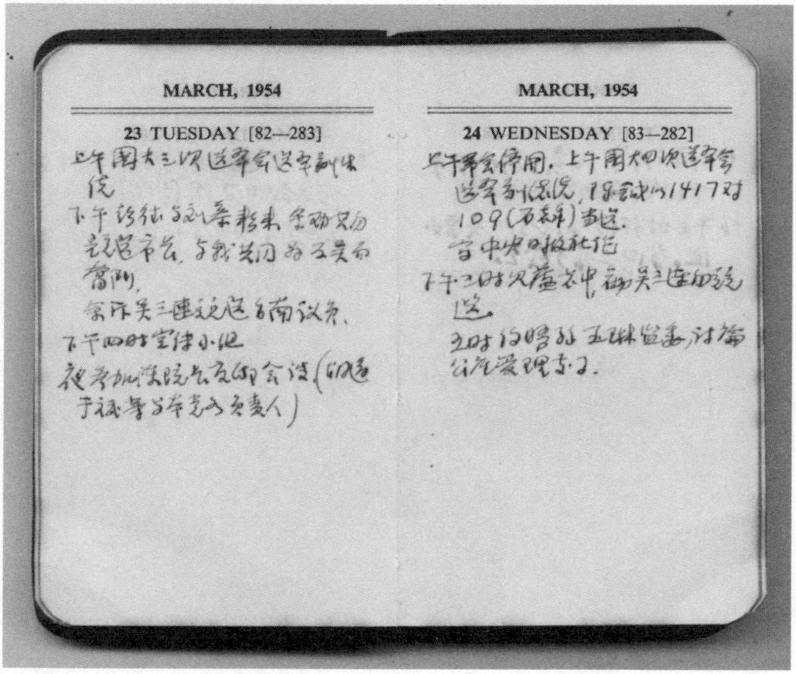

＊三月二十三日星期二

上午國大三次選舉會選舉副總統。

下午彭德與劉慕雲來，余勸其勿選市長，與我共同為反吳而奮鬥。

余斥吳三連競選台南議員。

下午四時宣傳小組。

夜參加陳院長官邸會議。（胡適于斌等與本黨負責人）

＊三月二十四日星期三

上午常會停開。上午國大四次選舉會選舉副總統。陳以 1417 對 109（石志泉）當選。

下午二時見盧志中，勸吳三連勿競選。

五時約晤孫玉琳監委，討論公產管理處事。

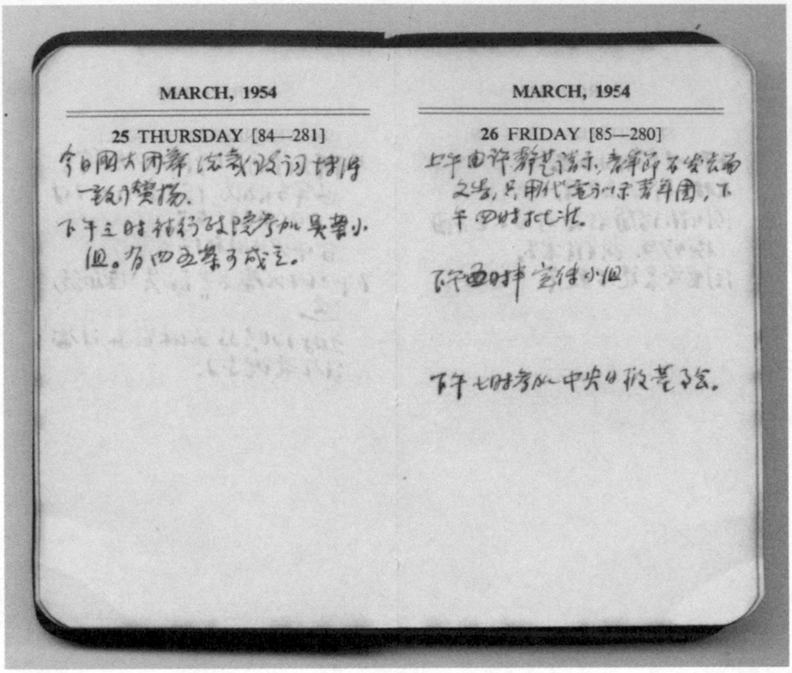

＊ 三月二十五日星期四

今日國大閉幕。總裁致詞博得一致讚揚。

下午三事往行政院參加吳案小組。有四五案可成立。

＊ 三月二十六日星期五

上午由許靜芝請示青年節不發長篇文告，只用代電訓示青年團。下五四時批准。

下午四時半宣傳小組。

下午七時參加中央日報董事會。

＊ 三月二十七日星期六

上午八時半宣傳小組會。

九時三刻訪張道藩。

周以德諮詢斯密斯均不直吳國楨所為。顧大使電告。

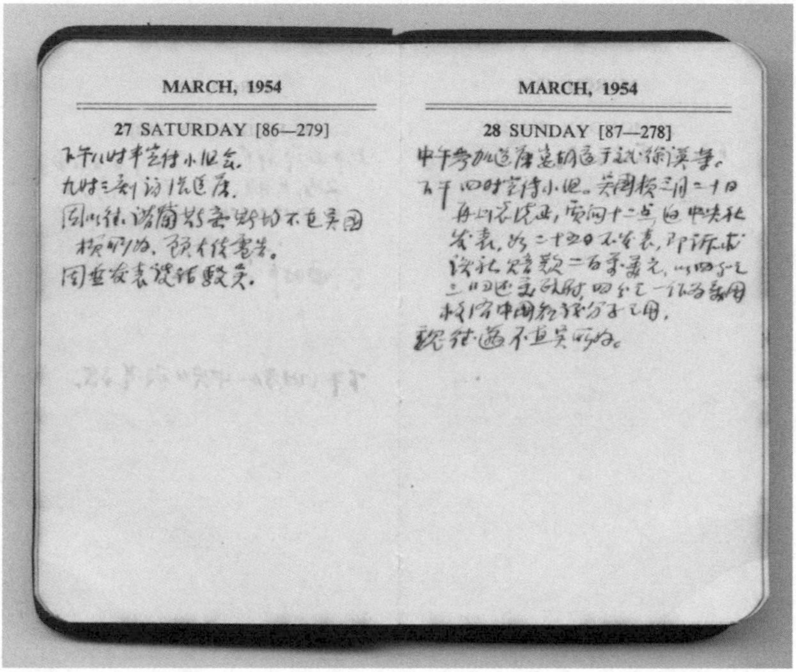

周並發表談話駁吳。

＊ 三月二十八日星期日

中午參加道藩宴胡適于斌徐謨等。

下午四時宣傳小組。吳國楨三月二十日再上總統函，質問十二點，迫中央社發表，如二十五日不發表，即訴求該社賠款二百萬美元，以四分之三歸還美政府，四分之一作為美國救濟中國知識分子之用。

魏德邁不直吳所為。

＊ 三月二十九日星期一

下午四時宣傳小組。

＊ 三月三十日星期二

下午四至十一，中央負責同志與胡適于斌梅貽琦等會談。余任革命實踐研

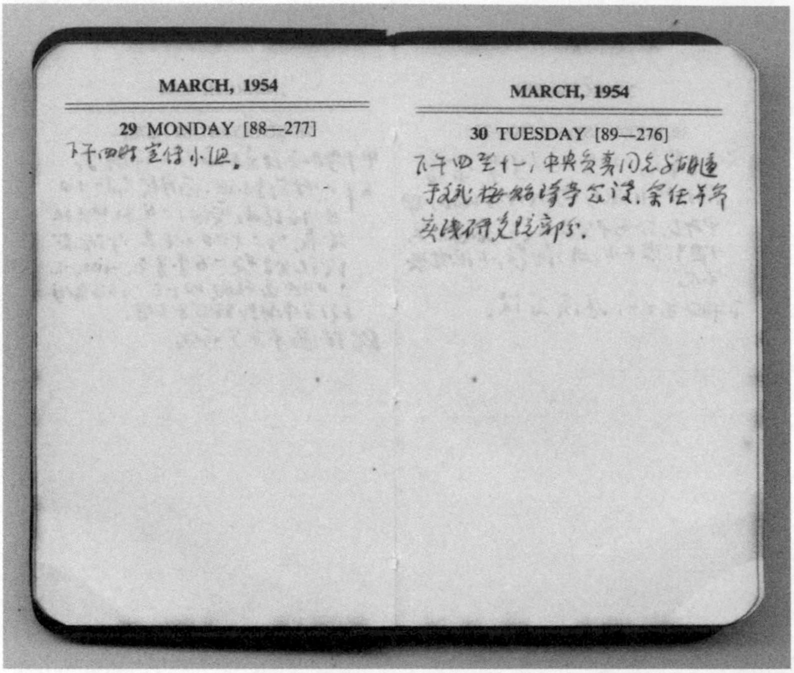

MARCH, 1954

29 MONDAY [88—277]

下午四時 宣傳小組。

MARCH, 1954

30 TUESDAY [89—276]

下午四至十一，中央委員同志委的通
于武按組達于委法，会任军常
委法得見住部分。

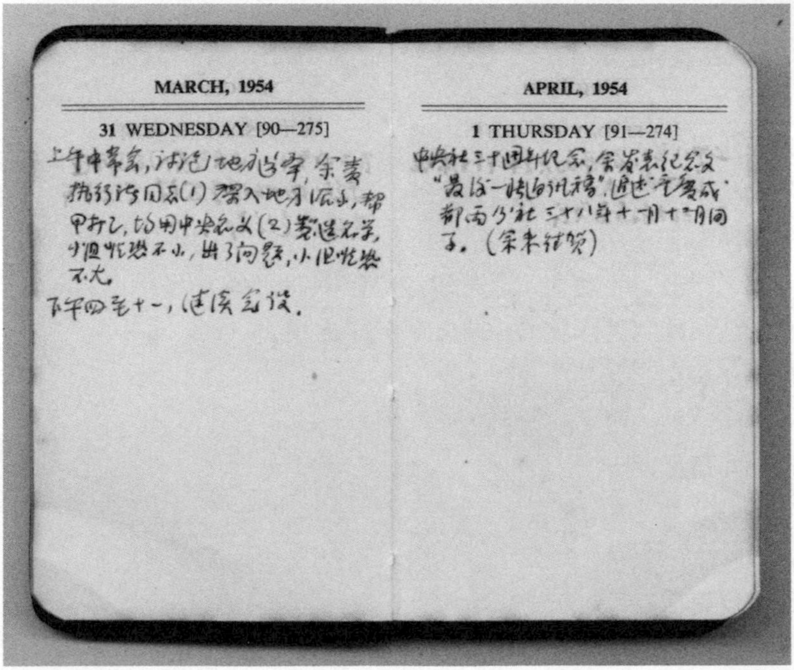

MARCH, 1954

31 WEDNESDAY [90—275]

上午中華氣，油池地水台常，余當
執行於同志(1)習入地方(民五，帮
甲打乙，的用中央氣義(2)寄選名等
少追此遇不小，出了向題，小組恍樂
不大。
下午四至十一，連漬会談。

APRIL, 1954

1 THURSDAY [91—274]

中央社三十周年紀念，会省氣紀念文
"最後一哩的訊播"，運世于寒成
部尚少社三十八年十一月十一月同
专。(余未誌賀)

究院部分。

＊三月三十一日星期三

上午中常會，討論地方選舉。余責執行諸同志（1）深入地方派系，幫甲打乙，均用中央名義。（2）製造名單，小組惟恐不小，出了問題，小組惟恐不大。

下午四至十一，繼續會談。

＊四月一日星期四

中央社三十週年紀念，余發表紀念文，「最後一張通訊稿」，追述重慶成都兩分社三十八年十一月十二月兩事。（余未往賀）

＊四月二日星期五

上午八至十，石牌動員幹部訓練班講三民主義。

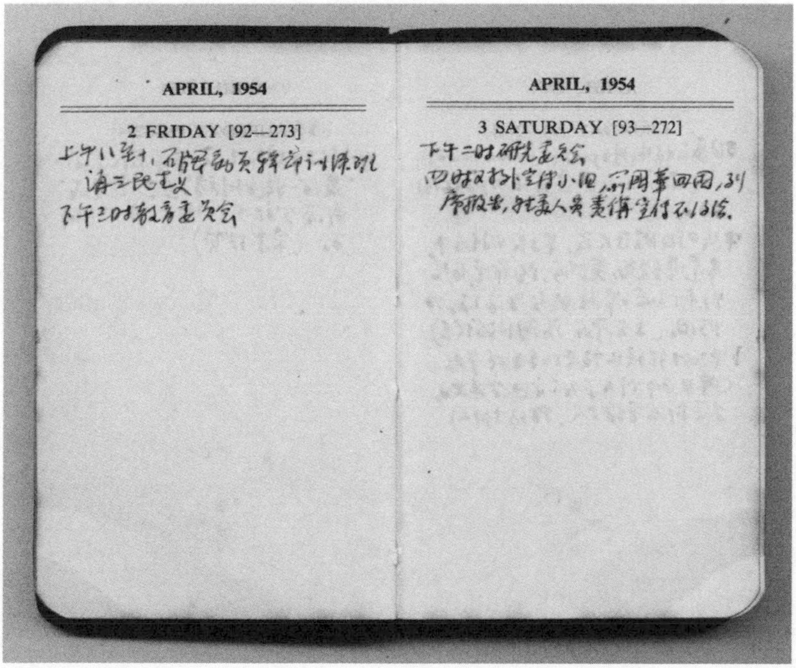

下午三時教育委員會。

＊ 四月三日星期六

下午三時研究委員會。

四時對外宣傳小組，俞國華回國，列席報告，駐美人員責備宣傳不得法。

＊ 四月四日星期日

胡適之對中國新聞（China News）說：政府不必追查吳在省府任內的事。

中央日報股東大會，董事長胡健中，常董董顯光，黃少谷，陶希聖，馬星野，柳克述。常駐監察羅家倫。均仍舊。（余未參加，請謝紹竑代表）

下午三時往殯儀館參加李英折弔祭。（昨日正午草山下山之交通車失事，李英折死，重傷七（？）人，輕傷十餘人）

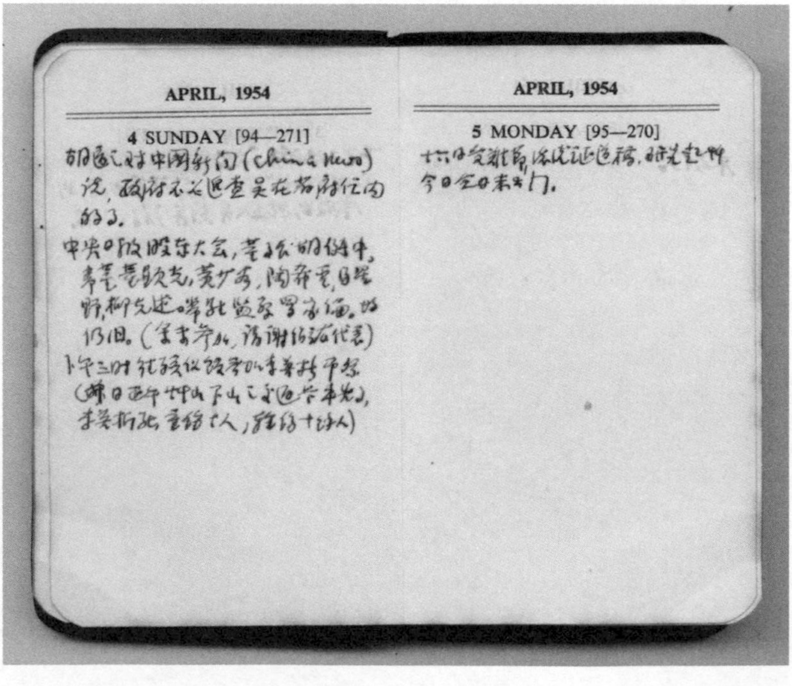

＊ 四月五日星期一

十六日受難節，總統證道稿，研究起草。

今日全日未出門。

＊ 四月六日星期二

未出門。

蔣總統呼籲美領導之亞洲聯合。

＊ 四月七日星期三

上午中常會。未發言。

下午起草總統於耶穌受難節廣播參考稿。

八日送總統府轉送高雄。

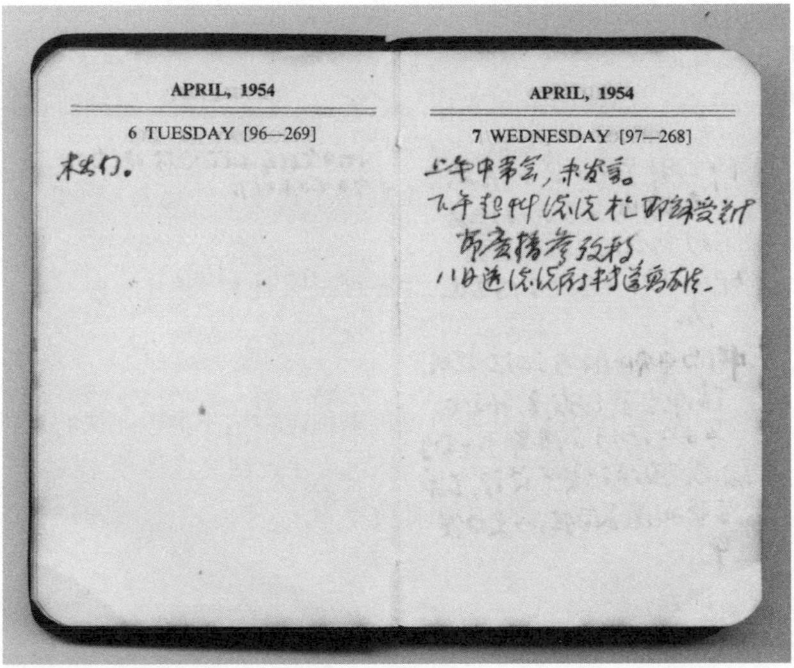

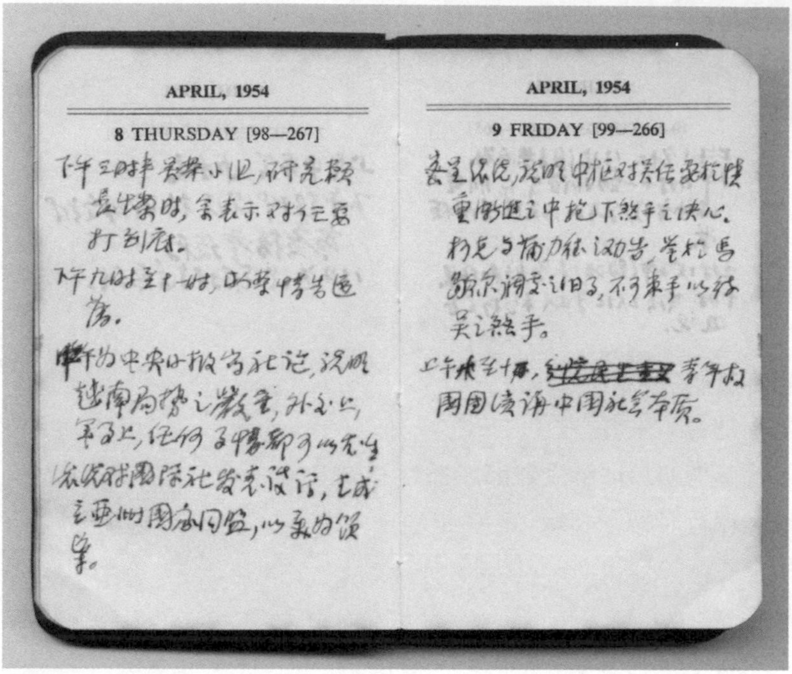

*** 四月八日星期四**

下午三時半，吳案小組，研究賴長生案時，余表示對任要打到底。

下午九時至十一時，以案情告道藩。

中午為中央日報寫社論，說明越南局勢之嚴重。外交上，軍事上，任何事情都可以發生。

總統對國際社發表談話，主成立亞洲國家同盟，以美為領導。

*** 四月九日星期五**

密呈總統，說明中樞對吳任要於慎重漸進之中抱下煞手之決心。柯克與蒲力德之勸告，鑒於馬歇爾調處之舊事，不可束手以待吳之煞手。

上午八至十，青年救國團講中國社會本質。

*** 四月十日星期六**

上午十至十二，分院講育樂兩篇。

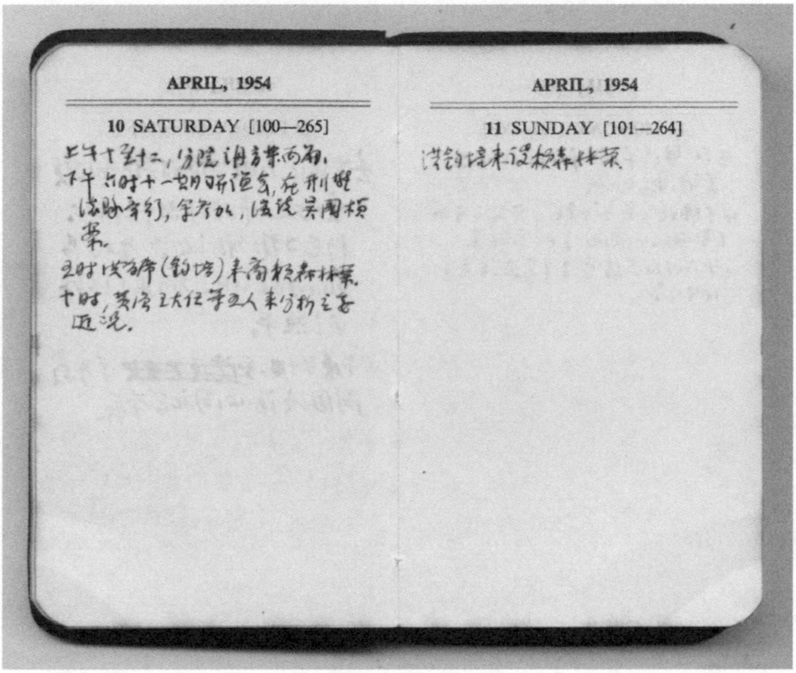

下午六時十一期聯誼會在刑警總隊舉行。余參加，講說吳國楨案。

五時洪首席（鈞培）來商賴森林案。十時，黃強王大任等五人來分析立委近況。

*** 四月十一日星期日**

洪鈞培來談賴森林案。

*** 四月十二日星期一**

上午八時陸軍指揮參謀學校紀念週。余講國際形勢。

中午陳院長宴出席鎮海會議之谷正綱胡健中黃國書杭立武等。

下午六時張道藩宴青年黨立法委員及其負責人。

*** 四月十三日星期二**

下午六時張岳軍約晚餐，梅貽琦李熙謀等。餐後為研究院增外交組事續與

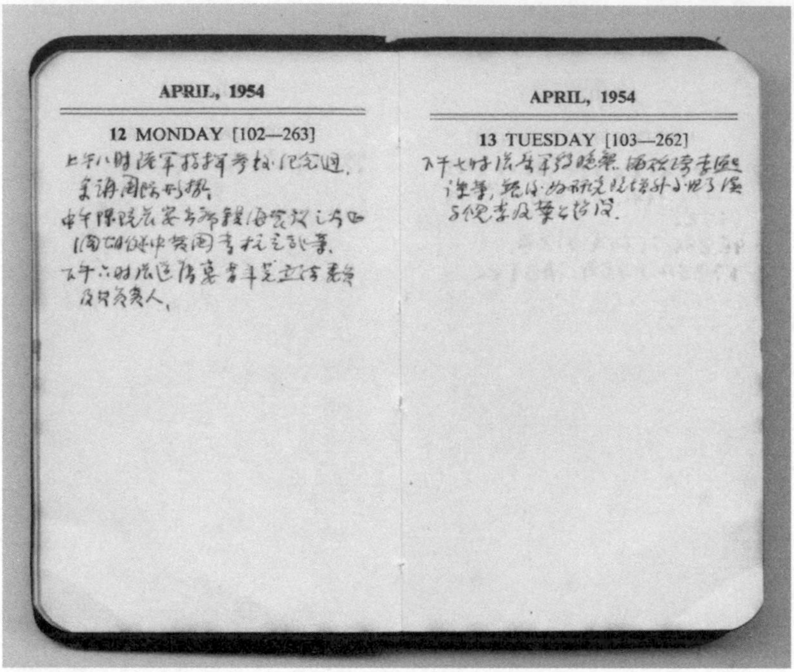
APRIL, 1954
12 MONDAY [102—263]
APRIL, 1954
13 TUESDAY [103—262]

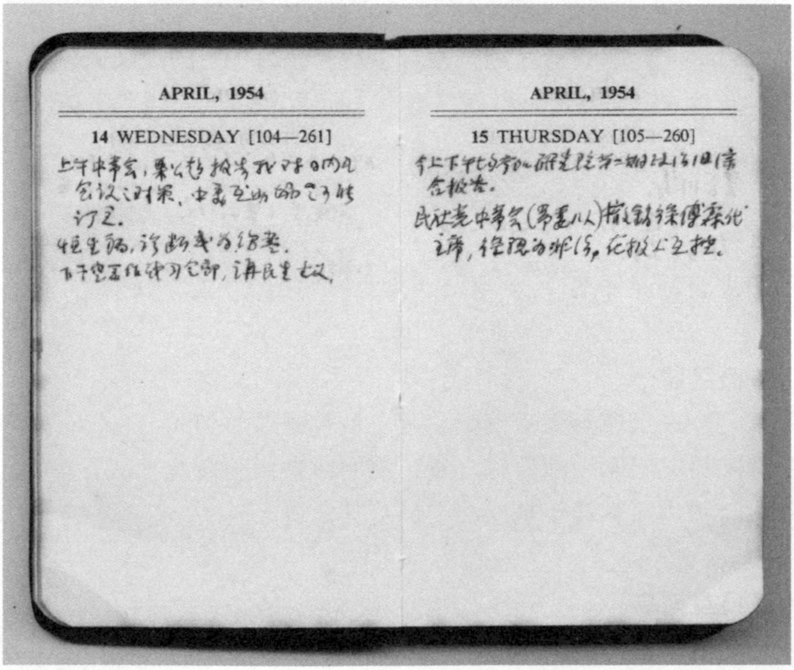
APRIL, 1954
14 WEDNESDAY [104—261]
APRIL, 1954
15 THURSDAY [105—260]

倪李及葉公超談。

中美海峽演習。

＊四月十四日星期三

上午中常會。葉公超報告我對日內瓦會議之對策。中美互助協定可能訂立。

恒生病。診斷或為傷寒。

下午空軍作戰司令部講民生主義。

＊四月十五日星期四

今上下午均參加研究院第二期政治組綜合報告。

民社黨中常會（常委八人）撤銷徐傅霖代主席，徐認為非法，在報上互控。

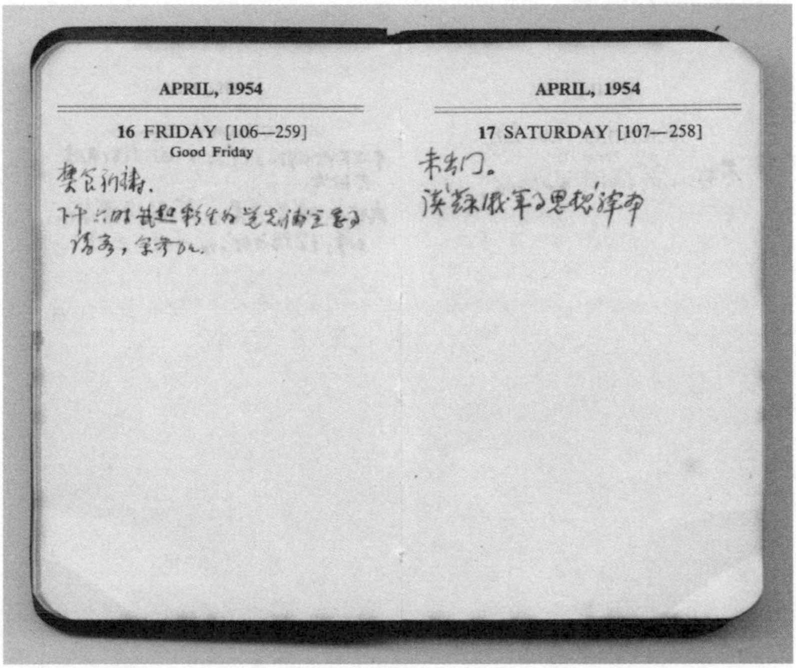

*** 四月十六日星期五**

禁食祈禱。

下午六時武樵彩生委覺先補立委事請客。余參加。

*** 四月十七日星期六**

未出門。

讀「蘇俄軍事思想」譯本。

*** 四月十八日星期日**

未出門。

讀「蘇俄軍事思想」。

*** 四月十九日星期一**

下午三時八人小組討論總統副總統宣誓條例。（王亮老主席）

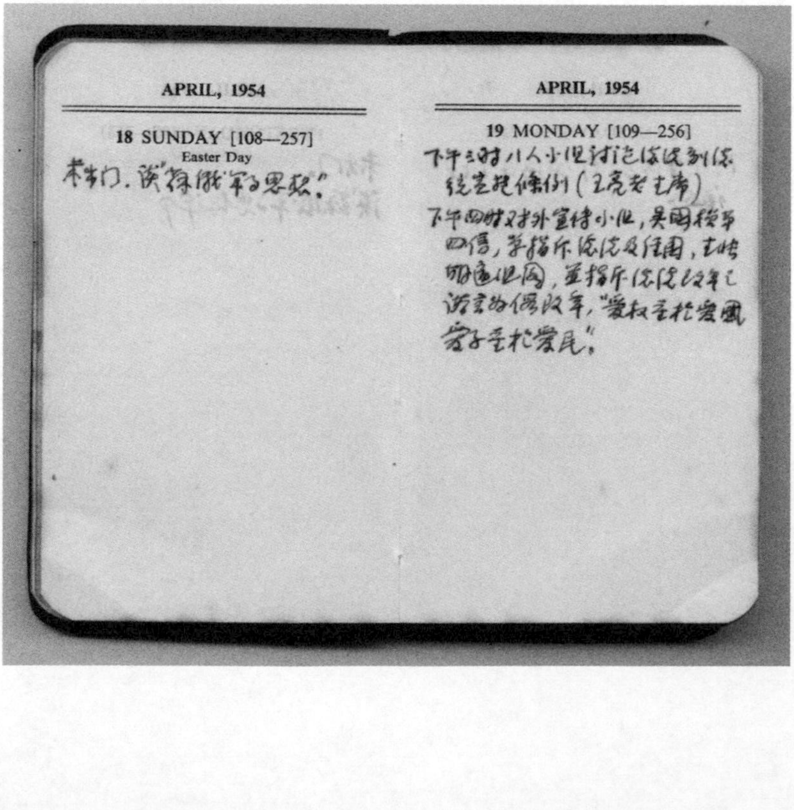

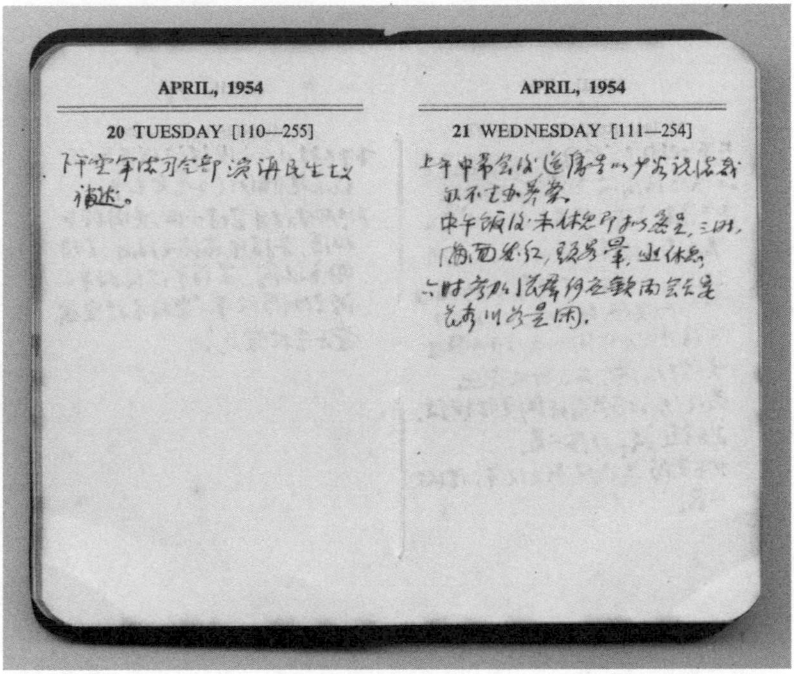

下午四時對外宣傳小組。吳國楨第四信，單指斥總統及經國，主張胡適組閣，並指斥總統改革之諾言為假改革，「愛權重於愛國，愛子重於愛民」。

＊四月二十日星期二

下午空軍總司令部講民生主義補述。

＊四月二十一日星期三

上午中常會後道藩告以少谷說總裁亦不主辦吳案。

中午飯後未休息，即擬密呈。三時，滿面發紅，頭略暈。亟休息。

六時參加張群何應欽兩會長宴長谷川如是閑。

＊四月二十二日星期四

上午十時拜于右老壽。

與張道藩商談吳案。

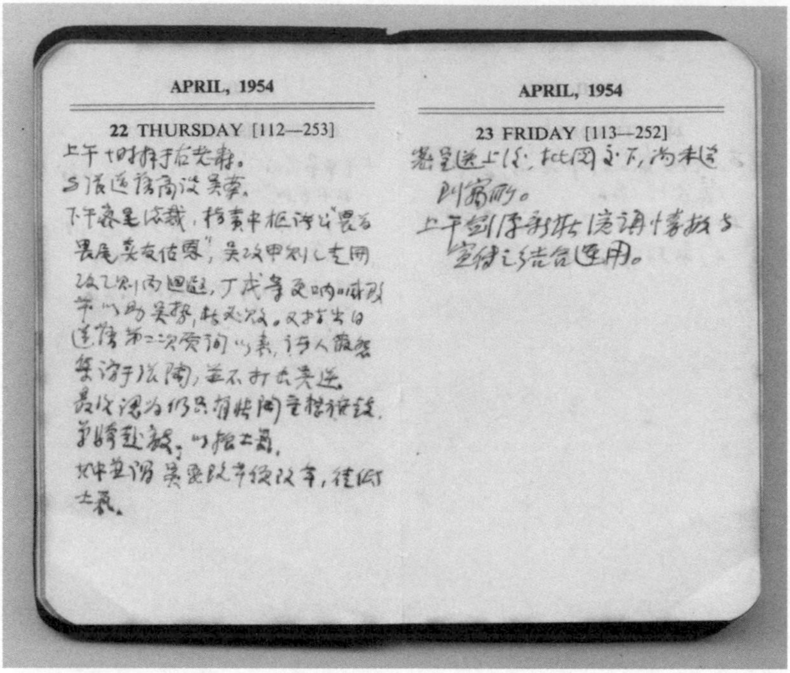
APRIL, 1954
22 THURSDAY [112—253]
APRIL, 1954
23 FRIDAY [113—252]

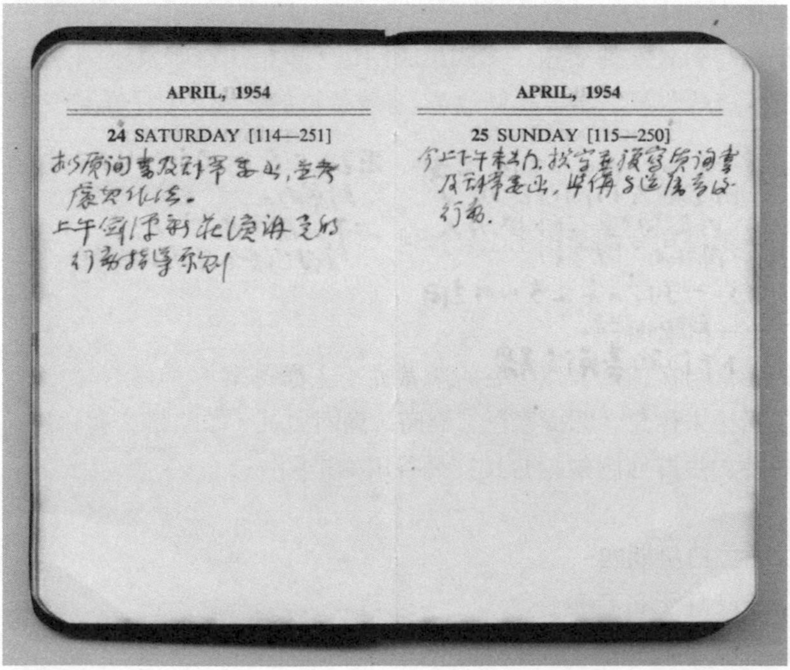
APRIL, 1954
24 SATURDAY [114—251]
APRIL, 1954
25 SUNDAY [115—250]

下午密呈總裁，指責中樞諸公「畏首畏尾，賣友估恩」。吳攻甲則乙走開，攻乙則丙趨避。丁戊等更吶喊改革乙助吳勢。此必敗。又指出自道藩第二次質詢以來，諸人萌怨集謗於張陶，並不打擊吳逆。最後認為仍只有張陶重整旗鼓，單騎赴敵，以振士氣。其中並謂吳要改革便改革，徒低士氣。

*** 四月二十三日星期五**

密呈送上後，批閱交下，尚未送到寓所。

上午劍潭新莊演講情報與宣傳之結合運用。

*** 四月二十四日星期六**

擬質詢書及辭常委函，並考慮其作法。

上午劍潭新莊演講黨的行動指導原則。

*** 四月二十五日星期日**

今上午未出門。撰寫並複寫質詢書及辭常委函。準備與道藩商後行動。

*** 四月二十六日星期一**

上午十時草山紀念週。總裁訓話，分析國際現勢。（日內瓦會議前夕之形勢，及美國外交上之失敗）

中午陳院長宴長谷川如是閑，余參加作陪。

下午訪劉慕貞談吳案。

*** 四月二十七日星期二**

上午宣傳會談。總裁說戰爭不可避免，日內瓦會議成功就是失敗，失敗才是成功。

余分析美新見（？）戰略，指出美派兵入越，美不肯，而俄則要拖他打地方戰爭。

余認為日內瓦可導致越南停火談判，但越南將於和談中失陷。

繼續研究如何打破吳案之姑息主義。

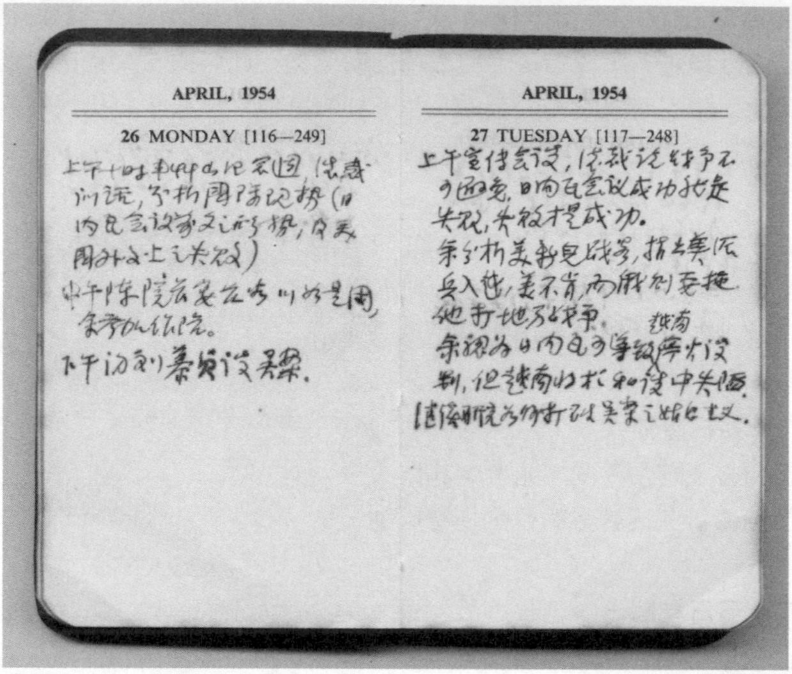

APRIL, 1954

26 MONDAY [116—249]

上午十時半印ａ，他室回，忠感
洲瓶，分析國際形势（日
內瓦會議有美之形势，中美
開み2上之失敗）
下午陳院長來在寺川好是围，
会等加紙院。
下午访剑蒉寅該美案。

APRIL, 1954

27 TUESDAY [117—248]

上午室件氣問該，陈我該結束多乙
多函意，日向瓦會議成功批延
失敗，失败提成功。
余分析美初包戦爭，指击美依
兵入越，美不肯，而概划委拖
独南
她所地方６战爭。
余認為日向瓦之多事徵麼为次
判，但越南的朴和该中失應
違隊明說为修析战美案乙炒白义。

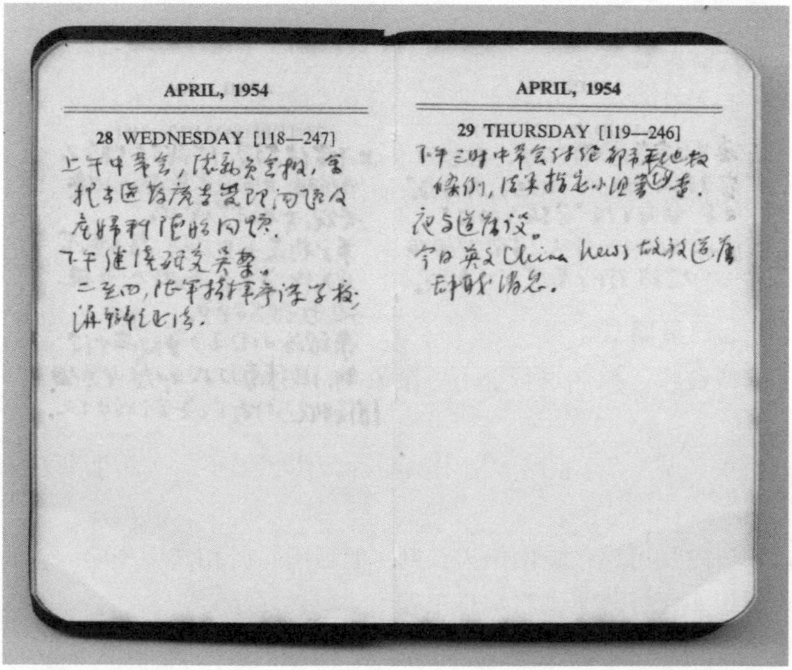

APRIL, 1954

28 WEDNESDAY [118—247]

上午中革含，該氣煮室概，含
托左医為陵書費况，向饭今
虔婦利犯的内惯。
下午連滇研委美案。
二之四，依草捿年亭译字校
讲辞乱此摹。

APRIL, 1954

29 THURSDAY [119—246]

下午三時中革含结结部书委他较
核鸭们，偃未掊老小組書必書。
夜与道在夜。
今日英文 China news 故故匤暦
耳睡湯总。

* **四月二十八日星期三**

上午中常會。總動員會報。余提出醫藥廣告管理問題及產婦科墮胎問題。

下午繼續研究吳案。

二至四，陸軍指揮參謀學校講辯證法。

* **四月二十九日星期四**

下午三時中常會討論都市平均地權條例，結果指定小組審查。

夜與道藩談。

今日英文 China News 故放道藩辭職消息。

* **四月三十日星期五**

密呈台高等法院院長事。

寫專論交新生報，「兩把刀，打到底」。又交一篇聯合報「答讀者的信」。

連日屢次修改向行政院書面質詢稿。今日定稿，看下星期是否送立法院。

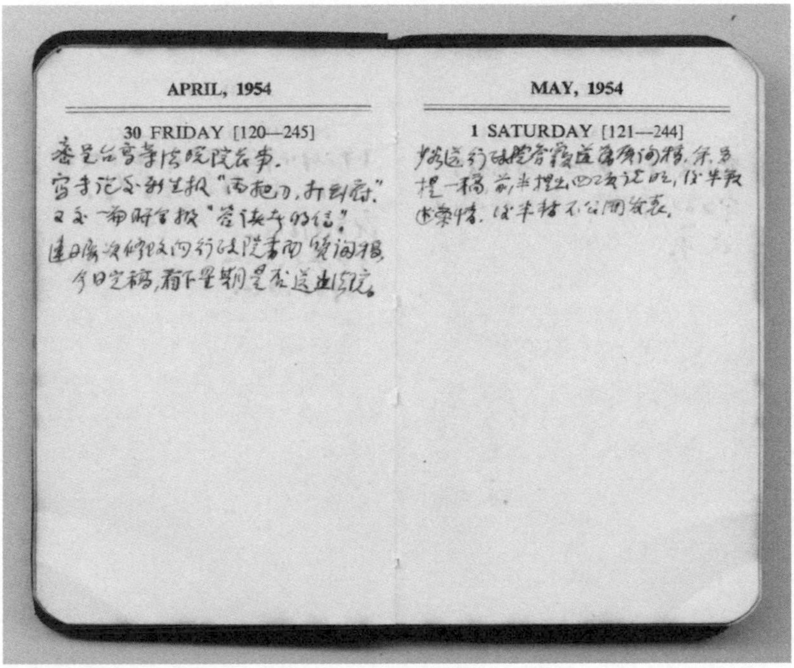

＊ 五月一日星期六

少谷送行政院答覆道藩質詢稿。余另提一稿，前半提出四項說明，後半敘述案情。後半暫不公開發表。

＊ 五月二日星期日

新生報發表「兩把刀，打到底」。

今日台北市選舉。高玉樹勝王民寧。

＊ 五月三日星期一

上午十時半紀念週。

總裁指示應承認選舉結果。支持高玉樹，但自己要檢討。

紀念週後，余進見。總裁指示吳案不可放鬆，但目前不必起訴，囑轉告道藩。

下午五時參加文獎（？）會招待長谷川座談會。

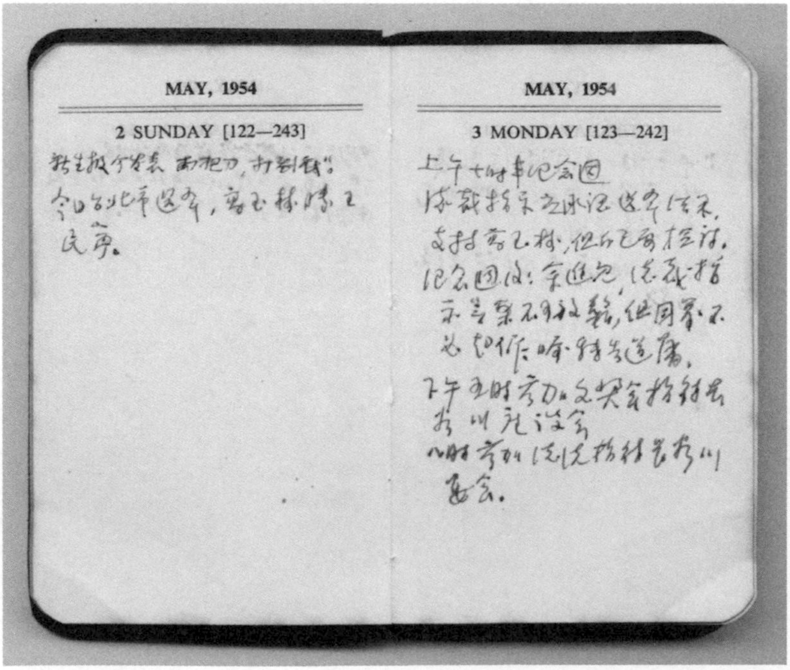

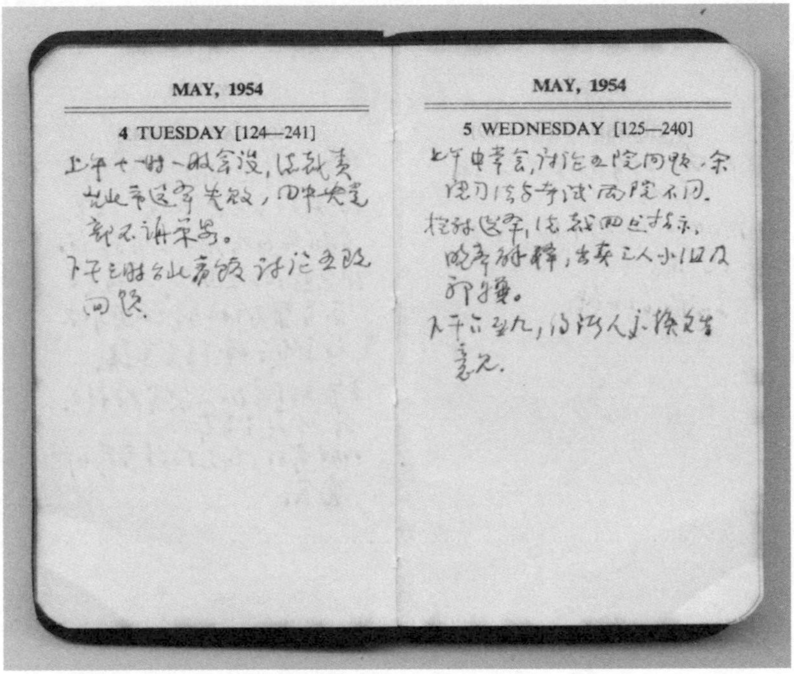

八時參加總統招待長谷川宴會。

＊ 五月四日星期二

上午十一時一般會談。總裁責台北選舉失敗，由中央黨部不講策略。

卜午三時台北賓館討論五院問題。

＊ 五月五日星期三

上午中常會，討論五院問題。余認司法與考試兩院不同。

檢討選舉，總裁四點指示。

曉峰解釋，出賣三人小組及郭驥。

下午六至九，約諸人交換文告意見。

＊ 五月六日星期四

昨晚任顯群自訴余妨害名譽於地院。

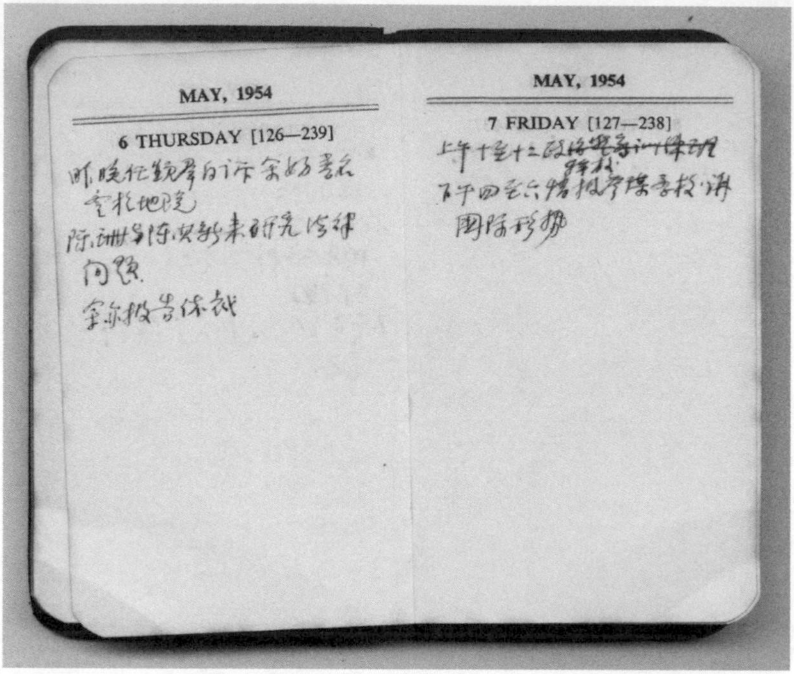
MAY, 1954
6 THURSDAY [126—239]
MAY, 1954
7 FRIDAY [127—238]

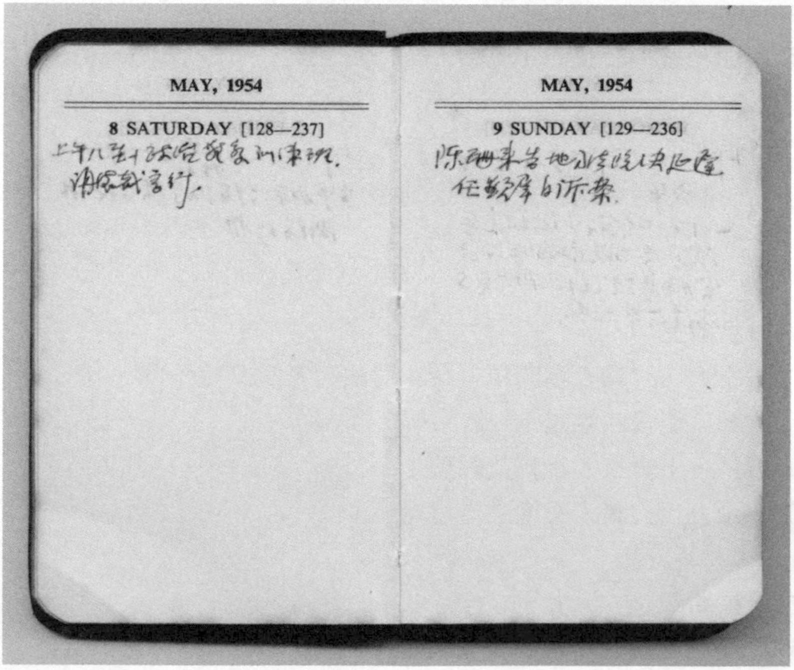
MAY, 1954
8 SATURDAY [128—237]
MAY, 1954
9 SUNDAY [129—236]

陳珊與陳其新來研究法律問題。
余亦報告總裁。

＊**五月七日星期五**
上午十至十二政幹校。
下午四至六情報參謀學校講國際形勢。

＊**五月八日星期六**
上午八至十政治警察訓練班講總裁言行。

＊**五月九日星期日**
陳珊來告地方法院決延遲任顯群自訴案。

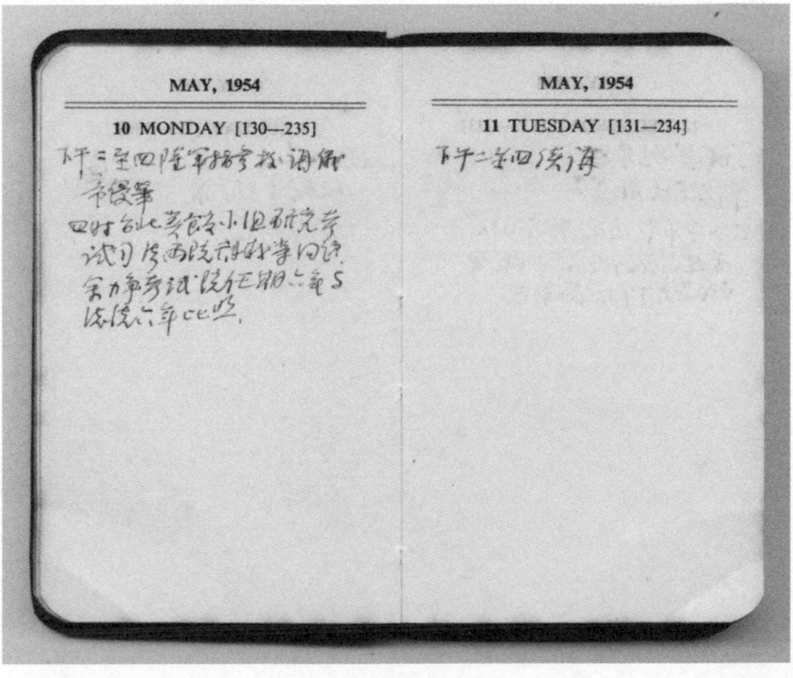

＊ 五月十日星期一

下午二至四陸軍指參校講俄帝侵華。

四時台北賓館小組研究考試司法兩院辭職問題。余力爭考試院任期六年，與總統六年比照。

＊ 五月十一日星期二

下午二至四續講。

＊ 五月十二日星期三

丁惟汾先生去世。

草總統就職宣言。

上午中常會。決定考試司法兩院院長副院長辭職。考試委員六年任期屆滿。

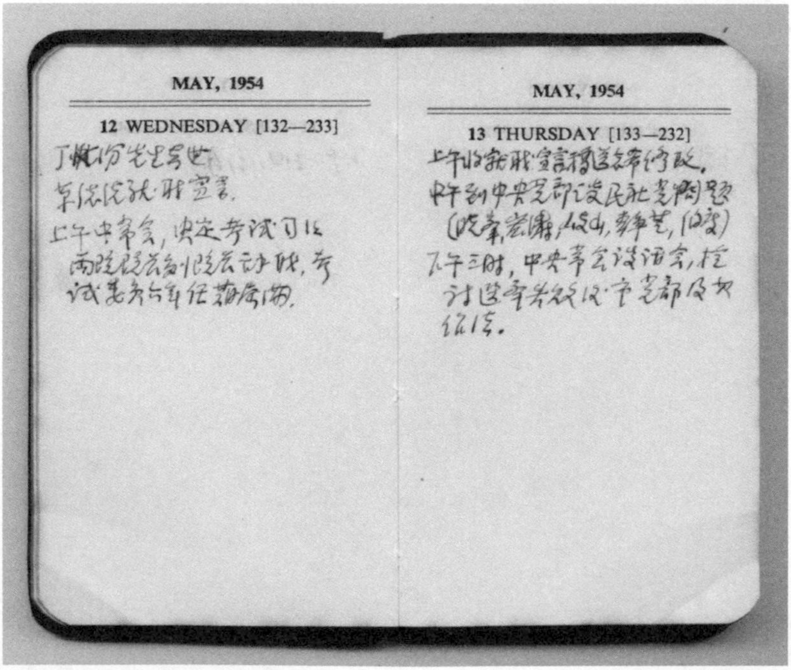

* **五月十三日星期四**

上午將就職宣言稿送志希修改。

中午到中央黨部談民社黨問題。（曉峰，宏濤，歧山，靜芝，伯度）

下午三時，中央常會談話會，檢討選舉失敗後市黨部及其作法。

* **五月十四日星期五**

總裁催稿。

下午三時，參加研究院教育委員會。

* **五月十五日星期六**

下午五時往羅志希宅共訂宣言稿。

七時回家，交複寫。十時送士林。

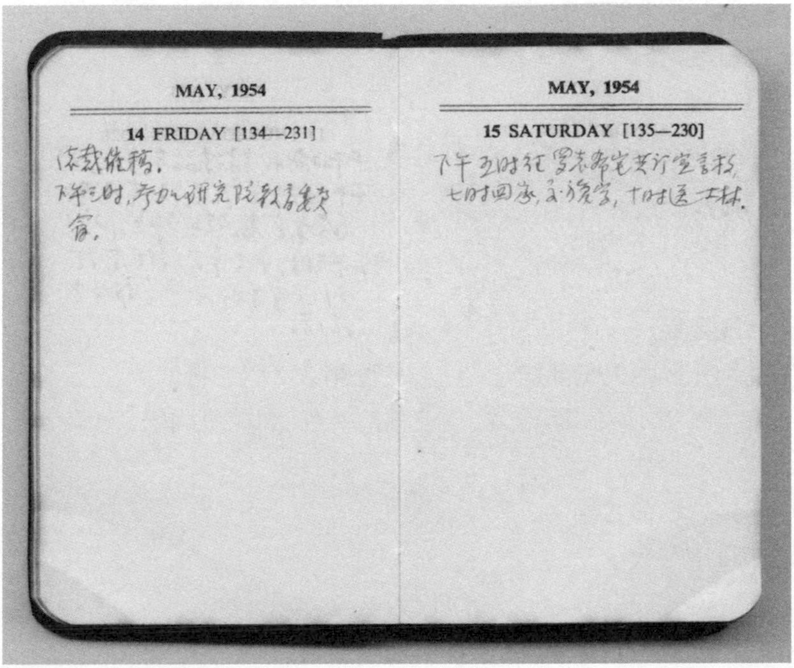

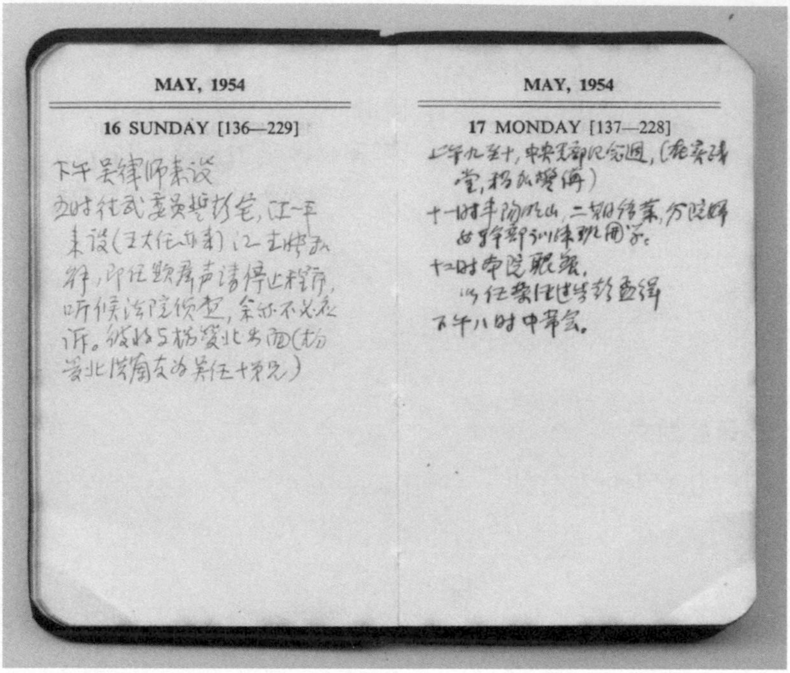

*** 五月十六日星期日**

下五吳律師來談。

五時往武委員誓彭宅，江一平來談，（王大任亦來）江主張快和解，即任顯群聲請停止程序，聽候法院偵查。余亦不必應訴，彼將與楊雙北出面。（楊雙北洪蘭友為吳任十弟兄）

*** 五月十七日星期一**

上午九至十，中央黨部紀念週。（在實踐堂，稍加警備）

十一時半陽明山，二期結業，分院婦女幹部訓練班開學。

十二時本院聚餐。

以任案經過稿彭孟緝。

下午八時中常會。

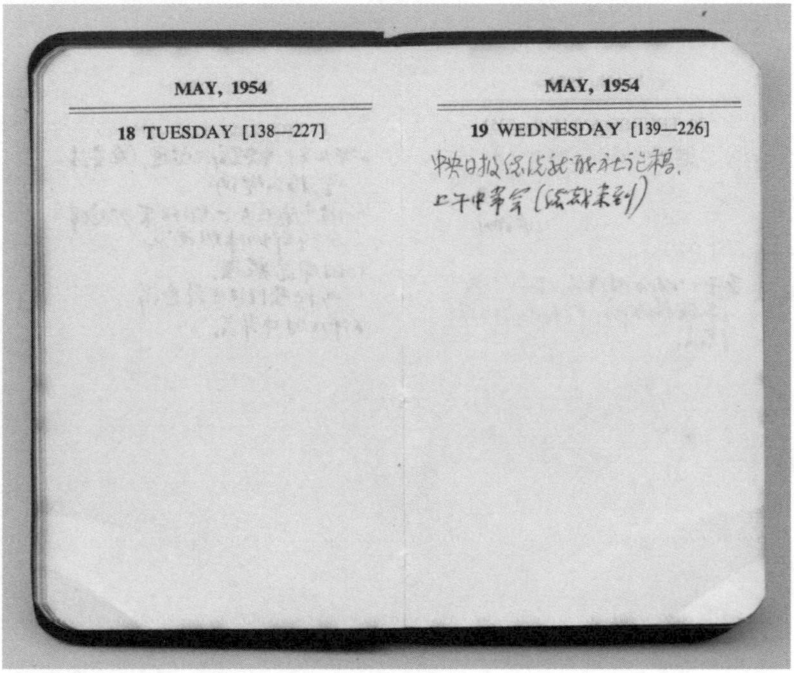

＊五月十八日星期二（空白）

＊五月十九日星期三

中央日報總統就職社論稿。

上午中常會。（總裁未到）

＊五月二十日星期四

總統就職。

上午十時中山堂就職典禮。（參加）十一時進總統府道賀。（未參加）

下午五時總統府酒會。

正午十二時臨時常會，總裁主席。總裁提出俞鴻鈞為行政院院長。

＊五月二十一日星期五

上午十時忠烈祠祭總理及先烈。（未往）

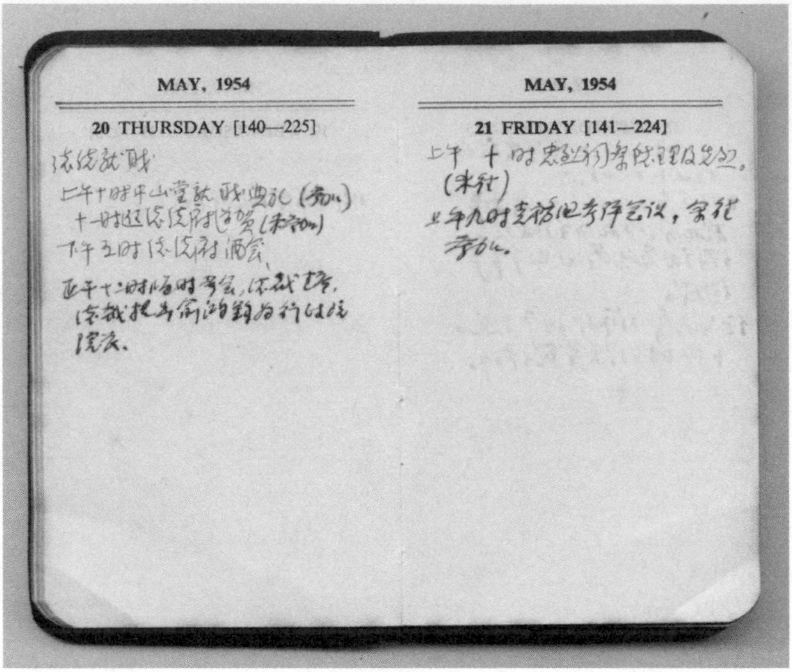

上午九時黨務組考評會議，余往參加。

＊ 五月二十二日星期六

上午九時政治組考評會議改明日下午三時開。

十時立委黨員大會，總裁出席，提名俞鴻鈞為行政院長。徵詢意見。最後全體舉手贊成。

任顯群自訴狀副本送達。

下午三時訪陳霆銳律師。

＊ 五月二十三日星期日

十一時，林彬來談司法行政之改隸問題。明日有小組，由王亮老召集。

下午八時俞鴻鈞先生來告以政委名單，請余為政委。余堅辭。

余對司法，贊成查良鑑。

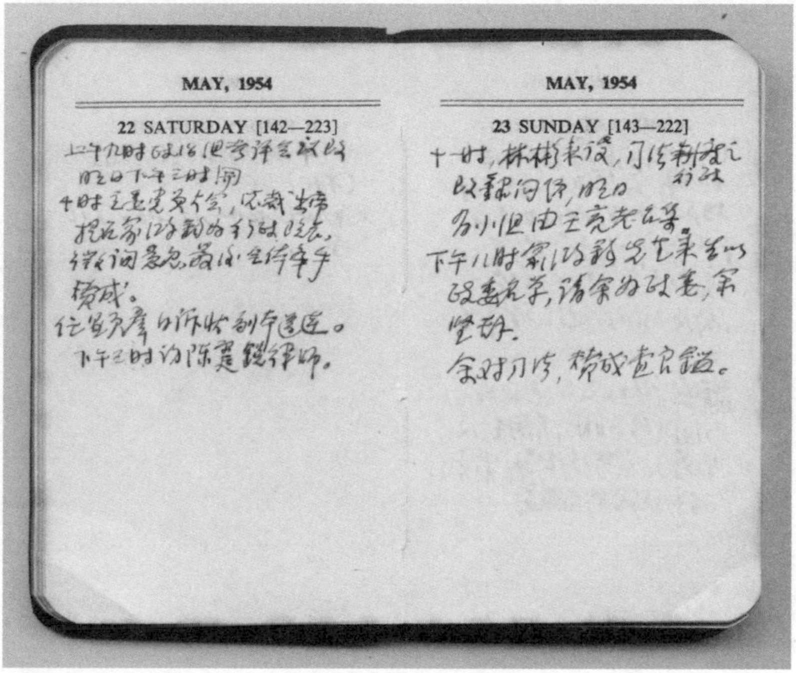

*** 五月二十四日星期一**

下午四時周宏濤來勸與任和解。余拒絕之，請與了解此事非為我，而係為總裁。

下午六時半實踐堂聚餐。

張主任宴整理討論大綱及二期服務之輔導委員。

陳雪屏告以CC要求三人入閣（谷正綱，洪蘭友，及蕭錚）。洪要司法部，俞刻正拉胡健中去教育。

*** 五月二十五日星期二**

上午十一時一般會談，俞鴻鈞告以司法部長。周宏濤告以可用洪蘭友。余再三請俞院長堅持查良鑑。余於下午三時送呈文官邸，說明不可用洪。

余呈請剔除政委之名。願專打吳案，「吳案結束後即告退休。」

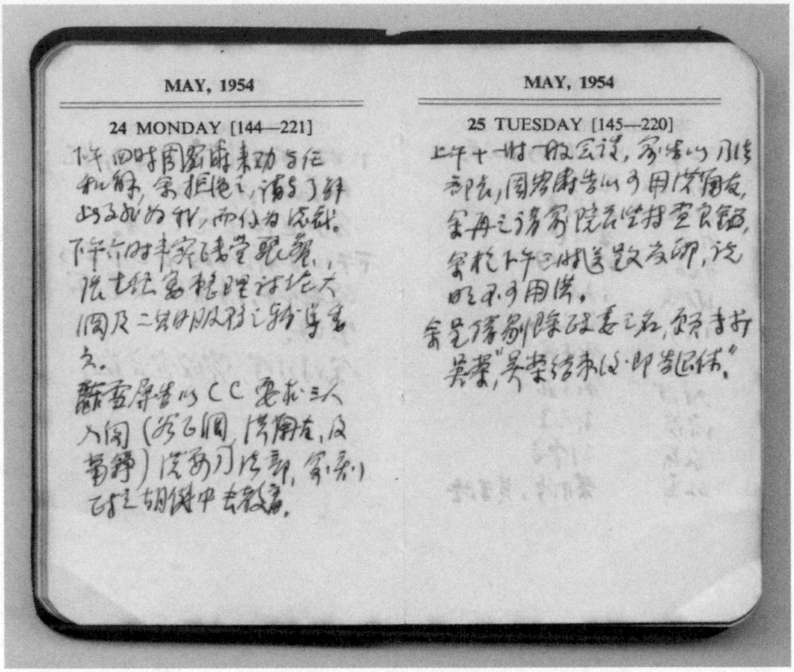
MAY, 1954
24 MONDAY [144—221]
MAY, 1954
25 TUESDAY [145—220]

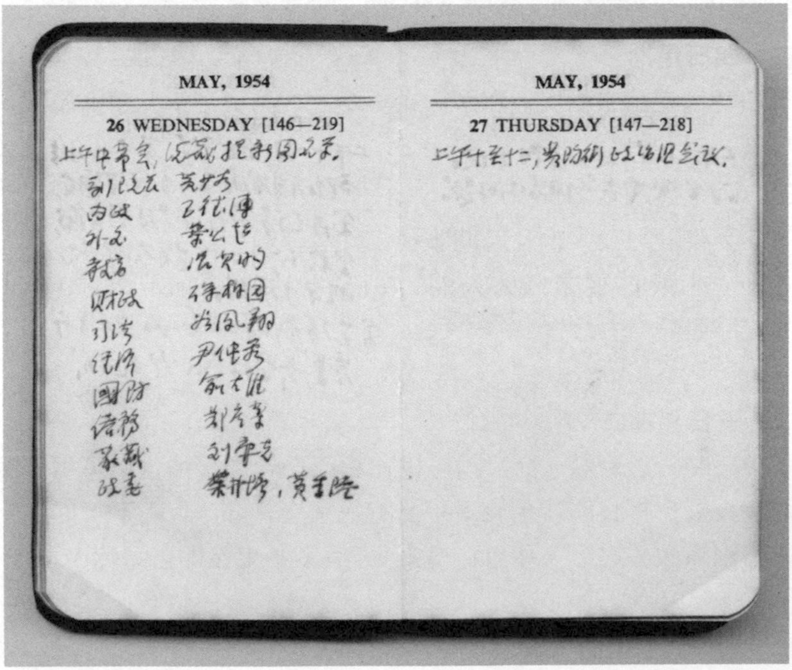
MAY, 1954
26 WEDNESDAY [146—219]
上午中常會，總裁提新閣名單。
副院長　黃少谷
內政　王德溥
外交　葉公超
教育　張其昀
財政　徐柏園
司法　谷鳳翔
經濟　尹仲容
國防　俞大維
僑務　鄭彥棻
蒙藏　劉廉克
政委　蔡培火，黃季陸
MAY, 1954
27 THURSDAY [147—218]

＊ 五月二十六日星期三

上午中常會。總裁提新閣名單。

副院長　黃少谷

內政　王德溥

外交　葉公超

教育　張其昀

財政　徐柏園

司法　谷鳳翔

經濟　尹仲容

國防　俞大維

僑務　鄭彥棻

蒙藏　劉廉克

政委　余井塘，黃季陸

＊ 五月二十七日星期四

上午十至十二，貴陽街政治組會議。

＊ 五月二十八日星期五

上午立法院，延長會期五十天。

聯合報發表「一個憲法問題」。

＊ 五月二十九日星期六

擬專論一篇，促省府改革。

下午八時官邸晚餐。布立德，張道藩，張曉峰及余在座。

飯後布走。總裁問吳案，道藩力主行政院答覆質詢。

余說明打不好，不打更不好。余扭了三個月，已銷除吳六條之影響。

＊ 五月三十日星期日

今晚總裁召集辭修，張道藩，謝冠生，張厲生，黃少谷，俞鴻鈞，嚴家淦，谷鳳翔，沈昌煥，周宏濤，及余，討論吳案。

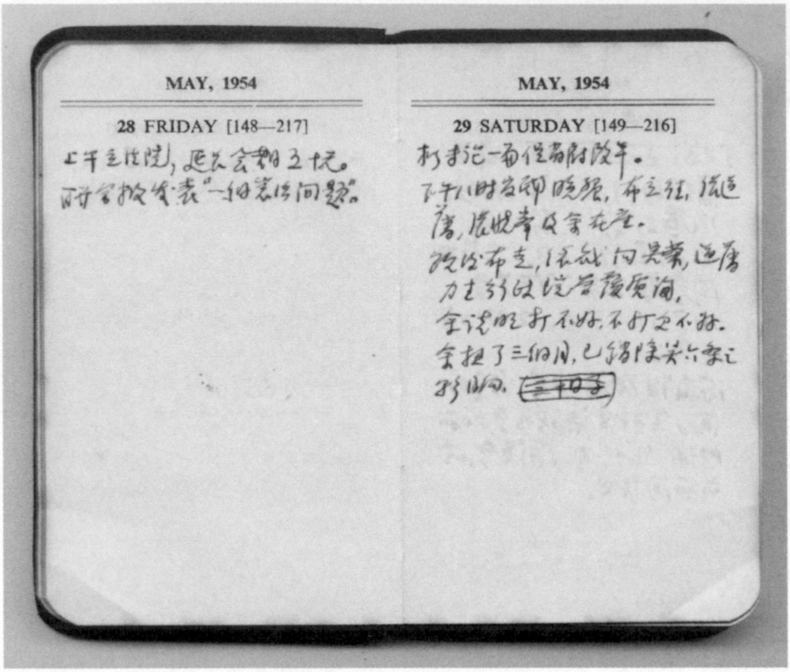
MAY, 1954

28 FRIDAY [148—217]

上午立法院，延长会期五十天。
研究会检讨表"一组农经问题"。

MAY, 1954

29 SATURDAY [149—216]

[illegible]
下午八时岳军晚餐，[illegible]，张道藩，张晓峰及余在座。
[illegible]
余说明打不好，不打更不好。
余担了三个月，[illegible]

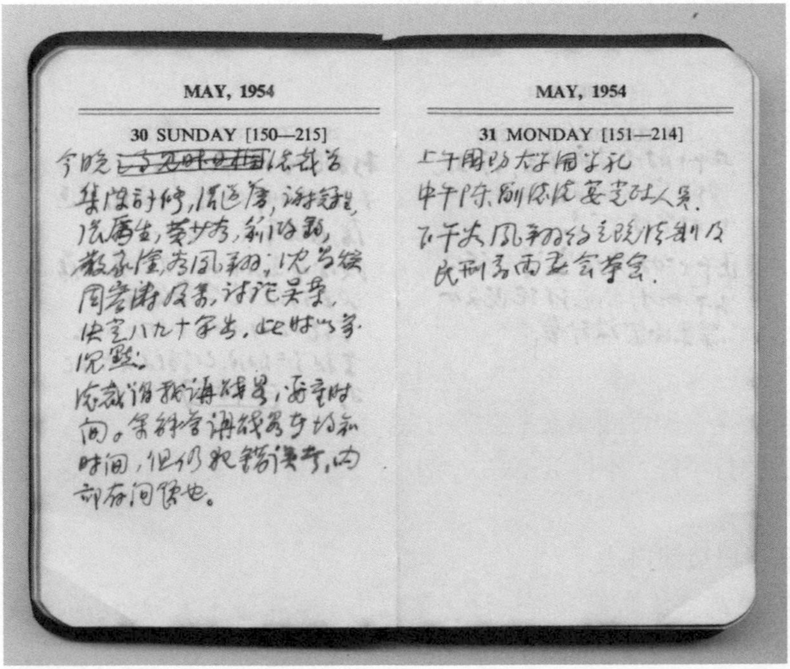
MAY, 1954

30 SUNDAY [150—215]

今晚~~[illegible]~~陈诚召集讨论，张道藩，谢冠生，张厉生，黄少谷，俞鸿钧，严家淦，王凤翔，沈昌焕，周至柔及余，讨论吴案，决定八九十字出，[illegible]。
陈诚谓[illegible]。余[illegible]，但仍犯错误，内部有问题也。

MAY, 1954

31 MONDAY [151—214]

上午国防大学开学礼
中午陈副总统宴党政人员。
下午与凤翔约立院法制及民刑商两委会常委。

決定八九十拿出，此時以前沉默。

總裁謂我講戰略，要重時間。余解答講戰略者均知時間，但仍犯錯誤者，內部有問題也。

＊ 五月三十一日星期一

上午國防大學開學禮。

中午陳副總統宴黨政人員。

下午谷鳳翔約立法院法制及民刑高（？）兩委會茶會。

＊ 六月一日星期二

上午十時總統府月會，行政院新員宣誓就職。

十一時宣傳會談。

正午十二時總統宴請資政顧問。

下午四時，小組討論阮文心等來後會談計畫。

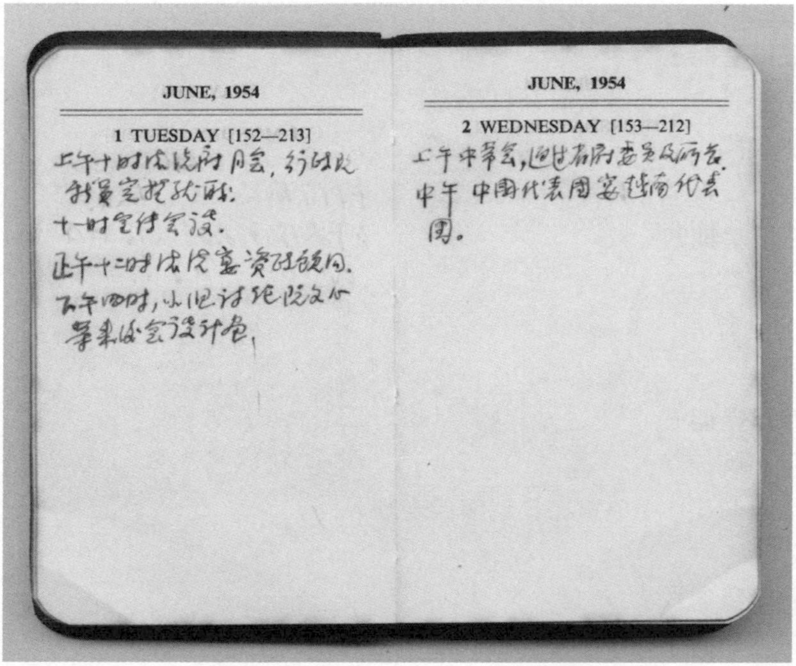

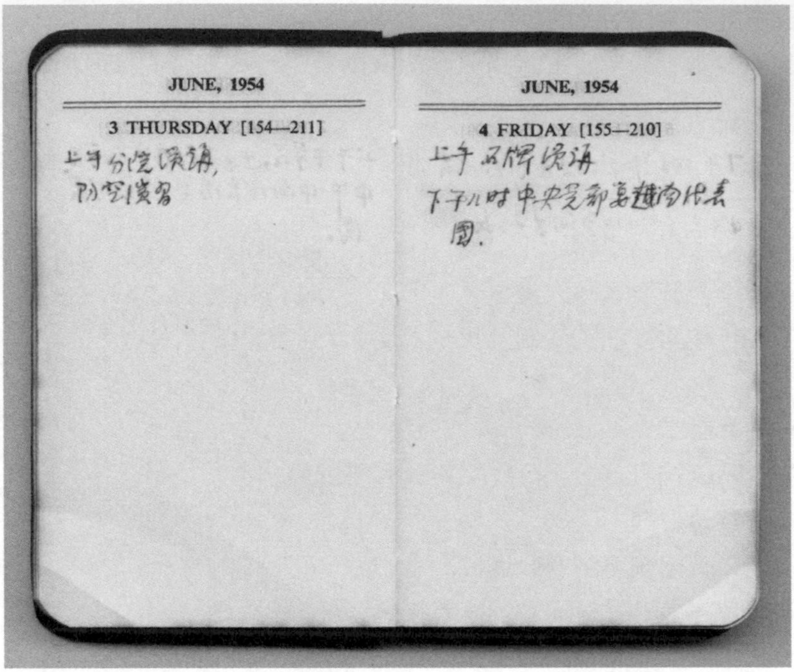

＊ 六月二日星期三

上午中常會，通過省府委員及廳長。

中午中國代表團宴請越南代表團。

＊ 六月三日星期四

上午分院演講。

防空演習。

＊ 六月四日星期五

上午石牌演講。

下午八時半，中央黨布宴越南代表團。

＊ 六月五日星期六

下午七時韓金大使宴越南代表團。

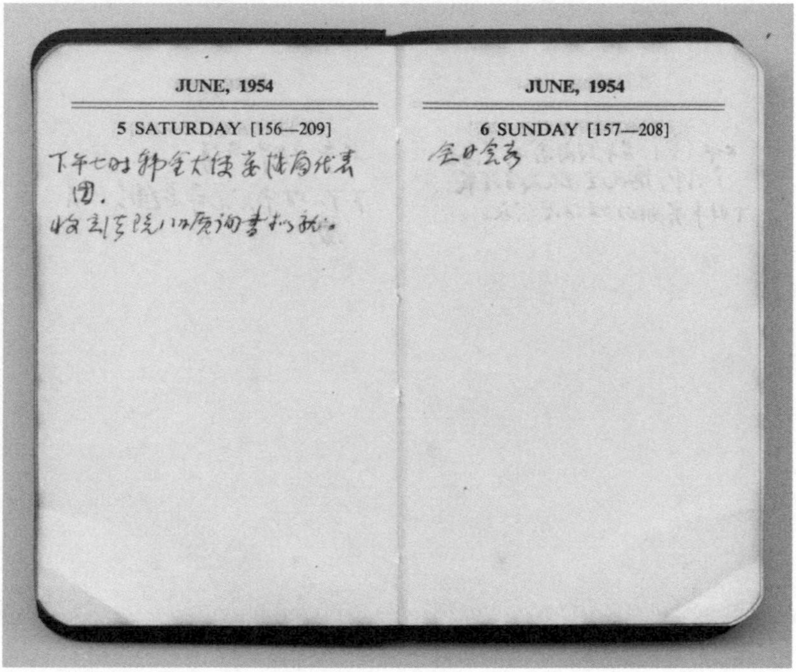

將立法院八日質詢書擬就。

＊六月六日星期日

全日會客。

＊六月七日星期一

上午八至十，青年救國團中學大隊長訓練。講民生主義教育政策。

十時半貴陽街政治組會議。

＊六月八日星期二

上下午出席立法院院會，行政院俞院長宣佈施政意見，質詢者八十人。

余為台新質詢，列入五十八，一時不易提出，擬先發表。

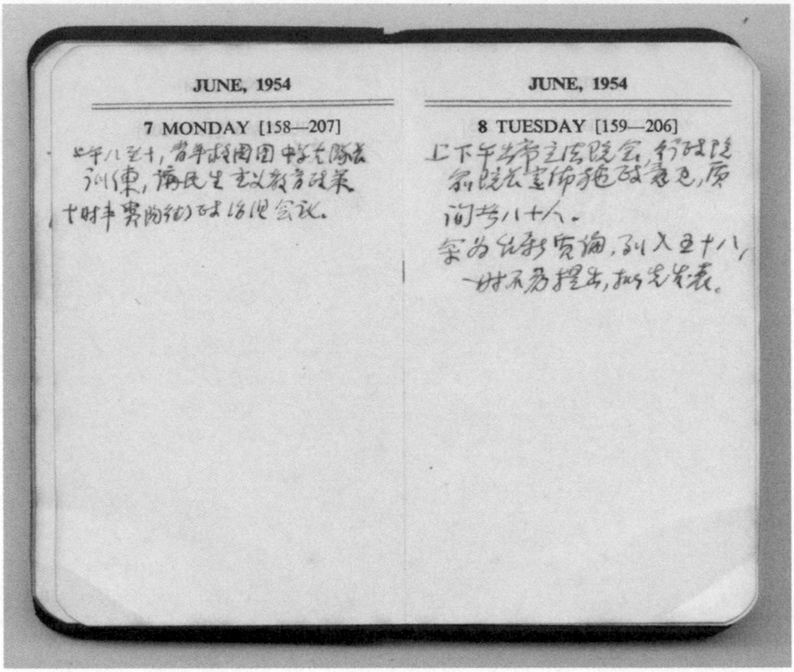

JUNE, 1954

7 MONDAY [158—207]

上午八至十，省年設圃圖中等先隊在
訓練，講民生主义教育政策
十時半賽陶釣的技術班会議。

JUNE, 1954

8 TUESDAY [159—206]

上下午为行政院会，行政院
新院长宣佈施政意見，質
詢者八十八人。

室为社影实验，列入五十八，
一时不为提出，挽先发表。

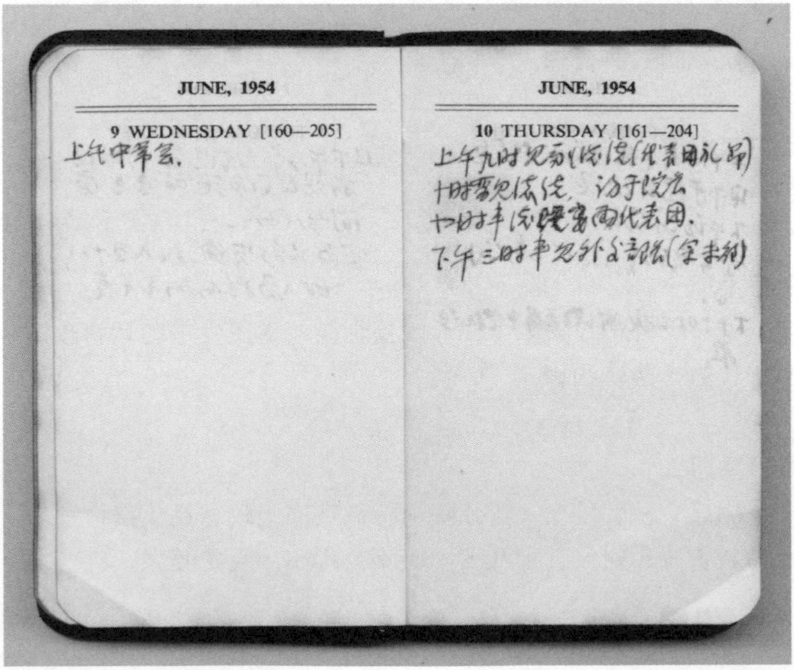

JUNE, 1954

9 WEDNESDAY [160—205]

上午中華会。

JUNE, 1954

10 THURSDAY [161—204]

上午九时見副院院(代表田永寿)
十时晋見總統，陪于院长
十时半见陸軍两代表团
下午三时半见外交部长(安东街)

＊ 六月九日星期三

上午中常會。

＊ 六月十日星期四

上午九時見副總統。（代表團禮節）

十時見總統，訪于院長。

十一時半總統宴兩代表團。

下午三時半見外交部長。（余未往）

＊ 六月十一日星期五

上午九時，中越代表團交換意見。

中午于院長歡宴。

下午訪俞院長。

發出質詢書，關於台新公司事。

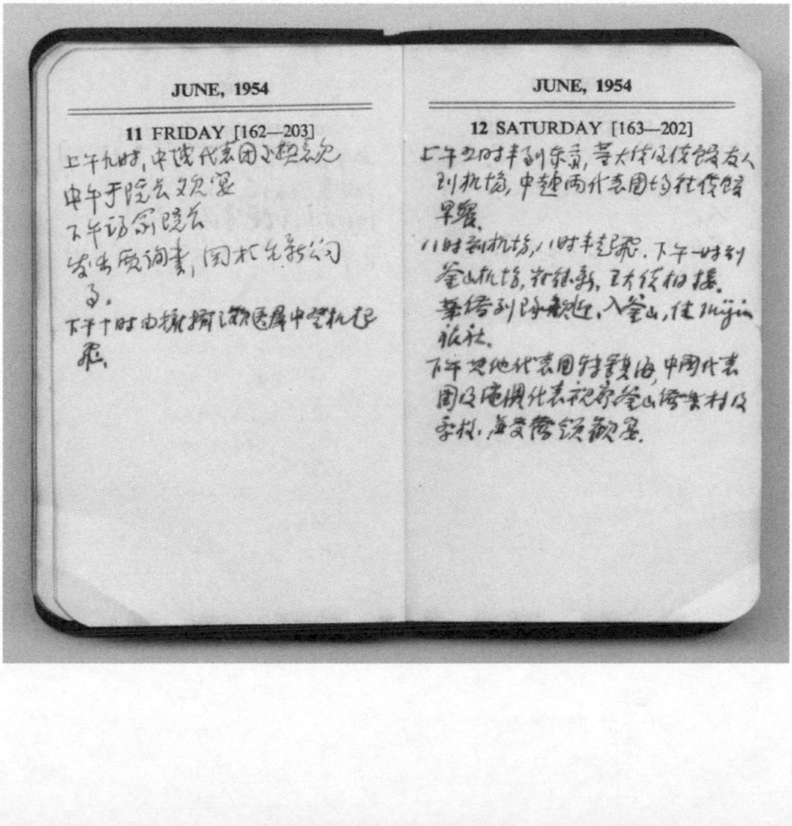

下午十時由擁擠之歡送群中登機起飛。

*** 六月十二日星期六**

上午五時半到東京。董大使及使館友人到機場，中越兩代表團均往使館早餐。

八時到機場，八時半起飛，下午一時到釜山機場，崔德新，王大使相接。華僑列隊歡迎。入釜山，住 Mijin 旅社。

下午其他代表團轉鎮海，中國代表團及港澳代表團視察釜山僑樂村及學校，並受僑領歡宴。

*** 六月十三日星期日**

上午九時，釜山僑胞歡迎大會。

十一時半赴鎮海，夾道歡迎者數萬人。

余住 B.O.Q.，會場在 A.Q。

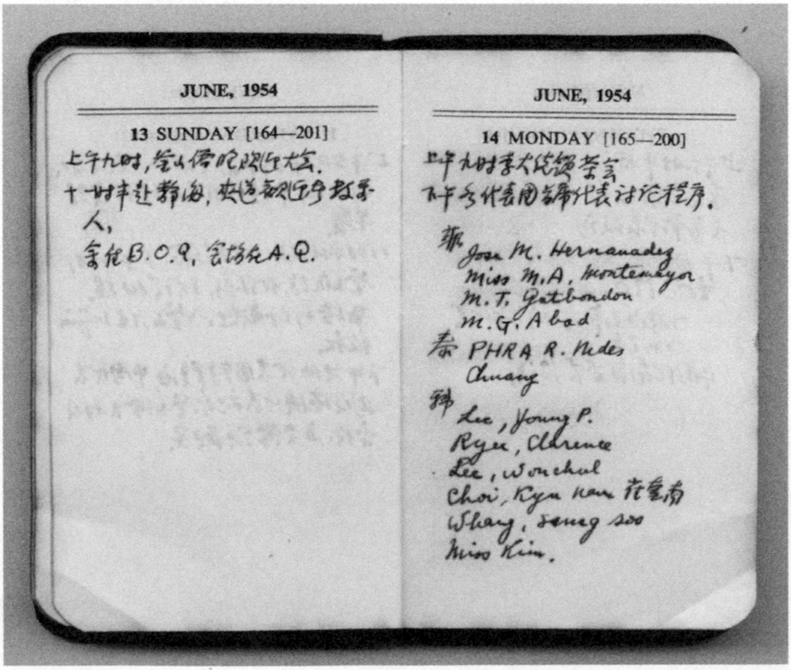
JUNE, 1954

13 SUNDAY [164—201]

上午九時，釜山僑胞歡迎大會.
十一時半赴鎮海，夾道歡迎者數萬人，
余住B.O.Q，會場在A.Q.

JUNE, 1954

14 MONDAY [165—200]

Jose M. Hernandez
Miss M.A. Montemayor
M.T. Gatbondon
M.G. Abad
PHRA R. Nides
Chuang
Lee, Young P.
Ryu, Clarence
Lee, Wonchul
Choi, Kyu Han
Whang, Seung Soo
Miss Kim.

＊六月十四日星期一

上午九時李大統領茶會。

下午各代表團首席代表討論程序。

菲Jose M. Hernandez

Miss M.A. Montemayor

M.T. Gatbondon

M.G. Abad

泰PHRA R. Nides

Chuang

韓Lee, Young P.

Ryu, Clarence

Lee, Wonchul

Choi, Kyu Nan 崔奎南

Whang, Seung Soo

Miss Kim

＊六月十五日星期二

上午九時半開幕。

李大統領致詞。

各首席代表致詞。

下午討論程序。

以韓為主席，其他各首席代表為副主席。

中國代表團發表演講。

＊六月十六日星期三

上午九時半，三次大會，各代表團報告。

下午四次大會，李大統領到會。

反對設永久機構，主張太平洋公約。主張政府會議。

永久組織委員會開會。

下午八時委員會再開會。

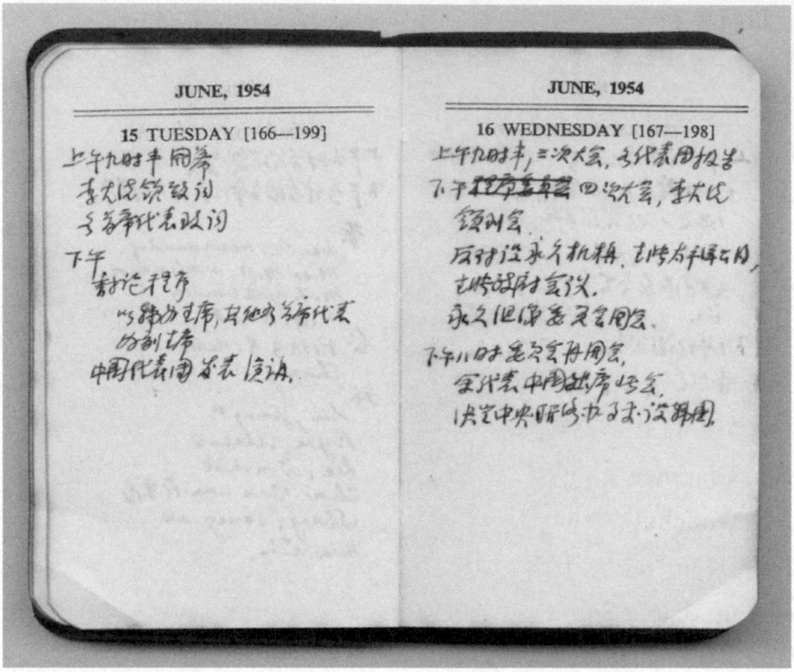

JUNE, 1954

15 TUESDAY [166—199]

上午九時半 同蒂
李光生領致詞
與各年代表政詞

下午
討論 提案序
以郭沫若主席，其他 各年代表
仍制主席
中國代表團發表 演講.

JUNE, 1954

16 WEDNESDAY [167—198]

上午九時半，三次大會，各代表團投票
下午 提案委員會 四次大會，李光代
領開會
反對設立永久機構，七時有半復七月
廿時誌開財宴議.
永久化傳思見各團發.

下午十一時 宣布大宣佈開會.
全代表 中國故库好發.
決定中央開時書稿委員設組開.

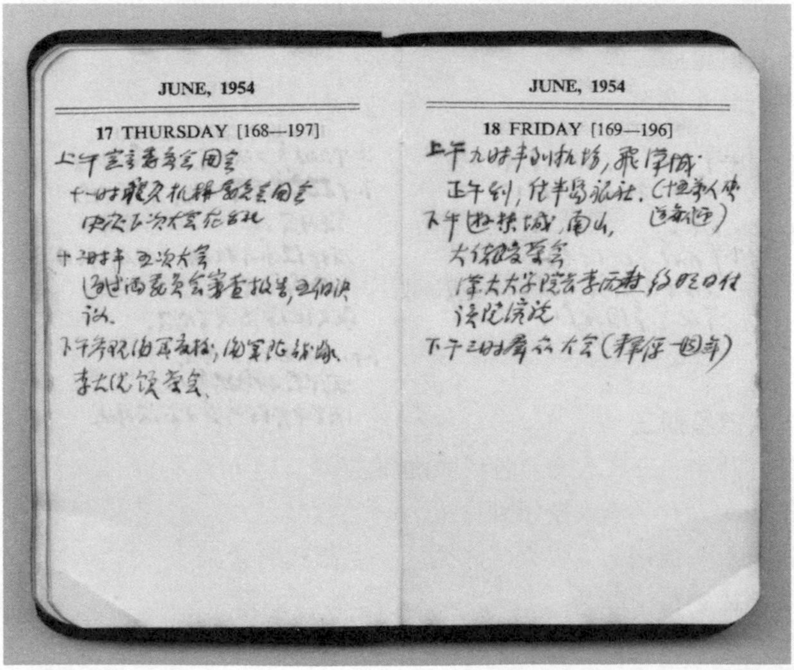

JUNE, 1954

17 THURSDAY [168—197]

上午 宣言 蓋竟發宣開會
十一時飛又机報 竟念室 開會
决定 五次大會 統起記止

十二時半 五次大會
通過 酒葛委員會 審查報告，並作決
議.
下午 考察 伯昂友校，南宮陀 結婚.
李光代饋 蒼食.

JUNE, 1954

18 FRIDAY [169—196]

上午九時半 到机場，飛 浮城.
正午到，住半島旅社.（住臺人倉 過新猷）
下午 遊 禁城，南山.（垃圾坑）
大倡略 善堂
浮大大学院 李校長 約 於晚口住
遊院 晤法.
下午三時半 府衆 大會（郭罪 湮图牟）

余代表中國出席此會。

決定中央聯絡辦事處設韓國。

*** 六月十七日星期四**

上午宣言委員會開會。

十一時永久機構委員開會。

決定下次大會在台北。

十一時半五次大會。

通過兩委員會審查報告，五個決議。

下午參觀海軍官校，海軍陸戰隊。

李大統領茶會。

*** 六月十八日星期五**

上午九時半到機場，飛漢城。正午到。住半島旅社。（十五萬人夾道歡迎）

下午遊禁城，南山。

大使館茶會。

漢城大學院長李丙燾約明日往該院演說。

下午三時群眾大會。（釋俘一週年）

*** 六月十九日星期六**

上午十時半至十二時在漢城大學演講。（李丙燾，文埋大學學長金鍾基）

下午再往參觀該大學

先與李丙燾談。

參觀奎章閣藏書及其他圖書。

*** 六月二十日星期日**

下午四時韓中協會，余演詞甚受歡迎。

下午五時文化界酒會。

下午七時國務總理宴會。（白斗鎮已辭職）

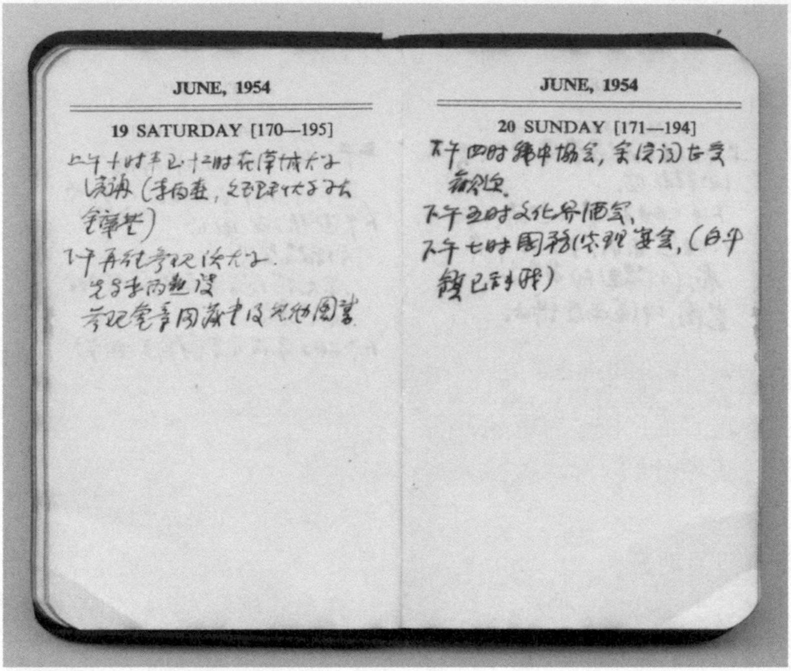

JUNE, 1954

19 SATURDAY [170—195]

上午十時半至十二時在澤埔訪芳
士淹海（李萌垂，見張居待芳士
全華芒）

下午舟記亨記後芳士.

晃多年两無沒

參观登車固藏書及光伦固書

JUNE, 1954

20 SUNDAY [171—194]

下午四時竟中協会，会俊訥左受
痛列会.

下午五時文化界酒会,

下午七時国務（忩組 茔会，（白早
餐已封辟）

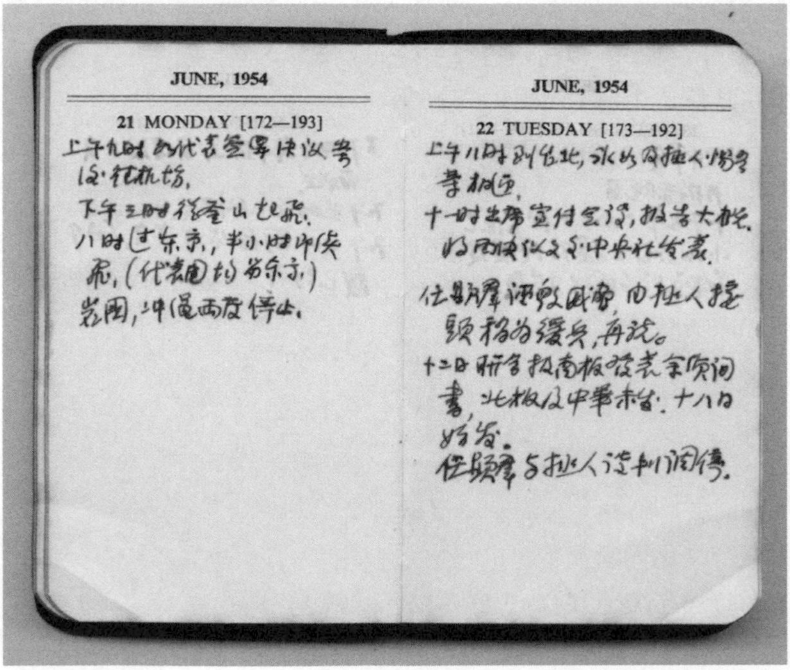

JUNE, 1954

21 MONDAY [172—193]

上午九時 幻代書委賓快收等
達.杞抗坊.

下午三時往查山也飛.

八時过东京,半小時哘伎
飛.（代表固的芳东京）

岩岡,沖湖兩夜停此.

JUNE, 1954

22 TUESDAY [173—192]

上午八時剑台北,永招固枢人.娉弩
莩枢区.

十時出席宣傳会諳,拟等大挽.

哘兩俠似文子中央杜发表.

仕郢犀評取固宁,由枢人擤
題 稿的绥兵,再说。

十二日耵各拟商核议表全項訥
書.北核仮中華未省.十八日
好省.

任願庫与枢人议判川闽傳.

＊ **六月二十一日星期一**

上午九時各代表簽署決議案後往機場。

下午三時從釜山起飛。

八時過東京，半小時即續飛。（代表團均留東京）

岩國，沖繩兩度停止。

＊ **六月二十二日星期二**

上八時到台北，冰如及拯人惕吾等相迎。

十一時出席宣傳會談，報告大概。將兩決議文交中央社發表。

任顯群誣毀威脅，由拯人接頭稍為緩兵，再說。

十二日聯合報南版發表余質問書，北版及中華未發。十八日始發。

任顯群與拯人談判調停。

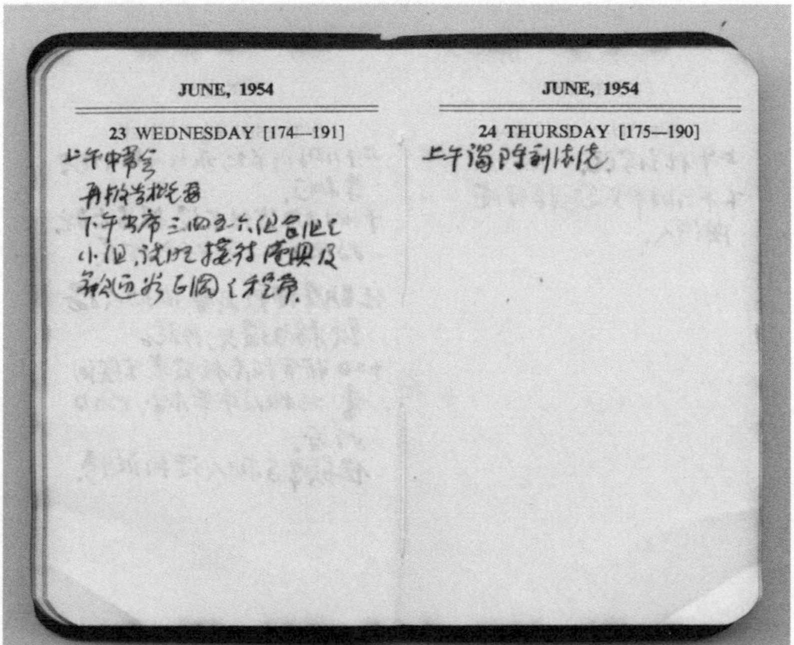

＊ 六月二十三日星期三

上午中常會。

再報告概要。

下午出席三四五六組合組之小組，說明接待港澳及歡迎谷正綱之程序。

＊ 六月二十四日星期四

上午謁陳副總統。

＊ 六月二十五日星期五

上午往立法院。

下午六時半與炎元招待港澳諸人。

＊ 六月二十六日星期六

上午往新店晤武樵。

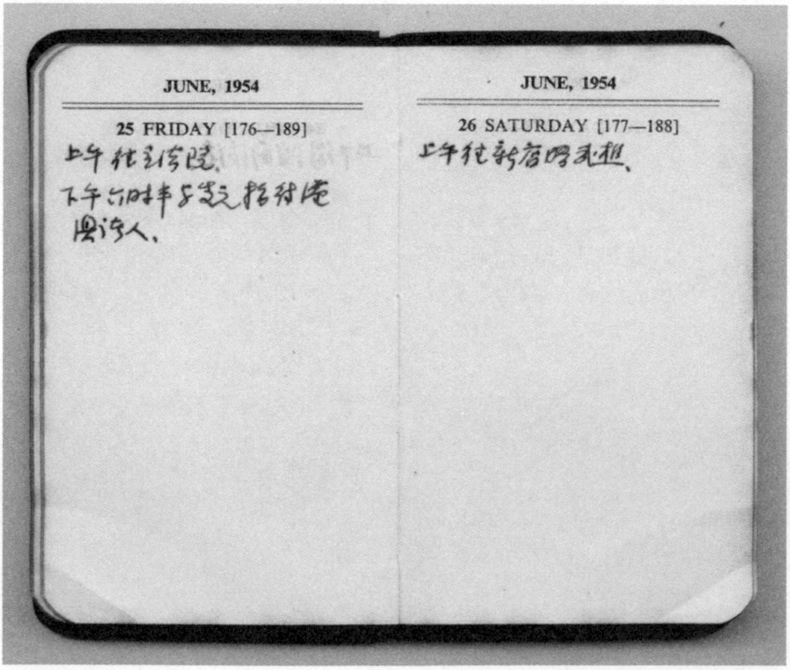

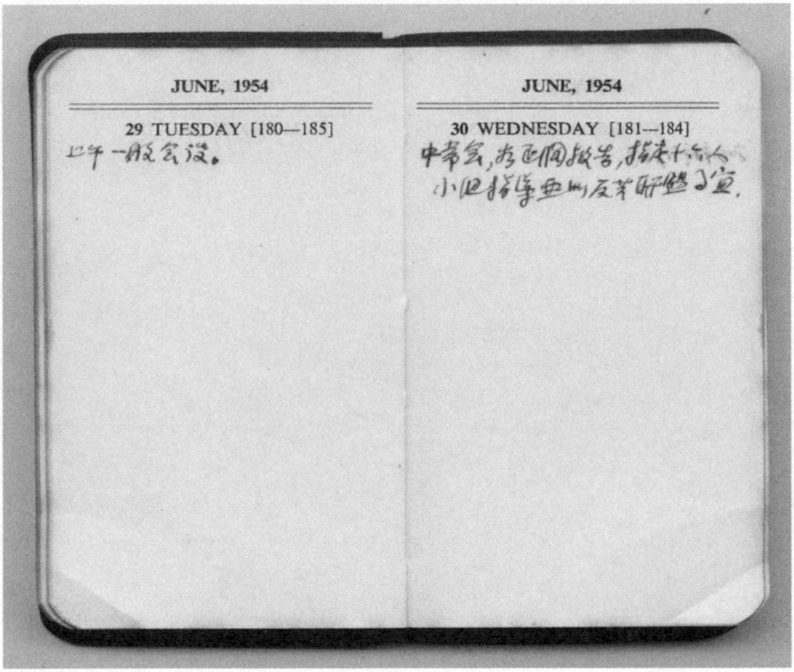

＊六月二十七日星期日（空白）

＊六月二十八日星期一（空白）

＊六月二十九日星期二

上午一般會談。

＊六月三十日星期三

中常會，谷正綱報告，指定十六人小組指導亞洲反共聯盟事宜。

＊七月一日星期四

擬辯訴狀。

＊七月二日星期五（空白）

＊七月三日星期六（空白）

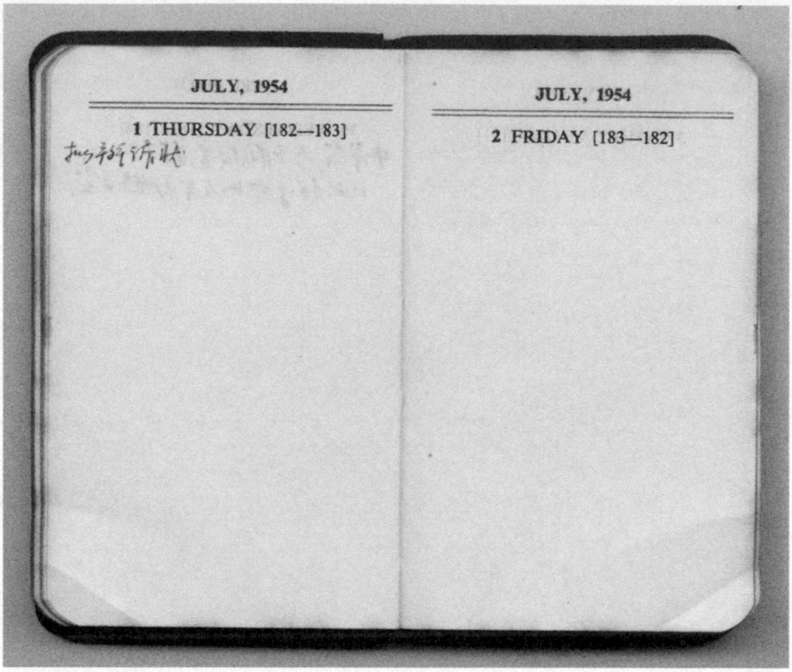

JULY, 1954

1 THURSDAY [182—183]

拟辩诉状

JULY, 1954

2 FRIDAY [183—182]

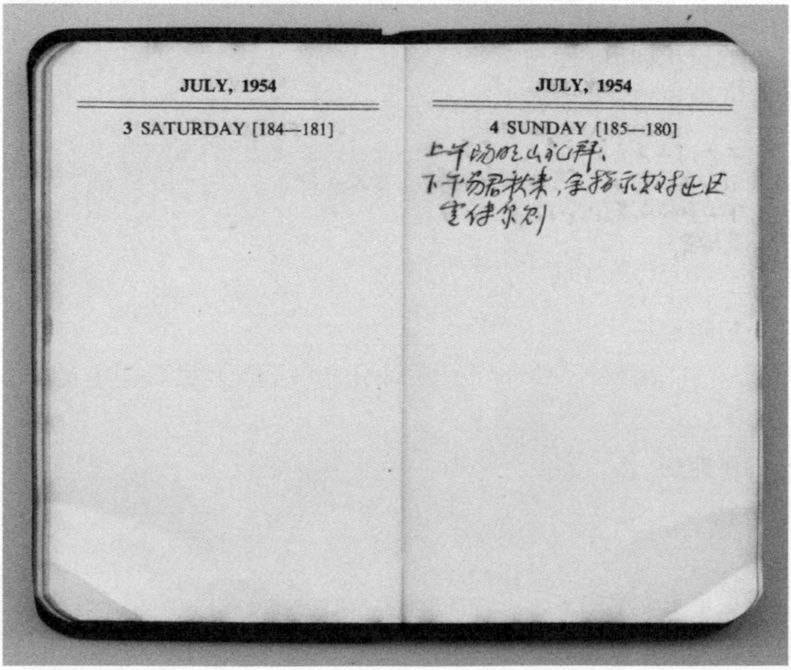

JULY, 1954

3 SATURDAY [184—181]

JULY, 1954

4 SUNDAY [185—180]

上午赴阳明山礼拜。

下午易君秋来，余指示如何延区

宝律原则

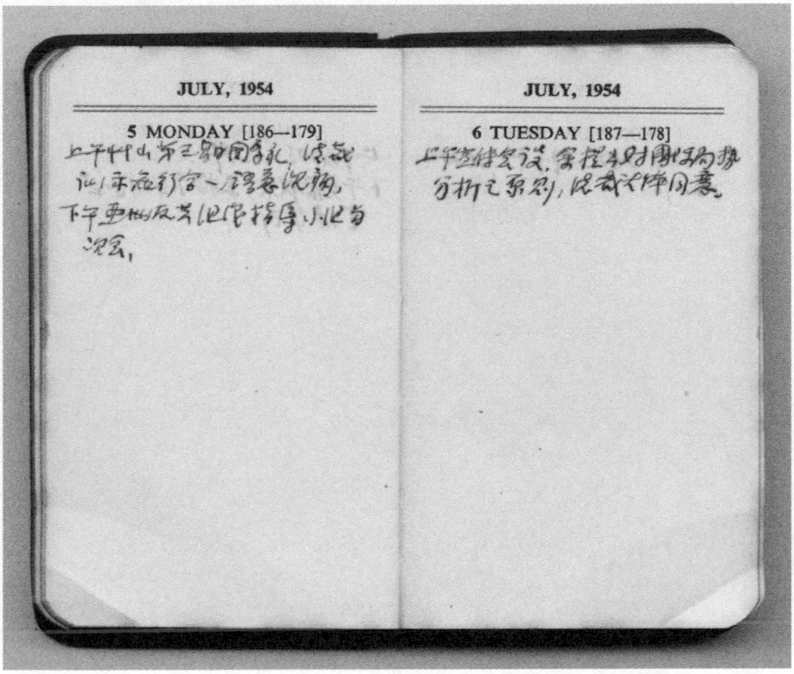

＊ 七月四日星期日

上午陽明山禮拜。

下午易君秋來，余指示其對匪區宣傳原則。

＊ 七月五日星期一

上午草山第三期開學禮。總裁訓示知行合一。語意沉痛。

下午亞洲反共組織指導小組首次會。

＊ 七月六日星期二

上午宣傳會談。余提出對國際局勢分析之原則，總裁大體同意。

＊ 七月七日星期三

上午中常會，討論都市平均地權條例。

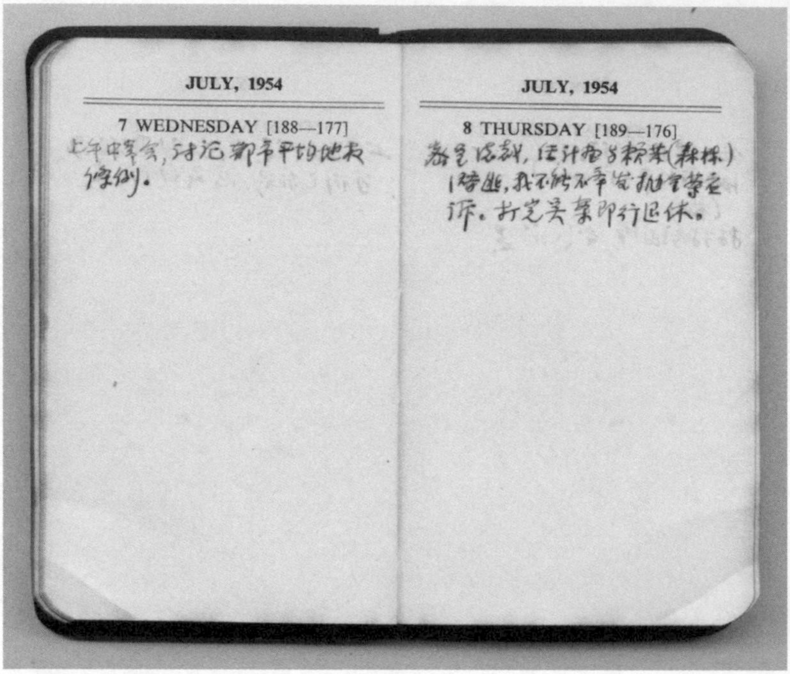
JULY, 1954
7 WEDNESDAY [188—177]
JULY, 1954
8 THURSDAY [189—176]

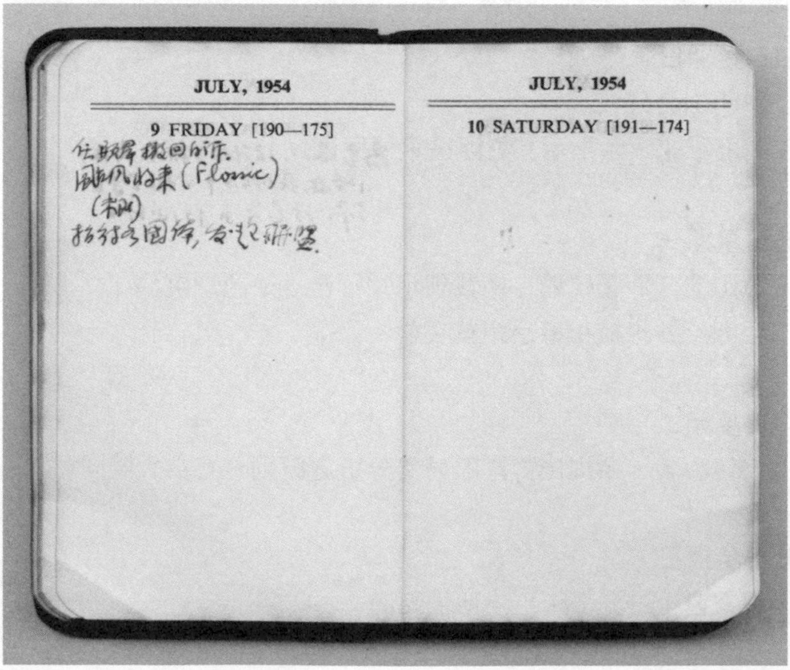
JULY, 1954
9 FRIDAY [190—175]
JULY, 1954
10 SATURDAY [191—174]

＊七月八日星期四

密呈總裁，任計畫與賴某（森林）潛逃。我不能不舉發拋金案應訴。打完吳案即行退休。

＊七月九日星期五

任顯群撤回自訴。

颱風將來。（Flossic）

（未到）

招待各團體，發起聯盟。

＊七月十日星期六（空白）

＊七月十一日星期日（空白）

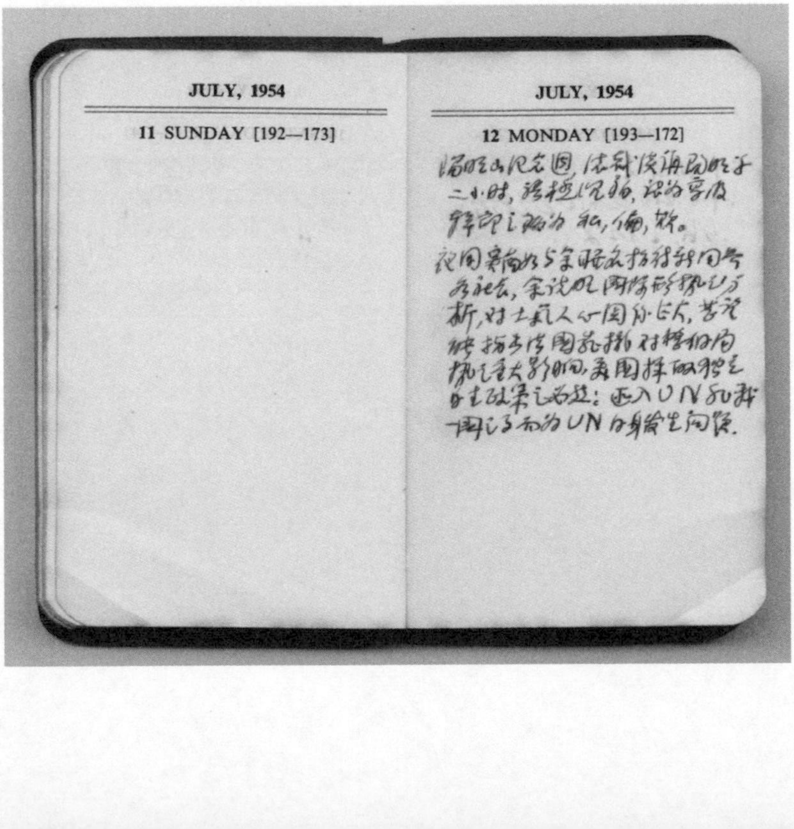

＊七月十二日星期一

陽明山紀念週，總裁續講陽明學二小時，語極沉痛，認為高級幹部之病為私，偏，欺。

夜間吳南如與余聯名招待新聞界各社長。余說明國際形勢之分析，對士氣人心關係甚大，甚望能指出法國靠攏對整個局勢之重大影響。美國採取獨立自主政策之必然；匪入 UN 非我國之事而為 UN 自身發生問題。

＊七月十三日星期二

上午一般會談。

下午小組商監察院查卷移卷問題。

＊七月十四日星期三

上午中常會總動員會報。

余報告監察院調查人員攜卷問題，有無妨害國家利益應由主管文卷之機關

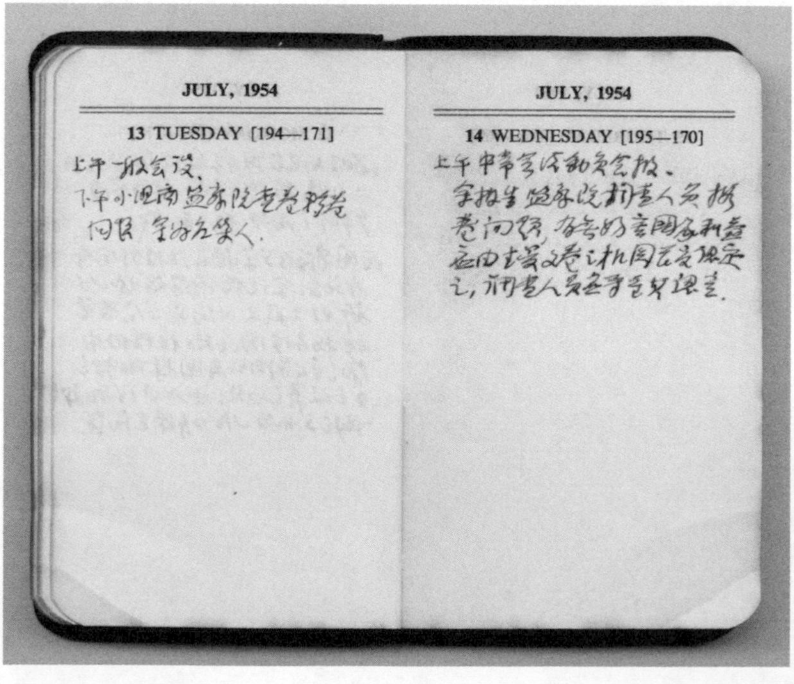

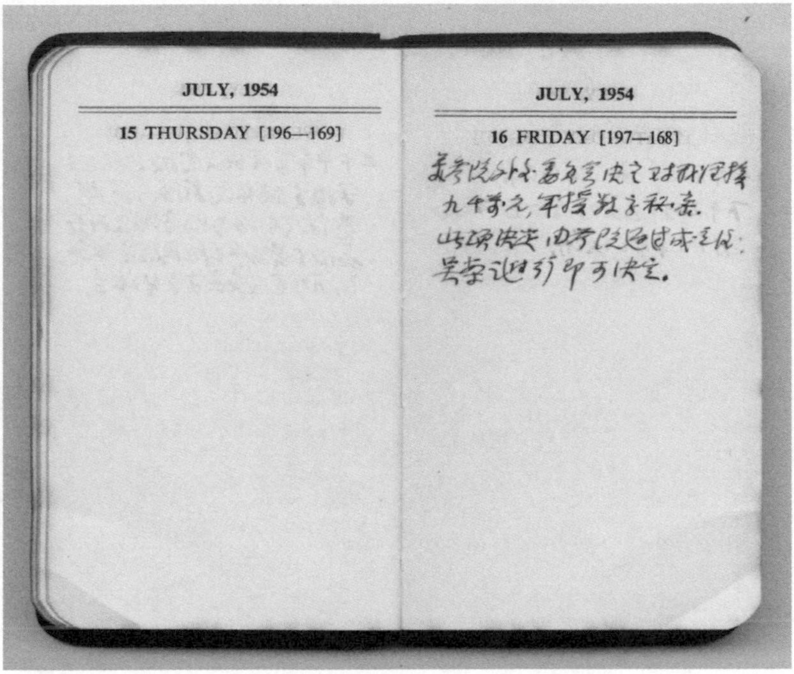

長官認定之，調查人員應尊重其認定。

＊ 七月十五日星期四（空白）

＊ 七月十六日星期五

美參院外交委員會決定對我經援九千萬元，軍援數字秘密。

此項決定由參援通過成立後，吳案之進行即可決定。

＊ 七月十七日星期六

上午九時半一家人均遊烏來。

下午三時半至五時余為電力公司訓練班演講。

＊ 七月十八日星期日（空白）

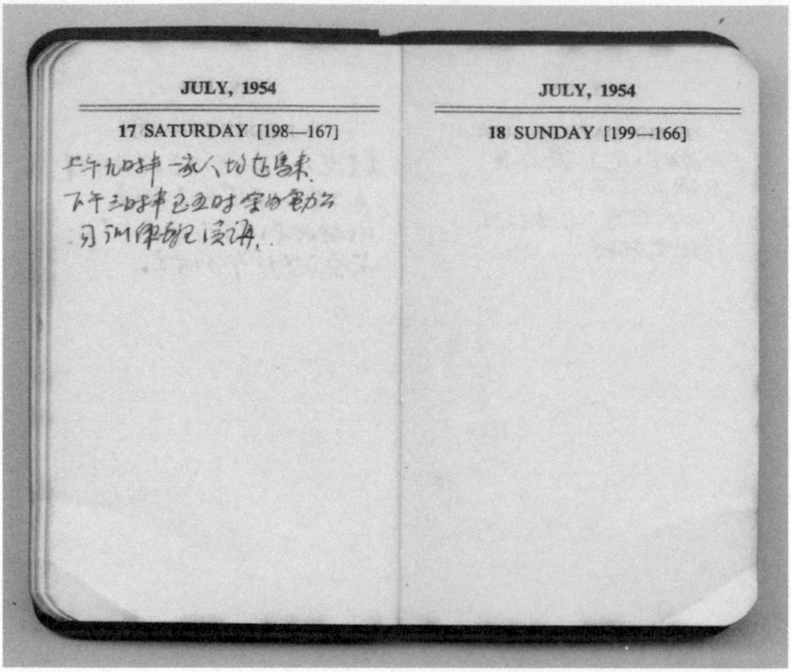
JULY, 1954

17 SATURDAY [198—167]

上午九時半一家人由臺北來。
下午三時半至五時半為電力公司訓練班演講。

JULY, 1954

18 SUNDAY [199—166]

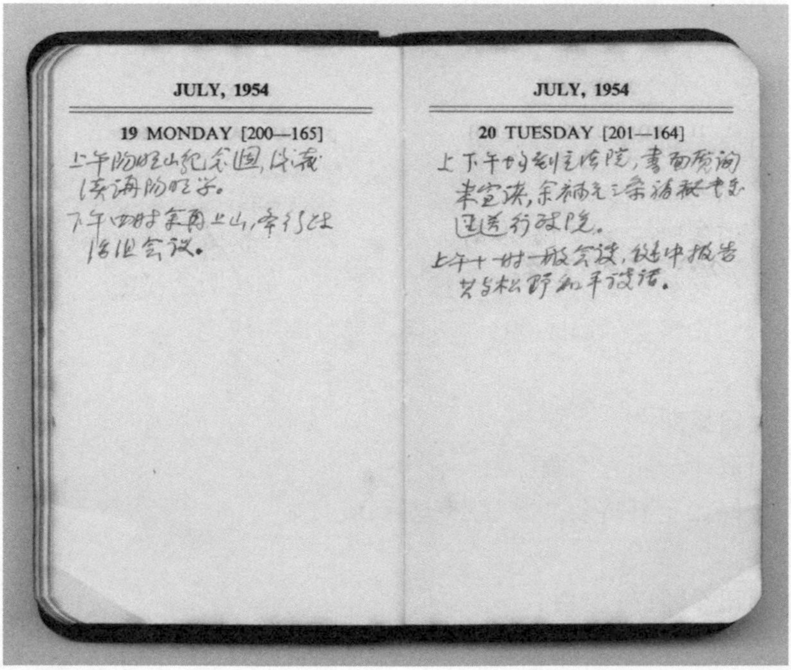
JULY, 1954

19 MONDAY [200—165]

上午陽明山紀念週，陳誠演講陽明學。
下午四時家屬上山，參加政治組會議。

JULY, 1954

20 TUESDAY [201—164]

上下午均到立法院，書面質詢未宣讀，余補充二條請秘書處逕送行政院。
上午十一時一般會談，總裁報告其與松野和平談話。

＊七月十九日星期一

上午陽明山紀念週。總裁續講陽明學。

下午四時余再上山，舉行政治組會議。

＊七月二十日星期二

上下午均到立法院，書面質詢未宣讀，余補充之條請秘書處逕送行政院。

上午十一時一般會談。健中報告其與松野和平談話。

＊七月二十一日星期三

上午中常會。總裁來中央黨部，未入會場即去。

下午余上山，參加匪情座談會，說明共匪憲法草案。

＊七月二十二日星期四

上午簽呈請示四中全會訓詞應否準備。

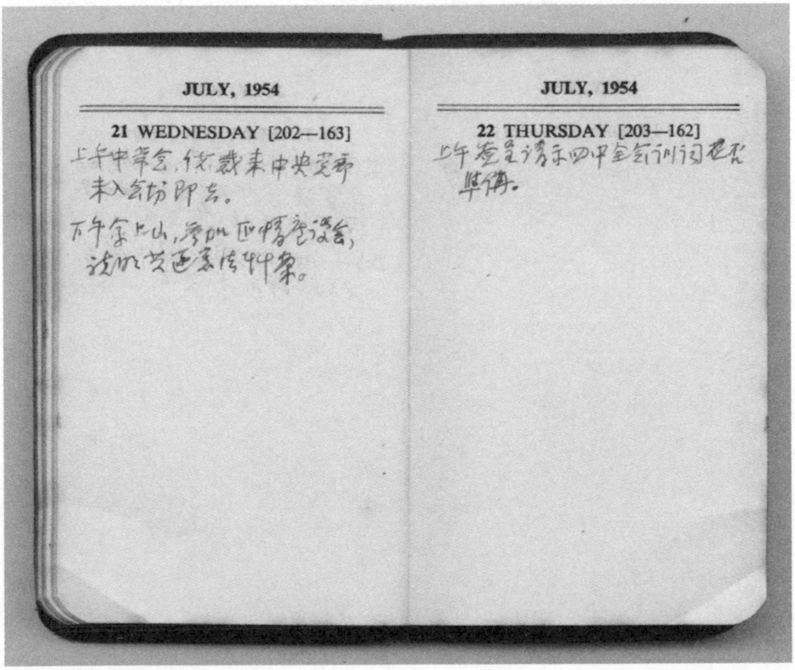

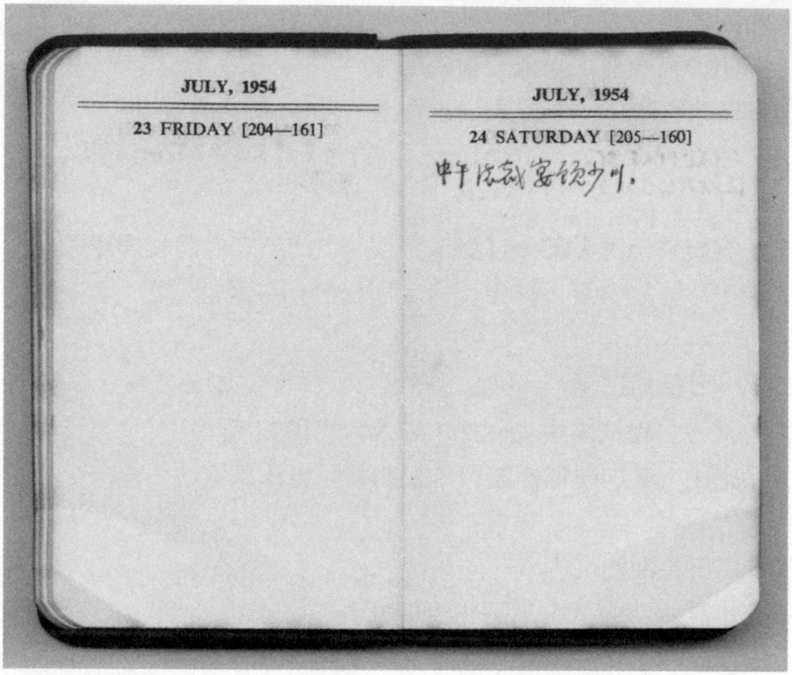

JULY, 1954

23 FRIDAY [204—161]

JULY, 1954

24 SATURDAY [205—160]

中午陳誠宴顧少川。

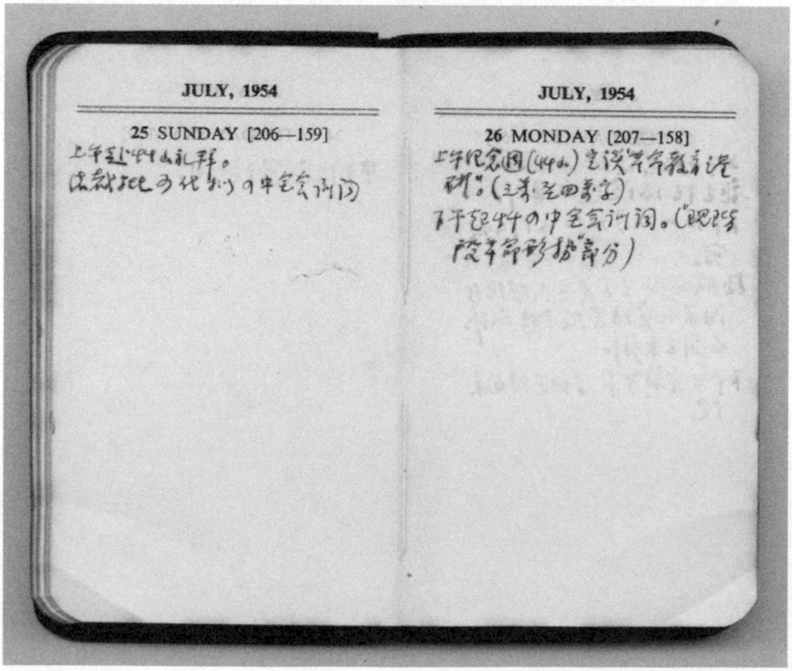

JULY, 1954

25 SUNDAY [206—159]

上午到士林山禮拜。
陳誠找我為代擬的四中全會訓詞

JULY, 1954

26 MONDAY [207—158]

上午紀念週(44th)宣讀革命教育之研究(三萬至四萬字)
下午起草四中全會訓詞。(「既將陸軍節節擴」部分)

＊七月二十三日星期五（空白）

＊七月二十四日星期六

中午總裁宴顧少川。

＊七月二十五日星期日

上午赴草山禮拜。

總裁批可代擬四中全會訓詞。

＊七月二十六日星期一

上午紀念週（草山）宣讀「革命教育之基礎」。（三萬至四萬字）

下午起草四中全會訓詞。（「現階段革命形勢」部分）

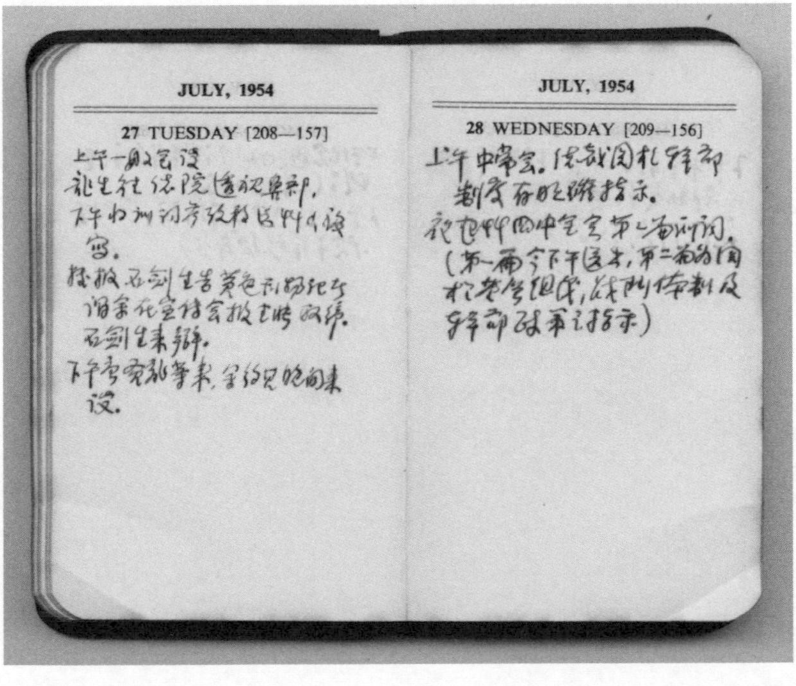

＊ 七月二十七日星期二

上午一般會談。

龍生往總院透視鼻部。

下午將訓詞參考稿送草山複寫。

據報石劍生告黃色刊物記者謂余在宣傳會報主張取締。石劍生來辯。

下午唐賢龍等來。余約晚間來談。

＊ 七月二十八日星期三

上午中常會。總裁關於幹部制度有明確指示。

夜起草四中全會第二篇訓詞。（第一篇今下午送出，第二篇為關於基層組織，戰鬥體制及幹部政策之指示。）

＊ 七月二十九日星期四

上午中常會臨時會討論幹部制度提案。

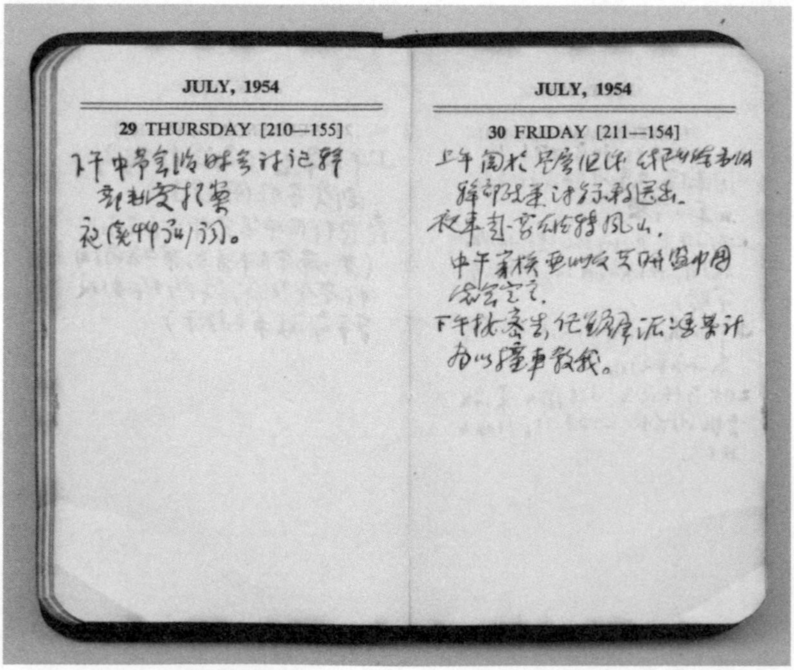

夜續草訓詞。

＊七月三十日星期五

上午關於基層組織戰鬥體制及幹部政策之指示稿送出。

夜車赴高雄轉鳳山。

中午審核亞洲反共聯盟中國總會宣言。

下午接密告，任顯群派馮某計畫以撞車殺我。

＊七月三十一日星期六

上午七時五十分到高雄站，叔同來接。另高雄縣長接先雲。在車站早餐。

上午九時半，預訓班典禮開始檢閱，桂總長講話，讀訓。（革命魂）

中午會餐。美顧問致詞後，余代表家長致詞。

二時與桂總長同往崗山，乘總長專機回台北，四時四十分到松山機場。

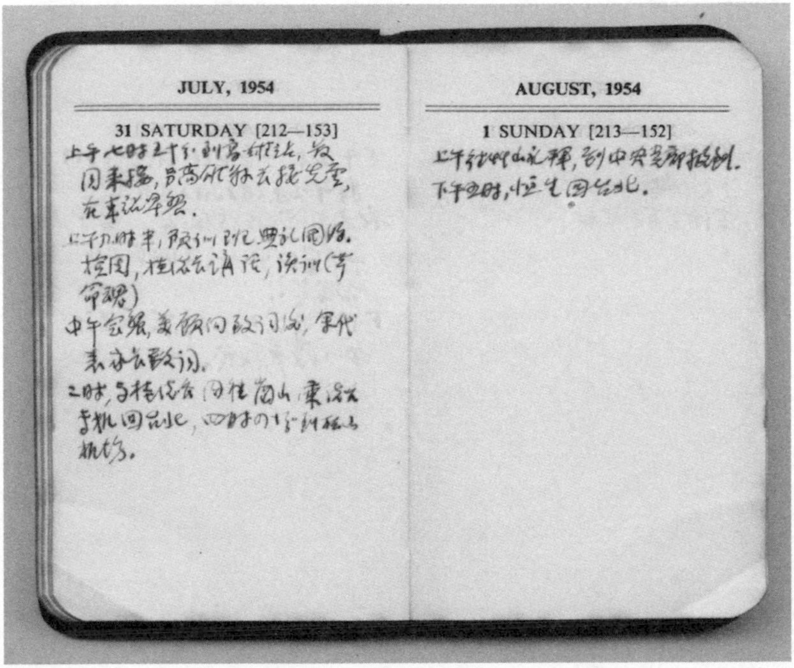

＊ 八月一日星期日

上午往草山禮拜。到中央黨部報到。

下午五時，恒生回台北。

＊ 八月二日星期一

全會開幕。

黨務報告。

余往空軍新生社。

＊ 八月三日星期二

政治報告。

夜間在實踐堂開第二審查組，黃少谷，黃朝琴與余為召集人。

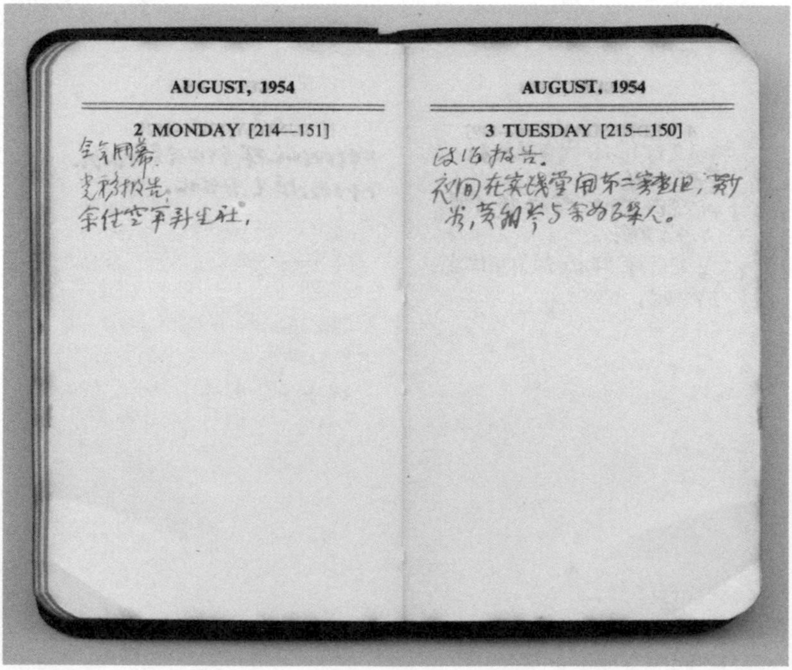

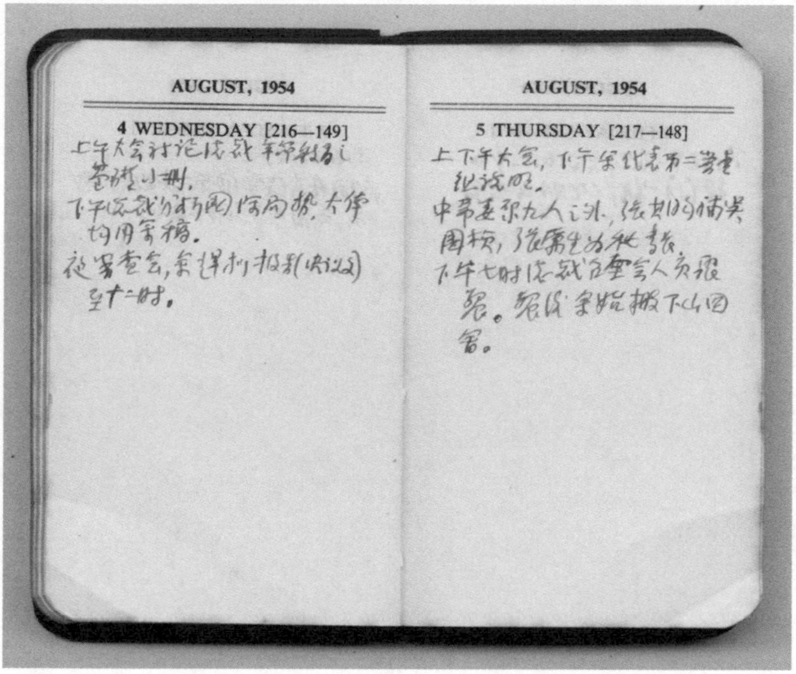

＊ 八月四日星期三

上午大會討論總裁革命教育之基礎小冊。

下午總裁分析國際局勢，大體均用余稿。

夜審查會，余趕擬報告（決議文）至十二時。

＊ 八月五日星期四

上下午大會。下午余代表第二審查組說明。

中常委原九人之外，張其昀補吳國楨，張厲生為秘書長。

下午七時總裁召全會人員聚餐。餐後余始搬下山回舍。

＊ 八月六日星期五

下午往第一總院，余主任醫師為拔門牙一顆，三星期後裝牙。

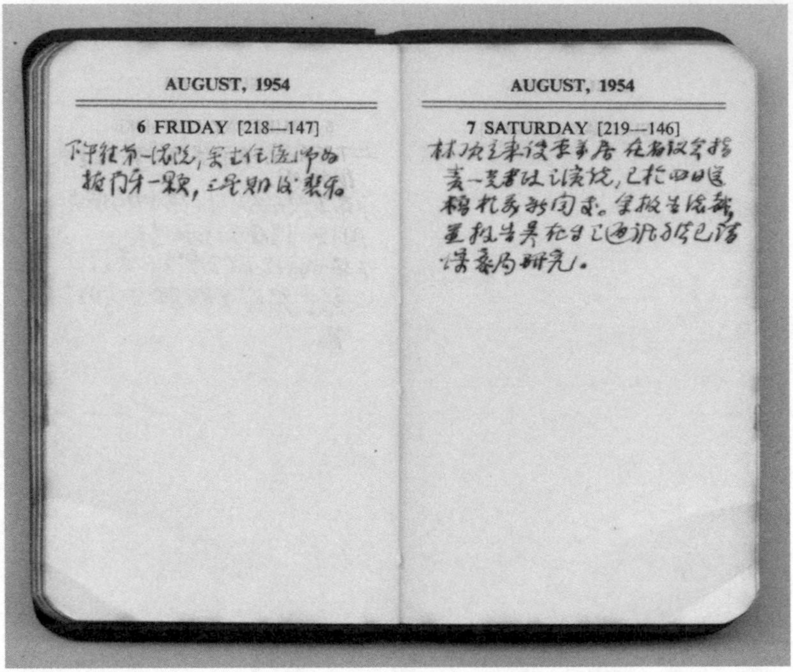
AUGUST, 1954
6 FRIDAY [218—147]
AUGUST, 1954
7 SATURDAY [219—146]

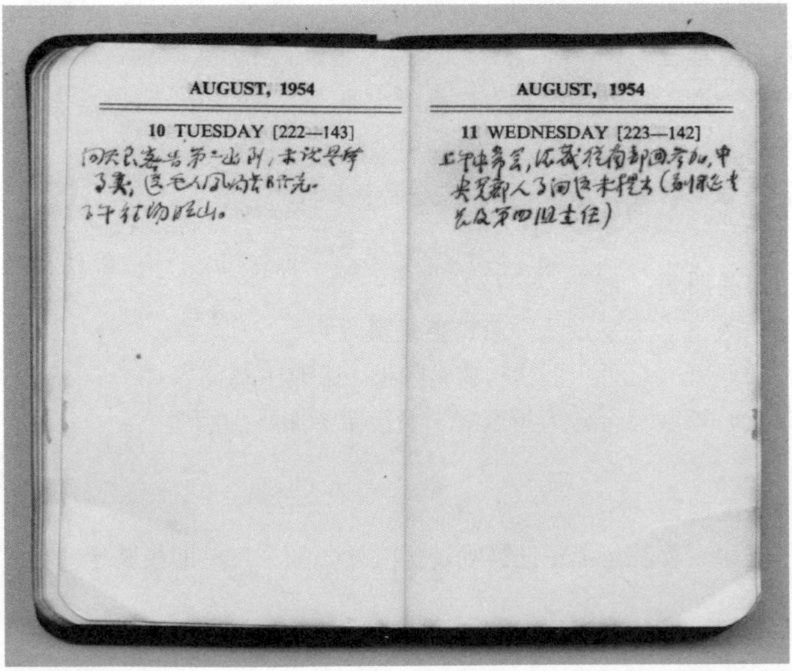
AUGUST, 1954
10 TUESDAY [222—143]
AUGUST, 1954
11 WEDNESDAY [223—142]

＊ 八月七日星期六

林頂立來談李萬居在省議會指責一黨專政之演說，已於四日送稿於美新聞處。余報告總裁，並報告吳在台之通話方法已請保密局研究。

＊ 八月八日星期日（空白）

＊ 八月九日星期一（空白）

＊ 八月十日星期二

問天良密告第二函到。未說明具體事實，送毛人鳳局長研究。

下午往陽明山。

＊ 八月十一日星期三

上午中常會，總裁往南部回，參加。中央黨部人事問題未提出。（副秘書長及第四組主任）

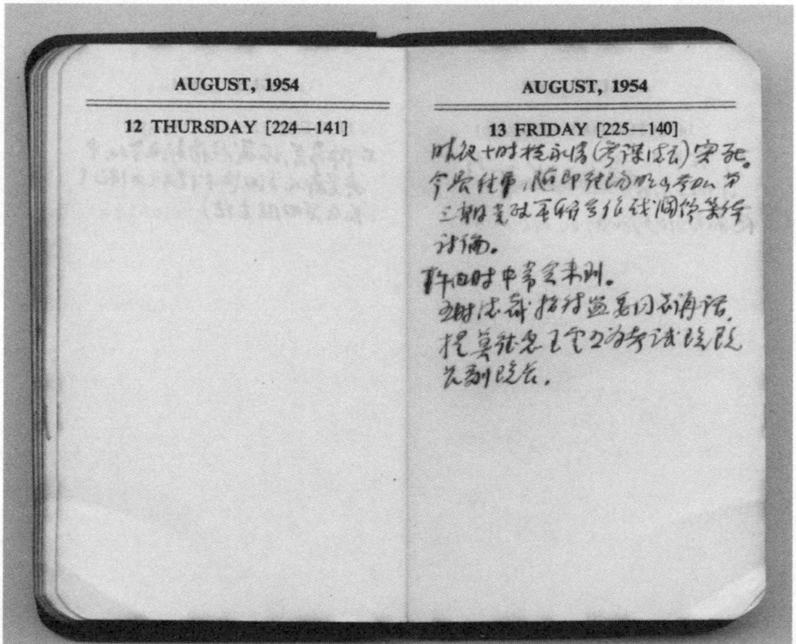

＊ 八月十二日星期四（空白）

＊ 八月十三日星期五

昨夜十時桂永清（參謀總長）突死。

今晨往弔。隨即往陽明山參加第三期黨政軍聯合作戰綱領集體討論。

下午四時中常會未到。

五時總裁招待監委同志講話。提莫德惠王雲五為考試院長副院長。

＊ 八月十四日星期六

下午往烏來為電力公司黨務業務訓練班演講。

夜豪雨，颱風到琉球。

＊ 八月十五日星期日

上午往陽明山禮拜。

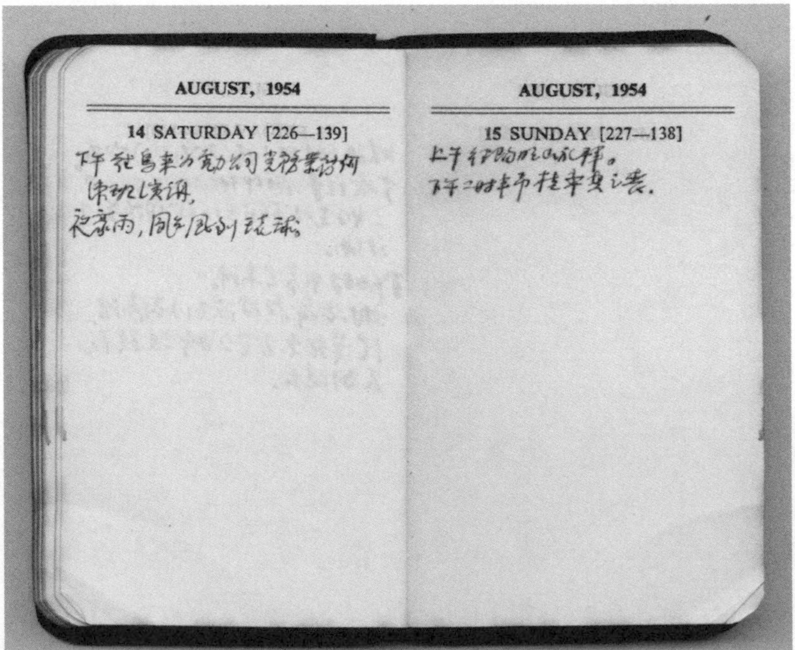

AUGUST, 1954

14 SATURDAY [226—139]

下午往烏來為電力公司黨務業務訓練班演講。

夜豪雨，颱風到琉球

AUGUST, 1954

15 SUNDAY [227—138]

上午往陽明山禮拜。

下午二時半弔桂永清之喪。

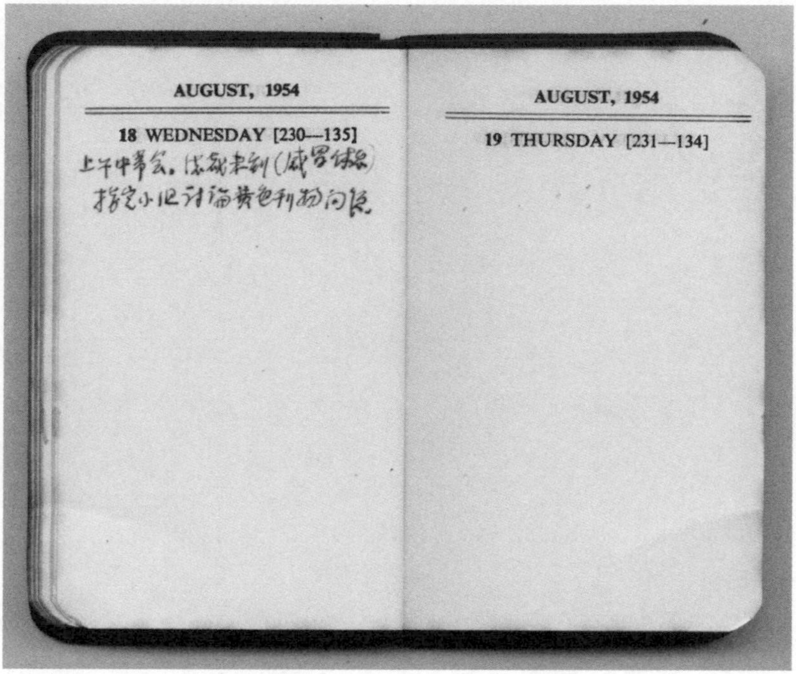

下午二時班弔桂永清之喪。

＊ 八月十六日星期一（空白）

＊ 八月十七日星期二（空白）

＊ 八月十八日星期三

上午中常會。總裁未到。（感冒休息）指定小組討論黃色刊物問題。

＊ 八月十九日星期四（空白）

＊ 八月二十日星期五（空白）

＊ 八月二十一日星期六（空白）

＊ 八月二十二日星期日

感冒，未上陽明山。

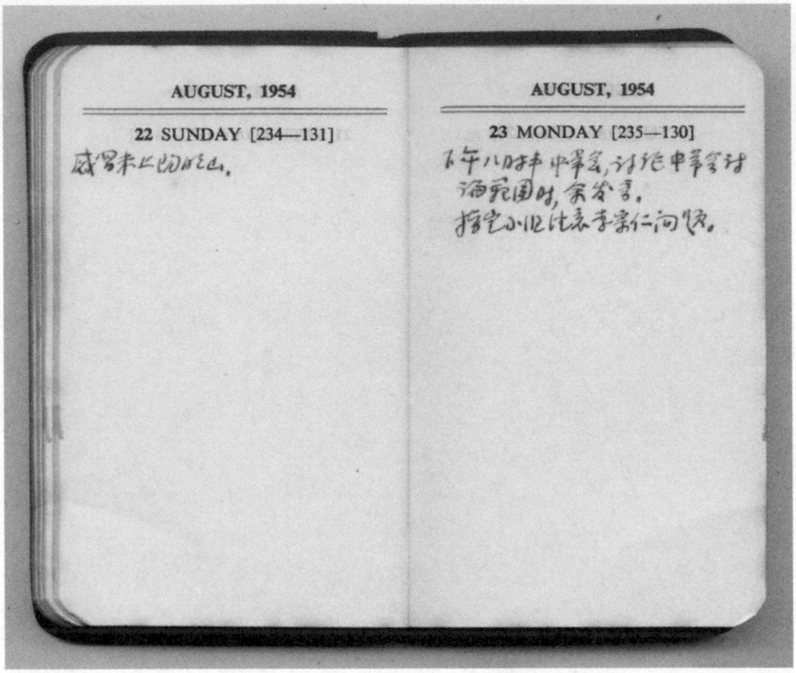

AUGUST, 1954

22 SUNDAY [234—131]

感冒未上陽明山。

AUGUST, 1954

23 MONDAY [235—130]

下午八時半中常會，討論中常會討論範圍時，宋發言。
指定小組研究李宗仁問題。

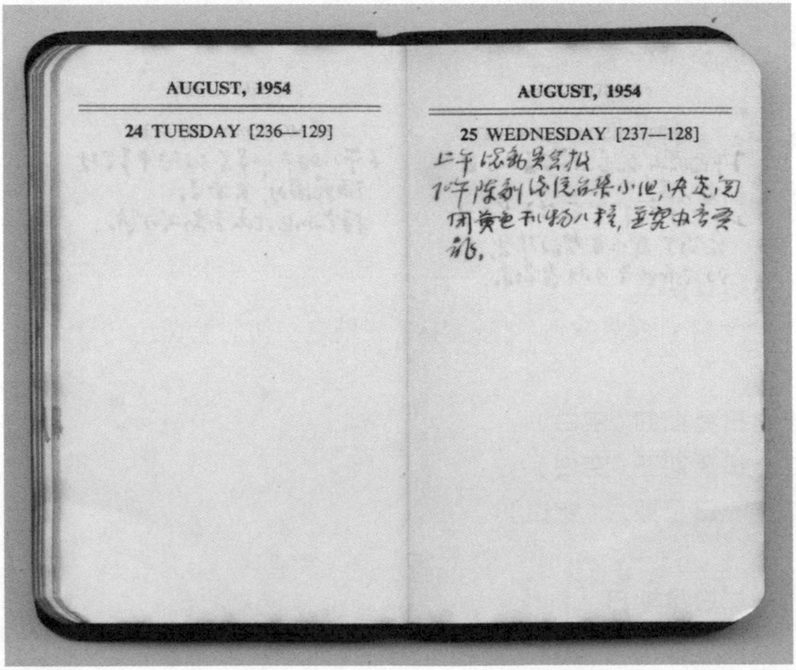

AUGUST, 1954

24 TUESDAY [236—129]

AUGUST, 1954

25 WEDNESDAY [237—128]

上午總動員會報
下午陳副總統召集小組，決定關閉黃色刊物八種，並究由[illegible][illegible][illegible]。

＊八月二十三日星期一

上午八時半中常會，討論中常會討論範圍時，余發言。

指定小組注意李宗仁問題。

＊八月二十四日星期二（空白）

＊八月二十五日星期三

上午總動員會報。

下午陳副總統召集小組，決定關閉黃色刊物八種，並究辦唐賢龍。

＊八月二十六日星期四

下午陽明山，研究會綜合審議小組首次會。

上午宣傳會談，總裁指示共匪政治宣傳，我應有整個計畫，對大陸水災要加緊宣傳。

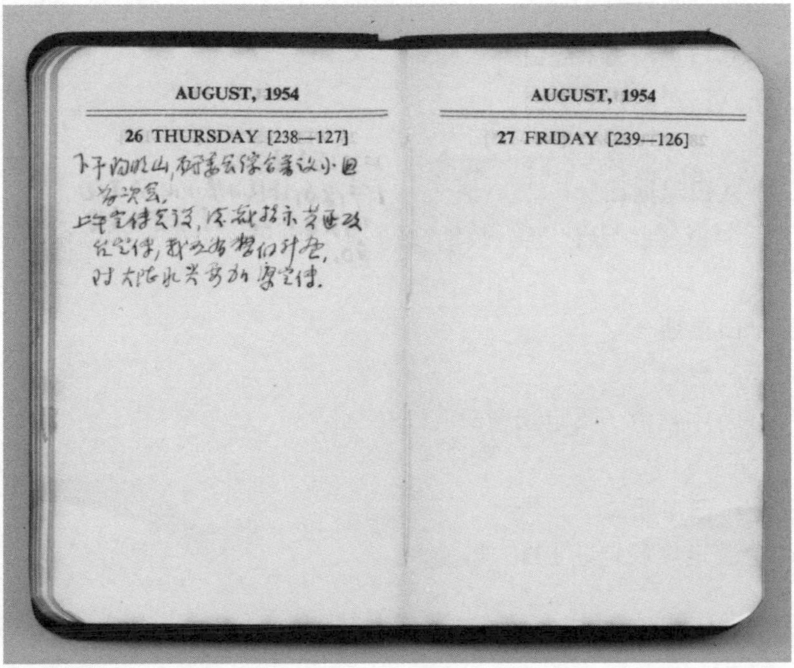

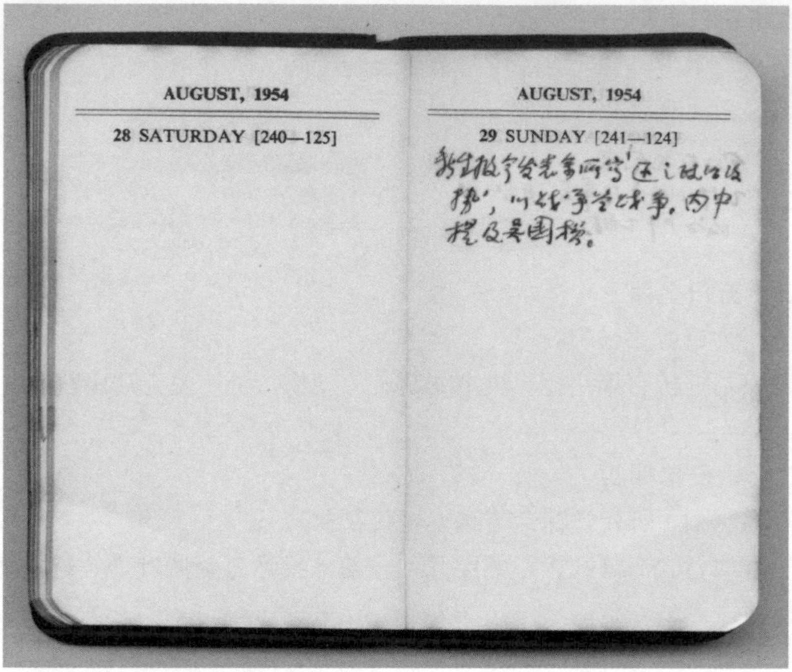

＊ **八月二十七日星期五（空白）**

＊ **八月二十八日星期六（空白）**

＊ **八月二十九日星期日**

新生報今發表余所寫「匪之政治攻勢」，以戰爭答戰爭。內中提及吳國楨。

＊ **八月三十日星期一**

今日無紀念週。

下午八時中常會，決定議會改為下午三時。

＊ **八月三十一日星期二**

法國會決定無限延期 EDC 辯論。

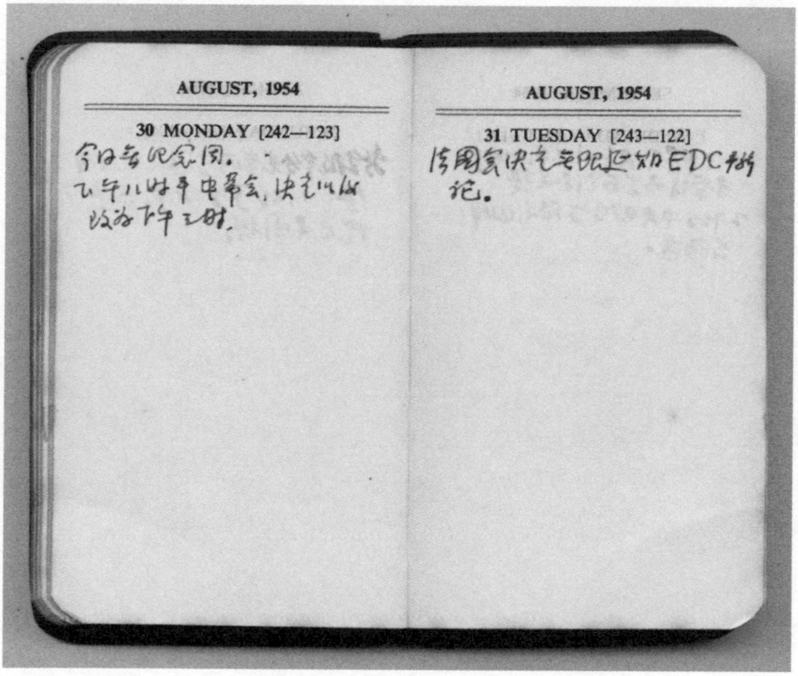

＊ 九月一日星期三

中常會，決定明下午四時專案討論共匪宣傳攻勢。

下午為中央日報寫論文，由澤長抄送。

＊ 九月二日星期四

下午三時臨時中常會，賴次長報告軍事，葉部長報告外交，討論後指定少谷及余擬決議文。

上午與張明煒談話。

＊ 九月三日星期五（空白）

金門砲戰。

＊ 九月四日星期六

半夜忽聞高射炮聲，一時半至四時，始安寢。

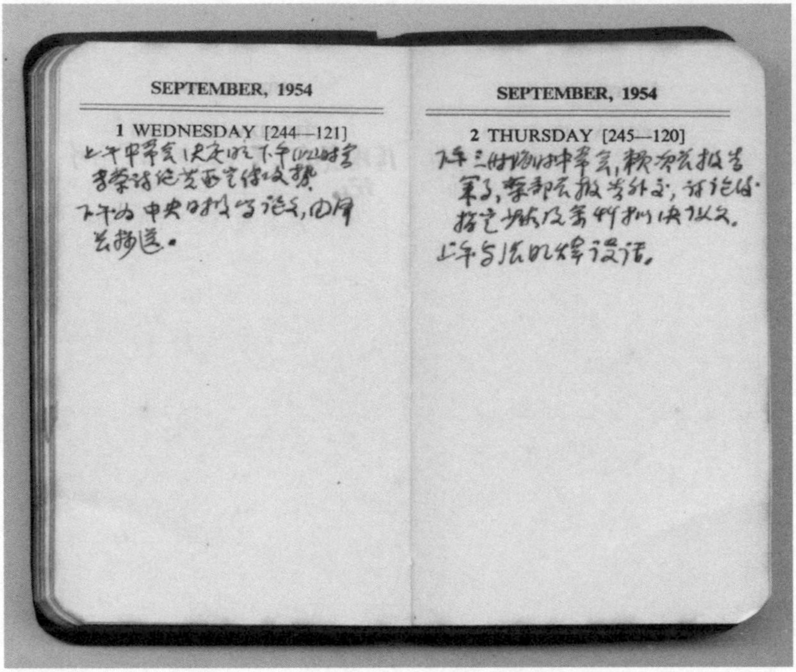

SEPTEMBER, 1954

1 WEDNESDAY [244—121]

上午中華氣(?決定晚下午以外時
各講話論答西言緒文費.
下午為 中央日報寫論,四屆
芸捕迷.

SEPTEMBER, 1954

2 THURSDAY [245—120]

下午三時開は中華氣,稗海芸報告
軍了,奉部若報芳外召,許給は
搭究城成第判排川決批文.
上午引法晚烤設記.

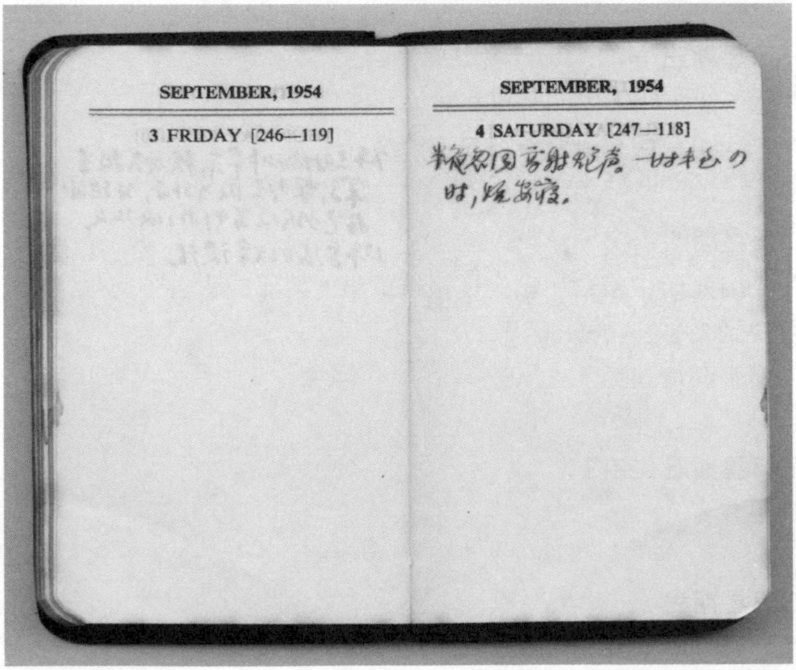

SEPTEMBER, 1954

3 FRIDAY [246—119]

SEPTEMBER, 1954

4 SATURDAY [247—118]

半夜忽因寄射矩度.一甘半色の
時,烷衛寝.

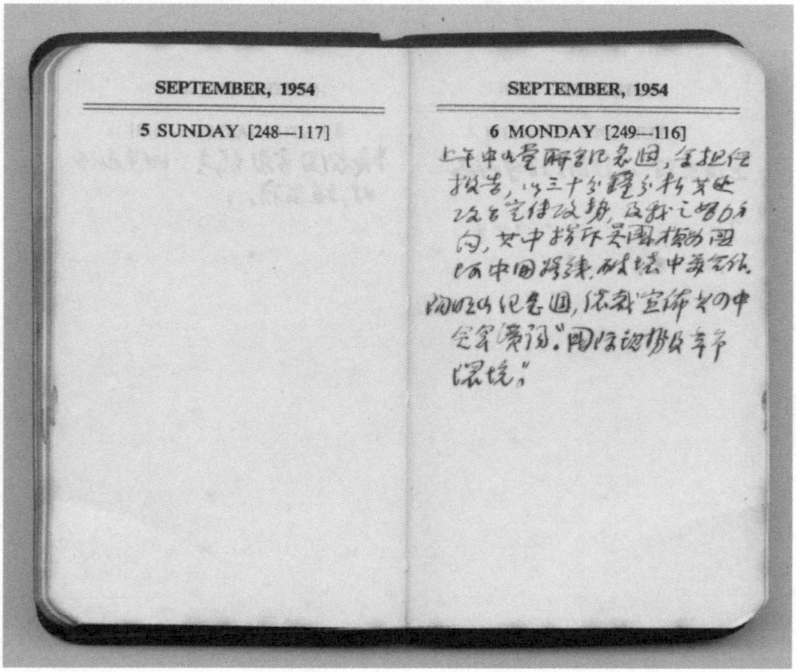

美國對金門砲戰極為緊張。美軍官二人被匪炮擊死。

＊九月五日星期日（空白）

＊九月六日星期一

上午中山堂紀念週。余擔任報告，以三十分鐘分析共匪攻台宣傳攻勢，及我之努力方向，其中指斥吳國楨為國際中間路線，破壞中美合作。

陽明山紀念週，總裁宣佈其四中全會演詞，「國際現勢及革命環境」。

＊九月七日星期二

宣傳會談，指定宣傳指導小組。

下午研究院研委會綜合審議小組。

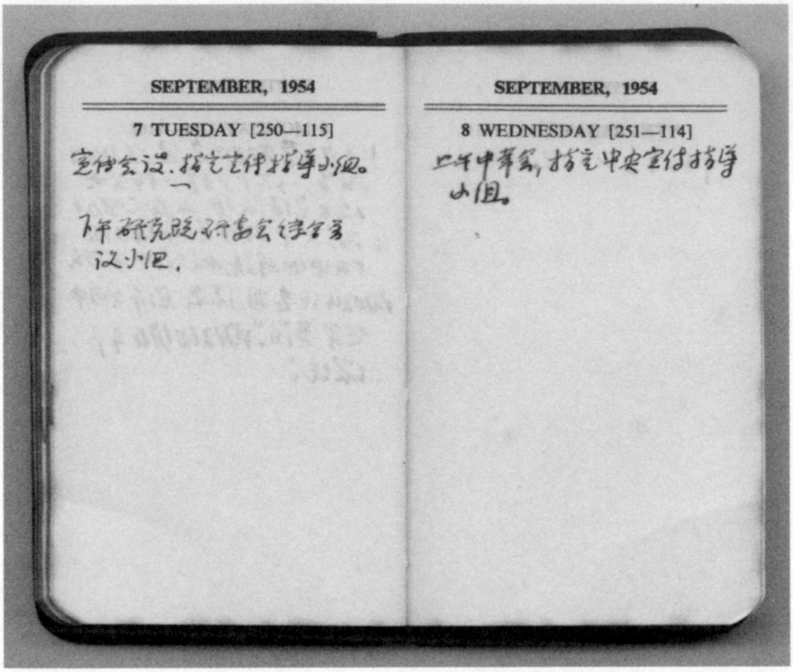

SEPTEMBER, 1954

7 TUESDAY [250—115]

宣传会议，指定宣传指导小组。

下午研究院研商会综合审议小组，

SEPTEMBER, 1954

8 WEDNESDAY [251—114]

上午中常会，指定中央宣传指导小组。

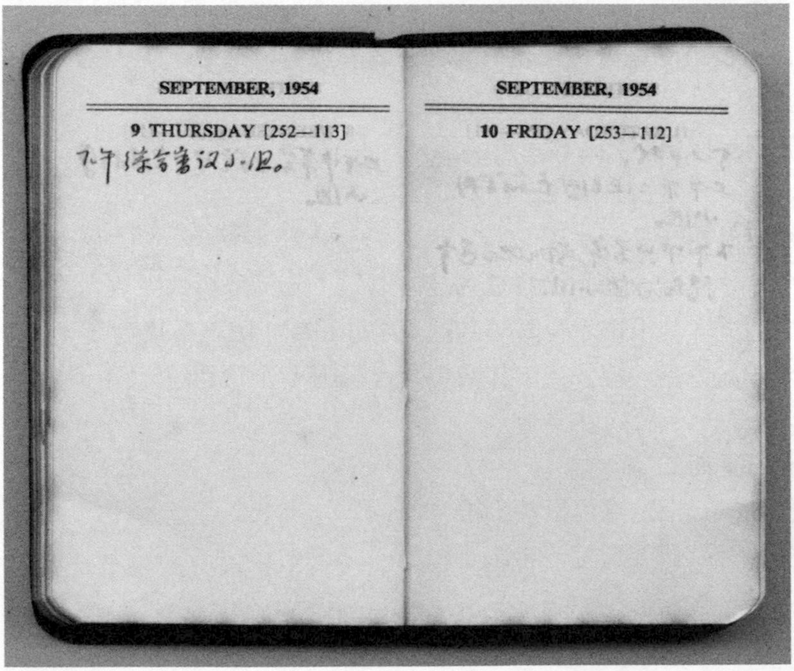

SEPTEMBER, 1954

9 THURSDAY [252—113]

下午综合审议小组。

SEPTEMBER, 1954

10 FRIDAY [253—112]

* **九月八日星期三**

上午中常會，指定中央宣傳指導小組。

* **九月九日星期四**

下午綜合審議小組。

杜勒斯訪台，宣稱台灣不孤立。

* **九月十日星期五（空白）**

* **九月十一日星期六**

今日中秋。

上午第六組召開匪憲研判小組。

下午中央黨部，參加地方選舉提名問題小組。

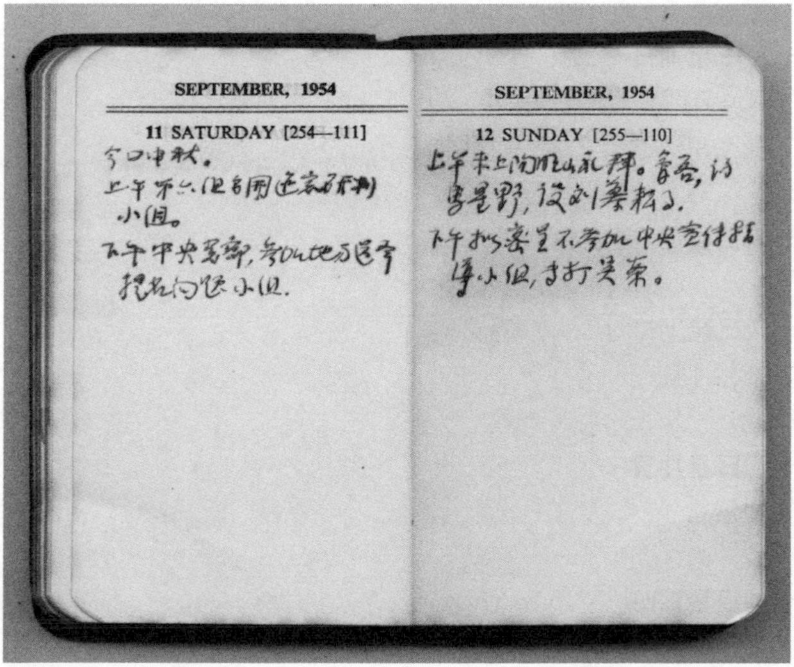

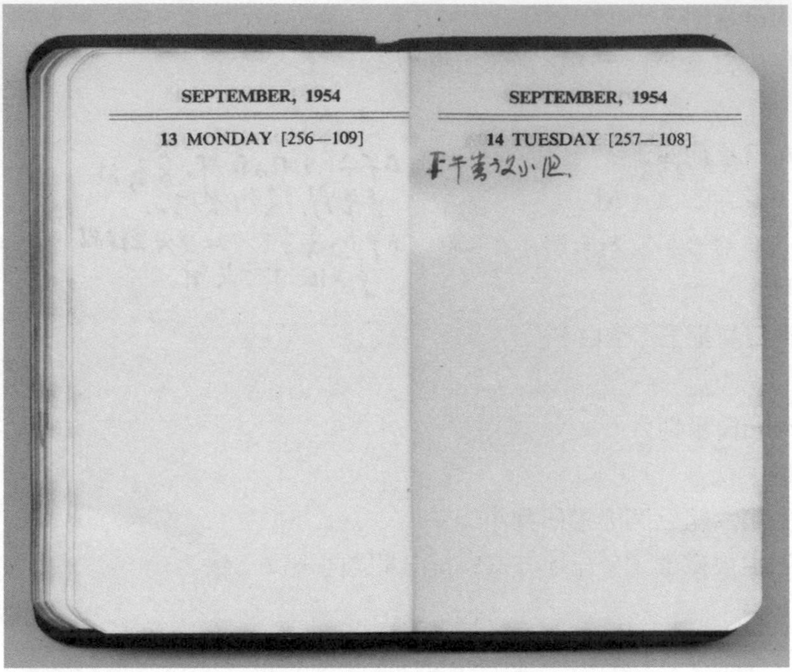

＊ **九月十二日星期日**

上午未上陽明山禮拜。會客，約馬星野，談劉慕耘事。

下午擬密呈，不參加中央宣傳指導小組，專打吳案。

＊ **九月十三日星期一（空白）**

＊ **九月十四日星期二**

下午審議小組。

＊ **九月十五日星期三**

上午中常會。

＊ **九月十六日星期四**

下午審議小組。

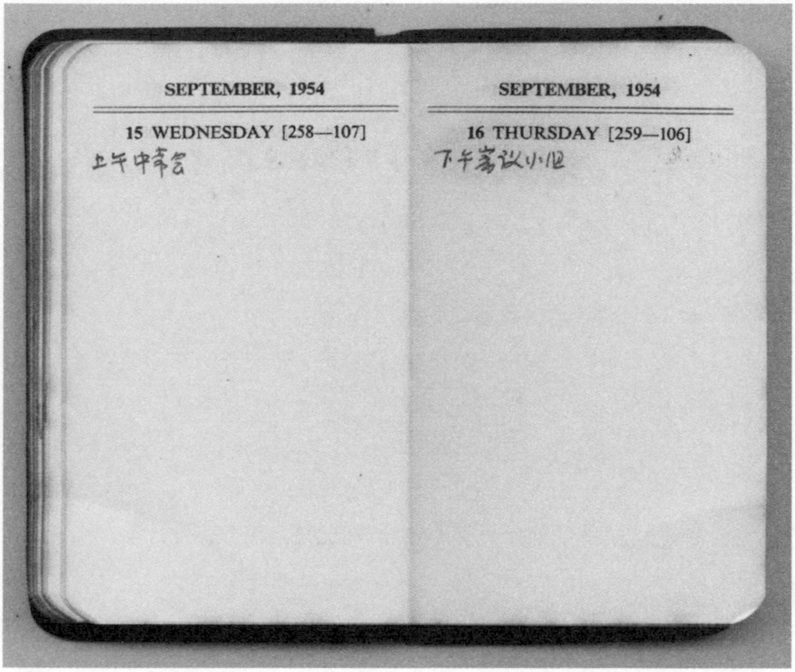

＊九月十七日星期五（空白）

＊九月十八日星期六

下午臨時中常會，討論共匪政治攻勢及軍事動態。

＊九月十九日星期日（空白）

＊九月二十日星期一

下午中常會。

＊九月二十一日星期二

下午審議小組。

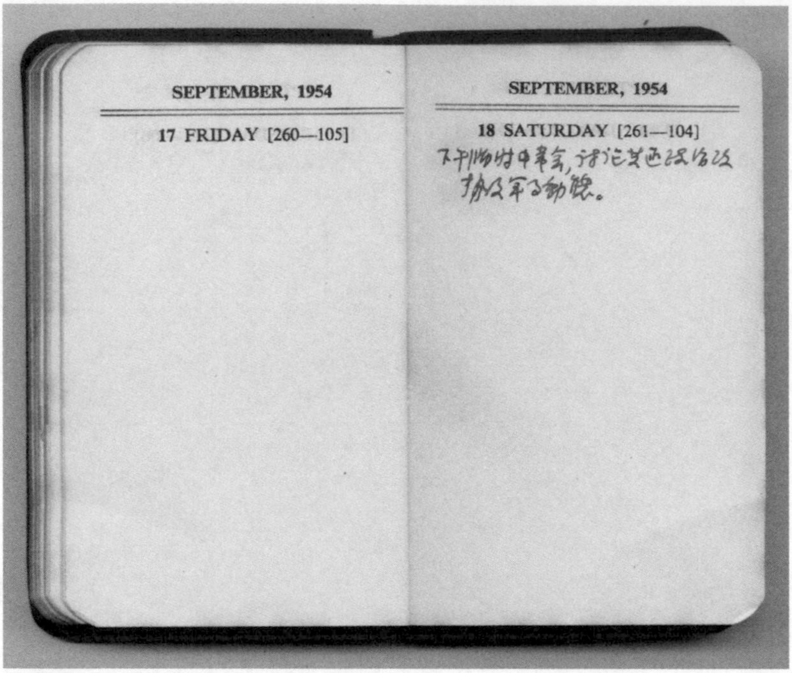
SEPTEMBER, 1954
17 FRIDAY [260—105]
SEPTEMBER, 1954
18 SATURDAY [261—104]
下午臨時中常會，討論
及軍事動態。

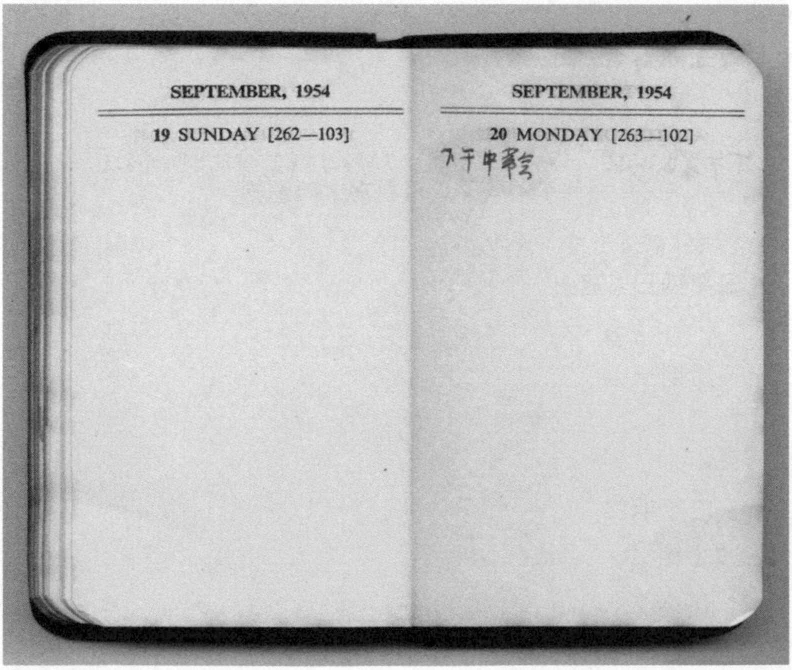
SEPTEMBER, 1954
19 SUNDAY [262—103]
SEPTEMBER, 1954
20 MONDAY [263—102]
下午中常會

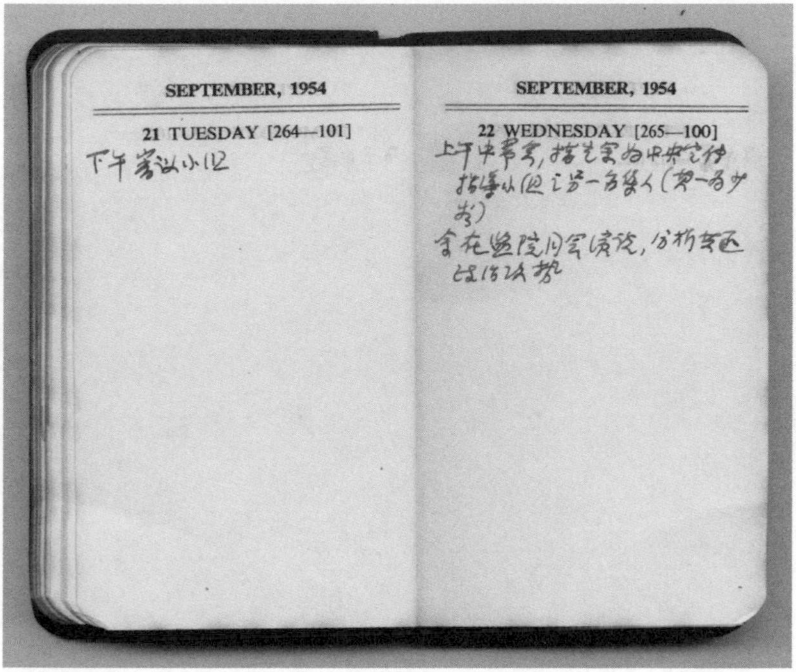

＊九月二十二日星期三

上午中常會，指定余為中央宣傳小組之另一召集人。（其一為少谷）
余在監院同志演說，分析共匪政治攻勢。

＊九月二十三日星期四

下午審議小組。

＊九月二十四日星期五（空白）

＊九月二十五日星期六

中央宣傳指導小組。

＊九月二十六日星期日

傳二十八日匪開始轟炸。今日多人出郊外找地皮，地價從每坪60漲180。

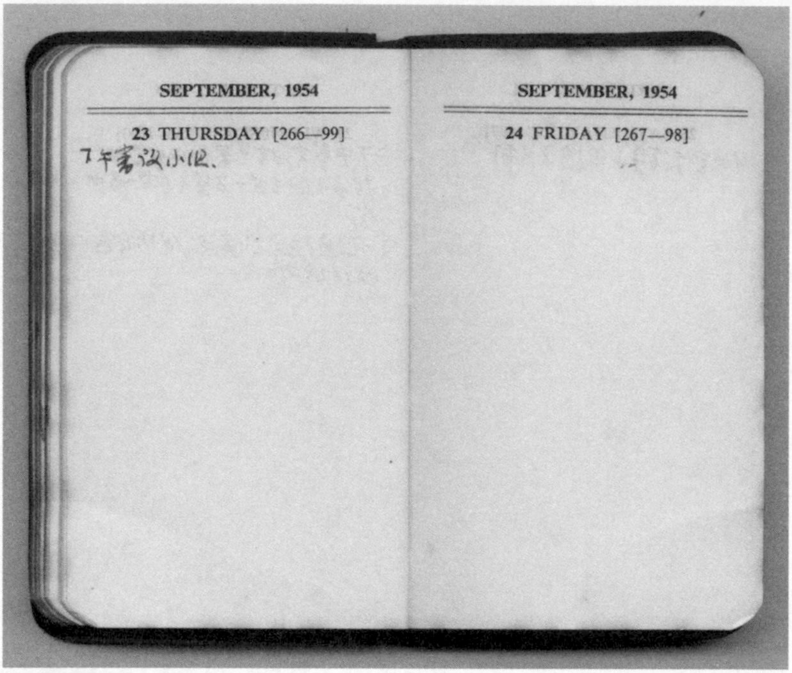
SEPTEMBER, 1954
23 THURSDAY [266—99]
下午審议小组.
SEPTEMBER, 1954
24 FRIDAY [267—98]

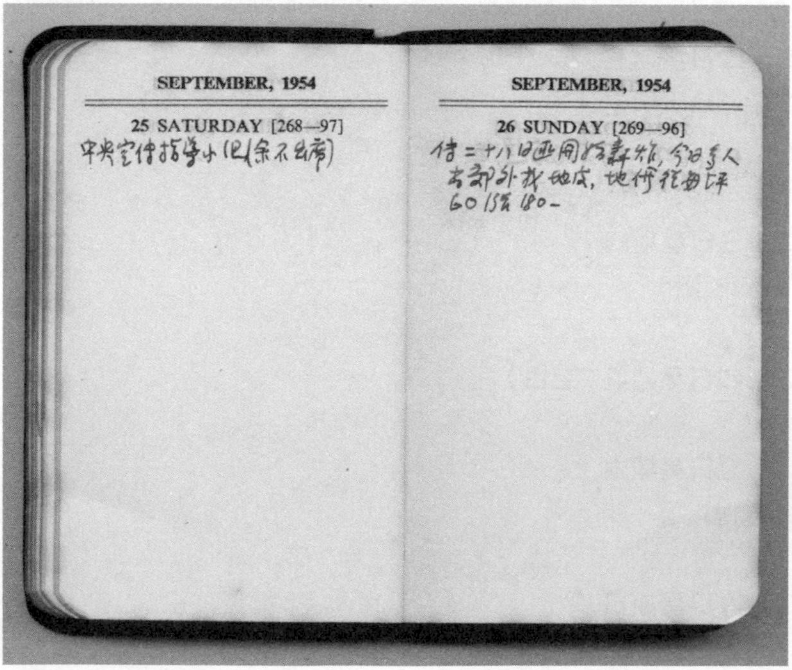
SEPTEMBER, 1954
25 SATURDAY [268—97]
中央宣传指导小组(余不出席)
SEPTEMBER, 1954
26 SUNDAY [269—96]

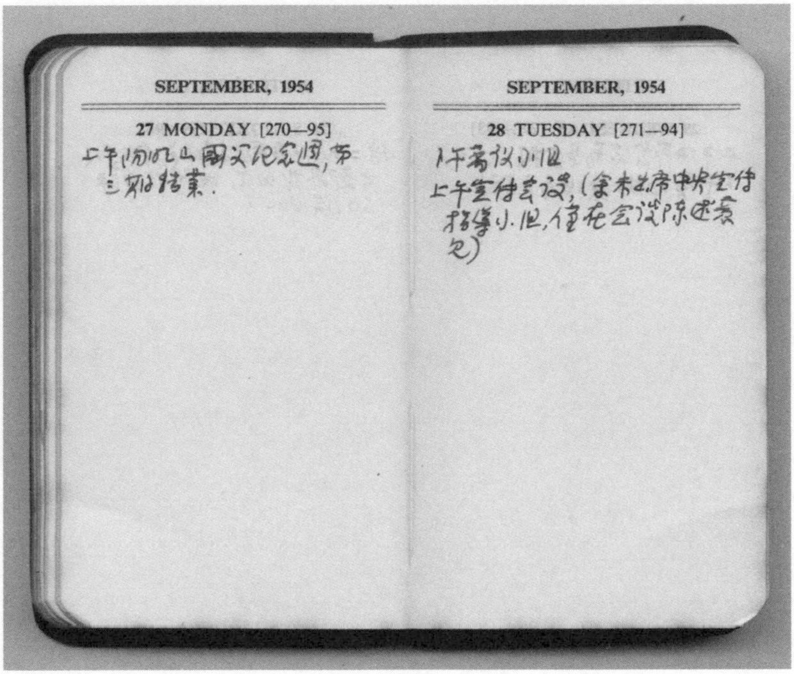

＊ 九月二十七日星期一

上午陽明山國父紀念週。第三期結業。

＊ 九月二十八日星期二

上午審議小組。

上午宣傳會談。（余未出席中央宣傳指導小組，僅在會談陳述意見）

＊ 九月二十九日星期三

上午中常會總動員會報。

下午貴陽街兼組委員會議。

＊ 九月三十日星期四

下午貴陽街綜合審議小組。

司法組各案審畢。

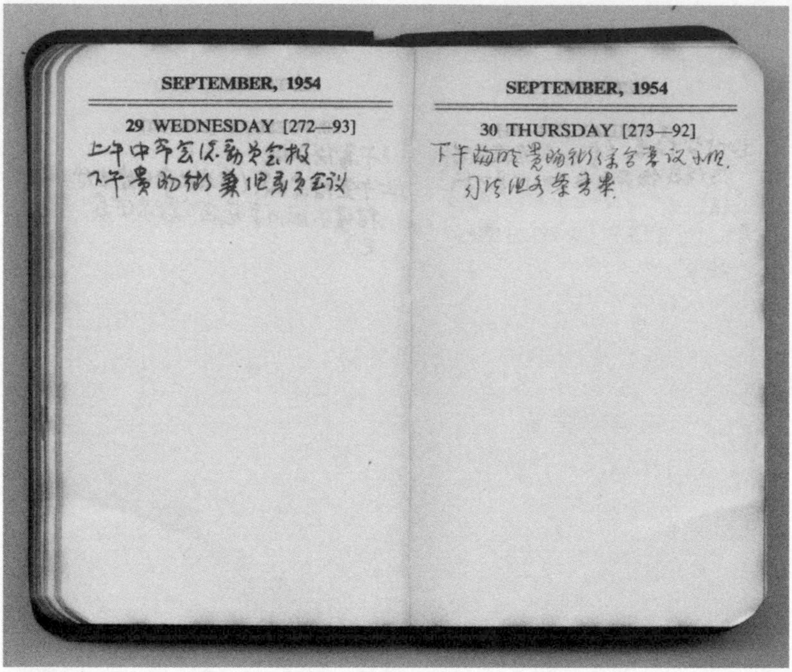
SEPTEMBER, 1954
29 WEDNESDAY [272—93]
SEPTEMBER, 1954
30 THURSDAY [273—92]

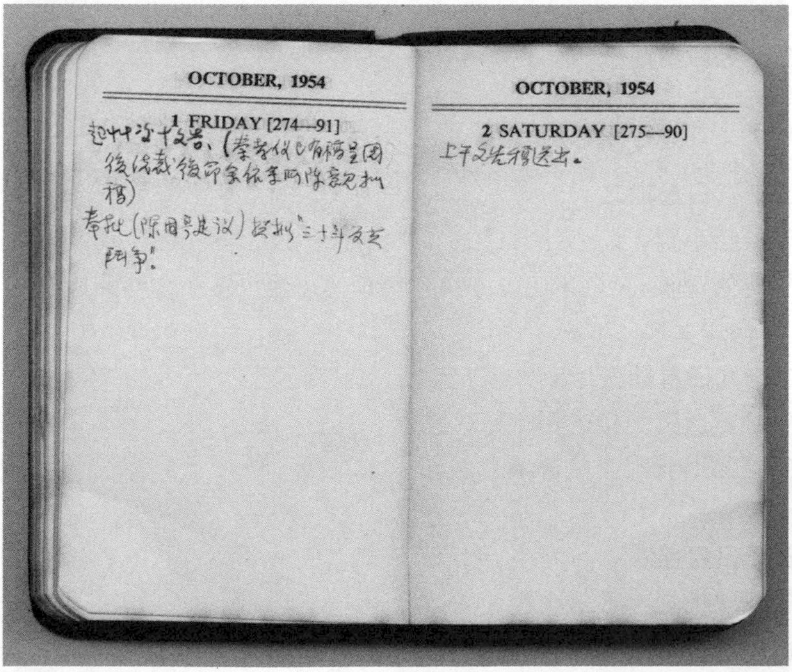
OCTOBER, 1954
1 FRIDAY [274—91]
OCTOBER, 1954
2 SATURDAY [275—90]

＊十月一日星期五

起草雙十文告。（秦孝儀已有稿呈閱後，總裁復命余依余所陳意見擬稿）

奉批（陳固亭建議）撰擬「三十年反共鬥爭」。

＊十月二日星期六

上午文告稿送出。

＊十月三日星期日（空白）

＊十月四日星期一（空白）

＊十月五日星期二（空白）

＊十月六日星期三（空白）

＊十月七日星期四（空白）

＊十月八日星期五（空白）

＊十月九日星期六（空白）

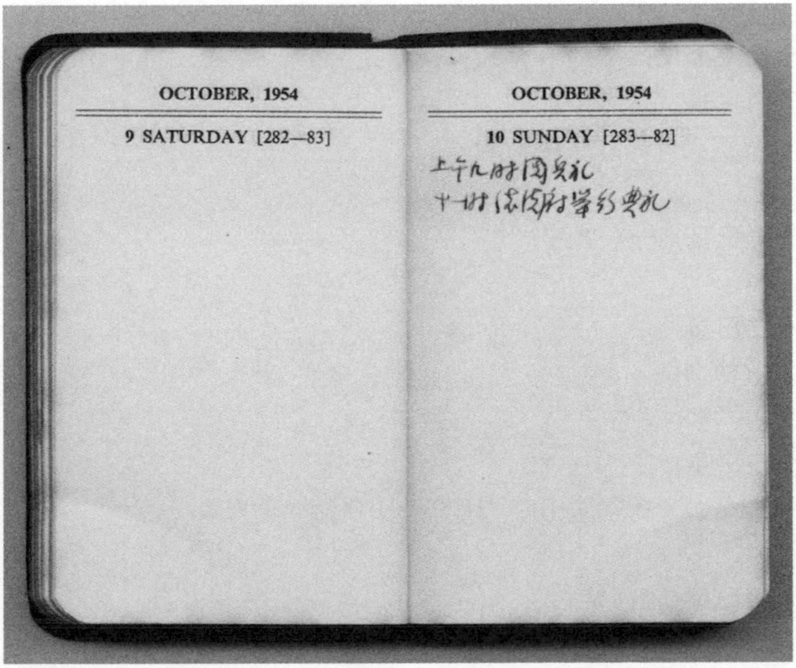

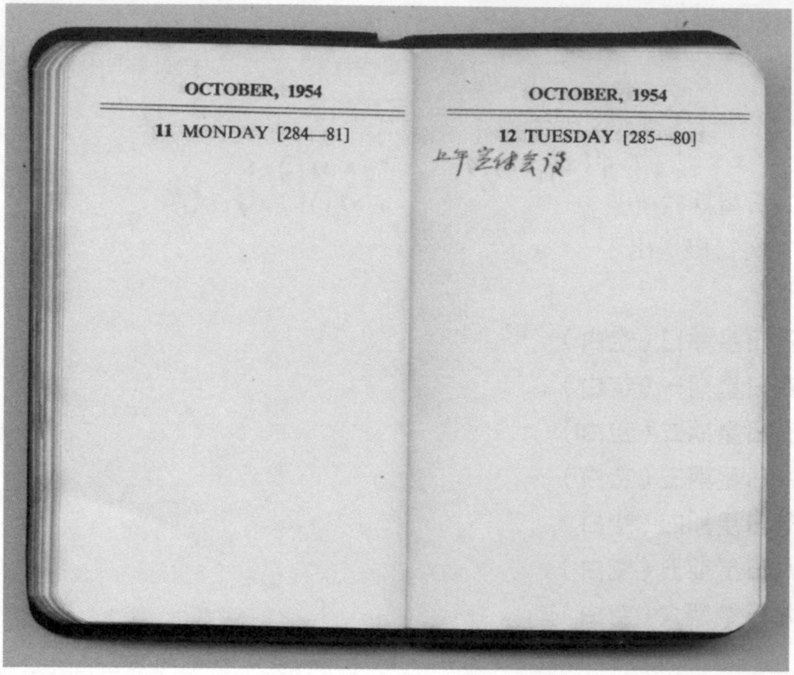

＊十月十日星期日

上午九時閱兵禮。

十一時總統府舉行典禮。

＊十月十一日星期一（空白）

＊十月十二日星期二

上午宣傳會談。

＊十月十三日星期三

上午中常會。總裁未出席，因美助國務卿饒伯森來。

＊十月十四日星期四（空白）

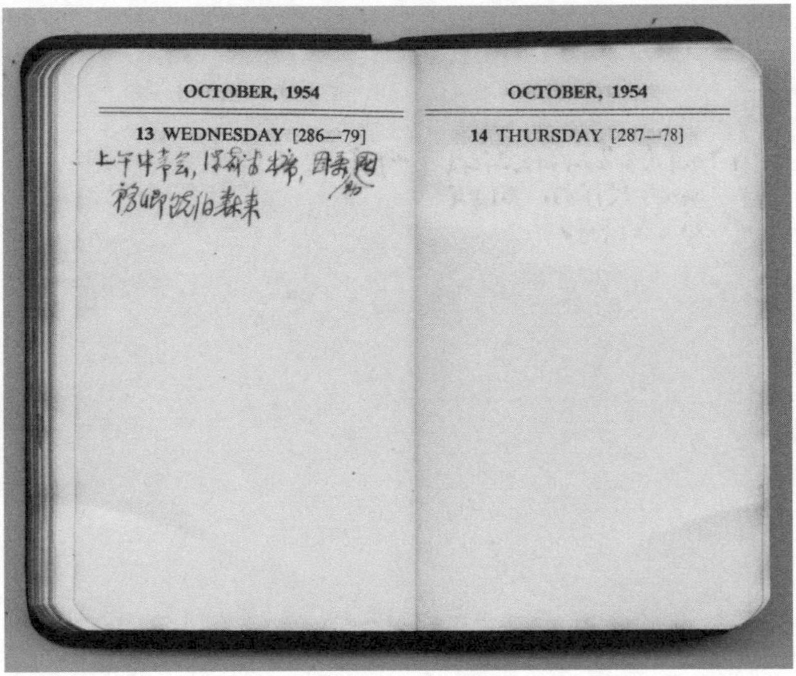

＊十月十五日星期五

下午五時總裁召擬對合眾社及英記者談話稿。（為俄建築兩條鐵路事）

＊十月十六日星期六

本日為研究院五週年紀年念。

實踐堂展覽實踐成績。余陳列所著譯二十三種。

晚間七時半在中山堂舉行大會。（總裁訓詞及同學上總裁電，均余所擬）

＊十月十七日星期日

上午來客均關於涂全福告訴案及任顯群爭奪紙業公司之事。

晚間游彌堅來談紙業公司事。

＊十月十八日星期一

上午十時陸軍指揮參謀學校正規班五期開學禮。

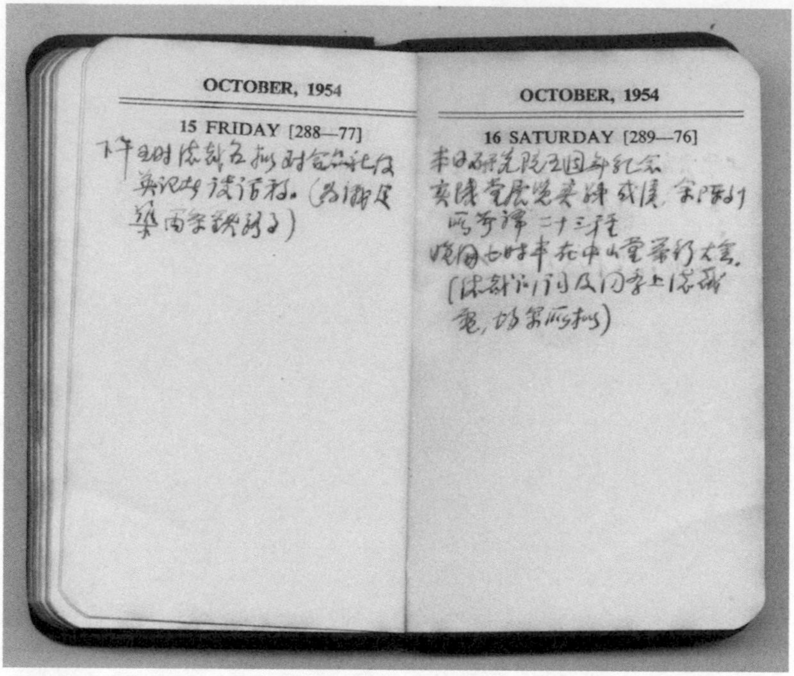
OCTOBER, 1954

15 FRIDAY [288—77]

OCTOBER, 1954

16 SATURDAY [289—76]

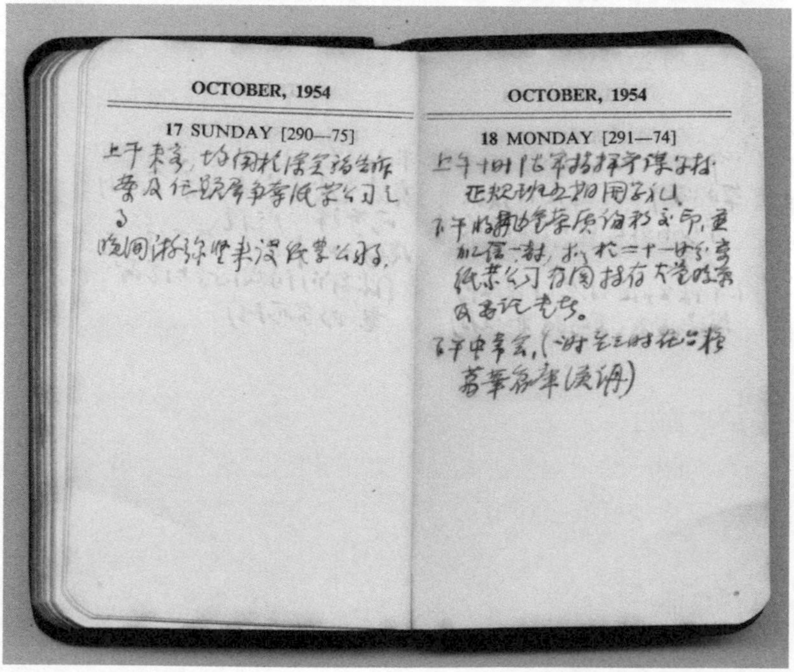
OCTOBER, 1954

17 SUNDAY [290—75]

OCTOBER, 1954

18 MONDAY [291—74]

下午將拋金案質詢稿交印，並加信一封，擬於二十一日分寄紙業公司有關持有大量股票及委託書者。

下午中常會。（二時至三時在台糖萬華倉庫演講）

蔣總統談話，1956年太平洋大戰。（俄建兩鐵路縱橫貫中國大陸）

*** 十月十九日星期二**

上午十一時一般會談。

本日上下午立法院關於覆議案仍未決定，均由立委陸續發言。

下午綜合小組討論戰地政務實施綱要。（余所擬第二次稿）

*** 十月二十日星期三**

拋金案質詢書正式送立法院。

上午中常會，總裁准亞盟派杭立武包華國往韓。

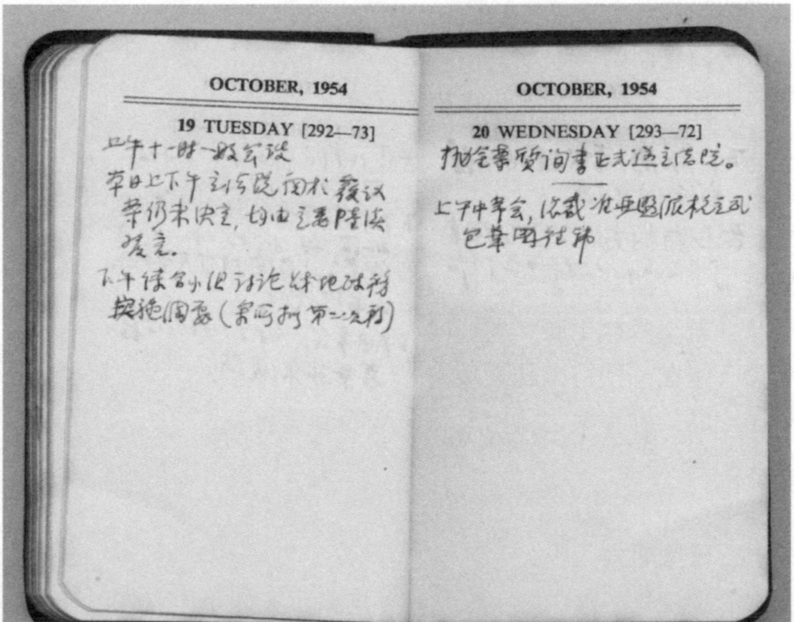

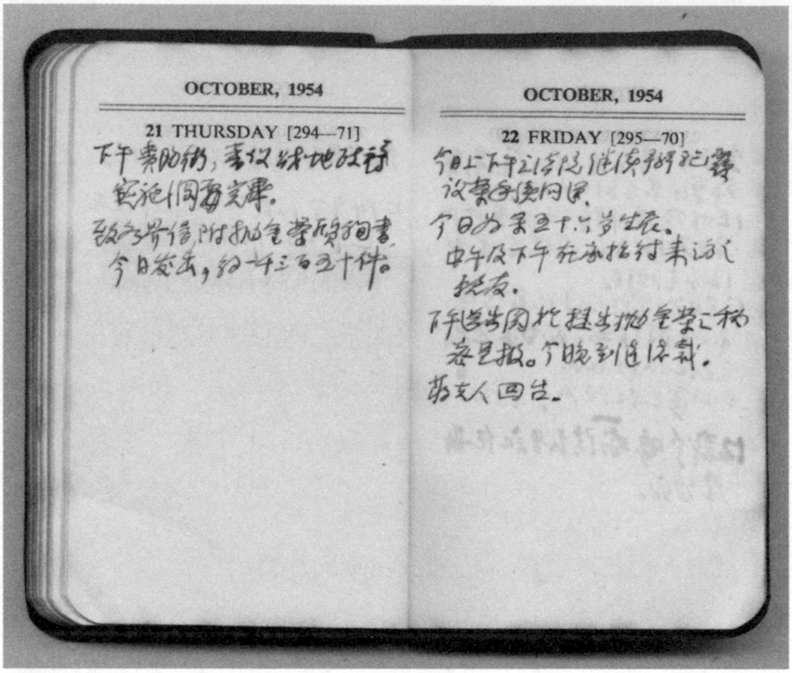

＊ 十月二十一日星期四

下午貴陽街，審議戰地政務實施綱要案。

致各界信，附拋金案質詢書今日發出，約一千三百五十封。

＊ 十月二十二日星期五

今日上下午立法院繼續辯論覆議案手續問題。

今日為余五十六歲生辰。

中午及下午在家招待來訪之親友。

下午送出關於拋金案之秘密呈報。今晚到達總裁。

蔣夫人回台。

＊ 十月二十三日星期六

余發出之信均到，張山鐘，盧瓚祥等均表示與任不再合作。

任昨晚請郭驥，徐鼒等吃飯，欲取得陳副總統支持，未得肯定回話。

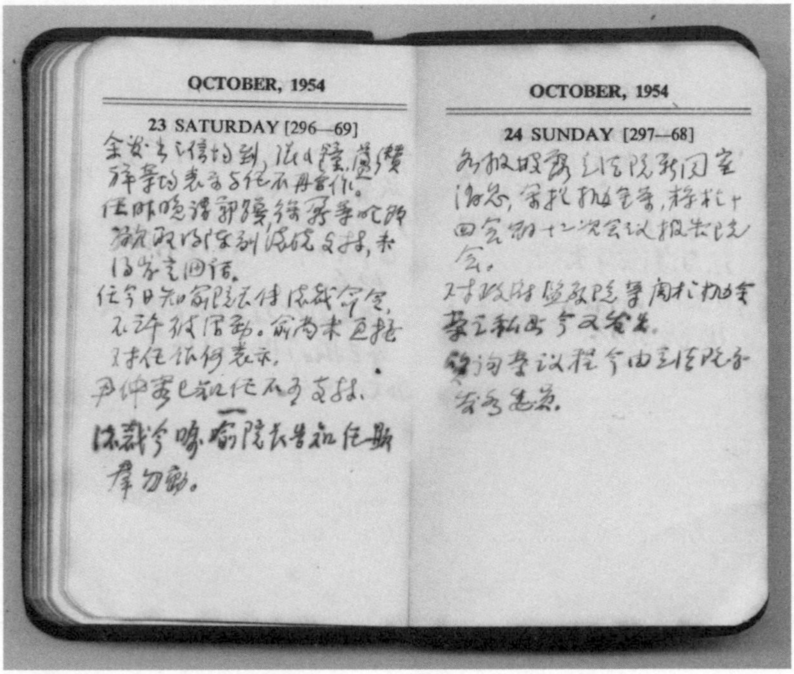

任今日知俞院長傳總統命令，不許彼活動。俞尚未直接對任作何表示。

尹仲容已知任不可支持。

總裁今囑俞院長告知任顯群勿動。

＊十月二十四日星期日

各報披露立法院新聞室消息，余提拋金案，將於十四會期十二次回會議報告院會。

對政府監察院等關於拋金案之私函今又發出。

質詢案議程今由立法院分發各委員。

＊十月二十五日星期一

吳祖坪來報告。（游彌堅集團得八百萬股，現擬與張山鐘談判。余勸其積極拉張與盧瓚祥等）

今日報紙均載余在立法院提拋金案之消息。

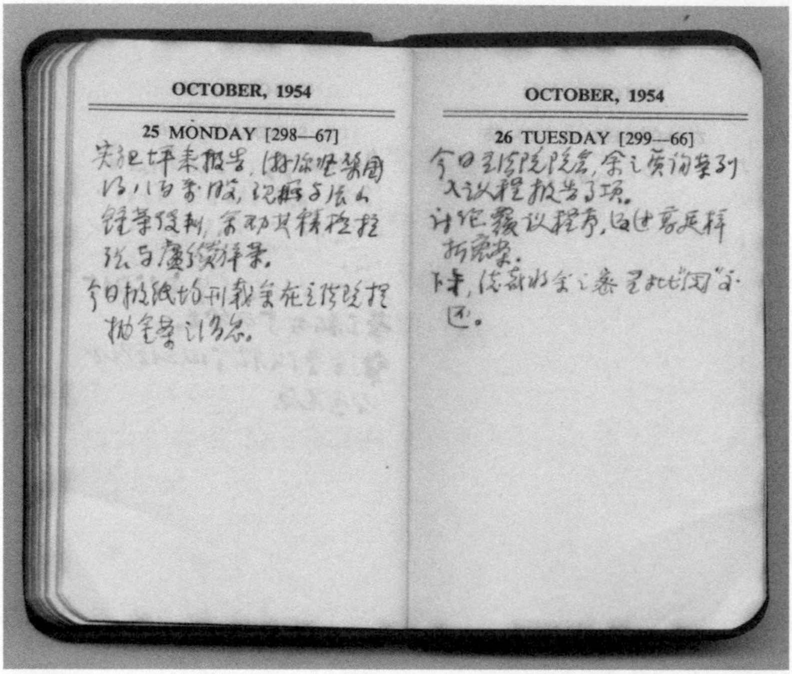

OCTOBER, 1954

25 MONDAY [298—67]

实纪坪来报告，谢保樑声明
以八百万股，说明与张
钱华修利，余劝其精诚团
结与庐(?)继续办事。
今日报纸均刊载余在立法院提
出全案讨论。

OCTOBER, 1954

26 TUESDAY [299—66]

今日立法院院会，余之质询案列
入议程报告事项。
讨论议程前，由汪(?)应兵样
折衷案。
下午，张敦将余之稿呈批阅后
退。

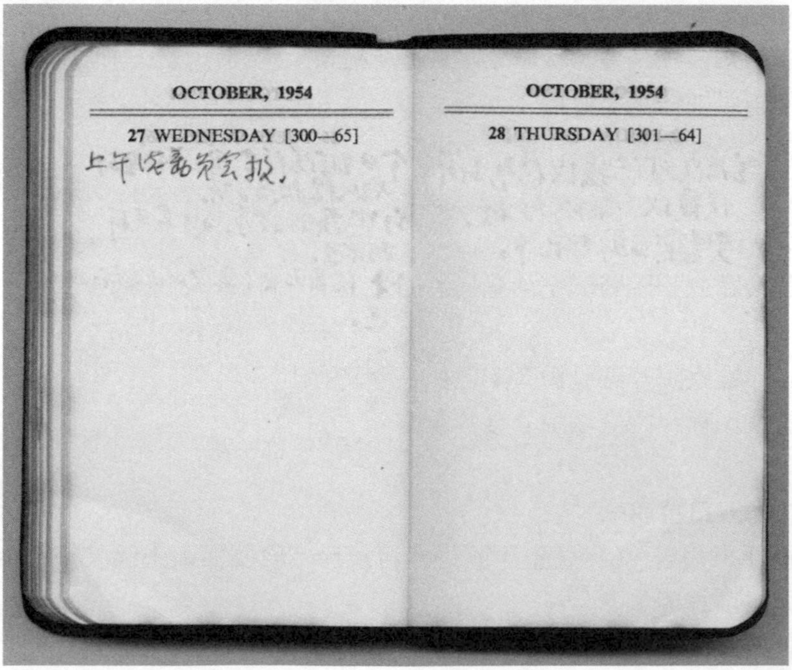

OCTOBER, 1954

27 WEDNESDAY [300—65]

上午修改总宪报。

OCTOBER, 1954

28 THURSDAY [301—64]

＊ 十月二十六日星期二

今日立法院院會，余之質詢案列入議程報告事項。

討論覆議程序，通過高延祥折衷案。

下午，總裁將余之密呈批閱交還。

＊ 十月二十七日星期三

上午總動員會報。

＊ 十月二十八日星期四（空白）

＊ 十月二十九日星期五

立法院討論覆議程序，劉明侯覆議之動議付審查。

羅霞天與劉起紛爭。

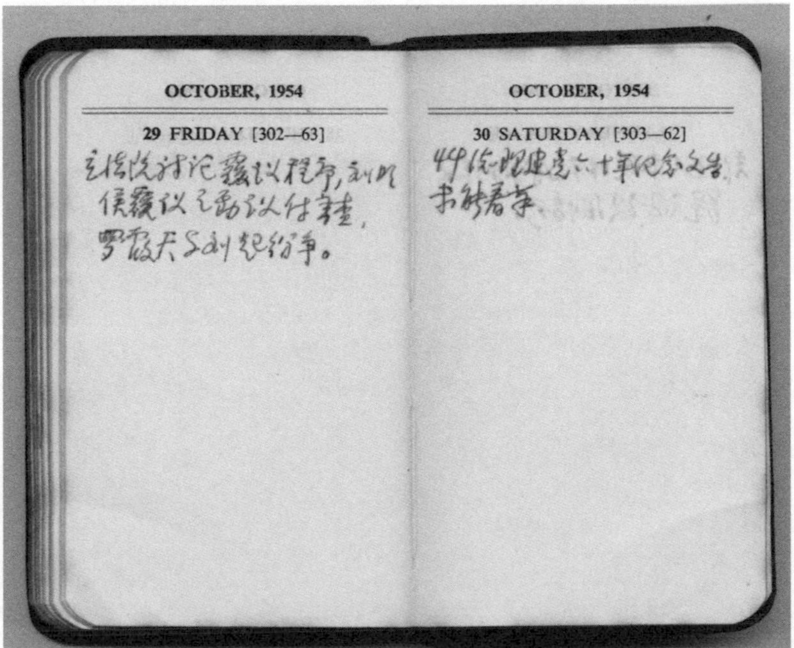

＊ 十月三十日星期六

草總理建黨六十年紀念文告。未能著手。

＊ 十月三十一日星期日

鄭拯人來談，昨晚往屏東與張山鐘之子談話情形。

＊ 十一月一日星期一

上午中常會。道藩報告立院覆議案討論情況。余主席，未作決定。

下午參謀學校聽美軍幕僚組織及業務。

夜半草六十年紀念文告，臉發紅，心中不適。十二時即就寢。

＊ 十一月二日星期二

下午綜合業務小組請假。

續草文告。

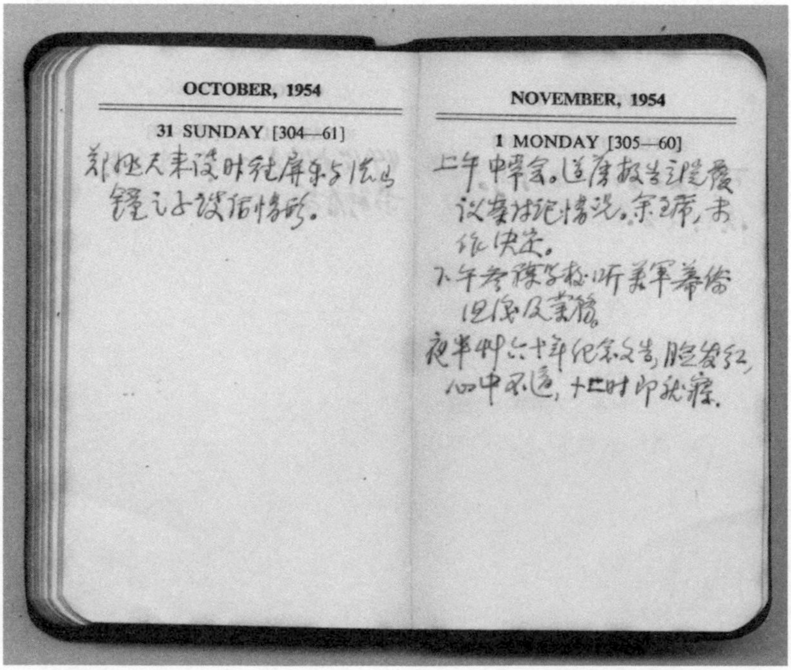

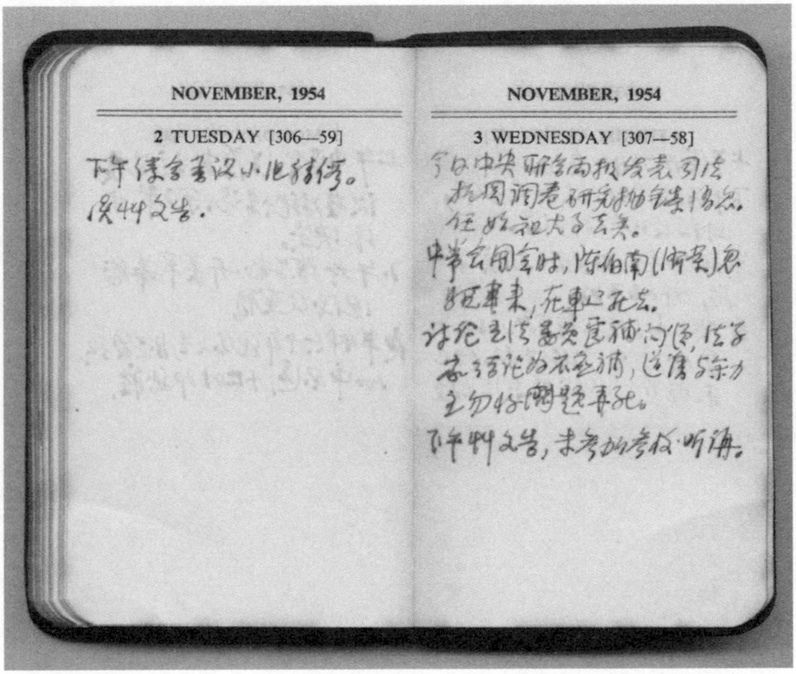

＊十一月三日星期三

中央聯合兩報發表司法機關調卷研究拋金案消息。任始知大事去矣。

中常會開會時，陳伯南（濟棠）忽驅車來，在車上死去。

討論立法委員遞補問題。法學家結論為不應補。道藩與余力主勿將問題弄死。

下午草文告，未參加參校聽講。

＊十一月四日星期四

上午續草六十年紀念詞。

下午送總統府。總裁在高雄，此稿後日晨始可到達。

吳祖坪來告，游集團已確實掌握一千二百萬股。

鄭拯人來告張山鐘掌握八百五十萬股，急欲與游談判。任已表明退出，將股均交張山鐘。

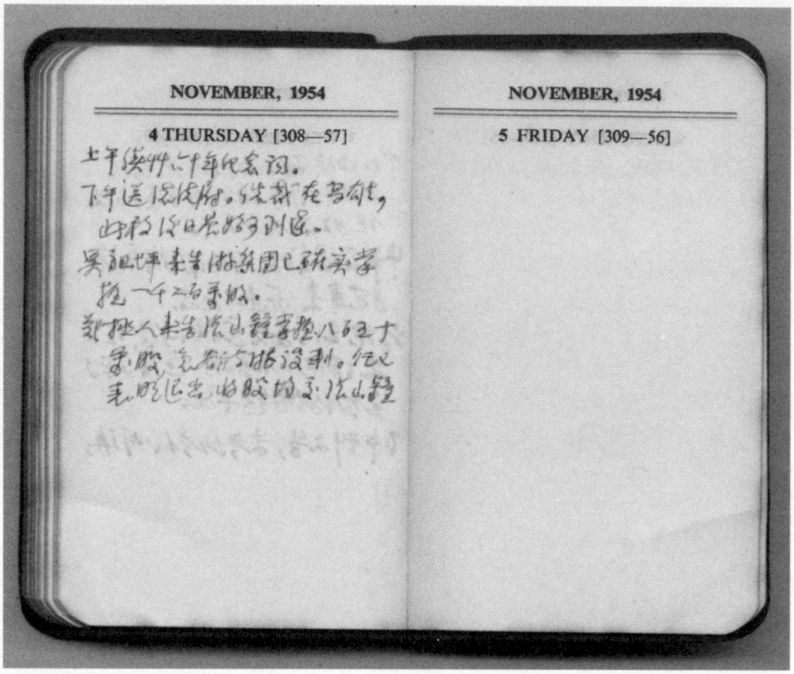
NOVEMBER, 1954
4 THURSDAY [308—57]
NOVEMBER, 1954
5 FRIDAY [309—56]

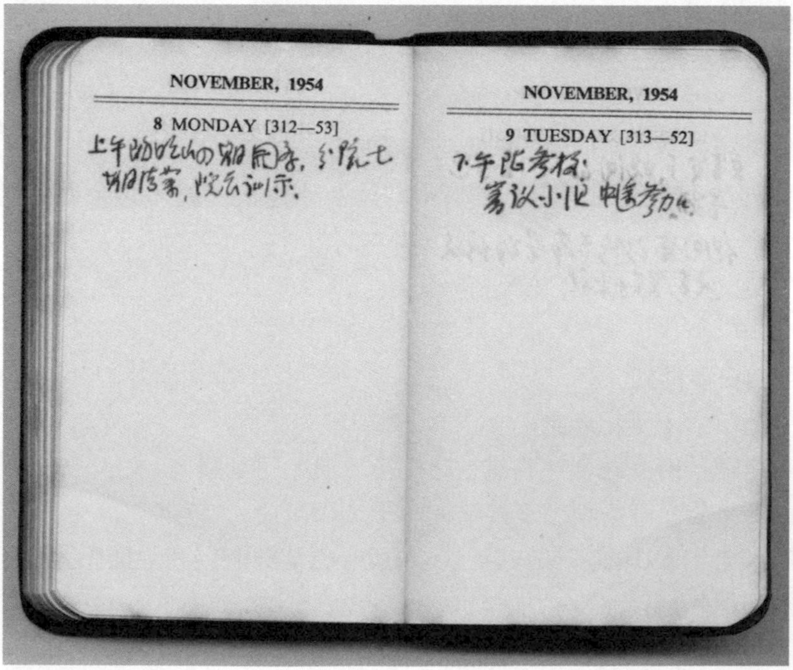
NOVEMBER, 1954
8 MONDAY [312—53]
NOVEMBER, 1954
9 TUESDAY [313—52]

＊ 十一月五日星期五（空白）

＊ 十一月六日星期六（空白）

＊ 十一月七日星期日（空白）

＊ 十一月八日星期一

上午陽明山四期開學。分院七期結業。院長訓示。

＊ 十一月九日星期二

下午陸參校。

審議小組中途參加。

＊ 十一月十日星期三

文告發下。晚間酌改四處送還星野。

夜間厲生少谷志希星野修改文告，余辭未往。

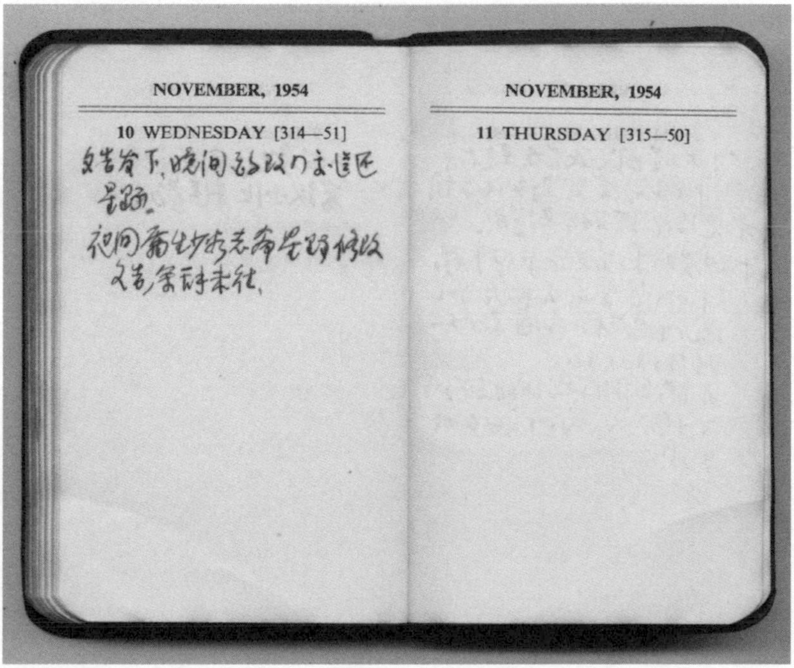

＊ 十一月十一日星期四（空白）

＊ 十一月十二日星期五

上午中山堂國父誕辰及建黨六十年紀念會。總裁宣讀紀念詞。

參觀總理行館碑亭落成。

十二時參加朱鎦先宴前田宇野。

下午中山堂茶會。岳軍先生告以教育部簽呈總統圈余為政大新聞研究所長。

崔書琴為國際關係研究所所長。憤不就。余以立委不能兼職。

＊ 十一月十三日星期六

下午六時道藩約聚餐紀念布雷先生六週年。

游彌堅來告以紙業局勢已定。

岡崎到台，今晨返日。

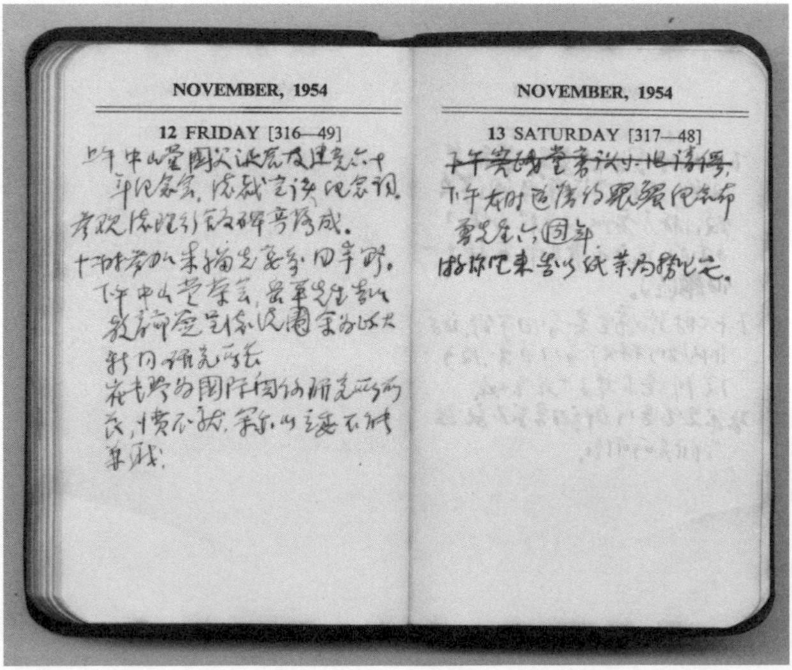

＊ 十一月十四日星期日

下午六時羅萬俥宴客，黃朝琴後到，說紙業兩集團調停失敗。游方要修改章程尚需八百萬股，張方不肯出席，要挾十一個董監事。

下午七時張厲生宴前田宇野，謝東閔告以林燈有八百萬股可談判，要求董事一名至二名。

岳軍先生告以邱翊吾亦不就政大研究所所長。

中共匪以快艇放魚雷擊沉我太平艦於大陳附近。

＊ 十一月十五日星期一

上午十時陽明山紀年週，宣讀重建本黨的根本問題。

今晨各校發表昨晚太平艦在大陳附近被匪魚雷擊沉消息。

下午二至四陸參校演講辯證法。

下午六時函張曉峰申明立委不能接受部令。

吳祖坪報告紙業公司股東大會，林燈出七百八十萬股，得以修改章程。張

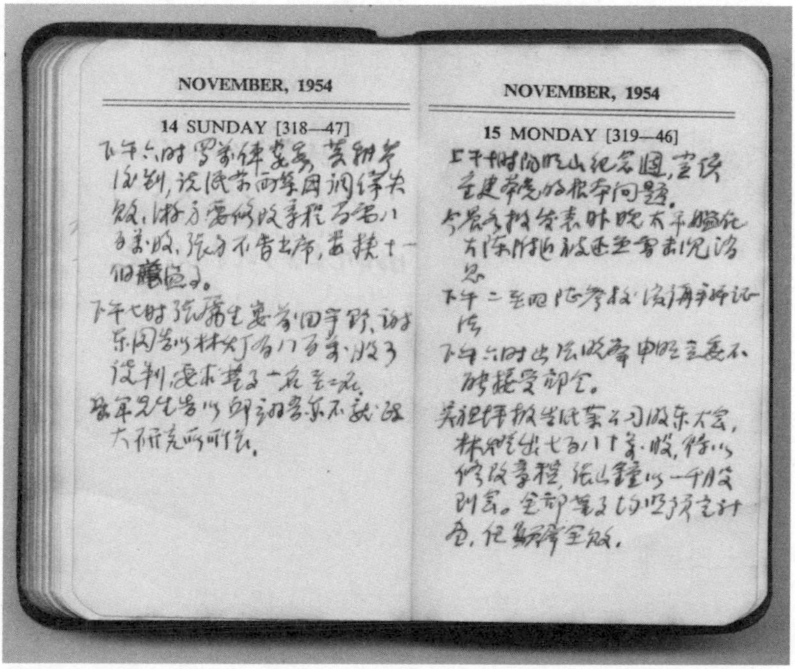

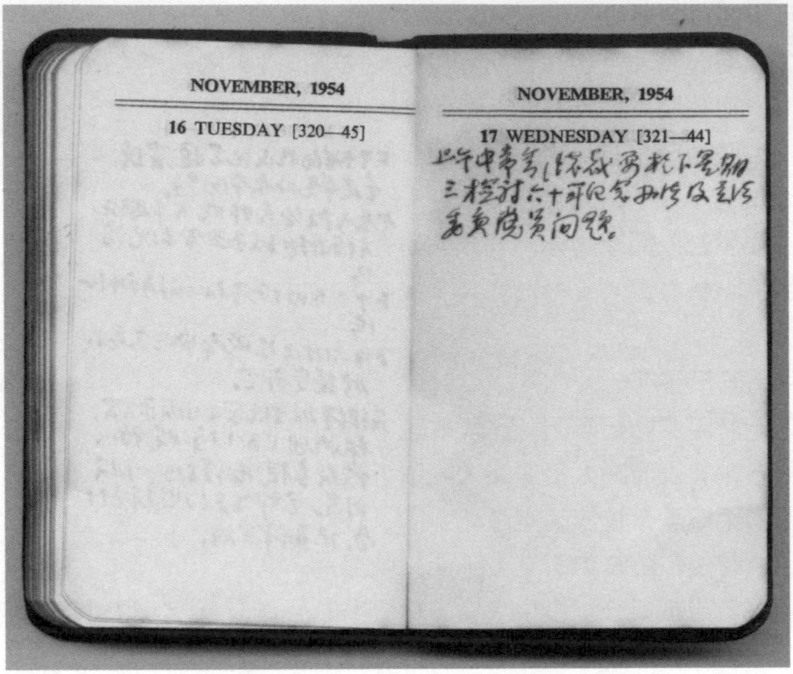

山鐘以一千股到會。全部董事均照預定計畫，任顯群全敗。

＊十一月十六日星期二（空白）

＊十一月十七日星期三

上午中常會。總裁要於下星期三檢討六十年紀念辦法及立法委員黨員問題。

＊十一月十八日星期四（空白）

＊十一月十九日星期五（空白）

＊十一月二十日星期六

上下午均在立院法制委員會。余力主調和兩種主張。

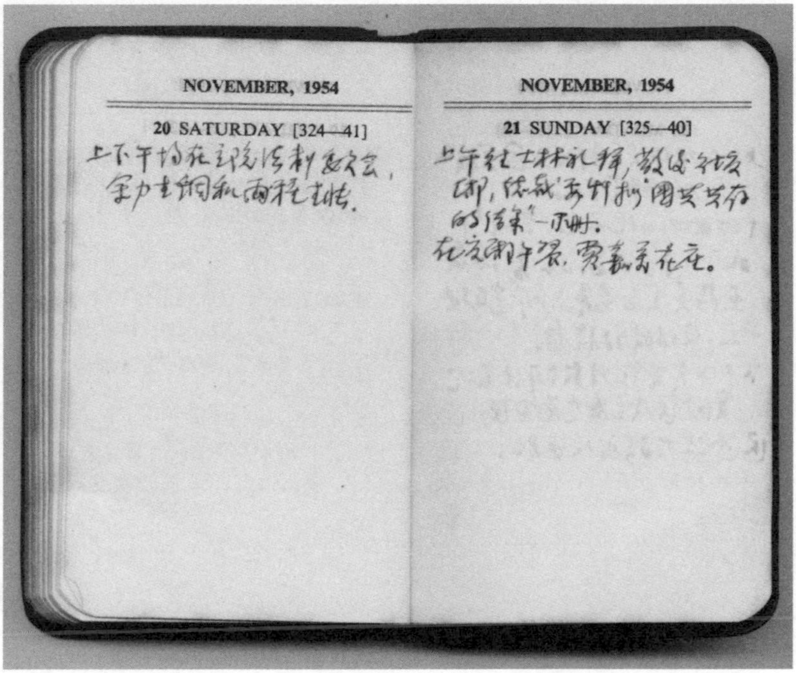

＊ **十一月二十一日星期日**

上午往十林禮拜。散後往官邸，總裁要草擬「國共共存的結果」一小冊。

在官邸午餐，賈嘉美在座。

＊ **十一月二十二日星期一**

上午九時中央黨部紀念週。余報告，力斥解黨主義。

十時陽明山紀念週，宣讀三十八年九月告全黨同志書，總裁並指責立委黨員不聽黨的決定，反對政府提案。

下午中常會檢討六十年紀念冷淡問題及立委黨員問題。

退還政大聘函及通知。

＊ **十一月二十三日星期二**

上午中常會，檢討立法院時，總裁力斥組織部的一班人，要他們脫黨分家。語極嚴厲，並指定一委員會研究有關一切問題。（此為明日事）

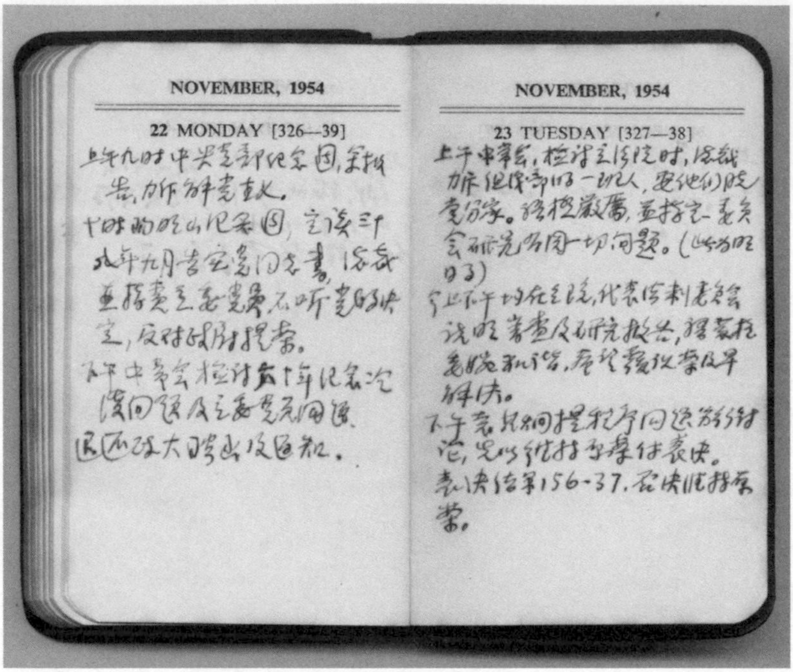

NOVEMBER, 1954

22 MONDAY [326—39]

上午九时中央党部纪念周，余报告，分析解党意义。
十时国防研究院纪念周，宣读三十九年九月告全党同志书，说明并指责立委党员不听党的决定，反对改造提案。
下午中常会检讨最近十年纪念会议问题及立委党员问题。
复函陈大明告以召回。

NOVEMBER, 1954

23 TUESDAY [327—38]

上午中常会，检讨立法院时，除裁减组织部门一部人，要他们脱党分家。经检严厉，并指定一委员会研究有关一切问题。（此为昨日事）
上午下午均在立院，代表经济委员会说明审查及研究报告，请表决招商局案，应经费收案及早解决。
下午意见纲提起程序问题，发言讨论，党以经指示撑住表决。
表决结果156-37，否决此提案。

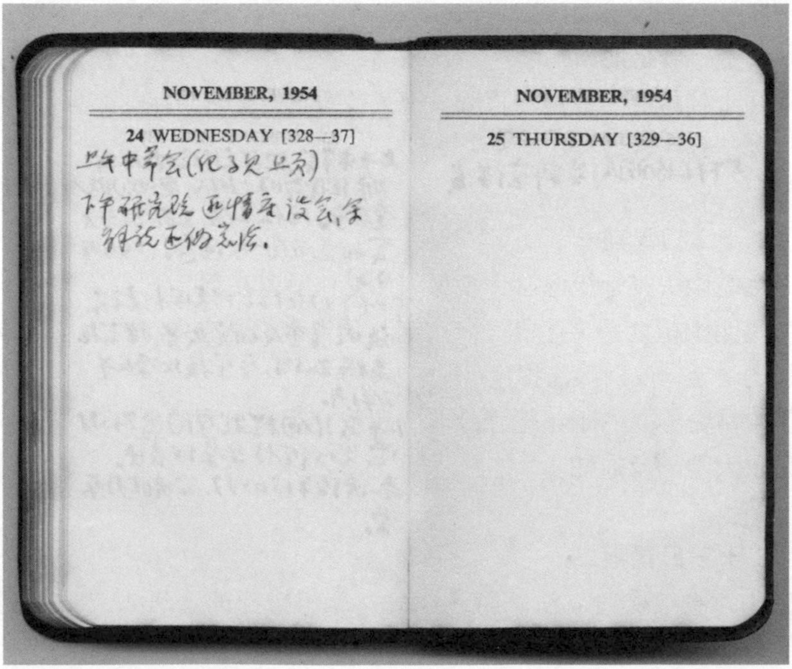

NOVEMBER, 1954

24 WEDNESDAY [328—37]

上午中常会（纪子见上页）
下午研究院亚洲情意设会，余解说亚洲实际。

NOVEMBER, 1954

25 THURSDAY [329—36]

今上下午均在立院，代表法制委員會說明審查及研究報告，語氣極委婉和諧，希望覆議案及早解決。

下午袁其炯提關於程序問題另行討論，先以維持原案付表決。

表決結果156-37，否決維持原案。

＊十一月二十四日星期三

上午中常會（紀事見上頁）

下午研究院匪情座談會，余解說匪偽憲法。

＊十一月二十五日星期四（空白）

＊十一月二十六日星期五

上午往內調局資料室借書。

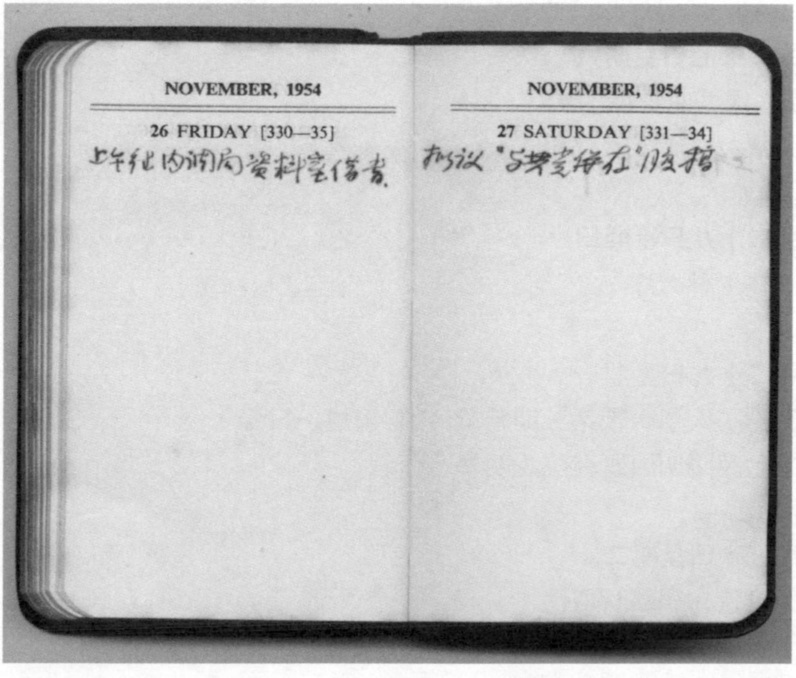

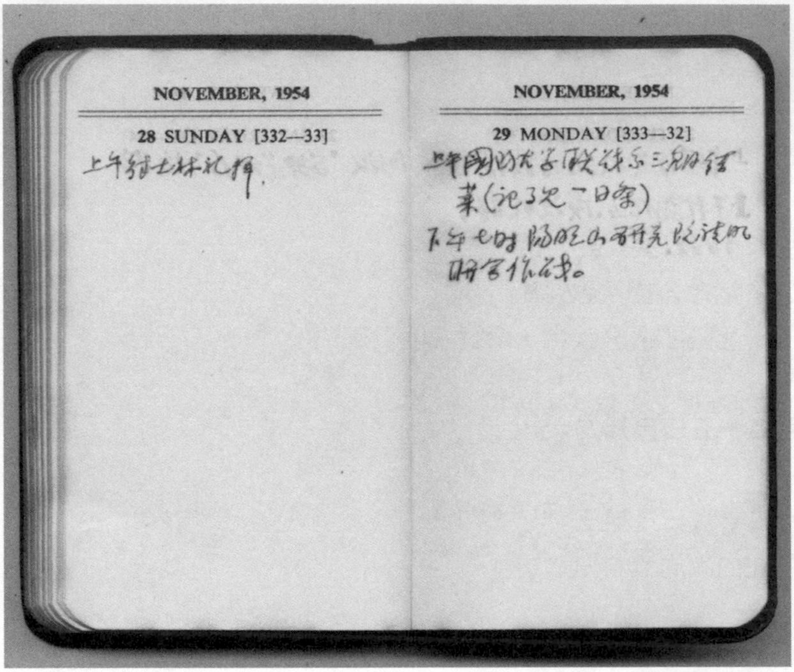

＊ 十一月二十七日星期六

擬議「與共黨併存」腹稿。

中美條約談判大體就緒。

＊ 十一月二十八日星期日

上午往士林禮拜。

＊ 十一月二十九日星期一

上午國防大學聯戰系三期結業。（記事見一日條）

下午七時陽明山研究院說明聯合作戰。

＊ 十一月三十日星期二

上午宣傳會報臨時取消。

上午往陽明山，續說明聯合作戰。

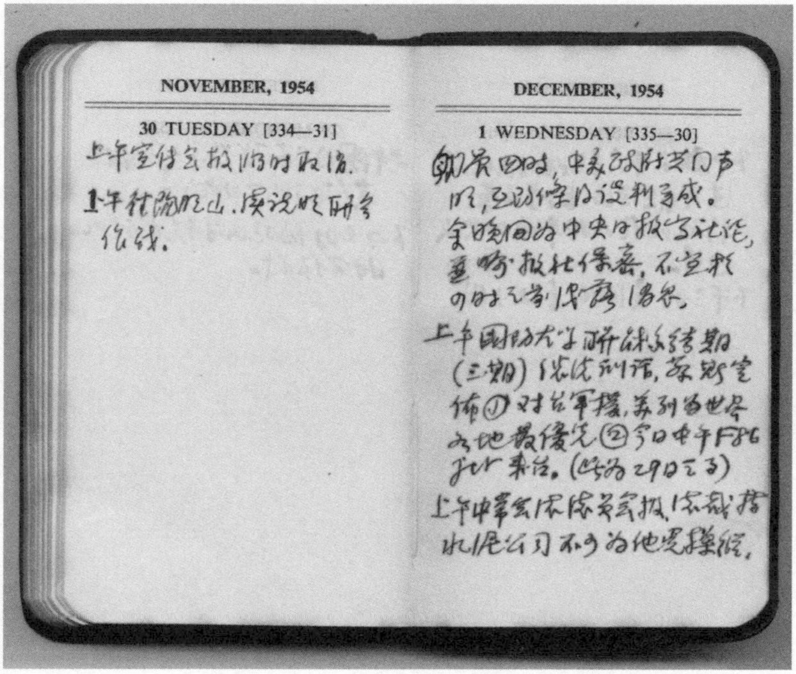

*** 十二月一日星期三**

明晨四時，中美政府共同聲明，互防條約談判完成。余晚間為中央日報寫社論，並囑報社保密，不宜於四時之前洩露消息。

上午國防大學聯戰系結期（三期），總統訓話，蔡斯宣佈（1）對台軍援，美列為世界各地最優先，（2）今日中午 F86 jer 來台。（此為 29 日之事）

上午中常會總動員會報，總裁指水泥公司不可為他黨操縱。

*** 十二月二日星期四**

下午五時，中央常會臨時會議，通過中美共同防禦條約案。

行政院於八時半臨時會議通過。

下午三時貴陽街審議小組。

*** 十二月三日星期五**

下午，陽明山研究院，革命教育專題研究小組第一此會。（黃建中，吳

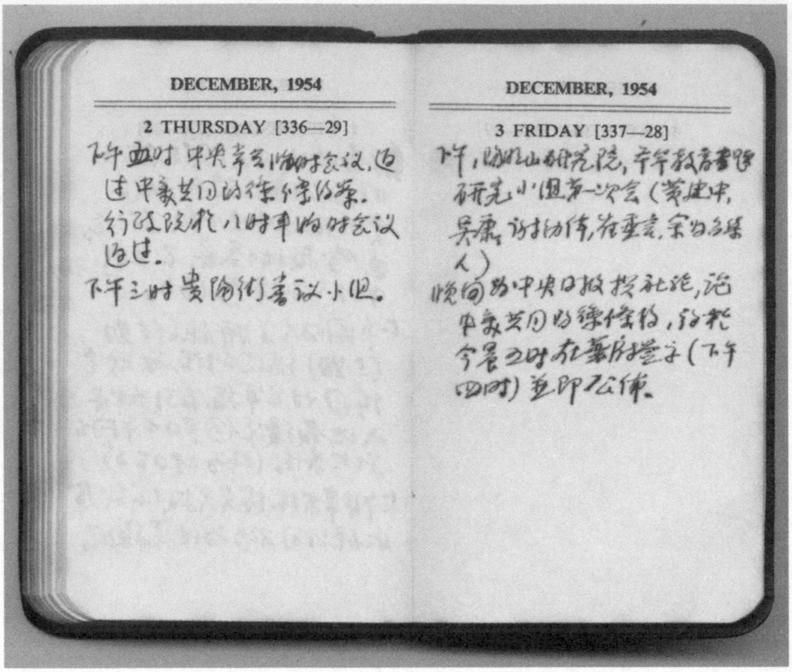

康，謝幼偉，崔垂言，余為召集人）

晚間為中央日報撰社論，論中美共同防禦條約。約於今晨五時在華府簽字（下午四時）並即公佈。

＊ 十二月四日星期六（空白）

芳澤大使回日。今中日文經協會餞別。

＊ 十二月五日星期日

往士林禮拜。

＊ 十二月六日星期一（空白）

＊ 十二月七日星期二（空白）

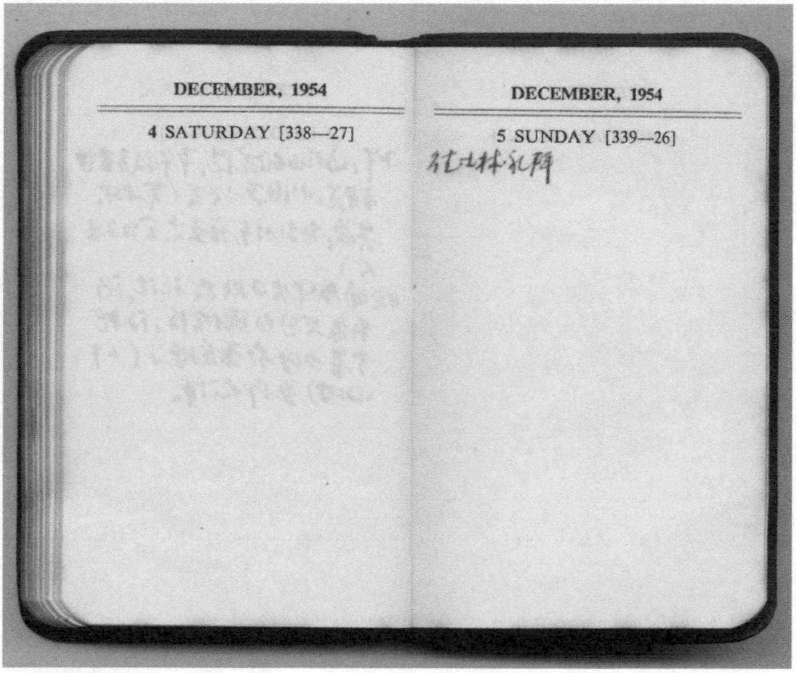

＊十二月八日星期三

上午中常會。（總裁往日月潭，未出席）

＊十二月九日星期四（空白）

＊十二月十日星期五（空白）

＊十二月十一日星期六

上午九時，黨政關係檢討小組，無結論。（承認派系與否，各人態度不同）

＊十二月十二日星期日（空白）

＊十二月十三日星期一

下午三時半中常會機密會，余未參加。（討論國防組織法問題）

余參加研究院政治組軍事組聯席討論戰地政務實施綱要草案。

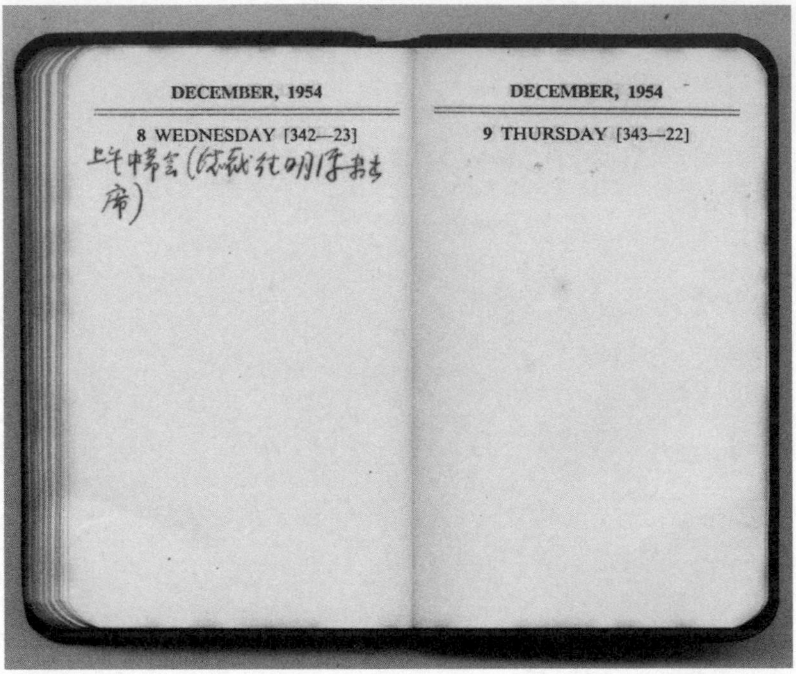
DECEMBER, 1954
8 WEDNESDAY [342—23]
DECEMBER, 1954
9 THURSDAY [343—22]

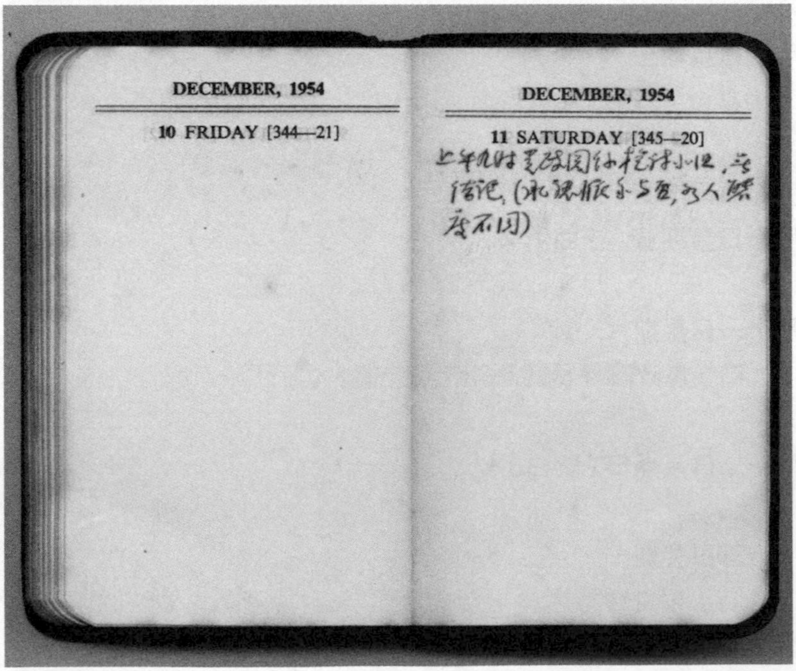
DECEMBER, 1954
10 FRIDAY [344—21]
DECEMBER, 1954
11 SATURDAY [345—20]

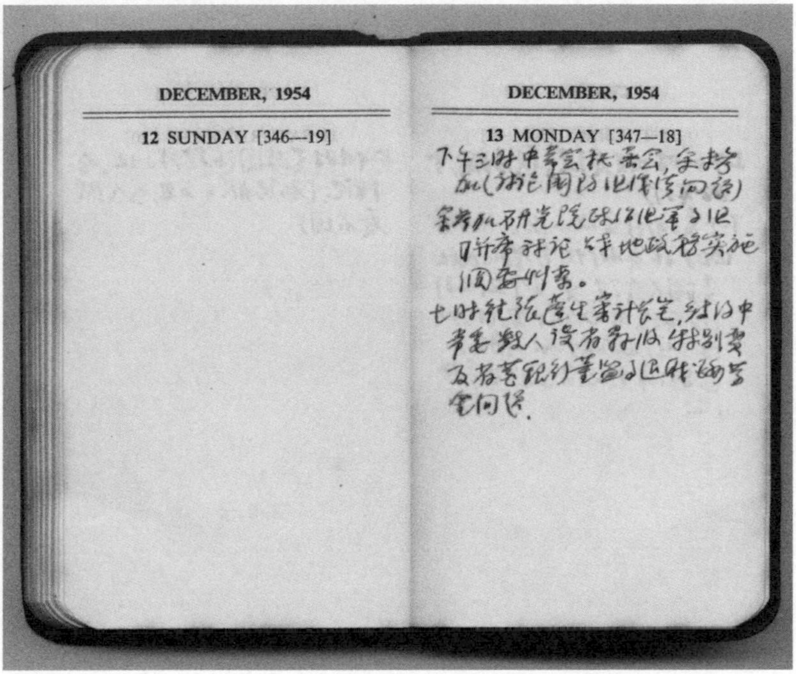

七時往張蓬生審計長宅，糾約中常委數人談省縣級特別費及省營銀行董監事退職酬勞金問題。

＊ 十二月十四日星期二

上午十一時一般會談。（後未召開，今始舉行）

下午貴陽街審議小組。

四時往吳柳忱宅參加民社黨調人會談。吳，王雲五，及劉泗英提出四點底案。（修改為三點）由石友于及向構父分途與八常委及徐學岩雙方接洽。

＊ 十二月十五日星期三（空白）

＊ 十二月十六日星期四（空白）

＊ 十二月十七日星期五（空白）

＊ 十二月十八日星期六（空白）

＊ 十二月十九日星期日（空白）

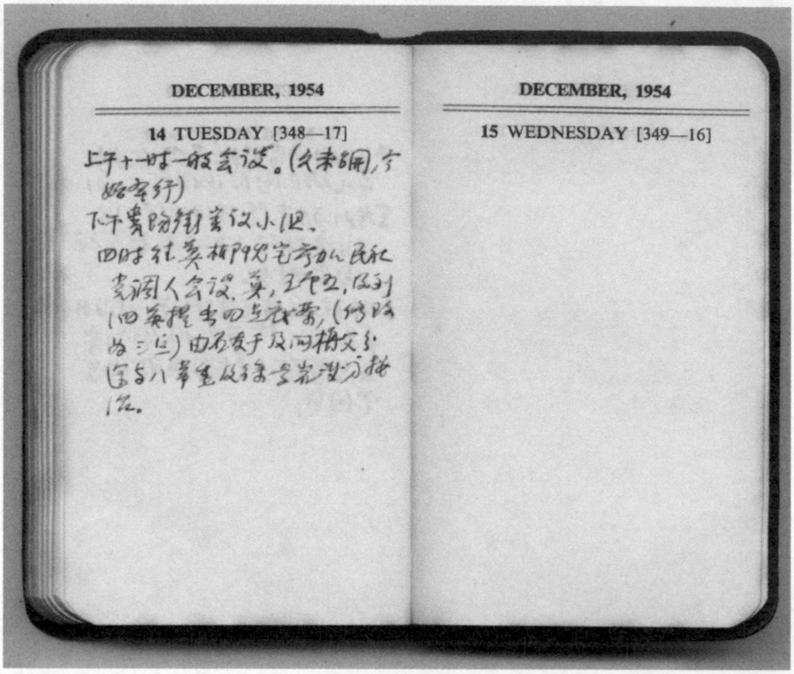
DECEMBER, 1954

14 TUESDAY [348—17]

DECEMBER, 1954

15 WEDNESDAY [349—16]

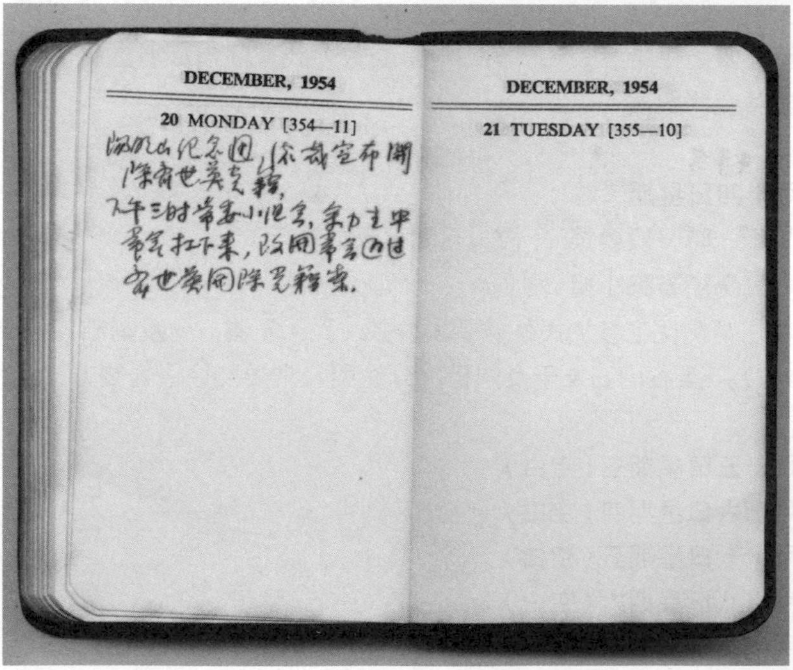
DECEMBER, 1954

20 MONDAY [354—11]

DECEMBER, 1954

21 TUESDAY [355—10]

＊十二月二十日星期一

陽明山紀念週。總裁宣布開除齊世英黨籍。

下午三時常委小組會，余力主中常會扛下來，改開常會通過齊世英開除黨籍案。

＊十二月二十一日星期二（空白）

＊十二月二十二日星期三

中常會。

＊十二月二十三日星期四（空白）

＊十二月二十四日星期五

總裁交下一稿「中國哲學消滅唯物辯證法之武器」。余評注三點，簽呈說

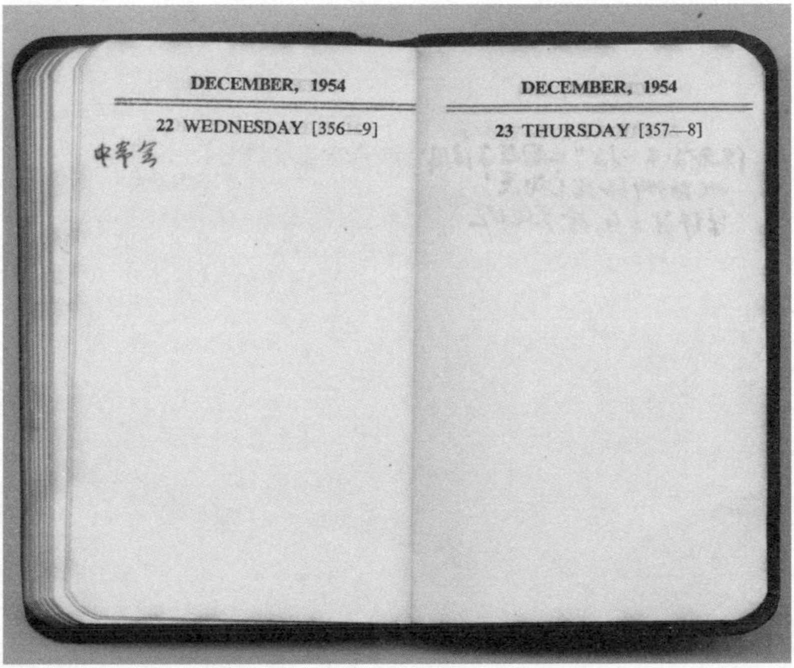

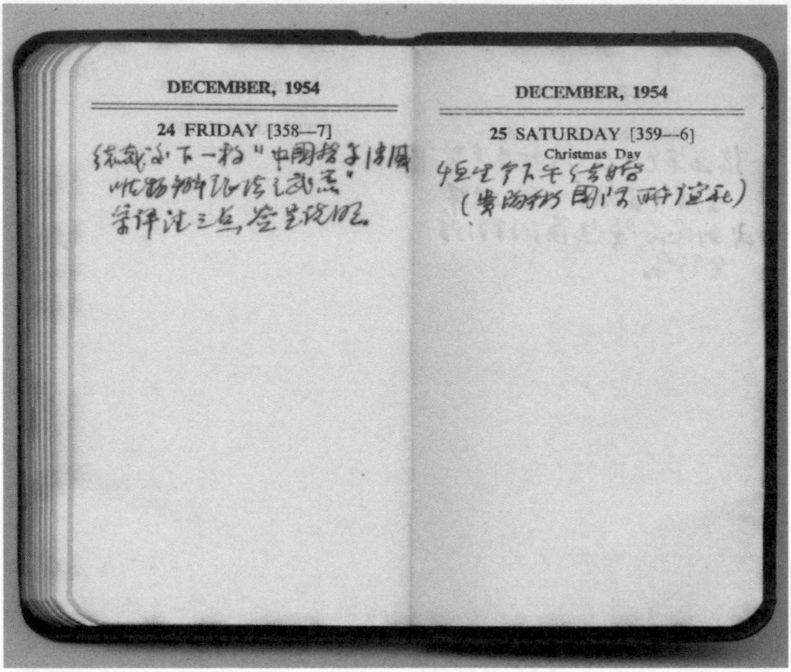
DECEMBER, 1954
24 FRIDAY [358—7]
DECEMBER, 1954
25 SATURDAY [359—6]
Christmas Day

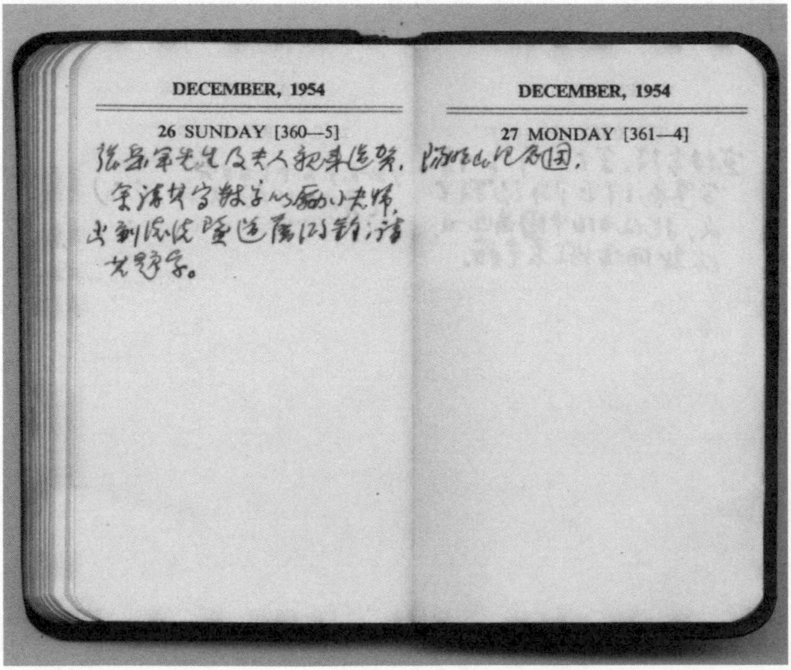
DECEMBER, 1954
26 SUNDAY [360—5]
DECEMBER, 1954
27 MONDAY [361—4]

明。

＊十二月二十五日星期六

恒生今下午結婚。（貴陽街國際聯誼廳）

＊十二月二十六日星期日

張岳軍先生及夫人親來道賀。余請其寫數字以勵小夫婦。

函副總統暨道藩鴻鈞，請其題字。

＊十二月二十七日星期一

陽明山紀念週。

＊十二月二十八日星期二

宣傳會報，余主明年作一綜合運動，糾正今年之分散主義，提及自由中國

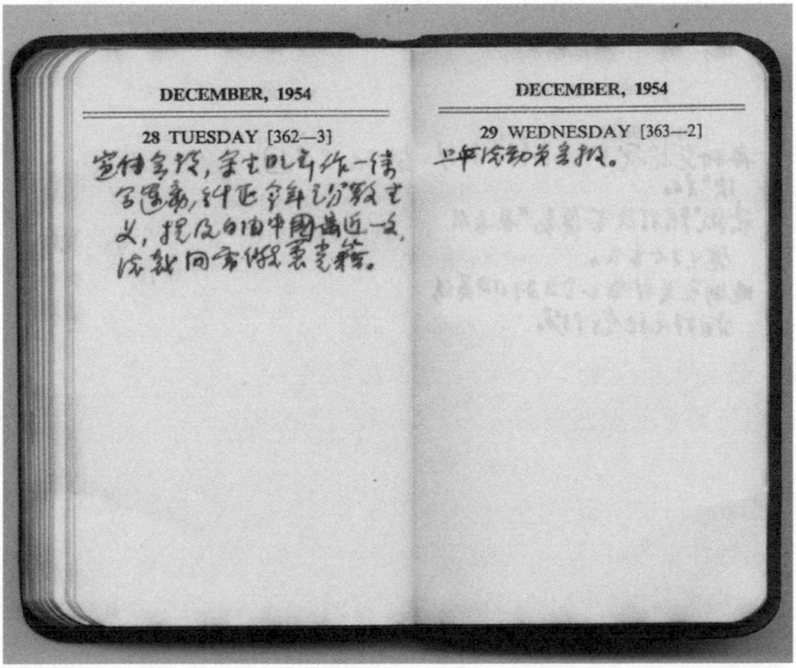

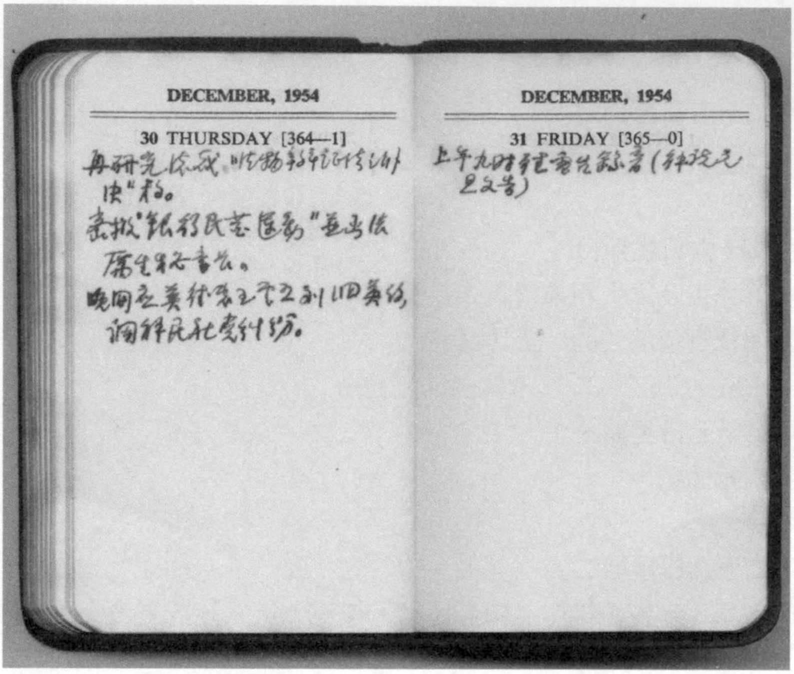

最近一文。總裁問需（？）儆寰黨籍。

＊ 十二月二十九日星期三

上午總動員會報。

＊ 十二月三十日星期四

再研究總裁「唯物辯證的法之解決」稿。

密報「銀行民營運動」，並函張厲生秘書長。

晚間應莫德惠王雲五劉泗英約，調解民社董糾紛。

＊ 十二月三十一日星期五

上午九時往電台錄音。（解說元旦文告）

1955 年

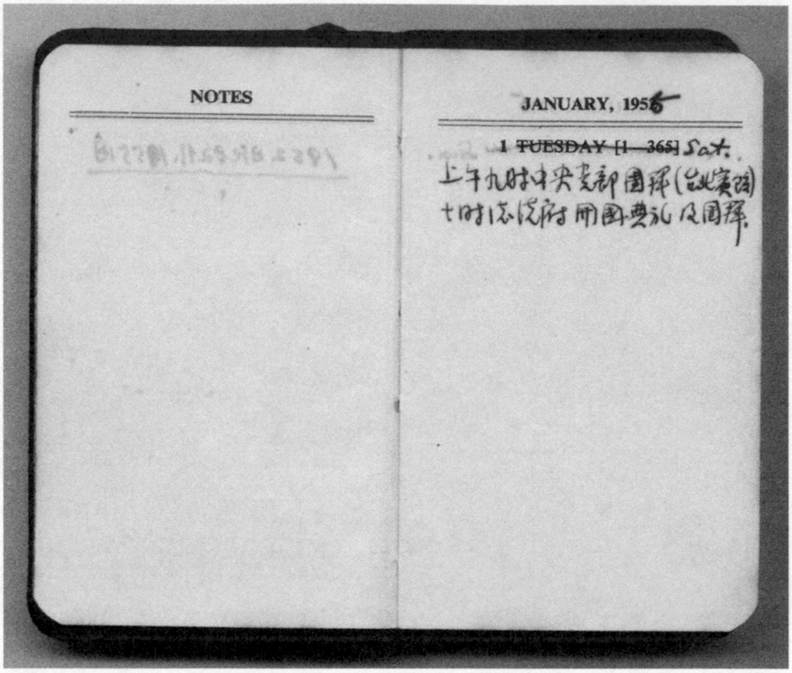
NOTES
JANUARY, 1956
1 TUESDAY [1—365] Sat.
上午九時中央黨部團拜（台北賓館）
十時總統府開國典禮及團拜。

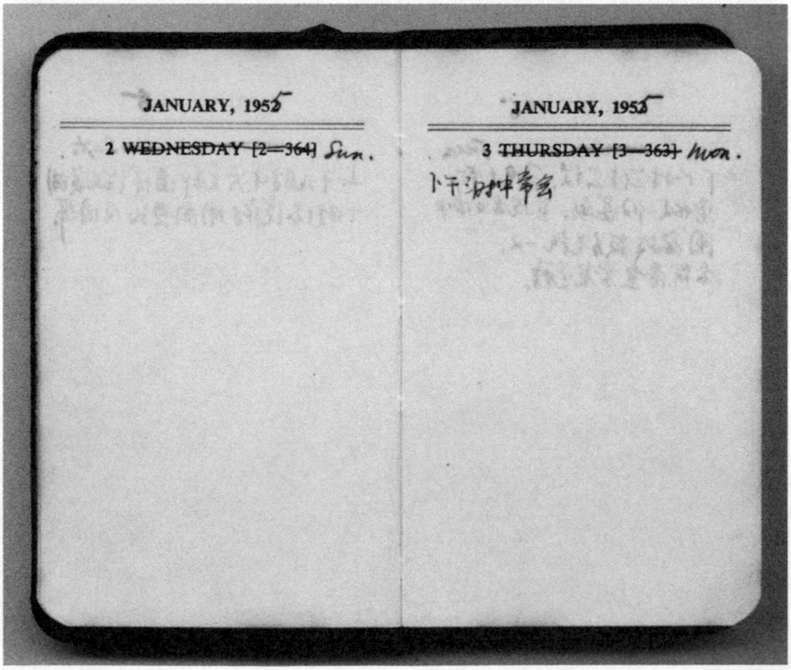
JANUARY, 1955
2 WEDNESDAY [2—364] Sun.
JANUARY, 1955
3 THURSDAY [3—363] Mon.
下午四時中常會

＊ **一月一日星期六**

上午九時中央黨部團拜。（台北賓館）

十時總統府開國典禮及團拜。

總統元旦文告「海峽全面戰鬥隨時可以展開」。

＊ **一月二日星期日（空白）**

＊ **一月三日星期一**

下午三時中常會。

＊ **一月四日星期二**

上午十一時宣傳會談。余提出今年要做一個運動。並說出自由中國「搶救教育危機」一文。

總裁要查雷震黨籍。

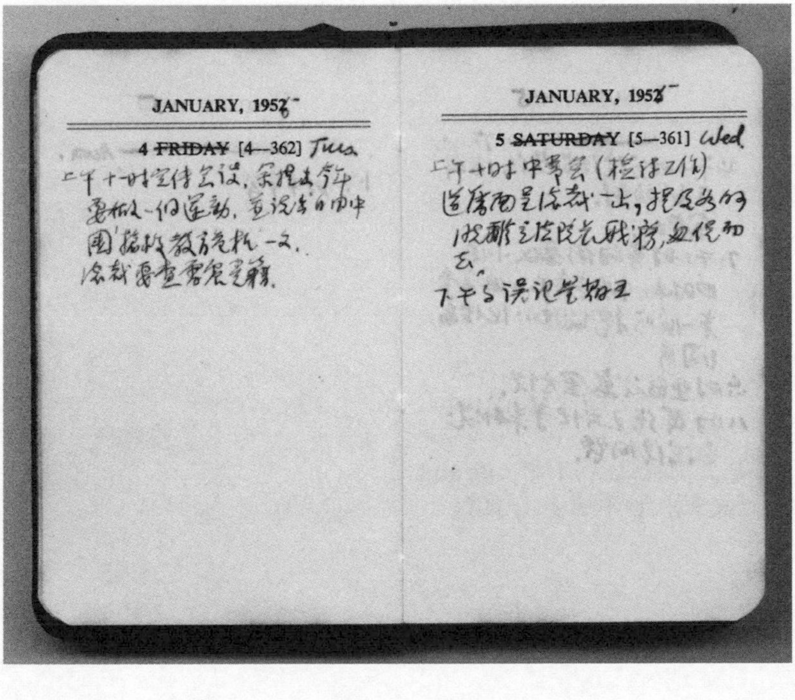

＊ **一月五日星期三**

道藩面呈總裁一函，提及如何脫離立法院長職務，匆促而去。

下午事誤記星期五。

＊ **一月六日星期四**

上午十時分院結業典禮。總裁及夫人均到。

余參加。

下午三時貴陽街審議小組。

四時半，中央黨部小組審查第一組所提改進小組活動綱要。

＊ **一月七日星期五**

續寫與共黨併存。

下午往總院拔牙，醫不在，未果。

訪道藩，適（？）決定於四時入台大醫院。

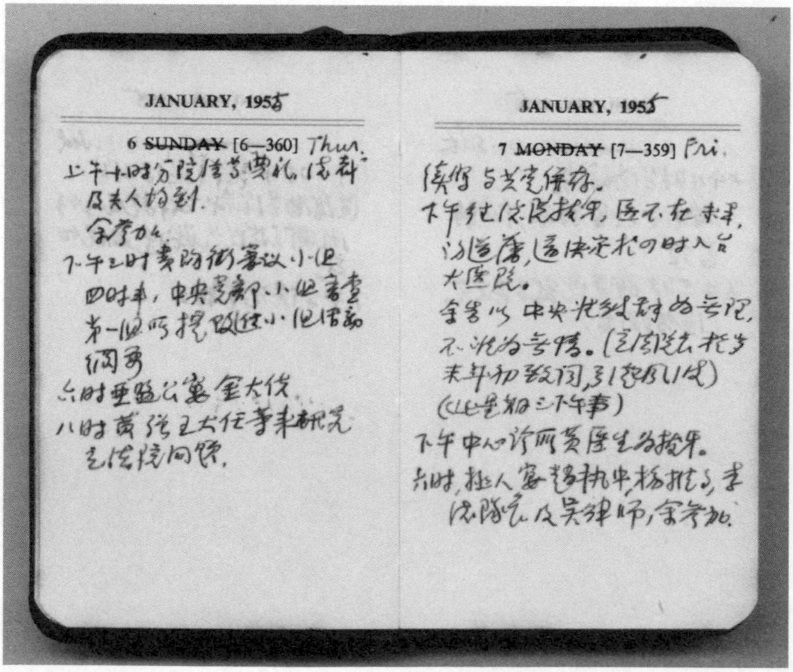

余告以中央准彼辭為無理，不准為無情。（立法院長於歲末年初致詞引起風波）

（此星期三下午事）

下午中心診所黃醫生為拔牙。

六時，拯人宴趙執中，楊推事，李總隊長及吳律師，余參加。

＊一月八日星期六

上午八時分院演講。

拔牙後頭昏轉愈，今日講甚佳。

下午三時研究院教育委員會。（演習綱要）

＊一月九日星期日

上午赴士林禮拜。

下午余仲剛來談對日宣傳。

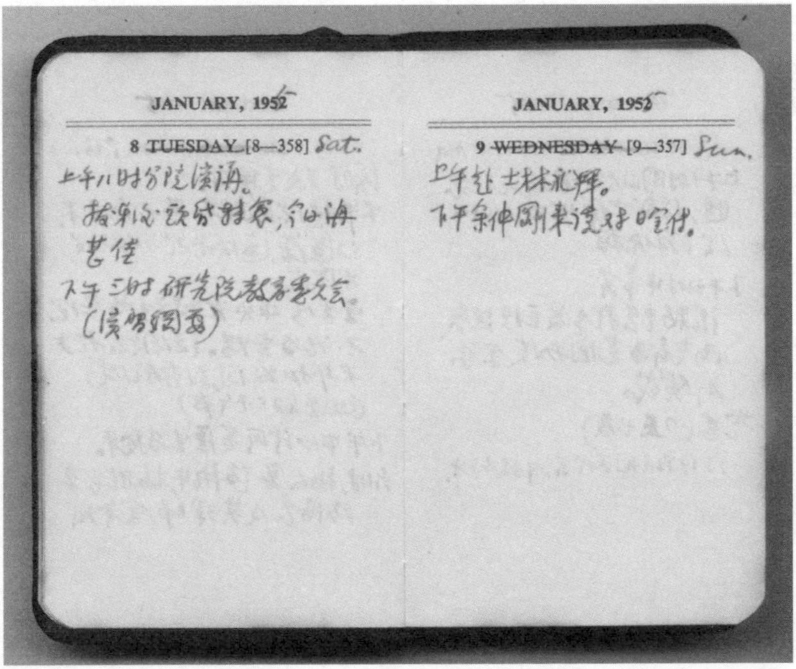

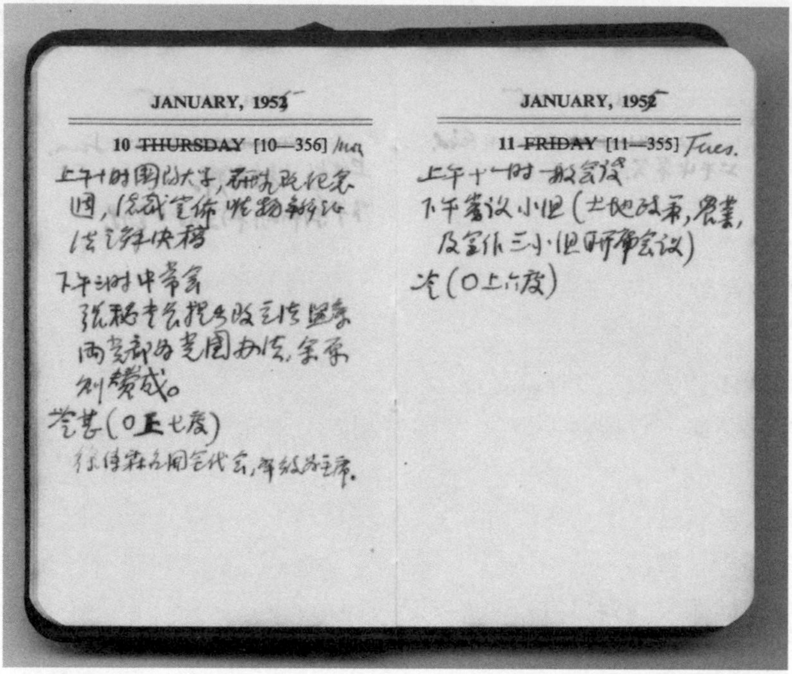

JANUARY, 195~~2~~5

10 ~~THURSDAY~~ [10—356] Mon.

上午十時國防大學，研究戰犯處理問題，決議宣佈戰犯釋放辦法之解決稿

下午三時中常會

張秘書長提出改造綱要兩案，郭為黨團辦法，余等則贊成。

寒甚（0上七度）

徐傅霖為國民代表會，常被推為主席。

JANUARY, 195~~2~~5

11 ~~FRIDAY~~ [11—355] Tues.

上午十一時一般會談

下午審議小組（土地政策，農業，及宣傳三小組聯席會議）

冷（0上六度）

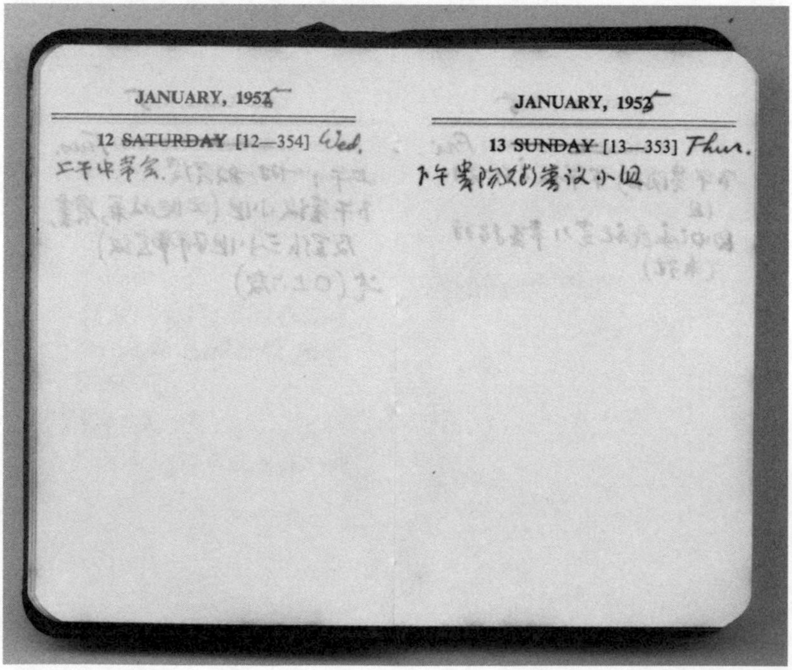

JANUARY, 195~~2~~5

12 ~~SATURDAY~~ [12—354] Wed.

上午中常會。

JANUARY, 195~~2~~5

13 ~~SUNDAY~~ [13—353] Thur.

下午實踐研究審議小組

＊一月十日星期一

上午十時國防大學，研究院紀念週。總裁宣佈唯物辯證法之解決稿。

下午三時中常會。

張秘書長提出改立法監察兩黨部為黨團辦法，余原則贊成。

冷甚。（〇上 7 度）

徐傅霖召開全代會，舉彼為主席。

＊一月十一日星期二

上午十一時一般會談。

下午審議小組。（土地政策，農業。及合作三小組聯席會議）

冷。（〇上 6 度）

＊一月十二日星期三

上午中常會。

＊一月十三日星期四

上午貴陽街審議小組。

＊一月十四日星期五

下午貴陽街革命教育研究小組。

自由之家民社黨八常委招待。（未往）

立法院以 306 全體通過中美條約。

＊一月十五日星期六（空白）

＊一月十六日星期日

記入 18。

＊一月十七日星期一

記入十九日。

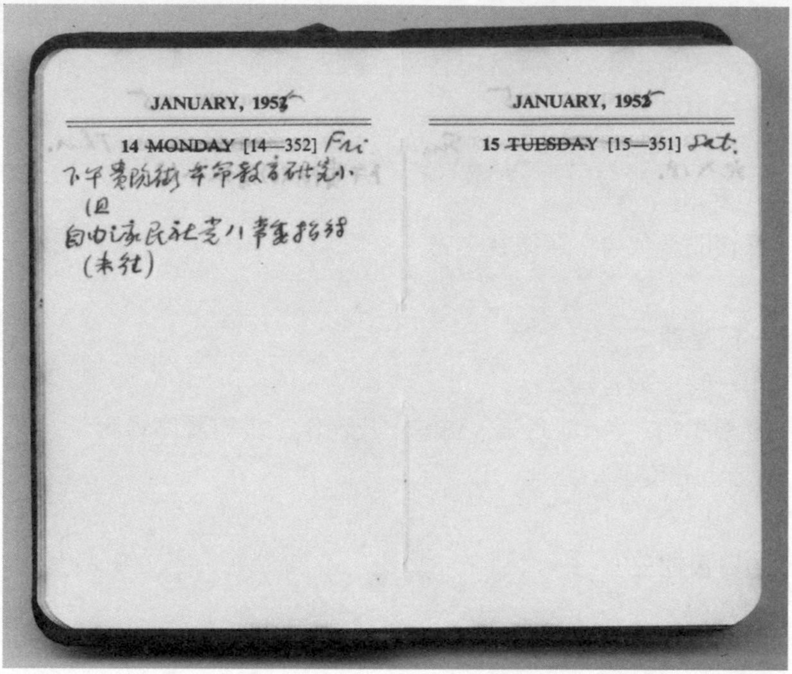
JANUARY, 195
14 MONDAY [14—352] Fri
下午貴陽街革命教育研究小組
自由談民社黨八常委招待
(未往)
JANUARY, 195
15 TUESDAY [15—351]

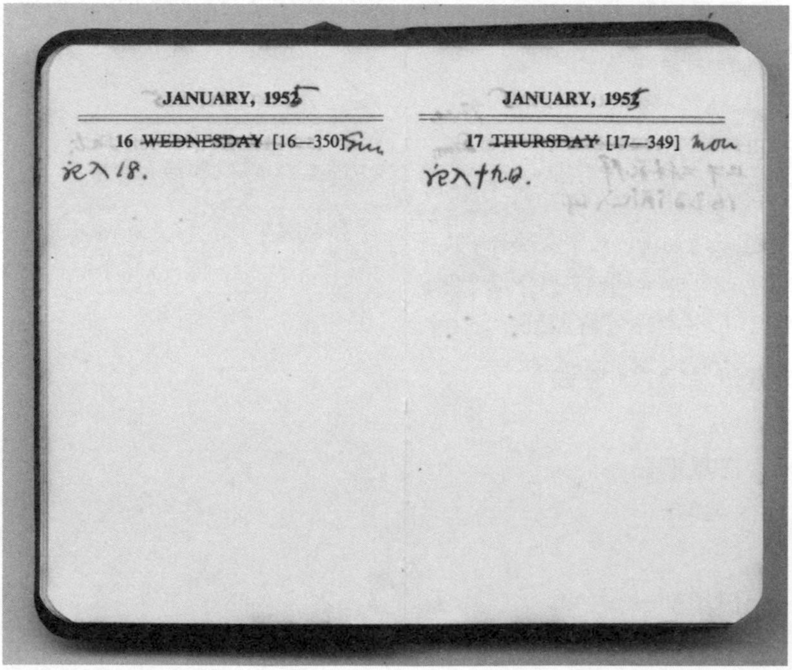
JANUARY, 195
16 WEDNESDAY [16—350]
記入18.
JANUARY, 195
17 THURSDAY [17—349]
記入十九日.

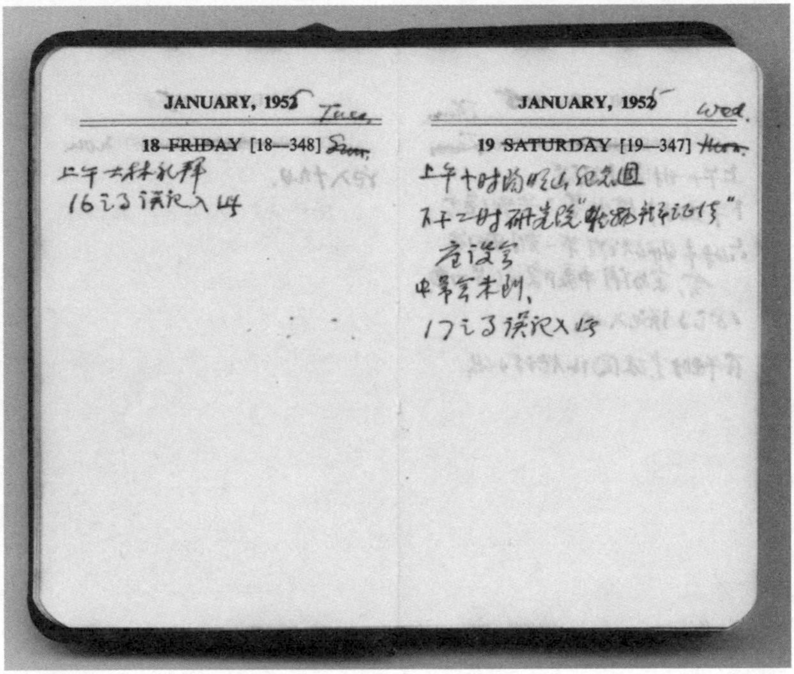

＊ 一月十八日星期二

上午士林禮拜。

16 之事誤記入此。

＊ 一月十九日星期三

上午十時陽明山紀念週。

下午二時研究院「唯物辯證法」座談會。

中常會未到。

17 之事誤記入此。

一江山游擊戰仍抵抗中。

＊ 一月二十日星期四

上午十一時宣傳會談。

下午五時半清水董三告別酒會。

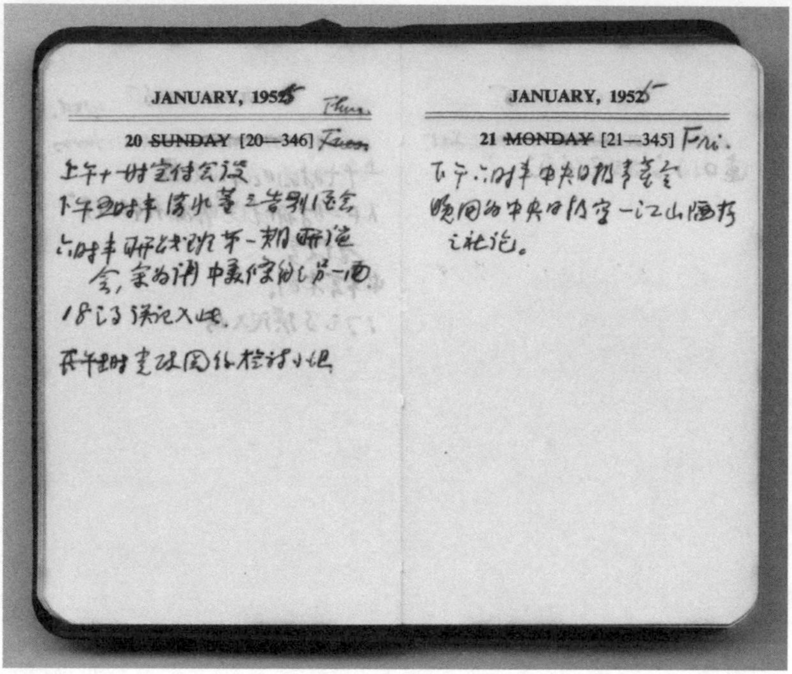

六時半聯戰班第一期聯誼會，余為講中美條約之另一面。

18 之事誤記入此。

下午三時黨政關係檢討小組。

＊ 一月二十一日星期五

下午六時半中央日報董事會。

晚間為中央日報寫一江山淪陷之社論。

＊ 一月二十二日星期六

連日均寫「與共黨併存」。

＊ 一月二十三日星期日（空白）

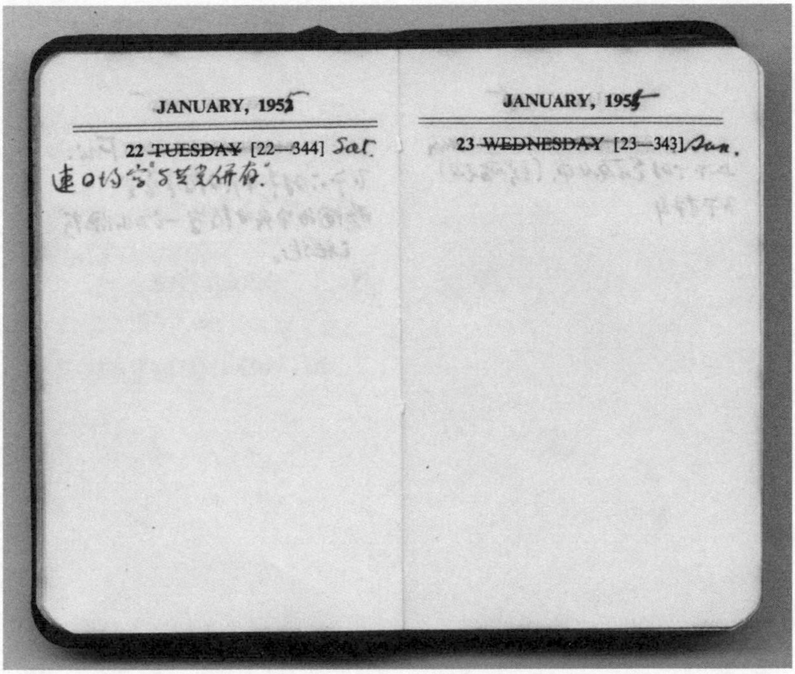
JANUARY, 1952
22 TUESDAY [22—344] Sat.
JANUARY, 1952
23 WEDNESDAY [23—343] Sun.

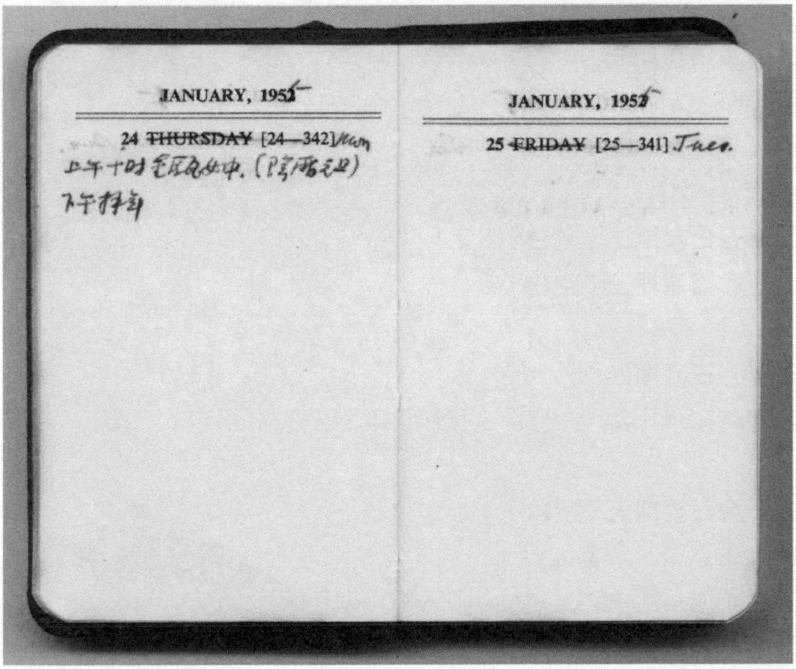
JANUARY, 1952
24 THURSDAY [24—342] Mon
JANUARY, 1952
25 FRIDAY [25—341] Tues.

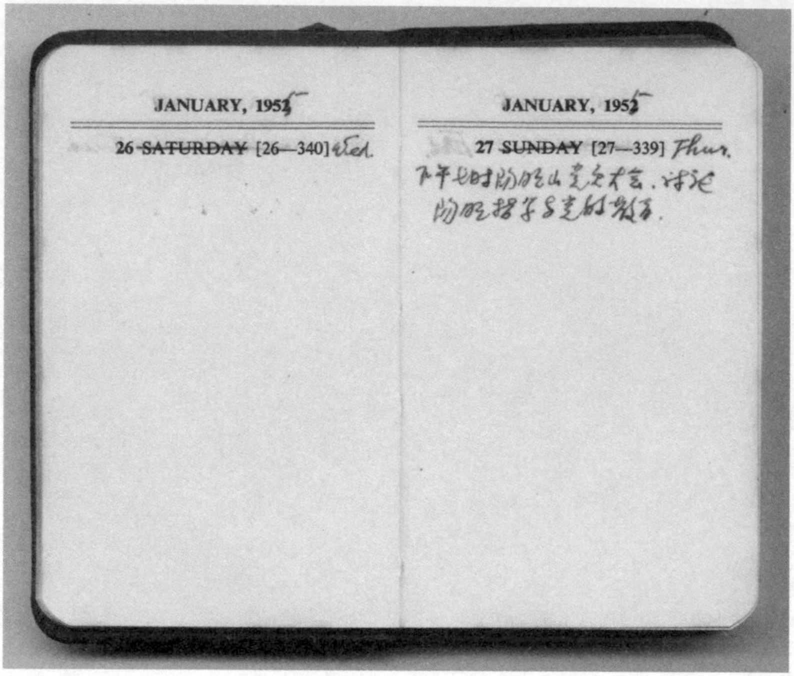

＊一月二十四日星期一

上午十時金甌女中。（陰曆元旦）

下午拜年。

＊一月二十五日星期二（空白）

＊一月二十六日星期三（空白）

＊一月二十七日星期四

下午七時陽明山黨員大會，討論陽明哲學與黨的教育。

＊一月二十八日星期五（空白）

大陳撤退準備，美軍完成。

＊一月二十九日星期六（空白）

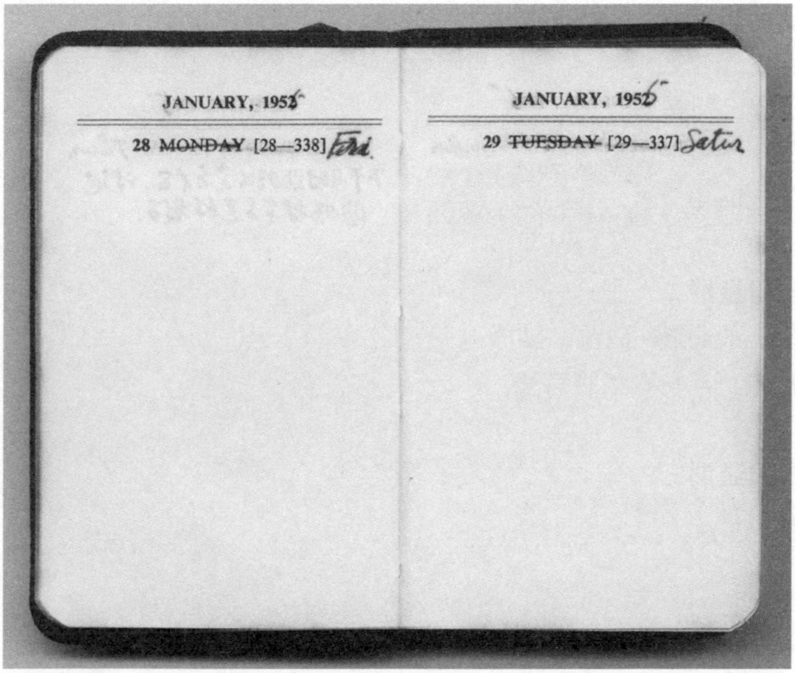
JANUARY, 1955
28 ~~MONDAY~~ [28—338] Frid.
JANUARY, 1955
29 ~~TUESDAY~~ [29—337] Satur

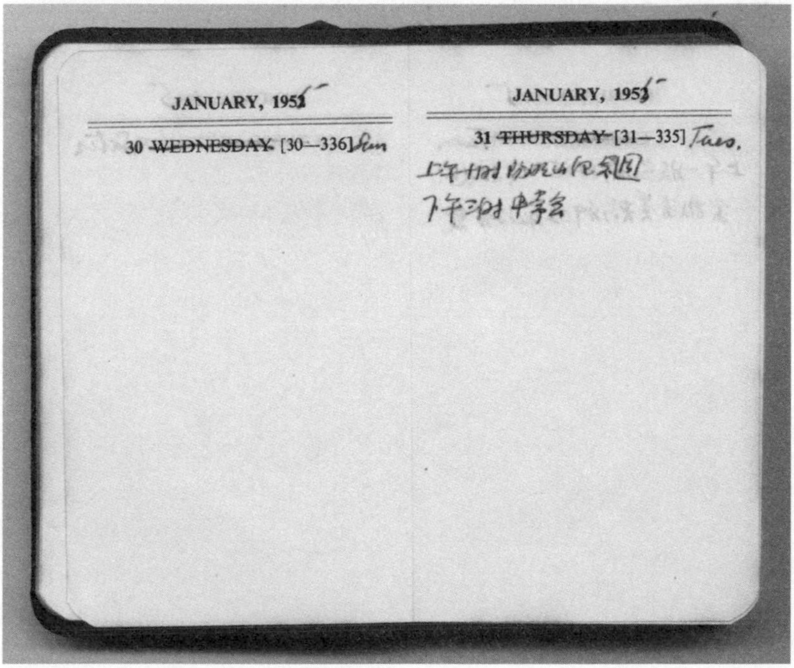
JANUARY, 1955
30 ~~WEDNESDAY~~ [30—336] Sun
JANUARY, 1955
31 ~~THURSDAY~~ [31—335] Tues.
上午十时阳明山纪念周
下午三时中常会

＊ 一月三十日星期日（空白）

＊ 一月三十一日星期一

上午十時陽明山紀念週。

下午三時中常會。

＊ 二月一日星期二

上午一般會談，討論大陳撤退。

余報告莫斯科政策將有變。

＊ 二月二日星期三

余往大溪。

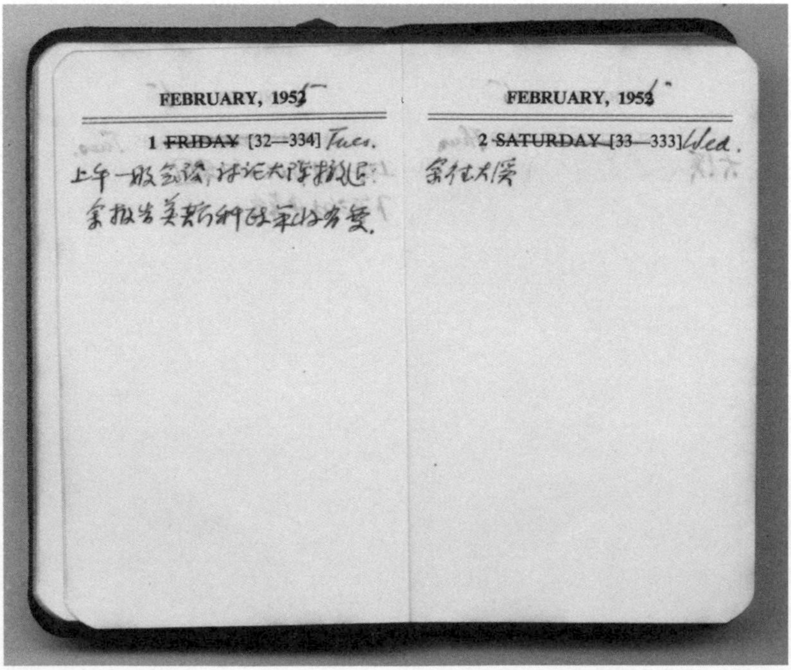

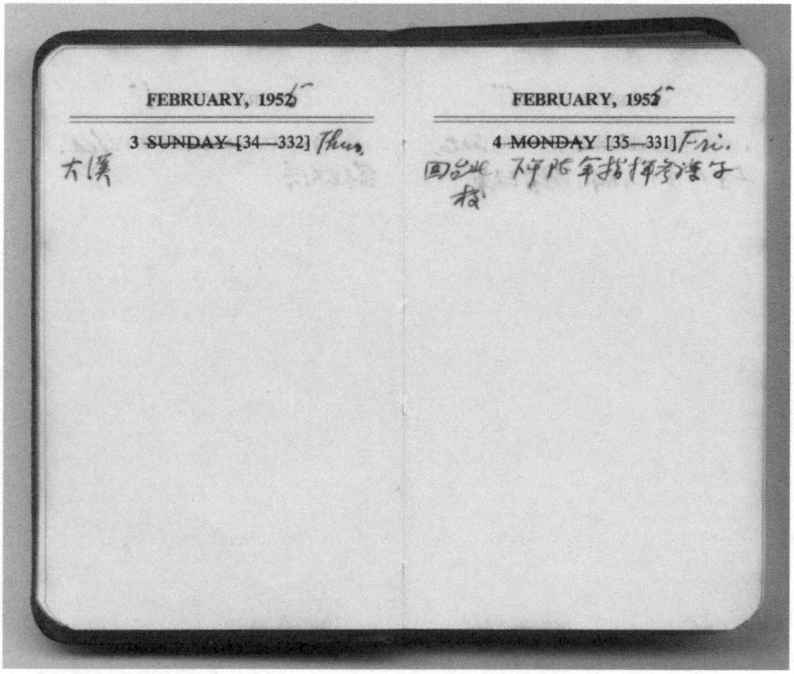

＊二月三日星期四

大溪。

＊二月四日星期五

回台北。下午陸軍指揮參謀學校。

＊二月五日星期六

上午八至十石牌，國家政策。

＊二月六日星期日（空白）

＊二月七日星期一

下午二至十，石牌，國家政策。

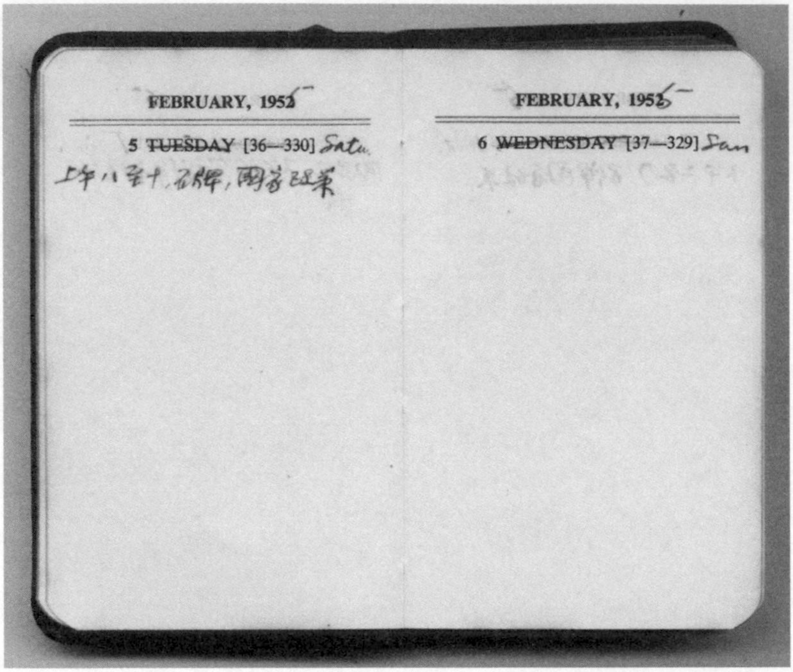

FEBRUARY, 1955

5 ~~TUESDAY~~ [36—330] Satu.

上午八至十，石牌，國家政策

FEBRUARY, 1955

6 ~~WEDNESDAY~~ [37—329] Sun

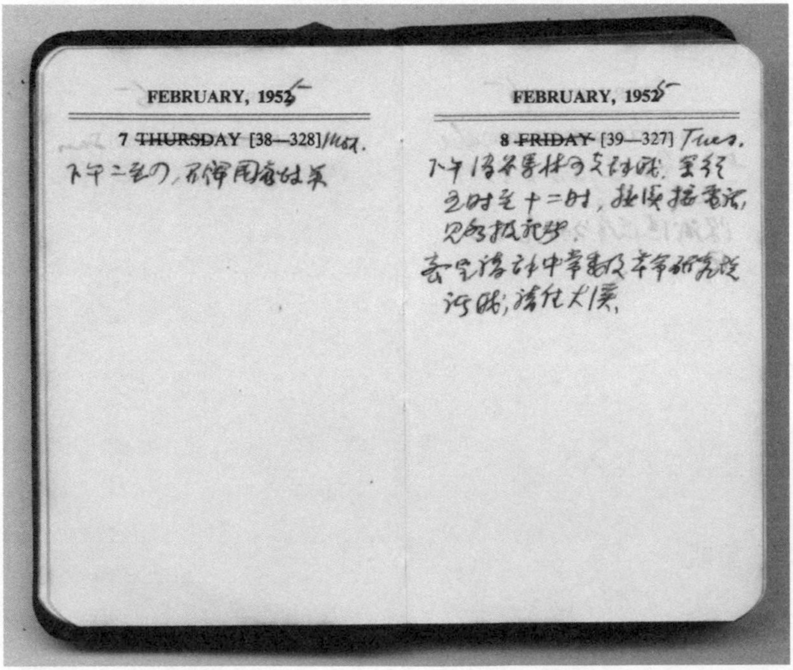

FEBRUARY, 1955

7 ~~THURSDAY~~ [38—328] Mon.

下午二至四，石牌國防政策

FEBRUARY, 1955

8 ~~FRIDAY~~ [39—327] Tues.

下午[illegible]
五時至十二時，[illegible]，
[illegible]
[illegible]
[illegible]

＊ 二月八日星期二

下午消息，馬林可夫辭職。余從五時至十二時，接續接電話，見各報記者。

密呈請辭中常委及革命研究院諸職，請往大溪。

＊ 二月九日星期三

上午中常會，余報告莫斯科改變的看法。

陳誠繼張群為研究院主任。

＊ 二月十日星期四

上午石牌，國家政策。

上午，研究院政治組考評會議。

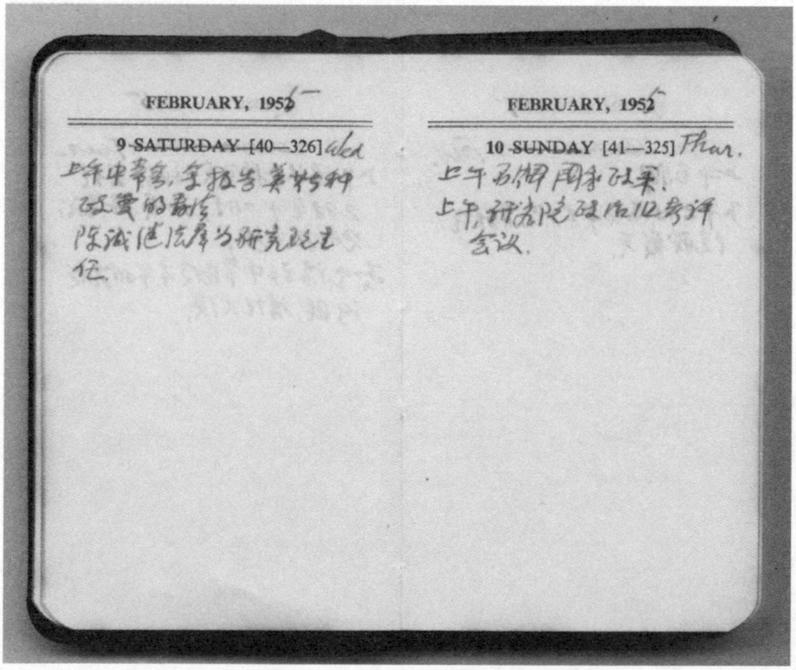

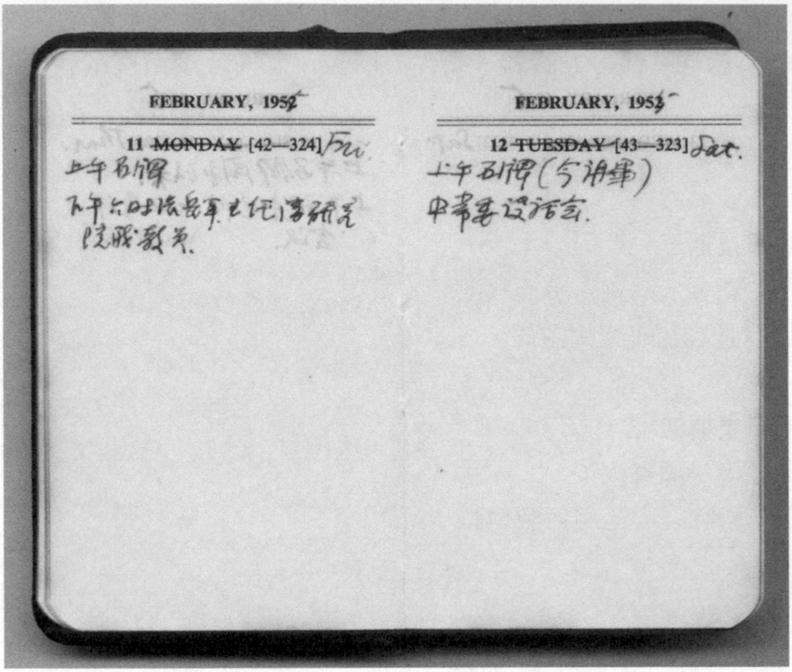
FEBRUARY, 1952
11 ~~MONDAY~~ [42—324] Fri.
上午石牌
FEBRUARY, 1952
12 ~~TUESDAY~~ [43—323] Sat.
上午石牌（今講畢）
中常委談話會

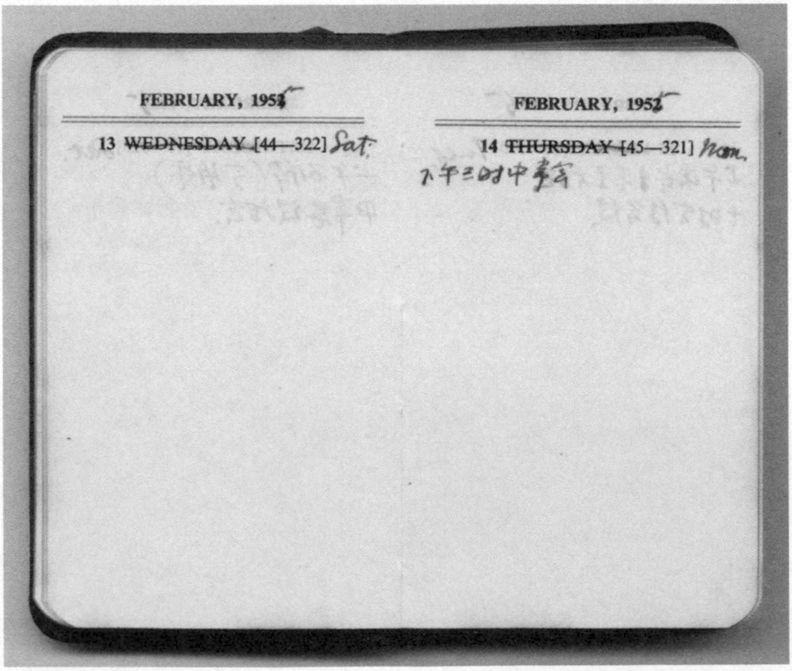
FEBRUARY, 1952
13 ~~WEDNESDAY~~ [44—322] Sat.
FEBRUARY, 1952
14 ~~THURSDAY~~ [45—321] Mon.
下午三時中常會

＊ 二月十一日星期五

上午石牌。

下五六時張岳軍主任請研究院教職員。

＊ 二月十二日星期六

上午石牌。（今講畢）

中常委談話會。

＊ 二月十三日星期日（空白）

＊ 二月十四日星期一

下午三時中常會。

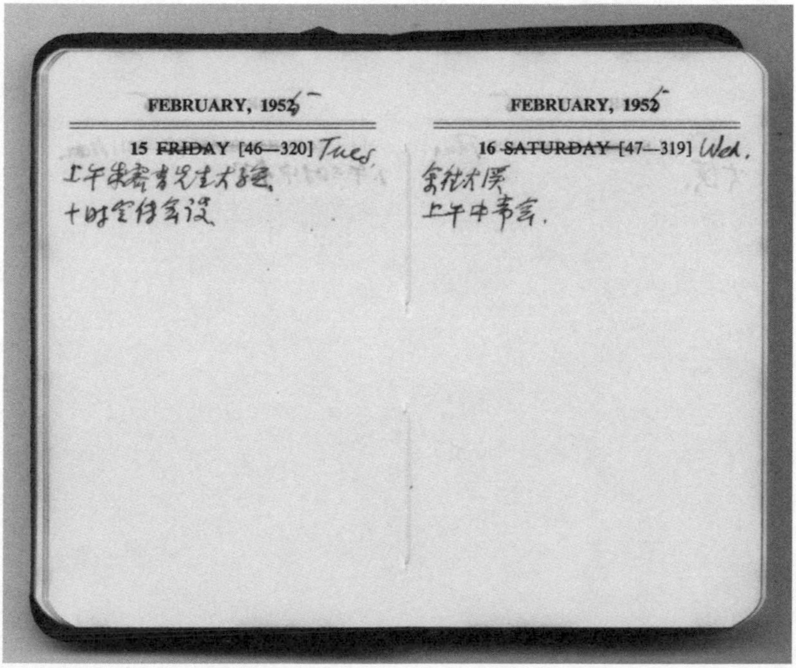

＊ 二月十五日星期二

上午朱霽青先生大殮。

十時宣傳會談。

＊ 二月十六日星期三

余往大溪。

上午中常會。

＊ 二月十七日星期四

大溪。

＊ 二月十八日星期五

大溪回。

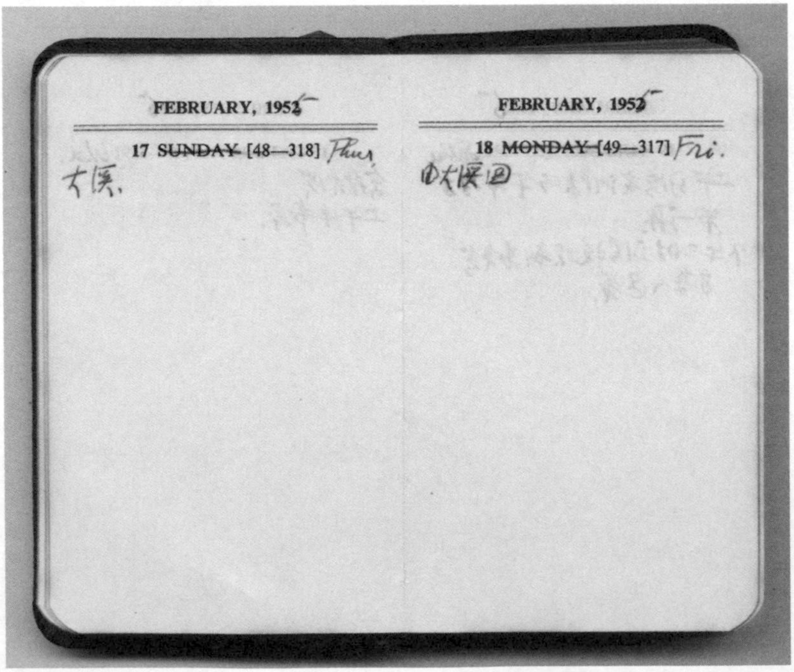

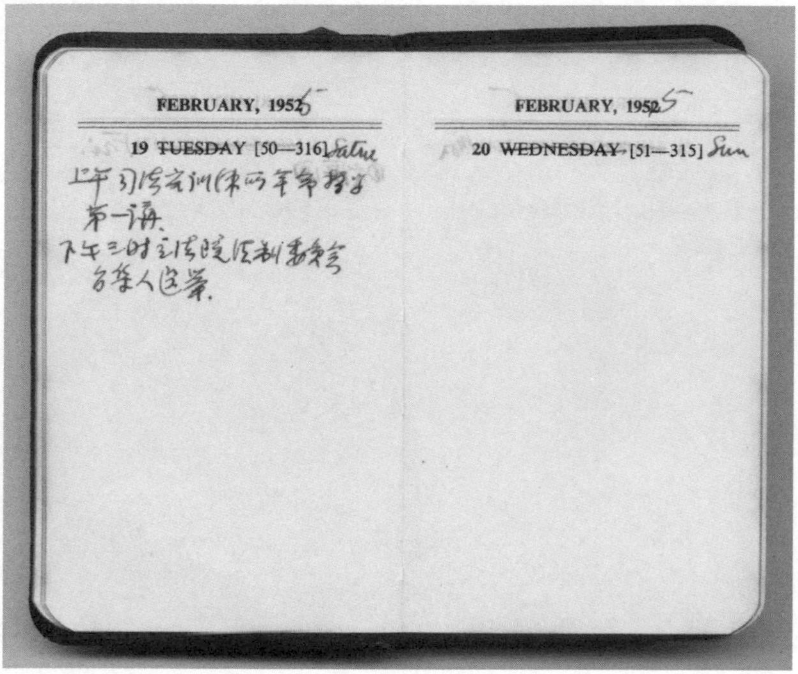

＊二月十九日星期六

上午司法官訓練所革命哲學第一講。

下午三時立法院法制委員會召集人選舉。

＊二月二十日星期日（空白）

＊二月二十一日星期一（空白）

＊二月二十二日星期二（空白）

＊二月二十三日星期三

上午中常會。

下午三至五國防大學聽「戰鬥群」報告。

＊二月二十四日星期四

下午中央黨部，國防外交小組。（準備二中全會決議文）

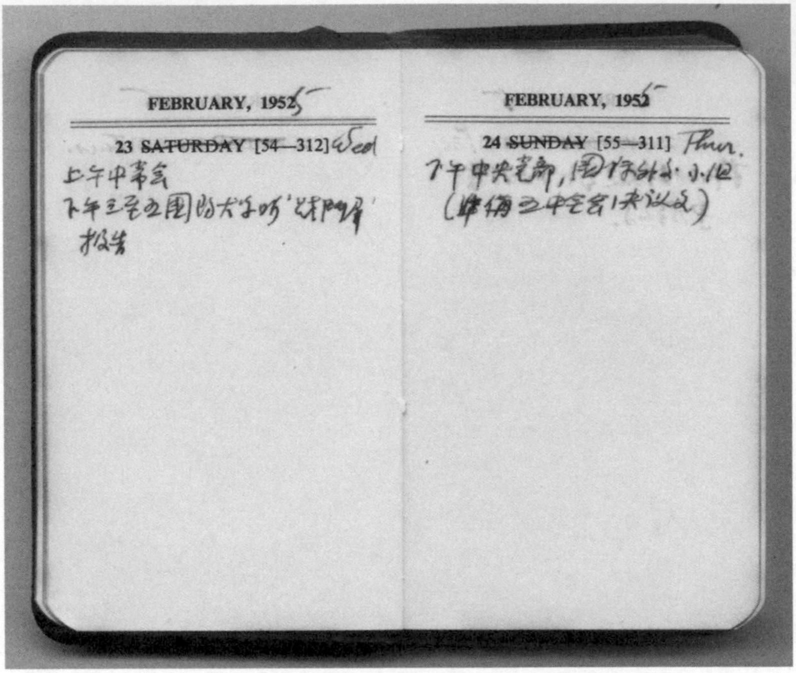

FEBRUARY, 1952

23 ~~SATURDAY~~ [54—312] Wed

上午中常会

FEBRUARY, 1952

24 ~~SUNDAY~~ [55—311] Thur.

下午中央党部

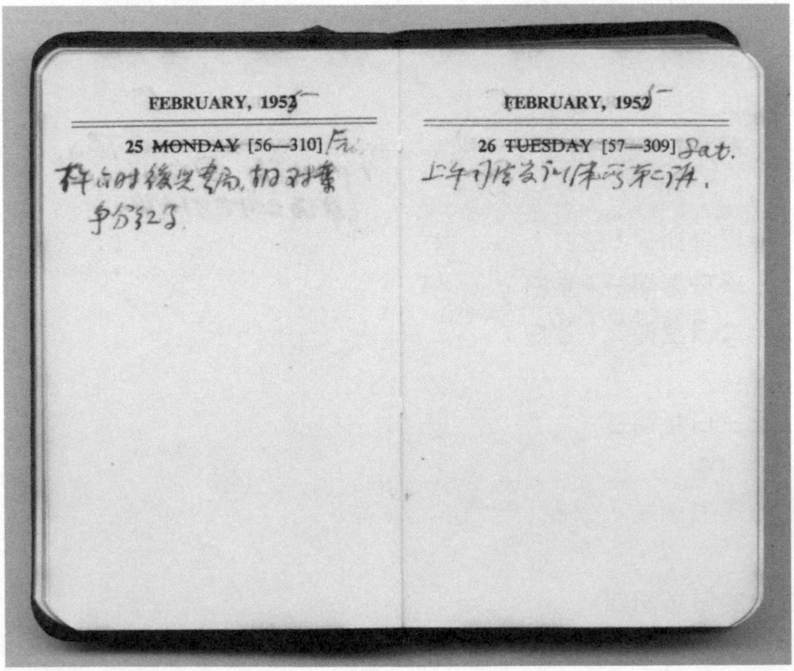

FEBRUARY, 1952

25 ~~MONDAY~~ [56—310] [illegible]

FEBRUARY, 1952

26 ~~TUESDAY~~ [57—309] Sat.

＊ 二月二十五日星期五

下午六時復興書局，胡對葉爭分紅事。

＊ 二月二十六日星期六

上午司法官訓練所第二講。

＊ 二月二十七日星期日（空白）

＊ 二月二十八日星期一

上午十時中常會。（中華合併興台）

下午往大溪。（冰如及大小子）中途拋錨。

下午七時半趕回參加陳副總統官邸餐會。（研究院談話會）

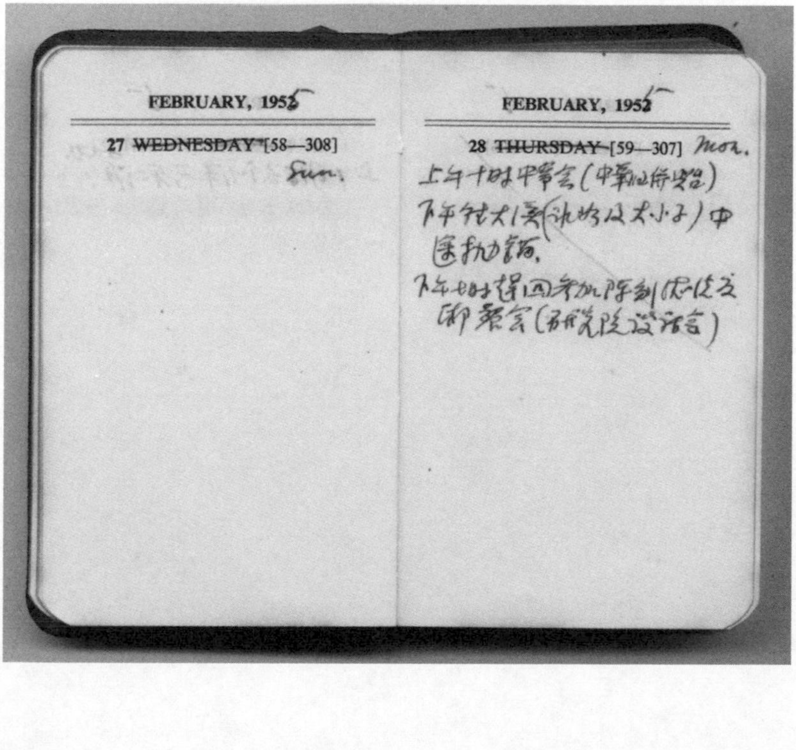

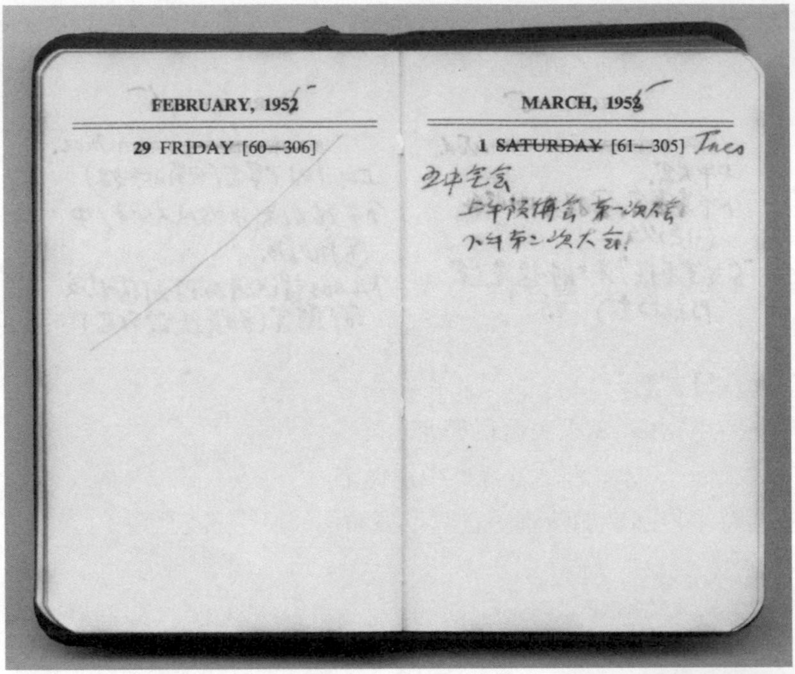

FEBRUARY, 1952

29 FRIDAY [60—306]

MARCH, 1952

1 ~~SATURDAY~~ [61—305] Tues

五中全會

上午預備會 第一次大會

下午第二次大會

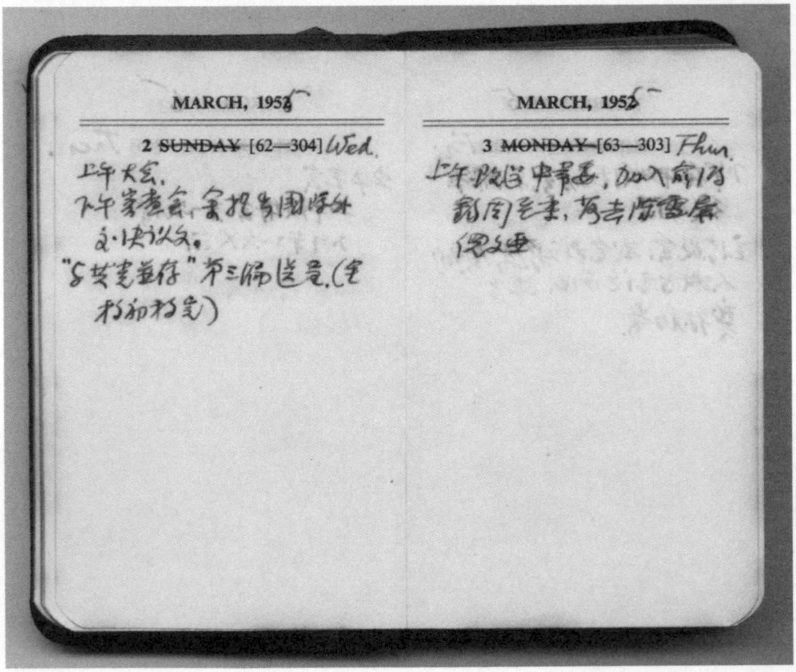

MARCH, 1952

2 ~~SUNDAY~~ [62—304] Wed.

上午大會。

下午審查會,余提出國際外交決議文。

「與英美並存」第三篇送出。(全稿初稿完)

MARCH, 1952

3 ~~MONDAY~~ [63—303] Thur.

上午改選中常委,加入俞鴻鈞、周至柔,蔣經國、陳雪屏、倪文亞

＊ 三月一日星期二

五中全會。

上午預備會第一次大會。

下午第二次大會。

＊ 三月二日星期三

上午大會。

下午審議會，余提出國際外交決議文。

「與共黨並存」第三編送呈。（全稿初稿完）

＊ 三月三日星期四

上午改選中常委，加入俞鴻鈞周至柔。落去陳雪屏，倪文亞。

＊ 三月四日星期五

下午在中日文化經濟協會，與橋本徹馬談。

立法院會，成舍我嚴厲質詢人權與言論自由，提出龔德柏案。

＊ 三月五日星期六

上午司法官訓練所。

下午張厲生秘書長宴僑領。

＊ 三月六日星期日

中午張秘書長宴革命哲學研究會諸講師。

＊ 三月七日星期一

下午分院國際現勢。

＊ 三月八日星期二

下午革命哲學研究會，余為演說「哲學科學兵學」。

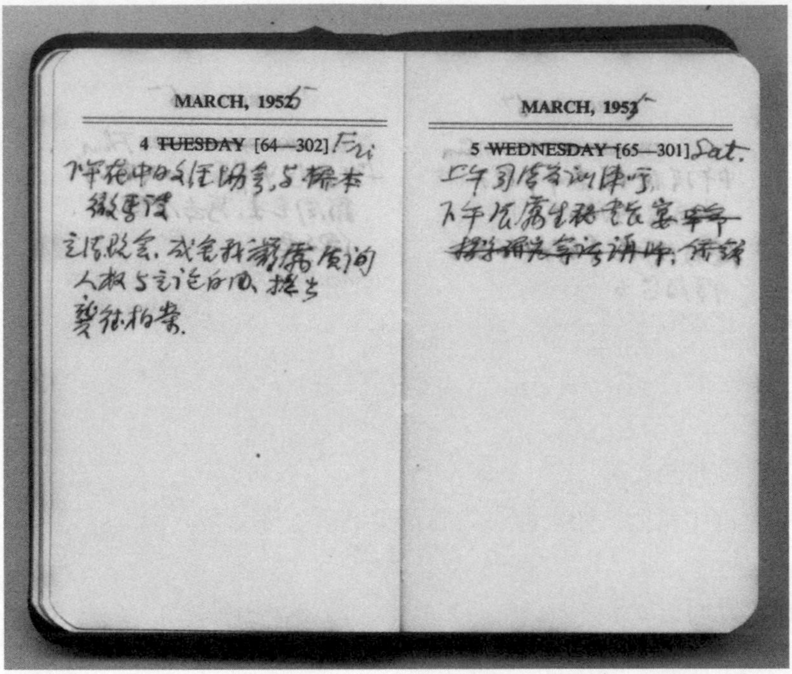
MARCH, 1952
4 TUESDAY [64—302] Fri
MARCH, 1952
5 WEDNESDAY [65—301] Sat.

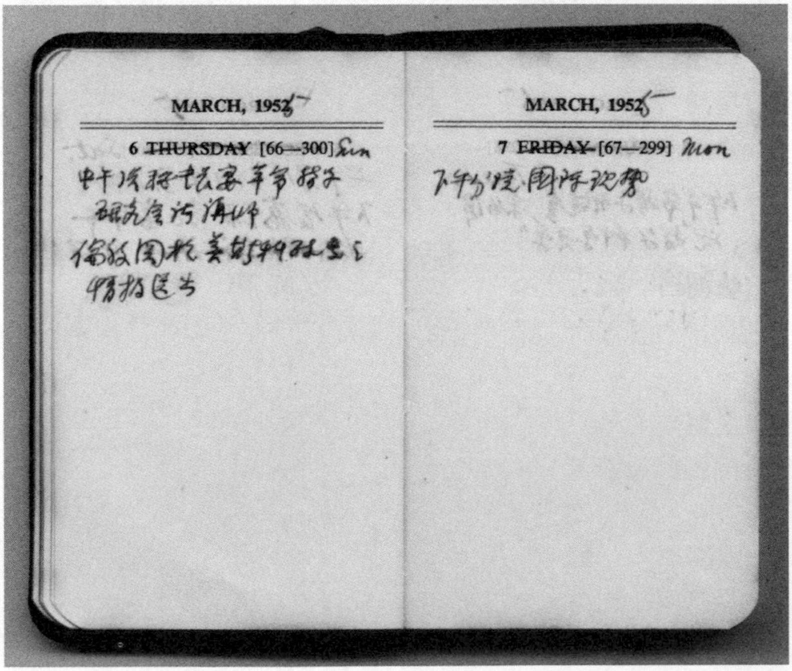
MARCH, 1952
6 THURSDAY [66—300] Sun
MARCH, 1952
7 FRIDAY [67—299] Mon

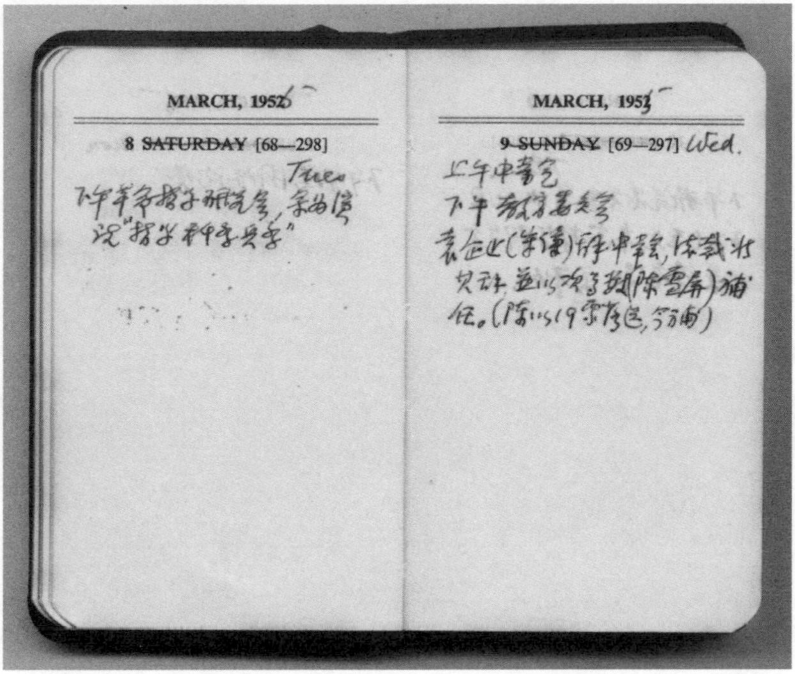

＊ **三月九日星期三**

上午中常會。

下午教育委員會。

袁企止（守謙）辭中常會。總裁壯其辭，並以次多數（陳雪屏）補任。（陳以 19 票落選，今補）

＊ **三月十日星期四**

下午研究委員會審議小組。

下午七至九，革命哲學研究會。

集體座談，余參加。

＊ **三月十一日星期五**

小雨，往大溪看房子。

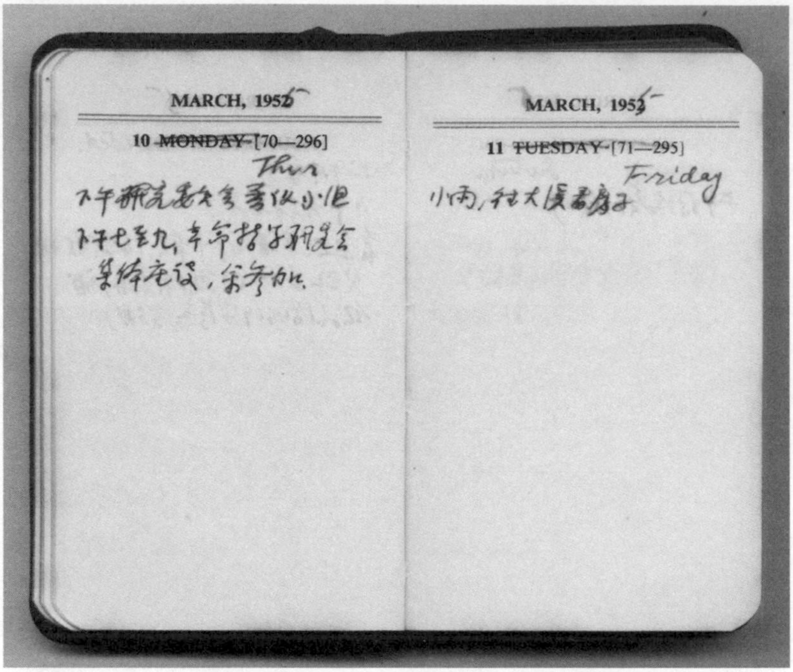

MARCH, 1952
10 ~~MONDAY~~ [70—296]
Thur
下午七至九，本部哲學研究會
集体座談，余參加。

MARCH, 1952
11 ~~TUESDAY~~ [71—295]
Friday
小雨，往大

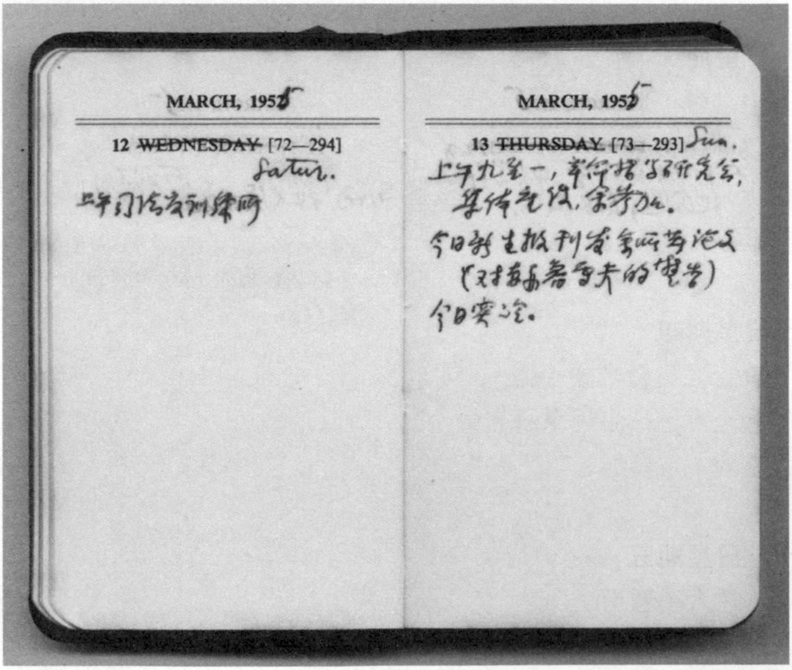

MARCH, 1952
12 ~~WEDNESDAY~~ [72—294]
Satur.

MARCH, 1952
13 ~~THURSDAY~~ [73—293] Sun.
上午九至一，本所哲學研究會，
集体座談，余參加。
今日新生报刊有余所寫論文
今日寒冷。

＊三月十二日星期六

上午司法官訓練所。

＊三月十三日星期日

上午九至一，革命哲學研究會，集體座談，余參加。

今日新生報刊余所著論文。（對赫魯雪夫的警告）

今日突冷。

＊三月十四日星期一

上午九時實踐堂，中央黨部紀念週，余作報告。

＊三月十五日星期二至四月八日星期五（空白）

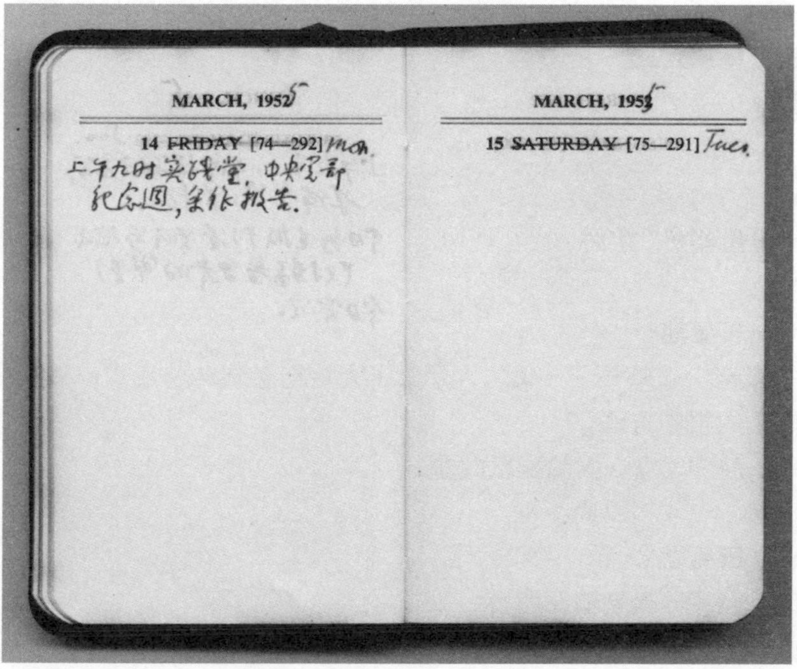

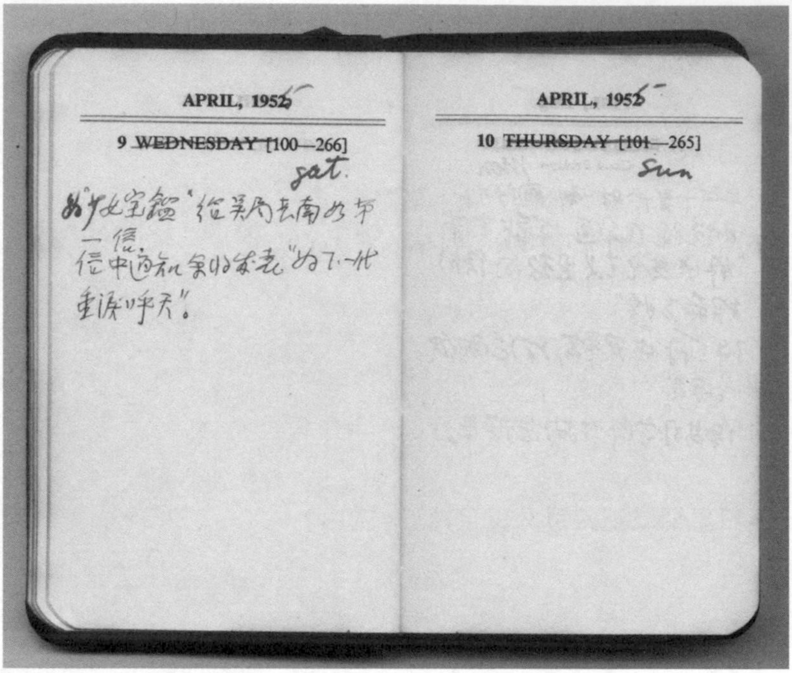

＊ 四月九日星期六

為「少女寶鑑」給吳局長南如第一信。信中通知余將發表「為下一代垂淚呼天」。

＊ 四月十日星期日（空白）

＊ 四月十一日星期一

上午十至十二時一刻，國防大學，研究院紀念週。總裁宣佈「解決共產主義思想問題的根本方法」。

下午三時中常會，討論配紙問題。

＊ 四月十二日星期二

上午八時半，聯勤總部週會。

今晨給吳局長第二信，指出負責者不負其應有的責任。

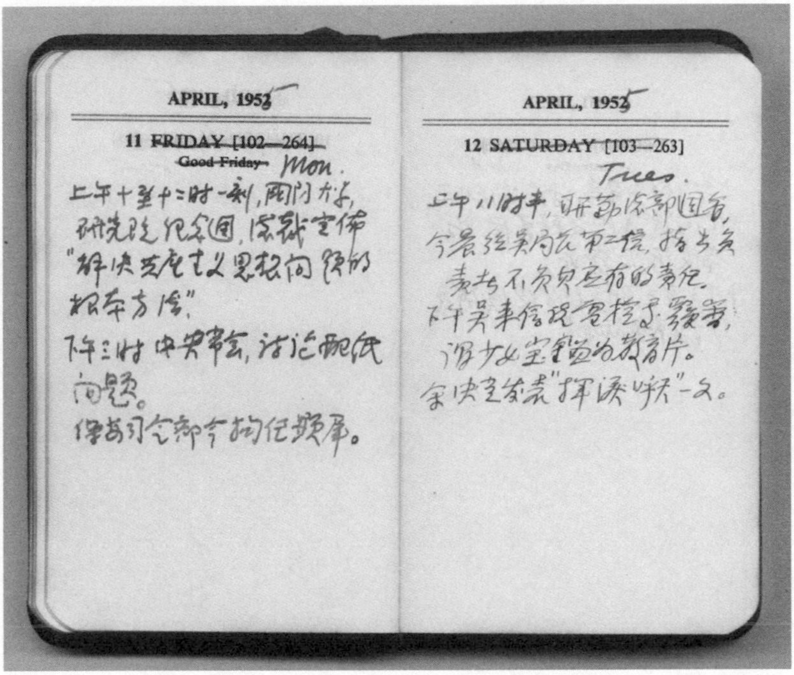

下午吳來信說電檢初覆審，謂少女寶鑑為教育片。

余決定發表「揮淚呼天」一文。

＊四月十三日星期三

上午十時中常會，討論軍法上三個問題，軍法管轄範圍，附帶民訴，及緩訴。

下午三至五，研究院演講「民生主義育樂兩篇」。

＊四月十四日星期四（空白）

＊四月十五日星期五（空白）

＊四月十六日星期六（空白）

＊四月十七日星期日（空白）

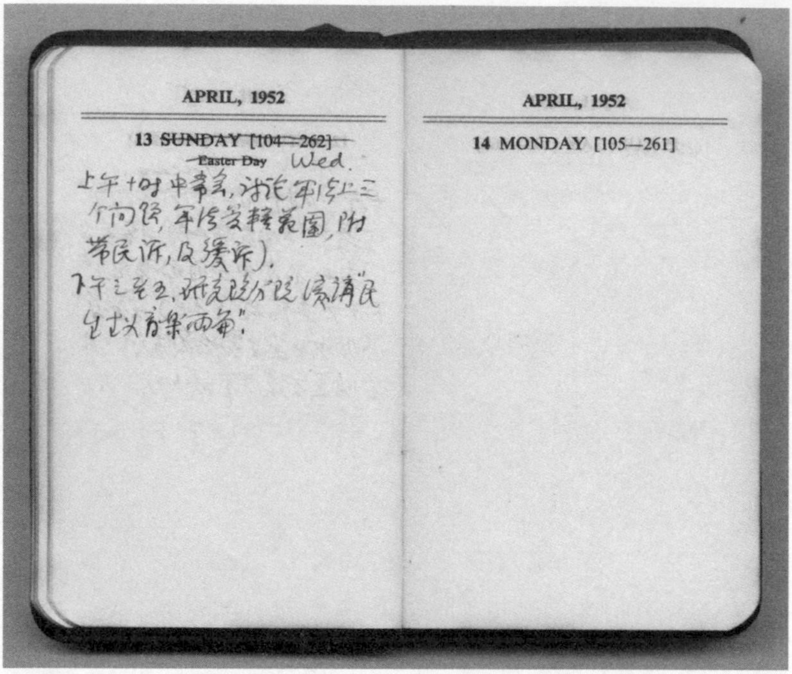
APRIL, 1952

~~13 SUNDAY [104—262]~~
~~Easter Day~~ Wed.

上午十时中常会，讨论军法上三个问题，军法受辖范围，附带民诉，及复诉）。
下午三至五，研究院分院演講"民生主义育乐两篇"。

APRIL, 1952

14 MONDAY [105—261]

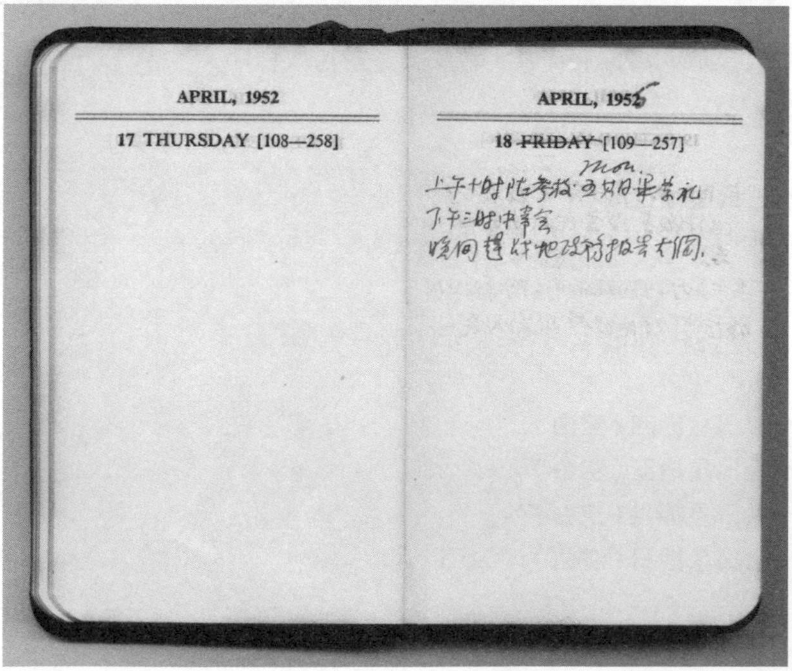
APRIL, 1952

17 THURSDAY [108—258]

APRIL, 1952

18 ~~FRIDAY~~ [109—257]
Mon.

上午十时陆参校五期毕业礼
下午三时中常会
晚间赶作地政纲报告大纲。

＊四月十八日星期一

上午十時陸參校五期畢業禮。

下午三時中常會。

晚間趕戰地政務報告大綱。

＊四月十九日星期二

上午十時，宣傳會談，總裁對組織報業，改變配紙辦法同意。

上午九時到陽明山一行。下午審議小組。

晚間趕戰地政務報告綱要。

＊四月二十日星期三

上午十時中常會通過廢除配紙辦法，准許洋紙進口，每月三百三十噸。

下午五時李毓九游彌堅請台紙公司於本辦法公佈時，主動聲明，照進口價售紙給報業。

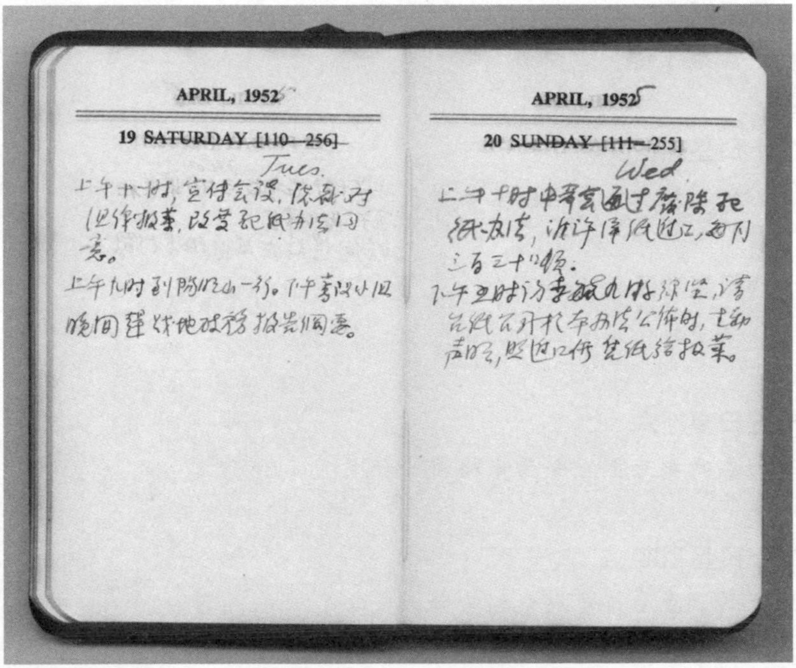

＊四月二十六日星期二

台灣聯絡中心宣佈成立。

＊五月十七日星期二

韓李範寧預定今來台參加亞盟二次大會，臨時又宣佈不來。

＊五月二十一日星期六

亞盟中國總會宣佈第二次大會停開。

＊六月十日星期五

美十三機動航空隊前進指揮部成立。

＊六月二十一日星期二

國際道德重整訪問團來台。

＊七月七日星期四

石門水庫破土禮。

＊八月二十日星期六

孫立人辭職發表，黃鎮球繼參軍長。

＊九月十八日星期日

亞盟反共會議準備會在馬尼拉開會。

＊十月十五日星期六

我軍刀在馬祖北上空擊落米格機一架。

＊十月二十日星期四

孫立人案調查委員會調查報告發表。

＊十月三十一日星期一

地院判胡尹周無罪。輿情譁然。

＊十二月十三日星期二

我在安理會否決外蒙入會。

1956 年

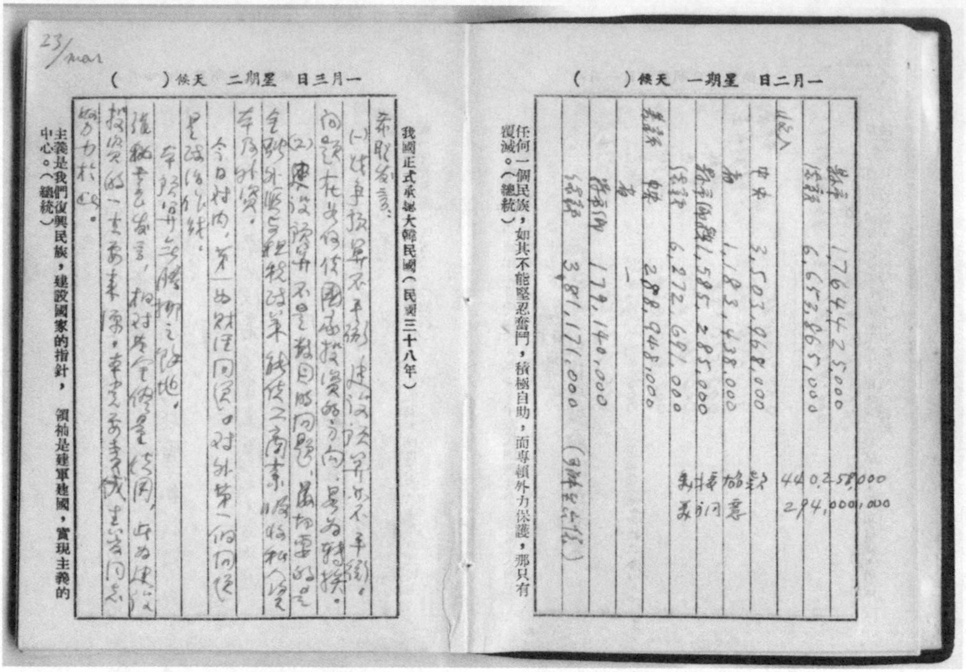

* 三月二十三日

臨時常會 四十五年度中央政府總預算案

希聖發言：（一）戰爭預算不平衡，建設預算亦不平衡。問題在如何使國家投資的方向略為轉換。（二）建設預算不是數目的問題，最切要的是金融外匯與租稅政策能使工商業吸收私人資本及外資。

今日對內，第一為財經問題。對外第一個問題是政治作戰。

本預算無騰挪之餘地。

張秘書長發言：相對基金儘量使用，此為建設投資的一主要來源。本黨要責成主管同志努力於此。

陳勁功發言：四年計畫最大缺點，資金無來源。今後無論四年或三年計畫，必須資本有來源。所得稅計算準確，所得稅率加以修改，即可促進私人投資。

公債。

建設計畫必須籌資金來源。上述為可循之途徑。

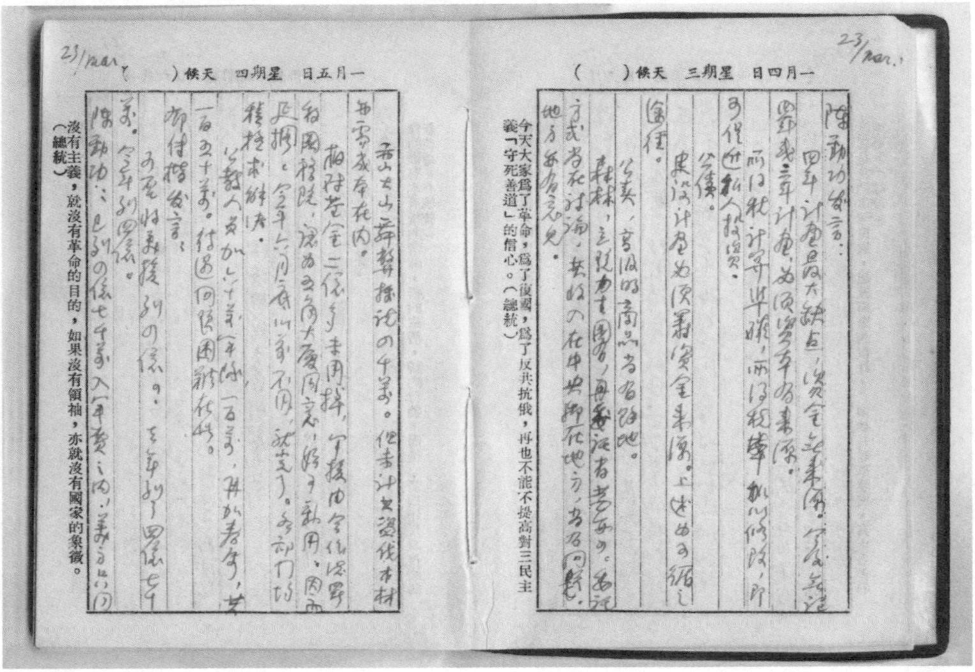

公賣，高級的商品尚有餘地。

森林，立院力主國有，再委託省營亦可。委託方式尚在討論，其收入在中央抑在地方，尚有問題。地方亦有意見。

巒大山舞弊據說四千萬。但未計其盜伐木材亦需成本在內。

相對基金二億多未用掉。軍援由合作總署移國務院，認為五角大廈同意，始可動用。因而延擱。今年六月底以前不用，就完了。各部門均積極求解決。

公教人員加六十萬軍隊，一百萬，再加眷屬，共一百五十萬。待遇問題困難在此。

鄧傳楷發言：可否將美援列四億？去年列了四億七千萬。今年列四億。

陳勁功：已列四億七千萬入軍費之內。美方只同意二億九。

＊ 三月二十四日

徐部長說明：(1) 屠宰稅率要？提高，始可得預算所列兩億多。戶稅尚須增加，始可達到預算所列。

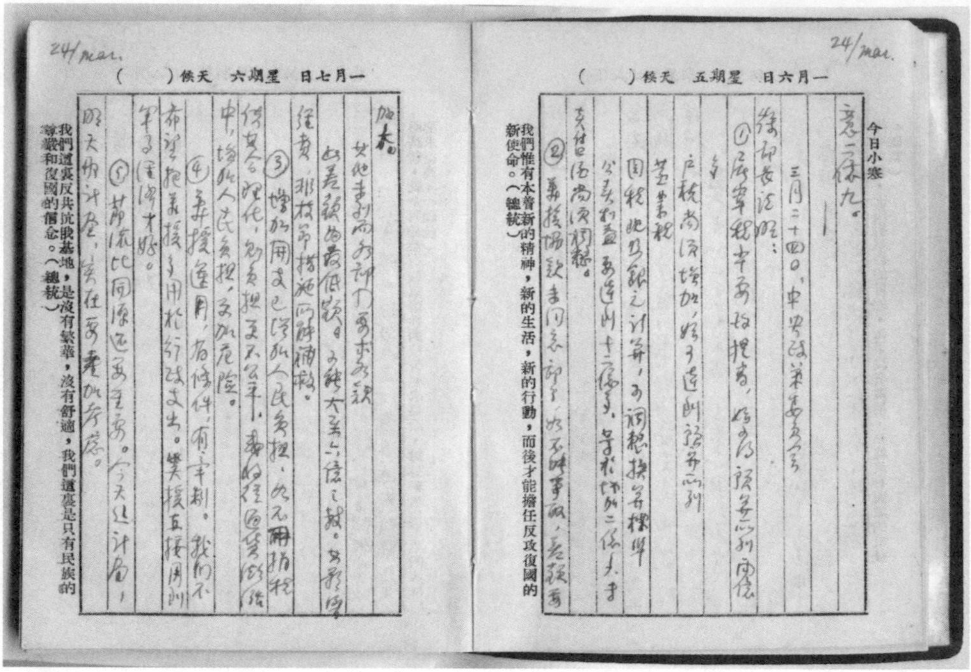

營業稅

關稅現照銀元計算，可調整預算標準。

公賣利益要達到十二億多，等於增加二億多。專賣售酒尚須調整。

（2）美援協款未同意部分，如不能爭取，差額要加大。

其他未列而各部門要求各款

此差額為最低額。可能大至六億之數。其影響經費，非枝節措施所能補救。

（3）增加開支已增加人民負擔，如不用捐稅，使其合理化，則負擔更不公平。或將從通貨膨脹中，增加人民負擔，更加危險。

（4）美援運用，有條件，有牽制。我們不希望把美援多用於行政支出。美援直接用到軍事經濟才好。

（5）節流比開源還要重要。今天這計畫，明天那計畫，實在要重加考慮。

節流重於開源

整理重於增加

地方支出從十二億增加到二十七億。

＊三月二十五日

總裁：主義歷史，思想信仰。青年節文告，二千字以下。

＊三月二十六日

總理紀念週

陸參校、研究院、分院、地方行政會議

總裁：拿地方行政人事經費與地方行政與建設比例，其進步不止於今日這樣。每一人能發揮能力，每一錢用得有效。行政效率與建設一定是進步大得多。行政會議要特別對預算經費與人員，要有檢討。每一人發揮效率及才能。這問題要地方行政各級主管最研究的一件事。怎樣經費運用得法，人事配置得宜。沒有才能，沒有經歷，沒有學識，無論什麼人推薦的，都不要用。用人唯才，任何勢力保薦，亦不任用。你們可以說這是我說的。

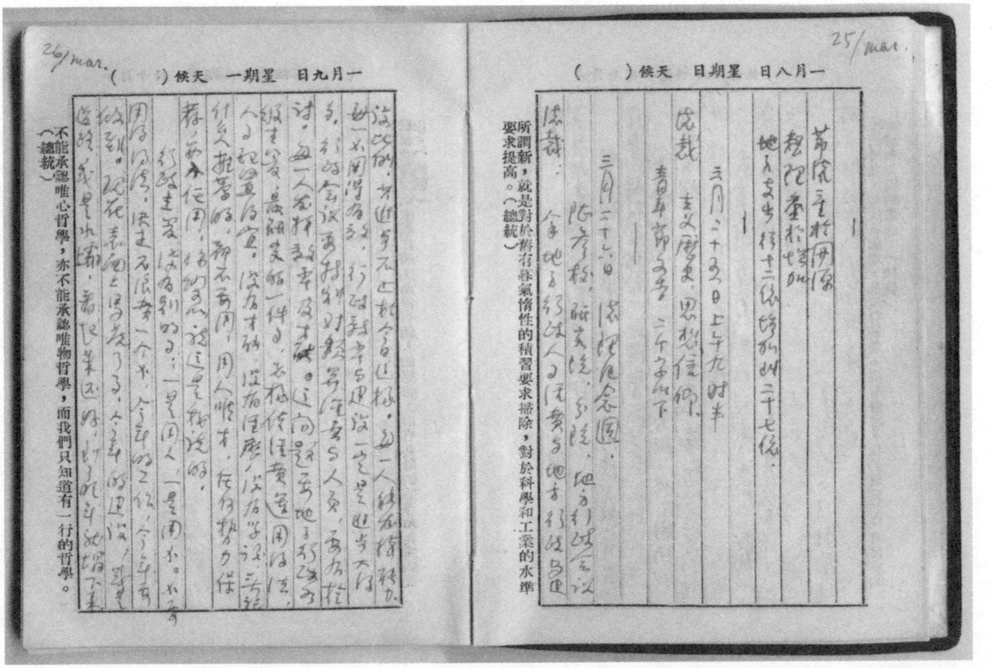

行政主管沒有別的事，一是用人，一是用錢。錢要用的得法，決定不浪費一個錢，今年的工作，今年做到。現在表面上馬虎了事，今年的建設，或是道路，或是水壩，看起來還好，到了明年就塌下來。我們要做一件事，一定做得真真實實。照革命來說，一人做兩個人的事，一個錢要有兩個錢的效能。我不要求得太高，只希望你們一人當一人用，一錢當一錢用。

用人要訓練他先達到水平線，然後把他提到水平線上，行政效能自然提高。教不好的，明年就要淘汰他，才可以建設台灣為三民主義的模範省。

用錢亦然。一個錢用得不當，要改正他。預算不夠，項目可減少，列入的項目要充實。十分錢才能做好，一定要用十分錢，不可以八個九個錢了事。

你們各縣市經費比大陸時代大得多，但項目多，每一項目都做不好。你們寧可減少項目，拿所有的錢來做中心工作，還要留下預備金。每一個錢要有一個錢做預備金。我們工作做不好，就是沒有預備金。有一成預備金，即可使工作做好做完。而且做完以後，還能保護修理和管理。

行政上科學方法，最重要是合作。一縣之內，一切要協調。一縣與他縣之

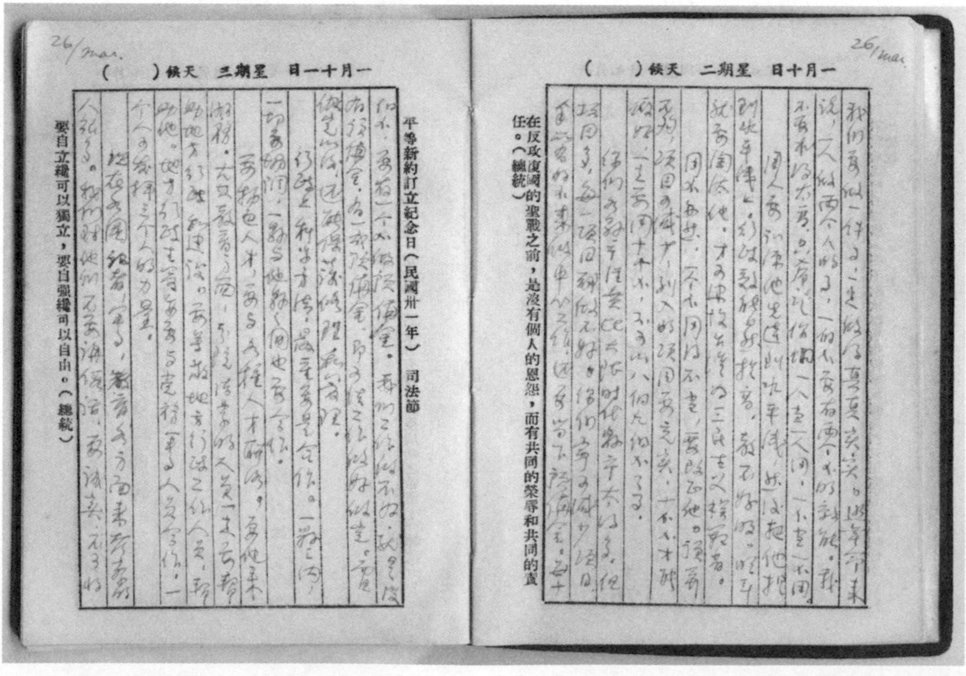

間也要合作。

要物色人才，要與各種人才聯絡，要他來服務，尤其教育方面，分院結業的人員一定要幫助地方行政和建設。要尊敬地方行政工作人員，幫助他。地方行政主管亦要與黨務軍事人員合作。一個人可發揮三個人的力量。

現在各國記者，軍事，教育各方面來考察的人很多。我們對他們不要講假話，要誠實，不可將沒有的，不可說有，不知即是不知，他就會尊敬你。第二，對外國人，一定要做此地的主人，盡到東家的責任和地位，不可失了主人的態度遷就客人，反客為主。我們要有分寸。請客不必很多的菜，要清淡。太多了，他們反而看不起。我們對中國客人與對外國客人，要平平常常，不可浪費。

我所說的東西，說給你們，金石之言，非遵守不可。否則你們就不能做地方主管，被外國人看不起。這不在我職權範圍以內，不過你們不這樣做，便做不好。

中日文經協會中之立委：黃國書、齊世英、范龍聲、邱有珍、陳海澄、羅

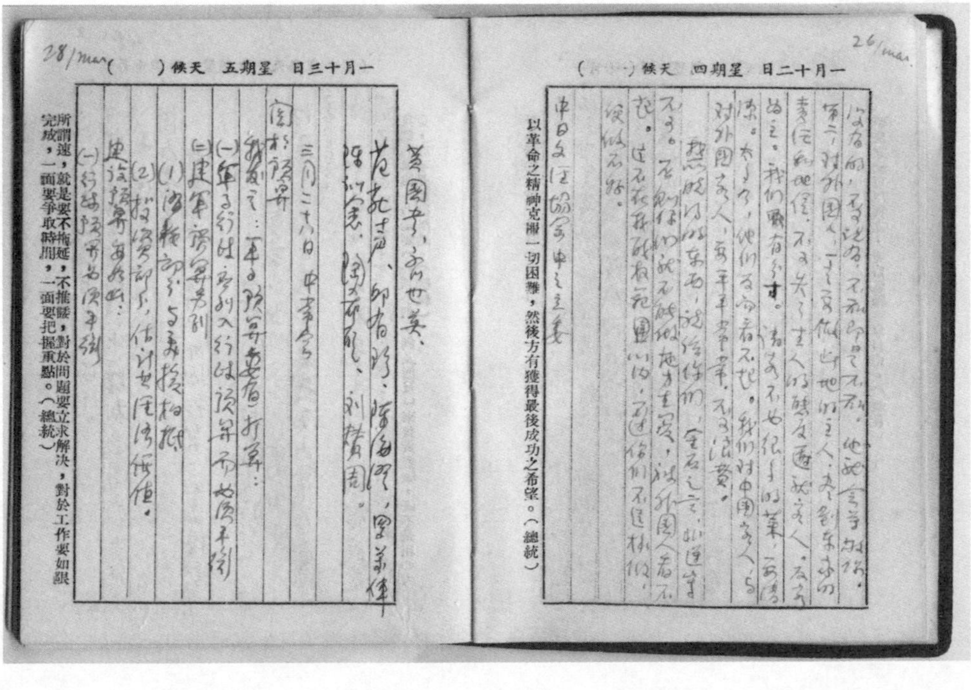

萬俥、陳訓悆、陶希聖、劉贊周。

＊ 三月二十八日

我發言：軍事預算要有打算：

（一）軍事行政應列入行政預算，而必須平衡。

（二）建軍預算另列

（1）消耗部分與美援相抵。

（2）投資部分估計其價值。

建設預算亦如此：

（一）行政預算必須平衡。

（二）建設預算另行編列。

結論：要有經濟政策，？？預算及其實施中之問題。

周至柔委員：要有物資預算，外匯預算，和美援預算。

＊ 四月二日

紀念週，台省教育行政會議開幕

總裁：今日要講台省教育方針及應注意之點。

什麼東西復興中華民國？槍炮、飛機、戰車打倒共匪，復興中華麼？還有一個比任何武器都重要的，是教育。打倒敵人恢復大陸之後，我們沒有東西復興民族，仍然是失敗的。

台灣不僅是打倒共匪，光復大陸，並且是復興民族文化，發揚光大，重建中華民國。讓人家看得起。除了教育之外，沒有第二個方法。

教育是我們的生命。

教育如何達成復興民族的目的？就是教師。教師對於民族成敗，個人生死，都在教師。尤其是師範，造成獨立自由的國民，才能建設獨立自由的國家。

教育不只形式，不只數量，要有精神，要有靈魂。現在小學情形很多不自然。小學要使學生自發自動。教師問：是不是？學生答是，很不自然。教員

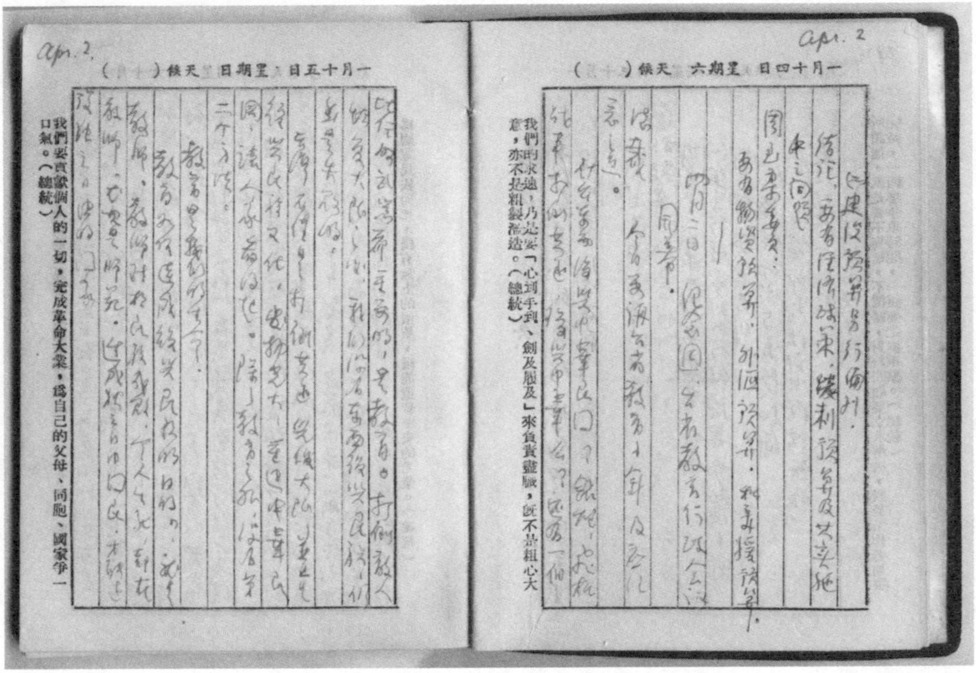

導師都努力，但每一教室，總有殘破，不整齊，不清潔。這是教育行政會議和一般校長特別注意的。校長更要行政管理，不懂行政管理，有經費，有人力，都做不好。

沒有行政管理，殘破，凌亂的學校，不會教出好的學生。以前教育只教書本，現在的教育要教生活。四十年教育，只教書本，一般學生對於做國民，做人，都不知道。教生活一定要學生整齊清潔，秩序條理。學校如此，他們的家務以及他們的建立做事業，都是這樣下去，一切都亂七八糟。五十年教育的結果如此，我們如此與人家講平等。

學校的行政管理重要，師範教育一定要講這一科。大專學校亦要注重。現代的？？才可做現代國民。

第三，教育部教育廳提倡初中入學免考，國民學校畢業生即可入中學。這一計畫的原則根本我同意。但如此大的政策，要有準備，有時間，有空間，要一步一步進行。

現在我同張部長商量，他有五年計畫，這是對的。如今年一年做，是很危

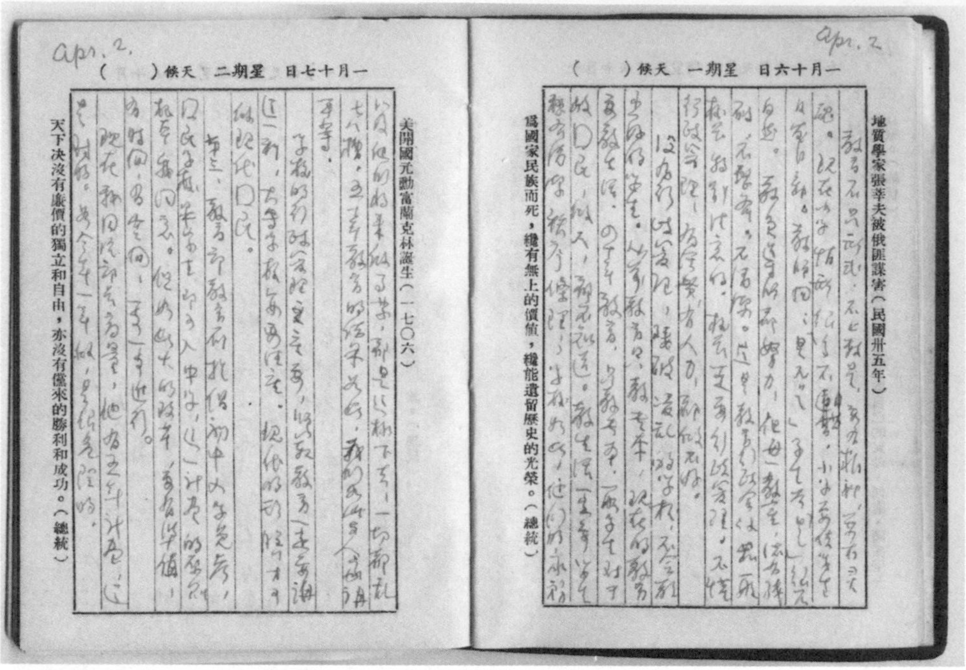

險的。

要做好，開始要規模小。開始小，發展快；開始大，成效難。今年只能拿一區實驗，新竹先實驗。一年之後，再推到他縣。

如免考入學，初中課目一定要注重職業。社會中心教育有基礎，很好，可以成功的。但現在不夠，還要加強。如免考制度決定，初中先注重職業，轉成？？農業專業（？？）高校，結果使初中畢業生能夠在農村的工作，有職業。

都市教育要教到鄉村，鄉村都市化，都市鄉村化。學區制我（？）贊成，不可使一般學生集中都市。

以後初中要注意職業。學生不進高中大學即能生活。

一定要準備，要分期分區。要你們各縣市教育當局與院省當局慎重考慮。

初中學費要學生擔負，此次會議要研究。一般學生能入中學，一般家庭可擔負學費，入小學不要，而家庭不能給他升學，天才學生政府可以幫助他。

免考實行，則中學學費要學生家庭擔負。不要躁急，要準備得好才可成

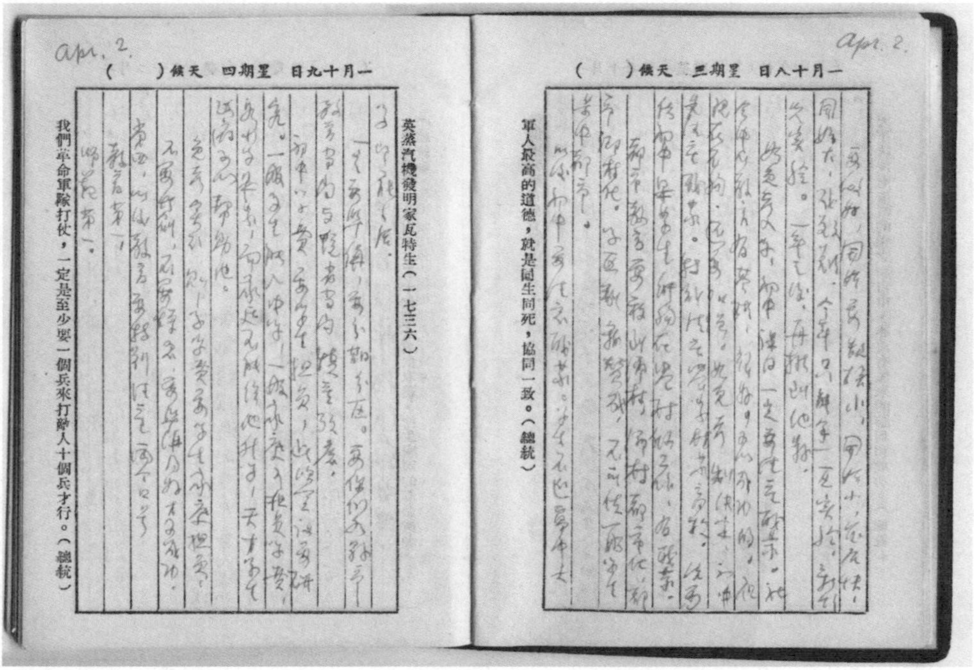

功。

第四，以後教育要特別注重兩個口號：

教育第一，

師範第一。

平等自由民族，要靠小學教師。要培養小學師資。特別注重國文。如國文差，不能做師資。師範教育要特別注重國文。

國文第一。

體育與音樂一樣要注重，使每一小學生欣賞自然，發展體育。要排除消極的東西，要培養積極的東西。有熱忱，不自私。從前教育是貴族的，目前的教育對於公共安全與守法精神不重視，現在教育要將自私教育完全掃除。要為國家、社會，要為國家民族服務，要特別提倡服務精神。

提高服務精神，掃除自私習慣。

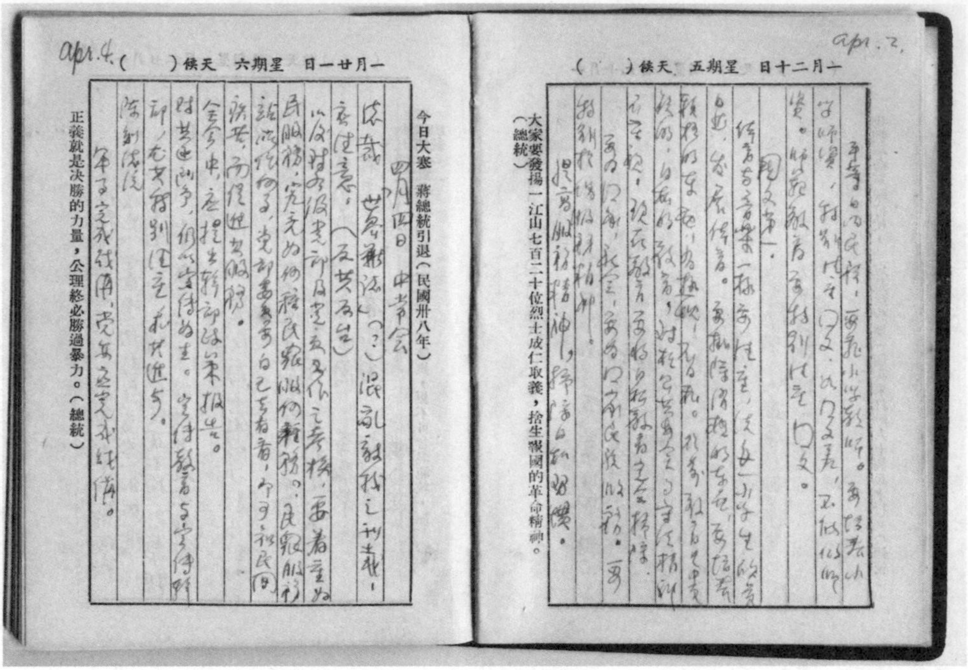

＊ 四月四日 中常會

總裁：「 世界雜誌」（？）混亂敵我之刊載，應注意。（反共反台）

以及對各級黨部及黨員工作之考核。要著重為民服務。究竟為何種民眾服何種務？民眾服務站所作何事，黨部委員要自己去看看，即可知民間疾苦，而促進其服務。

全會中，應提出幹部政策報告。

對共匪鬥爭，仍以宣傳為主。宣傳教育與宣傳幹部，尤其特別注重，求其進步。

陳副總統：軍事完成戰備，黨亦應完成戰備。

對高級幹部應有任期。以前不是焦頭爛額，就是死而後已。今後黨用幹部，要有一個限度。

華僑回國投資，嫌我們信用不夠，如幣值逐漸下落，幣值與匯率均使其表面賺錢而實際不賺錢。

治安機關與財政機關對工廠的刁難為難，不敢說出。

張道藩報告：中華民國各界訪日團

張道藩　陳雪屏　左舜生（陳啟天）

石志泉　包華國　黃朝琴

束雲章　林柏壽　胡健中

郭中興　皮以書　李嗣聰

薩孟武　倪文亞　羅萬俥

＊四月十一日　中常會

總裁：黨員工作重點，教育與自治工作。黨對黨員之考核，應以此為目標。

勞工保險由資方、勞工與政府三方面負擔。是否資方可多負擔一點？

工礦於黨甚為重要，可否請農復會外國人參加，他們在行，並切實。

總裁：幹部制度應特別注意。

（1）黨務幹部與政治軍事幹部不同，學問在次，要有熱忱與領導能力。考

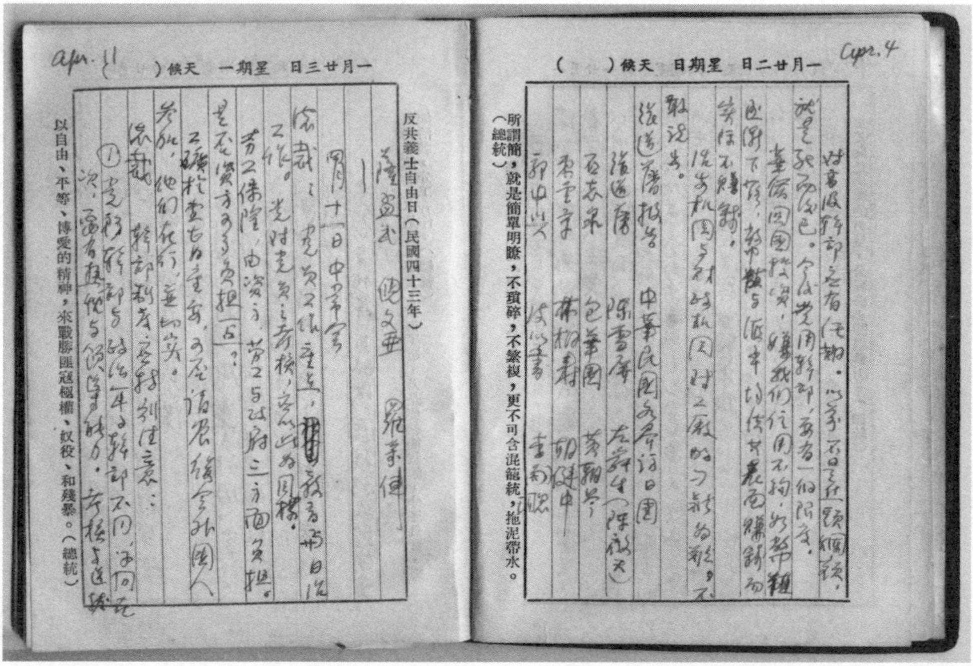

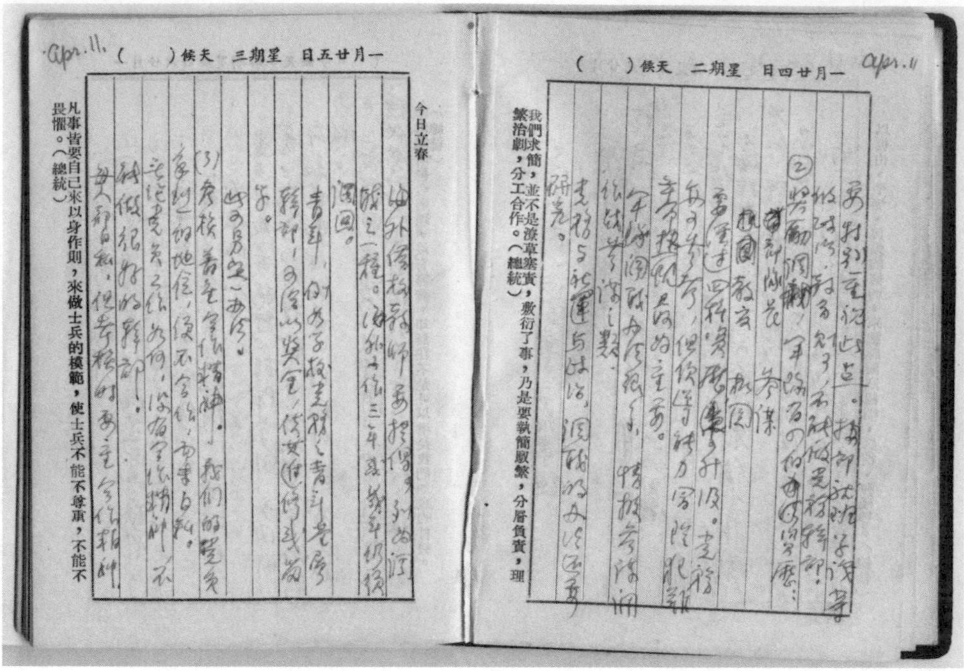

核與選拔要特別重視此點。按部就班學識等的政治，教育則可，不能做黨務幹部。

（2）獎勵調職，軍隊有四個資歷：

部隊長　參謀

教官　　機關

要經過四種資歷才可升級。黨務亦可參考。但領導能力冒險犯難革命熱忱最為重要。

軍隊調職辦法很多，情報參謀調作戰參謀之類。

黨務與社運與政治，調職的辦法還要研究。

海外僑校教師要提倡，列為調職之一種。海外工作三年後仍須調回。

青年，例如學校黨務之青年基層幹部，可給以獎金，使其進修或留學。

此為另一辦法。

（3）考核著重合作精神。我們的黨員爭到一地位，便不合作，而專自私。

無論黨員工作如何，沒有合作精神，不能做很好的幹部。

（4）每人都自私，但考核時要重合作精神，是很重要的條件。

研究發展重要。研究發展精神，可以考驗其領導能力。研究發展不單在業務，而要在領導。

職員每年要有休假，使其有研究發展的機會。

黨員須知要擬訂。指揮守則，可用到黨。幹部即是指揮。要每一個幹部知道「我的職責」，「我做什麼」？「我怎樣做」。

一般幹部不講行政技術，沒有一個根據供他管理人事財物的參考。一個人怎樣發生效力，一個物如何發揮效力。行政能力教育沒有，任何機關辦不好。美軍的補給經驗可以參考。

＊四月十一日下午

張用寰報告，傳單係雷震於去年年底親自託光華印刷所即刷一千份。

由此可推知二月一日東海大學發現傳單，為徐佛觀所為。其材料來自清水董三，亦可推知。

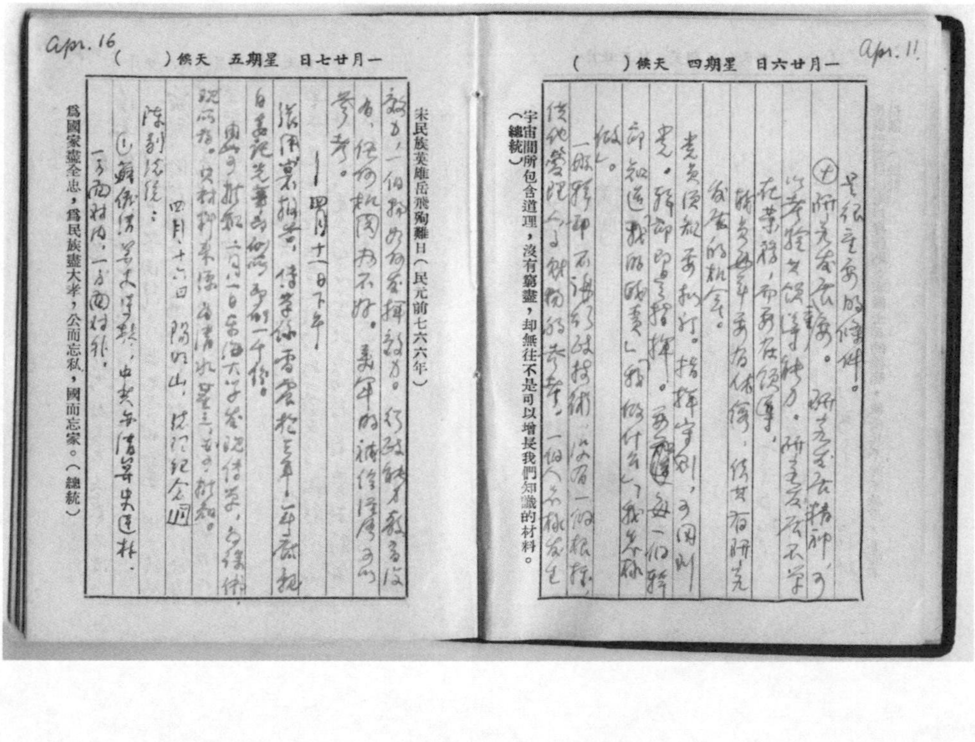

＊四月十六日 陽明山 總理紀念週

陳副總統：

（1）蘇俄清算史達林，中共亦清算史達林。一方面對內，一方面對外。

對內，史是怨氣所集，為平息民氣，不得不清算他。如加倫將軍恢復名譽。

對外，是苦肉計。共匪是被動的。但與俄有距離。俄拉攏各派，匪卻把陳獨秀高崗陳紹禹等連起來清算。可見這些人還有力量，毛澤東再打擊他們的勢力一番。

（2）中東問題

以埃衝突還在發生，哈瑪紹去了，還沒有完全平息。是否引起世界大戰？如英美法一致積極，戰事可能避免。民主國家不一致而消極，戰事可能爆發。美對中東有困難，英不能放棄而是積極的。

赫布訪美，主要目的是分化美英。偏重貿易方面。有限度妥協為可能。如

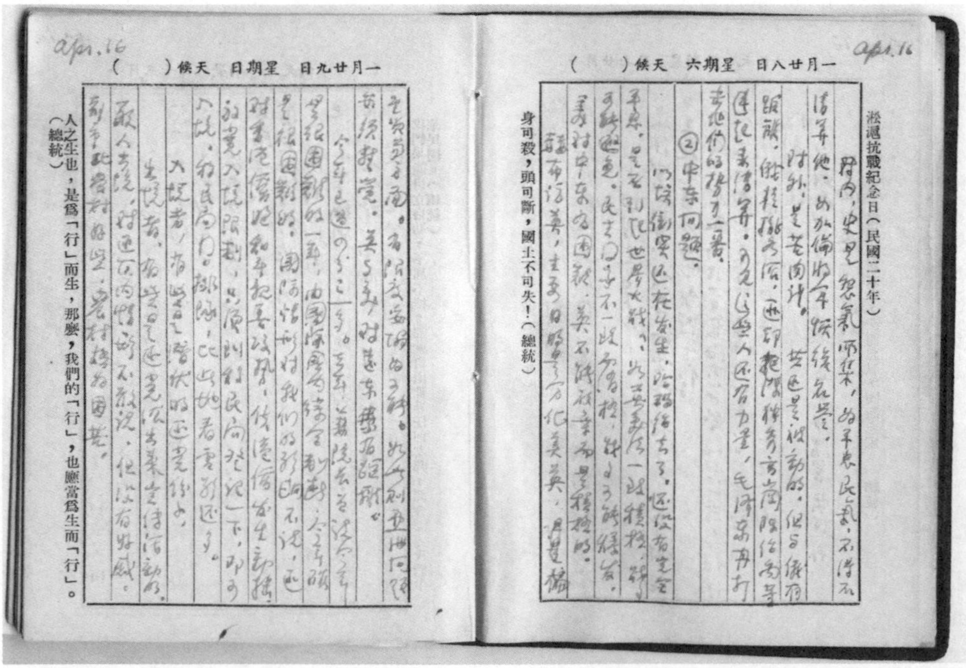

此則亞洲問題亦須警覺。美與英對遠東素有距離。

今年已過四分之一多。去年兼院長曾說今年是很困難的一年，由國際國內綜合判斷，今年確是很困難的。國際情形對我們的影響不說，匪對香港僑胞和平親善攻勢，使港僑發生動搖，放寬入境限制，只須到移民局登記一下，即可入境。移民局門口排隊，比此地看電影還多。

入境者，有些是潛伏的匪黨份子。

出境者，有些是匪黨派出來宣傳活動的。一般人出境，對匪區內情形不敢說，但沒有好感。都市比農村好些，農村極為困難。

廣東的人一條褲子四斤多重，補了又補，補到四斤多重。此可說明農村之痛苦。

共匪放寬入境，政治上是失敗的，但我們仍須在他成功上研究。他收入外匯，尤其吸收在海外無生活者回去。

一般感覺匪有作法，我們無作法。如此下去，十月國慶不如去年。香港僑胞心理動搖，對東南亞僑胞影響甚大。

要我們打開門讓大家進來，是有困難的。他們也諒解。但是他們對我們各方面大鬆懈，為小事而吵鬧，不能表現反攻的精神。

院長說今年是最困難的一年。如果我們以為現在是安樂而精神鬆懈下來，沒有把力量用到反共抗俄，爭的你死我活，那我們就會使海外同胞失望，而我們反共亦沒有多大希望。

還有一個問題，即生活問題。我認為這是一個問題，但亦可使其不成問題。如向此一問題鑽牛角尖，找不出辦法，只要我們知道今日是什麼時期，問題也減輕一半。

柴米油鹽總有一點，要再好一點，再研究一下，亦可多出一點力量，多一分力量亦須用到國防與生產，改善生活尚非其時。

我們要養鷄生蛋，不要殺鷄取蛋。

抗戰時期，重慶比現在台灣苦，那時大家都刻苦，沒有今日這樣的情形。抗戰時期，大家都一心爭取勝利。

「前方有什麼吃什麼，後方吃什麼有什麼」。這話還是值得我們檢討。我們還要節省，節省下來為了生產與國防。

生存比生活要緊。沒有國防，生存沒有，還有什麼生活？

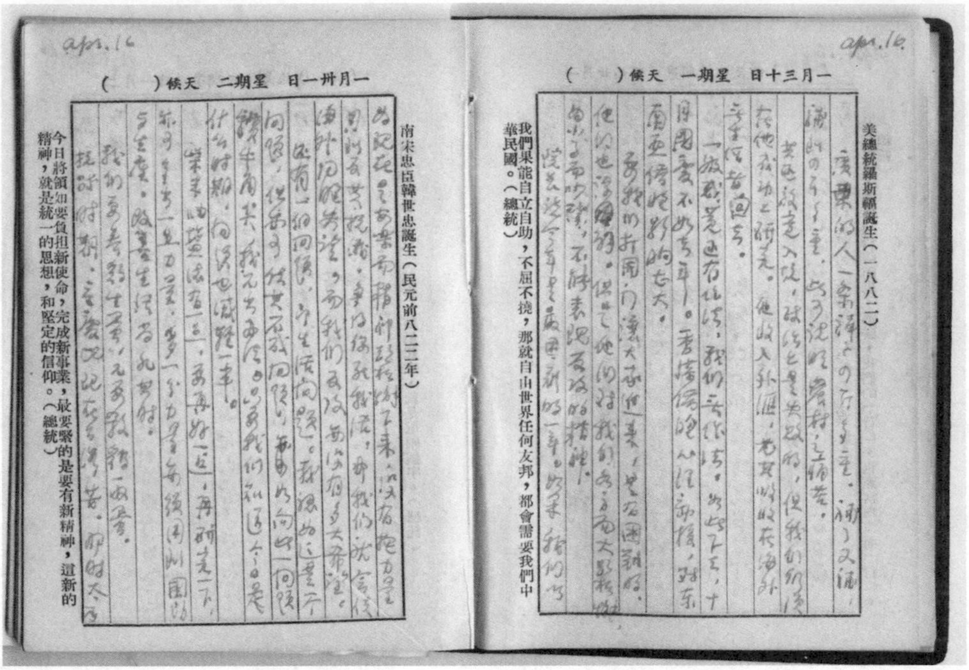
apr. 16
一月三十日 星期一 天候（ ）
美總統羅斯福誕生（一八八二）
我們果能自立自助，不屈不撓，那就自由世界任何友邦，都會需要我們中華民國。（總統）
apr. 16
一月卅一日 星期二 天候（ ）
南宋忠臣韓世忠誕生（民元前八二二年）
今日將領如要負担新使命，完成新事業，最要緊的是要有新精神，這新的精神，就是統一的思想，和堅定的信仰。（總統）

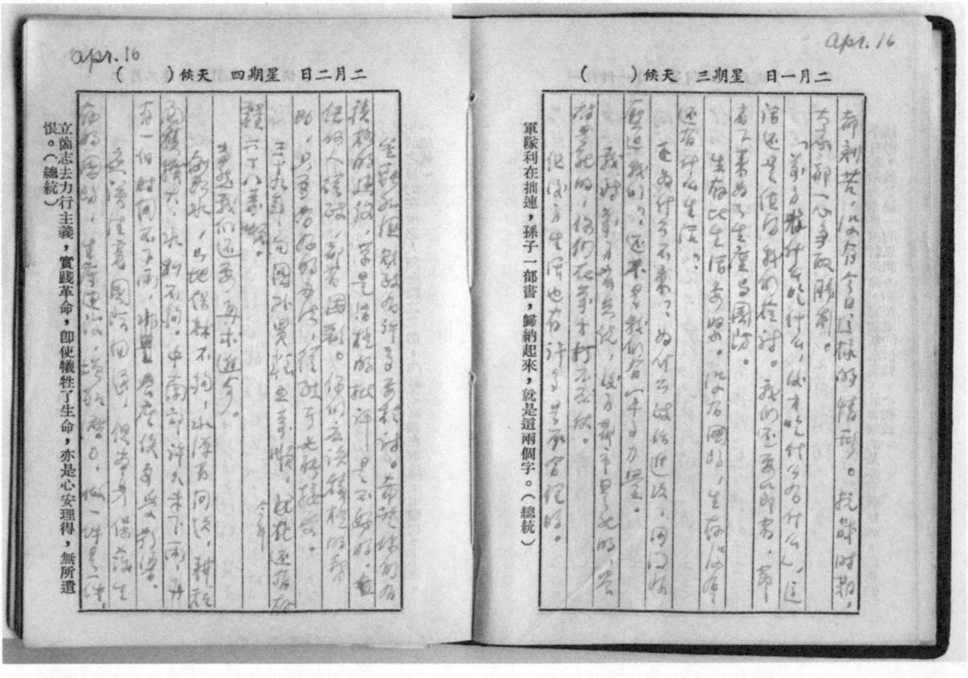
apr. 16
二月一日 星期三 天候（ ）
軍隊利在描連，孫子一部書，歸納起來，就是這兩個字。（總統）
apr. 16
二月二日 星期四 天候（ ）
立個志去力行主義，實踐革命，即使犧牲了生命，亦是心安理得，無所遺憾。（總統）

匪為什麼不來？為什麼政治進攻，用國際壓迫我們？還不是我們有軍事力量。

我前方官兵說，後方都是是死的，農村是死的，你們在前方打不成仗。

但後方生活也有許多是不合理的。

金融外匯財政有許多要檢討。希望你們積極的建設，單是消極的批評是不好的。任何人從政，都有困難。你們應該積極的幫助，只要有好的辦法，從政者必能接受。

三十九年向國外買糧五萬噸，今年還有糧二十八萬噸。

當然我們還要再求進步。

例如水，山地保林不夠，水源有問題，耕種面積擴大，水利不夠。中南部許久未下雨，再有一個時間不下雨，農產便要受影響。

應該注意國防問題，但本身保護生存的國防，生產建設，增加潛力，做一件是一件，做一分有一分力量。

*** 四月十七日 宣傳會談**

克歌羅夫對俄共二十次大會以後蘇俄情勢之觀察。

清算史為蘇維埃制度革命之開始。武力革命要在政治瓦解之後始發生。

二十次大會宣佈蘇維埃制度之破產，軍事階級（？）很快來到。

赫在一九五四年獨裁未成，亦為蘇維埃制之失敗。神打倒了，宗教亦失敗了。

赫主獨裁，馬林可夫等反對。

赫等估計史為人民所恨，超過想像。六月十七日革命及西伯利亞暴動，赫等要找一替死鬼，一九五三年四月七日貝利亞被捕，已開始清算史。

當時每一黨員收到一本紅色小冊，檢討蘇維埃制之失敗，赫責史，而強馬列之集體領導。三百萬幹部對史偶像也打破了。

赫說一條是和平，一條是戰爭，沒有第三條路。其實此第三條路即是革命。人民已不怕蘇維埃，蘇制已失敗。

挪威與冰島均要求美軍撤退。

印尼反共黨派與錫蘭反共黨派皆失敗。錫蘭新總理已表示其要求英軍撤退。

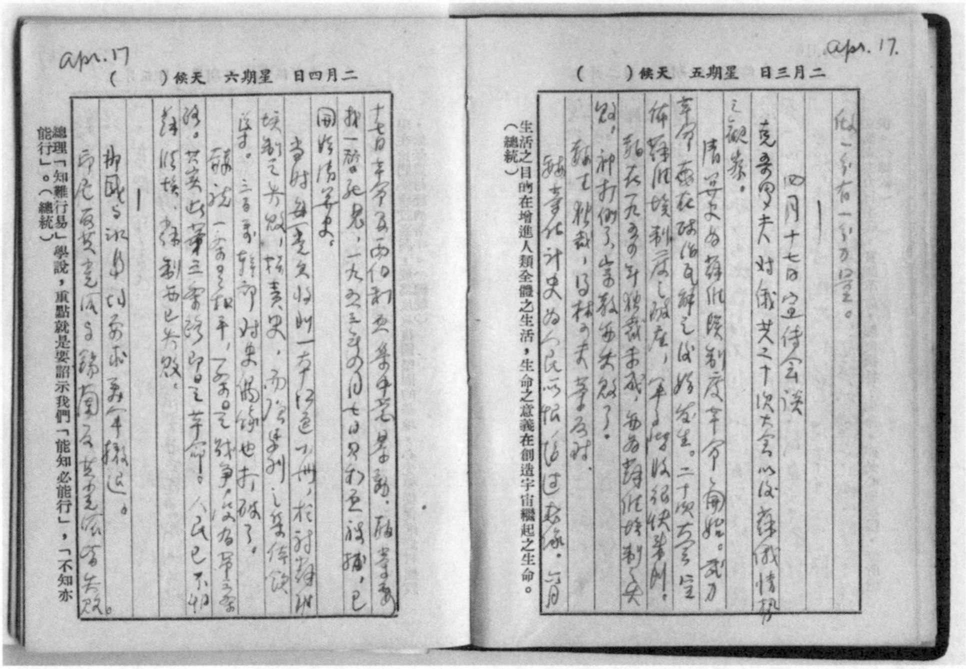
apr. 17
二月三日 星期五 天候（ ）
生活之目的在增進人類全體之生活，生命之意義在創造宇宙繼起之生命。（總統）
apr. 17
二月四日 星期六 天候（ ）
總理「知難行易」學說，重點就是要詔示我們「能知必能行」，「不知亦能行」。（總統）

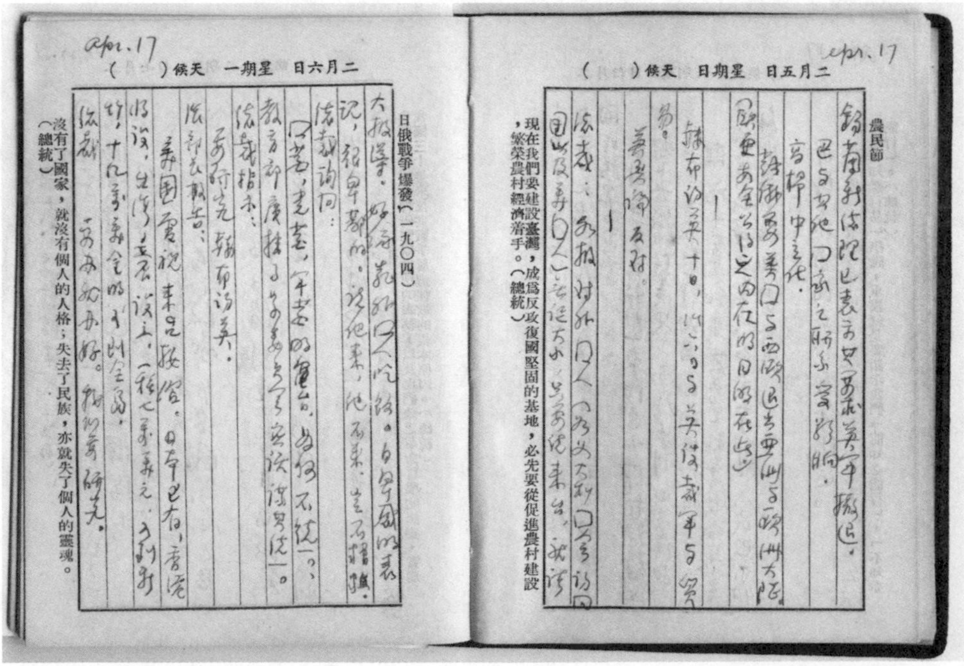
apr. 17
二月五日 星期日 天候（ ）
農民節
現在我們要建設臺灣，成爲反攻復國堅固的基地，必先要從促進農村建設，繁榮農村經濟着手。（總統）
apr. 17
二月六日 星期一 天候（ ）
日俄戰爭爆發（一九〇四）
沒有了國家，就沒有個人的人格；失去了民族，亦就失了個人的靈魂。（總統）

巴與其他國家之聯繫受影響。

高棉中立化。

蘇俄要美國與西歐退出亞洲與歐洲大陸。歐亞安全公約之內在目的在此。

赫布訪英十日，於六日與英談裁軍與貿易。

英輿論反對。

總裁：各報對外國人（如義大利國會訪問團以及美國人）無論大小，只要來台，就誇大報導，好像靠外國人吃飯。自卑感的表現，很卑鄙的。說他來，他不來，豈不糟糕。

總裁詢問：

國營，黨營，軍營的電台，為何不統一？教育部廣播事業委員會應該謀其統一。

總裁指示：要研究赫布訪美。

張部長報告：美國電視來台接洽，日本也有，香港將設。台灣是否設立。一種七萬美元，可到新竹，十九萬美金的可到全島。

總裁：要辦就辦好，我們要研究。

＊四月十八日

總裁指示「和平公存」

（1）中立　失敗主義有一理由，可以有共黨，不可以消滅共產主義這這說法必須指出。

現在共黨並不是共產思想，已經分別。不能說各國都可消滅共產思想，已受共禍之國家，非消滅共產思想不可。

共產國際取消，美共亦改名，其實就是共黨。只要留一點餘地，他就得到一個機會。

共黨未消滅以前，不能講共產主義。將來共禍消滅以後，再研究，是另一問題。

共黨是社會主義的障礙。

不能指反共為法西斯。

不能容許共產主義的研究。

（2）對付共產思想的辦法，可用中和的方法。

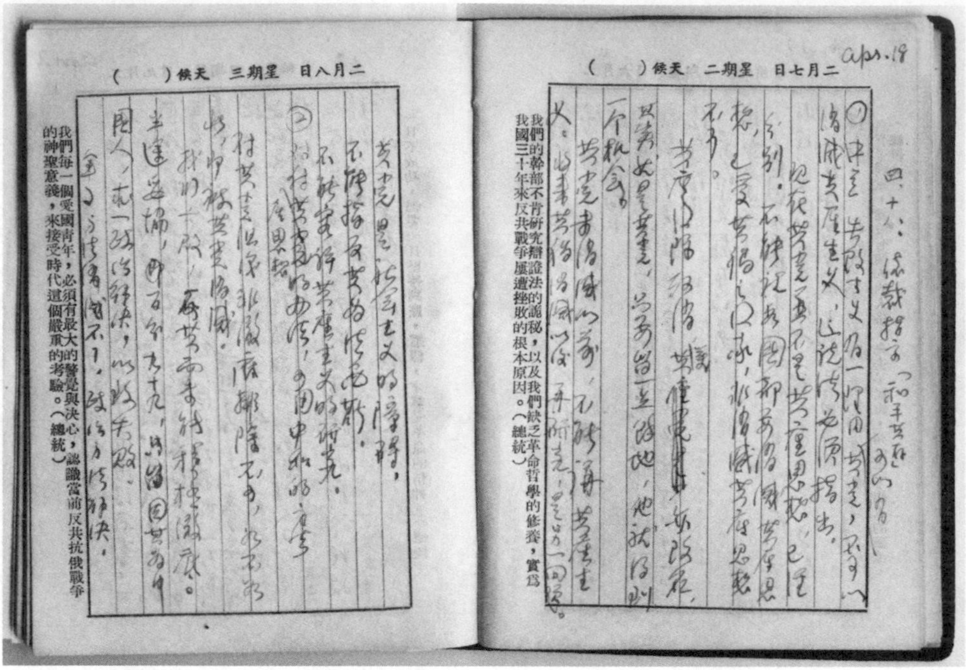

對共黨組織非澈底排除不可。如不如此，即被共黨消滅。

我們大敗，反共而未能積極澈底。半途妥協，百分之九十九，只因中共為中國人，求一政治解決，以致失敗。

軍事方法消滅不了。政治方法解決。

＊ 四月二十三日 總理紀念週

我們最大失敗就是有人才而用得不當。一人不當，全部事業都要失敗。黨政軍各機關對考核人才都不注意。從前怎樣考核，今日還是怎樣考核。美國顧問團批評我們，一切都有進步，只有人事考核無進步。美英無論何國考核人才的辦法，都是一種秘密，不教外國人。現在美顧問團，積極教我們，而我們對人才問題始終搞不好。

這幾年來，我想種種方法，使一般幹部能夠懂得人才考核要領。

宣讀考核人才的要領與原則

九項原則針對中國人的缺點。此外尚有「積極」與「澈底」。美國人針對他

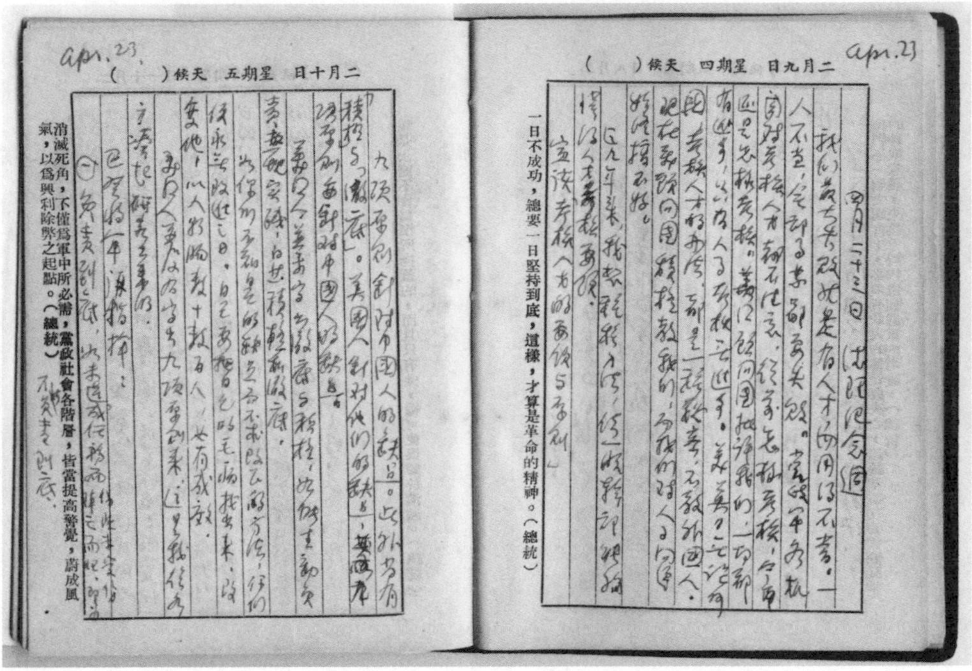

們的缺點，九項原則亦針對中國人的缺點。

美國人並未寫出澈底與積極，如能主動負責熱忱實踐，自然積極和澈底。

如你們不知自己的缺點而不求改正的方法，你們便永無改進之日。自己要把自己的毛病找出來，改變他，一人影響數十數百人，必有成就。

美國人並沒有寫出九項原則來，這是我們從各方湊起來研究出來的。

巴登將軍講指揮：

（1）負責到底。如未達成任務而？？未受傷，陣亡而死，即為不能負責到底。

（2）執行任務。下了命令不過十分之一。其十分之九是領導幕僚監督實施，達成目的。下了命令而不下未能貫徹，就是你自己的責任。

（3）下達命令的方式。下達命令不是自己知道了事，必先下訓令，告訴部長一切情況，及如何作法。最好召開會議，明日宣布要做的事，方針，目的，任務。部下都知道你要做的事；再下命令。即令中途發生障礙，命令不能下達，亦可自動的做。命令之目的是聽部下做什麼，不可聽部下如何做。如何做的是在訓令中規定的。

＊四月二十四日 官邸

組織宣傳心理作戰，在國際上是整個的。我們不？？整個力量，而且民主國家受了宣傳之後，幫助共黨反對我們。全面攻擊。民主國家受其宣傳，在外交上使用壓力，使我們完全孤立。

？？面對孤立。

其滲透對象，不僅黨政軍，不僅工商學，而且三教九流，秘密社會。

＊四月二十五日 總動員會報

總裁：汽車聲音，夜間及早晨喇叭吵鬧，如此下去，將成為野蠻社會。

醫院，學校等地，可樹立牌子，禁止揿喇叭。以後再進步，做到美國及一般國家的水準。

司法行政部對囚犯作工如何？

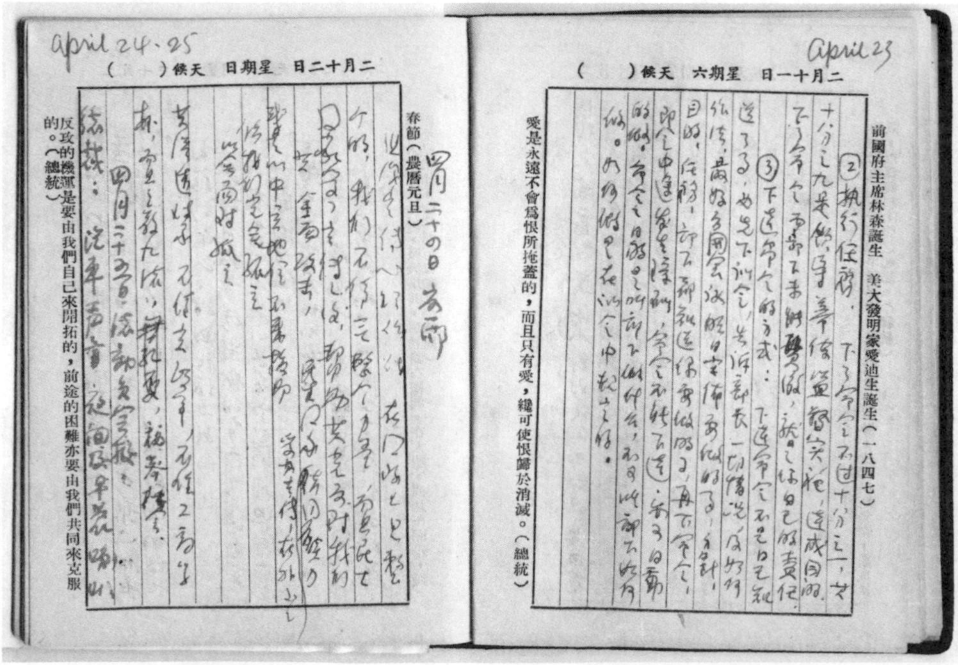

谷部長報告：如監獄均有工場，但看守所內拘留之人犯，只有竊盜強迫做工，其他願做者做。

「戶警合一」究竟辦不辦？

嚴主席報告：警務處早有計畫，但法令要修改。省府已呈請行政院請示。

總裁：要先辦再修改法令。聽說經費問題，責任不負，權利要拿。民政機構仍可管。經費問題也不大，法令我可以負責，所有經費劃入警務處。六月準備好，七月實行。

旅客檢查很嚴重問題。外國人埋怨，大使公使亦受檢查，非常麻煩。無論何國，都不像台灣一樣。

觀光事業，省府要下決心。陳光甫可做顧問。台銀借九千萬，有一整個計畫來做一下。恆春海濱，要設備，投資不會虧本。

台北的馬路，美援四千萬，如何用法？

嚴主席報告：已有計畫，包括台北縣，台北市，陽明山。由建設局主辦。台北市可做其他馬路。

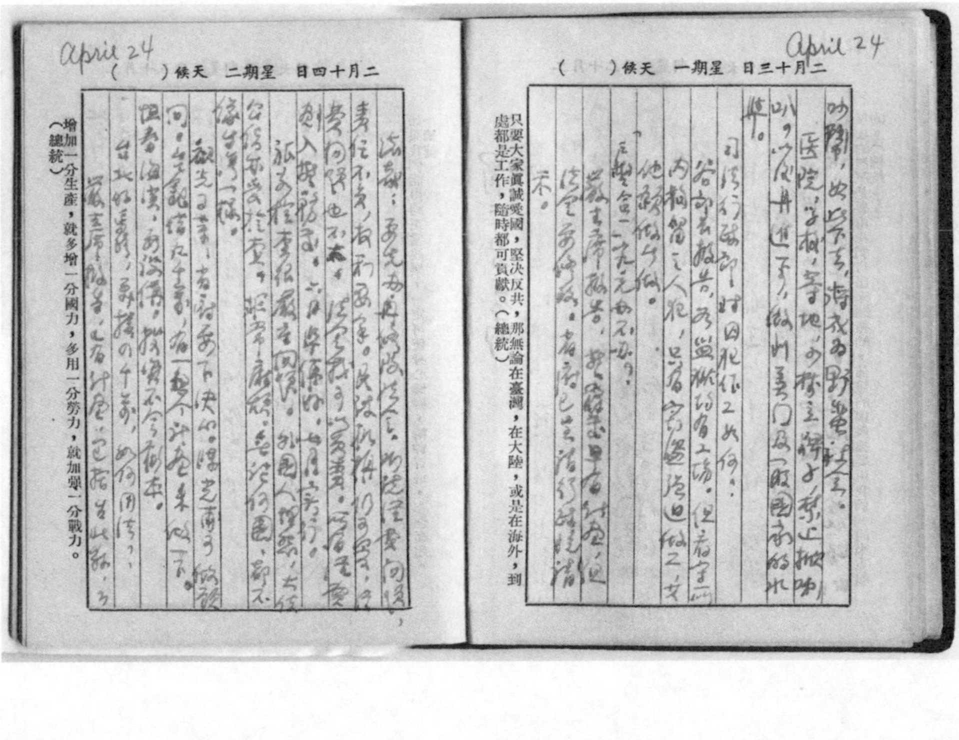

＊五月二日 中常會

總裁：我們外交上不能孤立。以前我總以為自己有力量才好，現在，外交上孤立，不能與共匪對抗。

培養人才不能適用。中政校的外交人才只是搗亂和罵自己。我們說，外交人員多少年不調回來，我們沒有人才去充任，何能責難外交部？

對俄共二十次大會的報告與決議案，黨內要確定一個看法。對共產國際亦須有一個判斷。

俄國宣傳遍體鱗傷，我們隨處可以揭發，說明他必敗。清算史達林為其內部革命的開始。事實上如此，不僅增強我們的信心而已。

全會中，應提起社會改造。此甚重要。

農地水田建房屋。山坡可建房，如何建在水田上。政府要有專家做建築房屋的計畫。

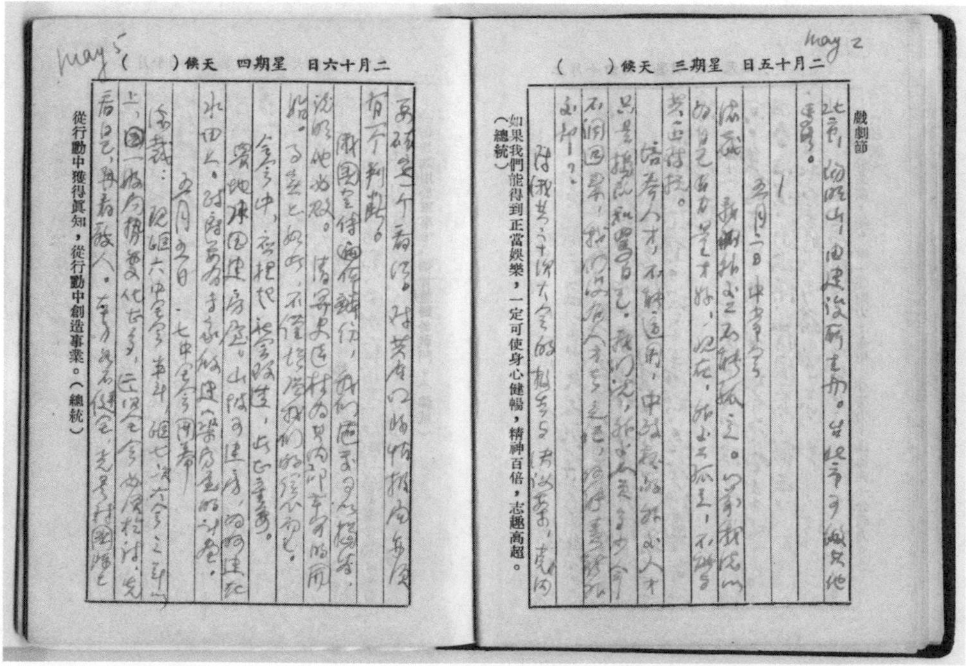
may 2
二月十五日　星期三　天候（　　）
戲劇節
如果我們能得到正當娛樂，一定可使身心健暢，精神百倍，志趣高超。（總統）

may 5
二月十六日　星期四　天候（　　）
從行動中獲得真知，從行動中創造事業。（總統）

＊五月五日 七中全會開幕

總裁：現距六中全會半年，距七次大會三年以上，因一般局勢變化甚多，這次全會必須檢討，先看自己，再看敵人。本方如不健全，光是對國際之研究，對敵人情形，都認為其決定我們成敗命運，那我們只有憂愁，惶惑。無論國際情形如何變化，敵人的請示如何變化，不能作為我們成敗的根據。我們自己信賴的，就是我們本方。

六中全會時，國際情形不好，大家憂愁。半年來國際形勢比較好，但我們不能因國際形勢於我有利而高興，仍須求我們自己的進步。

史達林死後，三年來，我們認為史死總是國際共黨的損失。半年來，各位可以相信，俄國內部，共產集團形勢，完全暴露出來，意志不能集中，精神渙散，不能不用集體領導來安定自己內部，附庸亦不得不用集體領導來維持自己。集體領導是史死後拿出來的。布爾加寧登到了南斯拉夫以後，為了阻止？？變南斯拉夫，為了羈縻？？，不能不用集體領導來維繫附庸。事實上控制他們，比史還利害。

赫布到南斯拉夫以後，再到印度，緬甸，阿富汗，最近到倫敦，這一套都是蘇俄走下坡路，什麼方法都無挽回，所以用這一著。這一手用了，他的黔驢之技更是完了。

俄共形勢非常著急，非常慌張，一面要緩和美英，一方面又中東滲透，挑起美國作戰的決心。無論他們去年到印緬，今年到英國，都是他圖窮匕見，只有害處，沒有利益。

俄共弱點暴露也是共匪的致命傷。就是農業合作化與工商業公私合營，及改造知識分子，本來要十五六年建立的，要三年建設起來，無法照原定時間表來完成其賣國害民的勾當。

不僅西藏反抗共匪，即四川青海邊境，都有抗暴行動。

我相信共匪蘇俄同一命運。今後無論俄共，中共如何對國際對民心如何威脅利誘，都沒有史未死前那樣容易。有一件事，即到中東用軍火與經濟方法製造變亂，英美看起來，中共比俄共還要利害。即販賣海洛因及鴉片，並對北韓越南增加軍備。我們抗戰決心，最大因素兩個：一件是他利用租界操縱中國內政，一件是他販賣嗎啡，吃白面。我們如再不抗戰，我們民族只有消滅。我們過去如此，今日共匪到處販賣鴉片海洛因，美國的部隊及社會尤甚。間接的消

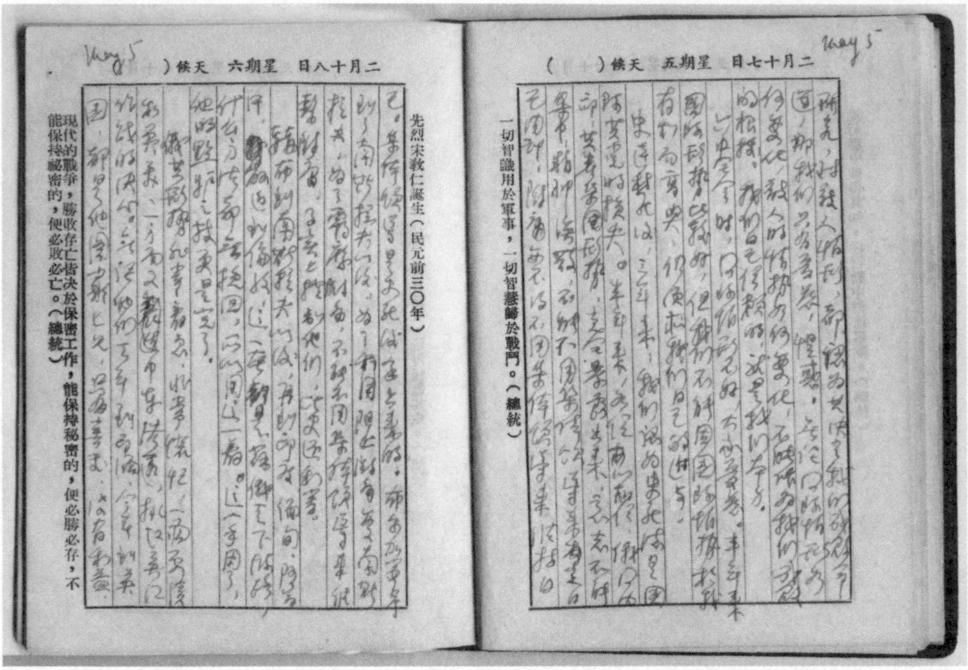

May 5

二月十七日　星期五　天候（　）

一切智識用於軍事，一切智慧歸於戰鬥。（總統）

May 5

二月十八日　星期六　天候（　）

先烈宋教仁誕生（民元前三〇年）

現代的戰爭，勝敗存亡皆決於保密工作，能保持秘密的，便必勝必存，不能保持秘密的，便必敗必亡。（總統）

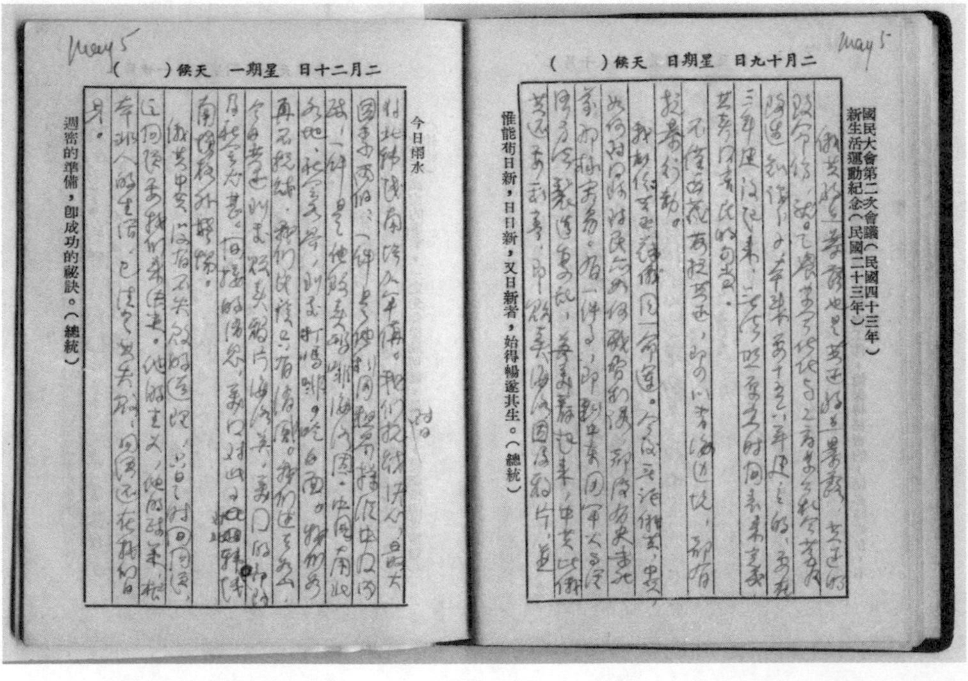

May 5

二月十九日　星期日　天候（　）

國民大會第二次會議（民國四十三年）
新生活運動紀念（民國二十三年）

惟能苟日新，日日新，又日新者，始得暢遂其生。（總統）

May 5

二月二十日　星期一　天候（　）

今日雨水

週密的準備，即成功的秘訣。（總統）

息，美國對此事對比北韓越南格外警惕。

俄共中共沒有不失敗的道理，只是時間問題。這問題要我們來決定。他的主義，他的政策，根本非人的生活，已注定失敗，問題還在我們自身。

我們進步的地方，說得出來，尤其軍事上進步，黨政方面還有不少的地方要改進。報告還表現不出來。

內政，黨務，財政，經濟，都要全會檢討，有加強自己力量的幾件事，必須注重。

（1）今年元旦，我說今年是心理建設年。心理建設對於反攻復國，非常建設。五月以來，心理建設並無成就，黨政如此，社會更是沒有。我以為這一問題如不解決，不能達到反攻復國之目的。

（2）黨政軍如何發動大陸革命運動，幾年來沒有辦法，沒有什麼行動。為要有辦法不論如何小，也要做。每個人必須犧牲小我，才能對大陸革命有點幫助。

如自清運動，自己小我一點也不肯犧牲，都認為對人格有侮辱。我對這一

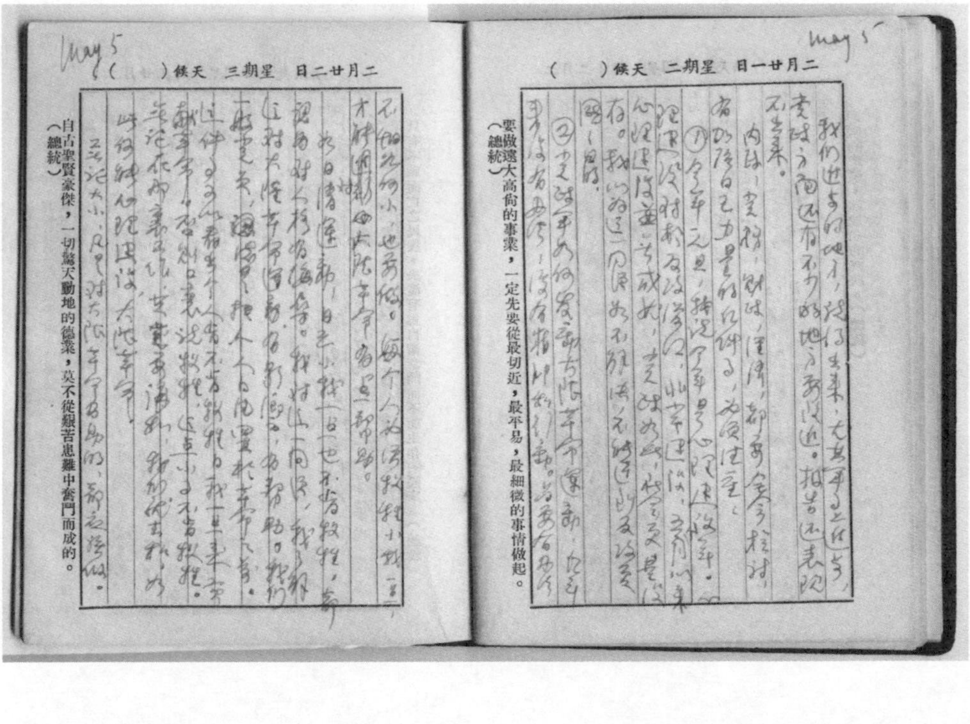

問題，我了解這對大陸革命運動有影響，有幫助。我們一般黨員，總是把個人自由置於革命之前。這件事可以看出個人肯不肯犧牲自我一點來貢獻革命。否則口裏說犧牲，這點小事不肯犧牲。無論在那裏工作，共黨要講和，我們就去和，如此何能心理建設，大陸革命。

無論大小，凡是對大陸革命有助的，都應該做。

（3）要加強我們反攻復國的力量，不久有一小冊子，叫做「和平共存」要拿出來請大家看。我們過去軍事失敗最多不超過百分之二十，其他政治社會上要佔百分之八十。心理建設如不成功，不能反共。希望精神上，政治上，社會上，經濟上，各種方法來增強我們的精神力量與物質的力量。

＊五月七日 總理紀念週 全會期內

總裁：個人沒有時間參加大會檢討一切。各位應對半年來所知各種問題，加以討論。

今天我要報告的，大陸淪陷之後，四億五千萬同胞受俄共奴役。這幾年來一般局勢的演變，都是我們中國國民黨國民革命失敗之所致，由此可知我們國民革命成敗對於世界的安危有什麼影響。

當時國際國內的環境，使我們不能不失敗。我們用什麼方法將國家民族生存留下一個根底，使我們轉敗為勝，復興民族，重建國家呢？

總理說，革命最重要的是內部統一，內部團結內部純粹，無論你大地如何大，內部不能統一，仍然失敗。所以我們要求精不求多。

三十八年以來，我們在大陸上沒有一個根據地，一定要找到一片乾淨的大地，求精不求多，作為革命的根據地。我們沒有方法，才找到台灣這個根據地。雖只有全面積百分之三，但我們不怕。就是國際上如何對我們攻擊冷淡。我們有此一根據地，一定可以成功。

七年來我們有此一根據地，更可以使世界覺悟起來。一般以為共黨來了亦是中國，我們一定要等待一個時間，他自己體會到了之後，我們再和他們說，或許他們聽我們的話。

所以我們今天拿出這本和平共存初稿，不僅對自由世界，即對我們自己，都有促使反省檢討。所以我今日在全會拿出來，等全會同志批評檢討，提出意見，使我修正，再行發表。

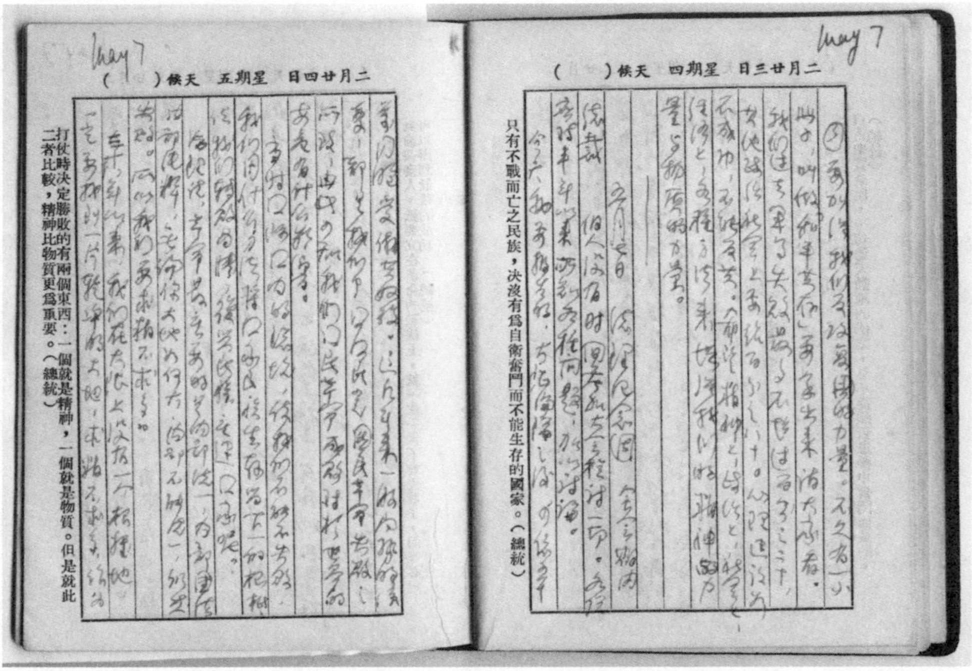

May 7

二月廿三日　星期四　天候（　）

只有不戰而亡之民族，決沒有爲自衛奮鬥而不能生存的國家。（總統）

May 7

二月廿四日　星期五　天候（　）

打仗時決定勝敗的有兩個東西：一個就是精神，一個就是物質。但是就此二者比較，精神比物質更爲重要。（總統）

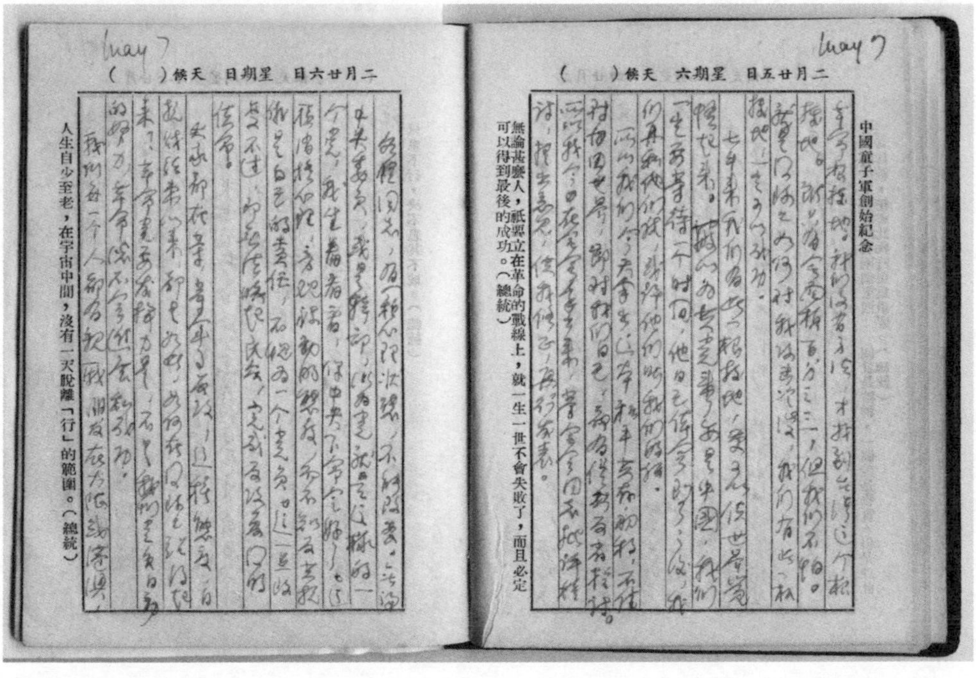

May 7

二月廿五日　星期六　天候（　）

中國童子軍創始紀念

無論甚麼人，祇要立在革命的戰線上，就一生一世不會失敗了，而且必定可以得到最後的成功。（總統）

May 7

二月廿六日　星期日　天候（　）

人生自少至老，在宇宙中間，沒有一天脫離「行」的範圍。（總統）

各位同志。有一種心理狀態，不能改變，無論中央委員，或是幹部，以為黨就是這樣一個黨，我坐著看看，你中央下命令好了。這種消極心理，旁觀被動的態度，而不知反共抗俄是自己的責任，不愧為一個黨員。這一點改變不過，即無法喚起民眾，完成反攻復國的使命。

大家都在等，等軍事反攻，這種態度，自抗戰結束以來，都是如此。如何在國際上站得起來？革命黨要發揮力量，不是我們黨負責自動的努力，革命總不會進展和成功。

我們每一個人都有親戚朋友在大陸或港澳，只要我們寫一封信，或把他一封信交給中央，對於革命就有幫助。我對？？這一點事也沒有做。這不是什麼情報。這就是我們應該做的一件小事。大家以為這是一件小事犯不著做，等著反攻。

不知我們革命成敗，不僅關於國家存亡，並且關乎世界安定，那裏我們自己等著可以成功？這種消極旁觀心理，就是反革命的心理。

宣讀第四編。

＊五月八日 全會閉會

總裁：宣讀六中全會訓詞「最近國內外局勢的推演與我們反攻復國計畫的進度之說明」。

今日革命反攻的狀況（？）沒有多大改變。

北大西洋會議

韓國參？國會議

馬結束調解中東已成而又有衝突

越南大選問題，共匪如何，且看事實。這是國際尤其東方的重大問題

清算史達林以後，撤銷共產國際情報局。清算史達林與撤銷情報局，都有狄托的關係。莫斯科為了遷就狄托而出此一著。赫布去年訪南時，已有此議。其他作用，清史作用是對內方面為主，對西方為輔。史達林控制附庸太緊，清史可安附庸，同時可安其國內人心。

對英美不會發生作用。其用意主要在對內，解散情報局，除遷就狄托之外，使埃及等國對俄不疑。此表示各國共黨與俄無關。可以說主要目的在騙中立國家。

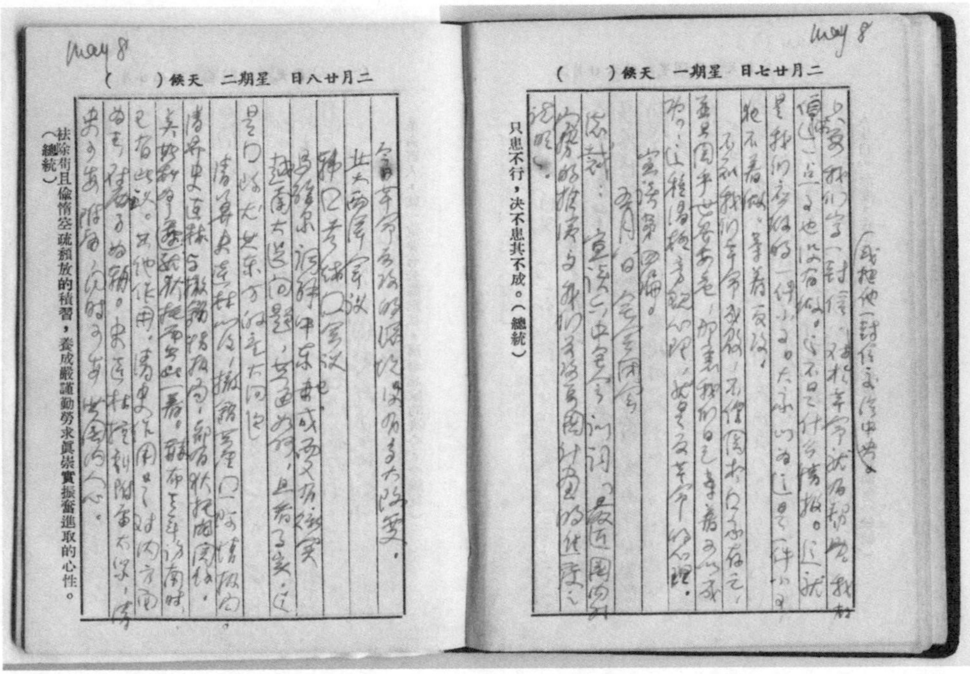

俄二十次大會以後，附庸國代表都到會。他們都知道其為何事。同時對英美騙不了。

可知俄共對內對外，沒有什麼方法可以自欺欺人，沒有像史達林時代一樣控制力，不能不想出這兩個辦法來騙人。由此可知俄國書內部動搖。此種舉動對他白己沒有好處。

但蘇俄對附庸仍想法來控制。

這是俄國內部動搖之開始。

要騙人的話。史達林已講完了，再說任何話，也無人相信。沒有方法再騙，所以拿這兩件事來騙一下子。

五國財政會議。

赫布到倫敦無收獲，亦可見俄的欺騙已到末路。以後無他法，就是用武力。不過三年五年，兩年之內，不會起來。三年之後會要動的。大戰何時當然不可預言，不過一天一天接近就是了。

一般以為俄氫彈與遠程飛彈已趕上美國，這是重要問題，可動搖世界人

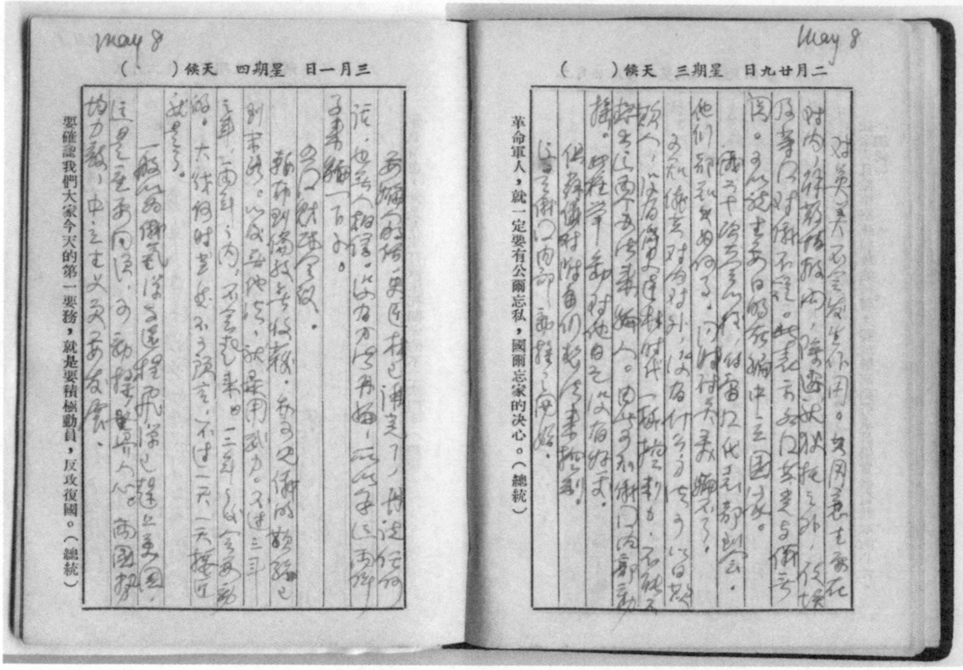

心。兩國勢均力敵，中立主義更要發展。

俄美打仗，保證美國勝利。其根據，武力學理上，常識上，英美最後計畫，武力你大陸上如何統一起來，但英美最後把握，大陸以外都是海洋。歐亞以外，都是英美的。英美有海洋權，你大陸不能離開海洋。無論你氫彈飛彈，如何轟炸美國，你無法佔領美國。大陸四面都是海洋，英美要打你那裏就打那裏。大家要看明白一點，只有海洋回到大陸，沒有大陸越過海洋打美國。

閉幕式

每一小組開會，問一句:「大陸有什麼消息」？中央黨部主管擬訂辦法，小組實施。每一星期有一報告，沒有大陸工作，亦須報告說沒有。

六中全會十個項目，下次八中全會要提出檢討。本次黨務案四大項目，八中全會亦須提出報告。

海外僑務與黨務外交三部門要具體聯繫辦法。今後特別重要。如此海外工作才可發展。無論宣傳，僑務，調查組織，留學生的組織與宣傳，一點也沒有做。七中全會以後最重要的工作。有事可以做，無事亦可做。

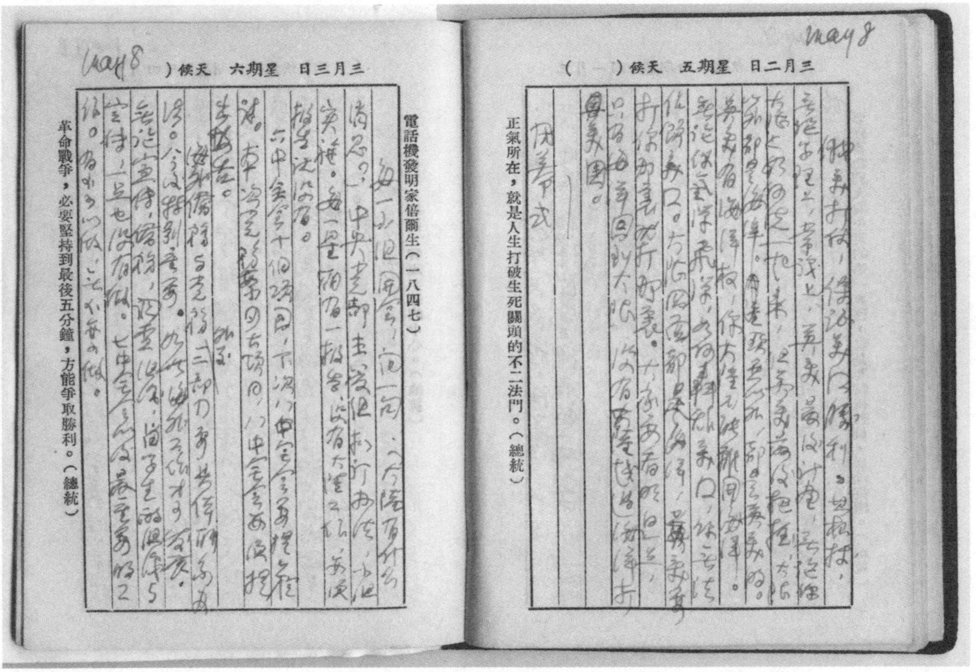

我們從大陸退到台灣，當時最重要的一事就是找一片乾淨土來革命。我們畢竟找到了，工作還不夠，但是總是找到了。

「和平共存」發表，第二目的，大陸環境險惡，為共匪宣傳挑撥，就是外國政府，對我政府，尤其個人，非驅去不可。我們怎樣？我們已成眾矢之的，我個人是國民黨的代表，打國民黨，即打我。受了世界的包圍，要避免只有離開大陸。目的是消失了，最大目的就是世界各國認識他們的眾矢之的，被俄共拿去之後如何。我們目的也達到了。

從前世界以我們為目標，現在以共匪為目標。目標轉移了。革命之事在我們自己，自己能力強，一切敵人都是朋友。這是一大事件，希望大家了解。

今後革命環境格外困難，雖有困難，但有危險，在本方拿革命精神來努力。

心理建設重要。希望大家知道自助然後人助。自助天助。中美同盟之訂立，西方國家天天要共匪進 UN，要我們退金馬大陳。當時我們提議訂約，一年多無進展。英國阻止美國。但條約之成立，仍是美國促成的。他要承認「兩

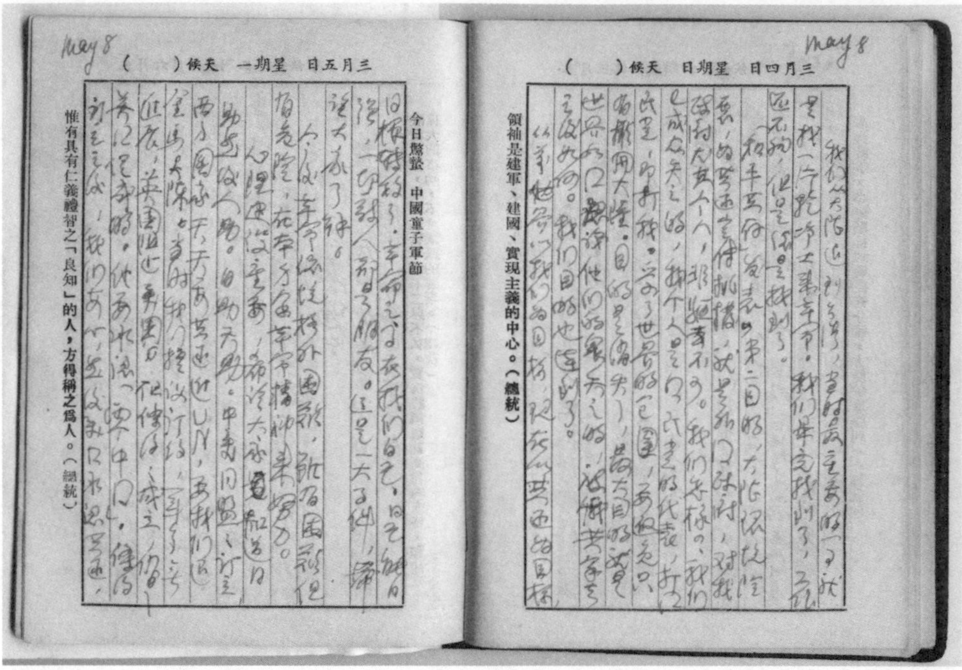
May 8

三月四日　星期日　天候（　　）

領袖是建軍、建國、實現主義的中心。（總統）

May 8

三月五日　星期一　天候（　　）

今日驚蟄　中國童子軍節

惟有具有仁義禮智之「良知」的人，方得稱之爲人。（總統）

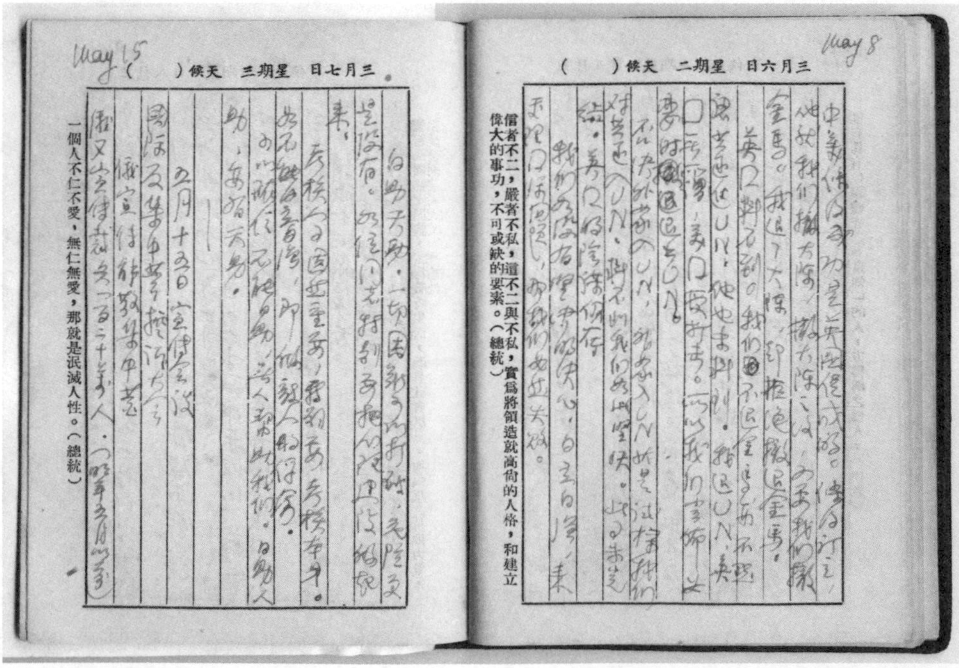
May 8

三月六日　星期二　天候（　　）

信者不二，嚴者不私，這不二與不私，實爲將領造就高尚的人格，和建立偉大的事功，不可或缺的要素。（總統）

May 15

三月七日　星期三　天候（　　）

五月十五日　宣傳會談

一個人不仁不愛，無仁無愛，那就是泯滅人性。（總統）

國中國」。條約訂立之後，我們安心，然後美國承認共匪。

中美條約成功是英國促成的。條約訂立，他就（要）我們撤大陳。撤大陳之後，又要我們撤金馬。我退了大陳，卻拒絕撤退金馬。

英國料不到。我們不退金馬，亦不承認共匪進 UN，他也未料到。我退 UN，美國無所謂，美國受打擊。所以我們宣佈必要時退出 UN。

否決外蒙入 UN，外蒙入 UN 就是試探我們對共匪也入 UN，料不到我們如此堅決。此事未完結。美國的陰謀仍在。

我們如沒有堅決的決心，自立自強，來處理國際問題，那我們必然失敗。自助天助，一切困難可以打破，危險更是沒有。各位同志特別要把心理建設做起來。

考核人事固然重要，特別要考核本身。如不能自立自強，即做敵人的俘虜。

可以確信不能自助，無人幫助我們。自助人助，亦有天助。

＊ 五月十五日 宣傳會談

國際反集中營控訴大會

俄宣傳解散集中營

俄又宣傳裁兵一百二十萬人。（明年五月以前）

俄日談判漁業協定，在簽字時，俄提和平條約之訂立為該協定生效之條件。日代表退席，拒不簽字。

赫魯雪夫可利用美俄會談申明，欺詐亞洲非洲及中東之非共國家。

（1）蘇俄似尚無力奪取中東油田。蘇俄表示對中東取和平政策，使美國人暫時有緩和之感。

（2）裁兵會議，布赫仍主禁用原子武器，使西方對俄之幻想消失。

（3）美國人對蘇俄裁兵一百二十萬人，認為不可信。此為俄適應原子武器之要求而然。

蘇俄、軍費減少百分之八，亦如此。

但俄國的預算有未定（其他）一項，百分之七十，即為其原子武器經費。

（4）赫與孟荻該爾談話，可見其對德國統一並無讓步之意。

西方記者曾訪問東歐各國。（俄國放東歐鐵幕）

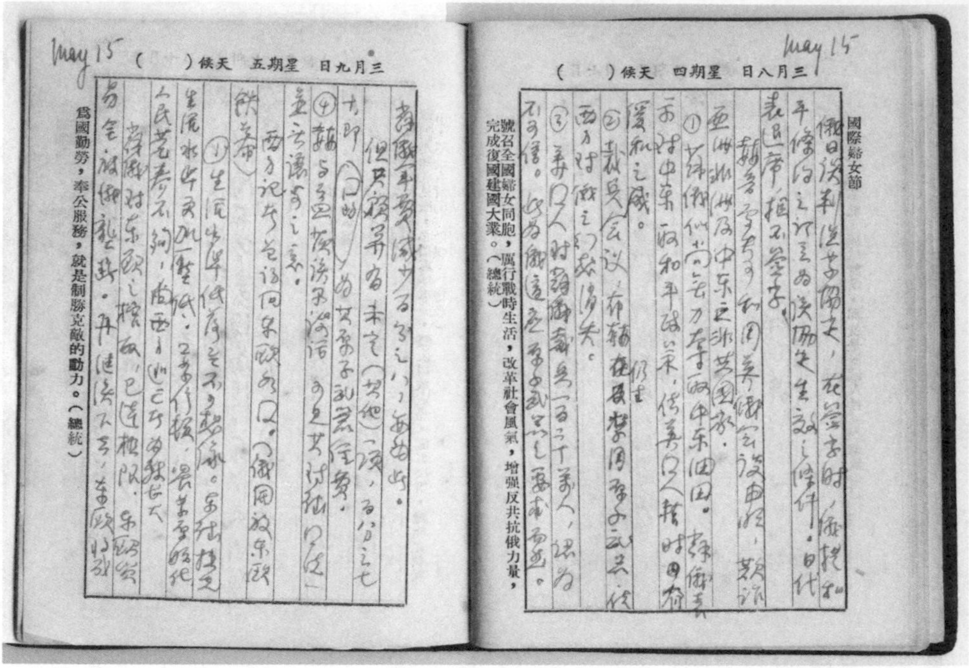

生活水準低落至不可想像。東德捷克生活水準更加壓底。工業停頓，農業原始化。人民營養不夠。向西方逃亡者為數甚大。

蘇俄對東歐之榨取，已經達極限，東歐貿易全被俄壟斷。再繼續下去，東歐將成蘇俄的負擔。莫斯科可能改變其東歐政策。

東歐附庸國軍隊。俄不信任，但成為重大負擔。

成年人百分之九十反俄。青年人尚不知反對。但一與外國接觸，即時反正。

波蘭革命意識最強。東德反俄有力。捷克蔑視俄人。羅馬尼亞最差。

比京控訴，集中營大會之後，蘇俄宣佈解散集中營，為宣傳上之防禦戰。

史達林死後，其控制力衰落，而採取此種防禦戰。

蘇俄許買英國貨，三分之二為禁運貨物。英日六國對美要求放寬禁運單子，如美不同意，此六國自動與蘇俄集團交易。

總之，俄國人宣傳無人相信，中國犧牲，對世界人類非常貢獻。

美國人做生意，十億金（？）貿易，英國人不會上當。英國此數不大。

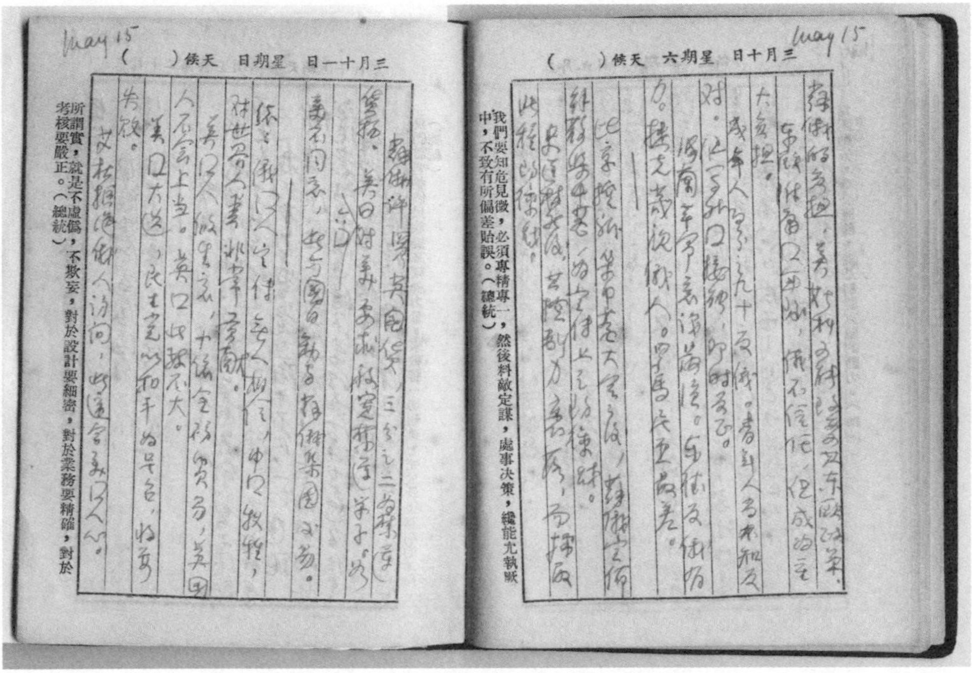

美國大選，民主黨以和平為號召，將要失敗。

艾杜拒絕俄人訪問，此適合美國人心。

岳軍：協調中心應用海外工作。

總之，所有經費由大使館發。

＊五月十六日 中常會

總：黨為軍隊的後勤，無名英雄。其工作顯不出來。政治社會有進步，即是黨的進步。

我們毫無警覺，麻木不仁，一切遲鈍，癱瘓。這種黨無不失敗的。過去如此，現在無論黨政軍，遺傳下來的辦法。當然有進步，有條理，不足一擔當現在局面。

我們對國際局勢沒有迅速反應，尤其對共匪，不可延緩行動。

鹽業局職工打死主管，我們沒有警覺，也沒有迅速行動。

要警覺，要快當，要在台灣站得住，亦要如此，否則不能存在。

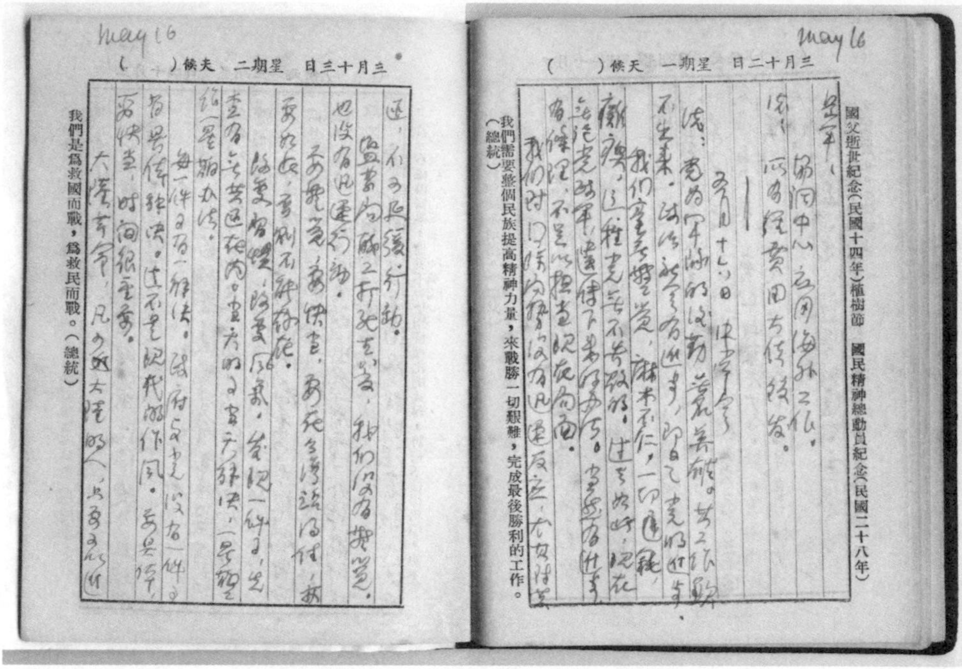
May 16
三月十二日　星期一　天候（　）
國父逝世紀念（民國十四年）植樹節　國民精神總動員紀念（民國二十八年）
我們需要整個民族提高精神力量，來戰勝一切艱難，完成最後勝利的工作。（總統）
May 16
三月十三日　星期二　天候（　）
我們是為救國而戰，為救民而戰。（總統）

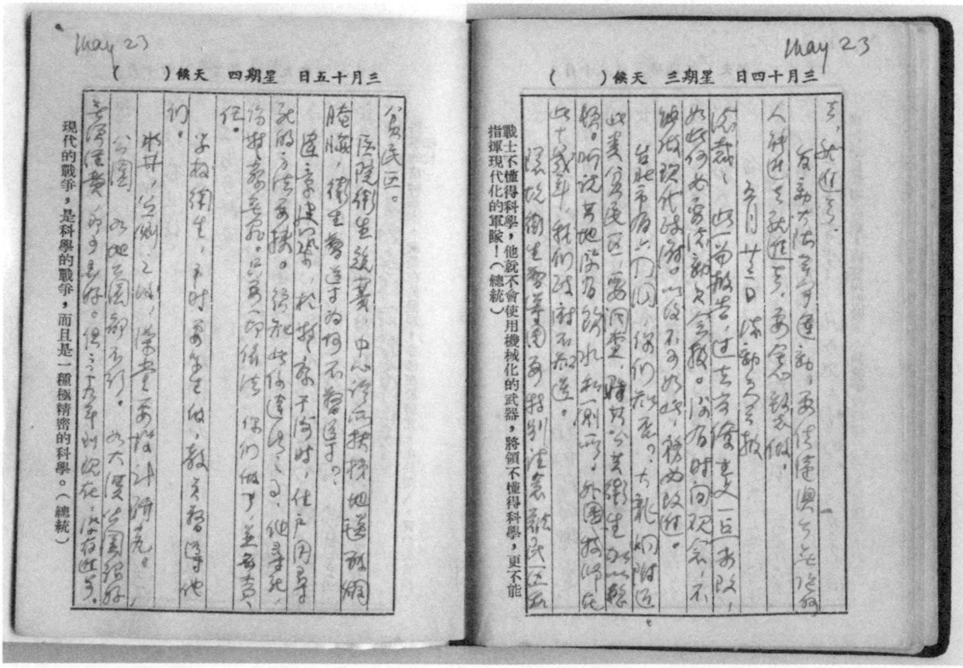
May 23
三月十四日　星期三　天候（　）
戰士不懂得科學，他就不會使用機械化的武器，將領不懂得科學，更不能指揮現代化的軍隊！（總統）
May 23
三月十五日　星期四　天候（　）
現代的戰爭，是科學的戰爭，而且是一種極精密的科學。（總統）

改變習慣，改變風氣，發現一件事，先查有無共匪在內。當天的事當天解決，一星期作一星期辦法。

每一件事有一解決。政府與黨沒有一件事有具體解決。這不是現代的作風。要具體，要快當。時間很重要。

大陸革命，凡可進大陸的人，只要可以進去，就進去了。

發動大陸革命運動，要使港澳台無論何人能進去就進去。要全心致志做。

＊五月二十三日 總動員會報

總裁：此一篇報告，過去官僚主義一點未改，如此何必要總動員會報。沒有時間觀念，不能做現代政府。以後不可如此，務必改進。

台北市有六門洞（？），你們知否？大龍峒附近，此類貧民區要調查，對其公共衛生加以整頓。聽說其地沒有飲水和廁所。外國牧師在此十幾年，我們政府不知道。

環境衛生督導團要特別注意難民區和貧民區。

醫院衛生競賽，中心診所扶梯地毯破爛骯髒，衛生督導為何不督導？

違章建築，於警察干涉時，住戶用尋死的方法要挾。須知此係違法之事，他尋死，你警察無罪。只要一切依法，你們做事，並無責任。

學校衛生，平時要學生做，教員督導他們。

水井，公廁之後，澡堂要設計研究。

公園，各地公園都不行。如大溪公園很好，無須經費，即可弄好。但三十九年到現在，沒有進步。省政府要設計鄉村建設指導委員會之類，巡堂督導。

勞動服務，亦可用於公園的整理。但須有設計，有組織。

屠宰場不歸稅捐機構，改隸衛生機構。省政府可研究。

戶警合一，照你們的報告，七月不能實行。作為反公抗俄最緊急的革命工作來做，經費人事要跟政策做。政策不跟經費人事做。不可因你業務上問題來改變我的政策。逃兵與匪諜就在台灣內，你戶警機構要府責任。一定要戶警合一，否則無法維持台灣治安。

無論立法院通過與否，七月以前一定要決定辦好。你不能改變我的政策。要用政策改變你的業務。不能再延下去。

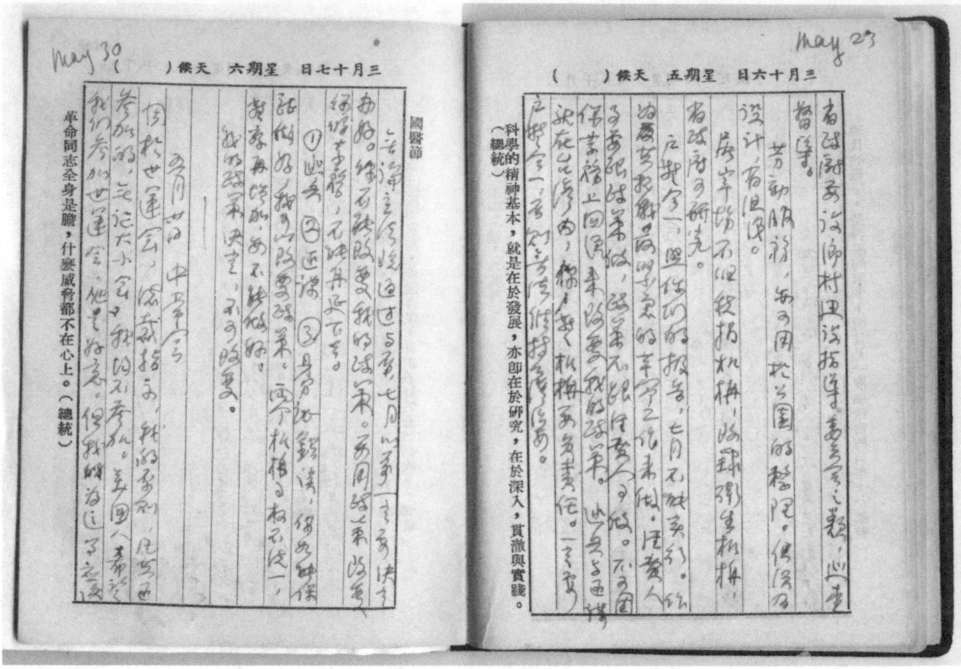

（1）逃兵（2）匪諜（3）身分證錯誤。你如能保證做好，我可以改變政策。兩個機構事權不統一，警察再增加，亦不能做好。

我的政策決定，不可改變。

＊五月三十日 中常會

關於世運會，總裁指示：我的原則，凡共匪參加的，無論大小會，我均不參加。美國人希望我們參加世運會，他是好意，但我認為這事應該以簡單的解決。下星期討論外交時政策時，你們可以研究，我的原則是不會改變的。

不參加，何時宣佈，尚須研究。我並不主張即時宣佈。

幹部制度有一實際問題，中央委員到省以下去工作，好像委曲。政府另外，黨的高級幹部不做基層工作，這是不對的。要養成習慣，高級幹部到基層去工作，尤以基層有不能解決的問題，高級幹部自己去做。這一點如轉變不過來，基層工作將無辦法。

國民學校，校長教授之外，小學教員應當做。現在國民小學教員程度，不能建設台灣為三民主義模範省。

黨中現在特別緊要建立反共抗俄基地，守法明法，做一模範。法治精神要樹立起來，台灣基地正是我們達成我們革命基礎。將來光復大陸，大的地方也可建立基礎。大陸上所犯毛病，腦筋，感情，個人關係，拿黨的招牌，做自己的勢力。我們要樹立幹部，但不能隨便找一個人做幹部，不管他做了什麼事，還是要扶植他。無論何人，犯法一定要辦。才可以使他們知道現在與大陸不同。

林頂立案子，物價風潮一起，我就注意。一定有人操縱，省府一定要查，才知道林頂立的親戚，我限他一個月內要辦。後來我催促他們，才把他的親戚扣留。我後來再催，他們馬虎過去。經濟物價的事情，我一定要辦。一定要辦，不曉得的民眾如何怨。現在還有人說情，他有什麼功？如再造成大陸上一樣？？情形。我們沒有一點改變，沒有一點進步。我一定要這樣辦。不必法外辦，一定要依法辦。我相信這類案子，一個辦下去，相信以後物價可以平定。

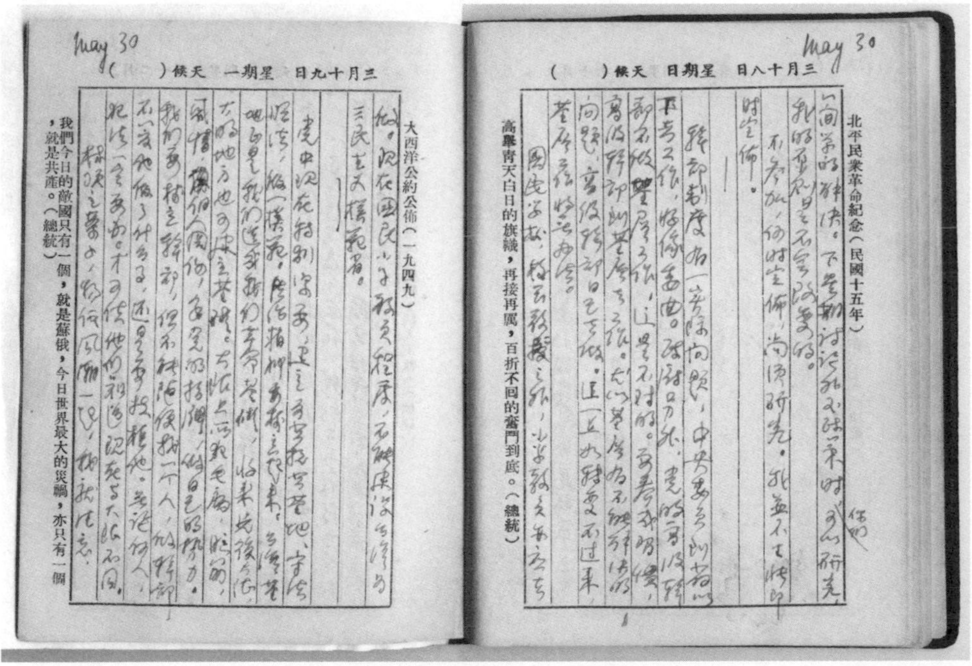

這是司法威信所在，如此才可能維持經濟社會秩序。林頂立抬高物價，一定辦他。不能另外有？救他。

你們要任勞任怨，如再一個兩個放過去，死無葬身之地。我們要澈底改過來。

＊六月五日 宣傳會談

關於埃及承認共匪。

韓：中立國監督委員會擁韓（？）

越：吳廷琰拒絕七月大選

馬來：馬歇爾倫敦談判失敗

香港：不接受中功設館

賽卜拉斯：英鎮壓暴動

阿爾及里亞：法政府政策堅定

和平攻勢

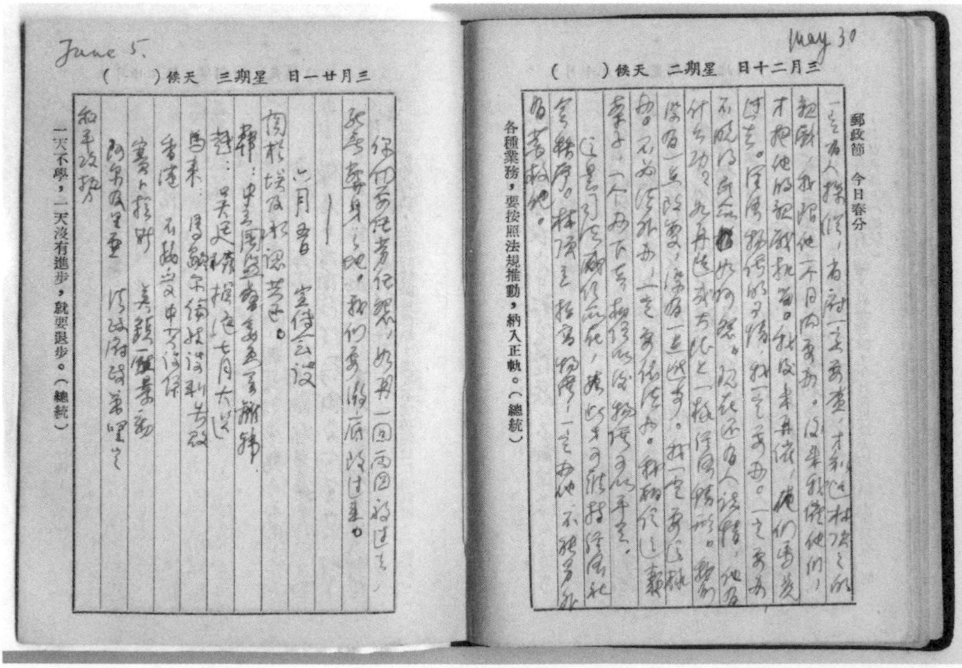

中立國

　孟買暴動

　U 奴辭職

　巴總理暫緩訪俄

原子武器

　原子武器要趕上美國

　雙方有原子武器，將來戰爭或可不用

　俄努力阻止美使用歐非基地

英國一刊物的評論

和平攻勢，使蘇俄更向前進，到了他不能回頭，而民主國家不能忍受的程度，即為戰爭。

納瑟為阿拉伯領袖的野心

埃及軍人要打以色列

埃及一年後可擁捷克軍火

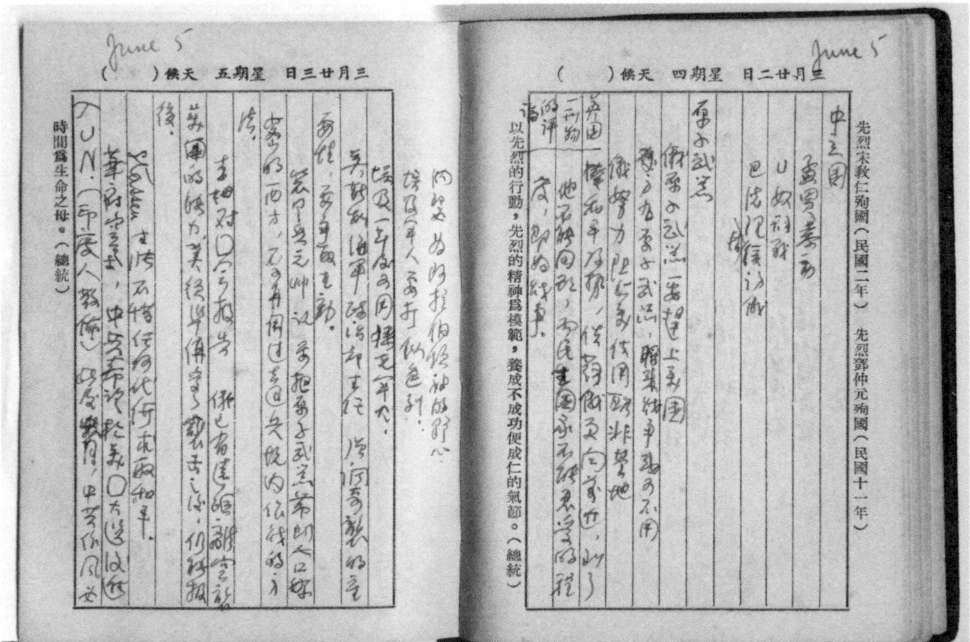

莫斯科海軍政治部主任強調奇襲的重要性，要爭取主動。

裝甲兵元帥說，要把原子武器帶到人口繁密的地方，不可再用過去退兵境內作戰的方法。

李梅對國會報告，俄已有遠距離空襲美國的能力，美須準備受了襲擊之後，仍能報復。

Stassen 主張不惜任何代價求取和平。

華府空氣，中共希望於美國大選後進入 UN。（印度人散佈）此後數月，中共作風必將溫和。

美國社會黨領袖 Thomas 致美共 Dennis 公開信，修改其支持中共入 UN 之素來主張。

*** 六月六日 中常會**

討論選舉提名辦法

縣市長上級提名

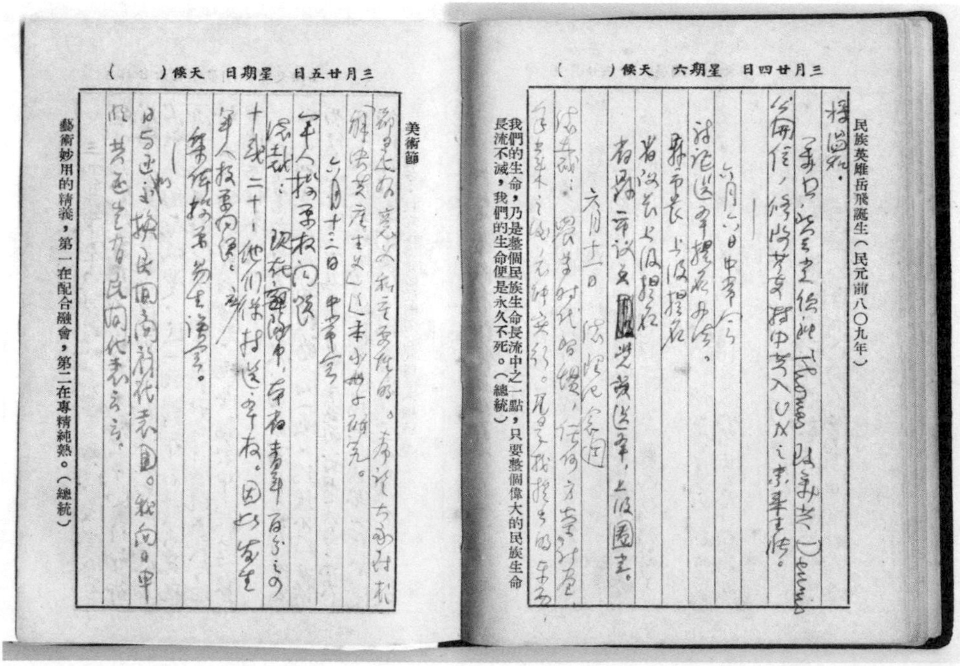

省議長上級提名

省縣市議員黨員選舉，上級圈定。

＊六月十一日 總理紀念週

總裁：農業時代習慣，任何方案計畫拿出來之後，不能實行。凡是我提出的東西都是有意義和重要性的。希望大家對於「解決共產主義」這本小冊子研究。

＊六月十三日 中常會

軍人投票權問題

總裁：現在軍隊中本省青年百分之四十或二十，他們應保持選舉權。因此發生軍人投票問題。

集體投票易生誤會。

日與匪擬交換民間商務代表團。我向日申明共匪豈有民間代表云云。

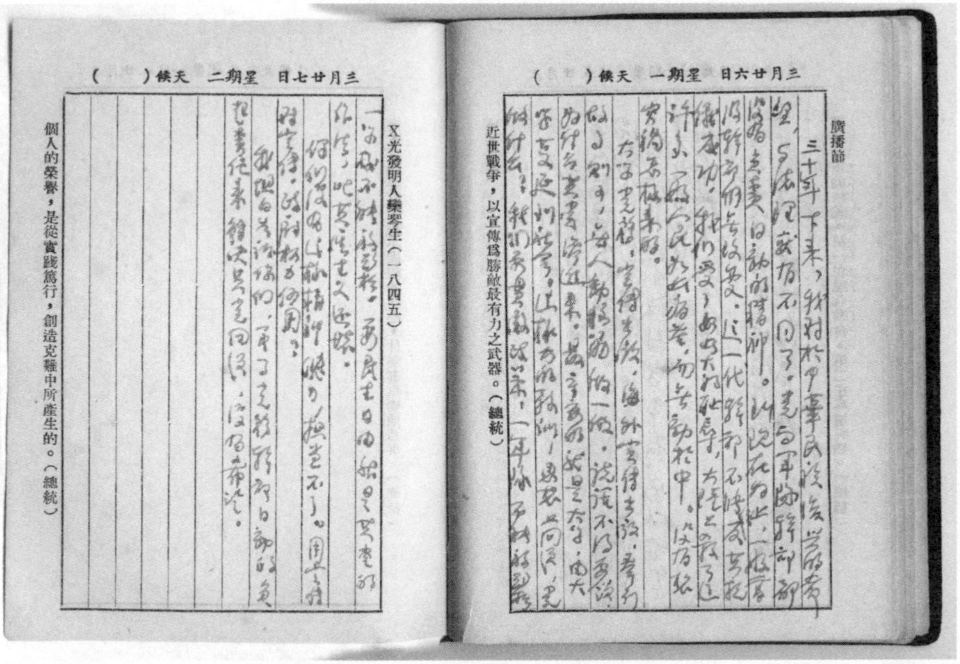

三十年下來，我對於中華民族復興的希望，與總理就有不同了。黨與軍隊幹部都沒有負責自動的精神。到現在為止，一般高級幹部仍無改變。這一代幹部不能使反共抗俄成功。我們受了如此大的恥辱，大陸上殺了這許多，一般人民如此痛苦，而無動於中。沒有想災禍怎樣來的。

大學黨務，宣傳出版，海外宣傳出版，奉行故事則可，無人動腦筋做一做。說話不得要領。為什麼共黨滲進來。最重要的就是大學，由大學蔓延到社會，這樣的教訓，思想上問題，黨做什麼？我們要是做政策，一軍隊不能放鬆，一學校不能放鬆。要民主自由就是共產的作法，比共產主義還壞。

你們沒有這樣精神魄力擔當不了。用宣傳對宣傳。政府權力何用？

我坦白告訴你們，軍事黨務幹部自動的負起責任來解決共黨問題，沒有希望。

從徐蚌戰役到昆明事變

日記摘存

＊ 長瀋陷落　徐州會戰

一九四八年十一月初，長春陷落之後，瀋陽陷落。幣制改革失敗，以硬幣支持金圓券，金融始告穩定。徐州會戰開始。此雙方兵員各在五十萬以上之大會戰，將決定長江流域之安危。十一月二十日，徐州東南面黃伯韜兵團擊退共軍陳毅部隊。但共軍隨即反攻。黃伯韜兵團被圍。參謀本部命令徐州西面之邱清泉兵團東進解黃兵團之圍，邱兵團分兩軍東進，未能突破共軍之包圍線。

＊ 從翁內閣到孫內閣

翁文灝內閣因為幣制改革失敗而辭職。十一月二十二日陶希聖承蔣總統命，飛北平徵求胡適博士同意組閣。二十三日胡博士辭謝組閣之請。胡表示彼將與蔣總統在艱危時局之中始終站在一起，但彼無行政才能，兼有心臟病，不堪繁劇之任，故未能接受組閣之命。二十五日，陶希聖反京覆命。蔣總統請張群組閣，張群不同意。始徵得孫科之同意組閣。

＊ 平津形勢突變

十二月十三日，共軍兩路滲入張家口與北京之間及北京與天津之間。傅作義部隊之幹部大抵為綏遠察哈爾人。傅在張家口對共軍作戰，得到張家口民眾之擁護。現在，傅為欲接受美援，決既以天津為最後基地，但張家口民眾挽留傅軍。故傅軍主要部隊尚留張家口，而共軍即進兵張家口北京天津三市隔離。

＊ 蚌埠會戰

此時，從阜陽方面進軍徐蚌間之黃維兵團，被共軍包圍。邱清泉兵團放棄徐州而南下，欲解黃維之圍。亦被阻於徐州之西南。蔣總統調武漢守軍張淦之兵團東下解黃維之圍，華中剿匪總司令白崇禧阻止張淦兵團不使其參加蚌埠前線之戰鬥。黃維兵團於無救援之情形下突圍，多數部隊均被殲，蚌埠剿匪總司令部由蚌埠向滁縣後退。

＊ 白崇禧將軍主和

十二月二十五日，白崇禧將軍主和電報到達南京。電文主張與共黨進行和平商談，並邀請美蘇兩國調停。此時，湖北省參議會議長何成濬已被迫往上海，副議長艾毓英策動議和。河南省政府主席張軫通電請蔣總統下野，並主張政府與共黨講和。白將軍下令扣留中央銀行武漢分行儲備之黃金及銀元，並截留由重慶運往南京之軍火。在廣西軍領袖與共黨之間奔走談判者為黃紹竑，其接洽地點則為香港。

白將軍之電係交張治中轉呈蔣總統。張治中於接到電報之後，詢問在京之李副總統宗仁及其幕僚甘介侯等。彼等提出五個條件，認為足以打開政府與共黨講和之路：(一)蔣總統下野，(二)釋放政治犯，(三)言論集會自由，(四)兩軍各自撤退三十里，(五)劃上海為自由市，政府撤退駐軍，並任命各黨派人士組織上海市聯合政府，政府與共黨代表在上海舉行和談。

＊ 美大使館之活動

行政院院長孫科就職後，美駐華大使司徒雷登私人秘書傅涇波進謁孫院長，陳述彼贊助和談，並謂如蔣總統下野，對和談必有裨益。孫院長次日接見司徒雷登大使，詢問傅涇波所談，是否即為大使意見。大使稱彼以美國外交官之地位，不能表示任何意見，但彼以其在中國畢生從事教育之資格，實贊成和議。

甘介侯與傅涇波之間接觸頻繁。南京充滿國共和談及蔣總統下野之空氣，即為甘傅諸人向外國記者之暗示所造成。

＊ 蔣總統元旦文告

蔣總統對白崇禧之和談建議，予以善意之考慮。閻錫山將軍由太原飛南京參加蔣總統於十二月二十九日召開之會談，亦主張總統採納白氏之建議。

蔣總統此時正準備元旦告國民書，重申和平解決中共問題之方針，其中有「個人進退出處，無所縈懷，而取決於民之公意」語句，參加會談者對此一語句應否刪去，意見不一。蔣總統認為此句必不可少。

十二月三十一日下午八時，黃埔路總統官邸舉行中國國民黨中央常委及中央政治委員聯席會議。蔣總統提出元旦文告稿，徵詢與會者意見。王世杰谷正綱諸人反對和談，至為堅決。多數委員由反對上述之語句，討論至深夜十二時，蔣總統決定將文告交中央通訊社發表。

元旦文告發表以後，中樞人士反對和談者繼續活動，一月三日中央委員談話會情緒尤為激昂。但彼等漸悉李副總統及白崇禧將軍之密謀，此一運動亦漸歸沈寂。

＊ 孫內閣之活動

白崇禧之建議本為一平常之事，但白將軍建議之背面為一軍事行動。倘中央政府拒絕此一建議，則廣西軍隊將由武漢南移，而中共部隊即從長江中游渡江南進，南京上海將從西面受其襲擊。

蔣總統元旦文告發表後，行政院於一月八日決議由外交部吳鐵城部長向美蘇英法四國駐華大使提出備忘錄，說明政府對中共之和平建議，並請其促成和平商談之開始。

一月十四日，毛澤東「時局聲明」發表，提出八項條件（一）懲治戰犯，（二）廢除憲法，（三）廢除中華民統，（四）依「民主原則」改編政府軍隊，（五）沒收官僚資本，（六）土地改革制度，（七）廢除「賣國條約」，（八）召開「沒有反動份子參加的政治協商會議」，「成立民主聯合政府，」接收南京政府及其所述政府的一切權力。

十五日下午，蔣總統官邸舉行會談，僉認為毛澤東所提八項條件證明中絕無謀和誠意，但政府為求內部團結起見暫不宜表明何種態度。

十九日上午九時，行政院政務會議決定發表簡短之聲明：「願與中共雙方無條件停戰，並各派代表開始和平商談」。

＊ 總統下野

一月九日，張群、黃紹雄由南京飛漢口，與白崇禧晤談。黃到溪口後即轉香港，繼續與共黨代表接洽蔣總統下野後全面和平商談之步驟。白氏對外表示備戰謀和之方針，但對張則流露蔣總統下野之要求。武漢長沙等地和平運動及要求總統下野之運動繼續進行。

其時南京盛傳總統下野之消息，大抵由外國記者自李副總統親信甘介侯及司徒雷登大使私人顧問傅涇波等訪問得來。

蔣總統為顧全大局，三度與李副總統交換意見。一月二十日，總統引退文告及李副總統代行總統職權之聲明，均由總統府秘書長吳忠信準備。一月二十一日下午二時，黃埔路官邸舉行去年除夕同樣之會議，總統及副總統均出席。總統宣佈其引退文告。出席之中樞要人沉默，憤激，有泣不可抑者。散會後，蔣總統於下午三時半乘專機飛杭州，次日轉奉化溪口故里。

＊ 李代總統接受中共八點

一月二十二日，李代總統發表聲明，表示謀和決心，並認為毛澤東一月十四日時局聲明所提八點可作談商之基礎。

二十三日，中共發言人談話，（一）與南京政府談判，並非承認南京政府，乃因其尚控制若干軍隊。（二）談判地點俟北平「解放」後在北平舉行。（三）反對行政院所指定之代表中彭昭賢為代表。（四）戰犯必須懲治。三十日新華社廣播，要求李代總統逮捕戰犯四十三人，始可言和。四十三人包括蔣總裁，何應欽，顧祝同，周至柔，桂永清，湯恩伯，陳誠在內。

此時，天津淪陷。傅作義投降，北平亦入中共掌握。

＊ 蔣總裁在溪口

蔣總裁自一月二十二日回溪口故里，度其恬靜之生活。天氣情和，常步行田野間，尤喜遊天童寺雪竇寺及妙高台，盤桓山水間。亦有二三故舊僚屬由京滬來，則在武嶺學校下榻。文電往來，至為稀少，助其辦理者僅秘書一人。

中國國民黨在立法院為多數黨，故行政院亦以國民黨人為中心而組成。在蔣總統當政時期，每有重大決策，常先提出國民黨中央政治委員會，取得黨中諒解，然後由行政院討論決定，並由立法院中國民黨議席予以支持。李代總統一月二十二日聲明，未經此項程序。國民黨中央對於和平商談以毛澤東八點為基礎未能諒解，而行政院孫院長認為李代總統之決策並不提出行政院，或徵詢行政院長意見，乃使憲法上之責任內閣無法對立法院負其責任。因此，孫院長與李代總統之間，常起衝突。立法院內反對和談之意見更為分歧。遷往廣州之立法委員均反對和談，最低限度亦反對政府接受毛澤東八點為談判基礎。逗留南京上海者有一部份為中共之外圍份子，為中共做宣傳活動，一部份附和李代總統之主張，而仍有一部份對和談抱懷疑之態度。其遷居台灣者多支持中立立場，以內部團結為重。

軍政中堅幹部在蔣總裁領導之下二十餘年，其變節者則投降中共。其忠貞者對總裁之信任與尊崇，不因其下野而有所改變。彼等不經思考，大抵相信李副總統此次代行總統職權，乃以促成和談為目的，如和談決裂，則蔣總裁必將重蒞總統府親事。

蔣總裁對京滬訪問溪口之中樞人士，屢次表示其支持李代總統進行和談之意向，尤望國民黨同志精誠團結共挽危局。

＊ 白崇禧之態度

造成一月二十一日之政變者，為華中剿匪總司令白崇禧。但彼之態度在和談破裂之前，已有改變。

一月九日，黃紹雄到漢晤白，隨即往港，向共黨代表提出兩項要求，其一為蔣總統下野後共同對蔣，以防止其再起，其二為中共與李代總統進行全面和平談判。駐在石家莊之毛澤東不作答覆。比及蔣總統宣佈下野之後，毛之答覆到港，說明蔣已下野，第一點無須再商，白崇禧將軍如願望和平，可與劉伯承將軍直接談判。此即說明中共所期待於白氏所謂「局部和平」，即以傅作義為例之投降。至此白崇禧將軍一面公開談話，強調備戰，一面致電溪口，希望待機晉見蔣總裁，藉以增進諒解。

＊ 李代總統之活動

李代總統至此雖看透中共騙局，但彼及其左右仍考慮及和談決裂即為李氏政治生命之斷絕，故對和談之成功仍抱幾微之期待。彼等一面散放流言，認為李代總統促進和平之各項措施，如南京上海解嚴及各省徵兵徵糧之停止等，多受蔣總裁之牽制，不克貫徹，一面呼籲政治軍事改革，指責蔣總裁領導下政治軍事之腐敗，以打擊蔣總裁之信譽。彼等指責蔣總裁雖退處溪口，仍為和平與改革之障礙，發起請蔣出國運動，迫使蔣總裁離開國境。

＊ 政府之和談最低原則

四月一日，所謂和談。在鐵幕中之北平進行。何應欽將軍已於三月十二日繼孫科組閣。何院長於四月七日出席廣州舉行之國民黨中央常會及中央政治委員會，並約集在廣州之立法委員談話。

國民黨中央常會聽取何院長報告和談進行經過後，決定和談原則五條如下：

一、為表示謀和誠意，昭信國人，在和談進行開始時，雙方應立即下令停戰，部隊各守原防。

共軍在和談進行期間，如實行渡江，即表示其無謀和誠意。政府應即召回代表，並宣告和談破裂之責任屬於共黨。

二、為保持國家獨立自主之精神，以踐履聯合國憲章所賦予之責任，對於向以促進國際合作，維護世界和平為目的之外交政策，應予維持。

三、為切實維護人民之自由生活方式，應停止所有施用暴力之政策。對人民之自由權利生命財產應依法予以保障。

四、雙方軍隊應在平等條件下各就防區，自行整編。整編方案必須有雙方互相尊重同時實行之保證。

五、政府之組織形式及其構成份子，以確能保證上列第二三四各項原則之實施為條件。

上述五項原則，將南京與廣州兩地中樞負責人士和談之意見溝通統一，政府對中共所提條件，即以上述為標準而決定其可否接受。

＊ 中共招降書及政府之拒絕

四月四日毛澤東及中共外圍諸黨派首領共同簽發在第二次大戰中助同蘇俄作戰之宣言。國民黨中央常會所定第二項原則已與此不能契合。

四月十五日，中共提出其所謂和平方案八條二十四款，由政府代表之一黃紹雄帶往南京。依此方案，南京政府不僅負責率領國軍投降中共，並需協助中共將國軍繳械收編。中共並明白表示，無論南京接受條款與否，共軍必須渡江南進。

中共之招降書限定南京於四月二十日正午十二時以前作可或否之答覆。鐵幕中之政府代表張治中、邵力子等致電李代總統，勸其接受條款，並於共軍過江後，不必離開南京，或竟飛北平。

李代總統及何院長均認為中共此項招降條款，絕非政府所能接受。於二十日上午對代表團發出訓令，予以拒絕。李何兩氏並於十七日聯名致蔣總裁，請其復行視事，領導反共戰爭。

共軍於二十一日之夜，從南京上游及下游兩處渡江，向南逼近。

＊ 杭州會談

李代總統致電溪口，切望與蔣總裁晤商。蔣總裁決定於四月二十一日在杭州會談。參加此一重要會談者，蔣總裁，李代總統，何院長應欽，白長官崇禧，張長官群，吳忠信，王世杰，陶希聖諸氏。

李代總統首先說明彼和平方針既告失敗，請求蔣總裁復總統職。蔣總裁為求內部團結，共同反共，奮鬥到底起見，懇切說明今日只討論對時局之政策，而不涉及人事之變動。

會談決定請何院長應欽兼任國防部長，指揮陸海空軍，並於國民黨中央常會之下，設立非常委員會，俾國民黨經由此一決策機關，協助李代總統。政府重大政策在黨中央獲致協議之後再由政府依法定程序實施。

李代總統何院長會後即回南京。白長官遄返漢口。何院長夜間發表會談決定之公報，申明團結反共，奮鬥到底之方針。全文如下：

行政院新聞處二十二日發表公報稱：政府為謀取全面和平，使人民獲得休養生息之機會，派遣代表前往北平與共黨商談停止戰爭恢復和平之辦法。經兩週有餘之折衝，迄未能達到協議。最後共黨竟提出所謂「國內和平協定」，並限期答覆。全文八條廿四款完全為征服者對被征服者受降之處置。其目的在施用武力以消滅國家軍隊，造成恐慌以摧毀人民自由與社會安全，一面更發動全面攻擊，強行渡江。至此共黨竟毫無謀和之誠意而甘心破壞和平擴大戰亂與國家人民為敵，已大白于天下。

廿二日蔣總裁由溪口到杭州，李代總統及何院長由京飛杭晤見。對當前局勢及政府今後之政策鄭重商討，當經一致決議四事如下：

（一）關於共黨問題，政府今後惟有堅決作戰，為人民自由與國家獨立奮鬥到底。

（二）在政治方面，聯合全國民主自由人士共同奮鬥。

（三）在軍事方面，由何院長兼國防部長，統一陸海空軍之指揮。

（四）採取緊急有效步驟，以加強中國國民黨之團結及黨與政府之聯繫。

＊ 南京陷落

四月二十二日之夜，國軍開始由南京撤退。何院長飛往上海。李代總統則逕飛桂林。

行政院於拒絕中共所謂「和平方案」時，即致電北平撤回和談代表。但張治中等為中共所羈留，不能南返。中共得知李代總統由南京飛桂林，命令彼等電勸李氏，即在桂林設立政府，勿往廣州。李代總統在桂林對廣西立法委員暨省參議員等發表談話，亦申明其對和平之信念。

＊ 李代總統談話記錄

廣州方面得知南京陷落，李代總統直飛桂林之後，綏靖主任余漢謀將軍，廣東省政府薛岳主席聯名致電李氏，歡迎其蒞臨廣州。國民黨中央執行委員會派閻錫山，居正，吳鐵城，李文範諸元老往桂林致歡迎之意。五月三日中央諸代表於迭次晤李談話之後，攜帶李代總統交來之談話記錄返廣州向中央覆命。李氏並另交記錄一份託何院長應欽派飛機送達蔣總裁。

李代總統談話記錄，首先認為軍事之失敗由政治之不修明。和談之失敗，固由於中共所提過於苛刻，使政府無法接受，不能不毅然拒絕，然政府內部意志之不統一，步驟之不一致，如政府謀和之不能執行，未能示人以誠，亦不能不認為一重大因素。彼申述其改革政治及謀取和平兩大主張均未能有所成就，應當引咎自責。

其次說明共軍已渡長江，首都淪陷，滬杭危急，「自請解除代總統職權，仍由總裁復任，負責處理一切」。彼本人願「以副總統資格，出國從事國民外交活動，爭取國際援助」。

最後說明，如總裁不願復行總統職權，則彼要求總裁同意實行下列六項：

（1）憲法上規定關於軍政人事，及凡屬於總統職權者，彼應有絕對自由調整之職權。

（2）所有前移存台灣之國家金銀外匯，請總裁同意由政府命令運回，以應政府急需。

（3）所有前移存台灣之美援軍械，請總裁同意由政府命令運回，配發各部隊使用。

（4）所有軍隊一律聽從國防部指揮調遣，違者由政府依法懲處。

（5）為確立憲政精神，避免黨內人士糾紛，應停止訓政時期以黨御政之制度。例如最近成立非常委員會之擬議，應請打銷。所有黨內決定，只能作為對政府之建議。

（6）現時危事急，需要外援迫切，擬請總裁招綏懷遠，俾收內外合作之效。

＊ 上海之戰局

一月二十五日，蔣總裁從溪口往象山灣，乘太康艦駛向上海。二十六日，抵吳淞口內之復興島停泊。二十七日蔣總裁發表其在溪口草成之告全國軍民書，呼籲全國軍民團結一致，堅持反侵略反極權的民族民主戰爭。其文中表明下列之一點，重申杭州會談公報之意旨：

當此國家民族存亡生死之交。中正願以在野之身，追隨我愛國軍民同胞之後，擁護李代總統暨何院長領導作戰奮鬥到底。

蔣總裁預定在上海停留二日，召見上海防衛戰事中指揮陸軍之湯總司令恩伯，空軍周總司令至柔，海軍桂總司令永清，聯合勤務郭總司令懺，及代理市長陳良等，詢問作戰情況，即行離滬往廈門暫住。

在四月二十日之前，李代總統對京滬杭警備總司令湯恩伯將軍屢加責難。第一，李代總統命令湯總司令解除京滬杭區之戒嚴令，第二，李代總統徇華中剿匪總司令白崇禧之請，下令抽調湯總司令精銳部隊東移，以填補白將軍駐防江西一帶之部隊向武漢集中遺留之防務。湯總司令認為和談成敗尚未可知，如弛懈京滬之防務，則一旦和談決裂，共軍渡江，即無以應戰，故屢次進京請求李代總統允許繼續戒嚴。至於抽調防守京滬線之部隊東往安徽南部之命令，湯總司令認為防守京滬部隊不宜分散，以減低實力，屢次爭持未獲諒解，湯終於聽從調度。

共軍突破江陰，渡江而南，京滬線上駐軍向上海外圍集中，上海市民在此動盪之中，異常驚恐，市面呈混亂狀態。而湯總司令部對調往皖南之部分陷入共軍包圍，上海可以集中兵力苦於不足。金圓券急遽貶值，陸海空部隊之副食費及其他軍費，不敷供應。

蔣總裁為使此諸問題迅速解決起見，延長其駐滬時間，召集軍事，金融，及市政主管者連日會商，次第確定支持前線之各種辦法。而總裁四月二十七日文告既見報端，總裁亦親尋市街，陸海空將士暨一般市民，在精神上咸為振奮，上海頓從混亂轉入安定。

＊ 蔣總裁邀遊海上

五月一日蔣總裁由復興島移居金神父路勵志社。四日接到何院長派遣專機送來李代總統談話記錄，乃覆函何院長，請轉達李代總統及中央諸同志，首先指出李代總統應立即蒞廣州領導政府。第二說明政治改革非二三個月短時間內所能收效，必須樹德養威，開誠取信，持之已久，行之以恒。第三說明彼無復職之意。第四，對於李氏六項要求之前五項，做如左之答覆：

（1）總統職權既由李氏行使，則關於軍政人事，代總統依據憲法有自由調整之權，任何人不能違反。

（2）彼（總統）在職時，為使國家財富免於共黨之劫持，曾下令將國庫所存金銀轉移安全地點；引退之後，未嘗再行與聞。一切出納收支皆依常規而進行。財政部及中央銀行之簿冊具在，儘可稽考。任何人亦不能無理干涉，妄支分文。

（3）美援軍械之存儲及分配，為國防部之職責。彼引退之後，無權過問。簿冊羅列，亦可查核。至於槍械由台運回，此乃政府之權限，應由政府自行處理。

（4）國家軍隊由國防部指揮調遣，凡違反命令者應受國法懲處，皆為當然之事。

（5）非常委員會之設立，為四月二十二日杭州會談所決定。當時李代總統曾經參與，而且共同商討其大綱，迄未表示反對之意。今李既打消原議，彼自可請中常會復議。惟民主政治為政黨政治，黨員對黨負有遵守決議之責任，黨對黨員之政治主張有所約束，與訓政時期以黨御政者，自不可混為一談。

蔣總裁次對李代總統請其出國一事，答覆如左：

若謂中不復職及應出國，殊有重加商榷之必要。中許身革命，四十餘年，始終一貫為中國之獨立自由而奮鬥。只要中國尚有一片自由之領土，保持獨立之主權，不信中竟無立足之地。

在溪口時，曾對禮卿（吳忠信）文白（張治中）兩兄言：「前此他們（只李等）要我下野，我自可下野，現在若復迫我出國亡命，我不能忍受此悲慘之境遇。」今日所懷，仍復如此。

且在過去，彼等（指李等）主和，乃指我妨礙和平，要求下野。今日和談失敗，又假我以牽制政府之罪，強我出國，並賦我以對外求援之責。如果將來外援不至，中又將負妨害外交，牽制政府之咎。國內既不允許立足，國外亦無處容身。中為民主國家之自由國民，不意國尚未亡，而置身無所，至於此極！

復次指出和談破裂，應由中共負完全責任，李代總統不應為中共辯護，以為政府亦應負責。最後申述：

中自引退以來，政治責任已告解除，而對革命責任仍自覺其無可逃避，故德鄰兄凡有垂詢，無不竭誠以答。但決不敢有任何逾越分際干涉政治之行動。

今日國難益急，而德鄰兄對中隔膜至此，誠非始料所及。而過去之協助政府者，已被認為牽制政府。故中唯有遯世遠引，對於政治一切不復聞問。

此函於五月六日交國防部林次長蔚文乘專機攜往廣州。總裁即於是日晚乘江靜輪，駛往舟山群島。

江靜輪繞穿山，東沙角，島山澳，普陀，梅山，瀝港諸港之間，至五月十七日，總裁從舟山島乘飛機，到達澎湖列島中之馬公島，總裁逗留三日，轉往台南。在此期間，迄未與廣州通訊。中央政府無人得知總裁現在何地。

＊ 李代總統改組內閣

蔣總裁覆何院長函到廣州後，中央政府及中央黨部負責人士鄭重會商，推閻錫山將軍往桂林敦促李代總統即到廣州，白崇禧將軍亦自漢口電桂林力勸李氏迅歸中樞所在地。李乃於五月八日飛廣州，並發表聲明和談失敗，仍望中共幡然悔悟。如中共繼續進攻，政府不得已而戰，其責任在於中共。

五月十五日，白長官撤退武漢守軍，二十一日又撤退九江守軍。渡江共軍長驅直入直達浙贛路。五月二十五日，上海陷落。華南局勢頻轉緊張。

中央推于右任，閻錫山，吳鐵城，陳立夫，朱家驊代表前往台南，謁見蔣總裁。李代總統託呈一函云：

杭州聆訓，感奮至深，仁以德薄能鮮，主政四月，垂補時艱，有負期許，彌滋慚恧。乃承勗勉有加，中樞各同志復紛相督促。際茲黨國危急存亡之秋，何敢自逸，惟有誓竭駑鈍，共圖匡濟，一息尚存，義無反顧。今後局勢，逆料必益趨艱難，但在鈞座德威感召之下，吾人果能精誠團結，以犧牲奮鬥之精神，併力共赴，仁固感堅信必能轉危為安，卒獲最後之勝利。

此間同志均亟盼鈞座蒞穗住持，仁亦深望能朝夕有所秉承。如一時不克前來，及懇賜一時間，使仁得親趨承訓。

李代總統復託閻錫山氏口頭轉達蔣總裁以五項原則，其最後一項「何敬之（應欽）三次懇辭行政院長，且有不准辭即自殺之語，何院長辭職後，請示以誰繼任為宜」。

蔣總裁答覆李代總統函云：

大局縱極艱危，吾兄對於領導政府一事，既有負責到底之決心，政府內部自可堅定振作，積極剿共矣。

內閣人事問題，弟個人殊無成見，如非常委員會能早日成立，則對此等要務之解決，必有助於兄之決策。

嗣後有事相商，中當可隨時前來政府所在地會晤，決不敢勞駕。在此時局動盪之際，兄更不宜輕離廣州也。

五月二十八日五代表回廣州，三十日出席中常會報告此次進謁總裁經過。當時，何應欽並未向李代總統提請辭職。但李向蔣總裁詢問行政院長繼任人選一事，不啻暗示何院長必須辭職。於是何向中常會請求黨中同意其辭職，同時向代總統提出辭呈。

五月三十日下午，李代總統招待立法委員，說明何應欽請辭行政院院長，彼挽留不獲，擬向立法院提出居正組閣，並謂居先生年事雖高，但有魄力整飭「驕兵悍將」。多數立法委員聆聽至此，為之一驚。蓋李氏所指「驕兵悍將」實為國軍重要將領，如台灣之陳誠將軍，西北之胡宗南將軍，由上海撤至福州廈門之部隊指揮者湯恩伯將軍等是。彼等由李代總統此一說明，預測居正組閣之後，必促成國軍內部之紛爭。次日立法院開會，居正組閣遂被否決。

六月三日李代總統改提閻錫山將軍為行政院長，始獲得立法院多數立法委員之同意。

＊ 中國國民黨的改造

蔣總裁由台南移居高雄，復移居台北之草山。彼注全力於中國國民黨之改造。

孫中山先生在一八九四年中日戰爭以前，已在檀香山發起興中會，復團結海內外革命團體，組織同盟會。一九一一年之革命，即為同盟會所領導。一九一二年宋教仁先生改組同盟會為國民黨，從事議會活動，次年袁世凱刺殺宋教仁，解散國民黨，復解散國民黨佔多數議席之國會，孫先生乃號召二次革命。二次革命失敗，孫先生組織中華革命黨。討袁之役即為中華革命黨所策動。一九一九年，孫先生改組中華革命黨為國民黨。一九二四年後改組為中國國民黨。北伐以完成統一，訓政以從事建設，抗戰以保持獨立，中國國民黨皆為政治活動之中心。但抗戰勝利至反共戰爭之失敗，為時不過四年，國家危機實為中國歷史上空前所未有者。蔣總裁檢討過去施政之缺失，決心改造中國國民黨，以為改革政治挽救危亡之動力，指定黨中同志十人研討改造方案，以便其往廣州時提出國民黨中央常會討論。

＊ 七七共同宣言

蔣總裁為促進各黨派及一般愛國人士之團結奮鬥，於七月七日聯合海內外各方領袖，發表反共救國宣言。李代總統，閻院長，胡適，于斌，曾琦（中國青年黨領袖）張君勱（民主社會黨領袖）等八十餘人共同簽署。宣言如左：

十二年前之今日，中國政府與人民為保衛國家生存，維護世界和平，對侵略主義者發動全面抗戰，經長期艱苦奮鬥，抗戰軍事始告勝利結束。在此戰後四年之中，中共黨徒如果體念民國締造之艱難，抗戰犧牲之深鉅，激發愛國天良，放棄武裝叛亂之陰謀，接受政府和平建設之方針，使人民安居樂業之願望得以實現，國家復原建設計畫得以進行，則中國已成為民主統一和平繁榮之國家，對於世界安全人類幸福有其重大之貢獻。不意共黨憑藉抗戰時期乘機坐大之武力，利用抗戰以後國力凋敝之機會，破壞和平，擴大戰禍，八年抗戰之成果為其所摧毀無餘，而國家危難比之於十二年前更為嚴重。

吾人深知中國如為共黨所統治，國家絕不能獨立，個人更難有自由，人民經濟生活絕無發展之望，民族歷史文化將有滅絕之虞。中國民族當前之危機實為有史以來最大之危機，而中國四億五千萬人口一旦淪入共產國際之鐵幕，遠東安全與世界和平亦受其莫大之威脅。

今日國難當前，時機迫切，吾人特共矢精誠，一致團結，為救國家爭自由而與共黨匪徒奮鬥到底，吾人生死與共，個人決無恩怨，民族之存亡所繫，黨派決無異同。國家之領土完整與主權獨立一日不能確保，人民之政治人權與經濟人權一日不能獲致，則吾人之共同努力即一日不能止息。所望我全國同胞與政府通力合作，齊一意志，集中力量，重建抗戰精神，堅持反共戰鬥，克服空前未有之危機，完成救國使命。

＊ 遠東聯盟之發起

蔣總裁應菲律賓季里諾之邀請，於七月十日飛往馬尼剌，轉往碧瑤，與季總統會商，於七月十一日發表聯合聲明，主張遠東國家結成反共聯盟，以遏制共產主義之蔓延。

七月十四日，總裁首次蒞廣州。十六日出席中常會中政會聯席會議，報告碧瑤會議經過。聯席會議於聽取總裁報告後，決議請政府採取步驟，促碧瑤會議聲明之實現。

七月二十一日，總裁乘輪往廈門，二十五日回台灣，復應韓國李承晚總統之邀請，往鎮海會談，發表聯合聲明。

＊ 保衛華南問題

長沙綏靖主任程潛及湖南省政府主席陳明仁於八月五日投降中共，粵漢鐵路沿線陷入動搖混亂之狀態。白崇禧部隊迅速向衡陽集中。廣州震動。於是如何保衛華南，成為中央政府面對之嚴重問題。在此一問題中，財政與軍事上發生各種爭執。

＊ 台灣存金問題

七月初，政府廢棄金圓券，改用銀本位，以銀元十足準備，發行銀元券。但自七月至十月三日廣州陷落為止，實際情形為（一）雲南廣西政府不用銀元券，而使用硬幣。故銀元券只流通於廣東，四川，陝南，湖南，江西南部，及福建等地。（二）在銀元券流通地區，持有銀元券者通常立即兌取現金或銀元。（三）地方軍隊領取軍費，往往要求中央銀行發給硬幣，故在此三個半月之中，中央銀行發行銀元二千五百餘萬元，而實際支付之黃金外幣及銀元，共合一億二千餘元。此種金銀硬幣，均取自中央銀行在台灣之存儲。台灣存金雖經常運赴廣州，但廣州方面每逢財政支出困難之際，常責難台灣存金運出過少。

蔣總裁為中國國民黨之領袖，對於中央銀行存金無權干涉，亦不願過問，但上述責難，常被用為攻擊蔣總裁之口實。

中央銀行存儲台灣現金的數目為國家的秘密，此處不能敘述。但中央政府倚賴庫存金以供應一個戰爭，而不從人民財力與物力動員上策畫作戰的經費，無論如何是一種錯誤。吾人在此可負責指出，相當於一億五千萬元價值之現金，在台灣存金總數之中所佔成分並非微小。

＊ 戰略思想之爭執

在保衛華南問題中，戰略思想成為爭執的焦點。李代總統屢次宣佈，彼所持之戰略思想與蔣總裁不同。李自述其對華南保衛問題，主張作戰於廣東省境界之外，而指責蔣總裁祇守廣州與海南島之主張為錯誤。彼以為中央政府應集合大量軍隊，使用大量金錢在湖南江西之南部採取積極的攻勢，而不應為了節省軍隊與財政，而退守廣州與海南島。

國防部執行李代總統的戰略思想，將由青島撤至海南之劉安琪部隊抽調大部分，防守廣州之外圍。但李代總統主張將台灣孫立人將軍訓練之新軍調度大部份到廣東省境界以北，國防部無法執行，因為李代總統估計台灣新軍總數為四十萬，而實際則此一估計超過台灣新軍實計數目若干倍。

李代總統主張調度以台灣為基地之空軍，與衡陽前線白崇禧將軍之陸軍聯合作戰。國防部則在廣東省內空軍基地所能容許範圍內調度空軍作戰。但基地之觀念對於李代總統頗有陌生之感。

實際上蔣總裁對於保衛華南之戰略，只在國民黨決策機構之非常委員會提出原則。如兵力不足防守廣東外圍，寧可注重廣州市外圍。彼認為廣州市外圍具有海空軍與陸軍聯合作戰之良好形勢。彼亦注重海南島對於東南亞洲之戰略價值。彼主張肅清該島潛伏之共黨武裝游擊隊，並預先佈置該島之防務。彼在此一原則下，信任政府之策畫及其實施。彼決不干涉李代總統之統帥權及國防部之軍令權之行使。

＊ 白皮書之影響

八月五日，美國國務院中美關係白皮書發表。其中明示暗示放棄對國民黨執政之中國政府之援助，並期待中國第三勢力之產生。此種表示在李代總統及其親信人士心理上有深刻之影響。李代總統私人代表甘介侯屢從華聖頓致電報告美國政府「不擬援助蔣總裁控制之政府」。從此以後，李代總統往往採取一種態度，除不願與蔣總裁合作之外，別無其他意義。此種態度對於上述各項問題，阻塞其解決之途徑。

＊ 總裁巡視渝蓉

八月二十三日，蔣總裁由台灣乘專機飛抵廣州，次日即轉重慶，住林園。西南軍政長官張群，貴州省府主席谷正倫，四川省府主席王陵基，西康省政府主席劉文輝，均來謁見。

自李代總統進行和談以後，四川及西康地方軍人如鄧錫侯劉文輝等與少數政客聯合，企圖與中共謀「局部和平」。四川省政府主席王陵基與重慶市長楊森力持反對。李代總統主持之和談既告破裂，但川康之糾紛迄未止息。蔣總裁到重慶後，以黨的領袖地位，對於此項糾紛盡力調解，並要求軍事政治社會各方面人士團結一致，對抗共軍。

＊ 西康問題未即解決

蔣總裁一度擬向廣州中央政府建議，調西康省主席劉文輝為重慶市長，楊森主西康，俾政府掌握西康，建立反共之最後基地。但總裁顧慮內部糾紛因此更加擴大，未果提出。

西康警備司令賀國光未來渝謁見總裁。賀司令在西昌率領警備部隊雖僅二團，但對劉文輝留駐西康之部隊一師，有隨時予擊破之把握。西康夷人領袖亦未來渝進謁總裁，表示劉文輝如背叛中央，夷人決不與之合作。

＊ 雲南問題之解決

自李代總統進行和談以後，雲南省政府主席兼綏靖主任盧漢即容許共黨份子在昆明活動。昆明之報紙，除中央日報外，均刊載新華社消息散佈失敗主義毒素。雲南大學共黨學生公開為共軍宣傳。雲南之反共人士紛紛被迫離昆明往香港。

龍雲在香港發出消息，雲南將於九月一日「起義」，響應共軍。

華中軍政長官白崇禧擬派魯道源率領二個軍從南寧百色一路進入雲南。白長官飛往貴陽，與貴州省政府主席谷正倫會商，調貴州駐軍入滇會師。盧漢在此軍事壓力之下，一面延緩共黨份子所策動之政變，一面於九月六日飛重慶進謁總裁。行政院閻院長亦於七日飛重慶。

盧漢受總裁之勸告，清除共黨份子，驅所謂民革派（李濟琛之黨徒），取締報業及學校中之共黨活動。蔣總裁乃與閻院長及西南軍政長官張群商定，以政治方法解決雲南問題。盧漢於八日回昆明，閻院長飛廣州。張長官亦飛廣州進謁李代總統並出席行政院務會議，陳述政治解決之方策。李代總統白長官對於此一方案，均深為諒解。

盧漢回滇後，於十日開始逮捕共匪及主張投降之份子，一千餘人。共黨份子操縱之報紙亦予停閉。

＊ 西北之失敗

四川內部之團結，及雲南問題之和平解決，為總裁此行之成就。但總裁此行已太遲，未及補救西北全局之失敗。

寧夏甘肅之武力為馬步芳及馬鴻逵兩個部隊。彼等互不相下，而又與陝西之胡宗南軍隊不能合作。在此諸回教將領之間，與彼等與中央部隊之間，為之聯絡者為西北軍政長官。此一代表中央而周旋於各將領之間之職務，初由張治中擔任。張治中在三十八年秋冬之際，屢往南京，主張對共謀和，西北防共之部屬因而廢弛。張旋又任政府和平代表團團長，前往北平，隨即淪入鐵幕。西北軍政長官乃由郭寄嶠代理。郭將軍為主戰者，在回教將領間持有威望。但李代總統欲籠絡回教將領，遂撤郭氏之職，而以馬步芳為西北軍政長官，馬鴻逵為寧夏省政府主席。西北諸軍彼此之間，既無中央大員為之周旋聯絡，於是共軍得收各個擊破之效。

當胡宗南部隊在西安寶雞前線對共軍作戰之時，馬步芳部隊觀望不救，胡宗南既敗退陝南，共軍遂進襲蘭州，而馬鴻逵部隊不予救援，蘭州一敗，馬步芳部隊潰散，而實際上指揮寧夏部隊之馬鴻賓向共軍投降。

蔣總裁召郭寄嶠將軍來渝，商討挽救西北頹勢，為時已晚，此為總裁此次巡視渝蓉，至為痛心之一事。

＊ 察綏部隊之投降

在蘭州戰事緊急之時，在北平首倡所謂「局部和平」之例者傅作義忽由共軍部隊一連送到綏遠，旋轉包頭。駐綏遠之孫蘭封部隊迎接傅氏，傅乍見時，泫然泣下。傅進入孫軍營壘後，密電蔣總統報告其行蹤。其時在包頭之董其武態度較為曖昧，但孫蘭封則至為激昂。

中共送出傅作義之用意，在招降綏包部隊。董孫諸將領迎傅作義之目的，在集結袍澤歸向中央。傅本人則志在保持舊部，觀望時局。在其迭次電告之中，此一動機不難判明。

蘭州失陷，寧甘解體。綏包部隊頓陷孤立。九月十九日董其武孫蘭封始致電毛澤東接受所謂託管方案。

＊ 新疆之投降

政府派往新疆之遠征部隊，由陶峙岳指揮。何應欽將軍掌行政院時，即有撤至西北之議。至閻錫山將軍掌行政院時，議尚未決。其原因之一，以飛機撤退此一部隊需費甚鉅，需時亦多，其原因之二，吾人豈肯負喪失此佔全國面積七分之一重大責任。

蔣總裁到重慶後，鑑於西北局勢之危急，建議政府，撤運新疆部隊。政府始派國防部次長秦德純飛往新疆，與陶峙岳商決此事。但蘭州淪沒以後，此一部隊亦陷於孤立，陶峙岳致電蔣總裁，痛陳其塞外孤懸之困境，隨即向中共投降。

＊ 大西北瓦解以後

中共之和平攻勢擊敗最高統帥蔣總統以後，大西北六十萬部隊之瓦解乃如此其迅速。

大西北瓦解以後，西南局勢岌岌可危。在北面胡宗南部隊三十萬人退守陝南。中共聶榮臻，彭德懷及徐向前三個部隊前此分兵對付馬鴻逵馬步芳及胡宗南者，此後合兵對付胡宗南。在西面，湖北及湖南之西部，有宋希濂之部隊，其戰鬥力量與戰鬥意志均極薄弱，於是以衡陽為中心之白崇禧部隊成為捍衛華南與西南之主力。

白長官部隊不足以兼顧兩面，而劉伯誠，陳賡，及林彪所率領之共軍，均向湖南及江西之南部集中。倘如衡陽前線不能保持，則白長官部隊南退廣州乎，抑退廣西乎。此為戰略上重大之問題，必須在廣州尋求解決。

＊ 成都及廣州之行

九月十三日，蔣總裁由重慶飛成都，在招待四川省議員及各界領袖之茶會上，懇切陳詞，呼籲團結。

四川天時地利之條件雖已具備，但仍有一必須更進一步之條件，則為人和。中正此次到成都，即為謀大家更堅強的團結，更密切的合作。

十七日，總裁飛重慶，發表告全國黨同志書，指示中國國民黨改造之方針。二十二日飛昆明，在機場接見盧漢，隨即飛廣州。

＊ 湯恩伯任命問題

湯恩伯將軍部隊撤出上海，及移駐福州廈門。國防部發佈命令，以湯為福州綏靖主任。此命令隨即提出行政院務會議通過，然後呈請代總統任命。

此時廈門戰事至為激烈。李代總統拒絕簽署湯恩伯之任命。因而總統府與行政院之間發生爭論。行政院所持之理由為綏靖主任之任命為國防部之軍令權，既經責任內閣之行政院通過，則代總統只有簽署。總統府所持理由為憲法規定總統有任免文武官吏之權，因而代總統有權任命某一官吏，亦有權拒絕任命某一官吏。府院雙方發言人談話迭次刊載報紙。刻正在廈門指揮作戰之湯恩伯將軍陷入極端困難之境遇。

＊ 國防部長問題

國防部長問題則更為重大。在何內閣時期，國防部部長由何院長兼任。閻內閣時期，閻院長亦兼國防部長。其參謀總長均為顧祝同將軍。

關於大西北失敗責任，及保衛華南戰略之爭執顧參謀總長備受各方之責難。李代總統乃施用壓力，請閻院長請辭國防部部長之兼職，並更換參謀總長。李代總統堅持以白崇禧將軍繼任國防部部長。

當時湖南方面共軍集中力量進攻衡陽前線，江西方面共軍迂迴至韶關之東。廣州方面國軍向北江進軍，準備應戰。

蔣總裁決定在非常委員會之下設立軍事，財政與外交三個小組。彼自任軍事小組召集人，而以行政院長兼國防部長，參謀總長，暨白長官參加小組。蔣總裁率直電白長官稱：粵北戰事告一段落，彼即將提議以白為國防部長。在此以前，彼與白在軍事小組中合作，建立中央部隊對白之信任，使白任國防部長時，不致發生枝節。九月三十日非常委員會開會，通過總裁提出三小組之組織法及其人選。十月二日軍事小組開會，白長官從粵北飛返廣州參加。

＊ 粵北戰略問題

十月三日蔣總裁於國防部長問題解決之後飛返台灣。

十月四日，李代總統召開軍事會議，商對粵戰略問題。會議擬訂甲乙兩案。甲為白長官部隊向南移動，結集廣州；乙案為白長官向西移動，進入廣西，放棄廣州。會議決定以兩案交白長官，飛返前線，相機決定，電達國防部。

白長官飛抵前線後，決定採取乙案。七日撤退衡陽，率領部隊向廣西退卻。

＊ 莫斯科承認中共政權

十月一日，北平中共偽「中央人民政府」宣告成立，三日莫斯科政府外交部次長發表聲明，承認中共政權。

蔣總裁於九日發表文告，指出北平傀儡劇完全是侵略主義者的導演。更指出「俄國如征服中國，世界人類將永無和平之日」。呼籲全國國民團結一致，「澈底剿共，堅決抗俄」。

蔣總裁督促非常委員會東南分會，彙集台灣軍政機關於保衛台灣之方案，擬訂整個計畫。

十一日，總裁往舟山島，促成軍事指揮系統之簡化與統一，奠定登步島勝利之基礎。

＊ 廣州失守

十月十三日，中央政府撤離廣州，移往重慶辦公。十五日，共軍進入廣州。十六日廈門淪陷。

十月九日，吳忠信從廣州飛抵台北，當即進謁總裁，轉達李代總統之意，請總裁繼續行使總統職權，李仍退為副總統。總裁未作深長考慮，僅請吳轉達李代總統，俟總裁往重慶後再作討論。

總裁復指定若干同志討論西南戰略問題，擬具意見，以供彼重往西南時之參考。

＊ 金門登步之勝利

十月二十五日，為台灣光復節。總裁發表告台灣省同胞書，號召台灣同胞參加反共抗俄戰爭。東南軍政長官陳誠在民眾大會上，報告金門島之勝利。

十一月二日，登步島登陸共軍，全部被殲。

此兩島輝煌之勝利，使台灣在軍事上臻於安全。蔣總裁乃決定即往重慶。並先電告白崇禧將軍，有安危相杖之語。白長官接電後，於四日親筆做函託吳忠信攜往台北，催請蔣總裁赴渝。

十一月四日，白長官與吳忠信先生晤談，懇切表示主張蔣總裁復出為總統，李代總統仍為副總統。並請吳轉達總裁。

其時李代總統由渝飛往昆明。張長官群隨即往昆明挽留李回渝，李復表示請總統復職之意。

當時總統復職之說，在社會上已甚囂而塵上。西南各大城市之報紙且屢做總統復職日期之預測。

＊ 貴陽陷落，川東告急

共軍於此時一路由芷江，經鎮遠，黃平，進擊貴陽。霍紹周部隊節節敗退。

當政府遷移重慶之初，國防部召集軍事會議，決定胡宗南部隊由陝南撤至川北，白崇禧部隊由廣西進入貴州，庶幾川滇黔三省可收首尾相應之效，而於必要時，向雲南與西康兩省結集大軍以建立大陸上最後之反共基地。此一決定，廣西部隊未能執行。一般人士推測其原因在於李代總統願見廣西部隊接近海洋，以為接受美援之地步。胡宗南部隊從七百里寬廣之前線，冒共軍追擊之危險，集中南撤，當然需要較長時間。白崇禧部隊復深入廣西之西，而不北進貴州。此西南之屋脊之貴州遂成為共軍可乘之隙。共軍既突入貴陽，則北可威脅四川，南可進窺雲南。西南全局已成瓦解之勢。

共軍另有一路，從秀山，酉陽，黔江，進逼彭水。此六百里崎嶇曲折之道路，處處都是天險。共軍如突破此天險之要隘，即可直取重慶，且摵四川北面之胡宗南部隊之背。宋希濂部隊負防守此一道路之責，但彼節節敗退。彭水一失，重慶為之震動。

＊ 蔣總裁急遽赴渝

在此種情勢之下，蔣總裁不俟李代總統回渝，即於十一月十四日由台北飛重慶，下機後，逕赴林園。當即接見總統府邱秘書長昌渭，請其電催李代總統回渝。總裁復急電白長官崇禧請其力催李代總統回渝，並逕電桂林：

李代總統勛鑒：迭經我兄電囑來渝，共挽危局。昨聞貴陽危急，川東告警，故於本日來渝，務望兄明日即行返旆，商談一切。

為澄清總統復職之傳說，使李代總統解除疑慮起見，隨總裁來渝之國民黨中央黨部秘書長鄭彥棻發表談話云：

總裁上次巡視西南，為促進西南各省同胞及本黨同志精誠團結。抗俄剿共到底而努力。此次總裁重蒞戰時首都，仍本此旨，協助李代總統暨閻院長共挽危局。

＊ 李代總統之行蹤

李代總統在昆明逗留期間，與雲南省政府主席盧漢屢做長談，內容嚴守秘密。其表現為事實者，計有三事：

其一為李下手令，命盧主席將九月十日以後拘捕之共黨及民革派份子一千五百人釋放。

其二為盧漢請外交部發給出國赴美護照，外交部以盧為封疆大吏，不得行政院批准，不應出國，未肯發給。李代總統此時下令昆明外交特派員簽發護照，以便利盧漢出國。

其三為李氏離滇赴桂後，盧漢即表示消極，不到省府辦公。

此種跡象引起一般社會之推測，以為李代總統訪問盧漢之目的，在結合廣西、廣東及雲南地方軍隊，構成一個獨立力量，脫離重慶中央政府而與共黨謀和，集中力量，攻取四川。

李代總統到桂林後，轉往南寧，與廣西省政府主席黃旭初，經由省參議會議長李任仁之線索，與共黨駐港代表人接洽「和平」。同時李氏復由南寧飛海口，試探廣東將領之動向。

當時廣東將領余漢謀，薛岳，已率領少數部隊，渡海進入海南，與海南行政長官陳濟棠合作，共守瓊島。廣東將領對李代總統不信任。而盧漢乃直接與共黨駐港代表接洽投降。其往來香港之代表，仍為九月十日以前與共黨接洽之林南園，其時任雲南省政府財政廳長。故李氏策畫未見成功。

白長官對黃旭初之陰謀，力持反對。白認為廣西軍已失敗至此，決無與共黨謀和之談判力量。如此謀和，不過是無條件投降，其結果仍為繳械受編。白乃迫黃旭初辭去廣西省政府主席之職，而建議行政院以李品先繼任。

＊ 李代總統忽告病發

蔣總裁於十四日電達桂林時，李代總統已飛南寧，始覆電稱：

仁今日曾赴海口一行，與伯南（陳濟棠）幄奇（余漢謀）伯陵（薛岳）兄等晤商，渠等對南路及瓊州防務，刻正加強部署，惟當地糧產不豐，大軍餉糈難敷供應，部隊槍械亦急待補充，並要求派遣海軍赴瓊以固海防。

仁回南寧後，原擬即日反渝，因旬日來旅途勞頓，飲食失調至胃疾復發，十二指腸有流血徵象，擬即在南寧休養三數日。遙承錦注，謹先奉聞。

電文最後一段，未說明病癒即行返渝，但足使蔣總裁相信其「休養三數日」後即將返渝。

十六日，從南寧發出新聞，稱李代總統胃疾甚重。蔣總裁於十七日再電李催歸。十八日復電桂林白長官，請其親往南寧陪同李代總統力疾返渝。其致白電云：

時艱日亟，流言紛起，國家中樞，民所仰賴，德兄早回一日，斯人心多安一分。煩我兄即日赴南寧代為存問，並陪同德兄返渝共商大計，以慰民望而勵士氣。

白長官十八日晚間接總裁電，即與南寧通電話。李代總統從電話中力請白氏即赴南寧，謂有緊急事件商量，白即於十九日上午飛南寧。

李代總統已於十七日決定起飛赴港轉美，擬派李品先將軍攜函飛渝，並擬發表聲明。其聲明原稿攻訐蔣總裁不遺餘力。十八日因候白長官商量，未能成行。

十九日，白長官飛抵南寧，得知李赴美計畫，極力勸阻，李代總統憤然告白氏謂「我有我的自由」。白長官謂「既代行總統職權，個人行止即無自由」。此種爭論直至深夜。所得結論為李氏仍然出國，但聲明只稱醫病，不對蔣總裁有所抨擊。其十七日繕就之函件，由白長官攜往重慶，送呈蔣總裁。

＊ 李代總統飛往香港

十一月二十日，李代總統由南寧飛香港，臨行發表聲明，略謂：

……十二指腸出血，即應覓醫檢查，從速施用手術，否則於身體健康可能發生極嚴重之影響。因此之故，此次乃不得不前往醫藥設施較完善之地，詳細檢查甚至施行割治手術。

目前國內局勢十分嚴重，余身負國家人民付託之重，不敢自逸，尤不願因病而推卸個人對國家之責任。

因之，余決定以最經濟之時間，完成恢復身體健康之工作，俾能以健全之身體，全部之精力，與我全國軍民共同從事反共戡亂之鬥爭。

在治療期間內之中樞軍政事宜，已電閻錫山院長負責照常進行。總統府日常公務則令邱昌渭秘書長及劉士毅參軍長分別代行處理。

其上蔣總裁函內，說明彼將赴美，為美援活動。函云：

自海口抵南寧，胃疾突發，十二指腸有流血徵象，精神至感疲憊。因決於本日赴港轉美檢驗，必要時施行手術治療，並藉此探詢美方對華之真實態度。

局勢嚴重。不敢自逸，仍當於最短期內歸國。

其致閻院長函，指示其對軍政事宜，「負責照常進行」依憲法之規定，「總統不能視事時，由副總統代行其職權」。「總統副總統均不能視事時，由行政院長代行其職權」。此所謂「負責照常進行」者，並非命行政院長代行總統職權。至其命邱昌渭劉士毅「分別處理總統府日常事務」更非代行總統職權，且總統府秘書長及參軍長在憲法上亦無代行總統職權之地位。

李代總統在函件中亦未請蔣總裁行使總統職權。但白長官由南寧飛抵重慶後，晤西南軍政長官張群，說明李代總統決不返渝，不必挽留，總統職權不可虛懸，祇有請總裁復總統職，李先生仍以副總統資格出國。白長官進謁總裁時，亦陳述此意。總裁答稱：「無論李代總統出國與否，仍望來渝商量。」

白長官於二十一日飛返桂林，起飛之前再謁總裁，總裁仍囑其電挽李代總統返渝。

＊ 兩度挽李回國

共軍已突破烏江，宋希濂部隊續退南川。共軍一路到達石柱，一路超過彭水，進逼烏江。國防部調羅廣文部隊開往南川前線，與共軍激戰於石柱與南川河。

蔣總裁於二十一日請居正，朱家驊，洪蘭友，鄭彥棻代表前往香港，慰問李代總統病況，並挽勸其力疾回渝。閻院長亦託四代表帶函致李代總統促其返旆。

四代表於二十二日飛抵香港，往太和醫院謁見李代總統，以總裁函交李，並陳述總裁慰問及促歸之意。李答覆與二十日聲明相同。二十三日，四代表再謁李氏，監察院長于右任亦同往晤談，李堅持赴美治病，不允回渝。二十四日李約朱家驊洪蘭友談話，李表示如下：

本人胃疾施行手術，絕非一二星期內可以痊癒，或須兩三月後始可健復。惟中樞不可久陷此一狀態，擬請總裁即日復位，主持大計。於個人健康計，雖副總統一職，亦冀解除，但恐國人疑我意氣用事，祇好取消「代」字，仍為副總統。願以副總統名義赴美，一面療疾，一面接洽美援。請兩君轉達居朱兩先生，一同回渝轉陳總裁。總裁如同意，再商進行步驟。

四代表於二十五日回渝，當即報告蔣總裁，並於二十七日向國民黨中央常會臨時會議提出報告。中常會決定派朱家驊洪蘭友前往香港致慰問促歸之意。其決議文云：

以當前國家局勢之嚴重，西南戰況之艱危，中樞不可一日無人主持。仍切望李代總統宗仁同志迅返中樞，力疾視事。萬一病勢所不許，再請總裁復行總統職權。

* 白崇禧電請復職

十一月二十六日，白長官自桂林致電重慶蔣總裁稱：

頃奉李代總統函諭：「十二指腸潰瘍，急須到美根治，恕需相當時間療養。當此國難空前嚴重，國政需人主持，決心解除代總統職務，請總裁復總統職，振作軍心，挽回劫運」。

白長官於電文中更稱：

職追隨鈞座二十餘年，現值共匪披猖，時局危急，誓本北伐抗戰追隨鈞座者，續在反共救國之國策下奮鬥到底。

＊ 諾蘭訪問戰時重慶

共軍追擊宋希濂部，突破南川，分兩路前進。一路迂迴重慶之西，到江津對岸，一路循山徑抵達南溫泉。胡宗南部第一軍奉國防部令，陸續到達重慶，即渡江赴南溫泉，與共軍作戰。

美國參議員諾蘭夫婦於二十五日由馬尼剌飛香港轉重慶，惠勒上校，陳納德將軍及吳國楨博士均隨來，下榻林園。在晚宴席上，諾蘭稱蔣總裁不僅為中國之領袖，亦為自由亞洲之干城。諾蘭夫人更譽總裁為彼所晤見最英明而年輕之偉人。賓主談笑風生，總裁連罄三杯，祝諾蘭夫婦健康。

由林園至重慶市，經過成渝公路，軍車載道。市內兵民交錯，更呈戰時景色。諾蘭夫婦於二十六日上午與總裁暢談之後，入市巡視，並與閻院長張長官會談。二十七日晨，諾蘭夫婦等始飛離戰時重慶。

＊ 重慶之陷落

江津對岸共軍如渡江，則白石驛機場及成渝公路均被襲擊，重慶即陷入包圍之中。南溫泉共軍一度被我軍擊退，但隨即進逼重慶南岸之海棠溪。

蔣總裁一面指導國防部指揮所督率作戰，一面協助政府遷移成都。二十八日閻院長飛成都，行政院立法院重要人員均陸續離渝。作戰物資疏運亦至為積極。

總裁之顧問及秘書參謀總長暨參謀人員均屢次懇切敦促總裁離渝。總裁告彼等；「余多留重慶一日，則重慶及多支持一日。重慶多守一星期，胡宗南部隊從陝南撤退即較為順利。余必須候羅廣文過江來見我，對其部隊作一部署，始可離渝。」

二十九日，海棠溪槍聲已達於市內。由重慶向成渝公路撤退之車輛絡繹於途。兵工廠及電台等設備之爆炸於下午開始。總裁於是晚接見羅廣文，夜半乘車赴白石驛機場。三十日上午六時起飛。九時，共匪渡過江津，進迫白石驛，機場空軍工作人員全部撤退。防守重慶之楊森將軍退至壁山。羅廣文棄軍逃亡。第一軍渡江，在江津之西集合，繼續與共軍作戰。

＊ 成都之十日

總裁居軍官學校。軍校之教官與學生正在陸續西撤，僅留少數學生警衛。

胡宗南部隊陸續到達，即分往龍泉驛與新津佈防。成都市內秩序漸呈混亂狀態。鄧錫侯劉文輝之便衣帶槍人員，時發槍聲。十二月七日，行政院議決，派盛文為成都防衛司令，指揮其一部份官兵戒備成都，市場秩序始轉安定。

＊ **李決心去國**

朱家驊洪蘭友兩代表到香港後，首次晤見李代總統，轉達中央問病及促歸之意。表示「夙疾待治，必須赴美就醫，既以代總統名義向美洽妥出國手續，擬於到美後再辭代任，或儘速返國辦理離職手續，再請總裁復職」。比及第二次晤談，李又謂「此次赴美，係以代總統名義獲得入境便利，且國家前途係於美援，余此行意在爭取，故現時不擬改變名義，希望中央諒解」。朱洪等乃於十二月二日攜李函由香港飛成都，李代總統上總裁書云：

目前局勢嚴重萬分，際茲艱危，仁非敢推卸責任以圖自逸。此次考慮再三，毅然赴美，在私為根治舊疾，在公則實欲藉此爭取美援，以期解除今日財政上之極度困難，庶可望徐圖歸復，免致坐困。無論結果如何，以一月為期，及當遄返，繼續與政府同仁共同為戡亂建國而奮鬥。

閻院長亦得李函，知其決心不歸。乃急電香港云：

朱騮先洪蘭友兩兄自港回蓉，出示鈞函，藉悉鈞座仍須赴美，為期一月，始能返國。今日時局艱危，國家民族之命運已呈千鈞一髮之勢，全國軍民同胞仰賴元首拯救之切，無逾此時。目前一切軍政措施，動關救亡大計，隨時隨刻均有秉承之必要，絕非承平時期所可比。以鈞座一日離國，全國軍民即一日無所依托。在此危急存亡決於俄傾之際，何能一日無元首躬親主政？山不得不鄭重呈明，無論在職權，在能力，山絕不能擔負在元首離國後之中樞軍政重責。

中央常會於十二月三日開會，聽取朱洪兩代表報告之後，決議如下：

時局艱危，中樞不可一日無人主持，決定依照本會十一月二十七日臨時會議之決議，接受李宗仁同志十一月二十四日對朱家驊洪蘭友兩同志之表示，懇請總裁復行總統職權，李代總統以副總統地位出國就醫，并致力於外援之爭取。

* 昆明之突變

張長官群於十二月七日由成都飛昆明，探詢盧漢對三個方案之意見，（一）行政院遷台灣，大本營設昆明；（二）行政院遷西昌，大本營設昆明；（三）行政院遷昆明辦公。盧漢對行政院或大本營設昆明，均不贊成。

十二月八日，總裁約鄧錫侯劉文輝來軍校晤談。其時，鄧部結集灌口，劉部一部份在雅安。而鄧對兩人均避往成都北郊某地，推病不來謁見。總裁乃電話促張長官回成都，冀對此一問題謀解決。

九日張長官回成都。李彌，余程萬及龍澤匯三軍長偕來。龍澤匯為盧漢近戚，於隨同李余兩軍長晉謁總裁報告部隊情況外，並陳述盧漢歡迎總裁往昆明一行之意。

總裁與張群均疑盧有異動，決定張氏在往昆明疏導，總裁則逕返台灣，不過昆明。

九日張氏偕三軍長飛昆明。下午七時降落昆明機場。空軍指揮官密告張氏，謂今晨盧漢派卡車到機場，強運汽油入城。張氏知有事變發生，但仍入城冀與盧談判。張入城後，寓盧公館，夜間即有軍官率領士兵將張看守。李余兩軍長亦被禁不能回軍中。

九日晚間，昆明對外電報電話均斷。十日上午，成都電報局收到盧漢致劉文輝電，表示其服從「毛主席」，並請劉就近扣留蔣總裁。

此時蔣總裁已往鳳凰山機場，啟程回台灣。

陶希聖日記（上、下）

2014年12月初版　　定價：新臺幣1200元

編者	陶晉生
發行人	林載爵

出版者	聯經出版事業股份有限公司	叢書主編	沙淑芬
地址	台北市基隆路一段180號4樓	整體設計	劉克韋
編輯部地址	台北市基隆路一段180號4樓		
叢書主編電話	(02)87876242轉212		
台北聯經書房	台北市新生南路三段94號		
電話	(02)23620308		
台中分公司	台中市北區崇德路一段198號		
暨門市電話	(04)22312023		
台中電子信箱	e-mail：linking2@ms42.hinet.net		
郵政劃撥帳戶第	0100559-3號		
郵撥電話	(02)23620308		
印刷者	文聯彩色製版印刷有限公司		
總經銷	聯合發行股份有限公司		
發行所	新北市新店區寶橋路235巷6弄6號2樓		
電話	(02)29178022		

行政院新聞局出版事業登記證局版臺業字第0130號

本書如有缺頁，破損，倒裝請寄回台北聯經書房更換。　ISBN 978-957-08-4486-3 (精裝)
聯經網址：www.linkingbooks.com.tw
電子信箱：linking@udngroup.com

國家圖書館出版品預行編目資料

陶希聖日記（上、下）/陶晉生編．初版．
臺北市．聯經．2014年12月（民103.年）．1072面．
17×23公分
ISBN 978-957-08-4486-3（一套：精裝）

1.陶希聖 2.臺灣傳記

783.3886 103022629